U0361920

区域农业发展经济学

于战平　刘　兵　曲福玲　编著

曾玉珍　主审

南开大学出版社

天　津

图书在版编目(CIP)数据

区域农业发展经济学 / 于战平，刘兵，曲福玲编著
. 一天津：南开大学出版社，2023.6
ISBN 978-7-310-06431-1

Ⅰ.①区… Ⅱ.①于… ②刘… ③曲… Ⅲ.①区域农
业－农业经济发展－农业经济学－高等学校－教材 Ⅳ.
①F303

中国国家版本馆 CIP 数据核字(2023)第 013526 号

区域农业发展经济学
QUYU NONGYE FAZHAN JINGJIXUE

南开大学出版社出版发行
出版人：陈　敬
地址：天津市南开区卫津路 94 号　　邮政编码：300071
营销部电话：(022)23508339　营销部传真：(022)23508542
https://nkup.nankai.edu.cn

河北文曲印刷有限公司印刷　全国各地新华书店经销
2023 年 6 月第 1 版　　2023 年 6 月第 1 次印刷
260×185 毫米　16 开本　22 印张　2 插页　546 千字
定价：76.00 元

如遇图书印装质量问题,请与本社营销部联系调换,电话：(022)23508339

前　言

　　呈现在读者面前的这本教材已经酝酿 10 年左右。普通高等院校扩招之后，学生数量连年增长，专业设置更加丰富，面向地方基层就业成为绝大多数毕业生的必然选择。作为地方农业院校农林经济管理专业课教师和曾经的教学管理人员，我一直面临很多困惑。学校给学生开设了很多专业课程，学生购买了很多的教材，也通过了各种课程考试，但不少毕业生在撰写毕业论文或者写一个一般的专业性调研报告时，仍然难以体现出基本的专业思路，对相关的现象和现实不会用专业的思维、范畴与方法分析，所学的专业基础课、专业课的知识与方法不会"联想"思考、应用，所学内容与实际应用之间存在明显"鸿沟"。同时，我在长期的基层调研、实践以及咨询服务中发现，地方农业经济管理工作中能够直接从大学教材中找到适用的思路、理论与方法的不多，大学教材与基层实践、实际工作需求脱节现象长期存在。另外，基层农业经济管理在职人员很多是非专业毕业生，需要补充学习适用、实用的农业经济分析与管理的基本知识，需要具有针对性的学习材料。

　　编写本教材是一种大胆的尝试，力图为培养面向基层从事农业经济管理工作的高素质人才编写一本系统性、专业性与针对性、实用性兼备的高校教材，适用于大学本科、专业硕士、地方政府的行政事业单位人员以及生产经营者学习参考。编写本教材是基于作者在地方农业院校工作 35 年以上，从事农业经济学及相关课程教学、教学管理和地方农业发展调研咨询与社会服务、困难村驻村帮扶等多种工作的实践体会，是对过去几十年农业经济管理专业人才培养问题反思的创新实践，立足发展历史与现阶段的现实基础，预判未来，为做好地方基层农业发展与管理工作提供适度、适用和管用的思路、理论和方法指导。

　　本书的第一章导论部分，将全书写作的基本背景、对区域农业发展的基本认识、区域农业发展分析的科学思维、方法以及内容设计理念、逻辑体系等做了简单介绍。之后，分别从农业发展历史阶段论、基本特征论以及区域农业发展的生态化、市场化、组织化、结构优化、社会经济资源利用高效化、政府农业治理现代化、创新发展与规划等重点主题介绍必备的专业基本知识、分析思路方法及实践案例，形成完整体系，并通过多种小专栏的形式提供更丰富的专业信息，每章后提出数个思考讨论的练习题。在具体内容的选择与编排上，突出基本专业知识和分析思路与方法，将大量的新理念、新理论、新实践和未来趋势性问题的专业性研究成果尽可能多吸收，实现大学教材与人才培养要求、实践工作需求有效对接，力求成为真正的思想性、专业性与实践性较好结合的应用型教材。本教材之所以只设置了 10 章内容，就是为了避免教材知识的呈现过分细碎化的问题，尽量提供系统性整体思维框架。也可能因此不得不忽略、去掉一些知识点。

　　编写适应不同层次需求、内容风格有别的多样化特色专业教材是一个学科专业创新活力的重要标志，也是教育教学改革创新在教材层面的重要体现。有些特色鲜明的"小众"教材很难列入正式规划，甚至被看作"异类"，难入"大家"视野，也可能因为编写者水平有限，存在很多缺陷而不够"高大上"。本教材的编写出版愿意作为一种尝试，抛砖引玉，如果能够引起行业、学科专家对区域性、地方性农业经济管理人才培养问题的充分重视，激励从事相关工作的人士不断探索，实事求是、务实高效地推进相关改革，就说明本书的编写还是值得的。在此特别说明，编写本教材无意构建规范、科学、体系化的区域农业经济学或者区域农业发展学，只是借用了相关的词汇，凸显针对性与实用性，以期与一般的农业经济学教材相区别，很多具体内容、知识点也难脱离一般的农业经济学研究内容。至于是否需要以及如何构建规范的区域农业发展经济学尚需要有识之士的努力。

在编写过程中，作者参阅了大量文献，受字数所限及顺畅阅读要求未能一一列举，深表歉意。本书由天津农学院经济管理学院于战平教授主编，提出编写的基本理念、要求与内容框架，承担主要内容编写，并负责统稿定稿。刘兵老师编写第四章、第五章，曲福玲老师编写第九章，并与主编合作编写第八章内容。曾玉珍教授担任本书主审。由于作者的研究水平、写作水平有限，从内容的选择、观点的描述等方面肯定存在不少瑕疵，敬请读者谅解与批评指正。

最后，真诚感谢为本教材出版付出艰苦努力的南开大学出版社的编辑们，感谢天津农学院经济管理学院的领导和老师对本书出版的鼎力相助。

于战平

2022 年 9 月 10 日教师节

目　录

第一章　导　论

本教材基于地方"三农"工作对创新性管理人才素质能力的现实要求，根据一般本科院校新农科与新文科改革对农业经济管理人才培养的新要求，参鉴"农业经济学""区域经济学""农业区域发展学"等课程知识体系和教材，大量吸纳现代农业创新发展的新理念、新实践与新模式，期望能形成一部应用性基础知识丰富、实践指导性较强、思维引导性突出的创新教材，满足培养地方高素质"三农"管理人才的学习之需，在有限篇幅内将从事基层创新性农业管理工作的相关理论知识与思路方法逻辑性系统呈现，便于读者深入理解、系统掌握和灵活应用。在导论部分首先介绍本书编著的几个基本问题，便于高效学习与实践应用。

一、编著本教材的背景

中国大学教育教学改革需要深化研究的问题很多，尤其是精英教育转向大众教育之后，如何面向基层一线培养适用的高素质经济管理人才问题还远未破题。地方基层从事农业经济管理的专业岗位工作需求与培养人才的素质能力存在严重的结构性、质量性矛盾，创新性创造性思维和知识能力欠缺，在传统的大学教材编写惯例与惯性之下，适宜性和针对性较强的特色教材严重短缺是普遍的基本原因之一。国内的农业经济学教材有10多个不同版本，基本上都是介绍农业经济发展的"基本规律"，从全国整体农业经济发展角度介绍相关重点议题研究的"普遍"观点，或解释相关政策的理论与实践依据、现实问题及解决之道等。本书的编写是一种抛砖引玉的尝试，为地方普通高校编著一本应用性的农业经济学课程替代教材，其编写背景简要概括为以下方面。

1. 中国"三农"发展具有显著的地方区域特征

农业发展具有显著的地方性和区域性。中国乡村地域广袤、资源种类丰富、产业类型多样，区域资源、发展历史、人文以及经济社会发展差异较大，在中国共产党集中统一领导的政治制度和社会主义市场经济体制以及国家各项法律政策制度规范下，各地具有较大的自主实践创新探索权和发展权。因为各地区发展阶段、发展条件、目标要求、面临的问题等存在很大区别，区域农业发展的条件、理念、规律（理论）、机制等不能完全等同于国家整体角度、整体层面，不同层级区域、同层级区域之间的差异性更大，更不能完全套用或者照搬。例如，区域农业发展土地资源的总量基本是一个固定约束值，能改变的只是用途，在城镇化工业化发展期，耕地减少在不少地区是一个必然趋势，不能算作问题。但对全国而言是问题，因为涉及国家的生态安全、粮食安全等战略。对全国而言，畜牧业产值占比超过50%是一个现代化国家较普遍的规律，但对于大部分区域就不是。再比如，国家整体的要求对地方区域而言就是一个外部的条件和约束，区域难以控制，如国家财政扶持农业项目不同于地方可以自主决策的项目。因此，思考与分析评价地方区域性农业发展问题有其特殊性，遵循一般基本规律基础上的因地制宜是基本原则。

2. 区域农业高质量发展需要大量创新型创造型经管人才

中国农业改革创新来自基层实践，由过去的"摸着石头过河"到新世纪开始依靠顶层设计下的试点试验，国际环境的不稳定性以及乡村振兴战略背景下各地的加快发展，需要大量的创新型创造型经济与管理人才队伍才能实现高质量发展。区域农业发展需要大量从事政策调研设计与宣传、改革探索设计、项目管理、指导新型主体和村级组织发展以及落实好上级政策的创新型创造型人才，这些人才应当具备较高的政治思想品德和科学理性思维能力，较强的多学科综合能力、持续有效的学习能力、较强的沟通写作能力，属于"一专多能"的创新型创造型经管人才。

3. 一般本科院校农业经济管理人才培养问题突出

1999 年开始大学扩招以及其他诸多因素导致高等教育备受社会诟病，大量研究文献对此均有详细分析，人才培养质量结构不适应社会发展需求是最集中表现，国家以及各地方也在不断推进各项改革创新。历史积淀深厚、专业特色鲜明、师资以及办学条件优越、生源质量总体较高的院校属于"创新发展型"，其他的地方类一般院校很多则是"生存型"，赋予各学校根据实际分类培养的理念制度及其评价导向正在试行，如 2018 年 1 月实施的《普通高等学校本科专业类教学质量国家标准》，对学校、学科以及专业实行分类评价制度。经济管理类专业人才是对人文素养、通识知识与社会实践等综合素质能力要求较高的社会科学类专业，真正达到培养目标要求、适应实际岗位创新创造性要求很难，远高于自然科学与技术类专业。尤其是地方一般高校，实际教学中大幅度降低要求是普遍现象，如考试画重点，侧重知识点记忆考核等。这一方面是因为地方一般院校师资力量、计划课时以及学生主动自学时间、能力均有限，课程分割细碎导致一些课程难以开设，或者难以通过专题等形式弥补。例如，农业（林）经济管理专业，本属于交叉性专业，深刻系统学好该专业以及从事实际工作，既需要掌握足够的农业科技知识，也需要"外国农业经济""农业经济发展史""农业生态学"等知识，但很多学校的课程计划没有涉及。另一方面，该专业面临行业就业吸引力很弱，实习实践条件不充分等不利条件，实现培养目标难上加难。本科、研究生等各层次学位学历持有者不缺，但现实需要的高水平经济管理人才严重短缺。

4. 农经管理类教材存在与基层工作需求脱节较大的问题

教材不同于专著，它需要与人才培养目标要求、教学要求、认知学习规律、工作岗位要求具有高度的匹配性。中国大学农业经济管理教材编写是重点大学、著名学者主导模式，并强调推广"规划统编教材"，在充分肯定其高水平与合理性的同时，也应看到其针对性、适应性不足问题。占主要比例的普通地方大学及其学生的就业岗位应该是面向基层一线，既需要科学的专业基础知识、思维方式方法，更需要综合性的实用适用知识、技能与方法。不少重点大学或统编经济管理类教材重视学科与专业知识系统性、全面性及其学术性、理论性，从全国乃至世界角度宏大叙事或者对经典理论、"普遍规律"探讨介绍，关注国家政策、重大议题、生产关系问题研究。但对于专业工作的源头性、基础性的思维分析引导训练及其实践应用性、可读性等就很难兼顾，近年来虽有改进，但仍不足。基层实践处于"三农"一线，工作繁杂，强调解决问题的工作思路与方法创新，目标性和时效性等实用主义突出，而很多理论的本本主义、过时与不适用、实效性差等问题突出。理论是灰色的，需要实践来验证，而实践之树常青，不需要理论支撑。

经济管理理论都具有一定的适用条件性、相对性、动态性，中国的农业经济管理特殊性更明显，并处于理论与实践创新发展的新时代，理论不适应实践需要很正常。学生虽然记住了概念、规律、理论等知识点，但实践、现实千面，如何恰当运用好理论去分析指导实践，提出创造性、针对性应对举措，需要所学理论知识尽可能与政策、具体实践有效对接。教材的修改也需要一定的周期，很多学生上完课、考完试后教材都是全新的，很多教师难以或者并没有按照教材去讲授，不少教材只是可有可无的参考，教材并没有充分发挥其应有作用。另外，区域差异化、多样化乃至个性化发展将是未来趋势，区域农业发展规律的探索应是最普遍的需求，但却空白甚多，缺乏针对性的教材。从学生角度看，受制于中小学"升学考试"的"指挥棒"，虽在农村但不知农的情况普遍，时间精力以及基本学习能力有限，对"三农"的现实场景体会观察少。受制于编写理念以及篇幅限制，教材对理论规律的溯源和应用指导一般缺乏，"知识碎片化"严重，"画重点"的"考后即忘"专业应试教育普遍。大部分学生是在地方工作，是在国家宏观政策制度和战略下的应用性工作研究与创新创造，非程序化工作与决策体现领导管理者的水平，推动创新发展水平提高。

5. 中国现代农业发展进程中的区域典型案例丰富

中国教材要讲好中国故事，总结传承好中国经验，在吸收借鉴国际规范科学的理论、方法和经验的同时更加注重"本土化""中国化"，在相互印证借鉴与创新融合中发展。新中国成立70多年的发展历史为创新完善区域农业发展理论提供了多角度多层次的多样化丰富实践案例，尤其是改革开放40多年是区域农业创新大发展时期，既有持续发展的有益创新经验，也有失误失败的深刻教训，丰富的文献资料为教材奠定了基础，应根据教学要求选择性写入教材，实现理论与实践尽可能"零距离"。

二、对区域农业发展研究的基本认识

1. 农业的内涵与"农业经济学"课程的一般内容

农业是人类利用干预动植物和微生物及其生长机能、生长环境，生产出符合目标要求的农产品以及其他价值的经济活动。"自然再生产与经济再生产的有机交织、不可分割"是其本质（特征）。自然再生产就是生物自然生长发育的不断循环往复的过程，经济再生产就是通过人类有目的的劳动、资金等要素投入与资源配置，生产产品的循环过程。无论什么时代农业的本质不变，变化的是农业发展的理念及其理论、农业生产的具体对象、生产方式及其技术、组织方式、生产目标要求、政策制度，以及农业与其他产业、社会经济发展的关系等环境。例如，大量的新品种、新技术的应用，合作制、企业公司制的组织方式，由追求产量发展到产量、质量与生态等多重目标要求，由农业支持国民经济发展到国家对农业的支持保护等。这些都成为现代农业的普遍现象，这是历史发展的结果。

农业作为人类第一次产业，也是最古老的产业，在历史发展过程中不断积累形成了丰富的思想，但在资本主义农业出现之前，其思想主要集中在人与自然的关系、土地与税收制度、简单流通与交换等，并且与农业技术结合，未形成"理论体系""学科"。随着社会分工的发展，尤其是资本主义农业生产方式产生对城乡关系、工农关系、国际关系、政治经济关系以及生态与经济、社会等关系产生了系统性深刻影响，学科的分化不断加速，社会科学、人文科学更是向纵深发展，农业经济管理学科逐步成为研究对象与内容特殊的一个学科，内容涵盖农业经济学、农业经营管理、农业统计与会计、农业财政与金融、农产品运销与国际贸易、资源与环境、农业政策学、食品经济等。各国现代农业发展及其相关学科建立发展的历史不同，农业经济管理学科的划分存在较大差异。中国在改革开放之前的计划经济与村集体经济时期基本上学习苏联的农业经济管理学科，改革开放之后的市场化国际化发展，大量引进了发达市场经济国家的经济管理学科内容，研究范围与内容日益宽泛，除了农业之外农村农民问题也广泛涉及。

农业经济学作为一门课程或者一个专业研究领域，到目前为止国内对其研究对象、范围、内容等认识仍不一致，其教材普遍缺乏系统科学性、实践指导性与基层应用性。这并不是说编著者水平不高，而是因为农业自身的产业特征决定，区域、部门、产业、产品等类型繁多，生产条件、生产方式差异较大，地位特殊等。国内公开出版的农业经济学教材有 10 多本，各学校教师讲授内容差异性明显。另外，教材是否涉及农村农民问题，以及在多大程度上介绍这些内容，也是重要区别。

最主流的看法是，农业经济学是运用经济学的原理研究农业资源配置利用问题，也就是农业生产力和生产关系及其运动变化规律。其一般内容包括：农业特征与功能，现代农业与农业现代化，农业生产经营组织与农民行为，农产品市场、价格与贸易、消费，农业结构与布局，土地、水资源等农业自然资源利用，劳动力、资金、科技等社会经济资源利用，农村贫困问题，农业调控与管理等。具体介绍的主题、内容及其深度、广度等方面差异较大，但共同特点都是立足中国实际，结合世界其他国家经验、国际理论等介绍中国农业经济发展的一般问题、热点难点问题与政策、规律等，至今尚没有形成公认的、权威的完整逻辑体系以及研究范式，内容不确定，相对比较零散，弹性较大，很多观点及其描述存在较大差异。更重要的是，基于一般规律及国家整体的农业发展的宏观原理、经验并不完全适用于不同地区，也不适用于新阶段农业农村的特征、未来发展的趋势。

2. "区域"与"区位""农业区（域）"

（1）区域的基本内涵与特征。一般认为，"区域"是地球表面的一种地域空间或地域单元。区域是具有位置、结构和一定功能的开放性地域单元，区域内部具有一致性和区域之间具有差异性，大部分区域是空间上连续的地域单元（连续空间），一些区域是空间上不连续的地域单元（离散空间），如功能区、类型区等在地理上是跳跃式的，并非连绵分布。

（2）区域系统。区域的范围或规模大小具有多层次的划分，可以称之为区域系统，具有层次性、比例性（结构性）、空间性、开放性。区域是开放性地域单元，区域内部存在一定的一致性，区际之间存在一定的差异性。按照区域属性可以分为：表示地球表层地域单元的地理区域，表示行政管理地域单元的行政区域，表示经济活动地域单元的经济区域。一般的区域经济学主要指的是经济区域，地理学研究的主要是地理区域。本书的区域主要指的是行政区域，也就是依靠行政权威，能够从事一定的政策制度决策以及协调管理等行政治理的区域，主要是省市级—区县级—乡镇级—行政村，也称之为省域、县域和乡（域）或镇域、村域。区域之间的合作联合形成更大的区域，也具有行政区域的一定属性（准行政区域），如京津冀、长三角等都市圈，数村联合形成组团式片区。

（3）区位。区位是事物或经济活动占据的空间位置或场所（也称为"立地"）。经常说的"区位因素"或"区位条件"主要指的是决定和影响区位的地理特征及功能的因素，包括自然因素（地理位置、地形地貌、气象气候、水文、生物、土壤、环境等）、社会经济因素（人口、市场、交通、宗教、文化、制度政策、资本、市场、土地价格等）与技术因素（科技、研发、知识创新等）。农业区位研究是区域布局规划的重要基础理论，如 1826 年德国经济学家冯·杜能的《孤立国同农业和国民经济的关系》（简称《孤立国》），提出了著名城市农业圈层分布布局的理论，被称作"区划学的鼻祖"。

（4）经济学认识空间的三个维度[①]。经济学主要从三个维度认识空间（区域）：①基于区域异质性的先天性因素视角（先天性优势），如常说的土地、生物、气候、降水等方面的资源禀赋，决定农业的基本比较优势，先天性条件在空间上的不均匀分布，导致经济活动的空间分布不均匀。②基于集聚经济的后天性因素视角（集聚经济效应），认为系统自身会产生集聚力和分散力，并且这些作用力会形成循环累积效应，使经济活动的空间分布呈现出集聚或分散的格局。③基于要素异质性的技术创新和制度因素视角（要素异质性），是指劳动力、技术、制度和管理等生产要素质量存在差异，对区域经济演化产生影响，导致异质性。拥有较高的人力资本和技术创新要素的企业会有较高的劳动生产率，具有在集聚区从事专业化生产的优势，为了具备这些优势，企业往往具有重视人力资本积累、促进技术进步与知识创新的内在动力。另外，不同区域的制度和管理本身存在差异，具有制度环境优势的区域、享有优惠政策待遇的区域，往往具有经济发展的优势，从而影响到经济增长的区域差异。

（5）农业区（域）。农业区是农业生产上具有类似的条件、特征和发展方向的空间上密切关联的地域单元。农业区域之间存在区际差异性，区内又具有较强共性。随着农业产业链延伸、融合以及园区化、集聚化发展，农业区域也成为一种源于农业、开放性的多产业集合的经济空间。在农业区域发展实践基础上，形成了农业区域发展学，主要研究农业区域分工、区域发展与区域调控等。

3. 区域农业发展要素及其特殊性

农业发展的核心问题是在一定的外部环境条件下，通过自然资源、社会经济资源等生产要素的创新创造，以及生产经营组织和制度对资源的优化配置实现发展目标。不同国家、不同区域处在不同发展阶段，目标定位及其实现的理念、方式方法与效果存在差异。

现代农业发展基本要素可概括为五类，随着社会分工的发展，围绕不同的要素形成了多层次多样化产业，如农机产业、种子与科技服务等科技产业、农业数据及服务平台等"数智"产业。①基本要素：实体性要素。主要是土地、动植物和微生物等劳动对象，机械、化肥、种子等劳动资料（物化劳动投入），农业生产经营者、管理者等农业人力资源（人力资本、企业家才能等）。②制度性要素：政策、法律法规、体制等。这些要素直接调节或影响农业要素发挥作用的方式方法，发挥引导、约束或激励作用，其主要来自政府。③组合性及服务性要素：各种农业组织、服务组织与平台及其数据、信息等。如农业合作社、行业协会、咨询服务公司以及互联网平台，也包括政府引导性战略规划等，通过这些组织及其数据信息将农业发展的相关要素组合在一起发挥作用。④渗透性要素：科技、教育与知识、文化等。主要是科技创新、教育培训、文化资源等知识性要素，其通过生产对象、生产方式、生产者以及组织管理者发挥作用。从更广泛的意义说，也包括"关系"等社会资本。⑤外部环境性要素：农业系统难以控制的因素。一切对农业发展产生影响但农业系统自身难以控制的宏观政策法律制度、宏观经济形势、科技创新等。

区域农业发展不同于全国，其特殊性表现在很多方面。①可支配的资源条件不同。对一

---

① 石敏俊. 区域经济学[M]. 北京：中国人民大学出版社，2020，10-11。

定的行政区域而言，自然资源数量、种类非常有限，能够提供的产品也非常有限；社会经济资源不同，如国家财政支农资源要在各区域之间分配，每个地区能够利用的财政资源有限，也不确定。中央财政承担主要的扶持"三农"的责任。②农业发展目标及其性质存在差异。国家农业发展目标中包括粮食安全、种业安全、国家安全、生态安全等重大战略考量，而区域资源条件、产业类型等不同，农业只是对国家目标的有限贡献，更多地强调发展地方特色以增强竞争力和增收能力，区域农业发展的功能目标与全国目标之间可能存在矛盾冲突，需要协调政策。③农业治理的目标、手段、方式及其内在机制等存在差异。国家的权威权力不是任何一个行政区域能比拟的，国家的调控管理作用巨大，行政干预性强，如制定政策、法律制度以及规划，进而导致发展规律以及现实重大问题、矛盾等不同。因此，区域农业发展的政策制定者、管理者与服务者的理念、思路、行为、机制及常用的理论、方法等有其特殊性，与国家层面有差异，评价区域农业发展的标准也应有特殊性。这也正是本教材编写的重要背景。

三、区域农业发展分析的科学思维与方法

无论是学者的学术研究，还是从事区域农业经济管理工作，进行调查研究与制定政策、决策与预测、管理与经营、服务与指导等都需要运用科学有效的思维与方法。区域农业发展分析强调应用性和实效性，应该吸收运用人类学、社会学、生态学、文化学等各种学科的一些有效思维与研究范式、方法等，才能更深入系统、科学理性地分析思考区域农业发展问题。

1. 如何认识"问题"？

在学习研究与实践中，问题意识、问题导向非常重要。问题有多重含义，一般指的是需要解决的矛盾、疑难，也是预期与现实之间的反差引起的心理困惑，知困而学。在产业发展分析中，如何深刻认识理解"问题"？①问题就是现状（现实）、目标与某个基准或参照系之间的差距。现状是客观存在的，没有差距就没有问题。所谓的问题在很多情况下是基准不清楚或者过高、过低导致的，进而产生不同的问题。基准要求太高，如违背规律提出过高的农民收入增长目标、农业产量增长目标等，导致问题不清、不准、不精细，会导致措施不对症、难执行、不持续。②问题都是在一定前提条件或约束条件下的缺陷、差距、矛盾。例如，财政资金不足就是客观的约束或现实，但利用效率较低就是现实问题，需要改进。再如，土地资源数量少对一定区域而言不是问题，是现实约束条件，但配置使用的用途、利用效果低或者对生态环境破坏导致土壤肥力下降等才是需要研究解决的真问题。③问题有多重类型和特性。问题有理论与现实的差异、政策与实践之间的差异、同类事物比较中的差异等。对问题要进行甄别和分类，分析哪些可以现在解决、以后解决或者逐步解决、可彻底解决的，哪些是无法改变或者需要哪些条件才能解决，哪些是主观的或客观的，等等。问题是不断变化，旧的问题缓解或解决了，会有新的产生。各国都有新问题，有些来自自身，有些来自外部的变化，有的是表面的，有的是根本的核心问题。

更进一步，要科学地提出问题，就必须注意区分真问题与假问题、原始问题与衍生问题、热点问题与冷门问题、现实问题与学术问题等。现实问题转化为学术问题需要化大为小、化抽象为具体、化问题为研究变量和假设、化问题为研究设计。实际工作中主要是研究现实问题和政策问题，是借鉴相关经验或者学术问题研究成果指导解决实际问题，一般用"是什么""怎么办"表述。农业发展很多具体问题之间是相互关联或互为因果的，农业发展是一定阶段各种要素综合发挥作用的结果。实践中分析问题要区分辨别表象（征）与实质、原因与结果、

条件与效果、主要矛盾与次要矛盾、矛盾的主要方面与次要方面、内因与外因等多重复杂关系，才能找到有效解决方法。发现、提出一个真问题很不容易，研究好一个真问题也不容易。问题意识就是要经常意识到并发现问题，积极思维并不断分析、思考、研究的一种思想方法和状态。

分析评价区域农业发展问题的基准或主要目的与要求有哪些？不同的问题分析虽然存在较大差异，但应当主要从五个方面分析：①基于提高农业竞争力的角度，如是否有利于提高农业竞争力与优势；②基于政府（社会）公共利益目标要求，如保持农产品总量供给或一定自给率，供需平衡、粮食安全、生态安全与质量安全等；③基于务农、营农收入和效益水平提高的角度，没有足够稳定的经营收益，生产很难持续，这是判断农业制度和措施的主要经济标准之一；④土地、水等稀缺自然资源的高效、公平、合理、生态化持续利用，开发利用自然资源是否符合生态化、可持续的要求；⑤社会经济资源高效利用，如公平配置政府财政支持，尽量减少"垒大户"而导致的收入不公平，因为财政资金有限，能够用于农业的更有限，需要科学有序配置，提高利用效率。再如，区域劳动力资源要避免闲置浪费，充分就业，推进普惠制金融等。

2. 区域农业发展问题调研分析的思路

分析区域农业发展问题的基本思路遵循一般逻辑，即：发现（提出）问题→分析问题→解决问题。也就是运用多种方法观察、调查分析并描述农业发展的实际状况，根据一定的理论、标准、目标要求、先进水平等对现状进行评价分析，找出发展中的不足、差距或者矛盾、障碍，分析存在问题及其产生原因、问题特点（特征）、影响因素等，搜寻借鉴与该问题有关的研究成果、政策法律制度以及解决类似问题的经验，提出解决问题的政策建议、解决方案、发展路径与措施建议。在专业领域应用好这种基本思路的基础是，专业基本知识掌握的系统与熟练。例如，分析一个地区合作社发展情况，如果不清楚合作社的内在规定性、发展规律、政策制度、评价要求等，就很难分析到位。

在一般分析逻辑的基础上，不同学科会在发展中概括提炼出一些经典的问题（科学问题），并形成了对其具有较强解释力和广泛适用性的分析逻辑及其机制、理论和方法，进而成为一种分析研究范式。研究范式就是某一特定学科的研究者所共有的基本世界观，由其特有的观察角度、基本假设、概念体系和方式构成，表示看待和解释世界的基本方式。研究范式在一定程度上具有公认性，是由理论、方法、应用以及相关的程序、规范（乃至仪器设备）等构成的一个整体，是一个研究纲领，为科学研究提供了可模仿的成功先例。例如，西方经济学中学过的市场供求分析，产业组织化理论的"结构—功能—绩效"分析（SCP分析）等。

对于大学学习者而言，主要是听课、了解学习有关信息文献等，往往容易忽视用专业思维和知识对现实的观察思考中提升自己。如果引入运用定量化的计量模型、数学模型等方法，缺乏对农业发展现实的系统深入的直观感受，缺乏对农业农村发展实践中客观因素、因果关系、相关关系的基本认知，仅凭书本知识、年鉴数据等二手资料很难得到指导性很强的有用意见，也很难适应农业经济管理的要求。

无论是做学位论文还是调研报告，在学习好基本的专业常识基础上，都应当不断通过下述习惯训练提高自己逻辑性描述分析水平，写作与沟通是基本功。①经常性观察、调查思考各种农业经济现象、事件以及政策等，从中发现、提出自己的疑惑或者问题。要多问"为什么"，这种场合可以是农贸市场、超市、村庄等，可以是自己亲身经历，也可以是观察交流等。

一个从现实中发现不了、提不出很多问题的学生、研究者、实践者难以进入优秀行列。②对提出的问题通过课堂学习、文献阅读、调查等寻找可能的解释。这个过程就是学习提高的过程，重要的不是答案，而是通过思考得到提高，这是无形中的提升，需要长期累积。很多社会科学问题本身就没有唯一答案，重要的是过程中的"无形"积累提升。③提出尚未有效解释的重要问题，作为研究思考的重点。可以作为课题研究、论文写作或实践调研的选题，或者进一步深入思考的主题。

3. 区域农业发展的科学思维概述

农业科学思维是用科学的方法进行思维，是建立在事实基础上、符合逻辑的理性思维方式，也是综合运用各种创造性思维方法，对客观事实进行全面考察，再通过合乎逻辑的创造性思维过程，是超越经验的、表象或感性的认识，形成对农业发展研究对象的本质性、普遍性和规律性的理性认识。尊重事实和遵循逻辑是科学思维的两个基本要素。判断一种思维是否具备科学性，关键看它是否承认、相信和尊重客观事实，是否通过对事实进行合乎逻辑的推理而得出结论。它与主观臆想的、不合逻辑的、片面僵化的思维相对立。农业科学思维的哲学原理就是唯物辩证思维，其逻辑方法主要包括辩证的分析与综合的统一、归纳与演绎的统一、逻辑与历史的统一、从抽象上升到具体等，就是要全面地、发展地、联系地思考问题。农业科学思维的具体方法及其途径很多，比如模型化法、系统思维法、相似移植法、理想化方法、试验激发法、质疑法、头脑风暴法等[①]。

深刻理解、掌握和运用好科学思维无论是对于从事学术研究、实际工作，还是学习、生活等都具有非常重要的意义。2013 年 6 月 28 日，习近平总书记在全国组织工作会议上的讲话指出：干部要勤于学、敏于思，认真学习马克思主义理论特别是中国特色社会主义理论体系，掌握贯穿其中的立场、观点、方法，提高战略思维、创新思维、辩证思维、底线思维能力，正确判断形势，始终保持政治上的清醒和坚定。还要认真学习各方面知识，丰富知识储备，完善知识结构，打牢履职尽责的知识基础。

专栏：深入领悟习近平总书记关于"三农"工作重要论述的科学方法

①坚持战略思维谋全局。把解决好"三农"问题放在巩固党的执政基础、实现"两个一百年"奋斗目标的大局中来谋划推动。②坚持辩证思维解难题。例如，强调对粮食问题要善于透过现象看本质，在我们这样一个 14 亿多人口的大国，粮食多了是问题，少了也是问题，但这是两种不同性质的问题。多了是库存压力、是财政压力；少了是社会压力、是整个大局的压力。③坚持历史思维把方向。强调我国小农生产有几千年的历史，"大国小农"是基本国情农情，小规模家庭经营是农业的本源性制度。④坚持创新思维增动力。解决农业农村发展面临的各种矛盾和问题，根本靠深化改革。⑤坚持底线思维划边界。不管怎么改，都不能把农村土地集体所有制改垮了、把耕地改少了、把粮食生产能力改弱了、把农民利益损害了。⑥坚持实事求是定方针。强调实施乡村振兴战略，首先要按规律办事；要科学把握乡村的差异性，因地制宜、精准施策；坚持尽力而为、量力而行。⑦坚持目标导向和问题导向相统一。瞄准"三农"现实问题开药方找答案，紧盯发展目标找办法求突破。

资料来源：韩长赋. 做好新时代"三农"工作的行动指南[J]. 农村工作通讯，2019（15）：3.

---

① 刘旭，戴小枫，樊龙江，等. 农业科学方法概论[M]. 北京：科学出版社，2011.

4. 科学调研与分析的基本过程

调研是基层农业经济管理专业人员的基本功。调研的基本过程及其工作主要包括以下紧密衔接的内容：①选题。主要来自政府的重点工作、领导及上级部门要求、自选的热点难点问题等，首先要明确调研的目的与目标、期望解决的关键问题。②相关理论、信息资料的收集、学习与思考。主要是相关政策文件、政府统计信息资料及报告、重要研究文献等研读，在学习基础上形成对调研主题的基本认识，也可以形成调研报告写作的基本框架，进而明确有哪些具体问题需要实际调研。③拟定或形成调研计划方案。主要是明确调查的具体议题、重点对象、范围、时间及人员分工、经费预算等问题，包括调研报告的执笔人及其配合的成员等。有的调研涉及内容多，需要分为若干个子项目分别由不同的部门或者人员负责。④拟定具体调查方案。组织参与调查的相关人员，根据需要与可能，拟定每个主题的具体调查和资料获取方法，拟定详细的调查提纲（包括访谈提纲）、调查统计表或调查问卷。⑤具体调查及分析。采取各种方法调查，对调查资料整理、质询、反馈与分析，写出调查分析报告。⑥调研报告的写作、修改完善及汇报等。调研报告初稿完成后，要进一步修改完善，主要是凝练压缩、提炼标题、突出创新性观点，以及必要的文字修饰等。如果需要汇报，应当在规定的有限时间内，图文并茂地展示创新点、关注点、对策点及其主要依据等，回答调研的目标要求及要解决的关键问题，切忌面面俱到，切忌"普及常识"与讲"大道理"。

5. 区域农业发展的调研与分析方法概述

农业经济管理问题的调研方法很多，有不同分类角度和依据，进而形成不同层次下的多种方法，常被混用。一般分为定性研究与定量研究，实证研究与规范研究，文献研究法与实际调查法等。每一类之下又有一些具体方法，有很多详细种类，在实践中相互交叉或者配合应用，因为每种方法都有其优势和局限性。例如，定性研究法，包括历史追溯法、逻辑方法（归纳和演绎）。定量研究就是主要利用具体的指标数值及其数据处理方法进行分析得出结论，包括比较法、统计分析法（总体评价）、计量经济法、实验经济法等，具体的数据处理方式包括计量模型、数理统计以及构建指标体系评价分析等。计量模型以及数理统计方法的科学应用需要严格的条件和较高的水平，基层社会科学调研中要慎用，主要用于学术探索研究。实际调查法包括田野调查法、案例法、座谈法、访谈法、问卷调查法等，有不同的适用条件、范围和信息处理方式、调查结果代表性或解释力等，需要理性客观选择。应注意，不同的研究方法有其分析探究某些问题的特殊方式、程序、机制及其预期研究目标达成度，不同的使用者运用的合理性、有效性存在差异，需要不断学习与实践。在区域农业发展中，常用的实用基本研究与分析方法见表1-1。

表1-1　农业经济调研与分析常用的实用方法

具体方法	目的	基本思路
历史（追溯）方法	总结规律与趋势，找出现实因素与问题，提出对策	用历史事实推演，或用时点序列指标数据对比分析
比较分析法	找出与要求或理想的差距及其因素，提出对策	提出理想目标或参照标准，将现实与之对比
系统因素分析法	找出主要因素，提出针对性措施	概括归纳影响的主要因素及其影响程度

续表 1-1

具体方法	目的	基本思路
演绎法（逻辑法之一）	推导出新观点或新认识	根据已知的理论结合现实、判断思考
归纳法（逻辑法之二）	归纳出新观点或新认识	根据大量事实、资料归纳
案例（典型）解剖法	总结典型或案例得出一般普遍性结论	选择典型对象或案例系统深入调查分析
问卷调查法	收集对某些问题的不同态度、诉求，发现主要认知	科学设计、发放与回收整理、分析问卷
田野调查法（直接观察或参与）	获取研究对象第一手详细系统的具体实际资料	在田间野外（乡村）实地调查较长时间，整理分析调查资料

知识延伸：西奥多·舒尔茨（1902—1998）

　　1979 年诺贝尔经济学奖获得者西奥多·舒尔茨在瑞典皇家科学院演说时的一段话被广泛引用：世界上大多数人是贫穷的，所以如果懂得穷人的经济学，我们也就懂得了许多真正重要的经济原理；世界上大多数穷人以农业为生，因而如果我们懂得农业经济学，我们也就懂得许多穷人的经济学。舒尔茨出生在美国南达科他州一个普通的德国移民小农场家庭，从小天赋一般，并无过人之处，没上过中学，22 岁从家乡的布鲁克林农业学校毕业，之后考入本州州立学院攻读农业专业，25 岁获科学学士。1928 年和 1930 年在威斯康星大学麦迪逊分校分别获得科学硕士和哲学博士学位。1930 年在艾奥瓦州立大学开始了第一份工作。1943 年受聘芝加哥大学，是芝加哥经济学派成员、经济系的系主任（1946—1961）；1960 年被选为美国经济学会会长，1972 年获美国经济学会最高荣誉奖，1979 年获诺贝尔经济学奖。写作论文百篇以上，著作 20 余部，最著名的有《经济增长与农业》《改造传统农业》等。培养了许多著名的经济学专家，1982 年在已经 10 年不招博士的情况下，破例招收北京大学的林毅夫为关门弟子。舒尔茨对农业经济学、发展经济学和人力资本理论都有开创性的贡献。当时，许多经济学家都以构建精致复杂高深的数学模型为荣，但舒尔茨注重经济学的经典传统，即理论联系现实，深入生活，反对象牙塔里的数字游戏和书斋清谈，只要有机会他就会走到田间，与人们交谈，观察人们怎么解决问题，掌握第一手资料。他曾到过许多发展中国家考察，又在一些国际组织中担任工作，对发展中国家的情况十分熟悉。他指出，许多模型往往是建立在不现实的前提或假设之上的，而由于假设的不现实，必然导致结论谬以千里。

　　资料来源：杨海. 对西奥多·舒尔茨的回顾及其理论启示[J]. 高等函授学报（哲学社会科学版），2006，19（3）：4.

四、本书内容设计理念与体系

　　本书作为一般本科院校"农业经济学"课程的学习教材，从实用适用性、分析思路引导性和时代前瞻性等基本要求出发，主要为从事区域农业经济管理工作提供基本的农业经济管理专业理论知识、分析思维方法与先进实用的新理念新模式参考，主要服务于地方政府事业单位从事农业管理服务与调研工作，以及经营主体从事农业经营工作。特别说明：本书不是理论创新性学术著作或学术型教材，不是构建规范的"区域农业发展经济学"的教材，而是一本力求创新的实践应用性参考教材，希望成为在实践中能够用得上的指导书。

1. 本书编写理念与思路

农业经济发展的需求导向、问题导向和做好工作所需知识思维方法的工作导向是本教材编写的基本理念，充分考虑从事工作岗位、思考问题场景及其角度、分析调研需求等，提高阅读教材的兴趣。针对长期形成的"农业经济学"课程的教材体系和内容，本教材主要做了六点改变：一是立足学生已有一定的相关知识的实际情况，不追求各章节学科体系的严格顺序要求、严格的学术探究要求，突出够用、实用、适用。例如，学生在高中阶段学过一些农业地理、历史等相关知识，在大学学过一些政治课程、经济学的专业基础课，本书侧重已有知识的深化和在本专业的应用。二是尽可能将大量丰富的理论知识逻辑化系统化呈现在 10 章的文字中，避免章节过多的"细碎化"，影响掌握简单明了的知识逻辑体系。具体内容尽可能信息量大、逻辑系统性强、有一定深度和引导训练思维功能，帮助学生较系统深刻理解基本问题、核心问题和趋势，成为学生在实践中能够经常用得上的指导书。三是经典理论或者已经不适用现实的理论、专业基础课程的部分理论采取简单介绍，基本内容以从事实际农业经济管理工作或者相关的行业部门管理工作所面对的现实问题及其可能所需的理论知识、政策制度、实践经验为出发点，在基本知识介绍基础上，重在新理念、新思路、新实践、新模式介绍等，尽量实现教材与实际、现实需求、政策的"零距离"。四是注重将课程思政元素和要求有机融合于教材之中，进行多样化设计引导。本书的课程思政元素包括多种类型，如中华传统农耕文化、新中国及改革开放的巨大成就、习近平总书记关于"三农"工作的经典论述、国家的政策与规划以及科学的思维方法等，这也是应用型农经管理专业人才应该强化的内容。五是尽可能适应本科生、专业硕士生培养以及管理干部培训、非专业人员学习等多层次人才的学习需求，将很多限于篇幅无法全面系统介绍的内容，采取专栏、预留提供可查阅信息线索以及设置不同的分析讨论题目等方式，供学习者选择，提高本书内容的弹性和适用范围。六是克服一些教科书中，推荐的阅读参考书目对于一般本科生和研究生没有时间精力去认真阅读，以及所出思考题简单重复书中内容等问题，更加突出实际场景应用性、引导性和启发性等问题的设计，引导提高探索学习的兴趣。

2. 本书主要内容及其编排

本书包括 10 章内容，力图构建一个相对逻辑清晰、简洁明了的系统知识体系。①导论（思维方法论）。主要介绍本书编写的背景、农业经济发展问题的研究对象及内容、分析思维及方法等。②区域农业发展之历史逻辑及其宏观背景（历史演变论）。通过简要介绍世界农业发展、农业现代化与中国古代农业经济发展历史，回顾新中国成立以来农业经济发展及其制度演变、宏观背景，从历史角度深刻理解区域农业发展的历史基础及其宏观历史背景，培养历史与宏观思维。③农业产业特征、功能及乡村价值（农业特征论）。这是科学理性认识农业以及管理、指导、服务或经营农业的专业基础。在介绍思考农业特性思维角度基础上，引导思考农业不同行业的产业经济、管理特征与农业整体特征，在思考农业功能基础上拓展到新产业及乡村价值，为多层次、多角度理解农业特征与功能，分析现实问题奠定专业思维基础。④区域农业发展生态化（生产方式论）。未来农业发展遵循的基本方向就是生态化。在介绍农业生态与生态经济系统、自然资源等基本原理基础上，围绕农业发展的绿色化、低碳化等政策导向与实践要求，介绍区域农业生态化发展的理论与实践模式等。⑤区域农业发展市场化（市场竞争论）。依据市场需求生产是市场经济的基本要求，农业市场化、国际化有其特殊性。在介绍农业市场化、农产品市场供求与价格、农产品国际贸易等理论知识的基础上，从区域农业发展角度提出如何适应和利用好国内国际市场。⑥区域农业发展组织化（组织创新论）。基于农业组织化的基本认识，重点介绍农户与家庭农场、合作社与村集体经济、农业企业与社会化服务组织的理论和实践问题，分析提升区域农业组织化水平的新理念、新模式和新机制等。⑦区域农业产业结构优化（结构优化论）。在介绍农业产业结构优化基础理论、中国农业产业结构优化实践的基础上，重点分析如何通过农业融合化、集群化、品牌化等促进区域农业产业结构优化的理论和实践问题。⑧区域农业发展的社会经济资源利用高效化（资源配置论）。农业资金与资本、人力资源与人力资本、科技与文化等是现代农业发展的重要社会经济资源，重点介绍相关的基本理论与实践问题，区域现代农业创新发展中这些资源的开发利用与优化配置的新理念、新模式等。⑨地方政府农业治理现代化（政府治理论）。地方政府高效履行职能是区域农业发展的重要保障，也是区际农业发展差异的重要因素。在介绍政府治理与农业发展的基础理论基础上，重点探讨地方政府农业治理的新要求、新理念及其新特点，以及地方农业标准化与农产品质量安全管理、农业风险预防与管理、农业公共服务体系建设等理论和实践问题。⑩区域农业发展创新与规划（创新发展论）。从整体上介绍农业创新的重要理论与实践问题，介绍如何科学有效分析区域农业发展的现状与问题，以及编制科学可行的区域农业发展规划的基本原理和方法。

3. 教学方法建议

（1）基本的教学方法

作为应用经济管理课程内容，不采用实践中用途不大的数理（计量）模型，学习难度不大，主要是在正确理解的基础上的记忆、联想、思考和应用，将教材中的内容转化为自己主动的思维知识，将各种专业知识、政策制度等与实践问题的分析能够系统化有效联系起来，提高分析思考问题的专业深度、广度以及解决问题建议的针对性和有效性。因此，按照本教材内容讲授，对于基本概念、基本理论等可交给学生自学为主，教师采取幻灯片与板书结合的方式，通过启发式引导串联知识点、案例分析与课堂讨论，重点讲授知识之间的关系，补充拓展新知识、新的实际问题、实践案例与政策等。板书则主要是将知识体系或者分析思路引导性地逐步展示，边讨论边展示。根据学生的整体基本功情况，可考虑将部分内容让学生在自学基础上进行课堂讲授。

（2）在教材内容基础上自学记笔记

记笔记不是将书本、黑板上的内容抄写一遍，而是要联系着写出基本概念、理论的关键词，分析逻辑关系、思路，以及自己的疑惑、观点认识等。同时，要勤于思考记忆，如果没有对基本专业术语内涵的关键字以及理论要点的记忆基础，思考问题就等于没有专业的信息来源，与没学过该课程的人的认识就没有区别。要在有限的时间内，对于布置的讨论分析题、案例等尝试写出自己的认识分析思路、要点及关键词等，只有不断地练习，才能逐步提高专业素养和能力。

（3）培养专业观察、思考与写作的好习惯

培根说过："阅读使人充实，写作使人准确。"学生以及研究者、实际工作者都应养成经常性的专业观察、思考、写作与交流讨论的好习惯，经常阅读有关专业文章，关注主流媒体的各种农业发展案例、事件等报道和分析，经常性观察思考现实，了解思考相关政策、制度变化等，并将自己的所看、所思记录整理，练习书写小短文，坚持"日拱一卒""我手写我心"，只有这样的日积月累，才能使自己的专业认识、写作水平等不断提升。

（4）多渠道开阔视野，丰富自己的专业信息

社会科学学习、思考与写作，是与积累掌握的丰富信息成比例的。本书虽尽力提供足够丰富的专业学习信息，但篇幅有限、方式受限，学好农业经济管理类课程需要充分利用好现代信息化媒介，包括央视网、政府网站、行业公众号等能够提供大量可视性强的信息资料，如各种国内外农业发展的视频、专家报告会等，并拉近与现实的距离，才能弥补个人社会实践和对现实认识不足，弥补亲身参与感受和了解多样化快速变革"三农"的机会不足，增强感性认识。

本章思考、练习与讨论题

1. 如何理解区域农业发展目标与国家整体目标要求的关系？
2. 如何认识区域农业发展的影响因素？
3. 试述你对农业经济发展的问题意识、科学思维、分析的基本思路与方法等问题的理解。

本章主要参考文献

唐华俊，罗其友，等. 农业区域发展学导论[M]. 北京：科学出版社，2008.

朱道华. 农业经济学（第四版）[M]. 北京：中国农业出版社，2000.

吴方卫. 农业经济学研究方法论[M]. 上海：上海财经大学出版社，2015.

李永东. 农业经济学[M]. 北京：中国人民大学出版社，2019.

第二章　区域农业发展之历史逻辑及其宏观背景

习近平总书记在 2018 年 5 月 4 日纪念马克思诞辰 200 周年大会上的讲话中指出：只有在整个人类发展的历史长河中才能透视出历史运动的本质和时代发展的方向。历史是最好的教科书和营养剂。农业是人类最古老的生存性产业，任何国家与地区的农业发展都有其历史演变逻辑和宏观背景，现实发展是一定历史性选择的结果。中共二十大通过的《中国共产党第二十次全国代表大会关于十九届中央委员会报告的决议》指出：中国式现代化，是中国共产党领导的社会主义现代化，既有各国现代化的共同特征，更有基于自己国情的中国特色。中国式现代化是人口规模巨大的现代化、全体人民共同富裕的现代化、物质文明和精神文明相协调的现代化、人与自然和谐共生的现代化、走和平发展道路的现代化。中国式现代化的本质要求是坚持中国共产党领导，坚持中国特色社会主义，实现高质量发展，发展全过程人民民主，丰富人民精神世界，实现全体人民共同富裕，促进人与自然和谐共生，推动构建人类命运共同体，创造人类文明新形态。

第一节　世界农业发展历史透视

一、农业发展历史阶段划分

1. 几种经典的农业发展阶段划分简介

（1）按照农业生产力水平及其质变的关键要素划分。主要从农业生产力发展的工具和动力、技术与组织方式等方面考虑，一般分为原始农业、传统农业（古代农业）与现代农业（近代农业、后现代农业）。任何一个阶段都是借助于外部力量和内部动力而实现农业质的飞跃。

美国农业经济学家约翰·梅勒于 1966 年把农业发展分为三个阶段：以生产的增长主要依靠土地、劳动等传统投入相对增加为特征的传统农业阶段（技术停滞阶段）；以技术的稳定发展和运用、资本使用量较少为特征的低资本技术（劳动密集型）农业阶段；以技术的高度发展运用、资本集约使用为特征的资本密集型技术农业阶段（高资本技术动态农业发展阶段）。"梅勒农业发展阶段论"，也称为"资源互补论"。

（2）按照农业发展的主要目标、功能定位和政策等标志划分。1971 年美国经济学家拉南·韦茨根据美国的农业发展历史，将农业划分为：以自给自足为特征的维持生存农业阶段，以多种经营和增加收入为特征的混合农业阶段，以专业化生产为特征的现代化商品农业阶段。

日本农业发展经济学家速水佑次郎根据日本经济发展实践，于 1988 年把农业发展分为：以增加生产和市场粮食供给为特征的发展阶段，提高农产品产量的政策居于主要地位；以着重解决农村贫困为特征的发展阶段,通过农产品价格支持政策提高农民收入水平是主要政策;以调整和优化农业结构为特征的发展阶段,农业结构调整是农业政策的主要目标。

2. 影响农业发展阶段质变的关键因素

新的农业发展阶段意味着与前一个阶段发生了质变,即常说的"转型"。其主要依据或标志是农业发展水平以及目标达成的手段、生产方式、农业与国民经济的关系变化等。

农业发展阶段质变的可能因素很多,往往是某个因素(发动因素)引发或推动的综合性变革与创新,主要是思想、文化与理论的重大突破,人口与资源关系导致的供需矛盾,技术的重大突破及其应用,重大自然灾害、疫病、战争等事件。人类发展的历史也是一部战争史,一部技术发展史和思想革命史,是各国应对人口增长与自然资源、生存环境、经济社会发展、国际政治等问题,采取各种革新创新甚至战争方式解决矛盾的过程,也是不断催生新思想、新理论和新技术的创新过程。

二、传统农业阶段

1. 农业起源、原始农业与传统农业概述

世界农业起源于三个中心,西亚是小麦、大麦以及绵羊、山羊起源地,产生了美索不达米亚文明、尼罗河文明和印度文明;中美洲是玉米和南瓜首先被栽培的地方,产生了玛雅文明、安第斯文明;中国黄河流域和长江流域是小米、水稻的起源地(旱作和稻作体系),产生了中华文明(东方文明)。

在传统农业阶段之前,人类经历了数万年的原始农业缓慢进化演变阶段(石器农业),以原始氏族部落为主要组织方式,内部简单协作劳动(自然分工),生产力水平非常低下,维持生存只有依靠采集和捕猎自然界动植物。在旧石器时期,以粗制的、没有磨制的石器为工具,学会了用火以及用粗制的棍棒狩猎捕鱼。在新石器时期,学会了以打磨制作的石器为工具,发明了弓箭,打猎成为普通的劳动,肉食成为日常食物,在打猎捕获动物中发明了豢养、驯养动物,开始了原始畜牧业。以后进一步学会了种植谷物,开始定居生活,用石制的简单工具,采用刀耕火种或摽荒耕作制等极为粗放的耕作方式和直接经验生产,学会了制作陶器,形成了"草地农业"的"人居—草地—畜群放牧"系统,从"采集渔猎经济"时代逐渐进入了"生产经济"时代,即传统农业阶段(古代农业)。

传统农业在不同区域的发展历史、生产方式等有一定差异。例如,在公元前 3500 年—公元前 3000 年,希腊克里特岛已开始使用青铜农具。到公元前 1130 年,多利亚人开始使用铁器,最早的铁制农具是镰刀,接着其他铁制农具也迅速发展起来。在城邦国家建立的早期,木犁已装上了铁制的犁铧。农业发展的同时也推动了工商业和文化的发展,在此基础上形成了雅典、斯巴达等奴隶制国家。公元前 5 世纪前后,随着西罗马帝国的灭亡,日耳曼人先后在欧洲各地建立起了许多封建国家,在发展过程中逐步形成了领主阶级和依附农民,政治上实行严格等级制,采用庄园式农业生产经营,通常庄园的用地分成两部分,最好的农田是领主的直领地,由农奴无偿为其耕种;农奴得到的份地以条田的形式错落相间,可世代相继使用,但需承担繁重的封建义务。无论是西欧还是中国都经过原始农业时期的摽荒耕作制度以及轮荒耕作制度阶段(耕种几年、摽荒几年),但之后的传统农业阶段分别走向了不同的道路。

2. 传统农业阶段的基本特征

传统农业阶段大致延续 2000 多年,直到近代的农业化学技术(化肥)、机械技术开始应

用为止。

首先，从产权制度及生产组织看，是建立在奴隶庄园制与封建领主制、地主制之下的小农生产经营组织方式。传统农业形成的重要前提或基础就是国家及私有制、阶级的产生，其产权制度、生产经营组织制度与原始农业的以氏族公社为主有了根本不同。传统农业在世界各国主要是奴隶制、封建制，但其形成历史、基础等不同，具体生产经营方式表现出多样性动态变化，即使是以奴隶制、封建制为主，与土地所有者也有很多具体的不同利益关系或人身依附关系，与国家或统治者的税赋、劳役关系也有差异，被剥削者有奴隶、佃农、农奴、自耕农等多种形式，小农户经营有自有自耕、租佃、份地等经营，很多国家在不同阶段也都有其特殊的做法。传统农业是在国家私有制产权制度之下的小农经济，个体分散，封闭性强，男耕女织，自给自足（但实际难以满足生存需要）。

其次，从农业生产工具、动力及生产方式或技术看，使用铁制农具和人畜力，是依靠经验积累传承、自然生产力和农业内部物质能量的自然经济。传统农业是随着炼铁技术及铁制工具制作技术的成熟与使用普及而逐步发展，中国早在春秋战国时期就有了功能较为完善的铁制耕犁，公元前 350 年开始使用牛耕，铁犁牛耕使农业劳动生产率大幅度提高。耕作制度由原始农业的"刀耕火种"烧垦制，发展到既能较充分地利用土地资源又能较好保护自然植被的轮作制，采用整地播种、中耕除草、育苗移栽、灌溉、施用有机粪肥等一系列精耕细作方法。

用现代经济学理论方法分析传统农业，很多专家对其典型特征做了经典描述。诺贝尔经济学奖获得者，美国著名经济学家西奥多·舒尔茨在《改造传统农业》一书中做了如下经典概括：①技术状况长期保持不变，农业生产要素的供给和技术条件不变；②农民没有改变传统生产要素的动力；③农民的储蓄为零，没有投资能力。也就是说，在传统农业中，生产资源配置处于低水平均衡状态，农业生产要素的边际收益率极低，农民没有增加要素积累和投入的激励，农民以风险最小化作为其经营目标，新的生产要素长期不能被引入，是一种自给自足的"小而全"自然经济状态，长期处于停滞和徘徊。同时，舒尔茨也认为，传统农业"贫穷而有效率"，农民是"理性小农"，是在一定技术水平下对市场和价格的理性反应，要打破低水平均衡状态，必须从农业外部输入新的生产要素。

3. 传统农业形成与演变的主要因素及其逻辑

原始农业及传统农业都是在生产力水平较低、人地矛盾相对突出的背景下生存发展，其形成与演变的主要因素及其逻辑要点：第一，人类生存依赖于农业生产，农业生产依赖于所拥有（占有）的自然资源及生产技术，土地资源、气候条件与人地资源状况及其变化引发生产技术及生产组织方式变化，生产力水平提高。第二，生产力发展促进人口增长，进而产生新的人地资源矛盾，可能引发国与国之间战争，同时促使国内土地资源分配制度的改革，促进利用土地技术水平提升，促进开垦更多的农业用地。第三，在此过程中，因为特殊的自然气候环境变化、疫病等可能引发灾难，促使政策调整，促使土地所有者与使用者的关系调整。例如，1347—1353 年"黑死病"席卷西欧，造成人口锐减，劳力短缺，耕地荒芜，封建主难以经营庄园，纷纷把原来的自营地及已经死亡或逃亡的农奴的份地改为租佃制。农奴只要交纳一笔赎金，即可宣布释放，许多农奴由此得到人身自由，庄园经济逐渐瓦解。第四，在发展过程中，因为需求结构、国际贸易等变化，会促进新物种、新品种的发展，如哥伦布发现新大陆、丝绸之路的国际交流引发农业革命，大量的新物种、新品种在世界各地传播，促进农业发展。概言之，人地矛盾、技术与工具、战争与国民起义、自然灾害与疫病、国际贸易和地理大发现、制度、精英人物及其变革思想等是传统农业形成与演变的关键因素。

4. 传统农业发展的贡献

传统农业阶段的农业生产力水平得到了很大提升，手工业、商业、城市逐步发展，对自然资源的利用广度和深度不断提高，进一步刺激和保障人口的增长，农业种植养殖技术和方式在实践中创新，农民与国家、土地所有者的"依附关系"、严重剥削关系发生重大变化，农产品市场交换与贸易范围的扩大，商品经济有一定的发展（但仍然以自给自足的自然经济为主），地区乃至国家绝对封闭状态有一定突破，农业农村以及国家文明程度不断提高，总结出了很重要的经济思想和理论，至今仍有重大价值。同时，也创造出了世界多样化的"农耕文明"，博大精深，很多在当代乃至未来仍然具有重大思想理论价值和实践指导价值，需要加以保护。全球重要农业文化遗产保护（GIAHS）与中国重要农业文化遗产保护（China-NIAHS）受到广泛关注。

重要农业文化遗产是在所处环境长期协同发展中，世代传承并具有丰富的农业生物多样性、完善的传统知识和技术体系、独特的生态和文化景观的农业生产系统。也就是其在经济、生态、技术、文化与景观等方面具有显著特征，并在农业农村历史演进与可持续发展中具有重要价值的传统农业生产系统。其特征主要有：活态性、复合性、可持续性、多功能性、濒危性等。其"突出的普遍价值"主要表现在：生态与环境价值、经济与生计价值、社会与文化价值、科研与教育价值、示范与推广价值等五个方面。截至 2020 年 6 月底，联合国粮食及农业组织（FAO）已经认定了 62 个项目，分布在 22 个国家，中国有 15 个（2022 年 5 月又增加 3 个）。截至 2021 年，中国农业农村部已经发布了 6 批共 139 个重要农业文化遗产项目。

5. 传统农业的改造与转型

除了舒尔茨提出改造传统农业理论之外，发展经济学奠基者张培刚在《农业与工业化》一书中探讨了农业改造与转型问题。他认为：改造传统农业的长期诱因是工业化和城市化引起的对农产品需求的增加以及由此而导致的价格上升，引导生产者改变自给自足的生产目的，进而转向为市场生产，使得"企业创建精神"在农业领域崛起和实现；同时，工业化也是提供农业改造必须的技术、机械、肥料、动力等生产要素的前提，改造传统农业的实质是农业的工业化过程，工业化是一个资本化的过程，是一种扩大资本运用、加强资本运用的过程，也就是相对于土地和劳动，资本的比例大幅度提高。工业化将增加农产品需求数量和改善农产品需求结构，肉蛋奶、饲料作物等比重提高。

总之，传统农业转型，首先是生产目的由自给自足转向市场化生产，其诱因就是农产品需求数量和结构的改变以及市场机制的引入，引起土地制度与生产方向的变化、向市场体制的转型，进而引发技术变革、生产结构的改变，以及生产组织方式的改变、农业劳动力转移等。

三、现代农业阶段

"现代（modern）"一词，一种是指一个时间段，另一种是指一种价值观或形态，即一种新鲜的或潮流的事物，符合当时人们对某种理想的价值追求和向往，可理解为文明的、开放的、时尚的，与"传统"相对应。现代农业是在传统农业基础上的重大转型发展，是近现代工业化及科技成果在农业中的应用，也称之为近代农业、石化农业、工业化农业、产业化农业（资本化农业）等。自 20 世纪 70 年代后，人们针对石化农业造成的严重生态环境问题、健康问题开始反思，探索后现代农业（未来农业），如可持续农业、循环农业、生态农业等。随着 21 世纪以来现代信息技术、生物技术的深化发展，社会对食品质量安全、生命健康、动物福利等问题日益重视，生态农业、有机农业、循环农业、数智农业（智能农业、数字农业）等将代表未来方向。

1. 现代农业产生的历史背景及其逻辑

现代农业是欧洲航海大发现、文化复兴、科学研究、工业革命以及城市化、帝国主义、资本主义等多重力量相向发展的必然结果。

（1）欧洲文艺复兴引发的思想革命奠定了近现代科技革命的发展基础。以蒸汽、电力为动力的工业化和以实验科学为核心的近代科技革命，其思想文化基础主要发端于 14—16 世纪的欧洲文艺复兴，因为古希腊、古罗马的古典时代文化曾高度繁荣，但在 5 世纪开始的"黑暗时代"里却衰败湮没近千年。新兴资产阶级在复兴希腊罗马古典文化的名义下发起弘扬资产阶级思想文化的反封建的新文化运动，弘扬以人为中心而不是神，肯定人的价值、尊严和追求现实生活中的幸福，人是现实生活的创造者和主人等人文精神。

在文艺复兴时代，各种新的社会文化思想、新理论爆发式呈现，小说、诗歌、戏剧、美术、音乐等创作一片繁荣，天文学、数学、物理学、生理学、医学、地理学、心理学、经济学、管理学、建筑学等新学说不断突破，职业科学家大量涌现，大学、研究机构等专门化的科技创新和人才培养组织加快发展。"航海地理大发现"以及"丝绸之路"扩大了国际物质、思想交流互鉴（如 1405—1433 年中国明朝郑和七下西洋），为文化艺术、思想、自然科学和工具、技术等研究提供更丰富资料、更广阔空间和巨大需求，创新革新、创造创业、科学探险、科学研究、社会文化等呈现一派繁荣，孕育支撑着新的工业革命和科技革命。科技革命开始沿着其固有的规律和路径开始不断引领社会经济发展，成为第一生产力。

（2）资本化生产经营组织形式推动工商业、城市加快发展，帝国主义、资本主义形成。14 世纪时，工场手工业和商品经济的发展，资本主义关系在欧洲封建制度内部逐渐形成，工商业资本不断带来巨大利益和未来市场预期，刺激新兴资本主义势力发展，航海大发现以及殖民地掠夺侵占带来的巨大经济利益（西班牙、葡萄牙、荷兰、英国等建立殖民地帝国），商业、银行业以及城市不断繁荣，资产阶级和资本主义社会形成，股份制模式、证券市场等建立发展，资本、科技、军事、政府等力量结合一起的欧洲新帝国主义、资本主义形成。

（3）工业革命、城市发展、国际贸易及资本对利润的追求等对农产品原料、雇佣劳动力提出了巨大需求，农业资本主义化发展。封建领主制土地制度被打破，基于市场经济的土地交易与规模化大发展，农业中各种类型的大农场组织模式、企业化组织模式不断出现，如雇佣农场、租佃农场、自耕农家庭农场等。资本主义农场组织模式的形成，也是伴随着工业革命和科技创新基础上的农业科技创新发展。尤其是，建立在工业机械原理基础上的农业作业机械不断创新，农业动力由马拉机械发展到柴油、汽油发动机驱动；达尔文进化论、物种遗传规律以及细胞学说等生物学进展奠定了现代实验育种基础，优异性状的新品种不断创造；建立在化学工业基础上的化肥、农药等相继被合成，不断应用于农业。这些都不断提高利用改造自然的能力，农业劳动生产率、土地生产率大幅度提高。主要发达国家在 20 世纪 30 年代左右已经初步实现了农业机械化、良种化、化学化，在 20 世纪 70 年代左右实现了农业现代化。

（4）航海大发现、殖民地掠夺以及贸易扩张提供产业新市场，扩大产品需求、交流互鉴和科技发展。自 15 世纪的航海大发现开始，西班牙、葡萄牙、荷兰、英国等欧洲国家先后宣布发现的地方为其国家所有，屠杀当地土著居民，建立并掠夺殖民地财富。在此过程中，航海、地理、植物甚至语言文字、考古等研究探索往往相伴进行，航海、侵略的队伍中有大量的非军事人员，他们收集当地的自然、植物、历史等资料研究，也催生了欧洲近代科学的发展，"承认无知""好奇心"与探索未知世界"获取新知识"产生强大动力。工商业发展则支撑服务殖民地掠夺和科学研究，军事工业发挥重要作用，各种因素、力量相互作用，欧洲成为现代化的策源地。资本主义国家利用其工业革命、科技革命的先发优势，用坚船利炮等先进武器，并通过国际贸易、殖民地掠夺等方式从其他国家获取大量的资源，再将大量产品输往世界各地，获取了巨大的财富和利益。同时，发生于 15—19 世纪的黑奴贸易，非洲大陆近 1500 万人作为廉价劳动力被欧洲人贩卖至美洲当地的种植园主（不包括在航运中死亡的近千万人），给非洲国家造成的损失不可估量。这些是欧洲、美洲的现代化得以实现的重要条件。因为生产过剩，资本主义国家不断爆发经济危机（即周期性经济危机），1825 年世界上第一次经济危机发生在英国，国家垄断资本主义、帝国主义对落后国家、殖民地国家的掠夺剥削成为他们化解危机的重要途径。20 世纪 30 年代的世界经济大危机引发凯恩斯国家干预经济等一系列重大变化，包括农业方面的国家支持保护政策逐步成为主流，进一步巩固其地位。

总之，现代农业产生和发展是一系列思想文化、科技教育、社会生活、产业经济等领域的系统性变革，是工业化、城市化、资本化等一系列历史因素相互作用的结果。不同国家处在不同历史阶段，面临的国际环境不同，现代化的道路不同，难以重复先发国家的场景。

2. 现代农业的特征

自现代农业方式产生以来，一直随着科技进步、理念创新、产业分工与组织创新等不断发展变化，也可以分为初级阶段、中级阶段及高级阶段。对现代农业特征的认识存在多维、多内容，是动态的（现代一词本身就是动态的）。中国对于现代农业（农业现代化）的认识从 20 世纪 60 年代的机械化、电气化、化学化和水利化等"四化"，之后不断赋予了"良种化""科学化""园林化"等内容。有的将其概括为"十化"，即：①机械化。各环节基本全面采用机械，并向自动化、智能化发展。②设施化。包括农田基础设施、水利、节水设施，大棚、温室等设施农业发展。③科学化。实验科学研究成果应用，操作科学化，农业科技进步成为增长的主要因素。④信息化。遥感、GPS 系统、物联网、大数据、云计算、区块链、电子商务等现代信息技术广泛应用，数智农业成为方向。⑤标准化。生产经营各环节采用标准化生产技术、工艺，产品质量安全及其经营管理标准化。⑥产业化。农业产前、产中、产后各环节有机联结为成熟高效的产业链条（体系）。⑦专业化。以市场导向，区域及生产单位分工和专业化程度高。⑧规模化。主导产业区域专业化、规模化，农场、农户经营规模适度，实现规模效益。⑨企业化。农业生产经营遵循企业经营机制，讲求投入产出和经济核算，各种生产型、服务型农业企业主导产业发展，家庭经营企业化、合作化等。⑩生态化。生产过程以及产后环节符合生态规律、改善生态环境、实现与自然协调的生态文明。另外还有高效化、绿色化、可持续等不同的理解。

总之，与传统农业相比，现代农业最显著的标志就是用机械代替人畜力，用科学代替经验，将自给自足的封闭农业转变为社会化、市场化农业，打破了传统农业的低水平自我封闭循环，从农业系统之外输入了大量物质和能量，农业生产力得到了显著提升。

3. 现代农业发展的进步意义及其负面效果

现代农业的产生及发展，彻底改变了古代农业的农产品生产方式、人与自然的关系、工农关系、城乡关系以及国际关系等，其影响是全方位、系统、深刻的。最基本的进步意义是：人类利用自然的强度、广度和能力大幅度提升，农产品产量和生产能力大幅度提升，满足不断增长的人口需求的能力大幅度增强，农产品消费结构多样化；农业劳动力和农业人口大幅度下降，发达国家基本在 10% 以下。

受思想认识、理论以及科技发展等历史局限性，现代农业发展也带来了非常严重的生态环境、食品质量安全等问题。1962 年美国科普作家蕾切尔·卡逊的科普读物《寂静的春天》，描述了因过度使用化学药品和肥料而导致环境污染、生态破坏等灾难发生时的情况，用生态学原理分析了化学杀虫剂对人类赖以生存的生态系统带来的危害。此书的出版引发世界关注，再加上很多食品质量安全、污染引发的疾病问题，促使对现代农业进行不断的系统深刻反思。

对现代农业的负面效果可概括为以下方面：①生态与环境污染破坏问题。资源过度利用，土壤板结与侵蚀严重，水土污染及动物疫病多发，生物多样性急剧降低，农田的蜜蜂、蝴蝶等动植物种类大幅度减少，生态脆弱日益显现。②食品质量与人类健康安全问题。质量安全事故频发，疾病种类增多、危害加重等。③石化能源过度耗竭。煤炭、石油等不可再生石化能源加速枯竭，难以可持续发展。④出现很多新的社会问题与矛盾冲突。人与自然的矛盾加剧，乡村衰败，城乡矛盾与工农矛盾，食品供应链各环节的利益分配不均衡或不合理问题等。⑤国际发展不平衡与冲突升级。发达国家利用先发优势以及殖民地、技术贸易壁垒、国家垄断资本主义组织等各种方式从落后国家获取最大经济利益，虽然农产品生产过剩，但利用高补贴提高国际竞争力，落后国家依然贫困。⑥思想文化等其他问题。极端人类中心主义、个人主义至上，消费主义盛行，机械化、单向思维普遍，世界传统农业的多元化文化被单一的工业化、产业化取代，对科学的盲目崇拜，农业农村的多元价值与多功能严重削弱等。2018年 1 月 20—21 日在美国克莱蒙召开的"农人与哲人：走向生态文明"研讨会上，罗伯特·詹森等强调：对于今天的生态危机和农业危机，人类中心主义、科学主义、技术至上主义难辞其咎，人类要走出困局，就要培养一种以自然为师，向自然学习的心态；要认识到人类仅仅是宇宙共同体的一部分，是宇宙之旅的一部分，是生态共同体的普通公民。

4. 后现代农业发展理念与实践

现代农业发展中存在的诸多问题具有系统性，只有依靠思想文化、理念、制度以及技术的不断创新发展解决。从"现代性"思想角度，提出了建设性后现代主义、后现代农业等重要范畴和命题。建设性后现代主义认为：世界是一个有机整体，宇宙是一个有生命的整体；主张摒弃激进的个人主义，消除人我之间的对立；认为人与自然是一种动态平衡关系，应该和谐共处，主张生态主义；从方法论上，反对非此即彼的二元对立思维，对现代性不是简单否定而是扬弃，既克服又保留；从经济上谋求人类与自然共同福祉的可持续发展，既是可持续的，又是可生活的社会；在生活方式上，欣赏与自然和谐、与身心和谐等。

关于后现代农业，思想家们提出了很多观点。例如：①农业生产目标方面，应满足人口的粮食需求，使人口保持在健康状态；②生态与环境方面，强调生态性、可再生性、生物多样性、可持续性，必须建立在伦理和环境可持续性理论上，认识并尊重土地的潜力，实施彻底的生物化、太阳能化的农业方法；③农业组织方面，强调和谐，不排斥大规模，但以小为美，也就是大规模农场、农业企业、企业集团与"小农户""小农场"等小规模并存；④从农业文化方面，强调要感恩自然、动植物，尊重农业的崇高地位和职业特性、产业特性，使人们能够过上一种将工作、健康的社会关系和休闲机会相结合的生活。

在实践方面，20 世纪 80 年代以来不断提出和试验实践诸如可持续农业、生态农业、循环农业、有机农业、亲环境农业、自然农业等生产方式；在协调农业与社会发展关系方面，实践城市社区农业、都市农业、休闲农业等；在乡村发展方面，通过乡村建设，城乡差距消除，乡村多元化价值充分显现。发达国家已经取得了很大进展，如农民的收入水平和生活质量甚至高于城市，食品质量安全水平以及农业生态环境保护等走在世界前列。包括中国在内的发展中国家尚处于探索期，粮食安全风险巨大，政府投资能力有限，居民收入消费水平与理念等很多方面不适应，实现生态文明基础上的后现代农业任重道远。

专栏：农业发展伦理观

将农业伦理问题正式提出、全面阐述并提升到空前重要位置的是 FAO（联合国粮食及农业组织）召开的粮食及农业伦理著名专家小组第一次会议，该会议形成的报告以及出版的《粮食及农业中的伦理问题》《转基因生物、消费者、粮食安全及环境》等系列文件进行了较为全面介绍和阐述。伦理学是研究道德现象，"讨论人的举止行为的对与错"的"人性科学"，是道德观点的理论化和系统化。规范伦理学对道德的认知主要有功利论（结果的善恶）、道义论（行为与动机的善与非善）和美德论（如何达到好人、圣人），道德判断的三个层次是应该与不应该、适度与不适度、公正与不公正。农业伦理学是研究农业行为道德科学，包括人与人、人与社会、人与生态环境发生的功能关联的道德等。中国传统农业的伦理观从对天的敬畏（顺天时）、人与天的交流（天人感应）、依照客观规律对天的适应性利用等三个层次展开。工业化以人类为中心，生态伦理观严重错位扭曲，违背了"自然之法""可行之度"的伦理，造成了灾难性后果。1973 年挪威著名生态哲学家阿恩·内斯针对生态运动局限于人类本位的环境与资源保护等"浅生态学"，提出"深生态学"概念及"生态自我""生态平等""生态共生"等理念，其基本价值观念是：与自然和谐相处，所有自然物具有内在价值，生命物种平等；讲究简单的物质需要（物质的目的是为更大的自我实现服务）；地球供给有限；足够使用和再使用（循环利用）；尊重少数的传统和生物区域等。

资料来源：任继周. 中国农业伦理学导论［M］. 北京：中国农业出版社，2018.

四、农业现代化

"化"首先指的是一个过程，是原先没有或者水平较低而努力争取达到的过程。现代化也被看作是一种状态、水平（现在的或者未来的），与常说的农业现代化水平和现代农业水平的含义基本相同。

1. 农业现代化基本内涵

农业现代化就是不断采用当代世界先进适用的科学技术、工业装备与理念制度、组织管理方式等发展农业，使农业达到世界先进水平的过程。其基本内容主要是：①生产手段现代化：现代机械化、智能化等设备在农业中得到有效利用；②科学技术现代化：在农业广泛采用先进、适用、高效的现代科技成果；③组织管理现代化：农业的组织和经营、管理的理念、制度以及方式方法等体系科学高效；④生产经营者素质能力现代化：农民、农业生产经营组织普遍拥有先进的文化、科技、经营管理素质和能力；⑤结构体系现代化：农业的产业结构、生产结构、区域结构、供求结构、组织结构等体系之间及其内部协调高效，整体功能优化；⑥资源环境现代化：人与自然和谐、可持续发展、生态循环等生态文明的现代理念与行为得到广泛体现。

2007 年的中央"一号文件"是改革开放后第一次对如何建设现代农业进行的系统阐述，现在仍然具有较强指导价值，其主要观点是：①"两个过程"：建设现代农业的过程，就是改造传统农业、不断发展农业生产力的过程；就是转变农业生产方式、促进农业又好又快发展的过程；②"六个用"：用现代物质条件装备农业，用现代科学技术改造农业，用现代产业体系提升农业，用现代产业化经营形式推进农业，用现代发展理念引领农业（对"三农"支持保护），用培养新型农民发展农业；③"三个提高"：提高"三化"（农业水利化、机械化和信息化），提高"三率"（土地产出率、资源利用率和劳动生产率），提高农业的素质、效益和竞争力。

2. 发达国家农业现代化的基本实践道路

农业现代化道路（模式）是对实现农业现代化的主要理念、目标、动力、路径以及机制等方面特性的概括，从国际角度常说的是三种。

（1）美国模式。美国、加拿大、澳大利亚等国家，人少地多，农业自然资源禀赋优越，具有发展机械化、规模化农场的需求和基础。在商品化以及追求资本化利润刺激下，以提高劳动生产率的机械化为切入点，农场的农业设备等固定资产投资大，大宗农产品单位产品成本低，竞争力强。同时，良种化、标准化以及区域专业化布局、企业化经营、产业链一体化经营及农场主组织化水平高，形成大规模机械化与高资本、高技术模式。美国 1940 年就基本实现农业机械化，1959 年小麦、玉米等主要农作物生产的耕、播、收割、脱粒、清洗环节 100%实现机械化，此后适应家庭农场多样化和大型化发展的市场需求，不断推出多类型、多功能的多品种农机，以及大功率、高度自动化的大型农机。美国农场数量从 1970 年的 292 万个下降到 2016 年的 206 万个，平均规模则从 155 公顷扩大到 179 公顷，是世界最大农产品出口国。

美国模式的形成也有非常复杂的综合性、历史性原因，包括科技创新、农业教育水平高、国家扶持补贴等。工业的快速发展推动了农业工业化进程，尤其是 19 世纪后期美国发生的以化学、电力、汽车、石油提炼为标志的第二次工业革命极大地推动了科技进步。据美国专利局统计，1860—1890 年间共发明 44 万项专利，科技的进步为农业的机械化、良种化、化学化、电气化提供了强大的支撑。另外，第一、二次世界大战本土未受大的破坏，战后又利用同盟国市场、美元的国际货币地位、战争霸权等维持其经济霸权。

同时，美国是一个没有经历长期封建制度统治的后发资本主义国家，独特的历史和自然条件使得美国农业资本主义发展道路明显区别于欧洲国家，不需要废除封建的土地所有制，也无需对地主土地进行赎买，最重要、最具有基础性地位的莫过于西部大开发运动。1862 年颁布《宅地法》，开始了国有土地私有化过程，其规定凡连续耕种国有土地 5 年的农户或 21 岁成为美国公民，或已递交入籍申请者，只需交纳 10 美元证件费即可获得 160 英亩（一英亩合 6.07 亩）国有土地所有权。

（2）日本模式。日本、以色列、韩国等国家，人多地少，农业资源极度匮乏，人地矛盾高度紧张，主要依靠新品种和新技术、适宜的中小型农业机械、大量的资本投入以及农民高度的组织化，提高资源的使用效率，并依靠强有力的农民组织以及政府的支持保护等保障农业收益，通过工业化、城市化发展吸纳大量农村劳动力就业，形成土地资源节约型、资本与技术密集型模式。例如，1961 年日本耕地面积大约 608.6 万公顷，人均耕地面积仅 0.063 公顷。在 20 世纪 60 年代之后工业化、城市化积累强大实力，对农业投资与支持保护，农业新品种、新技术的支撑力度大，是资本技术密集、提高单位资源产出的模式。日本农户数量由 1985 年的 466 万户减少到 2010 年的 252 万户，户均规模由 1985 年的 0.88 公顷扩大到 2011 年的 1.88 公顷。中国与日本同处东亚，在历史文化、农业传统、人地关系等方面有很多相似性，是中国农业农村现代化应当借鉴学习的主要模式。

（3）西欧模式。以法、德等欧洲国家为代表，其工业革命与城市化、科技创新有先发优势，是近代工业革命和城市化发展最快的地区，也是农业科技创新发展最快的地区。利用这些先发优势，通过殖民地掠夺和倾销产品等积累了大量财富，整体经济社会发展处于世界前列，农业科技创新、机械化水平等基础雄厚。其人地资源状况虽不如新大陆的美国、加拿大等国家，但比日本、以色列等要好得多，大量乡村人口城市化，人地关系相对宽松，形成大量中小家庭农场。通过国家支持保护，发展农场主专业合作社、协会等提高组织化水平，依靠科技创新支撑农业，城乡差距、工农差距较小。政府重视社会公益和社会福利事业，农业政策鼓励合作社经济。

更为重要的是，通过 20 世纪 70 年代开始的欧洲经济共同体的统一组织协调，在农业结构与分工、市场与贸易、政策与法律等方面有效分工协作，维持提升农业的高质量发展。但与自然资源禀赋优异的美国、加拿大等相比，欧盟国家的农产品普遍也没有竞争力，高度依赖政府支持保护。

3. 农业现代化的特性

特性是某事物所特有的品性、品质，是一事物区别于其他事物的本质规定性。认识农业现代化特性是科学理性建设现代农业的思维理念前提，现代化进程中一些政策措施失误的基本原因就是对其特性缺乏理性科学的把握。

（1）动态性（相对性）与时代性（先进性）。现代化农业是随着技术、经济和社会发展而变化的动态历史进程，只有阶段目标而没有终极目标。现代化是一个国际概念，其部分内容及其标准是当代先进适用，而不是单纯与自身过去相比的进步。例如，基本实现农业现代化阶段，就是一些主要内容达到了现代化要求，但尚有部分内容存在一定差距。

（2）复杂性（综合性）与系统性（整体性）。实现农业现代化涉及经济、社会、文化、生态以及体制机制、制度等方面，其影响因素与内容要求具有复杂性、综合性。例如，农业现代化与农村现代化、农民现代化的"三位一体"，与国家城镇化、工业化关系密切。中国从"十四五"开始，已经由农业现代化扩展到农业、农村现代化一体化推进。同时，现代农业又是一个完整的系统体系，各环节、各部分以及各影响因素相互约束促进，需要在不断克服不协调、短板等过程中发展，实现系统功能的科学优化。

（3）世界性（规律性）与区域性（特殊性）。现代农业虽然存在很多缺陷，但也是人类文明的世界性重大进步，有其自身的普遍性发展规律和共性要求，是在不断创新发展中进步完善的。同时，各个国家、地区的自然资源状况、国情农情、历史文化、所处发展阶段等不同，农业现代化进程中都会面临很多特殊的矛盾与问题，解决的方式方法及其道路也有其特殊性或者区域性，不能简单模仿。

4. 衡量农业现代化水平的基本标志及其相关指标

监测评价农业现代化进程，发现差距与问题，进而制定针对性有效措施是推进农业现代化的经常性工作。因为农业现代化的影响因素、主要内容的复杂系统性、动态变化性，在具体的工作性要求指标方面的变化更大；现实统计信息体系能够提供的信息有限，导致评价指标的设计选择复杂困难，能够科学准确评价农业现代化进程及状态水平并不容易。中国改革开放之后，尤其是提出现代化"三步走"战略目标之后，相关研究就一直在进行，提出了很多农业现代化指标体系，但都存在不少误区和问题。科学的农业现代化指标体系应能够充分反映和体现农业现代化的主要内容和特性，因为其内容太多，在此归纳为条件性与结果性两大方面六类，引导思考。

（1）条件性标志及其指标。条件性是指农业现代化建设的各种条件及其要求，主要内容可概括为三方面。①科技与装备、设施的先进性。在农业生产与经营的各领域、各环节是否采用了先进适用的品种、技术工艺、设施设备，从业人员的技术水平等。可用指标很多，例如：农业科技进步贡献率，每万农业人口（每万公顷耕地）拥有农业技术人员数，良种普及率，农机化综合作业率，有效灌溉面积所占比例，旱涝保收面积比例，农业信息化普及率，等等。②组织管理的科学性。是否建立起符合产业特性和发展要求的完整高效组织网络，组织管理方式方法、机制等是否有利于资源优化配置和高效利用等。管理既是科学也是艺术，很多内在"软要求"难以数量化指标体现。现实中常根据发达国家或者先进水平的经验，设置一些指标近似代表，如加入合作社农户比重，农业规模经营比例等。③制度的有效性。农业发展所需的各项制度（政策、法律法规）是否合理、有效并有利于生产力发展，能否保障或激励资源的高效利用，能否有效调动各方面积极性、主动性等。可通过满意度调查等评价。

（2）结果性标志及其指标。是衡量现代化水平的最终标准，是农业现代化目标和产出结果。①产业的发达性。主要看农业产业体系的生存和发展能力，产业竞争力和获益情况等。常用的核心指标有土地生产率、劳动生产率与资金产出率，农产品加工率与农产品加工增值率，绿色农产品或有机农产品占比、名牌农产品占比等。②农民的富裕性。主要是务农农民的收入水平、生活质量和生活环境是否达到、接近城镇居民，工农差距、城乡差距是否在社会可接受的范围之内等。常用指标如：农民人均年纯收入（年可支配收入），农民人均存款余额、农民恩格尔系数、农民人均文化娱乐消费占比，以及农民住房、信息化手段、交通手段等方面的水平。③发展的持续性。从生态文明角度衡量农业长期生存、发展的能力和水平。常用指标有：林木覆盖率，农业废弃物资源化利用率，农业污染治理达标率，万元农业增加值耗水量，每公顷化肥、农药使用量，节水灌溉面积比例，水资源利用系数等。

5. 农业现代化指标体系构建简述

构建科学有效的农业现代化指标体系是统计学应用于农业经济分析的具体实践，在中国被广泛应用，但到目前为止尚没有真正的科学、权威与公认的成果，已研究或使用的指标体系都存在很多缺陷不足，只具有一定程度的解释力，都是在一定条件和认识水平下的选择，需要理性认识，提高辨别能力。

设立指标体系对农业现代化进程和水平进行评价有多重目的：一是侧重于监测进程，通过与目标的对比发现差距和难点问题，提供对策或政策依据；二是评估发展的现状水平，对整体状况进行判断，有的也用作区域排名，或者作为重要标志体现政府目标完成状况。

评价目的的不同，指标标准值或目标值的确定就不同，主要有：计划目标值、预期性目标值与国家约束性指标值（考核各级政府的指标，如永久性基本农田面积保有量等），理论值与先进水平值等。不同指标性质要求及不同评价目的，其标准值或目标确定不同，需要科学选择确定。

知识延伸：“两次”农业现代化理论

《中国现代化报告 2012：农业现代化研究》提出了“二次现代化”理论：一是发达国家农业现代化的“前沿”创新过程，在理念、技术与模式等方面创新领先；二是发展中国家追赶发达国家，改变落后状态与差距的过程。追赶过程不是简单地重复发达国家的做法，而是不断结合前沿创新成果以及本国实际的发展过程。在 18—21 世纪期间，世界农业现代化的前沿过程包括两大阶段：第一次是从传统农业向初级现代农业的转型，大致时间是 1763—1970 年，主要特点是农业的市场化、工业化、机械化和化学化、农业比例下降等；第二次是从初级现代农业向高级现代农业的转型，大致时间是 1970—2100 年，主要特点是农业的知识化、信息化、生态化、多样化和国际化等。同时提出，农业现代化的政策目标包括：提高农业生产力和农民生活质量，保持农业生态系统的稳定和国家食品安全；其基本标准包括农业效率、农民收入、农业结构、农业制度和农业观念达到当时世界先进水平等。农业现代化的动力（因素）包括：农业创新、农业竞争、农业适应、农业交流、国家利益和市场需求等，在农业发达国家农业创新作用比较突出，在农业发展中国家农业交流作用比较突出。关于农业现代化的模式（道路、路径等）认为：农业现代化是关键要素的一种组合，具有时效性和针对性，具有路径依赖性和资源依赖性；农业现代化没有标准模式、最佳模式，只有合适模式，依据要素组合和资源禀赋有 40 多种模式。

资料来源：何传启. 中国现代化报告 2012：农业现代化研究[M]. 北京：北京大学出版社，2012.

第二节　中国古代农业发展

习近平总书记在 2018 年 9 月 21 日主持中共中央政治局第八次集体学习时指出，我国农耕文明源远流长、博大精深，是中华优秀传统文化的根，要在实行自治和法治的同时，注重发挥好德治的作用，推动礼仪之邦、优秀传统文化和法治社会建设相辅相成。中国的黄河流域和长江流域是世界农业起源中心之一，18 世纪之前一直是古代农业文明的引领者，18—20 世纪是工业文明的学习者。在向生态文明回归的现代化历史使命下，了解中国古代农业文明具有重要价值。

一、中国古代农业发展与地理环境

人类农业从诞生之日起就是为了生存发展而与自然斗争，即使现代化国家也完全难以摆脱对自然的依赖，不同的地理环境影响甚至决定了传统农业的生产方式、方法和生产力水平，重大气候条件或自然条件变化导致的灾难及其应对伴随人类社会始终，古代农业文明就是在这种条件下产生。

1. 中国农业起源、发展与地理环境

地理环境是人类生存于其中的自然环境和生态系统，包括气候、土壤、地形地貌、植被、水文等。人类活动及自然力的作用会改变地理环境，经过一定时期和条件的变化就会发生重大的或质的改变，产生重大影响。农业起源于没有文字记载的远古时代，发生于原始采集狩猎活动，随着人口逐渐增加，食物不足，需要开辟新的来源，选择出了可供人们食用的谷物，在约 1 万年前进入原始农业阶段，在黄河流域主要种植粟（小米），长江流域有一些水稻种植点。在约 6000—7000 年，将一些狼种驯化成狗，开始野猪的饲养、牛羊的驯养，人类逐步进入了定居的生产经济时代。原始农业工具以石器为主，并广泛使用木竹器、骨角器和蚌器，用石斧、石锛砍伐，用竹木帮助播种，用石刀、石镰收获，刀耕火种、撂荒耕作。在谷物种植的同时，逐渐学会了栽培大豆、葫芦、大麻（纤维织布）、茶树等。更进一步，随着认识与工具进步和经验的积累，在传统农业阶段种植养殖的品种进一步增多，成为世界传统农业最发达的地区。受生产工具性能的限制，考古发现的农业起源地和人类定居地，一般都是自然环境条件相对宜居、宜业的地方，原始农业阶段逐水草而居的迁徙，以及传统农业阶段的开荒种地、人口迁徙等会理性选择地理环境相对优越的地方。

中国古代黄河流域气候较现在温暖湿润，低温和干旱威胁较轻，黄土高原和黄土冲积平原土质疏松，旱作农业技术相对简单，开垦较易。而长江流域当时过于炎热潮湿，沼泽与原始丛林密布，种植水稻劳动量大、大量开垦困难，发展受限，黄河流域最先成为中国古代经济文化中心。大约 2000 年前，中国气候总体逐渐变冷，长江流域变得更适宜于居住和农业发展，而黄河流域则渐趋寒冷，气候干燥，加之长期开发，天然植被遭受破坏，土壤肥力下降。再加上北方作为政治军事中心，伴随人口增长和技术进步，阶级斗争、战乱等造成大量人口的南迁，长江流域及其以南则成为全国的经济中心、文化中心，稻作体系成为中国传统农业又一重要农业体系，与旱作农业体系共同构成传统农耕文明主体。

2. 中国农业灾害与地理环境

中国是一个自然灾害、灾荒严重的国家，即使经过了几千年的古代社会以及近代以来的建设，新中国成立后自然灾害每年仍然造成很大损失。《史记·货殖列传》描述道："六岁穰、六岁旱、十二岁一大饥。"邓云特（邓拓）在《中国救荒史》（1998）指出：从公元前 18 世纪至 20 世纪的今日，将近 4000 年间，几乎无年无灾，也几乎无年不荒。英国学者李约瑟也曾指出，中国每 6 年有一次农业失收，每 12 年有一次大饥荒，很多时候旱灾及水灾在不同地区同时出现。西欧学者甚至称中国为"饥荒的国度"。仅西汉初年至鸦片战争前，死亡万人以上的重大气候灾害 144 次，导致 10 万人以上死亡的大灾荒 20 次以上。1877—1878，晋陕冀鲁豫等北方 5 省发生特大旱灾，饿死 1000 万人以上，史称"丁戊奇荒""晋豫大饥"。1928 至 1930 年的"民国十八年年馑"，陕西大部分地区连遭旱灾，夏秋无雨，冬季无雪，三年不雨，六料未收，全省 200 多万人活活饿死. 200 多万人逃亡他乡，800 多万人以树皮、草根、观音土苟延生命。另外还有河南 1941—1942 年的大饥荒等。中国灾害多发提醒人们：粮食安全再怎么重视都不为过。中国人从古至今饿怕了。

中国灾荒严重与地理因素关系密切。中国大陆性气候、水资源以及由此决定的农业生产方面具有高度的不确定性，季风无规律，黄河流域春季干旱少雨，全年降雨量 70% 左右集中在七、八、九三个月，夏秋之际易于暴雨成灾，主要河流流量的突然变动，河流上游盆地的侵蚀，以及随之而来的淤积和洪水，靠近干燥不毛的沙漠地区等都是造成不确定的因素。著名英国历史学家阿诺德·约瑟夫·汤因比（1889—1975）对此就曾指出，人类在这里所要应付的自然环境的挑战要比两河流域和尼罗河的挑战严重得多，人们把他变成古代中国文明摇篮地方的这一片原野，除了有沼泽、丛林和洪水的灾难之外，还有更大、更多的气候上的灾难，它不断在夏季的酷热和冬季的严寒之间变换（《历史的研究》，1959）。当然，灾害的发生也是在人类对自然认识不足的条件下生存与生产活动的结果，与自然资源的变化相互影响，自然生态系统破坏容易但恢复很难，人口增长导致对自然的过度不合理干预是重要因素。也正是在与自然灾害的抗争中，兴修水利，不断发明创造新技术，改进耕作方式，不断认识自然，才书写出了中华农耕文明。总之，地理环境特性决定不同的生产方式，影响到经济与社会的发展变化，也是对人类向其施加影响的反馈。

二、中国古代农业发展主要阶段与精耕细作传统

精耕细作是中国传统农业区别于西方的精华，至今仍具有重大价值。1909 年曾任美国土壤局局长的著名专家富兰克林·H. 金携全家游历考察东亚三国，1911 年英文出版的《四千年农夫:中国、朝鲜和日本的永续农业》在 20 世纪 50 年代成为美国有机农业的"圣经"，2011 年中文版发行引起广泛关注。中国精耕细作传统农业的形成与发展是多种因素在历史进程中渐进完善的。

1. 中国古代农业发展主要阶段

中国农业产生于旧石器时代晚期与新石器时代交替阶段，原始人在经历了数百万年的狩猎和采集之后选择了种植作物和驯养动物谋生。在距今约 1.2 万年前，出现了一次全球性变暖，大片草地变成了森林，许多大中型食草动物减少，迫使原始人转向平原谋生，在漫长的采集实践中，尝试、学会了种植植物，以渔猎为生的原始人不得不改进和提高捕猎技术，发明了长矛、标枪和弓箭等，并学会了驯养动物，产生了农业生产方式。在原始农业阶段，中国最早被驯化的作物有粟（小米）、黍（黄米、糜子）、稻、菽（大豆）、麦等"五谷"及果蔬类作物，饲养有猪、鸡、马、牛、羊、犬等"六畜"，还发明了缫丝技术等。不过那时的农业还只是一种附属性生产活动，生活资料主要靠采集、狩猎获得，由石头、骨头、木头等材质做成农具。

在距今 3000 年左右，农业成为社会主要产业，原始的采集狩猎成为附属，传统农业逐渐形成，其主要经历五个重要时期。①青铜器在农业的应用。这是传统农业形成的主要标志。在中国夏商周时期（公元前 21 世纪—公元前 8 世纪），中原地区青铜农具在距今 3500 年前后就出现了，刀耕火种向比较成熟的饲养和种植技术转变。夏朝大禹治水的传说反映出利用改造自然能力的提高。垄作、中耕、治虫、选种等技术相继发明，休闲制逐步取代了撂荒制，灌溉技术已萌芽，精耕细作技术已在某些环节出现。黄河流域防洪排涝修建沟渠，以后发展为兼具灌溉功能的"沟洫农业"是主要标志，沟洫和田间道路把农田区分为方块，为"井田制"的实行提供了重要基础。创立"夏历"使农耕活动由物候经验上升为立法规范，商代出现了最早的文字"甲骨文"。②铁农具与牛耕的发展与普及。这是传统农业形成与逐步成熟的重要标志。春秋战国至秦汉时期（公元前 8 世纪—公元 3 世纪），是我国社会生产力大发展、社会制度大变革时期，铁制农具出现和牛马等畜力使用，传统农业中使用的各种农具多数在该时期发明应用，一些在汉代出现的耕作、收获和运输农具目前仍然可见，黄河中下游地区的汉代铁犁牛耕基本普及。中央集权统一的封建专制国家建立，兴起了大规模水利建设；出

现了以小农家庭为生产单位的经济形式，承认土地私有，奖励农耕、鼓励人口增长、重农抑商。同时，向农户征收土地税。张骞"凿空"西域后，丝绸、瓷器等源源不断输入其他国家，石榴、葡萄、大蒜、芝麻、苜蓿、芜菁、胡豆、黄瓜等也通过丝绸之路来到了中国。先后编辑《吕氏春秋》《氾胜之书》等重要农书，也形成体现了"耕读文化"。③旱作农业体系在北方长足发展。公元 5 世纪中期，北魏统一了北方地区，推行"均田制"，北方大量人口南移促进了南方发展。黄河流域形成了以防旱保墒为中心、"耕—耙—耱"为技术保障的旱作农业体系，创造实施了轮作倒茬、种植绿肥、选育良种等多项农业技术措施，旱地精耕细作技术体系形成并发展。农书也从前一时期的几种增加到 30 多种，如我国第一部农业百科全书，北魏贾思勰所著《齐民要术》（10 卷、92 篇、11 万多字）。④稻作农业体系在南方形成。隋唐时代农业发展进入大发展大转折时期，实行"均田制""租庸调制"减轻农民负担，兴办水利、奖励垦荒，农业得到较快发展，人口由唐初的 3000 万增加到天宝年间的 5200 万，耕地 1.4 亿亩，是封建社会空前繁荣时期。随着唐王朝衰落，全国农业和经济中心转到社会相对稳定的南方地区，水稻跃居粮食作物首位，小麦超过粟居第二，茶、甘蔗也有发展。适应南方水田作业的高效农具已配套齐全，适应水稻上山、具有水土保持功能的"梯田"发展起来。南宋《陈敷农书》和元代《王祯农书》对该时期农业科技发展有系统总结，尤其是《陈敷农书》是第一本总结南方农业生产经验的农书，提出了"地力常新壮"理论和"用粪如用药"的合理施肥思想。⑤美洲作物大量传入与发展。明代以后从美洲等国家和地区引进了玉米、马铃薯（洋芋）等高产粮食作物和番茄、棉花、烟草、花生等经济作物，其适应性和丰产性使农业结构更新换代、不断优化，产量大幅度提高，对解决人口快速增长带来的衣食压力起到很大作用。同时，在江南地区双季稻开始推广，出现了粮菜间套作"一年三熟"种植制度，北方"二年三熟"得到发展，精耕细作技术又获深化。明朝徐光启的《农政全书》（60 卷、50多万字）全面系统总结了中国传统农业科技和政策。

西方列强 1840 年武力入侵中国，中国有识之士"师夷之长技"办实验农场、农业学校、农业报刊，引进西方化肥、农药、农机、良种等，农业科技作为一种科学体系产生。但受制于各种原因，并没有使中国传统农业得到根本改造，一直到新中国成立之后才开始了现代农业的探索。

2. 传统农业的精华——精耕细作

中国古代农业之所以能够养活不断增加的人口，主要是精耕细作的优良传统。中国远古时代人口 100 多万，上古时代 2000 多万，秦汉时代 3800 万到 5000 万人，隋唐时代 3000 万到 1.3 亿人，元明时代 1.5 亿至 3.7 亿人，清代 3.7 亿至 4.3 亿人，民国时期达到 5.4 亿人。

精耕细作技术的主要内容是：①运用集约的土地利用方式提高土地利用率。例如，早在战国初年李悝指出"勤谨治田"，亩产可提高 20%。他的"尽地力之教"就是发挥土地潜力，提高土地生产力。他认为通过提高单产来增加总产比盲目扩大规模更有效，集约经营、少种多收在对自然资源的利用和人财力的使用上都更节省，也是古代人与自然和谐共存，在保护基础上利用的思维体现，不单是因为人口增加。②发展多熟制和轮作套种栽培技术提高土地生产率。尽量延长耕地里绿色植物的覆盖时间，以致"种无虚日"，使地力和太阳能得到充分利用，提高单位面积产量。也就是最大限度地利用了土地、养分、太阳能、降水等自然资源和人力资源，专家推算明清时期的双季稻比单季稻增产 25%—66%。③改善农业环境。包括"天"和"地"两方面。古代农业生产中的所谓"天"主要指气候，由于气候变化表现为一定的时序，又称"天时"或"时"，为使农业与气候的年周期节律保持一致，形成了农业生产的二十四节气。另外，在园艺和花卉栽培上还创造局部小气候，如很早就有人工加温。土壤肥力"地力常新壮"实践中形成了"土宜论"和"土脉论"。前者建立在对各类不同土壤特性及其与植物关系的认识，要求按照不同土壤、土类发展农业；后者把土壤看作有气脉的活的有机体，肥力可以变动，通过人工培肥使地力常新壮。在实践与理论指导下形成了系列技术和工具、工艺维持和增强土壤肥力。④提高农业生物自身的生产能力。主要途径就是驯化、引进、改良相结合获取高产优质的良种，根据农业生物特性"因物制宜"，采取相应的增产措施，尤其是对农业生物内部以及不同群体、个体相互关系的深刻系统认识，巧妙加以利用，趋利避害。总之，我国传统农业精耕细作技术体系通过对农时把握、施肥、合理耕作和协调优化生物之间的关系，有效促进了农业生产力发展。

三、中国古代农业发展思想精华及有关制度

传统农业历经几千年以及朝代频繁更替，中西方都有不少农业思想及制度，虽然没有形成系统的农业发展理论体系，但至今仍然有非常重要价值。如公元前400年古希腊思想家"色诺芬"的《经济论》《家政学》提出，农业是一切技艺之母，农业兴盛则其他行业繁荣，主人应了解并有效组织农业生产；公元前2世纪—公元4世纪，古罗马的《农业志》《论农业》，其他一些国家也有一些关于古代农业经济记载和描述。但总体看，中国古代农业发展水平高、历史延续强以及记载系统，只是近代工业化、城市化颠覆了传统农业，现代农业经济科学与制度成为西方主导，似乎中国落后了。在此简要介绍中国古代农业的相关思想及制度。

1. 重农（农本）思想

农业是古代决定性的生产部门（尤其是粮食），是衣食之源和财政与军事之基，直接关系到民生和国家兴衰存亡，自然资源禀赋及灾害频发等决定了历代统治者都将农业作为头等大事，提出了贵粟论、重农抑商、重农抑末等思想，认为农业是衣食之源、财政之源，甚至认为只有农业才创造财富。这种思想与英国古典政治经济学之父威廉·配第（1623—1687）提出的"土地是财富之母、劳动是财富之父"观点相似。重农思想在不同历史阶段不完全相同，战国之前主要是"农本工商末、农末俱利"，战国时体现为"重本轻末、禁末"，从北宋开始则体现为"三者皆本、并重"。

2. 农业生产和价格的波动及灾荒救济理论

合理的农产品价格是农业再生产与持续发展的基础。中国古代较早关注到农业生产以及价格周期性波动、灾害影响等问题，并提出相应的价格与灾害应对思想。一是"谷贱伤农"。春秋末年的计然最早总结到"六岁穰、六岁旱、十二岁一大饥"，第一次提出"谷贱伤农"，认为农产品价格会发生周期性的波动，而当粮价下跌到每石二十钱时，就会"病农"，"农病则草不辟"，国家要有正确的政策进行干预，把价格控制在一定范围内。说明农业丰歉有着周期性变化，价格也会波动。唐代白居易从货币角度说道："谷甚贱，钱甚重，则伤农，农伤则业业不专"；"谷贱则伤农、贵亦伤农"。英国著名经济学家威廉姆·斯坦利·杰文斯在1875年也提出"太阳黑子活动周期性变化影响农业产量"的观点。二是"贵粟利农"。秦朝的商鞅认为：欲农富其国者，境内之食必贵二，食贵则田者利，田者利则事者众。也就是提高农产品价格有利于农业发展。

针对农业生产与价格波动、灾害等问题，主要是两种基本解决思路（制度）。一是平粜、

常平仓与禁遏籴（dí）制度。平粜即国家在荒年粮价过高时以低于市场的价格出售粮食，丰年粮价过低时则以高于市场的价格收购粮食，以使粮价波动维持在适当的范围内。西汉耿寿昌发明了"常平仓制度"，就是丰收时粮食比较便宜，国家就以高于市场价大量买入粮食。类似的有王安石的"青苗法"，就是将原来各路常平仓等积存的钱、谷作为本钱贷给农民以克服青黄不接，是首次政府举办的农村信贷。禁遏籴就是禁止关闭交易市场，维护正常交易。二是灾害预防与救济制度。灾害预防制度很多，如高度重视水利兴修制度，雨雪天气与粮价变化的监测上报制度，粮食仓储制度（常平仓、仓储备荒、战争储备等），农业抗灾技术与作物的推广等。救济制度很多，从秦朝开始的灾害奏报与勘察、赈济（以工代赈思想）、赋税减免、移民就食、调粟、养恤（对灾民施粥、赎子、居养）、放贷、林垦调水等。

3. 土壤肥力、土地制度及其税赋理论

土壤肥力对农作物生长发育和产量有重要影响。战国时李悝提出"尽地力之教"成为农业土地管理的重要原则，要开垦一切可耕种的土地，使每一块土地都发挥其最大的效用。又有"地力常新壮"思想，就是要利用积极的态度去处理土地，这是我国传统农业建设发展所遵循的重要思想之一，是实现精耕细作的重要依据，施用农家肥、轮作套种等成为重要的实践模式。

土地作为农业生产的基本生产资料，实际政策在中国古代不同朝代有较大变化，也提出很多著名的制度。例如"井田制"思想及公田、官田、私田（份地）划分制度，就是将统治者所有土地的每方里大致分为井字的九区，中间为公田，由农夫助耕，其余八区为私田分授八夫耕种，男子成年授田，土地不能买卖。在土地私有与准许买卖交易制度下，董仲舒提出"限田论"，限制豪强过度侵占土地；西晋实行"占田制"，限制普通农民、官吏等土地占有数量；北魏时提出的"均田制"，对农民计口、对官吏按级分配土地等。

土地税赋是国家财力重要来源，从有利于农业发展着眼，古代思想家大多主张轻税薄赋，如主张"什一税"甚至二十而取一的税额（实际未必都做到）。但管仲提出"相地而衰征"，按土地等差征赋，也就是按土质的好坏等级确定征赋的多少，赋税要和农业生产力水平相一致。也就是说，儒家所赞美的"什一税"并不能看作轻税政策，税率的多少应根据经济发展和人民生活水平来确定，对于经济繁荣时期而言，什一税可能是轻税，但灾荒期就非常繁重。另外，什一税是一种固定税率，很难体现税负的公平性。在具体的征税政策方面也进行过不少改革，如两税法（夏秋两季分别征收）、方田均税法（按地力不同征税），明代推行的"一条鞭法"及清代的"摊丁入地（亩）"、"官绅一体当差一体纳粮"等。

古代税赋理论中"黄宗羲定律"是一个重要发现。明末清初的著名思想家、史学家黄宗羲指出，封建税赋制度有"三害"："田土无登第之害，所税非所出之害，积重难返之害"。其意思就是，不分土地好坏和收成多少都要统一征税，农民种粮却要等生产的产品卖了之后用货币交税，中间还要受商人剥削一层；历代税赋每改革一次税赋就加重一次，而且一次比一次重，其原因就是当时的社会政治环境。2006年1月1日起，在我国征收了2600多年的农业税正式取消。"黄宗羲定律"也被扩大推论，描述分析机构改革中不断精简政府机构和人员，但财政供养的人员似乎仍然不断增加等现象。

4. "三才"理论与阴阳五行论

中国农民总结出了独一无二的"天时地利人和"的农业哲学思想，是人类哲学的黄金定律，也是中国哲学的基础理论（天地人宇宙系统论）。传统农学中关于天、地、人关系的经典表述见于《吕氏春秋·审时》："夫稼，为之者人也，生之者地也，养之者天也。"也就是把农业生产看作天、地、人共同作用下完成的过程，体现人与自然和谐关系理论和整体观、系统观等思想。

中国传统哲学认为，物质世界是在阴阳二气推动下孳生、发展和变化，并认为金木水火土五种最基本的物质是构成世界不可缺少的元素，相互滋生、相互制约，处于不断变化之中。阴阳五行论是在总结自然气候变化规律和万物生长内在关联而抽象形成的，强调天地一体、四时一体、万物一体，自然不是作为人的对立面，而是与人息息相通，与自然融合为一、天人合一。其进一步体现了四方面的思想：一是有机整体性思想，生态系统的整体观、系统和谐与协调的思想；二是系统结构与功能的和谐统一，系统结构的金木水火土等；三是系统的动态平衡思想；四是系统进化思想，万物衍生有动因、有规律。

5. 多种经营理论

重视粮食生产并不是单一生产粮食，中国古代农业的蚕桑、茶叶以及畜牧养殖也获得很好发展。《管子》提出："务五谷则食足，养桑麻、育六畜则民富。"国家和人民的富裕有赖于农业多种经营的发展；多种经营要符合土地、气候等自然环境的要求，为此应该"目高下，视肥硗，观地宜，明诏期，前后农夫以时均修焉，使五谷桑麻皆安其处"，也就是要依据农作物和牲畜的生长规律合理地安排生产，以取得较高的经济效益。

四、中国传统农耕文化

不同民族或国家所处地理环境以及发展历史不同，其农业文化各具特色，如草原游牧文化、农耕文化（旱作农业、稻作农业）等。中国传统农业文化的核心或者主体是农耕文化，是建立在自然经济基础上的文化形态，是传统农业的生产关系、社会关系、典章制度以及思想、观念、道德、风俗、习惯等意识的总和，包括作物文化、技术、经济模式、农业哲学、农业制度、重农思想、村落文化、民俗文化、田园文学、中医药文化等十几个方面，还有饮食文化、"梯田文化"等，仅中国历史上流传下来可以见到名字的农书就有 500 多种，现在可以读到的原著有 300 多种。2016 年 11 月 30 日，中国的"二十四节气"被正式列入联合国教科文组织《人类非物质文化遗产代表作名录》，这是先秦时期开始订立，汉代完全确立的用来指导农事的历法，通过观察太阳周年运动，认知一年中时令、日照、物候等方面的变化规律，总结形成时序观念，指导农业生产。

1. 中国传统农耕文化形成的社会环境

中国传统农耕文化既是中国文化的重要组成部分，也深受其影响，其中的积极思想如变易思想、辩证思想、进取思想、农本思想等。但也存在一些负面问题，如传统文化价值观念的大一统、共性至上、中庸之道；传统集权文化制度下的社会评价标准单一化、崇上泥古的思维，保守僵化；"独尊儒术""圣贤之言"，自认为是世界中心、老大、正统，闭关锁国，缺乏全球视野；缺乏逻辑抽象与理论思维，意会、领悟的成分多等。这些文化的形成是封建制度及思想的一种重要体现。例如，重皇权而轻民生，民在任何时候都是被怜悯的对象，君是主宰；重民力而轻民利，以农养生、以农养政，苛政猛于虎；重科举而轻科技，官本位严重等。也正如此，近现代科技没有诞生在传统农业最发达、文化传承最连续、民族大一统延续时间最长的中国，即使到当代很多腐朽观念遗毒仍在。

与中国不同，古希腊文明崇尚探索奥秘与智慧，与其地处地中海的地理环境、开放经济、海洋经济等有关,诞生了文学经典——《荷马史诗》,以及柏拉图、亚里士多德等著名思想家,形成了逻辑、理想、哲学、数学、物理等理论或原理。尤其是在文艺复兴后,西方农业以及其他科技文明产生的文化体现为好奇心、怀疑批判精神、人性自由和平等文化,合逻辑地推理,只有思维才能发现真理等理性思维,通过概念定义、范畴分类、定量思维等达到严谨性和精确性,这些是近现代科技发展的文化基础,也是现代科技为什么没有诞生在中国的重要因素。

2. 中国传统农耕文化的基本内涵与实践原则①

其主要内涵可概括为应时、取宜、守则、和谐,就是在天、地、人之间建立一种和谐共生的关系,这是农耕文化的核心理念。应时,就是按照自然节律和农业生产周期而安排生产,把一年分为二十四节气,依节气安排农事活动。顺天应时是几千年人们恪守的准则,"不违农时"是世代农民心中的"圣经"。取宜,主要是对"地"来说,即适宜、适合,因地制宜,"相地之宜"和"相其阴阳"。守则,即遵守准则、规范、秩序,如"以农为本、以和为贵、以德为荣、以礼为重",崇尚和谐、顺应自然等。和谐,即人与自然和谐,人与社会和谐,人与人和谐等。同时,5000多年的文明发展,中国传统农耕文化具有地域多样性、民族多元性、历史传承性和乡土民间性等主要特征。

农耕文化是在不断实践探索中形成发展,并凝结为指导实践的原则,主要是:①协调和谐的三才观。"三才"理论在实践中强调处理好人与自然、经济规律与生态规律、发挥主观能动性和尊重自然等关系,如"天时不如地利,地利不如人和",在农业生产中做到"顺天时,量地利,用力少而成功多"等。②趋时避害的农时观。中国传统农业有很强的农时观,在新石器时代就出现了观日测天图像的陶尊。农作物各有不同的特点,需要采取不同的栽培技术和管理措施,要"不误农时""不违农时"。"顺时"的要求也被用于林木砍伐、动物捕猎等方面,禁止在萌发、孕育和幼小期采集捕猎以及竭泽而渔。③种养三宜的物性观。农作物各有不同特点,需要采取不同栽培措施、管理措施,称为物宜、时宜、地宜(三宜)。④辨土肥田的地力观。土壤肥力是农业自然生产力的基础,种植要消耗地力,只有恢复和补充才能继续种植,否则会出现衰竭,"地力常新壮"是土壤理论的结晶。战国时我国已从休闲制过渡到连种制,用地养地结合,比西方各国早1000多年。⑤变废为宝的循环观。保持提高土壤肥力的肥料主要是废弃物的资源化,战国以后不断开辟肥料来源,有人粪、牲畜粪、火粪(草木灰、炕土、墙土等)、泥粪(河塘淤泥)、渣粪(饼肥)、草粪(天然绿肥)等十几种,形成了"桑基鱼塘"、稻田养鱼等循环生态立体农业模式。⑥御欲尚俭的节用观。"强本节用"是古代很多思想家的治国方略,强本就是努力生产,"强本而节用,则天不能贫"。同时提出:"生之有时,而用之亡度,则物力必屈";"天之生才有限,而人之用物无穷"等,警示统治者对物力的使用不能超越自然和老百姓负荷的限度,否则难以持续,会出现危机,也无法应对荒年。

中华农耕文化不但在有限资源条件下养育了中华民族大家庭的繁衍进步,是传统文明没有断代的基础和重要部分,也理应为世界发展做出建设性重大贡献。富兰克林·H.金在《四千年农夫:中国、朝鲜和日本的永续农业》写道:"如果美国想永续发展下去,如果我们要像东方人那样将历史延续至4000年甚至5000年,如果我们的历史要一直保持和平的状态不受饥荒和瘟疫的困扰,那么我们就必须自我东方化;还必须摒弃目前的做法,采取措施竭力保护资源,只有这样我们的国家才能历世长存。"但很可惜,110多年前的警示与忠告并没有引起重视,也未能阻挡"资本的贪婪""帝国的霸权""人类的物欲"和工业化、资本化农业席卷全球,资源环境危机、生态危机、健康危机等灾难深重,中国也不能幸免,迫使人类开始新的探索,中华农耕文化将发挥更大的建设性作用。

第三节 新中国农业发展历程概述

新中国成立70多年来的艰苦探索,实现了从站起来到富起来、再到强起来的跨越,解决了温饱和绝对贫困,实现了全面小康社会,农业农村发生翻天覆地的巨大历史性进步。系统深入认识不同农业农村发展阶段的宏观背景之下的制度和发展特点,是理解和谋划未来发展的逻辑起点。本节仅按照历史逻辑将重点问题、重要线索、重要政策、重大成就等简要介绍,有整体性基本把握,为深入系统学习提供思路框架。

一、新中国成立前的近代农业农村发展(1840—1949)

习近平总书记2013年12月26日在纪念毛泽东同志诞辰120周年座谈会上的讲话指出:中华民族具有5000多年绵延不绝的文明历史,为人类文明进步作出了不可磨灭的贡献。但是,由于封建制度的腐朽没落,中国在近代被世界快速发展的浪潮甩在了后面。1840年鸦片战争以后,在西方列强坚船利炮轰击下,中国危机四起、人民苦难深重,陷入半殖民地半封建社会的黑暗深渊。

1. 一穷二白、动荡不安的旧中国

新中国成立前,国家政治秩序动荡,军阀战乱频繁,匪患遍地,外国资本、官僚资本、封建买办压迫剥削,工农业基础极其薄弱,农村不断成为战场和土匪侵扰的对象;水旱灾害频发,受灾面积广阔,受灾人口众多。1949年之前中国平均每年有300—700万人死于饥饿,整个民国时期(1912—1949)中国人口非正常死亡超2亿人。新中国成立前经济发展水平最高的1936年,产业资本只有99.9亿元,人均20多元,外国资本、官僚资本、民族资本分别占57.2%、22.3%和20.5%。自洋务运动到中华人民共和国成立之前,城乡二元结构的雏形就已形成。

2. 现代工业化艰难起步

现代农业发展需要良好的政治环境、经济环境和制度环境,需要工业化先行发展。虽然近代中国也曾有两次工业化,即"洋务运动"(1861—1895)和民国时期工业化(1927—1949)。"洋务运动"主要是鸦片战争后,精英阶层认识到武器装备以及工业差距,提出必须"师夷之长技以制夷",发展军事工业、民用工业(棉纺织、丝绸、茶叶、面粉等)。其代表的工业化大方向没有错,但完成工业化所需的民族独立(或免除灭亡的危险)、铲除封建势力、先进有效的政治制度,以及大量资源、丰富的人才、良好的商业传统和市场经营基础等条件没有完全具备,在一个自我陶醉的"中央帝国"骤然沦为落后国家的特殊时期,不可能一蹴而就完成工业化。在之后漫长的探索中,中国经历了百日维新的君主立宪试验,辛亥革命的民主共和尝试,直到后来"新文化运动""五四运动""中国共产党成立""武装夺取政权""新中国成立"等系列大事件,百年多探索奋斗,才真正开始追赶发达国家的现代化建设。

3. 帝国主义列强掠夺下的农业开放与专业化多样化生产

鸦片战争开始西方资本大举入侵，中国逐步成为西方的原料产地和销售市场（洋货），掠夺的范围和数量日益扩大，出口农产品和工业原料，进口工业成品成为开放特点。19 世纪后期主要是丝和茶，20 世纪后扩大到棉花、大豆、植物油、桐油、皮革（毛）等，中国出口的农产品占出口总额的比重，1873 年、1893 年、1919 年和 1936 年分别为 2.6%、15.6%、39.1% 和 44.1%。同时，西方列强利用不平等条约、殖民地特权、政治手段等在中国开办棉纺织加工厂，掠夺原料、榨取廉价劳动力等生产产品并就地销售，赚取高额利润，挤占打压民族工业发展。中国传统的纺纱织布以及丝绸产业等遭受严重冲击，"男耕女织"的自然经济被彻底打破，成为帝国主义主宰的世界产业链低端的原料贡献者、被剥削者。随着对外贸易、国际交往发展，中国农业生产的商品化、专业化程度加深，加剧了农民分化，经济作物种植面积不断扩大，集中产区出现，主要是生产棉花、烟草、蚕桑、茶叶、大豆等产品。

4. 现代农业试验研究与教育的传入引进

19 世纪末中国现代农业科研教育开始萌芽，如 1897 年建立杭州蚕桑学馆，1898 年创建湖北农务学堂，1898 年筹办京师大学堂，1902 年成立直隶农学堂，1904 年成立的上海蚕桑试验场、直隶农事试验场、南昌农事试验所，1906 年设立中央农事试验所等，标志着中国开始从经验农学向试验农学转变，此后虽不断经受各种冲击，但在困难中不断发展。现代试验农学和人才培养也是适应专业化、贸易、加工等需要产生的，相关的新品种引进选育、生产工具与技术改良等开始有一定发展。1865 年美国棉种就已传入上海并推广，早在 1890 年天津就有人使用机器开荒。当然这些新品种、新技术等适用范围都不大，旧中国大约从国外引进试验良种 2000 种，加上在国内征集的试验良种不过 1 万种，1931 年全国机灌面积才 110 余万亩，不及耕地的 0.1%，到 1949 年全国农用拖拉机总数量不到 500 台。

5. 土地制度革命的实践探索

近代中国农村土地制度革命主要是围绕"耕者有其田"目标探索，不同阶段和政治环境等存在差异。晚清时期主要存在公田与民田，农民向地主承担实物地租或货币地租与劳役地租，少数皇族、地主、富农占有大部分土地，地权失衡，另外还存在殖民地的"租界"土地。19 世纪 50 年代的太平天国实行《天朝田亩制度》（14 年时间），废除以封建土地所有制为中心的一切私有制，土地、财产平均分配，建立自给自足的农村公社；建立土地国有，自由公平使用土地，土地在九级分等基础上公平分配。民国时期孙中山提出"平均地权"思想：全国平地权，农村耕者有其田；规定地价，照价征税，照价收买，涨价归公。抗日民主政权在 1926 年通过"二五减租"决议案，减少农民田租 25%；1927 年 5 月《佃农保护法草案》，确立永佃权，并在 1928 年、1930 年、1935 年制定实行新制度。新中国成立之前的中国共产党在 1927—1928 年实行《井冈山土地法》，提出没收一切土地，封建土地关系被消灭；1929 年毛泽东主持制定《兴国土地法》，提出没收公共土地及地主阶级土地，1931 年的《中华苏维埃共和国土地法》彻底废除了半封建半殖民地的土地制度，取消了"禁止土地买卖"的规定；抗日战争时期则停止一切没收地主土地，减租减息，联合抗日；解放战争时期的《关于清算减租及土地问题的指示》（1946 年 5 月 4 日"五四指示"），提出坚决拥护群众在反奸、清算、减租减息、退息退租等斗争中从地主手里获得土地，实现"耕有其田"。

6. 乡村建设运动的尝试

清末的民国时期，大量农业人口因战乱和灾荒而损失或者流离失所，农产品滞销、价格惨跌，农民购买力下降，土地抛荒现象严重。与经济落后相伴而生的是文盲充斥、卫生不良、陋习盛行等，农村前所未有的凋敝，救济、改造农村逐渐形成一股时代潮流，一批人士致力于乡村建设试验探索，最著名的如梁漱溟、晏阳初、卢作孚、张謇等。20 世纪 30 年代全国从事乡村建设工作的团体和机构有 600 多个，先后设立的各种实验区有 1000 多处。乡建运动可追溯到晚清光绪年间，1904 年河北定县翟城村开展以兴办新式教育、制定村规民约、成立自治组织和发展经济为内容的乡村自治。但民国乡建运动由于社会动荡不稳、持续性资金供给不够、农村秩序散乱、人才缺乏以及文化水平落后等原因而必然失败。

二、改革开放之前新中国农业发展（1949—1978）

新中国成立后至改革开放前的 30 年，面对的国际国内环境条件异常复杂，国际关系变化、局部战争与冲突、国内的颠覆势力和薄弱的基础条件，发展的困难和问题超乎想象，直接影响到中央和毛泽东等领导对农业农村发展的决策，首要任务是巩固政权，尽快建设强大的工业和国防，农业发展也必然服从于这个大局。在不同阶段面临的国际国内环境条件、威胁挑战、主要矛盾不同，大政方针或者重点任务等不同（主要通过"五年计划"或规划体现）。因国际国内环境重大变化以及理论认识等局限性或者干扰，艰苦探索了 30 年，农业总体发展缓慢，农产品长期供应短缺，温饱问题没有根本解决。人均粮食产量从 1958 年的 303 公斤到 1978 年的 316.6 公斤；1950 年农村人均年收入 62.3 元，1952 年 69.2 元，1957 年 77.6 元，1965 年 105.6 元，1978 年 131.5 元，农民的消费支出也相当低。1978 年尚有 2 亿多农民没有解决温饱。

1. 社会主义农业制度初步建立（1949—1957）

该阶段面临的重大国际国内形势与背景主要是：新中国成立初期全国尚未全部解放，解放战争仍在进行；美国等"资本主义阵营"对中国禁运粮食等产品，敌对中国等新兴独立的社会主义国家；1950 年 10 月中国人民志愿军抗美援朝，消耗大量物资和伤亡人员，直到 1953 年 7 月达成《朝鲜停战协定》；盘踞台湾的国民党一直未停止"反攻大陆"的各种活动，国内政局很不稳定。为了巩固新生人民政权，尽快恢复战争创伤，根据合作化理论，借鉴苏联经验，逐步推行系列改革，建立了土地集体所有制。1954 年 9 月，周恩来总理在第一届全国人民代表大会第一次会议上作的《政府工作报告》中首次提出建设"现代化的农业"。

（1）实行农民土地所有制的土地改革（1949—1952）。土地制度是农业最基本的核心制度，中国共产党领导的革命是依靠亿万农民和"农村包围城市"等取得成功。消灭封建土地所有制，实现农民土地所有制，是中国新民主主义革命的基本内容，也是解决农业问题的中心所在。新中国成立时，占全国农户 57%以上的贫农、雇农仅占耕地 14%，小土地所有者的地权不仅相对分散、贫瘠，严重缺乏资金和肥料等生产资料，还要承担大量税赋和劳役，农民入不敷出，全国平均粮食亩产只有 137 斤，尽快解决好土地问题成为最紧迫的任务。从解放区就开始探索土地制度改革，1947 年 9 月颁布《中国土地法大纲》提出："废除封建半封建性剥削的土地制度，实行耕者有其田的土地制度"；废除一切地主的土地所有权，也就是实行农民土地所有制。到 1952 年年底，全国范围内的土地改革基本完成，无地和少地农民无偿分得 4100 万公顷耕地，每年免交 3500 万吨谷物地租；实现了"耕者有其田"，劳动者与土地得以结合，极大地解放了农业生产力，1952 年农业生产已超过历史最高水平的 1936 年，农民生活有了较大改善。

（2）推进农业合作化。1953 年开始实行过渡时期总路线，在相当长时期内逐步完成国家对农业、手工业和资本主义工商业的社会主义改造。农业社会主义改造的主要内容就是按照恩格斯和列宁的合作化理论对小农进行改造。推进农业合作化既有理想主义成分，也有解决现实问题的多重考虑，也存在不同的观点和争论。农民土地所有制下，国家所需农产品与农民自主分散生产销售等存在冲突，国家难以得到足够农产品，保障粮棉油等重要农产品供给和积累工业化资金。更进一步，重构农村社会结构和治理体系，巩固农村土地制度改革成果，避免农民失去土地等需要促进合作，因为农村出现"中农化趋势"和"两极分化"现象，中农比重由 20%上升为土改后的 60%。1953 年 12 月 16 日颁布实施《中共中央发展农业合作社的决议（草案）》。在推进合作社初期，曾提出自愿互利、典型示范、国家帮助、由低级到高级逐步发展等原则，并设想需要几代人完成。所谓的低级形式主要是发展农民之间的临时互助组、季节性互助组或固定常年性互助组，人数一般较少、相对松散。高级形式主要是合作社，先是发展初级农业生产合作社（简称初级社），即：社员以私有土地作股入社，实行统一经营，取得土地报酬；耕畜、大型农具等主要生产资料入社统一使用，由合作社付给适当报酬，或按照自愿互利原则，采取作价入社、分期付给价款的办法，逐步转为合作社集体所有；合作社成员集体劳动，按照社员劳动付出和入社土地多少分配劳动成果。到 1954 年春，全国农业合作社发展到 9.5 万个，参加农户 170 万户。1955 年 10 月中共中央通过《关于农业合作化问题的决议》，要求到 1958 年春在全国大多数地方基本普及初级社，当年急速发展，仅 3 个月左右时间就基本实现农业合作化。

但初级社尚处于发展初期，1956 年 1 月，中央办公厅编辑出版了《中国农村的社会主义高潮》一书，加速合作社，普遍建立了以土地集体所有和"统一经营、统一核算、统一分配"为特征的高级农业生产合作社（简称高级社）。但社员可以有 5%左右的自留地自主经营。到 1956 年 2 月中旬，全国加入合作社的农户已占农户的 85%，加入高级社的占农户的 48%。到年底，96%的农户加入合作社，其中 88%参加了高级社，实际上是实现了农业的集体化。同时，还组织引导农民出资、出物建立了农村供销合作社和信用合作社，但之后变为国家商业机构和金融机构在农村的代理，成为官办经济组织，偏离了农民合作社的基本特性。

总体看，通过合作化将农民组织起来，解决了部分农户因为缺乏劳力、农具、役畜等导致的可能不得不出卖土地等问题，巩固了土地改革成果，对保障粮棉油等重要农产品供给，为工业化提供原始资本积累，重构农村社会结构和治理体系等具有重要意义，方向和原则是正确的。但在出发点、内容、速度和规模等方面存在严重缺陷。其出发点不是发展商品经济而是限制；选择合作内容主要集中于生产环节，违背了农业生产特点和农民实际需要、自愿原则；组织方式升级过快，规模非理性扩大，行政推动形成"一刀切"，超越了当时农民自我管理能力水平，不能持续得到农民支持拥护等。

（3）农产品统购统销。农产品统购统销是国家借助政权力量，对农民余粮全部实行按规定的统一价格收购，社会所需按统一价格供应，农民自己食用的粮食品种和数量也需由国家批准；农民余粮只能卖给国家，城镇居民只能到国营粮食机构购买，实际上关闭了粮食市场。1953 年 10 月 16 日，中共中央做出《关于实行粮食的计划收购与计划供应的决议》，1953 年和 1954 年政府先后对粮棉油和上百种农副产品实行征购和派购政策（直到 1985 年实行粮棉合同定购）。对农民粮食的统购主要通过农业税征收（公粮）和粮食计划收购两个体系完成。1958 年《农业税条例》规定农业税征收粮食为常年亩产量的 15.5%。粮食计划收购是农民粮食扣除农业税以及留足口粮、种子、饲料用外的余粮，80%—90%要按照国家规定的价格由国家收购。对粮食实行统购统销后，对其他主要农产品实行派购，即通过分配收购指标或者在产量中确定一定比例，按国家规定的价格、数量或比例收购。城市居民凭粮本、粮票购买粮油，即配给制，以后扩大到几十种票证。这是在农产品短缺时期采取的一种管理制度。但一直延续到改革开放后，1993 年农产品各种票证、粮本才全部退出历史舞台。

统购统销制度在特殊时期发挥了历史性巨大作用，如粮食收购量、库存量大幅度增加，保障了城镇居民基本食物消费需求，物价指数低、工资成本低，巩固了新生的中华人民共和国政权，1953—1957 年经济年均增长 11.3%，物价年均只增长 1.1%。但其负面影响也很多，如：农民留粮少，对生活影响大，一直到 1978 年仍有 2.5 亿多农民未解决温饱问题；关闭农产品市场制约了农民生产积极性；农村工业缺原料，剩余劳动力、劳动时间得不到有效利用，限制了人口流动，抑制了农村活力，城乡二元经济结构突出，工农矛盾不断加剧，限制了农民收入增长等。问题的关键就是政策实施的时间太长、范围太广，一直未能扭转。农产品价格长期低于其价值，工业品长期高于其价值，工农产品形成了长期的不等价交换关系的"剪刀差"。也就是：单位农产品换取的工业品越来越少；相反，单位工业品换取的农产品越来越多，在坐标图上就像张开的剪刀一样。这是造成新中国农业农村长期落后的重要原因，也是中国"三农"问题的重要历史性制度根源之一。

2. "大跃进"与人民公社化（1958—1961）

"大跃进"、人民公社与城乡"二元户籍制度"是该阶段影响深远的主要制度措施。在当时，钢铁产量是一个国家工业实力的基础和象征，也是国防装备的基础。"大跃进"就是提出钢的产量在 10 年左右超过英国，15 年左右赶上美国，进而演变为要在各个方面跃进赶超的思想。公社指的是一定地域范围内人们共同生产、生活的社会组织形式或团体，如原始社会的"氏族公社"，法国 1871 年大革命的巴黎公社等。人民公社化是将若干个集体经济性质的农业生产合作社联合起来，实行"政社合一""一大二公"和"各尽所能、按劳分配、多劳多得"原则的农业组织方式。"政社合一"就是政府行政政权职能和合作社组织生产职能兼备。"一大二公"的"大"就是规模相当于若干个合作社；"公"首先是指土地等主要生产资料归公社所有，共有财产和公共积累比例高，文化、教育、卫生、养老等公益事业和福利增加；其次是指公社与基层政权合二为一，全社"统一生产、集中劳动、统一核算、统一分配"。在当时的实践中出现仓促组建公社以及一些极端做法，如"组织军事化、行动战斗化、生活集体化"，"大食堂"取代家庭生活，很多家庭做饭的铁锅被用于"土法炼钢"，但吃公共食堂的做法在很多地方没有维持一年就难以为继。

同时，1958 年 1 月颁布实施的《中华人民共和国户口登记条例》将我国人口分为农村人口和城镇人口，其规定："公民由农村迁往城市，必须持有城市劳动部门的录用证明，学校的录取证明，或者城市户口登记机关的准予迁入的证明，向常住地户口登记机关申请办理迁出手续。"工农、城乡之间的壁垒形成。1963 年把户口分为"非农业户口"和"农业户口"，前者拥有国家计划供应的商品粮。城市户籍管理和粮食计划供应制度，农民不能也难以自由流入城市，否则被作为"盲流"收容和遣返，阻止农村人口及剩余劳动力流向城市。城市居民成为享受政府福利保障的群体和令人羡慕向往的身份，农民和农业则成为另一类希望摆脱的身份和职业，城乡居民身份差异演变为福利待遇差异，城乡分治的二元社会、工农矛盾与城乡矛盾、城乡差距的制度保障建立。农产品统购统销、人民公社与城乡二元户籍制度成为特殊时期国家工业化的重要保障，是中国"三农"问题的历史性制度根源。

该阶段制度变化有其重要背景：一是当时社会主义阵营中的中国和苏联关系破裂，在意识形态、国际关系等问题分歧加大，依赖苏联援助加快工业化、现代化可能性变小。二是加快工业化是国家自立发展的紧迫任务，但严重缺乏资金积累，只能依赖本国"低物价—低生活成本—低工资"等制度形成原始积累，农业支持工业、农村支持城市是普遍的做法。而将农民组织到公有化程度较高的人民公社体系则更有利于实现对农业农村的统一控制管理。三是在 1957 年冬天，一些地方在农田基本建设中出现了打破社界、乡界、县界等组织形式，产生了在合并高级社基础上建立更大规模生产组织的设想。1958 年 4 月《中共中央关于把小型的农业合作社适当地合并为大社的意见》正式发布，提出当前正在实现水利化，几年内还将实现机械化，小规模、小型社有很多不便，有必要将小型社合并为大型社。这为人民公社形成创造了条件。四是典型示范的轰动效应。河北徐水县当时将全县 248 个高级社合并为"徐水县人民公社总社"，成为"大跃进"明星县和"共产主义试点县"，1958 年 3 月—10 月，先后有几十个国家、930 多名外国友人和 3000 多个国内单位派人参观。另外，1958 年毛泽东提出了"农业八字宪法"（土、肥、水、种、密、保、管、工），成为指导农业发展的重要思想。1958 年 9 月 10 日，《中共中央关于在农村建立人民公社问题的决议》正式发布，到 11 月全国 74 万多个合作社被统一合并为约 28500 个人民公社。加入公社的农户增至全国农户总数的 99%（约 12690 万户）。

因为"大跃进"、大炼钢铁、吃食堂以及人民公社存在的规模过大、"一平二调"（平均主义、无偿调拨生产队资源资产）、管理效率低等体制缺陷，"共产风""浮夸风""干部特殊风"和对生产的瞎指挥风等恶劣现象出现，出现了亩产粮食万斤、十几万斤等"放卫星"的荒谬产量报道宣传，农民积极性、农业生产力受到严重破坏，产量大幅度下降，全国人均农产品产量跌至 1952 年的水平之下，农产品供给严重短缺，1959—1961 年被称作三年经济困难时期，主要是自然灾害及当时农业体制等问题。

该时期还有一个非常重要的农业举措，就是大力发展养猪业。1959 年 10 月 31 日毛泽东《关于养猪业发展的一封信》发表，信中提出要把生猪作为"六畜之首"，养猪和粮食同等重要，要大养特养生猪以及其他牲畜。一头猪就是一个小型有机肥厂，如果能做到一人一猪、一亩一猪，肥料的来源就解决了。各级对饲养生猪卖给国家的农户采取奖励工分、粮食、化肥等措施，全国上下掀起养猪热潮，促进了养猪业的发展，也造出大量有机肥，保障粮食生产，对杂草、废弃物、剩饭菜等进行了资源化利用，其综合效应明显。1960 年国家曾专门为养猪业发行了 5 枚邮票。改革开放后养猪业得到更大发展，其重要性仍然巨大，最高时年出栏超过 7.5 亿头。

3. 实行"三级所有、队为基础"农业农村体制（1962—1978）

鉴于人民公社化存在的严重问题，1960 年 11 月 3 日，中央发出《关于农村人民公社当前政策问题的紧急指示信》，要求坚决纠正农村人民公社中的"共产"风，提出将"三级所有、队为基础"的核算制度作为现阶段人民公社的基本经济制度；1962 年 2 月 13 日又发出《关于改变农村人民公社基本核算单位问题的指示》，把基本核算单位由大队下放到生产小队，相当于恢复了在原初级社的规模范围内进行统一核算、统一分配；同年 9 月 27 日中央全会通过的《农村人民公社条例（修正草案）》肯定了这种制度。公社、生产大队、生产队三级都有一定的土地所有权、生产经营活动。生产核算单位以生产队为基础、主体的组织体制，一定程度上减弱了核算单位规模过大、管理效率低下以及平均主义分配等问题，承认了生产队之间的差别，调动了积极性。同时，生产队开始按照社员的劳动能力、实际劳动数量等评工计分，按"工分值"给农户分配集体收入。另外，1960 年安徽恢复了包工、包产到组的集体责任制（责任田），1961 年初就有 39.2%的生产队实行了责任田，年底增加到 90.1%，实行"定额产量指标、超产全奖、减产全赔"。1962 年全国推出"三自一包、四大自由"农村经济政策，即自由市场、自留地、自负盈亏和包产到户，雇工、贸易、借贷、租地不加限制。但因多种原因而被批判为"走资本主义道路"，未长期有效实施，只有自留地、恢复农村集市在大部分地方长期实施。"三级所有、队为基础"的基本体制一直持续到 1982 年。

在该时期，除了农业生产组织体制发生重大变化之外，农业农村发展还有很多其他重要政策举措和实践，对当时乃至以后时期的发展产生重大影响。①强调农业是国民经济的基础。明确按照农业、轻工业、重工业的次序安排国民经济计划，增加对农业投资，减少粮食征购和农业税负担，提高农产品收购价格。1959 年毛泽东提出要把过去重、轻、农的安排改为按农、轻、重的次序安排。1962 年 9 月中央明确提出以"农业为基础、工业为主导"的国民经济发展总方针。②强调"以粮为纲、全面发展"的农业发展方针。其最早是毛泽东在 1958 年提出的农业发展方针，与"大跃进"中抓好"粮食、钢铁、机械"三件大事要求一致。1960 年 3 月中央文件正式提出：以粮为纲，"粮、棉、油、麻、丝、茶、糖、菜、烟、果、药、杂" 12 字统一安排，全面发展多种经营。③社队企业较快发展。实际上从 1953 年开始农村工业就有发展，人民公社化时期主要是社办企业，以后发展为生产队、生产大队也可以办农产品加工、农机具厂等工业企业。④农业科研、推广与教育培训体系建设。20 世纪 50 年代初，各省区市普遍建立了省地两级农业科研机构，陆续成立了一大批中高等农业院校。1956 年 1 月中央明确提出，农业科研和技术指导工作机构要为农业生产服务，必须同农民群众的生产实践密切结合，理论联系实际等。到 1957 年全国共建立了农业技术推广站 13669 个，拥有技术人员近 10 万人。"三年经济困难"期间，一些地方农业技术人员被下放回乡，农业技术推广体系基本解体。1963 年 2 月中央提出全国农业技术改造要实行领导、专家、群众相结合，实验室、试验场和农村基点相结合，试验、示范、推广相结合。国务院 1965 年 3 月号召青年农业科技工作者上山下乡，积极开展以样板田为中心、农业科技队伍为骨干、农民科学实验活动为基础的农业科学实验活动等。1974、1975 年全国"四级农业科学试验网"达 1100 万人（1140 个县办农科所、26872 个公社办农科站以及大队办农科队、小队办实验小组），这些随着"文革"结束及人民公社解体而退出了历史舞台。20 世纪 60 年代开始大面积推广应用小麦、水稻矮秆新品种，20 世纪 70 年代杂交水稻、杂交玉米等一大批良种以及化肥、农药等技术应用。⑤"农业学大寨"运动。20 世纪五六十年代，山西省昔阳县大寨村在村党支部书记陈永贵的带领下，将"七沟八梁一面坡"的黄土山沟开垦成一片能种庄稼的梯田，不但没要国家救济粮，反而为国家交售粮食。1964 年，毛泽东向全国人民发出"农业学大寨"的号召，大寨村成为当时人与恶劣的自然条件抗争的典范，全国掀起了"农业学大寨"的高潮，陈永贵也成为国务院副总理，国内外很多政要、作家等也在大寨留下足迹。但之后"农业学大寨"演变为极左做法，如收回自留地，取消家庭副业，关闭集市贸易，搞政治工分"大概工"，劳动计酬上的平均主义等，改革开放之后进行了纠正。⑥挖掘活劳动潜力大搞农田水利基本建设。从 20 世纪 50 年代开始依靠简陋工具和人畜力进行，尤其是 20 世纪六七十年代，平整土地、开荒肥田，修建沟渠道路、水库等，仅修建大中小型水库就达到 8 万多座，并建成了红旗渠等著名工程。这些也在改革开放初期成为农业丰收的重要基础。⑦"文化大革命"运动。其对农业农村发展产生一定冲击，"大寨精神"被扭曲成平均主义、按需分配，"一心为公劳动、自报公议公分"，向共产主义"穷过渡"；强调"以粮为纲"，但忽视多种经营的"全面发展"，围湖造田，毁林开荒，造成了严重生态破坏；大部分地方的农业技术推广机构解体，农业技术推广工作几乎陷于停滞。⑧知识青年上山下乡。开始于 20 世纪 50 年代的部分城市知识青年自愿支援边疆，在 20 世纪六七十年代演变为大规模的知青下乡插队或者到"生产建设兵团"参加"屯垦"，总计 2000 万青年成为"农民"，"北大荒""共青城""石河子城"以及海南农垦"橡胶园"等成为典型成就。1979 年除 10 万左右知青留下之外全部返城。

整体看，在人民公社体制下，因为农业组织形式不适应农业产业特性的要求，劳动监督难、成果难衡量，即使评工计分也难以调动农民生产积极性。另外，农产品价格相对较低、税负较重，农村存在大量剩余劳动力以及"插队青年"，农业科技、农用工业相对落后，"以阶级斗争为纲"等多种复杂因素导致农业农村发展缓慢，农业生产长期徘徊，农产品供应紧张。但依靠大量的活劳动投入和积累，"自力更生、艰苦奋斗""愚公移山"等精神，在牺牲农民巨大利益的同时，有效支撑了国民经济发展，为建成完整工业体系等贡献巨大。很多专家测算，从 1953 年的农业合作化开始，农业资金的净流出量超过 5000 亿元。1957—1978 年 20 年间，在耕地面积下降的情况下，主要农产品粮食、棉花和油料产量的年均增长率分别为 2.1%、1.3%和 1.0%，年际的波动非常大，人均占有的主要农产品产量无明显增加（人口增加较多是一个因素）。1978 年的中国农村 8 亿多人口，2.94 亿人在农业部门就业，52780 个人民公社，每个公社平均 13 个大队、1.5 万人，平均每个大队 10 个生产队。依靠救济粮等制度消灭了饥荒，但并没有根除，温饱尚未解决；农民的生活条件有了一定的提高，预期寿命增长、婴儿死亡率下降、入学率和识字率上升，1950—1954 年预期寿命为 34 岁，1975—1980 年上升为 64 岁；同期婴儿死亡率从 236 人/每千人下降到 65 人/每千人；1950 年进入小学读书的适龄儿童占 27%，1960 年、1980 年分别达到 67%和 90%。农民收入增长缓慢，收入主要用于基本生存消费，但收入分配不平等程度较低，农民之间的差距首先受生产队收入水平以及工分值影响，其次是农户所挣的工分数量。

三、改革开放之后中国农业发展（1978—2020）

从实行农业家庭承包制开始，农业农村进入正常发展轨道，在人口持续增长的环境下，1978—2020 年，农民人均收入由 134 元增长到 17131 元，人均粮食、肉类、水产品和水果产量分别从 317 公斤、9 公斤、5 公斤和 7 公斤增加到 477 公斤、54 公斤、46 公斤和 136 公斤。1978 年森林覆盖率仅为 12%，2018 年超过 23%。1982—1986 年中央连续发布 5 个一号文件，调动农民积极性，1990 年全国人民温饱问题基本解决，1998 年农产品短缺时代基本结束；2004 年，中央一号文件又开始以"三农"作为主题，2006 年农业税费全面取消，进入以工补农、以城带乡和社会主义新农村建设新阶段；2017 年提出乡村振兴战略，2020 年农村整体性、区域性绝对贫困问题解决，开始全面进入通过乡村振兴实现农业农村现代化的新时代。

理解改革开放后农业农村的变化，要以"发展"为主题，制度和体制机制"改革创新"为主线，基于国家整体工业化、城市化、市场化与国际化等宏观背景。

1. 农户家庭承包制的确立（1979—1984）

（1）中国改革开放始于农户家庭承包制。结束"文革"十年动乱后，国家发展重心转到经济建设，农村相对偏僻，吃饱饭的基本生存动力一直强大，农业又是国民经济的基础，农产品长期供应短缺的影响严重。但当时不少领导及舆论的思想束缚仍然很大。1978年十一届三中全会召开，出台的文件仍规定"不许包产到户""不许分田单干"，但肯定了包工到组、联产计酬等管理方式，鼓励农业生产的政策大环境开始改善。1979年政策文件中规定："除了某些副业生产的特殊需要和边远山区，交通不便的单家独户外，也不要包产到户。"1980年5月，邓小平对农村政策发表谈话，肯定了安徽省肥西县的包产到户和凤阳县小岗村的包干到户，就此引起了广泛的讨论，到9月份中央《关于进一步加强和完善农业生产责任制的几个问题》提出："在那些边远山区和贫困落后的地区可以包产到户，也可以包干到户（大包干），并在一个较长时间内保持稳定。"1981年12月21日中央农村改革的第一个"一号文件"《全国农村工作会议纪要》肯定了包产到户、包干到户，并要长期不变，年底实行包产到户的社队已近半数，长达20多年的包产到户问题大争论有了定论。1982年的中央一号文件对各种承包方式从理论和政策上做出诠释，强调各种承包形式都是社会主义集体经济的生产责任制，要因地制宜，年底实行包产到户和包干到户的农户已达90%。1983年中央一号文件明确家庭联产承包制是在党的领导下农民的伟大创造，是马克思主义农业合作化理论在我国实践中的新发展。1984年中央一号文件提出把土地承包期延长至15年，并鼓励土地逐步向种田能手集中，年底全国569万个生产队中，99%以上实行了承包到户，其中96%以上是包干到户。至此，形成了以农户家庭承包经营为基础，村集体统一经营和农户分散经营相结合双层经营体制（简称统分结合的双层经营体制），之后写入了宪法。因此，家庭承包制是一个"摸着石头过河"的底层自主实践与高层"顶层制度设计"、理论探索与实践验证在短期内相互推进的过程。

为什么包干到户受到普遍欢迎？包产到户是以农户家庭为单位，承包生产队一定数量的土地，包工（分）、包产（量）、包费用，完成规定任务，生产队给农户记一定的工分，超过产量指标的部分按照一定比例生产队和农户分成，年终生产队统一核算后按照工分值给农户分配收入。包干到户就是"交够国家的（税收）、留足集体的（提留）、剩下自己的"，不用经过生产队的记工分和按工分值分配，调整了国家、集体、农民的分配关系。其成功根源就是农民的劳动积极性和收益与劳动成果直接挂钩，直接享有在必要扣除后全部的剩余索取权，适合于农业生产特点。

（2）农业农村改革的其他举措。①大幅度提高农产品收购价格，扩大农产品市场调节范围。大多数农产品价格提高了25%，超购加价30%—50%。减少了农产品统派购品种和数量，从1979年缩小水产品统派购范围，1983年开放全部淡水鱼价格，1984年提出减少农产品统派购品种范围，农民完成任务后的产品允许多渠道经营，年底属于统派购的农副产品由最多时的180多种减少到38种。②推进农产品多渠道流通。农民出售的农副产品总额中，国家计划统派购比例从1978年的84.7%下降到1984年的39.4%。开放集贸市场，农村集贸市场在1961年有4万多个，因为限制商品经济发展，1976年底只有2.92万个，到1987年则快速恢复发展到6.97万个。1986年，全国已有农产品批发市场892个。③改革人民公社体制。1983年实行政社分开，废除了人民公社体制，建立乡镇政府作为农村基层政府行政管理机构，1982年修订颁布的《宪法》规定"村民委员会是基层群众自治性组织"，生产大队实行村民自治制度。④鼓励农村发展各种非农产业。在社队企业基础上的乡镇企业发展启动，开始形成农户家庭经济和乡镇企业两个充满生机活力的市场主体。

在肯定承包制以及制度创新作用的同时，不应忘记改革开放之前中国农民在农田水利建设等方面的巨大投入和劳动积累的贡献、科技进步的作用，没有这些条件，家庭承包制的作用将大打折扣。同时，从1980年开始设立经济特区和沿海经济开放区，成为全面改革开放的重要信号与举措，也是农业农村发展的大背景。

（3）农业农村改革成效与不足。1978—1985年，农业净产值平均增长6.4%，农民纯收入年均增长16.9%，粮食总产由2亿吨增长到4亿吨，1984年粮食人均占有量达到392公斤的历史最高水平，创造了用世界7%的耕地养活22%人口的奇迹，并首次出现"卖粮难"问题；城乡居民收入差距由2.57∶1下降到1.82∶1，是农业超常规增长时期。

第一步农村改革也存在一些缺陷。一是地块分割细碎。采取按家庭人口和劳动力数量，对质量和位置较好的土地、较次的土地平均搭配承包，导致地块分割细碎，有的地方家庭承包耕地10多亩，分为几十块，不利于耕作、植保和土地利用率、生产效率提升。二是集体资产大量流失与集体经济倒退问题。不少生产队或生产大队在人民公社时期的集体经济比较发达，但多数地方行政推动土地家庭承包制"一刀切"，对集体经济发展造成了严重冲击，有的作价变卖集体资产，集体资产流失，发展集体经济缺乏有效的资产基础和抓手，集体经济发展倒退的不利影响深远。三是乡村有效治理缺位与不适应问题。适应家庭承包经营的乡村社会治理与政府职能存在很多真空地带，旧的医疗卫生服务与农业科技推广服务体系被冲击，新的尚未建立，政府对农业投资不增反降，1984年仅占国家总投资的5%。

专栏："乡镇企业"异军突起

1953年后中国就开始有合作社办农村副业，人民公社时期称作社队企业（公社和生产队大队办的企业），总体发展缓慢。1984年中央一号文件提出鼓励农民个人兴办或联合兴办各类企业，后正式将社队企业更名为乡镇企业，由主要发展农副产品加工改变为"农工商运建服"等六大产业并进。1986年底乡镇企业总数1515万家，劳动力近8000万人，税金170亿元，总产值3300亿元，占全国总值的20%。1987年，全国乡镇企业产值达到4764亿元，占农村社会总产值的50.4%，第一次超过农业总产值。在发展初期提倡"离土不离乡、进厂不进城"，就地转化为产业劳动力，"村村点火""户户冒烟"竞相发展，每年能够提供几百亿元的补农资金，为农民提供大量就地就业机会。1978年到1993年，乡镇企业产值由493亿元上升到29023亿元，平均每年增长31.2%，占据经济的三分天下。1996年乡镇企业发展速度达到最高峰，颁布《乡镇企业法》，并将其界定为农村集体经济组织或者农民投资为主，在乡镇（包括所辖村）举办的承担支援农业义务的各类企业。到1998年乡镇企业占国内生产总值的比重达27.9%，占全国税收总额的20.4%，占全国工业增加值的46.3%，为农村剩余劳动力提供了1.25亿多个就业岗位；建制镇发展到1.9万个、容纳了1.5亿农村居民定居，有力地促进了中国工业化、城镇化的进程，极大缓解了城乡矛盾，缩小城乡差距。1995年中国成了全球最大的纺织品生产国和出口国，1998年左右完成了第一次工业革命，"世界工厂"形成。乡村集体企业进行个体私营和混合制改革，非农产业向产业集中区、产业园区和小城镇集聚发展。21世纪开始，用中小企业、农村工业、乡村工业等取代了乡镇企业的提法。

资料来源：作者根据有关资料整理。

2. 农业农村市场化改革与结构调整优化（1985—2000）

农村改革第一步成功标志着中国改革开放的大幕已经拉开，从城市到农村、从农业到整个国民经济、从沿海开放城市到内地，以经济发展为核心的各种经济改革与开放实践探索相继出台，这三个五年计划时期就是计划经济体制向社会主义市场经济体制的转变时期，城乡矛盾与工农矛盾、经济发展与社会、生态环境矛盾等集中暴露，"三农"问题开始加重。

（1）农业农村改革发展的总体背景。①宏观总体背景及变化。1984 年 10 月，中共十二届三中全会通过的《中共中央关于经济体制改革的决定》第一次明确指出，中国的社会主义经济不是计划经济，而是以公有制为基础的有计划的商品经济，改革从农村到城市，从政治、经济到各项事业，从对内搞活到对外开放。1992 年开放了土地、期货、股票三大资本市场，非农产业与城镇市场化发展加快。1993 年 11 月十四届三中全会通过了《中共中央关于建立社会主义市场经济体制若干问题的决定》，明确了经济体制改革的目标是建立社会主义市场经济，使市场在国家宏观调控下对资源配置起基础性作用。1994 年 1 月 1 日以"外汇并轨"为名，对美元名义汇率一次性贬值 57%，国内以人民币计价的能源、资源、劳动力等各种要素在国际市场上自动降价，显示出了巨大的成本优势。为应对 1997—1998 年亚洲金融危机对中国产品出口的巨大影响，加速基础设施现代化建设，电力网、公路网、铁路网、通信、能源等建设快速推进，政府机构和职能不断扩张，高等教育规模不断扩大。②农业农村内部的变化。1984 年出现"卖粮难"，产生大量富余劳动力需要多渠道增加收入，城市居民也需要多样化的肉蛋奶菜等副食品，城市郊区"菜篮子"工程建设开始起步，提出"绝不放松粮食生产、积极发展多种经营"。1998 年 10 月十五届三中全会通过《中共中央关于农业和农村工作若干重大问题的决定》提出，农业农村发展进入新阶段，农产品出现了季节性、地区性、结构性供过于求，要推进农业结构的战略性调整，而不是简单的数量多少的调整。

（2）重要政策与制度创新。随着经济社会改革发展，政府不断推出重大改革举措化解各种矛盾。①实现农副产品市场化改革。取消农产品统派购制度，实行农产品价格"双轨制"，逐步建立起包括储备体系、风险基金及保护价收购余粮的农业宏观调控体系。1993 年底，短缺时代计划经济配给制的标志"粮票""粮本"退出历史舞台，全部农产品实现了市场自由买卖，国家进行必要的宏观调控管理。②保障粮食安全，推进农业结构调整，提高农业效益。实施"菜篮子工程""米袋子省长负责制"，以及"农业丰收计划"、农业综合开发、科教兴农战略，设施农业开始发展。1991 年《国务院关于加强农业社会化服务体系建设的通知》提出要支持或扶持农业专业技术协会、专业合作社和农户自办、联办的各种服务组织；1992 年提出发展"高产、优质、高效农业"，1993 年颁布实施《农业法》《农业技术推广法》；1994 年对农民专业协会和合作社免征所得税，1997 年对合作社免征销售产品的增值税；1995 年提出推进农工商、贸工农、产供销一体化农业产业化经营，出台专门扶持龙头企业的文件，订单农业与"公司+农户"等产业化模式大发展，到 2000 年底，各类农业产业化组织发展到 6.6 万个，其中龙头企业带动型 2.7 万多个。1997 年 8 月实施"按保护价敞开收购议购粮"制度，国有粮食企业收购的定购粮、议购粮等超正常周转库存部分由财政给予利息、费用补贴。③集中力量缓解贫困与西部大开发、退耕还林还草。《国家八七扶贫攻坚计划（1994—2000 年）》针对当时全国农村 8000 万贫困人口的温饱问题，力争用 7 年左右的时间基本解决，标志着扶贫开发进入攻坚阶段，从救济式扶贫向开发式扶贫转变。1999 年开展退耕还林试点，2000 年开始实施西部大开发战略，《国务院关于进一步完善退耕还林政策措施的若干意见》和《退耕还林条例》《退耕还林工程规划》（2001—2010 年）公布实施。④促进农村劳动力转移和城乡要素流动，推进农村产业结构调整。采取多种扶持、鼓励政策支持乡镇企业大发展，城市公有制企业、科研单位技术人员、资金等在农村联合创办乡镇企业，其异军突起成为新的经济增长点、农民增收新动力。允许农民进城务工经商，"离土又离乡"，劳动力转移加速（民工潮），形成农民收入的主要增长点，外出农民工人数在 21 世纪初达到 1.2 亿—1.3 亿。

（3）关于"三农"的其他重大问题（议题）。①农林特产税问题。农林特产税是以生产单位和个人的农林特产收入为对象征收的税，其设立目的，一是增加税收，二是协调平衡粮食收益和其他农副产品收益的关系。该税从 20 世纪 50 年代开始就有，只不过作为地方税种各地执行不同。1983 年 11 月《关于对农林特产收入征收农业税的若干规定》决定对农业特产收入单独征收农业税，但到 1988 年只有极少数省区开征。1989 年 3 月《关于进一步做好农林特产税征收工作的通知》要求各地全面开征农业特产税，全国农业特产税收入由 1989 年的13 亿元增加到 1993 年的 22 亿元。1994 年实行分税制改革，原中央财政与地方财政占比分别为 27% 和 73%。分税制改革之后，中央财政和地方财政平分，地方政府减少了 23 个百分点的收入，其代价向乡村转嫁。1952 年农业税收额 27 亿元，此后一直到 20 世纪 80 年代中期基本在 30 亿左右，1985 年增加到 42 亿元，1992 年 119.2 亿元，1994 年 231.5 亿元，1999年 423.5 亿元，2005 年达到 936.4 亿元。农业税收额占国家财政收入的比重从 1956 年的 10.3%下降到 1990 年的 2.1%，此后占比提高到 1996 年的 5%，之后下降到 2005 年的 3.2%。②农民负担问题。农民负担是农民在生产经营活动和收益分配过程中，所承担的向国家、集体及社会有关部门缴纳的税、费、财物和提供劳务的总称。符合国家法律、法规、政策规定的负担称作合理负担，主要是承包集体土地需要缴纳的税收，给村集体的公积金、公益金和管理费（三项提留），上交给乡镇政府用于乡村两级办学、计划生育、优抚、民兵训练、修建乡村道路等民办公助事业的款项（五项统筹），以及农村义务工和劳动积累工（两工）等，按标准工日计算，每个农村劳动力每年承担 15—30 个。在 20 世纪 80 年代后期农民负担问题日益暴露，1991 年 12 月出台《农民承担费用和劳务管理条例》，明确和规范了农民负担的项目和标准以及提取、使用和管理办法；1996 年年底，党中央、国务院做出《关于切实做好减轻农民负担工作的决定》，1998 年 7 月中央办公厅、国务院办公厅又下发了《关于切实做好当前减轻农民负担工作的通知》，但乱收费、乱罚款、乱摊派以及提高标准征收等一直比较严重，"头税轻、二税重、三税是个无底洞"，出现农民抗税抗粮、集体上访等群体性事件，农村社会矛盾急剧上升。与 1990 年相比，村提留和乡统筹费用由 330 多亿元增加到 600 多亿元，农民人均承担的税费额达到 168 元，而当年农民人均纯收入只有 2253 元。农民负担最重的时期亩均250 元左右，高者超过 300 元，有的地方甚至接近 400 元，达到承受的极限。③城乡差距、工农差距扩大与农业后劲不足问题。一方面，乡镇企业发展，农民工规模扩大以及农业市场化、结构调整为农民增收提供了更多路径，增加了农民收入；另一方面，农民承包土地的税费负担加重，农产品价格下降等导致农民收入增速下降，工农差距、城乡差距拉大，前所未有地出现大量抛耕现象，基层农业科技服务体系"线断、网破、人散"。城乡居民收入差距从1985 年的 1.86∶1 扩大到 2000 年的 2.79∶1（2009 年达到 3.33∶1），超过了 1978 年的 2.56∶1；绝对收入差距则由 1985 年的 341 元扩大到 2000 年的 4027 元。

3. "三农"作为重中之重，实施"以工补农"，探索城乡统筹发展（2001—2011）

针对"三农"问题、城乡关系与工农关系问题、农业质量效益和收入问题，进行了一系列理念、政策制度与措施创新。如用于"三农"的财政支出持续增强，2003 年用于"三农"的财政支出 2144 亿元，2006 年以后明显增加，2006—2008 年，每年中央财政用于"三农"的支出分别为 31517 亿元、4318 亿元和 5956 亿元，年均增长超过 20%。

（1）主要背景（影响因素）。该期的发展主要是基于上一个 15 年中国整体改革开放的大发展基础上，"三农"的很多矛盾进一步凸显，农业在很多重大环境变化中艰难探索，实现与国民经济关系的重构。①地方政府主导的工业化、城市化对农村集体土地征用等引发矛盾，区域发展不平衡性问题凸显。一方面，经济技术开发区、农业高新区等发展模式在各地方以及农业中被广泛推崇，建立省市、区县乃至乡镇各类产业园区，招商引资聚集发展成为非农产业发展的主要模式；另一方面，1998 年 7 月《关于进一步深化城镇住房制度改革加快住房建设的通知》宣布从下半年开始全面停止住房实物分配，实行货币化，住房商品化、商品房开发引发房地产开发热潮。受制于土地管理法的规定，这些活动主要是政府主导，也就是政府通过征地将集体所有土地征收，经过"招拍挂"用于开发。由此引发的大城市、城镇郊区等地方率先富裕起来，地方政府也获得了大量的土地出让金以及税收，这些地区财政实力大增，区域差距逐步拉大，农村阶层差距拉大，城市居民因为房地产商品化而增加更多财富，失去土地的农民获益相对较少，引发征收土地、建设用地等制度问题。②农民负担加重、财政对农村支持较少等多重原因导致"三农"问题凸显。"农民真苦，农村真穷，农业真危险"的"三农"问题作为整体被提出，并成为普遍社会共识。城乡公共事业发展差距较大，2003 年全国还有 3.2 亿的农村人口饮水没有达到安全标准，近 4 万个建制村（全国的 6%）不通公路，近 1 万个乡镇、30 万个建制村（全国的 45%）不通沥青路或水泥路，有 1.5 亿农户需要解决生活能源问题；农村人均卫生总费用 275 元，仅相当于城市的 25%左右；养老保险参保人数仅 5428 万人；农村文化事业费仅 30.11 亿元，占全国的 26.5%。③粮食安全受到威胁，农业增效农民增收难。粮食播种面积、产量连续多年下降。2003 年秋天，粮食价格出现波动上涨趋势引发通货膨胀，粮食总产只有 4.3 亿吨，比 1998 年减少 0.8 亿吨。种粮农民每亩净利润下降，甚至赔钱种粮。一直到 2006 年恢复到接近 5 亿吨。④2001 年加入世界贸易组织（WTO）。中国加入 WTO 是以农业的巨大牺牲和让步为条件的，一般认为对农业而言是真正的"狼来了"。一方面大量进口农产品会对本国产业造成巨大压力乃至损害，例如"大豆危机"，农产品贸易逆差的持续走高，2004 年第一次出现贸易逆差 46.4 亿美元，2010 年达到 231.4 亿美元（2019 年达到 718.7 亿美元）；另一方面，也促进中国有优势的农产品出口增长，中国农产品的出口规模在增长，但出口增速普遍小于进口增速，国际贸易竞争优势在下降。⑤国家和发达地区政府财力显著增强。改革开放后中国经济除个别特殊年份外持续快速增长，2000 年至 2010 年超过 8%以上，2007 年甚至超过 14%。2003 年中国人均 GDP 超过 1500 美元（按照购买力平价更高），第一产业增加值占比下降到 12.8%，就业人数下降至 49.1%，进入主要依靠非农产业吸纳新增劳动力阶段；国家财政收入 21715 亿元，人均 1680 元，财政实力大增；2007 年中国取代德国成为全球第三大经济体，2010 年中国取代日本成为全球第二大经济体，基本上完成了第二次工业革命。一方面解决了大量的农村剩余劳动力就业问题，农民工规模逐年扩大；另一方面，国家财力大幅度提升，尤其是 1994 年分税制实施后的中央财力大增，为实施整体协调发展、集中力量办大事奠定了基础。

（2）主要政策与制度等创新。相关内容很多，在此列举要点：①城乡关系的思想与战略重大创新。2002 年 11 月中共十六大正式提出统筹城乡经济社会发展，"三农"问题是全党工作的重中之重。2003 年 10 月召开的中共十六届三中全会通过《中共中央关于完善社会主义市场经济体制若干问题的决定》，明确提出了"统筹城乡发展、统筹区域发展、统筹经济社会发展、统筹人与自然和谐发展、统筹国内发展和对外开放"的新要求。2004 年 9 月中共十六届四中全会提出"两个趋向"的论断："在工业化初始阶段，农业支持工业、为工业提供积累是带有普遍性的趋向；在工业化达到相当程度后，工业反哺农业、城市支持农村，实现工业与农业、城市与农村协调发展，也是带有普遍性的趋向。""以工促农、以城带乡"开启了工农关系、城乡关系的历史性转轨。2007 年党的十七大提出"建立以工促农、以城带乡长效机制，形成城乡经济社会发展一体化新格局"。2008 年中共十七届三中全会通过《中共中央关于推进农村改革发展若干重大问题的决定》，要求"必须统筹城乡经济社会发展，始终把着力构建新型工农关系、城乡关系作为加速推进现代化的重大战略"，把实现城乡基本公共服务均等化作为统筹城乡发展、推进城乡一体化的重要任务，把"扩大公共财政覆盖农村范围，发展农村公共事业，使广大农民学有所教、劳有所得、病有所医、老有所养、住有所居"作为根本措施。意味着中央政府统筹城乡发展的思路和方略已经明确。②攫取农业向支持保护农业政策转变。坚持"多予、少取、放活"的原则，2003 年农村税费制度改革全面推进，2004 年开始中央财政对种粮农民给予按面积补贴（直补）、良种补贴、农资综合补贴和农机购置补贴等为主要内容的"四项补贴"146 亿元，2009 年增加到 1274.5 亿元（2015 年增加到了 1679 亿元，并将前三项合并调整为"农业支持保护补贴"）；2006 年全面取消农业税（烟叶税保留），延续了 2600 年的农业税从此退出历史舞台，全国农民每年减轻负担 1250 亿元，2 月 22 日国家邮政局发行了一张名为《全面取消农业税》的邮票。2004 年开始试点探索农业政策性保险，2012 年 11 月 12 日发布《农业保险条例》。2004 年、2006 年，在主产区分别对稻谷、小麦两个重点口粮实行最低收购价政策（市场价高于最低价可在市场交易）；2007 年以后，又先后对东北玉米、大豆实行临时收储政策（市场价过低时政府以略高于市价的价格临时性收储），在一定程度上保护了农户的种粮积极性，形成"支农—惠农—强农—富农"政策。③村集体林权制度改革。从 2001 年起在福建、江西、辽宁等地率先开展集体林权制度改革试点，明晰林地使用权和林木所有权，放活经营权，落实处置权，保障收益权。2008 年 6 月 8 日《中共中央国务院关于全面推进集体林权制度改革的意见》发布实施，是继家庭承包责任制后又一场土地使用制度的重大变革。④推进优势特色农业发展与质量安全管理。明确农业发展方向是"高产、优质、高效、生态、安全"农业。1999 年开始试点无公害农产品行动计划，实施农产品地理标志保护；2001 年 10 月出台《农业部关于加强农产品质量安全管理工作的意见》，2003 年实施《无公害农产品管理办法》《无公害农产品产地认定程序》，出台《优势农产品区域布局规划（2003—2007 年）》《关于进一步推进优势农产品产业带建设的意见》，2007 年实施《特色农产品区域布局规划（2006—2015 年）》，优化农业生产布局、提高农产品品质、增加农民收入、提高市场竞争力成为主要目标。⑤首次系统明确提出了现代农业建设和社会主义新农村建设的内容与目标要求。2005 年中共十六届五中全会首次将建设社会主义新农村作为推动实际工作的重要内容，提出"生产发展、生活宽裕、乡风文明、村容整洁、管理民主"等五方面要求，2006 年中央一号文件进行了全面具体部署。2007 年中央一号文件第一次系统明确了现代农业建设的内涵、内容、目标等，引入了农业多功能开发理念。⑥集中力量推动贫困地区脱贫致富。2001 年《中国农村扶贫开发纲要（2001—2010 年）》要求尽快解决农村贫困人口温饱、改善基本生产生活条件，按照中国当时的扶贫标准，农村贫困人口由 2000

年的 9422 万减少到 2010 年的 2688 万，扶贫重点县农民人均纯收入 2010 年达到 3273 元，贫困地区基础设施条件明显改善。

（3）改革发展成效与存在的问题。该时期的"三农"政策是与以往有本质区别的"含金量"最高时期，国家层面对城乡关系进行根本性、转折性调整，不断加大对"三农"的财政投入，给农民带来"真金白银"的实惠，是农业农村发展最快、农民得实惠最多的时期。但在发展中仍然存在一些严重问题，有些是过去的延续，解决需要一定的时间，例如城乡居民收入差距 2009 年扩大到 3.33:1 的最大值，2011 年的农村居民人均纯收入也只相当于城镇居民的 32%，农村年人均纯收入低于 2300 元的扶贫对象高达 12238 万人，农村基础设施、公共服务、社会保障制度的城乡差距缩小也需要很长时期。有些则是新产生的重要问题。突出矛盾体现在：①土地财政与城乡要素配置不合理问题。各级政府对农村土地征收及其利益分配不公平，有的用行政手段向农民征地，大部分土地增值流向政府、工商业和城市，其实质仍然是以农养政、以农补工、以乡补城。城乡生产要素交换不平等、城乡公共资源配置不均衡、城乡基本公共服务不均，农村发展严重滞后于城镇、城乡差距不断拉大的趋势没有得到根本扭转。②"农民工"问题。一亿多进城农民工无法获得社会保障和公共服务方面的国民待遇，与城镇劳动者存在着社保、医保、收入、教育、就业等巨大差距，城乡二元结构导致城乡不平等关系以新的形式出现。

4. 全面深化改革创新，消除农村绝对贫困，实现全面小康社会建设目标（2012—2020）

经过上一个 10 年多的大量优惠扶持政策集中实施，易于解决或浅层次的问题得到一定的缓解或解决，面临深层次、系统性的难点问题，如城乡发展差距、乡村区域发展差距以及乡村发展动能不足问题仍然严峻。"摸着石头过河"很难适应，需要整体系统性、联动性改革，即"顶层设计"，全面深化改革创新就成为根本路径。截至 2019 年，先后设立 58 个试验区，承担了改革试验任务 226 批次，从 2011 年以来试验区共有 144 项试验成果得到重要应用。

（1）宏观环境与发展要求。①国际贸易环境。2008 年金融危机的不利影响持续，WTO "多哈回合"谈判一直没有结果，因为技术性贸易壁垒、质量安全问题、贸易保护等摩擦增多，中国主导建设"亚洲投资银行"，推进"一带一路"，建设"人类命运共同体"，签署双边多边自由贸易协定。②经济发展进入新常态，供给侧结构性改革与生产方式转变的新要求。中国 GDP 增速在 2011 年降为 10%以下，2012—2017 年增速分别为 7.7%、7.7%、7.4%、6.9%、6.7%和 6.9%，意味着经济增长阶段已根本转换。习近平总书记在 2014 年 11 月 9 日首次系统阐述了"新常态"。新常态经济是从高速增长转为中速增长，从要素驱动、投资驱动转向创新驱动，推动供给侧结构性改革、提质增效是新常态的发展要求。③农业竞争力持续下降，需求结构与质量提高。2008 年"毒奶品事件"后，中国农产品质量安全问题引发社会不满，要求提高，对国外进口农产品需求增加。同时，国内农产品生产成本上涨，竞争力下降，农产品贸易逆差持续扩大，进口增速超过出口增速，曾被作为优势农产品的水果在 2018 年第一次出现了 10 多亿美元逆差；水产品贸易顺差大幅度缩小，只有蔬菜保持较高的顺差。④实现 2020 年全面小康社会与消除绝对贫困两大目标。全面建成小康社会是"新三步走战略"目标要求，消除绝对贫困则是全面建成小康社会的基本要求，经过多年持续扶贫后的剩余地区和人口的扶贫难度大，进入脱贫攻坚阶段。

（2）主要理念思想、政策制度及实践。①习近平新时代中国特色社会主义思想形成并引领"三农"发展。2013 年 11 月中共十八届三中全会通过《中共中央关于全面深化改革若干重大问题的决定》，提出"四个全面""五位一体""五大发展理念"以及"两山理论"与生态文明思想等成为指导引领"三农"发展的纲领。对"三农"发展，习近平总书记提出了一系列重要思想：中国要强，农业必须强；中国要美，农村必须美；中国要富，农民必须富等。②实施"精准扶贫脱贫"。按照当时标准，2010 年底中国农村贫困人口减少到 2688 万人，贫困发生率降为 2.8%。2011 年，将扶贫标准提高到人均年收入 2300 元，新扶贫标准下的贫困人口为 1.22 亿。《中国农村扶贫开发纲要（2011—2020 年）》的实施，意味着扶贫开发从以解决温饱为主要任务转入巩固温饱成果、加快脱贫致富、改善生态环境、提高发展能力、缩小发展差距的新阶段。2013 年，习近平总书记首次提出"实事求是、因地制宜、分类指导、精准扶贫"的理念，进入"打赢脱贫攻坚战"阶段。到 2020 年底，9899 万农村贫困人口全部脱贫，832 个贫困县全部摘帽，12.8 万个贫困村全部出列，区域性整体贫困得到解决，完成消除绝对贫困的艰巨任务。③转变农业发展方式，提升农业竞争力。主要围绕新常态下转变农业发展方式、农业供给侧结构性改革、构建现代农业体系等展开，内容非常丰富。一是制定形成了系列规划，如《全国主体功能区规划》《特色农产品区域布局规划（2013—2020 年）》《全国农业可持续发展规划（2015—2030 年）》《全国农业现代化规划（2016—2020 年）》等。二是出台并实施了很多政策项目。涵盖合作社、家庭农场与新型职业农民，绿色发展（如"一控两减三基本"）、质量兴农、品牌强农、乡村休闲旅游、三产融合，农业发展新产业、新业态、新模式与新动能（电商、数字农业、智慧农业、智能农业等科技赋能、互联网赋能），现代农业示范区、国家现代农业产业园、农业科技创新中心等新载体建设升级。④完善农业支持保护体系。出台的农业补贴范围项目多达 40 种，针对性和力度不断增强。如 2007 年中央财政农业保险补贴品种仅限于 6 个试点省份的玉米、水稻、小麦、大豆、棉花，2012 年达到 15 个补贴品种，基本涵盖了种植业和养殖业的主要产品；2014 年启动东北大豆与新疆棉花目标价格改革试点，2016 年"按照市场定价、价补分离的原则"取消玉米的临时收储政策并出台生产者补贴政策，2017 年的大豆目标价格政策实行市场化收购加补贴的新机制。⑤深化农业农村发展要素制度改革。一是陆续出台了种业发展、农业科技创新以及调动农业科技人员创新创业的意见以及改革举措，如《关于实行以增加知识价值为导向分配政策的若干意见》《关于深化项目评审、人才评价、机构评估改革的意见》《关于深入推行科技特派员制度的若干意见》等，实施"基层农技推广体系改革与建设补助项目"，建立现代农业产业技术体系等。二是推动农业土地流转与规模经营健康发展，实施村集体产权制度改革，进行农村宅基地、建设用地等改革试点，推进农村普惠金融发展等。⑥加快双边多边自由贸易协定谈判与实施。加快建设面向全球的自贸区网络，已与 26 个国家和地区签署了 19 个自贸协定。

（3）主要整体成效。除取得脱贫攻坚战胜利之外还有很多，如城乡居民收入差距在 2009 年达到 3.33:1 后持续缩小，2020 年为 2.56:1。2020 年粮食连续 6 年稳定在 6.5 亿吨以上，人均占有量稳定在 470 公斤以上，远高于国际公认的 400 公斤安全线；2019 年，农产品质量安全监测合格率稳定在 97%以上，三大粮食作物的农药、化肥利用率分别达到 39.2%和 39.8%，全国畜禽粪污综合利用率达到 75%，休闲农业和乡村旅游营业收入超过 8500 亿元（年增9.8%），农村承包地流转总面积占全国农村承包耕地面积的 35.9%；2018 年全国森林覆盖率已经超过了 23%（1999—2003 年清查为 18.2%）。2020 年中国农业保险保费收入 814.93 亿元，提供风险保障 4.13 万亿元，成为全球最大的农业保险市场等。

专栏：中国为什么选择农村土地集体所有制

从历史角度看，土地私有制与可以买卖在中国实行了 2000 多年，对历史进步曾起到过积极作用，但弊端明显：一是不可能跳出小农户土地被豪强兼并的命运；二是无地或少地的农户不得不承受高额地租的盘剥以租佃地主土地维持生存。从现实的角度看：一是土地制度选择与执政党的理念有关。对发展道路的选择包含深刻的国家价值观和民族信仰，也包含对历史教训的深刻记忆。二是其核心是不让农民失去土地。三是并不排斥灵活多样的市场化的土地经营方式。四是实践证明，近 70 年来，农村没有出现土地被兼并和农民遭受高额地租盘剥现象。中国农业发展和农民生活改善是不争的事实。

资料来源：陈锡文. 读懂中国农业农村农民[M]. 北京：外文出版社，2018.

5. 实施乡村振兴战略，推进中国式农业农村现代化（2018—　）

2017 年中共十九大提出了乡村振兴战略，有关部门密集出台了系列相关规划、政策、法律等制度文件几十个，目前构建乡村振兴政策体系框架的阶段性目标已经达到。乡村振兴战略内涵丰富，集中体现在"产业兴旺、生态宜居、乡风文明、治理有效、生活富裕"的总要求上，也是主要内容和着力点。中国实现农业农村现代化的战略部署是：2020 年乡村振兴取得重要进展，制度框架和政策体系基本形成；2035 年乡村振兴取得决定性进展，农业农村现代化基本实现；2050 年乡村全面振兴，农业强、农村美、农民富全面实现。中共二十大报告明确提出"加快建设农业强国"，把农业强国建设正式纳入了我国社会主义现代化强国建设体系。

将农业农村现代化一起列为现代化目标是党的十九大报告首次提出的。农村现代化是农村社会一种新的、综合性的发展形态和生活状态，是通过合理有效的方式维持乡村社会的延续，并通过不断的变迁发展达到与社会总体发展协调融合的过程，其主要内容也大致包括乡村产业、生态、文化、社会治理与农民生活等方面，每方面都有其丰富的内涵要求，并且随着时代变化赋予新的内涵要求。

专栏：中共二十大关于"全面推进乡村振兴"的要求

习近平总书记在中共二十大报告中指出：全面建设社会主义现代化国家，最艰巨最繁重的任务仍然在农村。坚持农业农村优先发展，坚持城乡融合发展，畅通城乡要素流动。加快建设农业强国，扎实推动乡村产业、人才、文化、生态、组织振兴。全方位夯实粮食安全根基，全面落实粮食安全党政同责，牢牢守住十八亿亩耕地红线，逐步把永久基本农田全部建成高标准农田，深入实施种业振兴行动，强化农业科技和装备支撑，健全种粮农民收益保障机制和主产区利益补偿机制，确保中国人的饭碗牢牢端在自己手中。树立大食物观，发展设施农业，构建多元化食物供给体系。发展乡村特色产业，拓宽农民增收致富渠道。巩固拓展脱贫攻坚成果，增强脱贫地区和脱贫群众内生发展动力。统筹乡村基础设施和公共服务布局，建设宜居宜业和美乡村。巩固和完善农村基本经营制度，发展新型农村集体经济，发展新型农业经营主体和社会化服务，发展农业适度规模经营。深化农村土地制度改革，赋予农民更加充分的财产权益。保障进城落户农民合法土地权益，鼓励依法自愿有偿转让。完善农业支持保护制度，健全农村金融服务体系。

　　资料来源：习近平. 高举中国特色社会主义伟大旗帜　为全面建设社会主义现代化国家而团结奋斗——在中国共产党第二十次全国代表大会上的报告. 2022 年 10 月 16 日.

本章思考、练习与讨论题

1. 现代农业与传统农业的区别是什么？如何认识现代农业产生的必然性、重大贡献及存在的问题？

2. 推进农业农村现代化进程中，实现古代农耕文明与现代农业发展结合的现实障碍有哪些？

3. 比较世界农业现代化的三种道路（模式）的适用条件及主要特点，你得到什么启示？

4. 如何认识中国式农业农村现代化的内涵？

本章主要参考文献

张培刚. 发展经济学教程[M]. 北京：经济科学出版社，2001.

陈锡文. 读懂中国农业农村农民[M]. 北京：外文出版社，2018.

冯开文，李军. 中国农业经济史纲要（第 2 版）[M]. 北京：中国农业大学出版社，2014.

韩长赋. 新中国农业发展 70 年（政策成就卷）[M]. 北京：中国农业出版社，2019.

陈文华. 中国农业通史（夏商西周春秋卷）[M]. 北京：中国农业出版社，2007.

[以色列]尤瓦尔·赫拉利. 人类简史：从动物到上帝[M]. 程存旺，石嫣，译. 北京：中信出版社，2017.

文礼朋. 近现代英国农业资本主义的兴衰——农业与农民现代化的再探讨[M]. 北京：中央编译出版社，2013.

[美]马克·B. 陶格（Mark B Tauger）. 世界历史上的农业[M]，北京：商务印书馆，2015.

[美]富兰克林·H. 金. 四千年农夫：中国、朝鲜和日本的永续农业[M]. 程存旺，石嫣，译. 北京：东方出版社，2016.

刘旭，戴小枫，樊龙江，等. 农业科学方法概论[M]. 北京：科学出版社，2011.

陈道. 经济大辞典（农业经济卷）[M]. 上海：上海辞书出版社，1983.

孔祥智. 农业经济学（第二版）[M]. 北京：中国人民大学出版社，2019.

第三章 农业产业特征、功能及乡村价值

国务院 2022 年 2 月发布的《"十四五"推进农业农村现代化规划》提出，推进农业农村现代化，必须立足国情农情特点、农业产业特性、乡村地域特征。对于不同发展历史阶段、不同国家或地区、不同产业发展特点（特征）的科学理性认识是思考进一步发展的基础。农业作为人类最早的产业经济活动，在现代化过程中不断分工与融合，产业产品门类日益丰富，特性差异越来越大，功能价值日益多元凸显，这些是思考农业问题的逻辑起点，是制定农业政策、从事农业经济管理的基础，也是农业规律性的基本体现，更是农业经济管理学科专业特殊性的基本标志。

第一节 农业产业特征

一、农业产业分类及其特征分析的基本思路

特征是事物可供识别的特殊的征象（征候、迹象）或标志；特性是某事物所特有的性质，也就是特殊的品性、品质。相对而言，特性揭示的是本质性区别，具有较高的相对稳定性。而特征揭示的则是更具有现实性、阶段性的特点（差异），更具有现实分析指导价值。特征与特性二者有时很难截然区分，可以混用，不严格区分。对农业特征的概括与描述很多，基于不同角度、不同目的以及认识层次等存在较大差异，随着技术发展与生产方式变迁，其某些特征可能消失或表现不充分，也会出现新的特征，具有时代性与相对性。

1. 产业及其分类

产业是具有某种同类属性的经济活动的集合。归入相同的产业，其在产品生产过程、生产方式、产出的产品等若干个方面具有相似性或一致性。从需求角度看，产业是具有同类或相互密切竞争关系和替代关系的产品或服务的集合，从供给角度看，则是具有类似生产技术、生产过程、生产工艺等特征的物质生产活动或类似经济性质的服务活动的集合。随着技术、生产方式变化，产业分工不断深化细化，突破原产业边界或发生重组，新产业、新业态会不断出现，需要对产业重新分类。例如，我国《国民经济行业分类》标准就是采用经济活动的同质性原则划分并编码为多层次行业（门类、大类、中类与小类），每一个行业类别按照同一种经济活动的性质划分。该国家标准 1984 年首次发布，1994 年、2002 年、2011 年、2017 年四次修订。因此，产业内涵丰富，具有多层次性。产业"属性"既具有客观性，也具有认识的主观性，随着技术创新重大突破和普遍应用，呈现动态发展变化性。

根据产业的内涵以及研究与实践需要，要对产业多种角度、多层次分类，最典型的是三

次产业分类法。按照人类产业经济活动出现的先后顺序分为第一次产业、第二次产业与第三次产业（简称第一、第二、第三产业）。随着现代信息产业、文化产业的发展，有研究从庞杂的第三次产业划分出第四产业、第五产业，第四产业主要指基于互联网平台获取并利用信息和知识资源的产业，第五产业是获取并利用人力资源和文化（包括科学文化）资源的产业，在此基础上各产业的交叉融合形成"六次产业化"（第六产业）。

同时，从不同角度可将产业分为主导产业、支柱产业与重点产业、瓶颈产业，夕阳产业与朝阳产业，劳动密集型、资本密集型与知识密集型产业等。在每个产业大类基础上又可以细分为若干中类、小类等具体的产业（或产业形态），在最具体的产业中，也会根据需求、产品功能、品种等细分为各个不同具体行业，例如玉米行业细分为饲用玉米、淀粉玉米、鲜食玉米等。在具体的生产经营活动中，善于发现并利用产业细分会获取专业化的优势和利益。

2. 农业产业分类

（1）政府统计分类。农业在各国不同历史阶段基于一定的管理目的和依据有多种分类，比如政府统计部门的分类，学者学术研究的分类等。我国在 1993 年之前根据生产对象不同，常将农业划分为"农林牧副渔"，将农业（种植业）分为粮食作物与经济作物生产等。但各国农业的内涵范围并不相同，例如很多国家将林业不作为产业部门等。农业行业的阶段划分依次为："农林牧副渔" → "农林牧渔和农林牧渔服务业" → "农业及相关产业 10 大类（2020年）"。因为现代社会分工发展，农业不单纯是从事农产品生产的部门，而是涉及种子、化肥、农药、农机等农业生产资料生产（产前部门），以及生产过程中的植保、农机作业、技术指导等服务活动，更是向贮藏保鲜、物流、加工、营销等产业延伸，向休闲功能拓展，进而构成农业产业链。在每条产业链上，有很多的不同生产经营主体的价值创造（增值）环节（链环），也就是价值链。产业的发展水平取决于这些主体、环节的技术经济关系能否有效协调、耦合、共进，其涉及组织模式、各环节如何合理分配价值等问题（如"微笑曲线"）。如果农产品的价格过低，农民收入低或者经常亏损，就不会从事生产，其他的产业环节也就难以生存；反之，如果没有农产品的收购、物流与贮藏保鲜、批发零售等环节的发展，农民生产出的农产品可能面临滞销卖难等。

2020 年 12 月发布的《农业及相关产业统计分类（2020）》，按照三次产业融合发展以及全产业链发展要求，以《国民经济行业分类》（GB/T 4754—2017）为基础，根据农业及相关产业生产活动的特点，将行业分类中相关的类别重新组合，是对国民经济行业分类中符合农业及相关产业特征的相关活动的再分类。国际上也有标准化的产业经济和贸易分类，如《联合国国际贸易标准分类》（SITC），海关合作理事会组织制定的《协调商品名称和编码制度》（HS）。特别强调：不同国家、机构的统计分类角度和标准并不完全相同，对比分析和解释历史统计数据、国别数据要注意统计指标范围的区别，防止误用误解。

2020 年新实施分类中的 01 大类"农林牧渔业"同 2017 年分类的 A 门类（农林牧渔业）一致，011—014 分别为农业生产（种植业）、林业生产、畜牧业生产、渔业生产，015 为农林牧渔专业及辅助性活动；每个中类又分为小类，如 0111 代表种植业的谷物种植、0115 代表水果种植，0131 代表畜牧生产的牲畜饲养等。分类 02 至 10 大类为农业及相关产业领域，依次是：食用农林牧渔业产品加工与制造，非食用农林牧渔业产品加工与制造，农林牧渔业生产资料制造和农田水利设施建设，农林牧渔业及相关产品流通服务，农林牧渔业科研和技术服务，农林牧渔业教育培训与人力资源服务，农林牧渔业生态保护和环境治理，农林牧渔业休闲观光与农业农村管理服务，其他支持服务。2022 年 1 月国家统计局公布了对 2020 年全国农业及相关产业增加值核算结果，农林牧渔业增加值为 81397 亿元，农业及相关产业增加值为 166900 亿元（其中第二、第三产业增加值分别为 48606 亿元、40263 亿元，合计占 53.2%），是当年农林牧渔业增加值的 2.05 倍，占 GDP 比重 16.47%。

（2）农业的其他分类。除政府统计分类外，从研究角度以及生产实践角度对农业提出很多新概念和分类。例如，按照历史阶段分为原始农业、传统农业与工业化农业（石油农业）或现代农业；按照农业生产方式或者技术类型分为生态农业、可持续农业、精细农业、机械农业、智能农业（知识农业）、信息农业、有机农业、工厂化农业、创意农业；按照农业生产地域类型分为平原农业、山区农业、城郊农业、都市农业（城市农业）。另外还有蓝色农业与白色农业，平面农业与立体农业，中医农业、康养农业与休闲农业、功能型农业等范畴。

对于上述分类提出的名词，虽常见于有关文章，但有些只是简单或直观形象地描述了某些突出特点，并没有科学严谨的内涵。例如，蓝色农业与白色农业一般形象地代表海洋农业与食用菌产业，石油农业或石化农业代表农业投入的主要能源特点，机械农业主要形容农业中机械代替人力等。有些概念则是在农业基本内涵基础上的功能拓展，如中医农业、康养农业与休闲农业等。

知识延伸：都市农业

国际上都市农业概念提出于 20 世纪 40 年代，20 世纪 90 年代开始传入中国，并将现代都市农业作为各大城市农业发展的战略定位，但对其内涵特征、范围等问题的认识并不一致。2003 年联合国粮农组织、开发计划署认为，都市农业是位于城市内部和城市周边地区的农业，是以满足城市消费者需求为主要目的，采取集约的方式，利用自然资源和城市废弃物，在分散于城市或郊区各个角落的土地上和水源中，种养各种家用作物，是一种包括从生产、养殖、加工、运输、消费到为城市提供农产品和服务的完整经济过程。国际都市农业基金会（RUAF）认为，都市农业是指在城市内或其周围从事耕种植物和畜牧等活动，其中包括在社区和后院设置菜园、用可供食用的植物作园艺设计、在屋顶和阳台上种植食物以及食物堆肥。因为各国的城乡管理体制不同，如城市、都市的界定不同，中国实行"市管县"，与日本等国家的区域自治自立制度不同，都市农业的实践存在差异，对其基本内涵及其区域范围的理解不同，并没有形成科学严谨的统一范畴。

资料来源：作者根据有关资料整理。

3. 农业供应链、价值链与产业链

现代农业发展需要通过市场机制与政府的有意识指导、引导形成合理的产业链、价值链关系，从产业链、价值链的角度分析已经成为政策和实践主流。

（1）供应链。"链"用来描述具有整体功用、若干环节有序连接形成的有机体。其由很多的环节组成，相当于一个系统的各个组成部分，具有紧密关系、"同性"依赖或制约性等，一环扣一环紧密相连，某一个链环出问题或运行效率下降，整个链条的系统效率与功能下降，运转不畅呈现"病态"或停止运转，需要各环节的协调。

供应链是指生产及流通过程中，将产品或服务提供给最终用户活动的上下游企业所形成

的网链结构，包括物质流、信息流、资金流或价值流等。其主要是从企业角度研究如何实现物流通畅，节约时间与成本，提高效率。有时这些企业可能同属一个产业或一个行业部门，一般围绕核心企业构建，可以是生产型企业，也可以是流通型企业。生鲜农产品经营企业对供应链优化模式特别重视。例如"盒马鲜生"就是围绕着客户需求，从前端零售反向设计供应链。而"每日优鲜"则采取前置仓供应链模式，就是在人口密集的消费者身边大量铺设仓库，用户在线上下单后，可在最短时间将货物送达。

（2）价值链。价值一般是指物品或服务等对于人类生产和生活的用途或积极作用。马克思的劳动价值论把价值定义为凝结在商品中的无差别的人类劳动，强调劳动创造价值。效用价值论则是从对人的有用性来定义价值，认为一切价值来自它们的效用，侧重于人的主观感受。为了衡量价值大小并进行交换、评价分析，发明了价格、成本与效益（效果）核算分析及 GDP 核算分析等范畴和指标。不但对物品、服务核算评价，进一步发展为对生态、环境等价值核算分析，具体的核算评价方法有差异。

"价值链"分析是美国哈佛商学院著名战略学家，竞争战略之父迈克尔·波特（1947—）在 1985 年的《竞争优势》一书中提出：企业内外价值增加的活动分为基本活动和支持性活动，基本活动包括企业生产、销售、进料后勤、发货后勤、售后服务（主价值链），支持性活动包括人事、财务、计划、研究与开发、采购等（辅助价值活动），基本活动和支持性活动构成了企业的价值链；不论是主价值链，还是辅助价值链都能创造并产生价值，辅助价值链创造的价值越来越多，不少企业有"转辅为主"的迹象。这里的价值是一种客体对于主体的意义和效用，是客体满足主体需求、兴趣与目的，是人的效用满足程度。价值链分析就是要分析公司运行的哪个环节可以提高客户价值或降低生产成本，强调从利润目标开始对能够创造价值的活动或者因素进行分解，以找出价值真正的来源和关键环节。

（3）农业产业链。产业链一般是基于产品、行业或者中观区域层面的分析，是建立在价值链、供应链基础上的综合。它不仅研究企业之间的价值流、物流、信息流等，而且分析研究与设计价值的创造、相互作用、结构和关系，是产业在中观层次上的关系表达。产业链具体包括物质链、价值链、技术链、人才链、信息链等相互作用的环节或内容。

现代农业社会产业链很长，核心是价值链。基于农业产业特性，农产品价值链问题引起更广泛关注。例如，现实中经常说的"两头叫中间笑"问题：初级农产品生产者获利小，终端消费者支付价格高且均处于被动地位，中间环节获利相对高且稳定，处于主动地位。我国大宗鲜活农产品的零售价一般相当于农民地头出售价的 2 倍以上。现实中也发展出了多种类型的治理模式，如"合作社+农户""公司+农户"和行业协会治理（模块治理）等，很多区域通过农业产业链延伸有效带动区域发展。例如，螺蛳粉是广西柳州市的特色小吃，因其汤料加入螺蛳熬制而得名。柳州市通过编制一个规划、严格一个标准、建设一批产业集聚区、培育一批龙头企业和知名品牌等"六个一"工程，2020 年创造就业岗位 30 多万个，实现袋装螺蛳粉销售收入 110 亿元，配套及衍生产业销售收入 130 亿元，实体门店销售收入 118 亿元。

4. 认识分析农业产业特征的基本逻辑思路

现代农业产业更加复杂多样，产业特性的凝练认识很困难。农业产业具有多层次，不同层次的分类划分依据有差异，产业特性是最主要的依据。如何认识分析农业产业或行业特性？任何一个产业，其特性体现在产业活动的各个环节及其相关要素、主体的关系特点等方面。

一般可遵循如下逻辑思考分析农业产业特征：①生产对象与所需投入的特点。包括动植物与微生物，所用自然资源及其环境要求、生态环境相互影响等特点。农业生产最基本的对象是动植物和微生物，生产的对象差异非常大，即使在种植业内部种植的种类也非常丰富。②生产方式与生产过程的特点。包括生产技术类型及生产方式（农艺），生产周期长短，生产风险大小、类型及其来源，生产监督管理与植保防疫等方面特点。如无土栽培与传统栽培，放牧与圈养，设施生产与露天生产等特点不同。③生产的最终产品（产出）的特点。农业生产产出既包括主产品、副产品，也包括对生态环境的影响，更包括带动的休闲旅游等。最主要的是生产产品的用途与功能化特点，理化性状、营养成分、耐贮藏性等基本特性。如，玉米分为粉质、胶质、鲜食、爆裂、青饲玉米等。④产品流通物流、市场与消费特点。主要是产品的贮藏保鲜难度，合理的流通半径与成本，货架期长短，流通损耗与风险大小，消费价格与收入弹性，对消费的质量要求等。例如，生鲜农产品与其他农产品的流通物流不同，消费者对不同农产品的需求弹性不同，粮食作为基本生活必需品弹性最小，会出现谷贱伤农等。⑤政府干预管理的政策特点。基于经验或不同产业特殊性地位作用，政府的干预管理政策不同，如对于关系国计民生重要产品的支持保护，而大量的一般农产品由市场竞争性供给。例如粮食、猪肉等在中国就非常特殊。

本书主要针对农林牧渔四大核心基础产业的重要特征引导思考，尤其是对于从事农业行业经济管理、生产经营活动需要特别关注的特性以及易忽略的常识性、规律性问题进行总结，目的是在理解基础上思考、联系实际应用，可在此基础上进一步联系现实延伸体会。

知识延伸：国务院《"十四五"推进农业农村现代化规划》节选

推进农业农村现代化，必须立足农业产业特性。农业生产过程受自然力影响大，既要顺应天时，又要遵循生物生长规律，不误农时高效稳定组织生产。农业生产地域特色鲜明，不同地区资源禀赋差异大，需要因地、因时制宜发展特色优势产业。农业生产面临双重风险，既有自然风险，也有市场风险，需要加强农业支持保护，强化防灾减灾能力建设，健全完善市场调控体系。农业家庭经营占主导地位，大国小农基本国情、农情将长期存在，需要加快发展社会化服务，将现代生产要素导入小农户，提升科技水平和生产效率。农业科技成果运用具有很强外部性，小农户缺乏采用新技术、新品种的能力，实现科技进步需要更多依靠农业企业和社会化服务组织的引领带动。我国农业产业链和价值链仍处于低端，需要加快提升现代化水平，打造全产业链，拓展农业增值、增效空间。

资料来源：摘编自中国政府网，2022-2-11报道。

二、种植业（小农业）行业特征

种植业是农业最重要的基础核心产业，是畜牧业和渔业发展的基础。其主要是利用植物和微生物的生长机能将太阳能、水土和自然环境中的物质能量转化为生物质。现行统计制度将其详细分类为9个小类（0111—0119），分别是：谷物种植，薯类、豆类和油料种植，棉、麻、糖、烟草种植，蔬菜、食用菌及园艺作物种植，水果种植，坚果、含油果、香料和饮料作物种植，中药材种植，草种植及割草，其他农业生产活动。其产品种类繁杂，每个种类对水土、环境、农艺技术等要求，以及种植周期、产品特性、用途、消费等存在差异。在长期实践活动中，习惯主要关注粮食作物和经济作物。

1. 种植业基本共性特征

可以多角度、多层次详细思考总结，限于篇幅仅作引导性简要分析。

（1）生产所需主要资源：占用土地多，需要保持一定的用地面积，耕地及其他农用地的数量、质量是种植业的基础禀赋和竞争力。耕地资源和农用土地资源稀缺，各种种植作物之间存在竞争关系，尤其是粮食作物与其他作物，需要基于国家政策、法律法规等制度要求以及市场供求关系、技术进步等进行理性有效的布局与结构优化调整。例如，中国的永久基本农田制度、粮食生产功能区制度等。

（2）生产对象：品类和具体产品丰富，不同植物都有其自身的生长发育规律及其对水土、生态环境的要求。需要因地制宜，在土壤质量与气候环境的优生区、适生区建立优势特色产业，根据不同季节变化调整种植品种或衔接茬口是农业生产重要工作，品种及其与水土气肥等协调匹配状况是决定产量和品质的主要因素，不能拔苗助长，不能人为盲目确定面积产量等高指标，必须考虑水资源供给状况，尤其是水稻等高耗水种植。同时，种植业育种相对于动物要容易些，引进世界各地的新品种、自主创新以及在生产实践中的更新较快。现代分子生物育种、基因编辑重组等导致品种创新更快，也意味着同一产品市场寿命缩短，产品市场竞争激烈等。新中国成立 70 多年来，培育出农作物新品种达 2 万多个，实现了 5—6 次新品种的大规模更新换代，良种覆盖率、单产水平和生产性状水平显著提升，目前的良种普及率超过 96%，品种对增产的贡献达到 40% 以上。

（3）生产过程：一般生产周期较长，气候灾害与病虫害对生产的不利影响及风险较大。种植业一般经过播种、田间管理、收获等主要过程。不同作物及其不同阶段的植物保护、田间管理以及生产方式有较大差异，需要根据不同的作物及其不同生长阶段采取针对性有效措施。另外，生态种植、露天种植或设施种植等方式不同，技术、管理等存在较大差异。

（4）生产结果：产出具有明显的季节性，食用农产品一般收入弹性和需求弹性均较小，每种产品及其不同品种都可以有其特定的主要用途定位。食用农产品之间的替代性强，吃果蔬多，吃谷物就相对减少，尤其是在营养满足需要的条件下，品种结构、品质结构转变替代。大部分植物性食用农产品不耐贮藏（损耗大与品质下降、成本加大），与贮藏保鲜以及加工等关联产业水平紧密关联。有些主要是鲜食鲜销，有些则可贮藏一定时间；因为季节性上市集中可能导致"谷贱伤农"，季节性卖难滞销等问题发生概率较大，需要多种途径预防和解决，如订单农业、产后加工与贮藏保鲜产业发展等。

（5）产品市场交易及消费：区域性与季节性集中上市普遍，市场供求规律有其特殊性。需求一般变换较慢，但供给随着价格的周期性涨跌呈现规律性，卖难买难会交替出现。需要经营者经常性关注市场供求信息变化，理性预测决策。

（6）政府调控：保障食物安全（粮食安全）是核心，调控强有力。政府会根据各种诉求对种植业不同产品采取不同的调控措施，包括政策性补贴、储备调节、进出口调节以及土地资源、基础设施建设保障（如高标准农田建设等）。

2. 粮食生产与经济管理特点

粮食主要指谷物、薯类、豆类等淀粉类物质。习近平总书记指出：五谷者，万民之命，国之重宝；要牢牢把住粮食安全主动权，粮食生产年年要抓紧；中国人要把饭碗端在自己手里，而且要装自己的粮食。谷物类是最重要的粮食，是粮食安全的核心和基础，是受到国家重点支持保护的农业"优先产业"，是中国战略产业"压舱石"，是满足生存的基础产业和现代养殖业精饲料的主要来源，受国家宏观调控干预力度最大。近年来，虽然中国粮食生产连续十多年丰收，目前保障在 6.5 亿吨以上，但粮食进口却保持较高水平，2017—2020 年进口谷物分别为 2560.1、2050.2、1791.8、3579.1 万吨。2020 年粮食进口量超过 1.4 亿吨，相当于当年 6.7 亿吨粮食生产总量的 21%；食用油籽进口 1.1 亿吨（1 亿吨为大豆），食用植物油进口 1169.5 万吨（折合近 0.4 亿吨油料籽实）；中国油料产量约 3500 万吨，食用植物油 81%依赖国际市场。由于土地成本和劳动力成本的不断提高以及粮食规模经营面积小、劳动生产率低等导致很多进口农产品具有很强的价格竞争力，如 2019 年进口产品每公斤的平均价格是：大米 3.52 元、大豆 2.76 元、小麦 1.98 元、玉米 1.54 元、猪肉 15.60 元，均显著低于国内产品价格；粮食自给率降到 80%左右，粮食供求属于紧平衡，风险大、波动大。在 2020 年新冠肺炎疫情暴发之前，全球饥饿人口连续五年增长，55 个国家和地区的 1.35 亿人面临严重粮食危机；全世界已经有 6.9 亿人遭受饥饿，有 20 亿人粮食不足、营养不良；气候变化和水土资源损失影响巨大，过去几十年全世界人均耕地面积下降了 60%。

　　粮食生产除了具有一般商品和种植业特性之外，还具有战略基础性、公益性，是人类基本生存必需品的"食物主权"要求，既是经济产品，又是政治产品、国家安全产品。粮食（及油料）是基本品，价格太高会影响到很多消费品价格和基本生活成本，进而影响社会稳定。粮食是"1"，其他财富都是后面的"0"，受政府调控程度大。具体突出特点表现在以下方面：①占用优质耕地资源多。必须保障足够的粮食生产能力，优先将最好耕地用于粮食生产。从历史上看高质量的耕地一般也是经过多年耕耘的优质粮田，中国强调 18 亿亩耕地红线，建立"粮食生产功能区"，用好、养好东北黑土地，加大高标准农田建设力度等，就是需要一定数量高质量的耕地资源保障足够的持续生产能力。②一定合理利润与规模化是根本保障。粮食属于生活必需品，需求价格弹性和收入弹性最小，生产周期长，受自然气候影响大；粮价敏感性强，既需要保护种粮积极性，也需要避免大幅波动与粮价过高；单位粮较低，易造成"谷贱伤农"，只有规模化生产经营才能有效保障一定的收益来维持种粮积极性。在中国，并不是所有的种粮农民都能依靠种粮获得平均收入，粮油等低价值产品的种植规模化是必然要求和趋势。同时，季节性集中上市与常年消费性存在矛盾，需要收获后贮藏较长时间，占用设施体积大，需要足够的贮藏设施以及技术，防止变质虫害。各国一般采取最低收购价（保护价）、补贴以及政策性保险、提高收储能力、扶持新品种新技术创新与推广等保障足够供应能力。③国际粮食危机风险及其影响大。20 世纪 70 年代，世界著名战略家、美国前国务卿亨利·基辛格博士曾预言：谁控制了石油，谁就控制了所有国家；谁控制了货币，谁就控制了世界；谁控制了粮食，谁就控制了世界上所有人。全球粮食权力的过度集中与政治化，气候变化和自然灾害，国际原油价格变动，全球资本流动性过剩，市场恐慌与粮食出口国出口政策，粮食"能源化"和"金融化"等众多复杂因素导致国际粮食危机和风险一直较大。国际粮价上涨的基本过程是：极端天气或偶发事件→大量国际游资注入期货市场→粮食出口国出口限制（以及媒体夸大宣传）→进口国超买囤聚→市场和社会恐慌→粮价被逐步推高。④消费品种、需求量与结构、价格等变化缓慢。总体看，目前常见的粮食种类已经存在多年，变化的主要是具体的品种，但基本营养等变化不大。如中国现在的主食品种已有几百年时间，自从玉米、土豆等品种传入中国后就比较稳定。首先是随着消费水平提高和结构改善，直接消费粮食（主食）比例下降，其他食品对淀粉类的替代比例不断提高，种植产品更多地转化为饲料，由"粮食作物—经济作物"的二元结构转变为"粮食作物—饲料作物—经济作物"的三元结构。粮食中的口粮比重已从改革开放初期 63% 降低到 52%（饲料粮等比重提高）。2013—2018 年全国人均谷物消费从 139 公斤降低到 116 公斤。随着农业生产的商品化、市场化程度不断提升，粮食种植的消费自给率不断下降（包括农户家庭生活消费、留种以及饲料用量），主要面向市场商品化生产。当然，不同农户根据自身生产生活需要均有一定的自用，包括从事养殖、休闲农业等；粮食生产产业链较长，一般的生产者是将初级产品售卖给收购商或加工企业，中国国有粮食收储企业发挥重要作用。⑤粮食安全责任重、要求高。无论国际还是中国对粮食安全高度重视，如成立 FAO，设立世界粮食日（10 月 16 日是 FAO 成立纪念日），推进 20 世纪 60 年代的以培育高产水稻、小麦为代表的农业绿色革命等。FAO 曾三次界定"粮食安全"定义，基本含义是："保证任何人在任何时候，都能得到为了生存和健康所需要的足够食物"，1996 年第三次界定为：所有人在任何时候都能够在物质上和经济上获得足够、安全和富有营养的粮食，来满足其积极和健康生活的膳食需要及食物喜好。

为保障粮食安全，有很多政策举措。一是确立粮食储备制度。粮食储备是在新的作物年度开始时，可以从上一年度收获的作物中得到（包括进口）的粮食储备量，也称作结转储备量（carryover stock）。其又包括周转储备（商业性周转库存）、后备储备（平抑市场波动）和战略储备（专门战略需要目标）。战略储备如备荒储备的"甲字粮"，中央军委 1962 年决定建立供 50 万人 6 个月部队用量的"506 粮"战备粮油（实施到 2002 年）。二是多指标衡量一国粮食安全。FAO 曾提出一个确保全球粮食安全的最低储备水平，即世界全部谷物储备至少要占到需求量的 17%—18% 左右，其中 6% 为后备库存（缓冲库存），12% 为周转库存（供应库存），低于 17% 为不安全，低于 14% 为紧急状态。除此之外还用粮食自给率或粮食贸易依存度、粮食产量波动系数、人均粮食占有量、低收入居民粮食保障水平等衡量粮食安全。三是保障粮食安全目标的政策工具多样性。一国粮食政策目标及其具体工具由多重因素决定，会发生阶段性调整乃至重大变化，尤其是在中国市场经济还很不成熟的阶段，政府的行政管理作用强大，要根据气候变化、国内外市场供求状况、成本效益变化等，采取市场机制、保护价收购、目标价格以及政府补贴、加强基础设施建设以及耕地保护、技术推广服务等措施，尤其是强化"米袋子"省长与书记负责的党政同责制等。

3. 经济作物生产及其经济特征

经济作物也称作现金作物，是具有某些特定经济用途的农作物，实践中大规模种植的主要包括棉花、糖料、烟草、蔬菜、食用菌及花卉、水果、坚果、香料、中药材等，是增加农业收入的主要来源。与粮食作物相似，具有占用土地多而需要保持一定的用地面积。但也有其显著的特性，是在满足"吃饱"的维持生存基本需要基础上的更高一级的多层次需求。2018年，全国棉花、蔬菜、水果、茶叶的种植面积分别为 5000 多万亩、30000 多万亩、20000 多万亩和 4400 多万亩，分别是中华人民共和国成立初期的 1.2 倍、6 倍、20 倍和 19 倍；产量分别为 600 多万吨、70000 万吨、18000 万吨和 260 万吨，分别是中华人民共和国成立初期的 13.7 倍、2.7 倍、73 倍和 63 倍。从 1984 年粮食第一次出现"卖粮难"后开始强劲发展，结构不断优化，逐步从满足"生存型"向"发展型""享受型"等高质量升级，成为增加农民收入重要途径。

　　理解经济作物特点可与粮食作物对比思考，其特点主要表现在：①对农业增收增效贡献大，发展与创新动力强。经济作物因为是满足基本维生需求以上的多样化较高级需求，需求价格弹性、收入弹性相对粮食大，经济价值相对高（高值作物），单位耕地经济产出较高，对农民现金收入影响大，是农户致富的重要途径，也是带动农民就业和农业产业链向加工、休闲等方向发展的主要依托，土地经营者有较强的动机采用新品种、新技术。同样一亩耕地，种植蔬菜、水果等经济作物的收益远高于粮食，尤其是在相对短缺的"买方市场"或者一项新产品刚开始生产时，价格较高。中国的蔬菜、水果以及中药材等产业是改革开放后农业增收最主要的贡献因素。1978—2018 年蔬菜播种面积增长了 5.14 倍，1978 年蔬菜在农作物总播种面积的比例仅为 2.2%，1990 年不到 5%，2000 年接近 10%，2018 年达到 12.3%，人均占有量超过 500 公斤。近年来，虽然蔬菜种植因为产量增大、结构调整、成本增加等多种因素亩均利润出现下降，但也远超过种植谷物的收益。2017 年大中城市蔬菜净利润、成本利润率分别为 2126.8 元/亩、39.14%，远高于稻谷、小麦、玉米的水平。在水果中很多新品种开始发展初期价格非常高，例如冬枣、阳光玫瑰葡萄等都曾经卖到每斤百元以上的高价。因此，耕地数量有限背景下会出现与粮食生产争地的矛盾，出现资本下乡以及农业结构调整的"非粮化"，需要政府采取措施平衡与引导。例如，曾经征收过的"农林特产税"。②种类繁多、功能用途各异，产品创新与特色化是发展基础和强劲动力。经济作物可粗略分为能够广泛种植与区域性较强种植（适生优生区），露天种植与设施种植，一年之内短周期生长收获或多年生长多年连续收获，功能价值特有与替代性强等不同类型，其种类、具体品种及其功能、用途等很广，很多经济作物都是立足于地方的区域资源特点生产，成为特色优势农产品，是提高农业效益和竞争力的重要途径，受到广泛关注。中国政府一直采取多种措施鼓励扶持发展，如发展"一村一品""一县一业"，进行优势特色农产品区域布局规划，进行绿色有机无公害与地理标志农产品的"三品一标"认证与保护发展。同时，因为其种类多、用途广、效益高，新品种的引进、培育动力强、力度大，品种更新速度快，与相关加工业发展及加工产品需求关系密切，通过品种的更新获取创新效益和先发优势是增强区域和国家农业竞争力的重要路径。③商品化、市场化程度高，投入多风险大，周期性波动明显。相对于粮食作物，经济作物生产的种子、化肥、人工等投入高，商品率高、自给性小，对市场依赖程度大。因为中国农户小规模生产，组织化程度低，千家万户小生产面对大市场大流通；地域广，种类繁多，各地信息不通畅对称，受生产以及供求价格周期性变化影响，市场竞争充分，国家调控管理程度较低，经常性出现季节性、区域性或结构性"供过于求""卖难"甚至"滞销"（每年全国都会出现很多），形成"价贱伤农→减少种植→价格上涨→扩大种植→价贱伤农"怪圈，市场波动与风险大。对全国 200 多个批发市场 101 个品类的新鲜蔬菜（含食用菌）大宗交易价格的分析结果显示，2013 年以来，全国蔬菜的月均批发价波动幅度为 31.65%—6.76%，周均批发价的波动幅度为 38.57%—98.79%[①]。中国特色蔬菜价格呈现年际间、季节间波动特性，"谷—峰—谷"周期轨迹明显。④生产过程的劳动密集、资本密集与技术密集日益突出，区域优势分工与集中化是规模化生产的主要方式。与粮食生产可以较容易实现规模化、标准化、机械化等不同，很多经济作物对生产技术以及田间管理要求较高，需要实践经验丰富和技术水平高的技术员保障；很多环节机械代替人难度较大，需要较强的标准化生产、环境控制以

---

　　① 薛亮，张真和，柴立平，等. 关于"十四五"期间我国蔬菜产业发展的若干问题[J]. 中国蔬菜，2021（4）：5-11.

及精确化机械制造为基础，活劳动投入和资金投入均较高，属于资本密集、智力密集型。现代化国家农业机械技术发达，尤其是粮食油料作物种植完全实现机械化，部分果菜和叶菜收获尚需人工外，其他环节基本实现机械化，有的达到智能化。中国蔬菜、水果等机械技术发展相对缓慢，全国蔬菜生产综合机械化率在25%左右，而小麦、水稻、玉米的综合机械化率到2020年分别达到96%、85%、90%。因为机械技术发展的滞后，土地规模经营及其技术水平就很难达到粮油作物生产的程度，生产单位的生产规模一般不会太大，依托地方资源优势等形成专业化的"小规模、大群体"的区域规模化是主要方式，区域分工与优势特色产业发展是方向。⑤政府调控管理相对弱。经济作物主要是根据市场需求变化由生产者自主决策，因为收益高，能满足消费升级需要，也是出口的主要优势产品、带动加工业发展的主要产业，受到地方政府的高度重视，不同的产业、地区调控措施不同，如上海对于保障叶菜供应的扶持。再如，政府对于烟草行业的专卖政策，2018年全国烟草行业工商税利11556亿元，烟农一年收入550亿元（占烟草行业分配不到4%），户均种烟收入5.4万元。但总体上政府主要是引导，完善基础设施和公共服务体系，而不是强制性的，生产主要靠市场调节。

三、林业生产与经济特征

1. 林业概述

《中华人民共和国森林法实施条例》（2018年第三次修订）规定：森林资源包括森林、林木、林地及其依附森林、林木和林地生存的其他动植物和微生物。林业生产包括林木育种和育苗，造林和更新，森林经营、管护和改培，木材和竹材采运，林产品采集等5个环节（国家统计编码为0121—0125）。按林木的主要用途可分为生态防护林、用材林、经济林、薪炭林、特种用途林；按经济特点或经营管理特点可分为公益林与商品林。公益林主要是为了生态、社会效益，具有显著的正外部性、"市场失灵"的特点。商品林则是为了交换、获取经济效益。

衡量林业发展的常用指标主要是森林覆盖率、森林（林木）蓄积量、活立木总蓄积等。森林覆盖率是指森林面积以及村旁、宅旁、道旁、水旁等"四旁"树木的覆盖面积与土地总面积之比。森林面积指由乔木树种构成、郁闭度0.2及以上的林地，或冠幅宽度10米以上的林带面积（有林地面积）。郁闭度（冠层盖度）描述乔木层树冠连接程度，以林冠层的投影面积与林地面积之比表示，其最大值为100%，表示林冠层完全覆盖了地表；郁闭度0.2以下为疏林。森林蓄积量是生长着的林木树干材积总量。活立木总蓄积是指全部土地上树木蓄积的总量。

改革开放后，中国更加重视林业与生态建设，投入大量人财物，实施"全民义务植树""三北防护林工程""退耕还林还草"等重大政策项目，商品林、经济林在市场需求推动下也快速增长，《森林法》及其《实施条例》的制定实施与不断完善提供了有效制度保障。从20世纪70年代初开始，采用世界公认方法建立了以5年为周期的森林资源连续清查制度。1977—1981年第二次清查结果显示森林覆盖率为12.0%，1984—1988年第三次的清查结果为12.98%，2014—2018年第九次的清查结果为22.96%，林地面积、森林资源总量不断增加，天然林快速发展，森林质量不断提高，林种结构总体保持平稳，森林覆盖率得到较快提升。

2. 林业的特征

林业的种类多，产品与服务及用途不同，特点差异较大。例如，经济林生产经营与用材林生产经营，森林资源与一般农田防护林、生态林，在投入产出、风险、经营方式、产品或服务的市场消费等方面差异巨大。林业在世界很多国家主要是属于资源环境事业，而不是产业部门，林业资源与环境、林业经济管理等学科都有大量深入的研究。

对于林业特征的理解，首先应认识到两个基本方面：①林木生长及其投入产出生产周期长、投资见效慢。一般需要几年纯粹投入而没有产出，经济林具有一次性集中大投入，连续性产出等特点。②风险大、控制难。林业的病虫害、火灾等发生后蔓延迅速，影响与损失大，预防和减灾需要投入大量人财物以及强力制度，如专门的森林防火队伍与巡视制度等。

除上述基本认识之外，森林或林业资源具有很多特殊性，为更好经营与管理林业，需要从以下方面系统深化认识理解：

（1）森林资源功能价值（目的）的多样性。林业作为绿色发展和生态文明的基础，首先考评或追求的是生态环境价值，其不但对一国、一个地区价值巨大，而且是全人类生存"地球家园"面临的生态环境大问题，全球森林治理成为各国林业发展的共同诉求，建立公平高效的全球森林治理体系是世界林业发展的焦点问题，林业生物经济成为全球生物经济的新热点，多元化森林经营成为世界林业发展共识，民生林业仍然受到世界各国广泛关注。

林业的生态社会服务价值包括涵养水源、保育土壤、固碳释氧、积累营养物质、净化大气环境、森林防护、生物多样性保护、森林游憩等。林业的经济价值包括提供木材、经济林产品以及加工、森林旅游休闲等产业经济发展功能。森林的社会价值很多，如就业与森林康养、心理慰藉等情感需求，森林文化（宗教、习惯、知识）等。根据2021年3月12日国家林业和草原局举行的"中国森林资源核算研究"成果新闻发布会消息，该研究基于中国标准《森林生态系统服务功能评估规范》（GB/T38582—2020），构建森林服务功能、文化价值评价指标体系，研究表明：2018年全国森林提供生态服务总价值为15.88万亿元，提供文化价值为3.10万亿元。

基于林业的多重价值功能，林业经营的内涵非常丰富，各国制度规定也存在差异。一般主要包括：繁衍林种、树种及其他动植物等生物物种（林下林中生物），促进生物多样化、生态系统动态平衡与功能价值提升；扩大面积，增加生物质蓄积，发挥森林的多重效益；科学合理地综合利用林地所具有的水、土、气、微生物、矿产等多种资源；满足人们对森林资源的休闲、旅游、康养、教育等多重价值的要求。

（2）森林资源分布配置的区域性。世界森林资源的分布具有历史继承性和重大气候变化与人类行为影响的突变性，世界各地森林分布不均衡，全球约一半森林集中分布在俄罗斯（20.4%）、巴西（13.1%）、加拿大（7.8%）、美国（7.7%）、中国（5.2%）等5个国家，2/3分布在9个国家，10个国家或地区根本没有森林，54个国家的森林不足其国土面积的10%。中国森林林区主要分布在东北的大小兴安岭、长白山林区，西南的川云贵，东南的南岭、武夷山、五指山和台湾山地，人工防护林、经济林等则在全国各地都大量分布。从全球森林资源变化看，面积仍在减少（主要是原始森林和其他天然次生林），人工林面积不断增长，森林由木材生产向多功能利用转变，非木质林产品和生态服务价值在增加，森林公有为主的同时私有化程度提高。一定时期内一国的森林资源分布、配置受很多复杂因素影响，包括人口压力、资源禀赋（绝对存量）、资源的价值价格变动、需求变化、技术进步以及政策制度、管理成本等。

（3）森林资源产权的复杂性。产权一般包括产权的客体（对象）、主体（归属）、内容（权利或权能）。产权内容一般包括所有权、使用权、收益权和处置权。产权制度是关于产权的界定、保护与利用等方面的制度规范。产权权利可以分割后归于不同主体，通过流动、组合与交易等实现其价值。

森林资源的产权通常有私有、共有、国有以及开放产权等四种基本形式，其中的开放产权就是任何人都可以不受限制地使用和处置某项资产，实际上就是公共资源，现在几乎很少。不同国家在不同发展阶段的产权类型不同，多种形式并存是基本状况，其产权制度不同。我国目前的林地所有权属于国家或集体。林地可以按照国家有关法律政策规定，采取承包、租赁或委托等方式由家庭（个人）、企业、集体等具体经营管理；林地的林木、林产品的权利及其综合资源的相关权利，要在相关法律政策制度下，按照合同约定。现在的林权关系呈现出复杂多样化的特点。

森林资源产权的复杂性，一是在于其资源客体内容复杂多样，既有有形的物质产品，也有无形的良好气候、景观以及生物多样性等产生的服务产品。二是林木、林地及依附其所形成的水土气、景观等资源，其所有、使用、收益与处置权利关系类型较多，不同森林资源客体的权能及其法律规定等复杂多样，会形成多样化的不同产权关系类型。三是政策制度与管理复杂性。国有林与集体林、公益林与商品林、经济林与生态林、所有权与使用权、林木与林地等不同类型的政策与法律制度要求不同，复杂的产权关系及其变动给经营者和政府管理带来了巨大挑战，需要不断创新完善制度与机制。

（4）林业的可再生性（持续性）与联合生产性。森林资源及其林业是一种多年积累形成的多功能生物资产，其过程既是生产资料的形成，也是商品产品的产出。只要正常合理与科学利用（而不是滥砍滥伐），就可不断再生，既可以增值生物资产，也可源源不断提供物质产品（包括发展林下种植养殖），持续发挥生产产品及服务的多功能性。同时，在林木生长以及森林资源形成发展过程中，在生产物质产品的同时，也联合产生了生态效益、景观作用以及生物多样性等，为开发休闲、康养、度假等产业奠定了基础。其也进一步说明林业消费需求具有综合性与派生性。因此，习惯于将林业作为"绿色银行"，是一种可持续性的满足高质量需求的绿色产业、朝阳产业。

（5）林业生产的显著正外部性与公共产品性。经济的外部性，是经济主体的经济活动对他人和社会造成的非市场化受损（负外部）或受益（正外部）的影响。森林资源以及林业发展中主要对生态环境产生显著的正效应，但基本无法通过收取费用的市场机制得到补偿。虽然世界很多国家都在进行碳汇交易以及空间生态产品价值实现等探索，但与一般的商品交易不同，商品化、市场化程度很低。因此，林业具有一定的公共产品属性，很多情况下具有非排他性、非竞争性，难以通过市场化收取费用等限制其他人享受生态效益，或者不会降低其他人享受。显著的正外部性与公共产品性说明森林资源及林业发展单纯依靠市场机制难以实现，尤其是生态林、防护林等社会效益大，市场机制作用有限，存在市场失灵，政府必须干预。干预的方式因各国不同制度等存在差异，但保护与扶持发展是主要导向。

总之，林业发展的森林资源具有基础性、再生性与产业关联性，其产品服务具有多样性与公益外部性，其受益分配具有"跨时性"，产业产品结构调整的损失与成本相对较大。林业是复合性多功能事业，需要全社会努力。

> **专栏：中国集体林权制度改革**
>
> 从 2001 年开始试点，到 2017 年改革任务基本完成，实现了"明晰产权、勘界发证、放活经营权、落实处置权、保障收益权"的制度创新建设。①以均山到户为主，以均股、均利为补充，把林地使用权和林木所有权承包到农户；②在勘验"四至"的基础上，核发全国统一式样的林权证，做到图表册一致、人地证相符；③农民可依法自主决定商品林经营方向和经营模式，在不破坏生态功能的前提下可依法合理利用其公益林的林地资源；④在不改变集体林地所有权和林地用途的前提下，允许林木所有权和林地使用权出租、入股、抵押和转让；⑤承包经营的收益，除按国家规定和合同约定交纳的费用外，归农户和经营者所有。截至 2017 年 6 月全国已确权集体林地 27.05 亿亩，占纳入集体林权制度改革面积的 98.97%；已发放林权证 1.01 亿本，发证面积累积达 26.41 亿亩，占已确权林地总面积的 97.65%；集体林权制度改革让 1 亿多农户直接受益，全国集体林地流转面积达 2.83 亿亩（占家庭承包林地的 14.5%），林地年租金由改革前的每亩 1—2 元提高到约 20 元（南方有的地方甚至达 100 多元），集体林地年产出率由改革前的每亩 84 元提高到约 300 元，全国林下经济产值已达 6000 多亿元，林业产业总产值由 2006 年的 1.07 万亿元增加到 2016 年的 6.4 万亿元，林业带动了 3000 多万农村人口就业，林权抵押贷款余额从 2010 年的 300 亿元增长到 2016 年的 850 多亿元，实现了山林资源变成资产、资产变成资本。
>
> 资料来源：黄俊毅，全国集体林权制度改革成就综述：山定权 生态美 百姓富[N]，中国经济网-《经济日报》，2017-07-10.

四、畜牧业和渔业的生产与经济特征

畜牧业和渔业属于动物性生产，主要是通过动物的消化合成作用转化物质能量为自身所需的生长繁殖过程，是将植物性产品或资源以及一些动物性产品资源（如骨粉）等转化为动物性产品、役畜或其他用途的动物生产业，满足对高蛋白、氨基酸、油脂、皮毛以及役用、观赏、陪伴、休闲等多种需求。畜牧业和渔业既有很多共性特征（如疫病危害大等），也有显著的差异。1952 年我国畜牧业和渔业产值占农林牧渔的比重为 11.2% 和 1.3%，2018 年分别提高到 26.6% 和 11.3%，动物源性产品的消费大幅度增长。2018 年，城镇居民人均粮食消费量 110.0 公斤，比 1956 年下降 36.6%；人均牛羊肉消费量 4.2 公斤，比 1956 年增长 1.6 倍；人均蛋类消费量 10.8 公斤，比 1956 年增长 2.2 倍。2000—2018 年，中国农村居民人均消费的肉类、禽类、蛋类和水产品的消费量分别从 14.4 公斤、2.8 公斤、4.8 公斤和 3.9 公斤，增长到 23.6 公斤、7.9 公斤、8.9 公斤和 7.4 公斤。2019 年中国人均肉类消费量为 26.9 公斤/人（猪肉 20.3 公斤）；新中国成立 70 多年，中国人均口粮消费量下降 40%，肉蛋奶的消费量增加 2 倍。

1. 畜牧业的特征

按照最新国家统计分类，畜牧业生产中类（代码 013）包括牲畜饲养（牛、马、猪、羊、骆驼等）、家禽饲养、狩猎与捕捉动物、其他畜牧业（如蚕茧、蜜蜂）等 4 小类（代码 0131—0134）。畜牧业在农业中产值超过 50% 曾被作为现代农业的重要结构性特征。改革开放后中国畜牧业发展水平不断提升，在肉类总产不断增长的同时，结构趋向优化。2020 年猪肉产量为 4113 万吨，占主要畜禽肉类产量的 53.8%；生猪出栏量 52704 万头，生猪存栏量 40650 万头；每年的猪肉消费量在 7 亿头左右，除了自产外，尚有一定的进口；猪肉自给率保持在 95% 左右，牛羊肉自给率保持在 85% 左右。2020 年全国肉类、禽蛋、奶类总产量分别为 7748 万吨、3468 万吨和 3530 万吨；全国畜禽养殖规模化率 67.5%。

现代畜牧业发展的主体已经不同于传统的自繁自养模式，饲料生产、品种繁育、饲养、加工、销售等主要环节在不同的产品生产、不同的企业的分工协作关系复杂多样，既有一批集原料采购、饲料生产、种苗生产、商品畜禽饲养、屠宰销售、肉食加工等产业链高度一体化的"农工商综合体"龙头企业（集团），年营业收入达到几百亿乃至千亿多，如温氏股份 2020 营业收入 749.39 亿元，销售肉鸡 10.51 亿只、肉猪 954.55 万头、肉鸭 5692.8 万只；也有大量的中小型专门养殖型企业（农场、合作社、农户等），依靠的是社会化服务体系提供饲料供应、防疫、收购、屠宰等专业化服务（目前是主体），以及采取"公司+农户"产业化经营等多种方式的合作；既有采用现代工厂式的高度集约化、机械化乃至自动化、智能化生产方式（如"全自养、全链条、智能化"），也有符合动物福利标准、追求更好品质风味的自然生态式养殖（散养、放牧）；既有连续获取商品产出的产蛋鸡、奶牛以及良种繁育等生产资料性养殖，也有通过一定周期一次性出售的商品性养殖；既有获取一种产品的（如肉、蛋等），也有生产肉、皮、毛等兼用产品的养殖，等等。

每种动物的饲养都有其特殊的技术、经济等方面的特点和要求。现代养殖业是技术含量很高的高投入、高收益与高风险产业。衡量畜牧业发展水平的技术经济指标很多，不同种类畜禽存在区别，常用主要指标如饲料报酬率（料肉比）、出栏率、繁殖率、仔畜成活率、死淘率、猪胴体重、PSY（平均每年每头母猪提供的断奶仔猪数）、平均每头（只）饲养成本、猪粮比价等。同行不同利，不同企业的成本收益差异较大，主要由养殖模式、育种体系和管理水平决定。掌握好这些技术经济指标及其影响因素，对于从事现代畜牧业经济管理具有重要作用。以下仅对从事畜牧业经济管理有重要参考价值的共性或突出特点进行引导性概括。

（1）满足高质量消费需求的高成长性。一是从产品价值功能、地位及其特点看，畜牧业产品主要是肉蛋奶等食品消费和皮毛等服饰需求，是与植物性产品相结合的人类必需品，是满足收入水平提高对高蛋白、氨基酸以及很多微量营养物质需求的高质量发展性产业，属于需求富有弹性产业（产品）。中国拥有 14 亿人口，产业发展需求空间很大，也是容易成就"富翁"财富的产业。中国农产品生产领域的个人财富排行榜靠前的基本是畜禽养殖民营企业。二是从产业链发展空间看，初级农产品易腐烂变质、不耐贮藏，为加工保鲜产业发展提供巨大空间，饲料生产、贮藏保鲜与加工物流等产业链很长、发展空间大，带动就业收入、税收增长等贡献作用大。三是从产业结构及其变化看，首先是受历史、习俗、宗教等文化影响，各民族的消费需求不同，要尊重民族习俗和消费习惯，产业需求具有多样化。其次，随着收入和消费水平提高，多样化高质的特色产品潜力巨大，当某种产品消费基本得到满足后，多样化品种需求增加。例如，牛羊肉作为优质的动物源性营养需求强劲，价格保持高位，特色畜禽养殖同样开发潜力巨大。随着城乡居民消费结构不断升级，对牛羊肉消费需求持续增加，推动牛羊生产发展。例如，2018 年牛肉和羊肉产量分别为 644 万吨和 475 万吨，比 1980 年分别增长 23.0 倍和 9.7 倍，年均分别增长 8.7% 和 6.4%。

（2）对植物性产品生产（饲料）的高度依赖以及对废弃物综合利用强。饲料是决定畜牧业发展的重要基础条件，在舍饲畜牧业中，饲料费用一般占生产成本的 60%—70%。动物饲养与植物性生产存在物质能量转换和生态循环利用关系，也存在价值转换与价格、成本等相互影响性。除品种之外，饲料资源的数量、种类和质量、价格等直接决定饲养业的生产性能、生产率、产品质量和价格。根据饲料干物质的营养特性，有粗饲料、青绿饲料、青贮饲料、蛋白饲料、能量饲料、矿物质饲料、维生素饲料、添加剂等，每种动物饲养需要多种饲料互补。很多人类不能利用的种植业、养殖业的废弃物（副产品）通过动物的"加工转化"成为有用的资源，产生经济价值，提高了对资源的利用效率。同时，畜牧业粪污成为种植业有机肥的主要来源，进而形成良性生态循环。发展畜牧业必须充分考虑饲料的供给问题，畜牧业走向规模化、全产业链等的重要原因就是饲料保障、质量控制以及获取各环节的价值增值，增强抗风险能力和竞争力等。畜牧业合理布局需要考虑饲草资源的供给（如载畜量）以及环境对粪污消纳能力等。

实现畜牧业与种植业均衡发展的基本路径是：①发展节粮型畜牧业。节粮型畜牧业以草食动物为主，而耗粮型畜牧业以饲养猪鸡为主。全世界节粮型家畜占 90%，耗粮型仅占 10%，中国耗粮型家畜与节粮型家畜之比大致为 3∶2；农业发达国家饲用作物占农业耕地面积的 70%以上，而饲用作物中人工牧草占比高达 80%，其余 20%为饲料谷物。饲料谷物包括饲料玉米、饲料高粱、饲料黑麦和饲料薯类等，其再生能力强，一年可以收割几次。比起食用谷物，它的生物量更高、蛋白质更多、适应性更强。在所有农作物中，人工牧草的经济效益最高。在法国，牧草平均亩产蛋白质 160 公斤，美国是 120 公斤，而中国粮田只有 30—40 公斤。在所有的草食家畜中，养牛是维持动物、植物、微生物三者平衡的最佳选择，而且产业链最长，经济效益最佳。与猪肉相比，牛肉的蛋白质含量更高，脂肪含量相对较低，氨基酸组成更接近人体需要。②发展种养结合循环农业。秸秆含有丰富的有机质、纤维素、粗蛋白、粗脂肪和氮、磷、钾、钙、镁、硫等各种营养成分。1 吨干秸秆的养分含量相当于 50—60 公斤化肥，饲料化利用可以替代 250 公斤粮食，能源化利用可以替代 500 公斤标煤。畜禽粪便含有农作物必须的氮、磷、钾等多种营养成分，施于农田有助于改良土壤结构，提高土壤的有机质含量和地力，减少化肥施用，提高农产品品质。1 吨粪便的养分含量相当于 20—30 公斤化肥，可生产 60—80 立方米沼气。中国秸秆年产生量超过 9 亿吨，畜禽养殖年产生粪污 38 亿吨，2020 年综合利用率 76%，利用潜力巨大。

（3）劳动对象的生命活体特性导致的生产与市场高风险、技术与管理的特殊高要求。有生命的动物是制造畜产品的"活机器"，在一定的环境和生活条件下进行自然再生产，其生长状况首先与品种的抗病性、增长性能等遗传基因和养殖管理技术有关，有自身的生长发育规律和要求。特别要注意三点：①生长发育的周期性问题。养殖一般会经历快速增重或产能最优、增重下降或机能下降、进入衰退淘汰等周期性过程，可能对市场变化反应出现滞后性，即使市场价格较高，但生产需要一定周期，如购买仔畜、饲养、出售等，仔畜价格可能很高，到养成出栏时价格可能降低，生猪养殖出现"一年赚、一年赔、一年平"的"猪周期"等。对于蛋鸡饲养，"雏鸡→成鸡→蛋鸡→淘汰鸡"的三个阶段蛋鸡的周龄数大致是 6 周、21 周、73 周等，都有其规律性，农业或农产品生产的供应链分析优化，必须了解产品生产周期及其成本与风险等过程情况。整个供应链过程涉及鸡苗供应商、饲料供应商、防疫提供、蛋鸡养殖户（企业）、鸡蛋收购销售商、淘汰鸡收购与屠宰加工销售等主要链环，需要相互协调优化，防范各种可能风险，提高资金、人员、蛋鸡生产等效率。②疫病问题。作为生命生产，现代畜牧业发展的动物疫病危害最直接、最严重，并直接影响到质量安全。我国动物疫病造成的猪死亡率约 10% 的结论已经是行业共识，区域性全部捕杀是基本的常用手段。20 世纪 80 年代末的调查，中国有 202 种动物传染病，近 30 多年来又新增 30 多种。重大动物疫病和人兽传染病危害严重，高致病性禽流感与非洲猪瘟（猪蓝耳病）等短期难以根除，结核病、狂犬病等人兽共患病尚未得到有效控制。而且，动物疫病复杂化，出现耐药谱增宽、跨种传播病毒和超级耐药细菌等。存在 100 多年的非洲猪瘟已在中国定植，目前世界没有有效疫苗，传播污染面与损失大，零星和点状发生的态势将长期存在，如果防疫措施不到位就可能出现区域流行。更进一步，因为疫病严重，导致养殖中的兽药与抗生素等普遍使用，成为畜产品质量安全的巨大隐患，如果不能科学合理地防治，将会对人类的生存繁衍造成灾难，如长期食用抗生素含量不达标的畜产品造成的婴幼儿发育畸形以及耐药性等问题。因此，疫病对生产、市场、质量安全造成的"多重风险"是养殖业的主要风险源，需要提供较高的技术、防疫等社会化服务。③边际收益递减规律及总收益最大化决策问题。不同畜禽养殖品种、养殖经济目标及技术下的生产环节与最佳饲养周期不同，但饲料报酬递减规律都有重要体现。例如现代生猪饲养方式的主要品种"杜长大"出栏重不超过 125 公斤（瘦肉率高），必须尽快出栏，否则边际收益递减（料肉比下降），超过 150 公斤的生猪的肥肉比重大（俗称大猪），屠宰费用上升，收购价格下降，导致经济不合理，肉鸡、肉鸭与牛羊肉等生产类似。当然，当猪肉价格上涨或处于盈利较好阶段时，养大猪（推迟出栏）的总收益也会增加，实践中有些农户会将生猪养到 200 多公斤甚至 250 公斤，实现总利润最大化。边际收益递减规律在养殖业普遍存在，超过一定饲养时期，动物生产性能下降到一定点，就必须淘汰出售。因此，需要养殖企业合理的畜群结构以保障再生产连续性，如母畜、公畜、仔畜、青年畜、成年畜以及育肥畜等比例合理，也要保持合理的资金、劳动力配置结构，避免浪费或短缺影响正常生产。这些对于抗风险力弱的中小养殖单位影响更大。据有关资料，中国 2020 年自繁自养育肥猪的完全成本最低的只有 13.2 元/公斤，最高的达到 26.1 元/公斤，大部分在 23 元/公斤左右，而外购仔猪育肥的成本在 31 元/公斤左右。

（4）技术和生产方式的标准化、机械化和智能化等现代化创新水平高。世界范围内的畜牧业技术创新成为低价竞争力的主要力量，科技进步、高投入高收益与高市场成长性导致大资本不断进入，专业化高性能品种、人工授精技术、高吸收转化率的配合饲料，高机械化智能化的工厂化设施设备、系统分析管理软件以及大数据运用，促进畜牧业进入大资本、高技术、智能化、标准化主导新时代，成为行业竞争力优势的主要因素，满足对动物性产品巨大的市场需求，也为全产业链集团化经营创造了条件，行业集中度持续上升，很多发达国家的猪肉、鸡肉价格低于中国的重要原因在于此。在肉鸡、蛋鸡、生猪等非食草性大宗动物性养殖中的大规模工厂化与智能化成为主导。如中国 2020 年 A 股上市企业生猪出栏量居前的五家企业（牧原股份、正邦科技、温氏股份、新希望、天邦股份）合计出栏 4859.05 万头，占全国生猪总出栏量的 9.2%。同时也意味着，中小规模养殖数量将不断减弱，依靠特色化、高品质、高价格与专业化等满足对品质、口味、质量安全的高端需求将是中小型规模化养殖的优势和必然选择，也是有效应对市场风险和持续生存发展的一种现实。第三次全国农业普查结果显示，2016 年末规模化养殖生猪、家禽存栏分别占总数的 62.9% 和 73.9%，畜牧业国家级农业产业化龙头企业占比超过 47%；生猪出栏率是 1980 年的 2 倍多；奶牛平均单产从 1 吨多提高到 7.5 吨，规模牧场全部实现机械化挤奶，全混合日粮（TMR）饲喂基本普及，生猪和蛋鸡的饲料转化率提高了 20%—30%，白羽肉鸡饲料转化率接近发达国家水平。

（5）生产的负外部性较强。畜牧业生产过程中的动物排泄粪便会产生一氧化二氮（一种温室气体），动物胀气时还会产生甲烷（另一种温室气体）。2006 年，联合国粮农组织的报告称，全球畜牧业产生的温室气体占全球总排放量的 18%，而所有的汽车、火车、飞机和船舶合起来的排放量只占 13%。畜牧业发展中的畜禽粪污如果不能得到有效处理和资源化利用，就会严重污染水土气环境，动物排放的"甲烷"也会污染空气，有专家建议对畜牧业征税减少甲烷排放。中国每年畜牧业粪污量 40 亿吨左右，因为较强的外部性，在环保要求越来越严格的背景下，粪污治理和综合利用能力不足的小规模养殖、散户养殖的"政策风险"很大。2018 年中国各地开始的"环保风暴"治理养殖污染，与非洲猪瘟暴发等因素叠加成为之后两年猪肉供应严重紧张的重要因素。但这些资源利用好了也是发展生态循环种植，生产高质量生态绿色农产品的资源条件。

专栏："猪周期"与预警调控

"猪周期"是指猪肉价格与生猪饲养的周期性变化，即：肉价下跌—大量淘汰母猪—生猪供应减少—肉价上涨—母猪存栏量大增—生猪供应增加—肉价下跌。一般情况下，周期价格的底部从淘汰能繁母猪开始，进入产能缩减阶段需 10 个月，而猪价上升从补栏后备母猪开始，到出栏产能恢复需 14 个月以上，整个过程两年左右，两个轮回一个周期。造成猪周期的主要原因是大量的中小养殖户的分散饲养、市场信息不对称、生产周期性导致的市场反应滞后等。猪周期实际受养殖成本驱动，而养殖成本受种猪价格、二元母猪价格、仔猪价格以及饲料成本等多重因素影响。新世纪中国生猪养殖业经历了 2002 年至 2006 年、2006 年至 2010 年、2010 年至 2014 年、2014 年至 2018 年、2018 年至 2022 年 3 月左右等 5 个周期，其中也会存在若干个小周期，如猪肉价格在每年的不同季节呈现规律性上涨或下跌。因为猪肉占中国居民肉食消费超过 60%，是 CPI 的重要因素，为有效应对"猪周期"的影响，国家发展改革委制定预警调控方案。预警指标主要是"猪粮比价"或"猪饲比价"，一般是毛猪收购价格与饲料玉米价格的比例，当该比例下降到一定程度时（如 7∶1），生猪养殖盈亏平衡，进一步下降到一定程度，养殖出现严重亏损，将启动国家收储。当猪粮比价过高，市场猪肉价格过高，政府将向市场投放冻储肉平抑价格。

资料来源：作者根据有关资料整理。

---

2. 渔业生产与经济特征

采集渔猎、沿河而居曾经是原始社会普遍的景象和人类历史的发展阶段，渔业是人类食物来源最早的类型，水产捕捞至今仍是许多国家渔业的主体。按照最新国家统计分类，渔业生产中类（代码 014）包括水产养殖（0141）和水产捕捞（0142）。水产养殖是利用海水或在内陆水域，对各种水生动植物的养殖活动。水产捕捞是在海洋中或在内陆水域，对各种天然水生动植物的捕捞活动。从 1989 年起中国水产品产量跃居世界第一位，一直是农产品贸易顺差的重要贡献者。加入 WTO 后，中国水产品进口、出口额分别从 2001 年的 18.8 亿美元、41.9 亿美元增加到 2019 年的 187.0 亿美元、206.6 亿美元，2018 年出口达到最高值 233.3 亿美元之后下降，进口则持续增加；贸易顺差由 2001 年的 23.1 亿美元增加到 2014 年的最高值

125.1 亿美元，之后总体下降，2019 年为 19.4 亿美元，竞争优势衰减严重。2019 年全社会渔业经济总产值 26406.5 亿元，其中渔业产值 12934.5 亿元；全国水产养殖面积 10662.8 万亩，水产品总产量 6480.4 万吨；渔民人均纯收入 21108.3 元；休闲渔业产值 963.7 亿元；渔业人口 1828.2 万人；休闲渔业旅游人数超过 1.3 亿人次。中国的渔业有着不同于其他以捕捞为主国家的特点，如何发展渔业需要特别关注以下基本特点。

（1）水域资源及其生态系统的质量是渔业可持续发展的基础，需要合理开发利用与保护自然生产力。水域是指江河、湖泊、运河、渠道、水库、水塘、滩涂及其管理范围，具有吸纳多余营养物、滞留与降解污染物、保存基因库、保护生物多样性、生产水产品、调蓄雨洪资源和调节区域小气候等多种功能。水域资源包括两类：一是独立性的水塘、水库等人工养殖水体（如将荒地挖塘养鱼），属于私有产权；二是具有区域性和跨区域、跨国界的自然生态流域性水体，包括海洋、河流、湖泊等，具有公共性。如果水域资源的产权关系能够有效明晰，做到科学管护，则可以源源不断提供高质量的水产品。例如中国吉林每年的查干湖渔场（500 平方公里），从 1992 年起每年投入 1000 万尾鱼苗，经过多年培育发展，查干湖已成为 4A 级旅游景区，冬捕已成为著名的"冰雪渔猎文化节"，但每年冬捕限量 150 万公斤，不足湖中鱼量的 1%，捕获的几十斤大鱼很多，通过拍卖等获得较高的价值增值，实现持续发展。

公共水域资源数量、质量主要取决于自然演化的历史馈赠、人类活动的干预，过度捕捞与人类活动的污染会导致可利用量减少、水环境恶化、水体自净能力下降以及自然景观和生态功能降低等系列问题，必须遵循自然生态规律，科学合理利用与保护。例如，长江是重要的淡水水生生物基因库，拥有水生生物 4300 多种，其中鱼类 400 多种（170 多种为长江特有），占中国淡水鱼品种总数的 48%。由于长期受到多种人为干扰因素的影响，如拦河筑坝、水域污染与富营养化、过度捕捞、航道整治、挖砂采石、滩涂围垦等，水生生物资源严重衰退，长江干流每年的天然捕捞量已从 1954 年的 43 万吨降至最低不足 10 万吨，白鳍豚、白鲟、长江鲥鱼等物种已多年未见，中华鲟、长江鲟、长江江豚等极度濒危，"鱼米之乡"面临鱼类资源枯竭威胁，鄱阳湖、洞庭湖水系"长江四大家鱼"产卵场几近消失。伴随渔业资源严重衰退，部分渔民为获取捕捞收益，使用"绝户网""电毒炸"等非法渔具渔法竭泽而渔，形成资源"公地悲剧"以及渔民越捕越穷、资源越捕越少的恶性循环。2003 年长江流域正式实施禁渔期制度，是继海洋伏季休渔制度的重要内陆水域休禁渔制度，2020 年 1 月 1 日起长江流域的重点水域分类分阶段实行渔业禁捕。

（2）公共水域资源具有特殊的自然属性和经济属性，需要国际、国家、区域和跨区域等层面共同维护、系统科学管控。首先，渔业资源具有再生性、洄游性（流动性）、共享性、整体性、波动性等自然属性，只要科学合理利用资源，养殖或捕捞量不超过资源再生的"阈值"，不破坏水体质量，就可以持续再生利用，反之则会导致资源枯竭而丧失生产能力。除领海和专属经济区外，海洋的很大部分均没有国界，即使在一国的领海或跨区域的河流，一般也没有明显的界限（渔业的国际性）。一种渔业种类与其相互依赖的其他种类、生存的各种自然环境条件等相互联系、相互制约，形成生物链。渔业资源受到水温、海流等自然水文因素影响较大，不可预见因素多，产量波动和风险较大。1999 年起，原农业部实行海洋捕捞"零增长"计划，1998 年国内海洋捕捞产量 1497 万吨，到 2018 年已经下降为 1044 万吨，减少了近 1/3。其次，渔业资源稀缺性和利用的竞争性与负外部性很强。当渔民进入某一公共渔业资源时，是以自身经济利益最大化为目标，就会产生因资源量减少、作业拥挤和捕捞渔具及方式等而产生的外部性。同时，公共渔业资源利用还会产生较高的"排斥成本""搭便车"行为和交易成本，具有显著的"公共产品"属性，会出现"公共池塘悲剧"，单纯依靠市场机制解决不了，需要多层面的制度管控。管控措施包括限制入渔（捕捞许可证等）、可捕量限制（配额等）、渔具管理、渔场与渔期管理、增养殖放流等，如1982年《联合国海洋法公约》和《1995年的鱼类种群协定》为世界各国和地区开展远洋捕捞提供了规则。

（3）水产品是营养健康高效的极易腐烂变质农产品，需要高水平的完整产业体系发展。水产品除了能提供包含人体所有必需氨基酸、易消化和高能量的蛋白质外，还包含必需脂肪（不饱和脂肪）、各类维生素（维生素D、A和B族维生素）以及矿物质（钙、碘、锌、铁、硒等），虽不是生活必需品，但其味道鲜美、营养保健功能突出，是很多人的基本饮食习惯。中国在人口持续增长的同时，1978—2018年，水产品总产量、人均占有量分别从465万吨、4.8公斤增加到6458万吨、46公斤，占人均动物蛋白消费量的1/3以上，水产品人均占有量世界第一。作为极易腐烂变质的鲜活产品生产，商品率高，对销售渠道、冷藏保鲜及冷链物流、加工等产业发展水平依赖大，也为这些产业发展提供了广阔空间。

与畜牧业相比，水产品生产的饲料报酬更高，成本低、收入高、效益好，养鸡一般是2.5斤饲料转化一斤鸡肉（料肉比2.5∶1），生猪是5∶1，牛肉是6∶1，鱼是2∶1。有知名专家就认为，中国的淡水渔业，拥有世界上最有效率的技术。

（4）水产品生产中疫病多发，防治难度大，是技术密集与高投入、高收益和高风险产业，需要持续不断的科技创新支撑。1988年中国水产养殖产量首次超过捕捞产量，渔业产量中养殖与捕捞之比从1978年的26∶74转变为2018年的77∶23，与其他国家以海洋捕捞为主的渔业发达国家不同。水产养殖业的发展，不但在内陆的湖泊、水库池塘，而且在近海发展"网箱养鱼"等"海洋农牧场"。相对于畜禽养殖，水产养殖因为大量的小个体鱼虾蟹等在水中游动，水体质量与营养状况复杂多变，鱼病感染传播速度快，饲养与防病技术要求更高，风险更大，需要高效、高水平社会化服务支持。

据相关资料，中国人工养殖鱼类病害有100多种，常见病达几十种之多，病原包括病毒、细菌、真菌、寄生虫等，难以攻克的病毒等引起的疾病频繁发生。每年有1/10的养殖面积发生病害，年损失产量在15%—30%，全国水产养殖病害年损失高达百亿元，品种抗逆性衰退、高密度养殖、劣质饲料投喂和生态环境恶化是病害肆虐的相关缘由，而化学药剂、抗菌素等药物为主的病害防治手段存在药效不确切及药物残留、环境污染等诸多弊端，药物使用量逐渐增大，养殖用药成本在养殖成本中的比例增加。抗生素的大量使用与超剂量、超范围滥用药物，病原产生耐药性且耐药性不断增加，从而造成恶性循环，进一步加大病害的控制及根治难度，对人类健康产生严重的威胁，生态渔业、绿色渔业发展是必然选择。

典型案例：中国小龙虾产业发展

从2003年起，中国小龙虾总产量除2011年略有回调外，整体逐年增加。2003年只有5.16万吨，2019年养殖产量达到208.96万吨，养殖面积1929万亩，其中稻田养殖产量177.25万吨、面积1658万亩，分别占小龙虾养殖的84.82%和85.96%，占全国稻渔综合种养的60.46%和47.71%。湖北、安徽、湖南、江苏、江西等产量前5的省份占全国的91.86%，其中湖北占全国44.27%。2019年中国小龙虾产业总产值达4110亿元，其中，小龙虾养殖业产值约 710 亿元，以加工业为主的第二产业产值约 440 亿元，以餐饮为主的第三产业产值约 2960 亿元。中国小龙虾产业发展成为世界水产养殖的一个独特现象，是由消费主导的渔业融合型产业，是多种因素合力推进的结果，包括餐饮消费需求强劲，线上线下销售渠道结合，加工与物流技术发展，品牌培育与交流平台建设以及政策扶持等。

资料来源：全国水产技术推广总站、中国水产学会发布的《中国小龙虾产业发展报告》（2019、2020）。

五、农业的整体性及共性基本特征

基于上述农林牧渔生产与经济特征认知的基础上，可进一步思考与归纳农业的整体性与共性基本特征。对此农业经济学教科书都有描述，一般是从"农业是自然再生产与经济再生产有机交织、不可分割"的本质出发，进一步展开引申。而现代农业产业类型及其关系丰富复杂，从不同角度、不同层面可以总结出几十个特点。本书主要从两个角度引导学习思考。

1. 农产品生产特征与经济管理规律

农业生产就是依赖生物有机体、自然环境和人类社会生产劳动等三方面力量的相互作用。综合对农业特征描述的各代表性观点主要有：土地尤其是耕地，是农业的基本生产资料（土地是自然历史的综合体），生物生产力是农业生产力的基础和核心（良种作用突出），自然环境条件影响巨大（生物对环境的依赖性）等。可以基于此进一步延伸出以下特点：农业生产空间的地域性与分散性，农业生产周期性与季节性强，农业生产不确定性与风险较性大（自然风险与市场风险大），农业生产时间与劳动时间不一致（生产时间大于劳动时间）等。

根据上述农业特点，可以理解总结很多农业发展与经济管理的重要现象、理论（规律）和政策。主要是：①家庭经营基础上的多种农业经营组织方式并存。因为农业生产场所分散、生产对象生命性、劳动监督难，需要灵活决策，劳动成果最后决定性等，家庭经营最适宜。当然，家庭经营的主体性并不否认随着技术水平和组织管理水平提高，根据不同产业实际采取企业化、工厂化等组织，如现代畜牧场、植物工厂、园区等。采取哪种组织模式同时取决于产品特性及其生产规模、生产标准化和管理水平、资本投入与成本等综合因素。②土地制度是农业制度的基础。农业土地资源的数量和质量、土地产权制度与经营制度是否科学合理，某种程度上决定农业的基本生产力水平，依靠科技进步、制度创新提高土地生产率，保障农业用地资源，平衡与各产业、社会发展用地之间的矛盾是一个国家或地区持续发展的重大经济问题、社会问题、政治问题和生态问题，必须建立能充分调动生产经营者积极性的产权清晰、保护有力、流转顺畅的制度体系。③农业生产必须遵循生物学和自然规律。农业必须遵循生物生长（动植物和微生物）和土壤、生态等资源环境演变规律，不断研发创新适宜的高效新品种，建立和改善符合生物生长要求的生态环境条件，建立与资源相匹配的产业结构等。如发展水稻生产、设施农业必须有充足的水资源保障，发展畜牧业必须依据粪污处理、环境消纳承载能力（载畜量等）以及饲草资源等科学确定。④农产品价格、收益的周期性、季节性，地区性与结构性差异（波动）等具有客观性。农产品需求弹性和供给弹性一般较小，在大量小规模生产者及其对自然环境条件依赖较强的背景下，在相同气候条件的农业区域，同一种产品生产决策往往具有同步性，进而市场的周期波动性很强，风险更大。农产品生产具有周期性和地区同构性（生产同一产品的数量多），同一种农产品在同一地域往往同时投入生产、同时收获，季节性集中上市普遍存在，出现供过于求、价格下降，对于缺乏需求弹性的部分农产品会出现"谷贱伤农""菜贱伤农"等。而如果根据上期价格减少生产，又会导致供不应求、价格上升，价格与收益周期性波动频繁，形成了暴涨暴跌的"猪周期""蒜周期"等"农周期"。尤其是，一家一户分散的生产经营格局，造成农业生产的组织化程度低，广大农民以小生产面对大市场，始终处于市场信息不对称地位，生产安排仍未摆脱"一哄而上、一哄而下"的无序局面，致使农民无法脱离"价贱伤农→减少生产→价格上涨→扩大生产→价贱伤农"的尴尬境地。因此，进一步导致农业生产资金周转速度慢、收益见效慢，利润较低且很不稳定，市场风险大，在不同地区、不同产品和不同时间段出现各种农产品"卖难""滞销"现象。提升农民组织化体系、加强政府的协调与适度保护是减弱或消除风险的基本路径。⑤农业必须因地制宜地合理分工布局，发挥比较优势和特色。适应不同地域生物资源以及自然环境条件，生产各具优势特色的农产品是降低成本、提升品质、减少市场竞争与价格波动风险，实现生产者与消费者"双赢"的必然途径，形成各具特色和优势的区域农业发展结构布局是农业发展的重要规律。

总之，从事农业生产经营或管理必须充分注意这些基本规律，尤其是农业的自然、市场、政策、技术等多重风险性。正如农业从业者所言："农业最大的陷阱，不是困难太大，而是机会太多。"农业创业成功难度大，需要学习、预防、关注的问题太多，挑战远远大于机遇。

2. 农业与社会经济发展关联性特征及规律

十大类农业中，农林牧渔生产只是其中的中间环节（产中部门），农业效益和竞争力状况等取决于整体产业链、价值链协调发展水平，取决于整体国民经济和社会发展。

根据世界各国以及中国改革开放后农业发展的历史与现实，从农业产业链、价值链以及与社会经济发展关联性角度，可以得出两点基本认识：①农业生产居于现代产业链、价值链中弱势地位，产业一体化发展是必然趋势。农户分散生产的组织化程度低，农产品季节性、区域性集中收获与易腐烂变质，价格下降风险大而必须尽量尽快销售，农产品需求供给弹性较小，人工成本刚性上涨与生产资料成本上涨，决定了生产者处于产业链、价值链的被动地位、弱势地位，收益波动与风险大，生产者难以实现价值扩大再生产或者亏损、破产是普遍现象。而加工物流、生产资料生产与相关服务等行业处于主动地位，资本易于进入，组织化程度高，"微笑曲线"理论（"两头笑、中间叫"）更适用于农业，农产品产地价或地头价远低于消费者购买价格是普遍现象。发展全产业链经营以及"公司+农户""公司+合作社+农户""合作社公司"等多种形式的产业一体化经营，让初级农产品生产者获得稳定的能够维持简单再生产或扩大再生产的收益，分享或平衡与其他环节的收益，作为社会平等成员的农民也才能够获得日益增加的收益，并逐步与市民收益持平，这是农业发展的重要方向。②农业在现代社会经济发展中的农产品供给、生态环境、就业等多种功能，国家扶持保护农业是必然要求。农业不但提供生存所需的基本食品、工业原料，而且具有生态环境的外部效应，具有就业、社会稳定、粮食安全与文化传承、生态文明等多重功能（多功能性），是国民经济和社会发展的基础。但农业又是具有多重风险的弱质产业，是产业链、价值链和国民经济中的弱势产业，存在"先天性困境"。在面对世界各国的农业产业竞争中，很可能丧失生存发展能力而威胁粮食安全、国家安全。国家必须通过各种措施加强扶持保护，这是世界各国普遍的做法。

基于农业动植物性生产等特征，发展农业的根本途径就是改变产业特性，改造传统农业。

具体途径包括：①改变产品特性，研发新产品，增加产品多样性，延伸产业链条，促进专业化分工，提高产业生产效率；②改变农业功能，强化功能拓展，开发引导消费需求（包括发展功能性农产品等）；③改变农业季节（自然环境）局限性，发展设施农业，为动植物生产发育创造适宜环境；④改变生产过程局限性，增加中间品投入，提高生产效率；⑤改变农业组织特性，推进农业组织化，如将农户组织起来，改变分散布局推进产业集群化，改变小而全推进专业化，发展农业产业化经营等。

第二节　农业功能及乡村价值

一、农业在现代社会中的多功能性

农业是国民经济的基础，具有产品生产、生态环境、文化传承等多种功能，但又成为极易被忽视的弱质、弱势产业，如何深刻系统理解农业在现代社会的功能？

1. 农业是国民经济的基础

农业的基础地位，首先体现在农业是人类赖以生存的基础。食物是人类生存的必需品，虽然未来也可能合成人造食物，但其成本高与营养价值难以满足需要。利用植物的光合作用以及动植物、微生物的生长发育机能生产食物是绝对的主要来源，食品加工制造业只是改变农产品的物理化学性状。其次，农业是其他物质部门和非物质部门独立和发展的基础。只有农业生产者生产出超越自身需要的产品，才有剩余满足其他人的生存需要，工业、商业等部门独立的社会分工才会产生并逐步发展壮大。农业劳动生产率是一切社会生产力的基础，农业的基础地位就是由这两方面决定的。

2. 农业在现代社会中的地位作用

在一些发展中国家现代化的过程中，学习模仿西方发达国家加快工业化、城市化的做法，但忽视了农业的基础地位，出现了所谓的"拉美陷阱"，经济社会发展陷入停滞乃至倒退，引发严重的社会危机。农业在工业化中的地位和作用引起发展经济学家的兴趣和关注，成为发展经济学的重要内容。著名发展经济学家张培刚在哈佛大学留学期间申请博士学位的论文《农业与工业化》（1946 年），被认为是发展经济学的奠基之作，首次应用了当时最新的"垄断竞争理论"，较为全面系统地论述了农业与工业的相互依存关系，以及农业对工业乃至对整个国民经济的"贡献"和"基础作用"，特别从粮食、原料、劳动力、市场、资金（包括外汇）等五方面，把农业看作工业和国民经济的"基础"和"必要条件"。1971 年诺贝尔经济学奖获得者西蒙·库兹涅茨的《经济增长与农业的贡献》（1961 年），印度经济学家苏布拉塔·加塔克和肯·英格森特的《农业与经济发展》（1984 年）等，对农业与社会经济发展的关系问题持续进行了不断深化的系统研究，形成了西方经济学经常引用的"农业四大贡献"，即产品贡献、市场贡献、要素贡献、外汇贡献。

产品贡献就是农业生产食品、工业原材料等各种农产品。要素贡献主要指农业提供劳动力、资金、土地等生产要素，农业剩余劳动力是其他产业和社会部门劳动力的重要来源。资金贡献主要指农业部门是很多国家现代化初期的唯一资本原始积累来源，也是产业发展的原料来源（如纺织业），通过工农产品不等价交换使农业剩余价值支持工业化。市场贡献主要指农业农村人口是工业品的重要消费者。外汇贡献一方面是指依靠自然禀赋和优势农产品的出口创汇，是工业化获取外汇进而引进先进技术设备的资金保障；另一方面指通过发展本国农业，提高自给率，减少进口、节约外汇。

总结农业在现代社会经济发展中的作用，可概括为四大功能：①经济功能（产业发展）。包括保障食物供应、原料供应（包括能源）、市场需求，劳动力转移及就业，资金和其他生产要素转移，改善国际收支状况（平衡过大顺差或逆差），围绕农业带动加工、流通、休闲旅游等产业链延伸。②生态环境和景观（美学）功能。如生态保育功能，保持生物多样性、生态调节、生态平衡（保护）、生态景观、田园风光等，既可满足人们的胃，也可以满足心和肺等需求。生态景观、生态产品可以通过发展生态休闲旅游、碳汇、生态产品等实现经济化。③文化与社会功能。包括农业农村文化传承与发展，体验教育与康养医疗，就业与收入保障，生活与社会保障，社会稳定与缓冲经济波动，保持国土空间平衡发展等。④食品安全（数量质量安全）、稳定政局与国家安全功能。农产品尤其是粮食具有社会属性、公共产品属性，是国家自立、政治安全、政局稳定的基础等，对于人口大国会产生"大国效应"，本国粮食安全影响世界粮食价格和供应，受到世界关注，会产生"粮食安全威胁论"等。随着收入生活水平的提高，不但要吃饱，而且要吃好、吃得安全，食品质量安全的要求会越来越高。

专栏：种业安全的基本内涵

产业安全是一国对其重要产业拥有自主权、控制权和发展权，保证本国现有的或潜在的产业权益免受危害的状态与能力。产业是否安全是一个阈值弹性很大、很难衡量界定的范畴，除非达到某个极值、产生严重的后果或者难以应对的事件，否则一切都可能只是"假想"或者预警。对中国种业安全内涵理解各异，基本观点是：①保持民族种业足够的研发和繁育生产能力，主要品种供应不能因为进口造成的"技术锁定"、品种锁定而放弃研发、繁育的种子储备；②在优势领域获取世界种业分工的份额，通过出口为种业持续发展开拓市场；③保护好、开发好特色种质资源，增加本土优秀品种，储备优异种子资源；④建立几个中国主导的跨国种业公司，增强国际市场话语权和抗风险能力；⑤建立起有效的种业安全预警与调控体系。

资料来源：于战平，李春杰. 都市农业发展与乡村振兴：天津20年探索与反思[M]. 天津：南开大学出版社，2021.

---

3. 农业多功能性

2007年中共中央一号文件正式提出"开发农业多种功能，健全发展现代农业的产业体系"。文件指出：农业不仅具有食品保障功能，而且具有原料供给、就业增收、生态保护、观光休闲、文化传承等功能；建设现代农业，必须注重开发农业的多种功能，向农业的广度和深度进军，促进农业结构不断优化升级。人类早就认识到农业具有多功能并加以利用，但没有提出概念并在学理上系统归纳和阐述。工业社会后的生态环境问题、农业弱质性问题凸显，农业作为产业逐步被边缘化；农业出口竞争优势很强的国家（如美国、加拿大、澳大利亚等）与缺乏优势需要不断强化国内农业保护的日本、韩国以及欧盟等国家或地区，在贸易谈判中激烈争论，农业具有的生态环境保育、文化传承等公共物品正外部性就成为支持农业保护的依据。同时，农业本身也一直在谋求新的增收方式，休闲农业在世界各地发展，成为农业增效、农民增收的重要路径，对农业多功能认识逐步拓宽深化。20 世纪 80 年代末，国际农业界提出了农业具有多功能性的理念，为欧盟、日本等农业高保护国的贸易谈判提供理论支撑。1992 年联合国环发大会通过的《21 世纪议程》官方文件正式采用了"农业多功能性"的提法。1996 年 FAO 正式提出了"农业多功能性"概念（有完整的内涵解释）；1998 年 3 月经济合作发展组织（OECD）正式提出农业具有多功能性。1999 年 7 月，日本颁布新农业法，以国内法的形式正式确立了这一概念，认为强调农业的多功能性，可以促使人们重新审视农业的地位，有助于唤醒国民对本国农业的热情。

农业多功能性是指农业除具有生产食物和植物纤维等农产品功能外，还具有其他经济、社会和环境等方面的非商品生产功能，其具有联合生产、外部经济和公共产品等特性。不同国家在不同阶段强调的功能重点不同，如日本就强调防止和减轻洪水灾害、水源保护涵养、防止水土流失、防止山体滑坡、处理有机垃圾、净化大气、缓和气候变化、保健休闲和安居乐业等。综合各种描述与实践可概括为：保护和改善环境，形成农业景观，维护生物多样性，保持农村活力和地区平衡发展，确保粮食安全，农村失业保障，替代社会福利保障，经济缓冲，消除贫困和确保农民生计，保留农村文化遗产，观光休闲等。

知识延伸：功能农业

中国科学院院士赵其国于 2008 年第一次提出了"功能农业"（Functional Agriculture）概念，就是在天然富含有益成分的土壤、生境中生长或通过生物营养强化技术及其他生物技术培育，实现农副产品中一种或多种有益健康成分（如矿物质、生物化合物）基于人类健康需求做出标准化优化的生产实践。功能农业是世界农业发展的大趋势，主要是帮助消费者通过"食补"，解决微量元素缺乏的"隐性饥饿"问题，实现"缺啥补啥"的目的，最典型的是富硒功能农业。人类"吃"的第一个阶段是"有什么就吃什么"，第二个阶段是"想吃什么就吃什么"，未来则是"该吃什么就吃什么"，就是根据人体健康需求，精准摄入适量营养功能物质。2019 年联合国粮食及农业组织（FAO）公布数据显示，全球 70 亿人中，有 20 亿人存在营养素摄入不足导致的"隐性饥饿"问题。

资料来源：作者根据有关资料整理。

二、农业与国民经济的关系

农业的基础地位、作用没人怀疑，但为什么农业又成为中国以及很多发展中国家人们不愿从事的行业？这与国家工业化现代化进程中产业结构转换有关，在结构转换中农业所占比例下降，需要科学认识。

1. 农业产业关联

产业关联就是产业间的联系，即产业间的投入产出关系。社会化大生产中，产业之间存在相互需求、投入产出、技术等相互关联，包括前向关联和后向关联。例如，农业产业需要购买生产资料，也将农产品出售给加工行业等。关联效应是指，一个产业与和它具有依存关系的产业发生联系的强度。为了衡量测度一个地区或者国家的农业产业关联程度大小，采用关联（联系）效应或系数表示。产业前向关联是指产业链的需求效应，是该产业的产出分配过程，是该产业通过供给与其他需求产业（部门）所发生的技术经济联系；农业的前向关联系数就是农业卖给其他产业作为中间投入占农业生产总值的比例。后向关联是该产业的生产投入过程，是该产业通过需求与其他部门所发生的技术经济联系；农业的后向联系系数就是农业从工业购买的中间产品投入占农业生产总值的比例。二者合计构成了农业与第二、三产业的总效应，产业联系效应越大，表明农业与其他产业的关系越密切，相互影响、制约、依赖越大。

现代农业的产业总联系（前向和后向之和）不断提高是必然趋势。据相关研究：农业食物生产的产业联系系数大约为 1.9，原料生产的产业联系系数为 1.5。也就是说，食物和农业原料的最终消费每增长 1 个单位，国民经济因此而分别增长 1.9 和 1.5 个单位。

2.农业在国民经济中比例下降的规律

工业化、城市化发展进程中农业在 GDP 中所占比例持续下降至较低水平是客观现象或规律，发达国家普遍在 10%甚至 5%以内，中国也从一个农业大国转变为世界类型最全的头号工业大国，2020 年 GDP 突破百万亿元（101.6 万亿），农业占 7.7%，达到发达国家的评价标准。2019 年全国农民人均可支配收入中，第一产业经营收入仅占 23.3%；全国第一产业就业占比仅为 25.1%，比全国农村户籍人口占比低 30.5 个百分点。

为什么农业在 GDP 中的比重下降？与工业、服务业相比较，农业在需求、社会分工等方面有其特殊性。①农业主要是满足基本食品需要的行业，需求弹性小。在人口一定时农产品需求数量增长缓慢（生理消费有一定极限），尤其在收入生活水平达到一定程度，人口数量趋于稳定或下降，恩格尔系数低于 30%的富裕阶段。而对工业产品、服务业的需求弹性较大，需求空间几乎无限，进而导致其创新空间、利润空间不断拓展。②农产品生产阶段的分工深化相对较难。与现代工业的生产环节分工日益细密、环节越来越多不同（迂回生产），农业生产对象是有生命的动植物、微生物，其生长连续继起，不可分割，直到生产出产品。能够分工的环节是一些作业环节，如耕地、植保、收获等。经济学鼻祖亚当·斯密认为，分工与专业化的发展是经济增长的源泉，"农业劳动生产力的增进总也赶不上制造业生产力增进的主要原因也许就是农业不能采用完全的分工制度"（"斯密猜想"）。③农业生产环节的分工深化以及农业活动的收益外溢促进了农业相对份额的下降。在一般的农业统计中，生产环节分工后从农业中分离出去而不属于农业，生产资料生产、产中服务、产后加工、流通等不属于农业产值统计范围，农业为其他产业发展提供基础。农业的生态、景观、文化等价值高，但未计入或不能记入农业增加值（农业价值外溢）。也就是说，农业的分工（迂回生产）反倒是促进了资本和中间品投入代替劳动，就业非农化。2020 版的国民经济行业分类，首次将农业扩大到了关联产业（大农业），但相关统计核算尚未独立，也就是农产品加工、农业生产资料等仍属于其他部门。④农业价值增长受到限制。如农业中的主要产品关系国计民生，价格上涨受到国家调控的限制。农业的行业创新、产品创新相对缓慢，投资增值、利润空间相对较小，农业经济的增长速度低于非农产业年增长速度等。全国第一产业增加值年均增长速度，1979—2012 年为 4.5%，2013—2019 年为 3.6%。预计"十四五"时期第一产业增加值年均增长 3%左右，期末占国内生产总值的比重下降至 6%左右。

应该如何正确认识该规律？①比例下降并不能否定农业的基础地位和功能，相反因为比例下降，更加凸显基础地位。农业是国民经济的基础，是由农业是人类赖以生存和发展的基础，是其他物质部门和非物质部门独立和发展的基础决定的，不是由所占比例决定的。现代农业的多功能性将更加凸显农业在可持续发展中的重要地位。②比例下降，是单纯从生产初级农产品的角度分析的。如果把关联产业算作大农业，农业的比例要大得多。即使发达国家农业在 GDP 中的比例降到 5%乃至更低，但加上关联产业的增加值，也在 25%以上。2020年中国农业及相关产业增加值 166900 亿元（占 GDP 的 16.4%），其中的第一产业占 46.8%，第二产业占 29.1%，第三产业占 24.1%。③该规律具有重要政策含义。要深化对农业统计核算制度改革，如大农业核算、绿色 GDP（农业生态价值 GEP）等；农业管理部门不能"就农业管理农业"，应该是产业链管理，必须将农业放在整个"三农"以及整个国民经济的框架中统筹发展、管理协调，打破部门分割与各自为政。

三、乡村多元价值开发

乡村是具有自然、社会、经济特征的地域综合体，具有生产、生活、生态、文化等多重功能，与城镇互促互进、共生共存，共同构成人类活动的主要空间。从地理空间看，乡村是城市（镇）建成区以外的地域。没有乡村也就无所谓城市。

1. 乡村价值的基本内涵

乡村和都市本是相关的一体，相互依赖、连续继起。经济学认为，城市是工商业及人口生活、工作的空间聚集，投资集聚效应与规模效应强，人口密度与土地成本高（寸土寸金）。社会学认为，城市强调个体化的财富、身份、地位以及彼此之间在社会关系上的纽带性连接。乡村是以从事农业为主（基础）的农民的生产生活空间，生产场地分散，人口密度低，"日出而作、日落而息"，依赖自然环境条件，与大自然和动植物的生长发育、人体的生命韵律一致，村庄（村落）就是在生产生活中形成了主要基于土地（地缘）和血缘之上的一种共同体存在。世界各国城市、城区相似度很高，但乡村、村庄则是千姿百态，各具自然与人文特色。

因此，乡村具有城市无法取代的特性、优势与价值，体现为"乡村性价值""乡土性特点"。对于乡村性价值有很多不同概括。如可简单概括为"四风"，即风土（特有的地理环境和水土气等环境）、风物（大地物产和人文物产）、风俗和风景（可供欣赏的景象）。还有一种概括，认为乡村价值包括生产、生态、生活、社会、文化和教化等价值，六方面密切联系、相互渗透、相互影响、相互制约，是一个有机整体。乡村的生产价值是指乡村围绕产业形成的一系列适应性条件。乡村的生态价值是广义的"生态"，是乡村的存在对周边自然生态环境、社会生态环境、空间生态环境以及文化生态环境等发生的积极影响。乡村文化价值是指乡村所具有的保护、传承与发展传统文化的功能，包括农业文化、民间信仰、习俗与节日，其存在于村落的空间（体现为村落形态、乡村肌理、特色民居、农家院落以及祠堂、庙宇、戏台等），以及特定的社会结构（血缘地缘关系、熟人社会等）与生产生活方式等载体之中。乡村的教化价值是指乡村特定空间中产生的社会规则以及文化现象对人的行为塑造作用，如邻里的亲近与疏离、群体舆论与压力、节日时令与庆典礼仪、村规民约与道德习俗等。

政策链接：《"十四五"推进农业农村现代化规划》摘录

　　推进农业农村现代化，必须立足乡村地域特征。村庄集生产生活功能于一体，需要统筹考虑产业发展、人口布局、公共服务、土地利用、生态保护等，科学合理规划农村生产生活的空间布局和设施建设。村庄风貌各具特色，不能简单照搬城市做法，要保留民族特点、地域特征、乡土特色。村庄与自然生态融为一体，保留大量优秀传统乡土文化，需要发掘乡村多元价值，推动乡村自然资源增值，赓续传承农耕文明，促进传统农耕文化与现代文明融合发展，让乡村文明展现出独特魅力和时代风采。乡村建设是个长期过程，必须保持历史耐心，规划先行，注重质量，从容推进。

　　资料来源：摘编自中国政府网 2022-2-11 报道。

2. 乡村价值的多角度认识

　　对乡村价值需要从多个角度认识。①客观性与主观性。乡村价值是客观存在的，任何一个社会的任何阶段、任何村庄都有存在价值，区别的只是价值类型、大小、主观认识以及开发利用的程度，对乡村价值的认识评价本身就带有很强的主观性、历史性、社会性、动态性。同样的村落，过去价值未被重视，现在则相反；对于乡村的很多价值，过去未被认识并开发，现在则成为消费热点。②历史传承性与创新发展性。乡村及单个村庄的一些特性和价值随着时代变迁会发生变化，有的被传承，有的被改变。如中国传统熟人社会、差序格局、精英治理、"皇权不下县"、宗族与宗法制度、以农为本等乡土文化特征在发生巨大变化，其具有的很多"原生"价值可能难以恢复，而有些农业文化、习俗、耕作方式、技术或设施则被延续下来，依然发挥巨大作用，农业文化遗产名录是其典型代表。但不能认为传统的就是优秀的、有价值的，就应当恢复传承。现代工业化、城市化以及信息化的发展，乡村的价值体系将会进一步发生变化。③内涵丰富、类型多样与个体差异显著性。乡村价值的内涵、具体内容非常丰富。不同的区域、村庄的价值要素存在一定的或显著的差异，进而形成各具特点的乡村区域、村庄价值体系。有些自然资源价值巨大，有的是产业开发价值巨大，有些则是文化价值巨大。乡村价值的评价开发必须基于地区、村庄的不同类型及其特点。④价值体现（实现）的整体性与有条件性。形成或支撑一个乡村地区或村庄的价值体系一定是若干种、若干个价值要素的相互影响与有机耦合，是经过长时期的实践检验成为一个有机整体，产业、生态、文化与生产、生活、生态有机关联，相互影响、相互依赖。立足于整体性的评估分析与开发是乡村价值开发的基本遵循。同时，价值的开发是有条件的，例如生态价值、文化价值的开发可以通过乡村休闲、民宿、生态农产品等体现，需要有一定的客源条件、接待条件，需要评估投资与收益。具有巨大开发价值或者产业化的村庄毕竟是少数，也不可能将所有村庄都变为三产融合的休闲旅游村。

3. 乡村文化传承与价值开发的基本路径

　　提出乡村振兴（复兴）的直观原因是"乡村病"或"乡村衰败"，就是在乡村发展过程中，其内部各子系统之间以及与周围环境互动失衡导致乡村失去了自适应、自调节能力，发展受阻甚至乡村地域系统衰退。更具体说，是由于乡村在其发展过程中某些要素及其要素关系的变化，致使乡村运行能量减弱或乡村价值丧失，出现了人口大量流失以及过度老龄化、村庄空心化、生态环境污损化、农业产业边缘化以及共同体凝聚力衰减等问题，需要通过乡村建设、振兴复兴再现发展活力。

乡村振兴的基础就是要传承创新与开发利用好乡村文化与价值，实现要素再平衡与价值再实现，其基本路径是：①挖掘整理与评价乡村资源。乡村资源包含十分丰富的内容，如山、水、林、田、湖、草、动植物、微生物等自然资源，人口、社会事业、社会关系、社会组织等社会资源，丰富多彩的文化资源。要分析乡村资源要素利用之间是否协调平衡、关系是否和谐以及每一个资源要素对乡村生产、生活、生态、社会、文化等发挥的作用状况。②发现和比较乡村价值。需要从区域或村庄、村落的整体价值和每个要素价值的角度分析。其基本途径：一是搞清楚某一具体乡村资源要素的优势与传统利用方式，研究其在新的历史条件下有无再利用和开发的价值；二是从不同视角、不同学科、不同思维方式审视乡村价值，如让城市人、官员与学者、乡贤等提出讨论等。一般而言，具有浓厚的传统文化、优良生态环境等迭代传承的村落有一定的凝聚力，居住生活环境佳，可以在现代价值评价中体现多元化，满足人们的需求，进而保护与放大现有价值基础，如古村落、宗族村落、少数民族聚集村落等，因为文化的差异性可产生较强吸引力。③复兴并放大乡村价值。主要通过生态产业化、文化产业化以及景观产业化等途径放大。具体有两个主要途径：一是把原本不认为是资源的要素转变为乡村发展要素。如通过发展特色农业、生态农业、乡村旅游业把绿水青山等生态优势转化为经济发展优势，把原本认为没有价值的老房子、旧物件、地方习俗、乡土文化、地方手艺等开发成文创产品。二是通过要素融合、创意实现乡村财富放大。如产业链延伸，景观价值、休闲价值、艺术价值以及教育价值的功能扩展，农业文化遗产、传统村落的保护与开发等都是乡村价值放大的体现。

4. 农业新产业新业态

（1）休闲农业。就是能提供休闲功能、满足休闲服务需求的农业类型。1865 年意大利成立"农业与旅游全国协会"，标志着休闲农业开始发展。休闲农业往往与乡村旅游结合在一起，以农业为依托，以乡村为空间，以城镇居民为客源，融合生产、生活和生态功能，紧密连结农业、农产品加工业、服务业的农业产业和消费新业态，是满足居民对农业、乡村的多元化价值与功能需求，通过提供住宿、餐饮、体验项目、游憩场所等，拓展农业增值渠道。经过150 多年的发展，世界各国休闲农业的内容、方式、项目等千姿百态，成为农业增效、农民增收、城乡融合、城市青少年游学以及市民休闲的可持续发展新途径，很多地区农场的休闲收入超过了农产品生产的价值。例如，法国从事农业旅游的农户超过 1.77 万户，乡村休闲旅游的比例超过 1/3，农业旅游收入相当于全国旅游收入的 1/5。

中国休闲农业起步于 1984 年的"农家乐"，1989 年成立"中国乡村旅游协会"，1995 年5 月实施双休日制度，居民休闲需求获得了释放机会，休闲农业和乡村旅游正式进入政策视野。1998 年原国家旅游局推出"华夏城乡游"，提出"吃农家饭，住农家院，做农家活，看农家景，享农家乐"的口号；2010 年全国农家乐已超 150 万家，规模休闲农业园区 1.8 万家，年接待人数超过 4 亿人次；2019 年乡村休闲旅游接待游客、营业收入分别为 32 亿人次和 8500亿元，形成了多样化休闲农业发展的模式，如都市农业（园区）和名胜景区周边连片开发型，依山傍水逐草自然生态区的观光养生型，少数民族地区的民俗风情型，传统特色农区的农家乐、观光采摘、民宿等多形态。

有研究表明，人均 GDP 超过 5000 美元后社会进入旅游休闲时代，人均 GDP 达到 8000

美元后休闲农业进入快速发展的"拐点"。休闲农业的灵魂是"农业文化",尤其是传统的特色农业文化,包括农业科技、农业思想、农业制度与法令、农事节日习俗、饮食文化、农事活动等。英语的 Agriculture 一词充分地表达了农业与文化之间不可分割的联系。例如,农耕文明培育造就了包容、和谐、内敛、天人合一的儒家文化等。

(2)康养农业。是以健康为宗旨,以农业农村为载体,以农作、农事、农活为生活内容,以科学养生、养老方法为指导,是回归自然、享受生命、修身养性、度假休闲、健康身体、治疗疾病、颐养天年的一种生活方式和的服务产业新业态。即:康业农业=康养+农业=养身+养心+养神。

康养农业发展受到广泛关注的主要背景是老龄化社会正在加快到来,城市水、空气质量不高、农产品质量安全以及人情冷漠等问题导致各种城市病严重威胁人们健康,而农业农村具有明显优于城市的各种资源环境条件、健康食材、慢生活以及乡土关系等,农业生产活动是一种融体力、智力为一体的产业活动。通过有意识地组织开发这种城市需求和乡村资源,为城市居民提供相关的服务,就成为康养农业。

(3)创意农业。创意的字面含义是创造或创新的意识,是有新颖性和创造性,是不同于寻常的想法、构思。创意也是一种生产要素和生产力,形成创意产业(创造性产业),以文化创意、视觉创意、体验创意为主要呈现物,灵感激发、技术支撑、市场需求是催生创意的主要源泉。创意产生的收益是集思想、技术、文化于一体而形成的,其收益具有短期垄断性。随着创意的模仿与跟进,创意收益呈现竞争性减弱。

创意农业既是与农业生产过程相关的各类创意活动及其载体,也是无边界的创意产业与农业产业的融合,内容包括规划创意、布局创意、项目创意、宣传创意、产品创意、包装与品牌创意等。其具有五个基本特征:①融合性,是思想、技术、文化、学科的多维与物化;②文化性,有故事、能联想、受启发,很多农业品牌有故事,传承励志等;③感观性,视觉性与体验性强,产生视觉冲击效果;④延伸性,是产品延伸、功能延伸、市场延伸的统一体;⑤增值性,依靠创意产生的差异化带来高附加值。

本章思考、练习与讨论题

1. 联系中国农业发展历史、政策和现实问题,阐述"粮经矛盾"的表现及其原因,应当如何协调好粮经矛盾?

2. 结合国家相关政策和国内外形势,试述你对中国粮食安全与种子安全问题的认识。

3. 试述畜牧业的生产与经济特征及其对指导区域农业发展的启示。

4. 联系实际说明畜牧业和种植业的关系,应当如何协调中国区域农业发展的畜牧业和种植业的关系?

5. 联系所了解的区域乡村实际,运用所学理论分析现实中乡村价值保护、传承与开发中存在哪些问题?应当如何科学理性与有序开发?

本章主要参考文献

国家统计局. 农业及相关产业统计分类(2020).

陈新军. 渔业资源经济学[M]. 北京:中国农业出版社,2020.

骆乐. 渔业经济学(第3版)[M]. 北京:中国农业出版社,2011.

乔娟，潘春玲. 畜牧业经济管理学（第 3 版）[M]. 北京：中国农业大学出版社，2018.

李清宏. 畜牧业经济管理（第 2 版）[M]. 北京：中国农业出版社，2020.

高岚. 林业经济管理学（第 6 版）[M]. 北京：中国农业出版社，2019.

柯水发，李红勋，崔海兴等. 林业经济学[M]. 北京：中国林业出版社，2020.

周慧秋，李忠旭. 粮食经济学[M]. 北京：科学出版社，2019.

吕杰. 农业经济统计[M]. 北京：中国农业出版社，2016.

王亚鹏. 现代农业经济学（第 3 版）[M]. 北京：中国农业出版社，2017.

孔祥智. 农业经济学（第 2 版）[M]. 北京：中国人民大学出版社，2019.

罗必良. 现代农业发展理论：逻辑线索与创新路径[M]. 北京：中国农业出版社，2009.

张培刚. 农业与工业化[M]. 北京：中国人民大学出版社，2014.

章爱先，朱启臻. 基于乡村价值的乡村振兴思考[J]. 行政管理改革，2019（12）.

刘晓辉. 现代农业产业结构与发展节粮型畜牧业[J]. 中国畜牧业，2016（09）.

第四章　区域农业发展生态化

生态文明是继工业文明与城市文明之后的下一个人类文明时代，产业生态化、生态产业化是必然趋势。农业农村是生态文明建设的主阵地。在现代化进程中，各地农业发展面临着一系列的生态环境问题，如土壤退化、水资源短缺及灾害频发等，农业生态化发展则是解决问题的战略性根本方向。

第一节　现代农业生态化发展的基础理论

一、农业自然资源

1. 农业自然资源及其特征

（1）农业自然资源内涵。1972 年联合国环境规划署把自然资源定义为：在一定时间、地点和条件下能够产生经济价值以提高人类当前和将来福利的自然环境因素和条件的总称。自然资源是存在于自然界，被人们发现的有用途和有价值的物质，一般是指天然存在的自然物，不包括人类加工制造的原材料。自然界任何部分，包括土壤、水、森林、草原、野生动植物、矿物，凡是人们可以利用来改善自己的生产和生活状况的物质都可称为自然资源。

农业自然资源是指自然界存在的、可被人类利用于农业生产的物质和能量来源，通常包括土地资源、水资源、气候资源和生物资源四大类。随着科学技术的发展，农业自然资源的种类和范围不断增多和扩大。

（2）农业自然资源的基本特征。虽然农业自然资源的类型多样、各具特性，其分布与变化规律各异，但在各种资源之间以及资源总体上也有着一系列的共同特征，是自然资源内部规律的表现。①稀缺性。是指某种资源相对于人类欲望的有限性。农业自然资源的有限性表现为，在一定时间和区域内，资源数量是有限的；在一定的技术条件下，利用资源的能力和范围是有限的。资源稀缺性是一个相对的动态概念，一个地区的自然资源中有的稀缺程度可能较高，有的可能较低，要客观评价自然资源的稀缺程度，在资源的各种用途中进行科学合理地配置，提高资源利用率和产出率。②地域性。每一种农业自然资源都有其特定的分布区域，不同区域之间同一种资源在数量和质量上存在差异，不同区域的各种资源在种类组合和时空分布上存在差异，每一个区域的农业都拥有自己的特色。例如，吐鲁番地区独具特色的水土资源、暖温带荒漠气候和山间盆地地形造就了其独具特色的葡萄、梨等产业。在开发和利用农业自然资源时，应根据不同地区内各种资源的性质、数量和组合特点，采取不同的措施，即因地制宜。③系统性。组成农业自然资源的各种资源要素之间相互联系、相互制约形成有机整体。在一定的自然气候条件下，一个地区会形成一定的土壤、植被及与其相适应的动物和微生物群落。当一种自然因素发生变化，就会引起其他因素发生相应变化，以致引起整个资源组合状况的变化。在开发和利用农业自然资源时，应该全面考察自然资源状态及其内在的生态关系，采取综合性措施。④可更新性。农业自然资源是可再生的。气候有节律的周而复始、水分的循环运转、土壤肥力的恢复与改善、生物新陈代谢的更新保证农业自然资源的循环。当然，农业自然资源的更新能力是有限度的，只有在一定的资源承载力范围内的合理利用前提下，才能得到永续更新。如果采取掠夺式经营，资源就得不到更新和补充，最终导致资源耗竭。应按照生态规律，合理利用资源，保证自然资源的不断更新和永续利用。⑤多功能性。自然资源具有多种功能和用途，需要在资源稀缺、技术一定的条件下科学合理地确定用途。例如，土地资源既可以用于工商业，也可以用于农业，工商业利用土地的效益远高于农业，但是由于土地资源的稀缺性，在工业化城市化进程中工商业对土地资源大量占用成为影响粮食安全、生态安全的重要问题，需要进行综合评估与合理选择。

2. 自然资源配置

资源的稀缺性决定了必须通过一定方式把有限的资源分配到社会各个领域，对稀缺资源在各种不同用途上加以比较选择。一个地区农业自然资源配置方式直接影响本地农业产出水平，资源开发规模越大，利用效率越高，经济效益水平也会越高。如果资源配置方式不合理，开发利用不当，资源就得不到永续更新，生态环境会发生恶化，可持续发展将难以实现。

（1）配置方式。自然资源配置主要有两种方式：①计划配置方式。是根据社会需要和可能，以计划配额、行政命令来统管资源和分配资源。在一定的历史条件下，计划配置方式可以从整体利益上协调经济发展，集中力量完成重点工程项目。但是，配额排斥选择，统管取代竞争，市场处于消极被动的地位，容易出现资源闲置或浪费的问题。②市场配置方式。是依靠市场运行机制进行资源配置，这种方式可使企业与市场发生直接的联系，企业根据市场上供求关系的变化状况（反映于价格），在竞争中实现生产要素的配置。

（2）配置效率。自然资源配置效率是指在一定的技术水平条件下，自然资源各投入要素在各经济主体及各用途的分配所产生的效益。自然资源配置效率的衡量标准包括经济效益、生态效益和社会效益三个方面。经济效益标准是对自然资源配置获得产出水平的衡量，可以用自然资源配置社会净产值或国民收入的增长率、生产率等经济指标来衡量。生态效益标准是对自然资源配置造成的生态环境影响的衡量，可以用土壤肥力、植被覆盖率、温室气体浓度、环境污染指数等资源环境指标来衡量。社会效益标准比较复杂，较难衡量。例如，是否符合国家有关政策导向（如粮食安全、增加收入等），是否有利于提高可持续发展能力和竞争能力，是否能更好地满足人民的物质与精神生活要求等。不同时期、不同政策制度背景下的社会效益评价存在较大差异。三大效益的评价也往往难以完全兼顾，需要综合平衡。

知识延伸：帕累托最优与资源配置效率

从社会福利层面考察一个地区的自然资源配置是否有效率，还可以借用帕累托最优这个概念。帕累托最优，指的是资源分配的一种理想状态，假定固有的一群人和可分配的资源，在不使任何人的境况变坏的情况下，不可能再使某些人的处境变好的状态。帕累托最优状态就是不可能再有更多的帕累托改进的余地。换句话说，帕累托改进是达到帕累托最优的路径和方法。帕累托改进，即在提高某些人福利的同时不减少其他任何一个人的福利。"帕累托最优"在指导自然资源开发时是一个十分有用的原理，但其"无人受害"的标准过于严苛，现实中很难完全达到。可以采用补偿方式来使很多十分必要却有部分人会因此受损的开发得以进行。

资料来源：作者根据有关资料整理。

二、自然环境与经济

1. 自然环境与生态环境

（1）自然环境。"环境"是指围绕某一主体的外部世界，它总是相对于某一中心事物而言的。通常所说的环境指的是人类环境，是相对于"人类"这一中心主体而言的外部世界，它包括自然环境和社会环境。所谓"自然环境"是指人类社会之外，直接或间接影响人类社会的自然物和自然力所构成的空间场所，是人类发展生产、繁荣经济的物质源泉。各种自然资源都来源于环境，并参与环境的物质和能量的循环过程。自然环境的外延比较广，各种天然因素的总体都可以说是自然环境。

（2）生态环境。"生态"与"环境"本来是两个相对独立的概念。"生态"一词侧重于生物与周围环境的相互关系，而"环境"更强调影响生物的外部因素。实际上，"生态"与"环境"紧密联系、相互交织，因而产生了"生态环境"的概念。生态环境是指与人类密切相关的，影响人类生活和生产活动的各种自然力量或作用的总和。它不仅包括各种自然要素的组合，还包括人类与自然要素间相互形成的各种生态关系的组合。简言之，生态环境是指由生态关系组成的自然环境，其范畴要比自然环境小。仅有非生物因素组成的系统，虽然可以称为自然环境，但并不能叫作生态环境。只有具有一定生态关系构成的自然环境整体才能称为"生态环境"。

2. 经济与自然环境的关系

环境是经济发展的物质基础。在经济活动中，人类从自然环境中获取自然资源，使之转化为生产资料和消费资料，经过分配、流通以满足人类社会生存和发展的需要。环境与经济发展之间还具有相互促进、相互制约的关系。

（1）经济发展与环境保护。1992 年，美国两位经济学家研究环境污染与经济增长之间的关系时，发现两者呈现倒"U"形曲线关系（环境库兹涅茨曲线）：当一个国家经济发展水平较低的时候，环境污染的程度较轻，随着经济的发展，人均收入的增加，环境污染的程度开始变高；当经济发展达到一定水平后，随着人均收入的进一步增加，环境保护的力度加大，环境质量逐渐得到改善。

经济发展和环境保护是辩证统一的关系。经济发展和环境保护的目的是统一的，都是满足人民美好生活需要；两者的内容也是统一的，经济发展与环境保护相辅相成，是可以相互转化的。正如习近平总书记强调的，"绿水青山就是金山银山"。一方面，高质量发展须是绿色、可持续的发展。另一方面，加大环境治理力度，加快生态绿化建设，形成绿色生产方式和生活方式，促使环境质量不断提升，也能为经济发展提供更大空间。

（2）生态环境与区域农业经济。在一定的区域内，生态环境为农业生产及相关的经济活动提供了原材料和能量来源，其中，原材料可以通过生产加工过程转化为商品，而能量使得这一转化过程顺利进行。最终，这些原材料和能量以废物或污染物的形式又返回到生态环境系统中。如果这些废物和污染物长期得不到有效处理并资源化利用，且农业经济活动超出了自然资源与生态环境的承载能力，那么区域农业将难以实现可持续发展。

（3）现代农业面临的环境问题。农业环境是能满足生物生长的各种自然环境因素，现代农业中的环境问题就是农业投入的化学物质、农业产生的废弃物的环境影响以及对农产品质量安全的影响。现代农业发展依赖于化肥、农药等现代要素的投入，而追求产量稳定增长的短期农业政策，增加产量能够获得更高补贴，造成化肥、农药等过量使用，导致农业资源退化。①化肥过量施用对环境的影响。不合理施肥，养分超过农作物的需求量与土壤的承载能力，不但造成不必要的经济损失，也造成土壤、水体和农产品的污染，如地表水富营养化、地下水硝酸盐污染、大气污染、农产品质量和品质下降、土壤重金属含量升高等。②农药不合理使用对环境的影响。农药对保障产量作用巨大，又是造成污染的重要因素，其表现为多方面，如造成农药残留在食物、土壤、水体中而破坏环境，农药在生物体内富集造成慢性毒害，农药杀死了很多生物，降低了生物多样性和稳定性，破坏了生态系统固有的自然关系等。③畜禽养殖废弃物的环境污染。现代畜牧业发展与种植业分离，废弃物不能被及时有效地利用和处理，会对水体、大气和土壤环境造成污染，如水体富营养化，成为温室气体排放源等。④农膜残留的环境污染。大量的农用塑料残留在土壤、自然界，分解需要几十年甚至上百年，造成严重的"白色环境污染"。

3. 经济可持续发展

（1）经济可持续发展的提出。在过去很长一段时期内，受"环境无成本"思想的支配，人类忽视了自然资源与环境的承载力，片面追求经济利益，一味强调发展速度，肆意掠夺自然资源，破坏生态环境，走上"高投入、高能耗、高污染"的发展道路。1972年，罗马俱乐部发表了《增长的极限》研究报告预言，如果世界人口、工业化污染、粮食生产和资源消耗等以目前的趋势继续保持不变，那么地球上的增长极限将在未来一百年内达到。1987年，世界环境与发展委员会在《我们共同的未来》报告中第一次提出了"可持续发展"的概念："既能满足当代人的需要，又不损害子孙后代满足其需求能力的发展。"这一概念得到广泛的接受。

（2）可持续发展的内涵与本质。可持续发展的内涵突出发展的主题、发展的可持续性、代际的公平性和人与自然的协调共生。发展是人类共同的权利，但不能超越资源和环境的承载能力，当代人及后代人应该有同样的发展机会，发展应该与自然和谐相处。也就是可持续发展必须坚持公平性、可持续性、共同性。从哲学角度看，可持续发展的实质是"公平问题"，即当代人之间以及与后代人之间在发展上的公平。

（3）农业可持续发展。农业发展的可持续性主要包括农业生产可持续性、农业生态可持续性和农业社会可持续性。农业生产可持续性要求农产品可以长期且稳定地满足人类对食品的需求，农业资源长期且稳定地保持可持续利用，不会损害子孙后代从这种资源中获得的基本好处，引导发展生态农业等环境友好型农业。农业生态的可持续性要求将农业的投入品和废弃物的环境影响均控制在环境容量之内。农业社会可持续性要求改善和提高农户的生活质量，也就是农业环境保护政策的影响对不同的利益主体给予平等的机会和权利。

4. 环境治理难的经济学解释

农业生态化发展必须避免生态环境恶化。环境恶化是人类工业化的历史结果，是人类认识和改造自然过程中付出的代价，其原因既包括自然因素，也包括人为因素。从经济学角度分析，环境治理困难的原因在于市场失灵、外部性和政府失灵。

（1）市场失灵。就是市场机制不能充分地发挥作用而导致的资源配置缺乏效率或资源配置失当的情况，即不能实现资源配置的帕累托最优。导致市场失灵的原因主要有外部性、市场垄断、信息不对称等。市场失灵的实质是价格机制对某些问题无能为力，表现出一定的局限性。政府必须运用政策手段来克服市场机制本身的缺陷。

（2）外部性。即溢出效应，也就是社会经济活动中某一主体的行为对其他主体造成了影响，却没有得到相应的回报或给予对方相应的补偿。外部性可分为正外部性和负外部性。正外部性，是指一种经济活动使他人受益，受益方并未因此付费，也称为外部经济。负外部性，是指一种经济活动使他人受损，施害方并未因此承担成本。纠正经济外部性的基本思路是，通过制度安排，把外部性"内部化"，即通过改变主体的总成本或总收益，影响其决策，并改变其经济行为。对于负外部性活动，让活动主体承担自身所产生的社会成本；对于正外部性活动，让活动主体获得自身所产生的社会收益。

为了解决外部效应内部化问题，一些经济学家提出了经济理论。①阿瑟·塞西尔·庇古提出通过补贴或征税等手段解决外部性内部化问题。对于正的外部性活动，政府应给予补贴；对于负的外部性活动，政府应处以征税或惩罚，以使外部性活动行为人的私人成本等于社会成本，从而改变经济主体的行为。这一理论被称为"庇古税"。②罗纳德·哈里·科斯提出通过界定产权来纠正外部性。他认为，经济外部性从根本上说是产权界定不清晰或产权缺失引起的，所以只需界定明晰产权并运用法律有效地保护产权，而随后通过产权的市场交易就能达到帕累托最优状态。这一理论被称为"科斯定理"。庇古税理论和科斯定理在一定程度上具有互补之处。如庇古税理论更加注重公平问题，谁造成的外部性影响谁就交税或得到补偿；而科斯定理更注重效率问题，追求的是社会总体效益最大化，而不顾利益分配问题。庇古税理论注重政府的力量，而科斯定理注重市场的力量。

（3）政府失灵。政府宏观调控与管理这只"看得见的手"也同样会出现失灵的问题。在政府实际执行干预措施时，由于政府的局限性和其他客观因素的制约引发的不良影响，称为政府失灵。

基于上述原因，需要通过制度与政策设计防止和治理环境污染，主要是环境价值显性化、外部成本内部化、强化环境监测、完善环境规制、推动环境社会治理等。目前中国已经按照这些方面不断创新完善，不断取得积极进展。

三、农业生态经济系统

1. 农业生态系统

（1）生态系统的含义。生态系统是指在自然界一定空间内，生物与环境构成的统一整体，在这个整体中，生物与环境之间相互影响、相互制约，并在一定时期内处于相对稳定的动态平衡状态。人类已知最大的自然生态系统是地球生态系统，它是由无数大小不等、形态不一、结构不同、功能各异的生态系统共同组成的。尽管在不同的生态系统中有着不同的生物主体和与之对应的环境、资源，但是各个生态系统之间，以及各种生物主体之间，乃至各种环境、资源之间，并非彼此孤立，而是彼此联系、相互作用的。包括人类在内的无数生物都是这些自然生态系统的主体，在这些主体周围的事物的总和称为环境，环境中被主体消耗的物质称为资源。在地球生态系统中，包括人类在内的所有生物都需要资源和环境的支撑，而满足这一需求的前提是自然生态系统的平衡。

（2）生态系统的类型。地球表面的生态系统有多种类型，按照形成动力可以分为自然生态系统和人工生态系统。凡是未受人类干预，在一定空间和时间范围内，依靠其他生物和环境本身的自我调节能力来维持相对稳定的生态系统，均属自然生态系统，如原始森林、海洋等生态系统。例如，中国已建立自然保护区 2300 多个，28 处被列为联合国"世界生物圈"自然保护区，自然保护区（属自然生态系统）面积占陆地国土面积的 15%左右。按人类的需求建立起来，受人类活动强烈干预的生态系统称为人工生态系统，如农业生态系统、城市生态系统等。

（3）生态系统的功能。生态系统对人类的作用主要表现在它所提供的产品和服务上。联合国在 2001—2005 年组织了千年生态系统评估项目，对全球生态系统状况、生态系统服务等进行了系统详细的研究。生态系统服务，是指人类从自然生态系统获得的收益，包括生态系统所提供的食物、水、纤维、生化物质、燃料、基因资源等方面的有形产品，在调节气候、控制疾病、调节水分、净化水源等方面的调节服务，在提供消遣、娱乐、美学享受以及精神收益等方面的文化服务，在土壤形成、光合作用以及养分循环等方面的支持服务等。

（4）农业生态系统。农业生态系统是在一定时间和地区内，人类从事农业生产，利用农业生物与非生物环境之间以及与生物种群之间的关系，在人工调节和控制下，建立起来的各种形式和不同发展水平的农业生产体系。作为一种人工生态系统，农业生态系统不仅受自然的制约，还受人类活动的影响；不仅受自然生态规律的支配，还受社会经济规律的支配。

农业生态系统与自然生态系统一样，其基本组成也包括生物组分和环境组分两大部分。但由于受到人类的参与和调控，其组分的构成与自然生态系统不同，其生物是以人类驯化的农业生物为主，环境也包括了人工改造的自然环境部分。①农业生态系统的生物组成成分。主要包括生产者生物、消费者生物、分解者生物等。生产者生物主要包括大田作物、绿肥、牧草、林果等进行光合作用的生产者。消费者生物主要是以生产者为主要营养物质和能量来源的生物，如家畜、家禽、昆虫和某些菌类等。分解者生物主要是指细菌、真菌和放线菌等具有分解能力的生物，它们能把动植物残体中复杂的有机物，分解成简单的无机物，释放到环境中，供生产者再一次利用。人也属于生物组成，既是农业生产的组织者和管理者，也是规模最大的消费者。人作为生态系统的主导者，对系统生产力水平有着极为重要的作用。②农业生态系统的环境。由自然环境和人工环境复合组成。自然环境组分主要包括气候、土壤、地形、地貌等。人工环境是指为了满足人类的需要，在自然环境的基础上，通过人类长期有意识的社会劳动，加工和改造自然物质，创造物质生产体系，积累物质文化等形成的环境要素，如人工林地、人工河流等。

2. 农业生态经济系统

（1）基本含义。农业生态经济系统是由农业生态系统与农业经济系统耦合而成的一个多元复合系统。其利用各种农业自然资源和农业社会经济资源，在农业技术中介的作用下，具有物质循环、能量转化、信息传递等功能，能够产生农业生态经济效益。农业生态经济系统具有统一性、复杂性、可控性、开放性、多目标性、动态平衡性等主要特征[1]。

---

① 严立冬. 农业生态经济学[M]. 武汉：武汉大学出版社，2015，24-27.

（2）基本构成（组成）。农业生态经济系统主要由三个子系统组成：农业生态系统、农业经济系统和农业技术系统。①农业生态系统（基础系统）。该系统是农业经济系统赖以生存和发展的基础。主要包括生产者、消费者、分解者等生物组分和环境组分。②农业经济系统（主体系统）。该系统是以人类为核心的农业经济活动构成的社会经济系统，对农业生态系统产生主导作用，主要包括农产品的生产、分配、交换和消费的各环节，以及人口、社会资源及相关政策等要素。③农业技术系统。该系统是将农业生态系统和农业经济系统耦合为统一体的中介系统。农业生态经济系统中三个子系统之间的关系如图4-1所示。在整个农业生态经济系统中，生态子系统中的自然资源和能量通过技术手段获取并转化为农业原料及产品，在赋予社会交换价值后被输入经济子系统中，再经过生产、分配、交换和消费等过程实现经济循环，产品消费后产生的废物又输入生态系统的环境中，经济系统对生态系统产生一定的影响或主导作用。

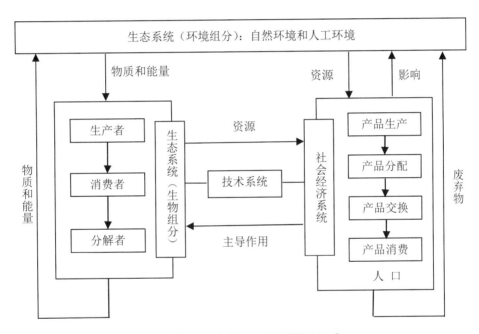

图4-1　农业生态经济系统的组成

3. 农业生态经济系统的平衡

（1）生态平衡。生态平衡是指在一定时间内生态系统中的生物与环境之间、生物各个种群之间，通过能量流动、物质循环和信息传递相互作用而处于适应、协调和统一的状态。当生态系统处于平衡状态时，系统内各组成部分之间保持一定的比例关系，生产者生物、消费者生物和分解者生物的数量及种类能够保持相对稳定，形成比较稳定的食物链和食物网，在各组成成分之间，物质和能量的输入、输出保持相对平衡。生态平衡是一种动态的相对的平衡。

（2）生态阈值与生态平衡。生态阈值是指生态系统能承受干扰和压力的极限值。生态平衡的主要原因是生态系统具有一定的抗干扰和自我恢复能力，即生态系统具有一定的稳定性，其对外界干扰具有一定的弹性。如果外界干扰和压力在生态阈值之内，那么生态系统能够通过自我调节恢复生态平衡；如果外界干扰和压力超过生态阈值，那么生态系统自我恢复能力会遭到破坏，生态系统就会衰退，甚至崩溃。生态系统的稳定性随着生物成分的增多（生物多样性）而增强，即能量流、物质流的复杂性和营养物质的储备功能和信息传递能力都增强，系统趋于成熟，生态阈值提高。人类不局限于保持生态系统初始的稳定状态，还建立新的生态平衡，实现更高、更多的功能。

（3）农业生态平衡的特点。农业生态平衡是以自然生态平衡为基础的。但是，农业生态系统实则为可控的人工生态系统，其中的农业生物不仅受自然选择，而且更多地受人工选择的影响。因此，农业生态系统是一个不断地受经济系统和技术系统干扰的系统。

农业生态平衡的特点主要有以下三方面[①]：①组成要素的求全性和比例性。农业生产是以生态平衡中的经济产量为目标。系统中的各种因素必须综合起来考虑，不但要求各种生态要素齐全，即光、热、水、土、气等要素的配合，还要求结构的完整性，以求系统功能健全。如一个地区完整的农业生态系统中，林木资源是不可少的，林地在土地面积中所占的比例要适当，才能发挥其保持水土、调节气候、涵养水源、减少地面径流等生态功能。不仅如此，农业生产还要求各类技术的综合、合理运用。不仅对各种要素有质的要求，而且还有量的规定，都会在农产品质量、数量上反映出来。如农作物对氮、磷、钾以及其他微量元素有定性定量要求。②输入输出的有序性。农业生态系统是一个开放系统，只有有序的输入与输出，才能保持系统的相对稳定性。如果从生态系统中取走农产品之后却不再归还应当属于系统中的组成物质，那么必然难以保障农业的持续稳产高产。为保持系统平衡，人类必须通过经济活动向农业生态系统进行物质、能量的补充输入，输入要遵循一定的程序，根据农作物生长发育各阶段需求有序输入（如施肥等）。③丰富性、整体性和全局性。农业生态平衡具有丰富性，既包括系统内部生物与环境之间的平衡关系、要素之间的制约关系，还包括各系统之间的反馈关系。农业生态平衡不仅涉及农业生物与其生存条件之间的平衡关系，也涉及人类社会经济发展与生态系统生产力的平衡关系。因此，农业生态平衡的范围比自然生态平衡范围更广，具有整体性、全局性。如果改变农业生态系统结构，如各生物种群数量变化，必然带来生态压力，产生使原有的生态平衡失调的状况，这一状况固然可以通过生态系统的自我调节能力来进行修复，但农业生态平衡的恢复和重建更需要通过人类有目标的、及时的控制和补偿来实现。否则，在超过生态阈值的负向干预引起生态平衡失调之后，再要建立新的平衡关系是很困难的。

（4）农业生态经济平衡。农业生态经济平衡是指构成农业生态经济系统的各要素之间达到协调稳定的关系，特别是经济系统与生态系统达到协调和统一的状态。实际上，生态系统与经济系统是存在矛盾冲突的。人类在追求利润最大化和经济增长过程中对自然资源的需求是无限的，而生态系统对资源的供应是有限的。

经济系统对生态系统的干扰或破坏表现为：大规模地把自然生态系统转变为人工生态系统，从生态环境中大量开发各类自然资源，向生态环境排放大量的废弃物。如果农业经济系统对生态系统的干扰和破坏超过了生态阈值，农业生态系统自动调节和恢复能力就会降低甚至丧失，导致农业生态系统衰退，甚至崩溃。如果农业生态平衡失调，农业经济平衡也将难以实现，最终危及整个农业生态经济系统稳定。因此，农业生态经济平衡要强调生态平衡与经济平衡同等重要，经济发展与生态平衡是对立统一的关系，人类活动要遵循经济、社会和

① 梁山，赵金龙，葛文光. 生态经济学[M]. 北京：中国物价出版社，2002，154.

自然规律。

4. 农业生态产品及价值实现

2010 年 12 月国务院颁布实施的《全国主体功能区规划》中首次提出"生态产品"概念并进行了定义："生态产品是维系生态安全、提供良好人居环境的自然要素,包括清新的空气、清洁的水源和宜人的气候等",并指出"保护和扩大自然界提供生态产品能力的过程也是创造价值的过程"。生态产品具有自然属性和社会属性,作为自然属性它是自然生产的自然要素的总和,作为社会属性它是自然生产与社会生产共同产出的产品。生态产品的价值包括生态价值、经济价值、景观价值、历史文化价值、科研价值以及人类尚无法认识的价值等,生态产品价值实现的重点难点在于生态价值的实现。

（1）农业生态产品的含义。作为最主要的生态产品——农业生态产品,是指农业生态系统为人类提供的所有农业生产环境条件及服务。这里的服务主要包括：提供粮食、蔬果、木材等供给服务；气候调节、固碳、调节水分、净化水质、控制病害等调节服务；生态旅游、农田景观、文化遗产等文化服务；土壤形成、光合作用、养分循环等支持服务。

（2）农业生态产品价值实现。农业生态产品价值是指农业生态系统及其各组分在维持生态系统的结构和功能完整,以及其作为生命维持系统和人类生存系统所具有的价值。农业生态产品具有公共物品的属性,其价值包括市场价值和非市场价值。市场价值是农业生态环境的直接使用价值,主要表现为供给产品满足市场需求；非市场价值是农业生态环境的间接使用价值、选择价值和存在价值,主要表现为提供非市场产品及服务（调节服务、文化服务、支持服务等）。生态产品的非市场价值衡量难度大。

政策链接：关于建立健全生态产品价值实现机制的意见

2021 年 4 月,中办、国办印发《关于建立健全生态产品价值实现机制的意见》提出：（1）主要目标：到 2025 年,生态产品价值实现的制度框架初步形成,比较科学的生态产品价值核算体系初步建立,生态保护补偿和生态环境损害赔偿政策制度逐步完善,生态产品价值实现的政府考核评估机制初步形成,生态产品"难度量、难抵押、难交易、难变现"等问题得到有效解决,保护生态环境的利益导向机制基本形成,生态优势转化为经济优势的能力明显增强。到 2035 年,完善的生态产品价值实现机制全面建立,具有中国特色的生态文明建设新模式全面形成,广泛形成绿色生产生活方式,为基本实现美丽中国建设目标提供有力支撑。（2）主要机制：建立生态产品调查监测机制,建立生态产品价值评价机制,健全生态产品经营开发机制（推进生态产品供需精准对接、拓展生态产品价值实现模式、促进生态产品价值增值、推动生态资源权益交易）,健全生态产品保护补偿机制,健全生态产品价值实现保障机制,建立生态产品价值实现推进机制。

资料来源：摘编自《关于建立健全生态产品价值实现机制的意见》。

---

5. 生态修复和生态补偿

（1）生态修复是按照生态系统的演进规律,利用自然和人为力量,对被破坏的生态系统停止人为干扰,以减轻负荷压力,依靠生态系统的自我调节能力与自我组织能力,辅以人工措施,进行修理、改良、重建、维护和管理,使遭到破坏的生态系统逐步恢复或使其向良性循环发展。其主要致力于那些因自然突变和人类活动而遭到破坏的自然生态系统的恢复与重建工作。生态修复的出发点和立足点是整个生态系统，是对生态系统的结构与功能进行整体上的修复和改善。政府作为生态修复的责任主体，承担环境保护法律法规的制定及环境资源优化配置的职责。国家"十四五"规划纲要指出，生态系统保护和修复的重点工程主要在以下八大功能区：青藏高原生态屏障区、黄河重点生态区、长江重点生态区、东北森林带、北方防沙带、南方丘陵山地带、海岸带和自然保护地及野生动植物保护区。

（2）生态补偿是以保护和可持续利用生态系统服务为目的，主要以经济手段调节相关者利益关系的制度，包括对生态系统和自然资源保护所获得效益的奖励，对破坏生态系统和自然资源所造成损失的收费。总体上看，20世纪90年代前期，生态补偿关注的重点是对生态环境本身的恢复和改善，到后期，生态补偿的对象更多转向生态环境保护者和建设者。中国最典型的生态补偿措施就是"退耕还林（草）"过程中对耕地农户进行的经济补偿。该项措施的实施，不仅对遏制众多生态环境脆弱区的生态破坏、保护和恢复林草资源起到了显著作用，而且从解决贫困问题角度看，也是一次实现生态效益与经济效益"双赢"目标的成功尝试。还有已实施多年的耕地占用补偿制度、天然林保护等重大生态建设工程、自然保护区建设的财政补贴等，都属于生态补偿的成功实践。

国家"十四五"规划纲要强调健全生态保护补偿机制：加大重点生态功能区、重要水系源头地区、自然保护地转移支付力度，鼓励受益地区、保护地区和流域上下游通过资金补偿、产业扶持等多种形式开展横向生态补偿；完善市场化多元化生态补偿，鼓励各类社会资本参与生态保护修复；完善森林、草原和湿地生态补偿制度；推动长江、黄河等重要流域建立全流域生态补偿机制。

四、生态农业与农业生态化

1. 生态农业及其基本原理

生态农业是农业生态化的一般模式，与传统农业和化学农业相比，生态农业的内涵、理念和基本原理都有所不同。

（1）生态农业的提出。1924年，生态农业模式最先兴起于欧洲，20世纪70年代以后，美国、欧洲、日本等发达国家和地区掀起了生态农业思潮。1971年美国土壤学家威廉·阿尔布瑞奇最早明确提出生态农业的概念，后来又经过国外许多学者的完善与充实。其基本含义是：少用或不用人工合成的化学品，用有机肥或长效肥替代化肥，用天敌、轮作或间作替代化学防治，用少耕、免耕替代翻耕，避免污染环境，确保农业持续稳定发展。

生态农业这一概念虽源自西方，但中国生态农业与西方生态农业的内涵并不完全相同，中国生态农业发展有着深厚的中国传统生态农业的历史背景和实践基础，如生物共生、合理轮作、套作、精耕细作、用地养地等都是传统农业的精华。作为可持续发展农业的具体模式，生态农业吸收了传统农业的精华，借鉴现代农业的生产经营方式，以可持续发展理念和生态经济学原理为指导，注重运用现代科学技术成果、管理手段和系统工程方法保护农业生态环境，形成经济与生态系统的良性循环，追求生态、经济与社会利益的统一。

（2）生态农业的基本原理。生态农业是运用生态学原理和系统科学方法，把现代科技成果与传统农业的精华结合起来而建立的具有多功能、高效益的农业可持续发展模式。其基本原理主要包括[①]：①整体效应原理。根据系统科学关于整体功能大于个体功能之和的观点，对农业生态经济系统结构进行合理设计，利用系统各组成部分之间的物质循环、能量转化、信息传递等相互作用及反馈机制进行调控，从而提高系统整体功能及效率，并增强系统稳定性。②生态位原理。一种生物种群在生态系统中的功能或作用称为生态位，各种生物种群在生态系统中都有理想的生态位。在自然生态系统中，随着各组成部分长期演化，生物种群数目增多，生态位丰富并逐渐达到饱和，生物种群之间保持着相互依存、相互制约的平衡关系。而在农业生态系统中，由于人类的干预活动，生物种群比较单一，存在许多空白生态位，生物种群之间相生相克的关系容易被破坏，引发生态平衡失调。因此，在农业生态化过程中，要合理填补空白的生态位，建立合理结构，使不同生物种群占据各自特有的生态位，利用生物种间的相生互克关系，有效控制病、虫、草害，还要避免生态位重叠造成的不合理竞争互克。③食物链原理。食物链是指在生态系统中各种生物以食物为纽带建立起来的链条关系。在农业生态化过程中，要根据这一原理构建合理的食物链，将系统内物质（包括废弃物）作为营养源由相应的生物充分利用和转化，提高物质和能量的利用效率。④物质循环与再生原理。农业生态系统的自我维持和调节功能是通过物质循环、能量转化、信息传递等过程来实现的。在农业生态化过程中，要根据这一原理建立和保持农业生态系统内的良性循环，特别要注意物质的再生利用，尽量减少外部投入，增强系统的自我调节功能。⑤生物与环境协同进化原理。生物与环境的协同进化是指生物在适应环境的同时，也作用于环境，对生态环境有一定的改造能动性，从而使得环境与生物平衡发展。在农业生态化过程中，要根据这一原理，安排对特定环境适应性较好的生物种群，以期获得较高的经济效益和生态效益。

专栏：森林生态农业

森林生态农业是最古老的土地资源利用形式，也是最具可持续性、抗灾力最强的农业生态系统，简言之就是模仿森林提供食物的生产体系。它结合了生态农业和朴门永续理念（permaculture，又称永续生活设计、永恒农业），用多年生与一年生的作物，通过多层次、多物种的生态设计，最大化地利用阳光、实现水和养分的循环。不同生物之间相互协作发挥自然的力量，代替人的投入和管理。随着森林生态农业系统的成熟，产量将会越来越高，最终所需要的人力投入主要就是收获果实。一个简单的森林生态农业可以是树、灌木和地表植物等三层，复杂一点的森林生态农业可以有大型乔木、小型乔木、灌木、攀援植物、草本植物、地被植物、根际植物等七个层次。森林生态农业在乡村和城市均可实施，可以与社区支持模式、从农场到餐桌模式等相结合；既可以侧重商业化，也可以侧重社区营造，或生物多样性保护；小到自家后院，大到千亩农田，都可以采用森林生态农业的原理和方法生产食物。森林生态农业在美国已经流行了几十年，中国福建漳州的"光照人有机茶园"、连城四堡镇的"唯石生态园"等已有多年尝试。上海社区花园促进会正在推动上海"2040食物森林计划"，计划在2040年建设2040处食物森林。

资料来源：裘成.森林生态农业：由2个兼职管理100种作物的高效农场正在全球兴起.志同道禾公益助农平台，2017-6-19。

---

① 朱光福，周超. 三峡库区生态农业案例集[M]. 昆明：云南大学出版社，2018，22.

2. 农业生态化

（1）产业生态化与生态产业化。生态化是在可持续发展背景下提出的一种发展理念，其本质是通过生态学范式促进可持续发展。产业生态化是以可持续发展理念为主导，将产业发展同生态环境保护结合起来，利用地区资源与环境的优势，实现经济效益的持续增长。

生态产业化是以生态资本为逻辑起点，以市场化运营与社会化生产的方式促进生态产品与服务的经济价值得以变现，从而实现产业经济与生态环境良性循环发展。生态产业化的目的是对资源环境进行有效开发和利用，通过产业化经营，既实现经济效益带动经济发展，又达到保护环境、节约资源的目的①。

（2）农业生态化的内涵。农业生态化隶属产业生态化范畴，是产业生态化在农业领域的集中体现。从狭义上，农业生态化是发展现代生态农业的途径和过程。从广义上，农业生态化可理解为一切体现可持续发展理念的农业发展过程，包括农业生产方式、农业经营理念、农业技术创新与应用、农业投入品以及自然资源利用等方面都符合可持续发展的要求。从具体模式来看，生态农业、绿色（有机）农业、循环农业、低碳农业、资源节约型农业、环境友好型农业等都属于农业生态化，只不过这些模式关注的角度和侧重点不同。农业生态化不仅是一个动态的发展过程，更是一个理念普及的过程，使直接和间接参与农业生产、物流和加工的人们逐渐接受并认可生态农业的理念并在实际生产中践行保护自然资源与生态环境。农业生态化与农业绿色发展的本质也是相同的。

农业生态化遵循的是生态学原理，根据当地的自然资源条件、经济发展水平和生态经济规律，因地制宜地应用现代科学技术；既重视系统的经济平衡，又重视其生态平衡，要求充分考虑资源环境的承载力，注重自然资源开发利用与保护并举，有效防治和减少环境污染，促进经济与生态系统良性循环，实现农业的可持续发展。

（3）农业生态化的特征。主要包括：①整体性、融合性和协调性。农业生态化将农业生态系统与经济系统结合起来，区域农业发展与生态环境保护并重，遵循自然规律，因地制宜、因时制宜进行合理的农业布局，实现农、林、牧、渔及其内部结构优化，强调第一产业内部、一二三产业之间的融合与协同发展。②循环与再生性。生态化要求区域农业生产中的物质及能量高效循环利用，主要表现为区域农业废弃物资源化利用，变废为宝，多次循环利用，形成农林牧渔业内部及其产业间的交互循环系统。③技术综合性。农业生态化要依托现代技术，要将现代技术与传统农业精华有效结合起来，将涉及农林牧渔生产、生态环境保护、食品安全等多项技术综合利用起来。④可持续性。促进农业可持续发展是农业生态化发展的本质目的，也是其区别于化学农业发展模式最显著的特征。

中国现代农业生态化实践可分为两条主线：一是，对化学农业模式进行生态修复或改造，如防控农业面源污染、节约资源、测土配方施肥、减少化肥农药投入等；二是，鼓励农业生态化转型发展，如实施循环农业示范工程建设、推广低碳农业模式、实施绿色食品和有机产品工程等。

3. 循环农业的理念和内涵

循环农业是农业生态化的一种具体模式，与生态农业（一般模式）相比，循环农业的内涵、理念和侧重点有所不同。

---

① 肖庆洲，张波. 生态产业化的实现模式与路径探索[J]. 江苏理工学院学报，2022，28（3），63-71.

（1）循环经济理念。循环农业的概念源于循环经济理论。在20世纪60年代萌芽之后，经过半个世纪的探索，循环经济基本形成了完整的理论体系。循环经济是一种以资源的高效利用和循环利用为核心，以"减量化（Reduce）、再利用（Reuse）、再循环（Recycle）"为原则（"3R"原则），以低消耗、低排放、高效率以及物质闭路循环和能量梯次使用为特征，符合可持续发展理念的经济增长模式。

循环经济本质上是一种生态经济，要求运用生态学规律来指导人类社会的经济活动，把清洁生产和废弃物的综合利用融为一体，对能源及其废弃物实行综合利用。把经济活动组成一个"资源—产品—再生资源"的反馈式流程，其目的是通过资源高效和循环利用，实现污染的低排放甚至零排放，实现社会、经济与环境的可持续发展。

与传统经济相比，循环经济运行方式是环状的；资源利用要求低投入、高利用和高效率；追求的目标不仅仅是经济利益，而且注重社会利益和环境利益；环境治理方式不是"先污染、后治理"的末端治理，而是预防为主、全程控制；评价指标不是以GDP指标为主，而是把绿色GDP（GEP）等绿色核算指标作为主要指标（如表4-1）。

表4-1　传统经济与循环经济对比

比较项目	传统经济	循环经济
运行方式	单项的、线性的	循环的、环状的
资源利用	高投入、高消耗、低效率	低投入、高利用、高效率
追求目标	经济利益	经济、社会、环境利益
环境治理方式	末端治理	预防为主、全程控制
评价指标	GDP单一指标	绿色GDP等指标

（2）循环农业的内涵。循环农业是将循环经济的理念引入农业领域中，是以生态规律为基础，以资源高效循环利用和生态环境保护为核心，以"减量化、再利用、再循环"为原则，以低消耗、低排放、高效益为基本特征，实现农业可持续发展的一种农业发展模式。①输入端——减量化原则，通过改进技术等手段，减少进入农业生产的物质量，用较少的原料和能源投入来达到既定的农产品产出目标，从源头节约资源，减少污染。②过程端——再利用原则，通过尽可能多次或多种方式使用农用物资，以减少自然资源的使用量和污染物的排放量。③输出端——再循环原则，要求农业生产过程中废弃物转化为资源，循环利用。

循环农业和生态农业发展目标都是实现农业可持续发展，维持生态平衡。但循环农业侧重通过对资源循环利用，减少废物排放，从而降低环境污染。在具体实施上，更加注重资源的循环利用，以降低废物排放和增加产量，既注重生态效益，也注重经济效益。

政策链接：全国绿色种养循环农业试点

2021年5月国家发布《关于开展绿色种养循环农业试点工作的通知》，开始务实系统地推进种养循环农业发展。（1）目标：在畜牧大省、粮食和蔬菜主产区、生态保护重点区域，选择基础条件好、地方政府积极性高的县（市、区），整县开展粪肥就地消纳、就近还田补奖试点，扶持一批企业、专业化服务组织等市场主体提供粪肥收集、处理、施用服务，以县为单位构建 1—2 种粪肥还田组织运行模式，带动县域内粪污基本还田，推动化肥减量化，促进耕地质量提升和农业绿色发展。通过 5 年的试点，形成发展绿色种养循环农业的技术模式、组织方式和补贴方式，为大面积推广应用提供经验。（2）实施范围：在 17 个省份开展，其中，北京、天津、上海和云南开展整省份试点；其他省份在畜牧大县或畜禽粪污资源量大的县（市、区）中，选择畜禽粪污处理设施运行顺畅、工作基础好、积极性高的粮食大县或经济作物优势县，开展整县推进。（3）支持方式：通过以奖代补等方式带动，对试点县的支持原则上每年不低于 1000 万元。试点省份要统筹资金资源，加大对绿色种养循环农业试点的支持，鼓励通过 PPP 模式①等，吸引社会资本投入，形成工作合力。要积极应用新技术、探索新方式、推广好经验，努力构建基于粪肥流向全程可追溯的补贴发放与管理机制。

资料来源：作者根据有关资料整理。

4. 低碳农业的理念与内涵

低碳农业是农业生态化的一种具体模式，与生态农业相比，低碳农业的内涵、理念和侧重点也有所不同。

（1）碳中和、碳达峰与碳汇。2020 年，中国向世界宣示了 2030 年前实现碳达峰、2060 年前力争实现碳中和的目标，2021 年政府工作报告首次将"做好碳达峰、碳中和工作"列为重点任务之一。工业革命以来，人类活动燃烧化石能源，工业化过程以及农林和土地利用变化排放的大量二氧化碳滞留在大气中，成为气候变化的主因。

碳中和是指人为的碳排放源与通过植树造林、碳捕集与封存（CS）技术等人为的碳吸收达到平衡，即通过植树造林、节能减排、产业调整等形式抵消自身产生的二氧化碳排放，包括发展光伏、风电、水电等清洁能源。碳达峰是指全球、国家、城市、企业等主体的碳排放在由升转降过程中的碳排放最高点（碳峰值），即二氧化碳排放达到峰值不再增长。大多数发达国家已经实现碳达峰，碳排放进入下降通道，中国仍呈增长态势，尚未达峰。碳汇（Carbon Sink），字面直译的意思是碳下沉、沉没、减弱，或碳渗下、渗入等，是指通过植树造林等措施吸收大气中的二氧化碳，减少温室气体在大气中浓度的过程、活动或机制。碳汇交易是基于《联合国气候变化框架公约》及《京都议定书》对各国分配二氧化碳排放指标的规定而创设出来的一种虚拟交易，也是通过市场机制实现森林生态价值补偿的一种途径。如发达国家出钱向发展中国家购买碳排放指标；通过建设"林业碳汇项目"出售"碳排放权"实现森林生态效益的经济补偿。如电动车企业特斯拉公司 2020 年出售碳排放额度获得 14 亿美元收入，成为支撑特斯拉业绩的最大助力。碳汇交易对于创新林业发展机制，建立森林生态效益市场化的新机制有重要价值。据专家测算，到 2060 年中国实现碳中和，意味着中国的森林一年生长量要达到 10 亿立方米，比现在翻了一倍多，森林覆盖率稳定在 30% 左右，中国的生态环境将发生一次质的飞跃。

（2）低碳经济理念。低碳农业的概念产生于低碳经济模式的兴起。"低碳经济"的概念源于 2003 年英国政府发布的题为《我们未来的能源——创建低碳经济》的能源白皮书，书中首次提出"低碳经济"的概念，引起了国际社会的广泛关注。

---

① PPP 模式（Public-Private Partnership）：非公共部门参与政府提供的公共产品和服务，实现合作各方比单独行动更为有利的结果。双方都全程参与，合作时间更长，信息更对称。

　　低碳经济，是指在可持续发展理念指导下，通过产业转型、新能源开发、技术创新、制度创新等多种手段，尽可能地减少煤炭、石油等高碳能源消耗，减少温室气体排放，实现经济活动的低能耗、低排放和低污染，达到生态环境和经济社会持续和谐发展的一种经济发展方式。发展低碳经济，实质是通过技术创新和制度安排来提高能源效率并逐步摆脱对化石燃料的依赖，最终实现以更少的能源消耗和温室气体排放，支持经济社会可持续发展的目的。

　　（3）低碳农业的内涵。低碳农业是低碳经济的重要组成部分。根据低碳经济的定义，低碳农业可理解为：在可持续发展理念指导下，通过产业转型、新能源应用、技术革新、制度创新等多种手段，尽可能地减少碳排放和增加碳汇，达到农业发展与生态环境保护双赢的一种农业发展方式。低碳农业以"低能耗、低物耗、低排放和低污染"为主要特征，以提高碳汇能力和减弱碳源能力为突破口，统筹经济功能、生态功能和社会功能。低碳农业和生态农业的发展目标都是实现农业可持续发展，降低环境污染。不过，低碳农业侧重的角度是，减少碳排放和增加碳汇，达到农业发展与生态环境保护双赢。

　　（4）农业碳排放、碳汇与低碳农业的必要性。农业作为国民经济的基础产业，是一个重要的温室气体来源，同时又受到温室效应的严重影响，如高温干旱等自然灾害频发。据有关研究，农业和林业活动以及土地利用的变化而产生的温室气体，约占全球温室气体排放总量的17%，如果考虑到食品生产价值链中储存、运输、包装、加工、销售和消费等环节产生的温室气体排放，则该比例会进一步上升至21%—37%；中国农业生产活动产生的温室气体排放占全国总量20%左右，碳排放占全国碳排放总量13%左右。

　　近年来，中国农业碳排放总量呈小幅下降趋势，但不同类型碳源的碳排放总量存在差异。如表4-2所示，2019年中国农业碳排放总量为94067万吨，相比2005年减少了6.85%，年均递减0.51%。其中，农业能源利用、农用物资投入、畜禽养殖和水稻种植导致的碳排放量分别为13367万吨、24816万吨、31471万吨和24414万吨，占比依次为14.2%、26.4%、33.5%和26.0%。2019年，中国农业碳排放强度为2.31吨/万元（单位GDP的二氧化碳排放量），较2005年下降了47.38%，从而提前完成了中国政府承诺的2020年碳减排目标。但是，从不同碳源来看，仅畜禽养殖碳排放总量减少明显，其余项目都有小幅增加。其中，农业物资投入碳排放的累计增幅最大，达到了14.76%。

表4-2　2005—2019年中国农业碳排放的主要结构

年份	农业能源利用		农业物资投入		畜禽养殖		水稻种植		碳排放合计（万吨）	强度（吨/万元）
	碳排放量（万吨）	比重（%）	碳排放量（万吨）	比重（%）	碳排放量（万吨）	比重（%）	碳排放量（万吨）	比重（%）		
2005	12334	12.2	21624	21.4	43728	43.3	23305	23.1	100990	4.39
2006	12657	12.3	22451	21.9	44012	42.9	23464	22.9	102583	4.24
2007	12732	13.1	23372	24.0	38095	39.2	23080	23.8	97279	3.87
2008	11917	12.7	24023	25.4	35223	37.3	23288	24.7	94451	3.57
2009	12229	12.7	24772	25.7	36070	37.4	23463	24.3	96534	3.49
2010	12771	13.0	25553	26.0	36383	37.0	23520	24.0	98228	3.40
2011	13813	13.8	26303	26.3	36270	36.3	23567	23.6	99953	3.31
2012	14901	14.6	26947	26.4	36716	36.0	23499	23.0	102063	3.23
2013	14015	13.8	27385	26.9	36716	36.1	23520	23.1	101635	3.09
2014	14341	13.9	27838	27.0	37332	36.2	23551	22.9	103062	3.01

续表

| 年份 | 农业能源利用 | | 农业物资投入 | | 畜禽养殖 | | 水稻种植 | | 碳排放合计（万吨） | 强度（吨/万元） |
	碳排放量（万吨）	比重（%）	碳排放量（万吨）	比重（%）	碳排放量（万吨）	比重（%）	碳排放量（万吨）	比重（%）		
2015	14878	14.3	27923	26.9	37435	36.0	23620	22.7	103885	2.92
2016	15191	14.7	27719	26.7	37133	35.8	23608	22.8	103651	2.82
2017	15686	15.2	27014	26.2	35536	34.5	24705	24.0	102941	2.70
2018	13556	13.9	25944	26.6	33612	34.4	24622	25.2	97734	2.47
2019	13367	14.2	24816	26.4	31471	33.5	24414	26.0	94067	2.31
累计增幅（%）	8.37		14.76		−28.03		4.76		−6.85	−47.38
平均增速（%）	0.58		0.99		−2.32		0.33		−0.51	−4.48

数据来源：田云，尹忞昊. 中国农业碳排放再测算：基本现状、动态演进及空间溢出效应[J]. 中国农村经济，2022，（3）：104-127. 注：农业碳排放总量是 30 个省区市的汇总，未包含西藏及港澳台地区数据。

农业生产除了可以产生大量的碳排放外，也具有极强的碳汇效应。李波等（2019）测算，2005—2017 年中国农业碳汇总量以年均 0.70%的速度增长，2017 年达到 1.57 亿吨，较 2005 年增加了 0.13 亿吨。还可以用净碳汇量来衡量低碳农业发展成效，农业净碳汇量是指在农业生产经营过程中碳汇量的盈余，一般是碳汇量与碳排放量之间的差值。值得注意的是，在碳汇量和碳排放量实际测算中，采用不同方法得出的数据会有较大差异。

第二节　中国农业自然资源配置与利用

一、农业自然资源开发利用概况

1. 农业土地资源开发利用的基本情况

（1）农业土地资源的总体情况。根据 2021 年 8 月公布的第三次全国国土调查数据，主要类型的农业土地资源的总体情况如下：①耕地 191792.79 万亩。其中，水田 47087.97 万亩，占 24.55%；水浇地 48172.21 万亩，占 25.12%；旱地 96532.61 万亩，占 50.33%。64%的耕地分布在秦岭—淮河以北。黑龙江、内蒙古、河南、吉林、新疆等 5 个省份耕地面积较大，占全国耕地的 40%。②园地 30257.33 万亩。其中，果园 19546.88 万亩，占 64.60%；茶园 2527.05 万亩，占 8.35%。③林地 426188.82 万亩。其中，乔木林地 296027.43 万亩，占 69.46%；竹林地 10529.53 万亩，占 2.47%；灌木林地 87939.19 万亩，占 20.63%；其他林地 31692.67 万亩，占 7.44%。④草地 396795.21 万亩。其中，天然牧草地 319758.21 万亩，占 80.59%；人工牧草地 870.97 万亩，占 0.22%；其他草地 76166.03 万亩，占 19.19%。

（2）农业土地资源利用面临的问题。①人地关系紧张格局不变。2020 年，人口总量达到 14.1 亿，预计 2033 年前后将达到高峰值 15 亿左右。人均耕地目前不足世界人均水平的 45%，并将进一步下降。②建设用地的供需矛盾更加突出。全国农村人均建设用地高达 229 平方米，远远超过了国家规定的上限 150 平方米。常住人口城镇化率达 63.89%，城市数量达 687 个，城市建成区面积达 6.1 万平方公里。中西部地区城市化、工业化的发展提速将占用更多耕地，全国新增建设用地占用耕地年均约 480 万亩，被占用耕地的土壤耕作层资源浪费严重，占补平衡补充耕地质量不高，守住 18 亿亩耕地红线的压力越来越大。③统筹协调土地利用的任务艰巨。地区间经济社会发展的不平衡以及各行业、各区域土地利用目标的多元化，加大了调整和优化行业、区域土地利用结构与布局的难度。④耕地质量水平不高。农业农村部《2019年全国耕地质量等级情况公报》显示，在 20.23 亿亩耕地中，评价为七至十等的耕地面积有 4.44 亿亩，占耕地总面积的 21.95%，这部分耕地基础地力相对较差，生产障碍因素突出，短时间内较难得到根本改善。一至三等耕地只占 31.24%，四至六等耕地占比最大，为 46.81%。⑤农业污染仍然比较严重。《中国农业绿色发展报告 2020》显示：通过实施"一控二减三基本""绿色防控"等措施，2020 年全国化肥施用量 5250.65 万吨（折纯量），比 2015 年减少 12.8%，施肥结构不断优化，减氮控磷增钾效果明显；全国农药使用量 24.8 万吨（折百量），比 2015 年减少 16.8%；绿色防控覆盖率达到 41.5%，比 2015 年提高 18.4 个百分点；全国秸秆综合利用率 86% 以上，畜禽粪污综合利用率 76% 左右，农膜回收率稳定在 80% 以上。另据农业农村部数据，2020 年水稻、小麦、玉米三大粮食作物化肥利用率为 40.2%，农药利用率为 40.6%，分别比 2015 年提高了 5 个和 4 个百分点。不过，化肥、农药的利用率仍然比欧美发达国家低 10—20 个百分点，单位耕地面积化肥施用量远超过科学施用量（225 千克/公顷），这与中国耕地的集约化经营程度有很大关系。

知识延伸：农业面源污染

面源污染也称非点源污染，包括农业、城市的面源污染等。农业面源污染，是指农业生产过程中由于化肥、农药、地膜等化学投入品不合理使用，以及畜禽水产养殖废弃物、农作物秸秆等处理不及时或不当，所产生的氮、磷、有机质等营养物质，在降雨和地形的共同驱动下，以地表、地下径流和土壤侵蚀为载体，在土壤中过量累积或进入受纳水体，对生态环境造成的污染。相对于固定源污染，农业面源污染具有分散性、不确定性和滞后性等特点，难以确定监管对象和治污主体，常规生态环境管理模式难以满足日常工作需要，从而对治理模式、监测体系、监管方式提出更高的要求。

资料来源：作者根据有关资料整理。

---

2. 农业水资源开发利用的基本情况

（1）水资源的总体情况。①水资源总量与分布。中国是一个水资源短缺、水旱灾害频发的国家。2020 年，全国水资源总量为 31605 亿立方米，单位国土面积水资源量仅为世界平均水平的 83%。由于人口众多，人均、亩均水资源占有量均很低，全国人均水资源占有量为 2240 立方米，仅为世界人均占有量的 1/3；耕地亩均水资源占有量为 1647 立方米，约为世界平均水平的 1/2。水资源地区分布不均，水资源分布与土地资源和生产力布局不匹配。从总体上看，南方多、北方少，东部多、西部少，山区多、平原少。②供水总量。供水量是指各种水源工程为用户提供的包括输水损失在内的水量，主要包括地表水源、地下水源和其他水源（如污水处理、海水淡化、集雨工程等）。2020 年，全国供水总量为 5813 亿立方米，其中地表水 4792 亿立方米，地下水 893 亿立方米。③用水总量。用水量是指分配给用户的包括输水损失在内的水量，按农业、工业、生活和人工生态四大类统计。2020 年，全国用水总量为 5813

亿立方米，其中农业、工业、生活和人工生态的用水量分别为 3612 亿立方米（占 62%）、1030 亿立方米（占 18%）、863 亿立方米（占 15%）和 307 亿立方米（占 5%），农业用水量占比最大。

（2）农业水资源开发利用现状及主要问题。农业是用水大户，近些年来全国农业用水总量稳定在 3600 亿立方米左右。农业用水的主要用途是灌溉，灌溉用水占农业用水总量的比例始终保持在 90% 以上。2020 年，全国农田有效灌溉面积为 10.37 亿亩，占耕地总面积的 54%，但生产了全国 75% 的粮食和 90% 的经济作物。

农业水资源开发利用面临的主要问题有：①总体数量不足，地区分布不均衡，工农业争水矛盾突出。干旱少雨不但在北方经常发生，在南方也呈现多发现象，2020—2022 年均出现严重旱情。截至 2022 年 8 月底，更是出现了自 1961 年有系统气象记录以来持续时间最长、范围最广、最极端的高温和干旱，中央气象台连续一个多月发布高温红色预警。继鄱阳湖、洞庭湖提前进入枯水期外，处于主汛期的长江多处水位出现有水文记录以来历史同期最低，出现了“汛期反枯”的罕见现象，高温少雨或夏秋连旱。而在广大北方地区，地表水资源无法保障农业正常用水，大量开采地下水。灌溉用水与工业和居民生活用水之间争水矛盾越来越严重，而且这种趋势还会由于工业化和城镇化进程的加速而继续。②用水效率低，浪费严重。总体看农业水资源利用效率不高，自流灌区的灌溉水利用系数一般 0.4 左右，井灌区也只有 0.6 左右，比世界发达国家约低 0.2—0.4。作物平均水分生产率不足 1 kg/m³，而世界发达国家达到 2 kg/m³ 以上[①]。③过度开发导致生态环境问题加剧。为了满足农业用水需求，缺水地区加大水资源的开发力度，导致生态环境出现恶化。通常认为，当径流量利用率超过 20% 时就会对水环境产生很大影响，超过 50% 时则会产生严重影响，国际上一般认为 40% 是警戒线。而黄河、海河、淮河、辽河、松花江等流域利用率已经超过警戒线。地下水的开发利用也达到相当严重的程度，过度开采地下水会引起地面沉降、海水倒灌等一系列的环境问题。④随着工业、城市和化学农业的发展，农业用水污染问题日趋严重。近几年，污水年排放量持续增加，2015 年污水年排放量为 466.62 亿立方米，2018 年突破 500 亿立方米，2019 年增至 554.65 亿立方米。

二、农业土地资源配置利用

1. 农业土地资源的特性

农业土地资源是农业生产的最基本生产要素，为农业生物生长发育提供场所和主要营养来源，主要由土壤、地貌、水文、气候等要素构成。

（1）土地资源的自然特性。①面积有限性。土地是自然界的产物，在现有科学技术条件下，土地面积不可能增加。土地面积的有限性，不仅是指整个地球、一个国家或一个地区的土地面积有限，而且是指农、林、牧、渔业各类用地的面积都是相对有限的。②位置固定性。土地资源不能进行空间移动，虽然土壤、岩石、植被等土地的个别因素可以位移，但作为各种自然因素综合体的土地，位置是固定的。③整体性和质量差异性。土地资源是自然因素和社会因素的综合体。不同地域由于地理位置及社会经济条件的差异，不仅使土地构成的诸要素（如土壤、气候、水文、地貌、植被、岩石）的自然性状不同，而且人类活动的影响也不

---

① 谢立勇. 农业自然资源导论[M]. 北京：中国农业大学出版社，2019，107.

同，从而使土地的结构和功能各异，最终表现在土地质量的差异上。④利用永久性。在合理利用和保护的条件下，土地的功能不仅不会降低，反而会提高，因而土地可以成为永久性的生产资料。

（2）土地资源的经济特性。①供给的稀缺性。土地面积的有限性决定了土地供给的稀缺性。随着社会经济发展和人口增长，对土地的需求量不断上升，土地供给与需求之间的矛盾日益尖锐，表现为土地资源的市场价格上涨。②利用的区位性。土地位置固定性决定了土地利用的区位性。不同地区的农业土地资源由于在自然条件和社会经济条件方面存在较大差异，其经济价值、用途、作用等都不相同。这决定了农业土地资源利用必须适应当地的区位条件，发展适宜的农业项目。③用途（功能）的多样性。土地具有养育、承载、仓储、生态、景观等多种功能和用途，不同时期、不同区位、不同类型的最佳用途不同，对于稀缺资源需要根据功能区划、发展战略、目标定位等科学配置。④利用方向变更的困难性。当土地一经投入某项农业生产用途后，欲改变其利用方向，一般来说比较困难。主要原因在于农产品生产具有严格的季节性，并且不同农作物对土地有特殊要求。⑤利用后果的社会性。由于土地是农业生态系统的重要资源，各生产单位对土地开发利用的后果，不仅影响本单位的经济效益，而且影响到整个区域和国家的社会效益和生态效益。为此，国家要对土地资源进行必要的监督和管理。

（3）地租与地价。土地具有使用价值与价值，土地使用价值具有不可替代性、可占用性、可垄断性和稀缺性等特点。土地价值包括土地资源价值和土地资产价值。土地资源价值是指由于土地的稀缺性，即使荒地也具有价格，可交换。土地资产（资本）价值是开发利用土地投入的物化劳动和活劳动改变了土地的理化性状和地表状况而产生的价值。

地租是土地权利所有者将土地权利转让给他人使用而获得的收入。地租包括绝对地租和级差地租。绝对地租是凭借土地所用权的垄断而取得的地租。级差地租是指等量资本投入肥沃程度或位置较优的土地上，或者生产率不同的各个资本连续投入同一地块而产生的超额利润，前者称作级差地租Ⅰ，后者称作级差地租Ⅱ。

土地价格可以看作是转让地租的获得权而获得的收入，土地价格的基础是地租，地租可以视同利息，即把地租收入看作是存入银行的一定数量货币所带来的利息。因此，从理论上说，土地价格＝地租/利息率。

2. 农业土地集约化经营

根据人地关系紧张的现状对土地资源进行优化配置，需要因地制宜地推进农业土地集约经营和适度规模经营。

（1）土地集约经营的含义。集约经营相对于粗放经营。粗放经营是指在农业生产中以较少的生产资料和劳动力投放到相对多的土地上进行粗耕简作的经营方式。而集约经营是指在一定的土地面积上，投入较多的生产要素（劳动、资本或技术等），以提高土地单位产出的经营方式。集约经营的产生是由土地稀缺性和土地利用永久性决定的，由粗放经营向集约经营转变是现代农业发展的必然要求。需要注意的是，集约经营是相对的、动态变化的，过去被称为集约经营，用现在的或者未来的标准衡量可能已变成粗放经营。

（2）农业土地集约经营的类型。按照集约内容或主要因素，可划分为三类。①劳动集约型，是依靠投入较多活劳动的集约经营。一般而言，这是一种比较落后的集约经营方式。但是在土地资源较少、劳动力数量丰富的国家是不可避免的。②资本集约型，是依靠投入较多生产资料（包括装备、设施等）的集约经营。③技术集约型，是依靠应用先进科技的集约经营。以劳动集约为主逐步转向资本集约和技术集约的经营方式是现代农业发展的必然趋势。

（3）衡量土地集约经营水平及经济效果的指标。衡量土地经营集约化水平的指标主要是单位土地面积上所摊得的生产要素价值或数量。如单位土地面积上所摊得的劳动量或用工费、肥料数量或费用、农业机械数量、电费或耗电量、生产总成本等。此外，复种指数、优良品种所占比重等指标也能从某一方面反映集约化水平。

衡量土地集约经营经济效果的指标有单位土地面积上所获得的产量、产值、纯收入，劳动生产率，产品成本，以及单位投资所获得的产量、产值、纯收入等。这些指标能从不同角度反映集约经营的经济效果，在实践中需要综合运用，分析经济效果高低的原因，为区域土地集约化利用发展探明方向。

（4）土地报酬递减规律。从长期趋势来看，随着科学技术不断发展，在单位面积土地上追加要素投入的经济效果是不断提高的。然而在具体农业生产过程中，不断追加的要素数量如果超过了一定限度，会出现报酬递减。土地报酬递减规律就是指，在技术不变、其他要素不变的前提下，对一定面积的土地不断追加某种要素的投入所带来的报酬增量（边际报酬）迟早会出现下降，即土地投资收益从递增到递减阶段的表现。推行土地集约化经营要遵循土地报酬递减规律，要注意研究在一定技术水平条件下追加要素投入的限度。若要素投入超过这个限度，所谓的土地集约经营就不会达到预期经济效果。

3. 农业土地规模化经营

（1）农业土地规模经营的理论依据。土地规模经营的理论依据是规模经济理论。土地规模经济是指随着土地规模的扩大，产量增加，单位产品的平均成本会不断减少的状态。但并不意味着土地规模越大越好，在技术不变的条件下，规模报酬会随着土地规模的变化而处于不同的变化阶段。当土地规模较小时，扩大规模会带来规模报酬递增；当土地规模达到一个临界点之后，单位产品的平均成本开始上升，则出现规模不经济现象。土地规模经营的根本原因是获取规模报酬，找出规模经济与规模不经济的临界点（即土地适度规模）就成为规模经营的关键。

（2）农地适度规模经营。土地适度规模经营是指在一定的技术水平条件下，生产者通过扩大土地经营规模而取得最大规模效益的经营状态。在中国农地家庭承包制的小规模经营条件下，推进土地适度规模经营非常必要。但土地适度规模经营所要求的土地面积并不是固定的，而是相对的、动态的，因自然条件、经营者状况、技术水平、种植养殖的项目及其品种、集约化程度要求等因素而变化。不同的行业、产品以及经营方式，土地适度经营规模不同，如设施种植与露地种植、粮食种植与蔬菜种植等要求的土地适度规模不同；企业化经营与家庭经营不同。适度规模必须和当时、当地的客观条件相适应。

（3）合理确定农地经营规模。不同区域应根据农业生产发展的客观要求、自然条件、经济条件、制度条件、产品特性和经营者自身状况等，合理确定土地适度经营的规模。规模扩大可以获得较高的收益，也意味着风险加大，比如灾害损失、成本损失等。要防止脱离实际片面追求超大规模经营的倾向。现阶段农业农村部规定，对土地经营规模相当于当地户均承包地面积10—15倍、务农收入相当于当地二三产业务工收入的，应当给予重点扶持。还要重视土地规模化经营面临的多种风险，如雇工成本提高、土地生产率降低、自然灾害增多、配套设施装备及服务欠缺、销路不畅或市场议价能力不足等。在引导土地资源适度集聚的过程中，可以通过经营主体的合作与联合、开展产业化经营和社会化服务等多种形式，提升农业经营水平，增强抵抗风险的能力。

（4）区域农地规模化经营的实现条件。①农业剩余劳动力转移。随着城镇化和工业化的发展，农业剩余劳动力不断转移，将促使土地规模化经营。如果将目前农村户均耕地水平提高到 15 亩，就需要有约 50% 的农村人口转移出来；如果将户均规模由 15 亩提高到 30 亩，就必须再转移 50% 的农村人口。按现有的农业技术水平，中国户均耕地达到 40—50 亩，可实现适度规模经济。②土地有效流转形成土地集中。农业土地主要归农户承包经营，扩大部分农户的土地经营规模意味着部分农户要自愿放弃部分或全部承包地的使用权，同时有人愿意接受转出的土地从事农业经营，形成市场均衡。相应的土地流转机制、体系建设至关重要。③农业社会化服务体系配套完善。农业生产经营者对农机、病虫害防治、金融保险、信息等社会化专业服务需求增加，如果这些需求得以满足，则有利于土地规模化经营。④规模经营户具有较高的生产技术和经营管理能力与水平。不同于小农户的小规模生产，规模经营户一般投入大、专业化生产规模大、风险高、技术与管理要求高，一些环节需要雇用劳动力，对规模经营户提出较高要求。⑤规模化效益提高明显。土地生产率、劳动生产率或者务农劳动者收入等方面明显提高，有利于土地规模化经营。

专栏：第三次农业普查对规模经营户的规定

2016 年 12 月 31 日启动的第三次农业普查首次将规模农业经营户和普通农户区别普查。规模农业经营户是指，具有较大农业经营规模，以商品化经营为主的农业经营户。①种植业：一年一熟制地区露地种植农作物的土地达到 100 亩及以上、一年两熟及以上地区露地种植农作物的土地达到 50 亩及以上、设施农业的设施占地面积 25 亩及以上。②畜牧业：生猪年出栏 200 头及以上；肉牛年出栏 20 头及以上；奶牛存栏 20 头及以上；羊年出栏 100 只及以上；肉鸡、肉鸭年出栏 10000 只及以上；蛋鸡、蛋鸭存栏 2000 只及以上；鹅年出栏 1000 只及以上。③林业：经营林地面积达到 500 亩及以上。④渔业：淡水或海水养殖面积达到 50 亩及以上；长度 24 米的捕捞机动船 1 艘及以上；长度 12 米的捕捞机动船 2 艘及以上；其他方式的渔业经营收入 30 万元及以上。⑤农林牧渔服务业：对本户以外提供农林牧渔服务的经营性收入达到 10 万元及以上。⑥其他：上述任一条件达不到，但全年农林牧渔业各类农产品销售总额达到 10 万元及以上的农业经营户，如特色种植大户、养殖业大户等。本次普查结果显示，2016 年全国耕地规模化耕种面积占全部实际耕地耕种面积的 28.6%，规模化养殖生猪存栏占全国生猪存栏总数 62.9%，规模化家禽存栏占比 73.9%。

资料来源：国家统计局. 第三次全国农业普查主要数据公报（第一号）。2017 年 12 月 14 日。

---

4. 农地流转

（1）土地流转的内涵。土地流转的本质是土地所有权或使用权在不同经济主体之间的流动和转让，其实就是出租或者买卖交易，只不过囿于意识形态与观念问题，在中国发明了此概念。中国的农地流转是指，在不改变土地集体所有权性质和土地农业用途，不损害土地承包人权益的前提下，按照依法、自愿、有偿原则，允许承包经营权人在承包期内，对承包土地以转包、出租、股份合作、互换、转让等形式让渡土地的部分权能。土地流转是实现土地规模化、集约化经营和资源优化配置的有效手段。

（2）中国农地流转的特征。①经营权流转为主。农村土地产权主要是集体所有制，农户仅有土地承包经营权。土地流转实现了三权分离，即所有权、承包权和经营权分离，农户仍然保留承包权，主要把土地经营权转移给实际经营者。②流转形式多样化。流转形式以转包和出租为主，还包括转让、互换、托管、股份合作等，近几年土地托管成为主要的流转形式。转包是指农村集体经济组织内部农户之间的土地经营权的租赁。出租是指农户将土地经营权租赁给本集体经济组织以外的人。③流转主体多元化。主要有专业大户、家庭农场、专业合作社、企业、村集体等。

（3）中国农地流转的原则。2014 年 11 月发布的《关于引导农村土地经营权有序流转发展农业适度规模经营的意见》提出，农地流转的主要原则是：①坚持农村土地集体所有权，稳定农户承包权，放活土地经营权，以家庭承包经营为基础，推进家庭经营、集体经营、合作经营、企业经营等多种经营方式共同发展；②坚持以改革为动力，充分发挥农民首创精神，鼓励创新，支持基层先行先试，靠改革破解发展难题；③坚持依法、自愿、有偿，以农民为主体，政府扶持引导，市场配置资源，土地经营权流转不得违背承包农户意愿、不得损害农民权益、不得改变土地用途、不得破坏农业综合生产能力和农业生态环境；④坚持经营规模适度，既要注重提升土地经营规模，又要防止土地过度集中，兼顾效率与公平，不断提高劳动生产率、土地产出率和资源利用率，确保农地农用，重点支持发展粮食规模化生产。

（4）中国区域农地流转的障碍因素。不同地区农地流转的条件不同，存在的障碍因素及其影响程度不同，发达地区流转率普遍高于不发达地区。总体看，原因可能主要有以下方面：①农民对土地的依赖性强。农民难以完全放弃土地所承载的多重效用，如直接经济效用（包括增值预期）、社会保障效用和就业保障效用等。②土地价格机制不完善。对于土地流转的转入方和转出方来说，合理的土地价格就是可以接受的市场价格。但是，现阶段土地流转市场体系还不完善，土地价格形成机制亟待健全。③土地流转纠纷较多。例如，因为农业的风险大，规模经营者出现严重资金链断裂或者亏损而"跑路"或毁约。转出或转入方的权益受到侵害等，需要建立完善的纠纷处理制度机制。④非农就业不稳定，农民难以真正市民化。虽然第二、三产业发展吸纳了许多农业剩余劳动力，但很不稳定，农民转变为真正的市民还存在许多障碍，导致一些农民工宁可把土地撂荒，也不愿放弃土地承包经营权。

5. 土地资源配置的制度基础

（1）农村土地所有制。土地所有制是指一个国家或地区在一定社会制度下占有和控制土地的形式，是关于所有权的经济制度，是土地制度的核心。中国农村土地（包括农业用地、宅基地、集体建设用地等）主要属于村集体成员共同所有，农户和其他生产经营者只具有使用权，没有所有权。农村集体土地转为建设用地最主要的途径是政府征收、征用转为国有土地，征收农村集体土地必须给农民合理补偿。

（2）农村土地三权分置。三权分置是指农村土地在原有集体土地所有权和农户承包经营权二权分离的基础上，将承包经营权分解为承包权和经营权，从而实行所有权、承包权和经营权的三权分置并行。2016 年出台的《完善农村土地所有权承包权经营权分置办法的意见》中明确提出："落实集体所有权，稳定农户承包权，放活土地经营权。"三权分置的重点是放活土地经营权，核心要义就是明晰、赋予土地经营权应有的法律地位和权能，这有利于推进土地流转，进而实现土地适度规模化和集约化经营。目前，农村宅基地三权分置的改革探索是借鉴了农村承包地三权分置的做法，目的是解决现有的宅基地制度存在的问题，即大量农房、宅基地的常年闲置。

（3）土地用途管制。土地用途管制是指国家为保证土地资源的合理利用和优化配置，促进经济、社会和环境的协调发展，通过编制土地利用规划划定土地用途区，确定土地使用条件，并要求土地所有者、使用者严格按照国家确定用途利用土地、实行用途变更许可的制度。土地按用途可分为三大类型，即农用地、建设用地和未利用地。不同用途的土地，其用途管制的具体内容不同。农地管制中主要实施农地农用、农地非农用制度，以严格控制农地特别是耕地的非农占用，切实保护基本农田和耕地。村集体在符合土地利用规划、保护基本农田的前提下，经过批准可以开发农用土地用于发展非农产业或者公益事业。

三、农业水资源优化配置

1. 水资源的特性

广义上的水资源是指在地球水圈内水量的总体，包括经人类控制并直接可供灌溉、发电、给水、航运、养殖等用途的地表水和地下水，以及江河、湖泊、井、泉、潮汐等水域水体。狭义上的水资源是指在一定技术条件下，人类可以直接利用的淡水，即与人类生产生活及社会进步息息相关的淡水资源。水资源是农业生产的命脉，是农业生产发展重要条件。水资源状况影响农业布局，水资源充足、灌溉条件较好的地区，通常是农业劳动力以及其他生产要素的密集区，是主要的农产品集中产区。水资源是重要的农业生态环境资源，水资源状况与农业生态环境的好坏直接相关。

（1）水资源的自然特性。水资源有独特的地域特征，以流域或水文地质单元构成一个统一体，每个流域的水资源是一个完整的水系，各种类型的水不断运动、相互转化，可以循环再生，循环利用。但是水资源储量有限，循环具有不规则性，时空分配不均，不仅导致水资源的供求失衡，水利与水害并存，还限制了区域内土地、生物等资源的开发利用。而人类在现有科学技术水平下，还难以对水资源自然循环实现完全有效的控制。

（2）水资源的经济特性。①混合经济特性。既具有私人物品的属性，又具有公共物品的属性，且具有不可专用性。由于水具有流动性，对于水资源的特定部分测量和跟踪非常困难，很难界定水圈中某部分水归某人所有，也很难确保这部分水不被其他人使用，不具备排他性，或者排他性成本非常高。②供给无弹性，需求呈刚性。缺少水，生物、土地等资源开发利用就会受到限制，经济发展就会受阻。水资源的开发利用不仅仅是一个经济问题，而且是社会问题和生态问题。要求人口数量、经济规模和农业生产必须考虑水的可供性，否则过大的无节制的需求会导致整个生态经济系统的崩溃。

2. 农用水资源需求管理

农用水资源需求管理是优化水资源配置，促进农业节水的关键，其要求在不影响甚至提高农业生产总体产出水平的前提下，控制和减少农用水资源的需求（消耗）量，节约农业生产用水，提高农用水资源的配置效率。

（1）作物需水量和耗水量是农用水资源需求的重要指标。①作物需水量是指在适宜的环境条件（包括土壤水分和养分的充分供应）下作物正常生长发育达到或接近该作物品种的最高产量水平时所需要的水量，是一个理论值。不同作物需水量不同，同一作物在不同生育期需水量也不同。如粮食作物中水稻的需水量较多，小麦次之，高粱和玉米较少。作物需水量的影响因素有很多，一般认为，叶面积较大、生长速度快、根系发达、作物体内油脂和蛋白质含量高、果实采收期长的作物需水量较高，不同的耕作方式、灌溉制度、气候环境因素、地下水位深度等都会导致作物的需水量发生变化。②作物耗水量是指具体条件下作物获得一定产量时实际所消耗的水量，是一个实际值。作物需水量是作物耗水量的特例值，它是在各项条件都处于最适合状态下的作物耗水量值。在一定的生育期内，当作物耗水量处于较低水平（远未达到需水量）时，作物产量随着耗水量增加而增加；当作物耗水量明显超过需水量时，作物产量随着耗水量的继续增加不仅不会增加，反而可能会出现减产。

（2）提高水分利用率。水分利用率是指作物消耗单位水分所生产的同化物质的量，反映作物耗水与干物质生产之间的关系。影响作物水分利用率的因素有很多，如作物品种、大气条件、土壤条件、化学制剂、栽培措施以及耕作制度等。在农业水资源不充足的地区，水分利用率低是作物产量的重要限制因素，应突破限制条件，通过节水农业手段提高水分利用率，使作物耗水量接近需水量，从而提高作物产量。

（3）发展节水农业。节水农业是指节约和高效用水的农业，是在农业生产过程中通过农艺、工程、生物和管理等技术措施，综合提高自然降水和灌溉水利用率及其生产效益。主要包括：①农艺节水，如调整作物结构和布局，改善耕作制度，改进耕作技术（整地、覆盖保墒等）；②工程节水，包括水利工程和节水灌溉技术，如根灌、微喷灌、滴灌等；③生物节水，即植物生理范畴的节水，如培育耐旱抗逆的作物品种等；④管理节水，包括灌溉制度、水价与水费政策、供水调节机制、用水标准、水质监测、用水监督、信息化管理等。衡量节水农业的标准是作物的产量及品质、水分利用率等。

3. 虚拟水贸易

（1）虚拟水的含义。"虚拟水"是英国学者托尼·艾伦在 1993 年提出的概念，是指在生产产品和服务过程中所需要的水资源数量，即凝结在产品和服务中的水量。虚拟水的主要特征有：①非实物性，即以虚拟的形式存在的水，并非实物意义上的水；②社会交易性，是指通过商品交易来实现的，没有贸易就不会发生虚拟水的"流动"；③便捷性，即相比于跨区域的水资源调运，虚拟水以虚拟形态附着于产品中，调运比较便捷。

（2）虚拟水贸易。虚拟水贸易是指一个国家或地区（一般水资源紧缺）通过贸易的方式从另一个国家或地区（一般水资源丰富）购买水密集型农产品（或高耗水型产品）。其重要意义在于，保障水资源安全和优化水资源配置。水资源贫瘠的地区可以通过虚拟水贸易减轻水资源压力，避免生态环境进一步恶化。虚拟水从水资源充沛地区流向水资源贫瘠地区，意味着水资源配置效率提高。自虚拟水概念提出以来，虚拟水战略已经在一些国家和地区得到实施，如以色列通过制定相关政策限制高耗水型产品的出口，以虚拟水形式进口的水量远远超过出口的虚拟水量，这在一定程度上缓解了该国水资源短缺情况。

4. 中国水资源管理的主要制度

（1）用水总量控制制度。确立水资源开发利用控制红线，到 2030 年全国用水总量控制在 7000 亿立方米以内。为实现用水总量控制，建立以下具体制度：①规划管理和论证制度。开发利用水资源，应当符合主体功能区的要求，按照流域和区域统一制定规划，严格执行建设项目水资源论证制度。②总量控制与水量分配制度。制定主要江河流域水量分配方案，建立覆盖流域和省市县三级行政区域的取用水总量控制指标体系，实施流域和区域取用水总量控制。实行地下水动态监测，严格控制地下水取用水总量和水位。③取水许可与有偿使用制度。直接从江河、湖泊或地下取水的单位和个人都要办理取水许可证，取用水要缴费。但农村集体经济组织及其成员使用本组织的水塘、水库中的水除外。④水资源统一调度制度。流域管理机构和县级以上地方人民政府水行政主管部门对水资源实行统一调度，区域水资源调度应当服从流域水资源统一调度。

（2）用水效率提高制度。确立用水效率控制红线，到 2030 年用水效率达到或接近世界先进水平，农田灌溉水有效利用系数提高到 0.6 以上。为实现用水效率控制，修订各行业用水定额，对纳入取水许可管理的单位和其他用水大户实行计划用水管理，建立用水单位重点监控名录。新建、扩建和改建建设项目应制订节水措施方案，保证节水设施与主体工程同时设计、同时施工、同时投产（即"三同时"制度）。建立健全有利于节约用水的体制和机制，如建立水资源市场调节机制，推进节水农业技术改造。

（3）水功能区限制纳污制度。确立水功能区限制纳污红线，到 2030 年主要污染物入河湖总量控制在水功能区纳污能力范围之内，水功能区水质达标率提高到95%以上。为实现上述目标，严格水功能区监督管理，包括日常监测、水功能区监管、对综合排污口每年要加强常规监测。由各级党政主要负责人担任"河长"，负责组织领导相应河湖的管理工作，通过严格限制纳污，推动水生态保护。

（4）农业水权配置制度。水权是指水资源的所有权、使用权、转让权等。水资源的所有权由国务院代表国家行使。农村集体经济组织的水塘和本组织修建管理的水库中的水，归农村集体经济组织使用。①初始水权分配。就是对水资源使用权进行初始配置。中国初始水权分配包括两个层次：一是指流域水权向行政区域进行逐级分配；二是指各级行政区域将所分得的水权，通过取水许可的形式分配给具体用户。初始水权分配是开展水权交易的前提和基础。但是，初始水权分配和水权交易的法律制度还有待完善。在水权改革过程中，需明晰区域水权、取水权、灌溉用水户水权，建立健全统一的水权交易系统，通过用水权回购、收储等方式促进用水权交易，在条件具备的地区探索实行用水权有偿取得。②农业水资源价格。中国对农用水一直采用低价配水制度，导致水资源配置效率低下，造成水资源的巨大浪费。农业水价的制定，既不能完全靠市场调节，也不能完全靠政府补贴。完全靠市场，会造成农业水价过高，必然会增加农民负担，影响农业生产及粮食安全；完全靠政府，会造成"福利水""大锅水"，影响节水和水资源持续利用。需通过农业水价综合改革，完善供水计量设施、完善水权交易制度，统筹价格和补贴。

典型案例：北京农业水资源价格改革的经验

北京市水资源稀缺程度非常高。据北京市统计年鉴数据显示，2019 年全市水资源总量为 2.5×10^{10} m³，人均水资源占有量为 114.0 m³，仅为全国人均水资源占有量的 5.6%，且远小于国际公认的缺水极限标准 500 m³/人。北京农业水价实行政府指导价，由各有关区人民政府或其授权的相关部门依法制定。各村在政府指导价范围内，通过村民（代表）会议"一事一议"确定具体执行价格。2020 年，北京全面完成农业水价综合改革，"两田一园（粮田、菜田、鲜果果园）"用水实现了全计量、全收费。各区围绕"农业用新水负增长"的硬约束下，在"细定地、严管井、上设施、增农艺、统收费、节有奖"的节水新模式框架下，因地制宜地制定了各具特色的一系列政策、举措，确保了农业水价综合改革按计划如期完成。通过发展物联网、加装智能灌溉系统、应用水肥一体化等农艺节水新技术措施大力发展节水农业，农业用水量显著下降。2001 年，北京市供用水总量为 3.9×10^{10} m^3，其中农业用水量为 1.7×10^{10} m^3，占 44.7%。到 2019 年，农业用水量降低到 3.7×10^9 m^3，仅占供用水总量的 8.8%。同时，大幅减少了地下水的开采，助力地下水水位回升。

　　资料来源：摘编自北京青年报，2021-01-14 报道。

第三节　区域农业生态化发展模式

一、生态农业模式概述

1. 生态农业与其他模式的联系与区别

（1）生态农业模式。生态农业是综合性概念，它兼容了循环农业、低碳农业、有机农业、绿色农业、资源节约型农业、环境友好型农业等概念，是一种系统工程体系，与循环农业、低碳农业、绿色农业等其他模式类似于包含与被包含的关系，只不过其他模式关注的角度和侧重点都不同（如表 4-3）。在实际中，生态农业与其他模式相结合、互为补充、相互支撑。

表 4-3　农业生态化发展模式的比较

生态化模式	产生背景	国内发展的起始时间	侧重点
生态农业	化学农业逆生态化的累积效应日益显现	20 世纪 80 年代	生态学和系统科学方法，实现可持续发展
绿色农业	环境污染，农残超标等食品安全问题	20 世纪 90 年代	生产环境清洁，标准化管理，产品安全
循环农业	传统农业高投入、高消耗、低效率的负面影响	21 世纪初	资源高效循环利用，减少废弃物
低碳农业	气候变化，温室效应	21 世纪初	减排增汇

（2）绿色农业与生态农业。广义而言，绿色农业是指一种有利于环境保护，有利于农产品数量与质量安全的可持续发展模式，与生态农业在发展目标、理念和原理等方面都非常相似。不过，绿色农业更侧重的是清洁的生产环境、严格的标准化管理、安全的产品等方面。在实践中，绿色农业具体是指以生产并加工销售绿色食品及有机产品为轴心的农业生产经营方式。绿色农业的一种更高形式为有机农业，它是遵照一定的有机农业生产标准，在生产中不采用基因工程获得生物及其产物，不使用化学合成的农药、化肥、生长调节剂、饲料添加剂等物质，采用一系列可持续发展的农业技术以维持稳定的农业生产方式。绿色农业强调的是严格的标准化管理和质量认证，而生态农业只是原则性的模式，并未严格要求标准。

（3）循环农业与生态农业。两种模式的目标都是农业可持续发展，维持生态平衡。在实践中往往相辅相成，不可分割。不过，循环农业侧重的角度是通过对资源再利用，减少废物排放，从而降低环境污染。在具体实施上，循环农业更加注重资源的循环利用，以降低废物排放和增加产量，既注重生态效益，也注重经济效益。而生态农业是从生态经济系统角度出发提出的概念，更具有系统性和原则性。

（4）低碳农业与生态农业。两种模式的目标也都是农业可持续发展，降低环境污染，有很大的兼容性。不过，低碳农业侧重的角度是减少碳排放和增加碳汇，达到农业发展与生态环境保护双赢。在具体实施上，低碳农业更加注重通过产业结构调整、技术制度创新、可再生能源利用等多种手段，实现高能效、低能耗、低碳排放的具体目标。

2. 生态农业模式的特征

与一般的农业模式相比，生态农业具有以下几方面特征：①整体性和层次性。生态农业是靠农业生态系统支撑的，以农业整体为出发点，强调农业生态系统的整体功能，运用生态学原理和系统科学方法全面规划，调整和优化农业结构，使农、林、牧、副、渔各业，以及农村一、二、三产业协同发展。生态农业模式具有一定的层次性，从微观到宏观可分为几种层次：经营户、村、镇、县和县以上的区域。②技术综合性。生态农业模式的发展要依托于现代科学技术，具有明显的技术综合性。它将现代农业技术成果与传统农业精华有效结合起来，还将涉及农林牧渔生产、生态环境保护、食品安全、物质循环利用或节能减排等多项技术综合利用起来。③多样性。各地自然资源条件、经济发展水平存在较大差异，各地在长期实践过程中，逐渐探索出与当地实际条件相适应的丰富多样的生态农业模式，在生态工程、技术手段、农产品生产方式、组织形式、管理机制、支撑产业等方面各有特色。④可持续性。生态农业实质上是可持续发展农业，它要求按照生态经济系统本身运动的规律性使用各种经济、技术措施，既保持和改善自然界的生态平衡，又充分利用各种自然资源，降低农业生产成本，提高经营效益，从而实现经济效益、生态效益和社会效益三者相统一。

3. 生态农业类型及典型模式

（1）按资源利用方式分类。①多层利用型。该类型是以食物链原理为依据发展起来的农业生态系统良性循环多级利用。在该类型中，可将单一种植和高效饲养以及废弃物综合利用有机地结合起来，在系统内做到物质良性循环、能量多级利用，达到高产、优质、高效、低耗的目的。比如，利用作物秸秆作饲料养猪，猪粪养蛆或制沼气，蛆喂鸡，鸡粪或沼渣沼液施于作物，在这种循环中，废弃物被合理利用，可减少环境污染等。②互利共生时空结构型。根据生物群落生长的时空特点和演替规律，以各层生物的不同生态位特性和互利共生关系为依据组建农业生态系统，使处于不同生态位置的生物种群在系统中各得其所，更加充分的利用太阳能、水分和矿物质营养元素，是在时间上多序列、空间上多层次的三维结构，其经济效益和生态效益均佳。互利共生结构型的典型模式是"立体农业"，包括农田立体间套模式、水域立体养殖模式、农户庭院立体种养模式等。比如，在空间安排上，可在田间实行高秆、矮秆作物搭配种植，同时在田间的沟、渠、过道的空间搭设棚架，栽种爬蔓作物；在时间演替上，可采用间作方式，在同一土地上种植成熟期不同的作物，以充分利用资源。③多层利用和互利共生综合型。前两种类型的有机结合，使农业生态系统高效循环，资源多次利用，是一种低投入、高产出、低污染、高效益的类型。

（2）按生态层次分类（按照从高到低排序）[1]。①区域景观层面资源配置模式。主要从生态景观层面对土地等各类自然资源的整体优化布局，包括生态保护区、农业生产区、旅游观光区、工业加工区、生活休闲区、物流区等功能区规划，从而保障生态安全、资源安全、环境安全、产业发展、景观美化等目标。生态学上"景观"是指由相互作用的拼块或生态系统组成，以相似的形式重复出现的一个空间异质性区域。②生态系统层面的循环模式。主要涉及一定生态系统的物质和能量循环利用。根据生态系统的范围，循环模式从小到大可分为农田循环、农牧业循环、农村循环、城乡循环等。③生物群落层面的互利共生模式。主要涉及在一个生物群落中通过安置生态位互补的生物，使生物种群在系统中各得其所，形成互利共生关系。其典型模式是立体农业。④生物种群层面的食物链模式。主要涉及有食物链关系的初级生产者、次级生产者和分解者之间的搭配。其典型模式是食物链延伸和食物链阻断模式。其中，食物链阻断模式是指通过阻断食物链，防止污染物通过食物链传递。⑤生物基因层面的品种搭配模式。主要涉及适应当地自然资源与环境条件的生物品种的改良、选择和搭配。需要考察农业生物品种的耐寒或耐热、抗旱或抗涝、抗盐碱或抗酸等特性，能否抵御当地的生态逆境；考察品种的资源利用效率，能否适应当地的资源条件。

4. 生态农业发展的支撑条件

中国从20世纪80年代开始发展生态农业，但是目前仍然没有在全国范围内得到广泛的推广，发展进程较慢，存在很多的制约因素或不利条件，需要深入分析、深刻认识，避免走弯路。

（1）技术条件。生态农业自身的发展离不开相关领域的技术支撑。当前，普遍采用的生态农业技术根据其理论基础和实践类型，可以分为三类：第一类是以实现水、土地、农药和化肥等物质资源的精准化投入为目标的资源投入精准化技术，例如高效节水灌溉、保护性耕作和生态植保等；第二类是以促进农业生态系统物质循环效率为目标的物质循环利用技术，例如秸秆还田、猪粪制沼等；第三类是以物种共生理论为基础的物种共生技术，包括鱼稻共生、林下经济等。这些技术提供了不可替代的、必不可少的支撑作用，但也存在一些问题。如一些技术仍然只是理论或实验性的，尚未在农业规模化生产中得到广泛应用，部分技术的产业化水平较低，相关技术成果不接地气，没有根据农业经营者面临的实际问题进行研究，转化过程中往往与经济效益要求脱钩，致使技术转化效率和农业比较效益偏低。未来应更加重视生态农业技术的普及、产业化和应用，还需对传统农耕技术深入挖掘[2]。

（2）资金条件。生态农业属于劳动、资金和技术综合集约型农业，活劳动投入多，涉及基础设施建设、技术装备投入、规模化生产以及市场开拓等方面的前期投入巨大，见效周期较长，难以得到政府与金融部门的长期稳定支持。

（3）组织条件。理论上讲，发展生态农业可以有多种组织模式，例如一个村庄、一个乡镇或一个园区、一定面积的地理区域等，但能否有效实施则取决于技术与资金支持、组织管理能力，范围、规模太大，涉及的主体太多往往会难以达成统一、实现可持续，生态农场是一个相对可行的组织模式。

生态农场是依据生态学原理，遵循整体、协调、循环、再生、多样原则，通过整体设计

① 骆世明. 论生态农业模式的基本类型[J]. 中国生态农业学报，2009，17（3）：405-409.

② Yang Lun. A Review of the Contemporary Eco-Agricultural Technologies in China[J]. Journal of Resources and Ecology. 2022 13(3): 511-517.

和合理建设，获得最大可持续产量，同时实现资源匹配、环境友好、食品安全的农业生产经营主体。生态农场作为市场主体，是农业生产经营活动的具体实施者，具有生产决策权和要素使用权。2022 年 2 月，农业农村部印发的《推进生态农场建设的指导意见》提出，到 2025 年，在全国建设 1000 家国家级生态农场，带动各省建设 10000 家地方生态农场，遴选培育一批现代高效生态农业市场主体。当然，生态农场发展也面临不少问题。据乔玉辉等调查发现，中国生态农场面临着生产成本高、收益不稳定，农产品销售普遍难、未能实现优质优价，相关技术应用水平较低等问题①。

（4）自然资源与环境条件。要根据各个地方不同的自然资源等条件进行合理规划，充分发挥当地的自然资源优势，打造特色生态农业。生态环境既是生态农业发展的出发点，又是基础条件，农业产地环境污染、土壤有机质含量降低、土地资源退化等都成为生态农业发展的制约因素，往往需要经过一定的修复或者恢复期才能达到要求，在此过程中涉及土地成本、人工成本支出以及没有收入或收入降低等困境，一般的农业生产者不愿意或者难以承受。因此，需要慎重选择地点。

（5）市场条件。随着国民生活水平的不断提升，市场对生态农业产品需求持续增长。但现实的生态产品市场还存在着质优价低、劣币驱逐良币、信任缺失等一系列问题，需要完善市场监管机制，打造知名品牌，创新适宜模式等。

二、绿色农业实践模式

绿色农业更侧重的是清洁的生产环境、严格的标准化管理、产品质量安全认证。从这个角度而言，生态农业可以看成是绿色农业的初级形式。

1. 绿色农业的实践模式

（1）发展绿色食品。在实践中，绿色农业具体是指以生产并加工销售绿色食品及有机产品为轴心的农业生产经营方式。绿色食品，是指产自优良环境，按照规定的技术规范生产，实行全程质量控制，无污染、安全、优质并使用专用标志的食用农产品及加工品。绿色食品必须同时具备以下四个条件：必须出自优良生态环境，即产地经监测，其土壤、大气、水质符合《绿色食品产地环境技术条件》要求；生产过程必须严格执行绿色食品生产技术标准；产品必须经绿色食品定点监测机构检验，其感官、理化（重金属、农药残留、兽药残留等）和微生物学指标符合绿色食品产品标准；产品包装必须符合《绿色食品包装通用准则》要求，并按相关规定在包装上使用绿色食品标志。绿色食品标准分为两个技术等级，即 AA 级标准和 A 级标准。AA 级比 A 级绿色食品安全标准要求高。但绿色农产品的标准及认证只在中国认可。

（2）发展有机农业与有机产品。有机农业作为国际普遍认可的农业模式，是绿色农业的高级形式，它是遵照一定的有机农业生产标准，在生产中不采用基因工程获得的生物及其产物，禁止使用化学合成的肥料和农药等农用化学品，而是通过有机农业技术措施培肥土壤，采用农艺、生物和物理措施防治作物病虫草害，因此被公认为环境友好型农业。其特点是：尽量减少非再生资源的投入，主要靠改善植物和动物的内在生育力以及外在生育环境来提高土地生产率。如建立用地、养地相结合的耕作制度，实行轮作，种植豆科作物和绿肥，秸秆还田，增施有机肥，注重水土保持，采用生物防治等。有机农业对节约能源、降低成本、减少污染、提高土壤肥力和农产品品质有良好效果。但由于有机农业全靠生物本身的物质循环

---

① 乔玉辉，甄华杨，徐志宇，等. 我国生态农场建设的思考[J]. 中国生态农业学报，2019（2）：206-211.

和能量转换，短期评价的转化效率较低，长期看并不低。

有机农产品是国际上通行的环保生态食品，已成为一些发达国家的消费主流。中国有机产品认证时依据中国相关法律法规所实施的国家自愿性认证业务，认证依据为 GB/T 19630《有机产品》国家标准，包括生产、加工、标识与销售、管理体系四部分。有机产品必须同时具备四个条件：原料必须来自有机农业生产体系或采用有机方式采集的野生天然产品；整个生产过程遵循有机产品生产、加工、包装、储藏、运输等要求；生产流通过程中，具有完善的跟踪审查体系和完整的生产、销售档案记录；通过独立的有机产品认证机构的认证审查。

（3）发展社会生态农业。社会生态农业（Community Supported Agriculture，简称 CSA），即社区支持型农业，是有机农业运营的一种典型模式，它的核心是生产者与消费者通过共同或部分承担农业生产及农产品市场风险，消除农产品安全隐患，从而维护消费者的消费权利和生产者的经济利益，进而保护生态环境、支持农业可持续发展。CSA 起源于 20 世纪 70 年代的瑞士、德国和日本，目前 CSA 在美洲、欧洲、澳洲及亚洲都具备了相当规模。2008 年中国第一个 CSA 农场——北京小毛驴市民农园诞生。之后，在全国各地陆续出现了形式多样的 CSA 模式，参与者包括个人、企事业单位、农民专业合作社、非政府机构等。CSA 农场采用有机生产方式，禁用合成杀虫剂、除草剂、杀菌剂、化肥，使用无包衣的自留种或杂交种子，拒绝使用转基因种子；通过间混套种、堆肥、绿肥、轮作等技术措施，保持土壤肥力和农作物的健康，生产出有机认证产品或未认证的生态产品。到 2022 年，CSA 联盟已成功举办 13 届大会，影响和带动了国内众多 CSA 项目发展。目前，全国 CSA 农场已超过 500 家，参与的家庭消费者达几十万户，生产经营者主要是具有深厚的"三农"情怀和乡愁的"新农人"。

典型案例：湖北恩施咸丰县绿色农业发展经验

咸丰县地处武陵山区，全县生态环境优良，国土绿化率83%。近年来，咸丰县认真贯彻落实习近平生态文明思想，紧紧围绕破解传统农业"大肥大药"问题，做"减、提、治、循"四字文章，探索出了一条丘陵山区绿色农业发展之路，成功创建国家生态文明建设示范县、全国首个有机农业示范基地县、全国首批绿色食品原料标准化生产基地县。

主要做法：①"减"。围绕"农药减量"，组建工作专班，安排专项资金，制定出台《咸丰县农药减量控害增效实施方案》，实施病虫害监测预警、病虫害绿色防控、专业化统防统治、技术指导培训、农药执法监管等五大行动扎实推进。②"提"。围绕"肥料提效"，在茶园推广"茶—沼—畜""有机肥+测土配方肥""去夏增春、茎秆还田""有机肥+水肥一体化""自然生草+绿肥""有机肥+机械深施"6 种模式，普及测土配方施肥，开展测土配方施肥业务培训 2 万余人。③"治"。围绕"土壤治理"，完善耕地质量监测体系，落实增施有机肥、施用石灰、绿肥还田等措施，开展地力培肥技术推广应用，完成25 万亩耕地土壤酸化治理。采用农艺措施、土壤调理措施等方式治理受污染耕地，安全利用耕地 4 万余亩。④"循"。围绕"综合循环利用"，推进农业资源"吃干榨尽"。推行生猪生态循环养殖模式，推广"茶-沼-畜""果—沼—畜"方式，消纳沼液及畜禽粪污等有机肥近 2 万吨。将植物秸秆作为有机质来源直接还田，提高农作物秸秆综合利用率。

主要成效：①产地环境提升。2020 年全县化学农药使用量 158.08 吨、化肥使用量 34786

吨，较 2014 年分别下降 17.71%、6.50%。地力提升技术应用与习惯施肥比较，有机质增加了 12.52 g/kg。②资源利用提升。畜禽粪污应用面积累计 142.20 万亩，农作物秸秆还田面积累计 117.40 万亩，秸秆综合利用率 90%以上。③产业质效提升。通过科学施肥用药，水稻亩增 25—60 公斤，玉米亩增 10—75 公斤，马铃薯亩增 20—120 公斤（折主粮）。发展有机绿色认证茶园 12 万亩，全县"三品一标"农产品达 60 余个。

资料来源：农业农村部 2021 年全国农业绿色发展典型案例。

2. 绿色农业发展概况

（1）总体发展情况。20 世纪 90 年代，中国开始实施绿色食品和有机产品工程，大致经历了提出概念、设立机构、制定标准、推进认证等过程。1993 年，中国绿色食品发展中心加入有机农业运动国际联盟。1995 年，有机食品发展中心颁发第一张有机认证证书。2002 年批准的第一批有机产品认证机构数量为 17 家，截至 2021 年 8 月 31 日，全国有机产品认证机构数量增长到 94 家。截至 2020 年底，全国绿色、有机、地标农产品获证单位超过 2.3 万家，产品总数超过 5 万个，每年向社会提供产品总量超过 2 亿吨；绿色食品标准 141 项，制定绿色食品生产操作规程 212 项、有机产品生产操作规程 7 项；全国绿色食品原料标准化生产基地、有机农产品生产基地总数达到 808 个，面积超过 2 亿亩。

（2）区域发展情况。从生产规模来看，绿色农业生产基地主要集中于西北、东北和华东等地区（如表 4-4 所示），华东地区认证数量增长最快。

表 4-4　中国分地区绿色食品和有机产品认证情况（截至 2020 年底）

地区	获证单位数（个）	认证产品数（个）	认证基地面积（万亩）
西北	1768	4389	8725.64
东北	2371	6521	7479.53
华东	10184	20549	3381.40
华北	2268	5404	1960.52
华中	3817	8184	1564.66
西南	3035	8346	1289.10
华南	1188	1839	120.44

数据来源：根据中国绿色食品发展中心公布数据整理.

3. 绿色农业发展的障碍

（1）资源环境瓶颈。发展绿色农业需要优良的产地自然环境，当前化学农业在我国仍然占主要地位，化肥、农药等化学品对农业生态环境的影响难以在短期消除。产地环境靠天然净化，不仅需要很长时间（一般闲置三年），而且也很难达到有机农业的生产标准。同时，耕地、水等农业自然资源紧张，随着人口增长、经济发展和城市扩张，未来对农产品需求总量将逐步增长，农业自然资源将更加短缺，这将成为绿色农业，特别是有机农业进一步发展的瓶颈。值得注意的是，自 2020 年起中国绿色食品产地环境监测面积逐年下滑，2021 年中国绿色食品行业产地环境监测面积为 1.48 亿亩，较 2020 年减少了 0.08 亿亩，同比减少 5.13%。

（2）成本与风险因素。绿色农业，特别是有机农业不仅包括较高的生产成本（有机肥料、人工、土壤改良等成本较高），还包括推广成本、认证成本等。以有机产品认证为例，按照认证规则，每一项认证都有期限，一年两年不等，每一项认证也只针对每一个单品。假设农场里种植十种蔬菜，需要每年审核重新认证一次，平均每个单项认证的成本在 6000 元左右，如果农场把十种蔬菜都做认证，那么每年认证的总成本非常高。而在农产品消费市场，有机和绿色认证的农产品价格较高，超出普通家庭的价格接受程度，导致有效需求不足。同时，农产品市场上假冒有机和绿色认证问题由来已久，导致消费者的信任度较低。即使是在 CSA 模式下，农产品生产者和消费者之间的信任问题也始终存在，劣货驱逐良货现象普遍。

随着城乡居民收入水平不断提高，消费者对食品质量安全意识不断增强，消费档次逐渐升级，对优质、放心、品牌农产品的需求逐年增长。随着信息技术发展，生鲜电商、社群营销、直播带货、会员制营销以及与休闲农业结合的认养模式、众筹共享模式等新业态、新模式的发展，农业大数据的应用，信息不对称导致的问题将减少，农业品牌化和标准化发展都将为绿色农业发展持续"赋能"。未来绿色农业面临的机遇良好，快速发展的趋势不变。

三、循环农业实践模式

1. 循环农业类型及典型模式

根据产业空间布局的范围，可将循环农业分为以下三种类型及典型模式。①宏观层面的区域型循环农业，是以区域整体为单元，理顺种植业、养殖业、农产品加工业、相关服务业等产业链的耦合关系，通过合理的生态设计及农业产业优化升级，构建区域循环农业闭合圈。例如，重庆市借鉴以沼气为纽带发展生态循环农业的经验，根据三峡库区柑橘、生猪的产业基础，开展了"猪—沼—橘"模式研究与示范推广。各区县结合特色农业发展，初步形成了具有产业特色的生态循环农业发展模式，如云阳的"秸秆—食用菌—菌渣—锅炉燃烧—菌包灭菌"模式，忠县的"柑橘—橙汁—柑橘皮渣—有机肥（陈皮、饲料）"模式，丰都的"肉牛—有机肥（沼气工程、蚯蚓、食用菌）"模式，梁平的"牧草—肉牛—有机肥—果蔬粮"模式等[①]。②中观层面的生态园区型循环农业，是以循环经济理论和农业生态学原理为基础的一种农业组织形态，目标是尽量减少农业生产末端的废弃物排放量，将园区内某一农业或企业产生的副产品作为另一种农业或企业的投入或原材料，实现废弃物交换、循环利用和清洁生产。例如，辽宁亚洲红现代农业园区，以种植葡萄产业为起点，由葡萄种植业、高档葡萄酒酿造业、酿酒副产品提纯、工业废水处理、雨水汇集净化、水产养殖业、有机肥提取和家畜饲养加工业等形成产业链园区经济总体构架的六个循环系统。通过系统的有机组合，各个系统和生产的各个环节之间相互联系，按照生态设计原理，进行资源有机整合，实现资源和能源的有效配置和循环利用，在园区内形成相对闭合的生态循环系统，实现废料、废物及废水的再利用，基本实现了资源利用最大化和环境污染最小化的目标。③微观层面的经营型循环农业，是以单个农业经营者（生态农场、龙头企业等）为主体，以提高资源利用效率和减少污染物排放为目标，应用循环农业技术，建立起的农业循环系统。

> ### 典型案例：四川省打造绿色种养循环农业试点新标杆
>
> 全省共遴选粪肥还田服务主体 231 个，打造种养循环示范区 249.5 万亩，布置粪肥还

---

① 韦秀丽，蒋滔，徐进，等. 重庆市生态循环农业发展研究[J]. 湖北农业科学，2019，58（13）：169-172+176.

田试验点 83 个，建立监测点 487 个。①强化规范运行、技术支撑与督导考核，聚焦试点县遴选、补贴环节和标准、运行服务模式、技术模式集成、调查试验监测等关键环节，成立了由教学、科研、技术推广等单位组成的省级化肥减量化技术专家组，将 24 个试点县打包落实到专家团队，实行专家包片，总结集成种养循环技术模式，指导落实粪肥还田关键技术措施。例如，洪雅县大力推广区域大循环和"1+1"小循环模式。②源头把控，全面推行雨污分流，粪水经过收集发酵形成沼液，通过管道还田利用，变成农作物的营养液。推广畜粪干湿分离、堆肥发酵等技术，通过发酵腐熟，变成牛场垫料或有机肥。同时强化区域统筹、管网覆盖和粪污消纳到位，让资源变产品。制定全县养殖、种植业规划布局图，科学划定养殖区域。以现代牧场、新希望奶业、雅河猪场为核心，铺设管道 600 公里，修建田间储液池 17 口共 60000m³，打造一套区域网大循环和规模养殖场"1+1"小循环，确保粪污消纳到位，降低养殖场粪污处理成本，减少种植基地的化肥使用量，实现了产品优质优价。③通过产业融合、社会服务和市场管理到位，让一产变三产。主要采取 PPP 模式购买社会化服务，将权、责、利明确到各运营主体，建立社会化服务体系。制发《洪雅县农业循环经济设施管护办法》，由专业公司进行设施运行管理、维护，由农户自行配套田间灌溉设施，将权、责、利明确到每个环节，建立有人管理、有人维护的长效机制。实行"养殖户付费＋政府补贴"方式，培育第三方服务公司，连接养殖端和种植端。

资料来源：摘编自农民日报 2021-12-11 报道。

2. 循环农业的支撑技术

循环农业实现高产、优质、高效和可持续发展，需要关键技术体系的支撑。①"减量化"关键技术。资源节约技术是"减量化"原则的具体体现，包括综合运用农业肥料高效利用技术（精准施肥、生物固氮、水肥一体化等），农林有害生物绿色防控技术（利用天敌保护、物理防治、生物农药应用等），农业节能关键技术（少耕、生物耕作等），农业水循环高效利用技术等。②"再利用"与"再循环"关键技术。将农业废弃物或副产品通过加工处理，采取饲料化、肥料化、能源化等方式再循环利用，提高废弃物的附加值，消除对环境的污染和破坏。具体包括秸秆还田、秸秆青贮、秸秆生产食用菌、粪便收集处理、沼气工程、有机肥深加工、沼渣沼液还田等技术。③"可控制化"关键技术。主要包括农业清洁生产技术、农业温室气体排放控制技术、残留农药微生物降解技术、全生物降解地膜技术、农业循环中有害物质阻断技术、病虫害生态控制技术等。

3. 循环农业发展的障碍

中国从 2007 年起组织实施循环农业促进行动，引导循环农业建设，通过建设一批循环农业示范县、示范区、示范企业和示范项目，以点带面推进循环农业发展。然而，目前还未在全国范围内得到普遍应用，尚存在一些障碍因素。①技术集成及收益不足。与一般的农业发展模式相比，循环农业要符合减量化、再利用、再循环、可控制化的原则，需要相关技术集成与推广，对于广大的农业经营者而言，难度较大。在循环农业技术应用之初，短期内难以获得较大利润，需要承受较大的投入和风险，缺乏利益回报的驱动效应，一般农户和企业难以承担。从宏观层面来看，区域较大规模的循环农业技术集成应用，单靠个别农户和企业难以实现。②规模小。规模化经营是循环农业取得高效益的前提条件。分散化的小规模经营者在短期内获得的经济效益较低，难以激励其参与循环农业，客观上限制了循环农业规模化与产业化发展的集聚。③资金投入不足。循环农业项目是系统性工程，前期需要相关基础设施建设和几年的纯投入、无收益期，直接影响经营者的现金流，金融机构贷款难、贷款贵，农业项目的经营者一般资金匮乏，投资基础薄弱，依靠个人或小群体根本无法满足中长期循环农业发展对资金的需求。

典型案例：河南沈丘县付井镇发展循环农业的路径

付井镇位于周口市沈丘县，处于河南省东南部的豫皖交界处，全镇总面积为 67.9 平方公里，辖 31 个行政村、94 个自然村，总人口 7.2 万。近年来，该镇动员全镇力量，形成以企业为主体、政府积极引导、农户广泛参与的循环经济发展格局。①沼气工业化应用，突破户用沼气布局分散、规模小、稳定性差、利用效率低的发展瓶颈，构建"养殖业废弃物—沼气—加工业"循环链；②有机肥生产，完善"养殖业废弃物—有机肥—种植业"循环链；③废水深度治理，完善"养殖加工业废水—灌溉水—种植业"循环链；④秸秆生产生物蛋白饲料，完善"种植业废弃物—饲料—养殖业"循环链；⑤肉牛屠宰加工废弃物综合利用，构建"畜牧加工废弃物—资源化产品"循环经济链；⑥健全社会化服务体系，制定激励措施，为循环农业发展创造良好的环境。河南沈丘县付井镇循环农业系统参见图 4-2。

资料来源：马歆，郭福利. 循环经济理论与实践[M]. 北京：中国经济出版社，2018.06.

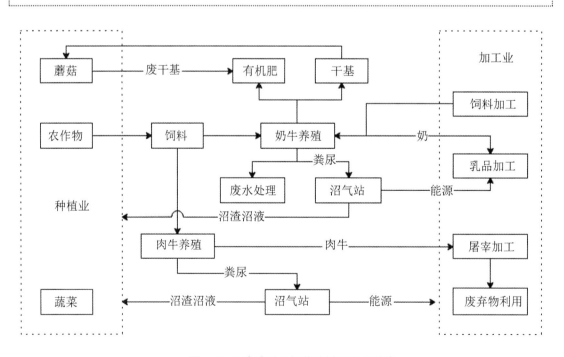

图 4-2　河南沈丘县付井镇循环农业系统

四、低碳农业实践模式

1. 低碳农业主要模式

（1）减源型低碳农业模式，是利用现代农业先进技术最大程度地减少能源、化肥、农药等要素的投入，并在生产过程中注入低碳发展理念的模式。农业是温室气体排放的主要源头之一，包括生产资料的投入、农业生产消耗能源等直接或间接产生的碳排放，畜牧业在养殖过程中温室气体的排放，农业废弃物处理过程中产生的排放（如秸秆燃烧），水稻等作物种植过程中所产生的甲烷等直接排放。减源型低碳农业模式着眼于减少温室气体排放，在农业要素投入以及农产品生产过程中进行低碳化设计。具体包括投入要素减量替代模式、资源循环利用模式、能源节约利用模式等。

（2）固碳增汇型农业模式，是利用土壤及附着于土地的植被进行固碳或除碳，以降低大气中温室气体的浓度的模式。①土壤固碳。土壤碳库储存的碳是陆地总碳量的 2/3、植被碳汇的 3 倍。土壤碳库主要来自动植物及微生物的残体、分泌物及排泄物等分解后以土壤腐殖质形式存在的有机碳。据专家测算，按照 18 亿亩耕地，土壤有机质含量若提高 1%，土壤可从空气中净吸收 306 亿吨二氧化碳。提高土壤的碳汇能力，必须提高有机碳储量。主要途径包括合理轮作、采取免耕或少耕法、增加有机肥、秸秆还田等。②植被固碳。植被通过光合作用吸收二氧化碳，并转化为有机物贮存于体内。根据光合作用方程，植被每生产 1 公斤有机物，能固定 1.62 公斤二氧化碳[①]。增强植被碳汇的主要途径包括合理提高复种指数，种植固碳能力强的作物，发展碳汇林业等。森林是陆地上最大的储碳库，被誉为“地球之肺”。据测算，林木每生长 1 立方米，平均吸收 1.83 吨二氧化碳，放出 1.62 吨氧气。

（3）低碳乡村建设模式。低碳农业要以低碳乡村重点工程为支点，构建低碳乡村建设模式。如，通过发展新能源（太阳能、生物质能等可再生能源）实现减源、增汇的目标。光照条件好的地区，可以推广太阳能发电、太阳能温室大棚等项目；养殖产业基础好的地区，可以推广以沼气为纽带的循环农业项目。

2. 低碳农业发展的障碍

在实践中虽然形成了各具特色的多种低碳农业发展模式，但总体上农业仍然处于“高碳”阶段，主要有以下因素阻碍了低碳农业的发展。①小规模分散经营。以小农户为主体的分散化经营的生产行为不确定性高，缺乏参与积极性。小规模分散化经营增加了碳排放及碳汇的测算、评估和处理成本，导致政府监管干预效率不高。②新技术替代动力不足。用低碳农业技术替代传统农业技术，如用新能源代替传统能源，用生物农药替代化学农药，用保护性耕作法替代精耕法，以资源循环利用替代资源线性利用法等是必然趋势。但低碳技术对生产减排的效果还有待验证，技术投入的成本收益还有待评价。新技术如果没有给农业经营者增加收益，有效激励机制缺位，低碳技术推广和应用的动力就不足。③低碳认证进展缓慢。中国农产品低碳认证工作起步较晚。2013 年 3 月《低碳产品认证管理暂行办法》发布，但未包含农产品的低碳认证。2022 年，江苏省市场监督管理局发布《零碳负碳农产品温室气体排放评价技术规范》，在全国率先开始零碳负碳农产品认证试点工作。由于农产品低碳认证进展缓慢，终端市场消费者对此类农产品的认知程度较低，再加上低碳农产品成本相对较高，导致消费

---

① 李成,杨舒慧,吴芳,等."双碳"背景下中国能源消费碳排放与植被固碳的时空分异[J].中国环境科学,2022(4):1945-1953.

者购买意愿不强，这也成为低碳农业发展的市场障碍。④相关数据不准确。农业碳排放的量大且分散，农业投入品及产出品的种类繁多，测算方法不统一，导致种植业和养殖业的碳源和碳汇测算不准确，农业碳达峰时间节点估算、制定碳中和政策缺乏可靠依据。

3. 低碳农业的实现途径

（1）推广适宜模式。例如，根据不同地区耕地特点和气候条件，适当提高复种指数；推广固碳能力较强且产出水平较高的作物，并推广适宜的低碳型耕作方式；推广立体农业，提高光能利用效率；推广适宜的农业废弃物循环利用模式。在西部生态脆弱地区，发展碳汇林业及林果产业，在养殖产业发展好的地区，推广秸秆、畜禽粪便资源化循环利用模式等。

（2）建立长效激励机制。例如，对采用低碳农业技术、建设低碳项目的实际生产经营者给予补贴、政策性贷款、免税等激励措施；引导技术创新弥补环境保护成本，提升低碳农产品附加值，使低碳农业经营效益不低于传统农业；探索建立和完善农业、林业碳汇市场交易机制，运用市场化手段激励低碳技术应用等。

（3）打造低碳农业品牌。以品牌为低碳农产品赋能，基于消费者对保护环境和食品安全的情感诉求，申请低碳产品认证（获得零碳负碳农产品标签），针对目标市场特点进行品牌营销与推广，提升低碳农产品品牌溢价能力。

（4）建设低碳农业标准体系。根据各地区低碳农业实践，建立和完善低碳农业标准体系，应包括低碳农业的技术标准、碳排放及碳汇的测算标准、检验检测标准、质量评价与认证标准等。

总之，中国农业生态化探索已有几十年，在实践创新与政策引导下形成了诸多发展模式，取得了很大进步。但从总体而言，仍处于"有效典型不少、全面普及艰难"的状态，这与整体农产品供求面临的严峻复杂形势有关。实现农业生态化转型仍然需要"以点带面""小区域带动大区域"，需要更多、更长期的政策支持，克服现实障碍，形成让农业生态化实践者有利可图、持续发展的良好环境条件和可行模式，引导更多的新农人、农业企业家、家庭农场主走上生态化发展道路，最终实现农业生态化质的飞跃。

典型案例：巴彦淖尔市农业生态化转型的实践经验

巴彦淖尔市作为河套灌区农业主产地之一，近年来在农业生态化转型方面开展了行之有效的探索。

（1）主要做法：①着力改善和提升土地质量。突破耕地盐碱化难题，建设盐碱地改良示范样板区，并针对不同类型盐碱地分类治理，同时开展高标准农田配套建设。②加强对农业投入品管控力度。通过精准施肥、调整施肥结构、改进施肥方式、有机肥替代化肥等措施，全市化肥总用量减少了 5.1%，化肥利用率达到 40%。采取绿色防控、统防统治、扇形喷头替换等措施，农药总用量减少了 5.8%，农药利用率达到 40%。采取管制非国标地膜、调整种植结构、回收废旧地膜、地膜残留监测等措施，2020 年残膜当季回收率达到80%。③开展综合环境治理。开展山水林田湖草生态保护修复工程，从点源污染、面源污染、内源污染三个方面开展综合治理。④推广生态循环技术，包括推行清洁高效生产技术，秸秆、粪污等废弃物资源化利用技术，废旧地膜回收利用技术。⑤制定绿色化标准。注重构建绿色生产标准体系，截至 2021 年 2 月，共制定完善农畜产品生产技术标准 185 项，制定"天赋河套"团体标准 93 项。引导农民专业合作社申报绿色食品、有机农产品产地和产品认证。⑥探索农业生态化模式。根据沙漠地区自然基础条件，重点发展肉苁蓉、酿酒葡萄、沙漠生态旅游、光伏发电等产业，探索沙漠治理与光伏发电、沙草产业、蒙中药材等生态产业相结合的可持续发展模式。探索农旅融合生态种植模式，开发观光采摘、休闲娱乐、农事体验、电子商务等业务。探索农业循环发展模式，注重为养而种、种养结合，实现从种植业、饲草料生产、养殖、屠宰加工、销售到废弃物再利用，形成完整的循环农业产业链。

（2）实践经验：①注重激发内生动力与强化外在约束相结合。农业生态化转型的过程，不可避免伴随着短期内产量降低、成本增加、农牧经营活动受限等问题，造成生产经营主体内生动力不足。政府以行政手段强化外部约束的同时，还要以经济手段激发主体的内生动力。通过项目资金带动、包装废弃物有偿回收、实物补贴、提供免费社会化服务等方式，引导农户改变生产方式。②以新型经营主体带动农业生产生态化转型。小农户生产中普遍存在种植品种多而杂、规模小、监督约束难的问题。推广农业生态化要求生产规模化、标准化和规范化。要引导新型农业经营主体带动小农户参与农业生态化转型，要求涉农企业和新型农业经营主体，通过订单契约、服务协作、股份合作、组织创新等，密切与农牧户的利益联结机制，如企农互作、放母收羔、结对帮扶、资金入股、寄养牛犊、产业化联合体等。③以市场机制倒逼农产品质量提升。经营主体要瞄准城乡居民对农产品品种、品质、品牌的新需求，根据市场需求导向调整农产品结构、提升农产品品质。通过推进"放管服"改革、完善监督机制等方式优化市场环境，在市场准入、成本税费、投融资等方面为优质农畜产品企业提供支持和便利，做好产品质量监管、市场秩序维护等服务工作。④以品牌高标准建立引领农业生产方式转变。以"天赋河套"区域公用品牌的高标准建立，倒逼企业和农牧民转变传统观念，引导农产品生产、服务和加工主体主动提升农产品质量，建立了严格的品牌授权和不达标产品退出机制。

资料来源：刘亚辉，崔红志.西部地区农业生态化转型的问题与建议——以内蒙古巴彦淖尔市为例[J].山西农业大学学报（社会科学版），2022（1）。

本章思考、练习与讨论题

1. 根据国家绿色种养循环农业试点建设要求，结合本章介绍的地区农业生态化实践案例，从技术、资金、组织、资源、市场、制度等方面总结区域农业生态化转型所需的支撑条件，探讨各地农业生态化发展模式的路径选择。

2. 根据农业生态原理和中国传统生态农业观，结合各地生态农业、循环农业、低碳农业等实践经验，对你家乡的县域、镇域或村域的农业生态化发展提出建议。

3. 假如你毕业后回乡进行农业创业，打算建立生态农场，请从项目选址、技术、组织、资金筹措、产品生产与市场营销、品牌等方面设计可行的概念规划。

4. 如何从农产品生产与市场、经济学等综合角度理解生态农业、循环农业、低碳农业、绿色农业等农业生态化模式发展的阻碍因素及现实困境？如何突破这些阻碍因素，摆脱困境，实现快速发展？

本章主要参考文献

王军等. 资源与环境经济学[M]. 北京：中国农业大学出版社，2009.

李周，杜志雄，朱钢. 农业经济学[M]. 北京：中国社会科学出版社，2017.

谢立勇. 农业自然资源导论[M]. 北京：中国农业大学出版社，2019.

陈池波. 农业经济学[M]. 武汉：武汉大学出版社，2015.

焦露，杨睿. 环境与自然资源经济学导引与案例[M]. 北京：经济科学出版社，2017

孙建鸿，邱凌，邱洪臣编者. 典型农业生态工程技术及综合评价[M]. 咸阳：西北农林科技大学出版社，2019.

贾卫列，刘宗超. 生态文明：愿景、理念与路径[M]. 厦门：厦门大学出版社，2020.

蒂坦伯格等. 环境与自然资源经济学（第十版）[M]. 北京：中国人民大学出版社，2016.

陈阜，隋鹏. 农业生态学[M]. 北京：中国农业大学出版社，2019.

汤文颖，张玉洁. 推动绿色发展，建设生态文明[M]. 北京：中国财富出版社，2019.

王宝义. 中国农业生态化发展的评价分析与对策选择[D]. 山东农业大学博士学位论文，2018.

施小蕾. CSA 模式——大连建设生态型农业问题研究[J]. 对外经贸. 2021（08）.

许广月. 中国低碳农业发展研究[J]. 经济学家，2010（10）.

陈昌洪. 低碳农业标准化理论分析与发展对策[J]. 西北农林科技大学学报（社会科学版），2016（1）.

第五章　区域农业发展市场化

中国农业农村改革开放的过程就是市场化的过程，在"摸着石头过河"的不同改革阶段，形成了相应的政策制度，有助于推进现代农业发展。区域农业发展的市场化需要不断深化完善，推进农产品与生产要素的市场化，利用好国内市场与国际市场。本章较系统介绍农产品市场与国际贸易的基本知识，探讨推进区域农业市场化的重点问题。

第一节　农业市场化的基础理论

一、市场、市场化与农业市场化

1. 市场的相关概念

（1）市场是一种以商品交换为内容的经济联系形式，是社会分工和商品生产的产物，是商品经济中社会分工的表现，也是商品交换关系在一定时间和空间的具体表现。与市场相伴的是商品流通，就是商品从生产领域到消费领域的运动过程，二者从不同角度反映商品交换关系，同时存在、紧密联系，但又不可相互替代。从营销学角度来讲，市场是在一定时空条件下具有现实和潜在需求的顾客集合。所谓农业企业要面向市场，就是指要面向顾客的需求。

市场机制是市场运行的实现机制，是市场运行的供求、价格、竞争、风险等要素之间的相互联系及其机理，通过价格机制、供求机制、竞争机制、风险机制等不同机制的相互作用表现出来。市场经济就是由市场机制配置资源的经济，是同商品经济密切联系在一起的经济范畴。市场经济以商品经济的充分发展为前提，是在产品、劳动力和物质生产要素逐步商品化的基础上形成发展起来的。

中国自 1993 年明确建立社会主义市场经济体制，就是同社会主义基本制度结合在一起，要使市场在国家宏观调控下对资源配置起基础性和决定性作用。根据市场化不断深化扩展的发展要求，中央分别于 2003 年、2020 年两次提出了完善深化社会主义市场经济体制若干重大意见的顶层制度，改革进入攻坚阶段，要素市场化、分配制度改革等成为重点任务。

（2）市场体系，是由多种单一的市场交叉组成的有机统一体，是由商品市场和生产要素市场组成的全方位的、互相依存的、开放的市场系统。主要有三重含义：一是指市场中相互依存、相互作用、相互制约关系的总和；二是指不同内容、不同形式、不同功能、不同地区等各类型的市场总体及相互关系；三是指不同交换内容的各种市场相互联系的有机整体。

按照交易对象划分，市场体系包括消费品市场体系、生产资料市场体系、劳动力市场体系、资本市场体系、土地市场体系、技术市场体系、信息服务市场体系等；按照交易场所和交易方式划为批发市场体系、零售市场体系等；按照区域范围划分为国际市场体系和国内市场体系；按照交割时间划分为期货市场体系与现货市场体系等。

专栏：中国构建三级农产品产地市场体系

《"十四五"全国农产品产地市场体系发展规划》（2022年3月）提出"构建三级农产品产地市场体系"：在全国农产品优势产区，对接京津冀、长三角、粤港澳、成渝等城市群消费需求，进一步完善以国家级农产品产地市场为龙头、区域性农产品产地市场为节点、田头市场为基础的三级农产品产地市场体系，优化不同层级市场的空间分布和功能作用，实现公益性与市场化相结合、线下物流与线上营销相结合、产地市场与城镇流通体系相结合。实施"农产品产地市场体系培育工程"：选择40个农产品优势产区，每个优势产区培育1个国家级农产品产地市场、若干区域性农产品产地市场和一批示范性田头市场，壮大农产品经纪人、经销商两支队伍，构建线上线下互联互通的农产品产销对接渠道，塑强一批国家级农产品区域公用品牌、企业品牌和农产品品牌，形成"三级产地市场带两支队伍、建两条通道、强三类品牌"的"3223"农产品产地市场流通发展模式。其建设条件的要点是：①国家级农产品产地市场，要求能够辐射带动本区域乃至全国优势产业发展，特色优势鲜明、物流条件优越、立足已建市场、服务功能完善、运营管理规范、联农带农显著，年交易额在30亿元以上；②区域性农产品产地市场，要求能够辐射带动市场所在县及周边县优势产业发展，地位突出、交通运输便利、服务管理规范、利益联结紧密，年交易额10亿元以上；③田头市场建设条件，要求能够辐射带动市场所在村镇及周边村镇农产品流通，产业基础牢固、交通条件良好、为农服务突出，年交易额500万元以上。

资料来源：农业农村部.《"十四五"全国农产品产地市场体系发展规划》，2022年3月。

---

2. 市场化与农业市场化

（1）市场化是一个过程，是由非市场（即计划）经济向市场经济、由不成熟市场体系向成熟市场体系转变的过程。市场化的过程，涉及市场的主体、客体、政府等多重要素。市场化的基本内容包括：①培育成熟的市场主体。发育更多的更高水平的市场交易主体，提高市场交易效率。②市场客体标准化和可比性。建立交易对象的标准化体系，保证市场主体对不同商品或服务进行比较选择。③市场信息完善透明。买卖双方能够很容易地获取有关生产、流通、分配、消费、政策等各方面的信息，为市场主体的决策提供基础，交易成本较低。④行业准入规范化。进入某行业有稳定规范的准入标准及实施机制，为企业的进入退出和要素的自由流动提供条件。⑤政府治理高效化。更加尊重市场经济一般规律，最大限度减少政府对市场资源的直接配置和对微观经济活动的直接干预，充分发挥市场在资源配置中的决定性作用，更好发挥政府作用，有效弥补市场失灵。

（2）农业市场化是指在一定区域内市场机制在农业生产经营活动中的渗透过程，即农业产品的商品化及其生产活动、资源配置的市场化。农业市场化意味着市场机制对农业生产经营的调节作用持续增大，农业经济活动对市场机制依赖程度加大和加深的演变过程，其不仅包括农业生产本身的市场化和农产品商品率的不断提高，还包括农业产前、产中和产后各个生产环节及各类生产要素的市场化。

市场化一般要求市场机制在产品生产、流通、分配和消费活动中起到决定作用。由于农业的弱质性、弱势性、基础性及多功能性，市场机制调节在农业领域的作用范围与作用效果受限，市场失灵普遍，需要政府给予其特殊的扶持和保护，市场化程度相对较低。美国、欧盟、日韩等发达经济体，农业都不是完全的市场化。农业支持保护力度不断增强，政府治理在农业市场化中的作用日益强化，成为农业市场化的显著特性。

（3）市场化的目标是建立一个完善的市场体系，通过市场化的手段或工具，促进商品与资源要素的合理配置和高效利用，更好满足需求，促进国民经济健康快速发展。根据发达国家经验以及中国深化市场经济改革的要求，现代农业市场化发展的主要目标为以下几方面：①农业市场主体高质化。市场主体数量大、规模小、抗风险能力弱等是中国农业发展的重要国情，也是劣势和瓶颈。随着现代技术与社会进一步发展，家庭农场、合作社、农业企业、社会化服务组织、新型村集体经济组织等经营水平高的新型经营主体必将成为农业市场化的主力。②农业市场客体标准化。主要包括农产品生产标准化、农业商品标准化、农产品物流标准化、农业市场设施标准化等。③农业市场体系配套化。市场体系是市场化建设的物质基础和运行载体，各种不同类型产品、交易方式都有适宜的市场载体，要不断优化农业市场体系的结构，使各构成要素相互配套、协调发展，不断提升农业市场体系的整体功能。④农业流通体系高效化。高效的流通体系能够在更大范围把生产和消费联系起来，扩大市场交易范围，推动分工深化，提高生产效率，促进财富创造。建设高效农业流通体系的主要内容包括：培育具有活力的流通主体，形成稳定的农业商品与要素的流通渠道，健全国内外购销网络和服务体系，建设现代化的物流设施，应用现代化物流技术，形成丰富多元的流通业态等。⑤农业市场规则制度化。为保证农业市场交易、流通和贸易等市场活动顺利进行，需不断健全农业市场规则，形成完善的制度体系，并保障执行有力。⑥农业市场信息透明化。农业市场信息要客观、及时和有效，相关市场主体都能够比较容易地获取并利用各种农业市场信息。⑦农业市场调控高效化。基于农业市场化的特性，政府应不断优化自身职能，具备相应的调控能力，对农业市场与流通活动进行及时有效监管和控制。特别对于粮食等核心物资和土地等重要资源，需强化政府的市场调控能力，有效化解农业市场风险机制，建立不违背市场规律及国际化原则的农业支持保护体系，避免市场失灵。

二、农产品需求

1. 农产品需求的内涵和类型

（1）农产品需求与需求量。农产品需求，是指在某一特定时期内，在各种可能的价格水平下消费者愿意且能够购买的某种农产品的数量。需求是购买意愿和购买能力的统一，购买者具有购买意愿和在现行价格条件下具有购买能力是构成该农产品有效需求的两个必备条件。需求有个人需求和市场需求之分：个人需求，即单个消费者对某些商品的需求状况；市场需求，即市场上所有消费者对某些商品的需求状况，是个人需求的总和。

农产品需求量，是指在某一价格水平下消费者愿意且能够购买的某种农产品数量。需求量是消费者可能购买的商品数量，而不是实际购买的商品数量；需求量是一种流量，用单位时间的需求数量来表示。一般所说的需求不足，指的是在特定的价格水平下消费者愿意购买的数量低于市场供给量。

（2）农产品类型与需求。农产品类型划分方法较多，例如，按照耐储性程度可分为耐储农产品和不耐储农产品；按照加工程度可分为初级农产品和加工农产品；按照一般属性可分为粮油、果蔬及花卉、林产品、畜禽产品、水产品和其他农副产品六大类。不同类型农产品的需求特性不同，市场供求关系的复杂程度也不同，应考虑到各类农产品的市场需求特性。

很多农产品具有生活资料和生产资料的双重特性。如粮食、水果、棉花等，既是人们日常生活的必需品，又是食品、饲料、棉纺工业所需的原材料。据此，农产品需求可分为生活资料需求和生产资料需求。其中，生活资料需求可分为食用类农产品需求和非食用类农产品需求。食用类农产品需求还可分为鲜食性农产品需求和加工性农产品需求等。

（3）农产品价值特征与需求。农产品价值是指购买者对农产品特性的要求以及在消费过程中所获得的满足程度，核心是农产品的使用价值。消费者对农产品产生需求，是因为农产品自身具有某些质量价值特征对于消费者有用途。农产品价值具有双重性，一是生物学特性，农产品价值表现出千差万别的形态；二是主观特性，农产品价值受消费者的主观偏好和用途的影响较大。

农产品价值的构成要素主要包括：①营养价值，如碳水化合物、蛋白质、脂肪、维生素、矿物质等含量。②健康价值（卫生要求），如食品安全、无有害物成分等。③适用性与可用性价值（技术与物理性要求），如可贮藏性、加工性、加工出品率等。④享受性价值（情感性要求），如食物的形态、颜色、气味、口味、享受成分的满足程度等。⑤心理价值（道德、生态和社会责任的要求），包括生产方式（如环境友好的、动物福利的要求）、生产体验、产品产地以及优越性价值（社会地位的标志）等。

2. 农产品需求的影响因素

（1）农产品自身的价格。在其他条件不变的情况下，某种农产品的价格和需求量之间成反向变动的关系，即价格越低，需求量越多；价格越高，需求量越少。这就是"需求定理"，对一切稀缺资源和产品普遍适用。需求与价格关系用需求表、需求曲线和需求函数等表达。

（2）消费者的收入水平。收入水平与需求量呈正相关关系，即收入水平提高，需求量会随之增加；收入水平降低，需求量减少，这类商品称为正常商品。但并不是所有商品都是正常商品，收入水平提升需求量反而减少、收入水平下降需求量反而增加的商品称为低档商品。低档商品并不是质量差的商品。对于某一消费者是低档商品的物品，对于其他的消费者来说并不一定是低档商品。农产品需求受收入水平的影响还可以用恩格尔定理来解释。当消费者收入水平很低时，收入的很大比例用于购买食物，随着收入水平提高，购买食物的比例也会增加，但是当收入达到一定水平后，随着收入增加，人们用于食物消费的比例会越来越小。

（3）相关产品的价格水平。除了农产品自身价格以外，互补商品和替代商品的价格也会影响该农产品的需求量。当两种农产品是互补商品的时候，一种产品的价格和另一种产品的需求量之间具有负相关关系。当两种农产品是替代商品的时候，一种产品的价格和另一种产品的需求量之间具有正相关关系。譬如，当牛肉的价格上涨较多时，人们就会减少对牛肉的消费，从而转向消费其他可替代肉类。

（4）消费者的偏好和消费习惯。偏好是反映消费者对不同商品的喜好程度或倾向性选择，是农产品购买欲望和需求形成的重要影响因素。偏好是消费者在长期消费习惯基础上形成的，消费习惯往往与消费者生活的自然环境、社会文化，以及消费者的受教育程度、爱好、身体状况等有密切关系。例如，岛上居民形成吃鱼的习惯，对海鱼有偏好；福建有传统的饮茶文化，许多福建人对茶的偏好要大于咖啡。

（5）其他因素。除了上面介绍的影响因素之外，农产品需求还受到消费人口数量和结构、消费者对未来的预期、政府的消费政策、品牌知名度等因素影响。

3. 农产品需求弹性

弹性是因变量对自变量变化反应的灵敏程度，用弹性系数衡量。弹性系数=因变量变化幅度（百分比）/自变量变化幅度（百分比）。需求弹性是需求对价格、收入等影响需求因素的变化反应的灵敏程度。需求价格弹性是指价格的变动对需求量变动的影响程度。一般情况下，需求价格弹性系数（Ed）都为负值，系数的绝对值越大，表明弹性越大，即价格变动对需求量变动的影响程度越大。|Ed|＞1，称为高弹性或富于弹性；|Ed|＜1，称为低弹性或缺乏弹性。如大米、食用盐等生活必需品，需求缺乏弹性。当某种商品支出占总收入的比例非常小时，消费者对其价格变化很不灵敏，弹性系数小（缺乏弹性）。

4. 农产品需求的特性

农产品需求既符合一般需求规律，又具有一些特殊性，主要体现在以下方面。

（1）需求的普遍性、持续性与相对刚性。人每天都要吃大米白面、蔬菜水果或肉蛋奶等，农产品消费是普遍的，是持续不断的，市场总体需求量较大。许多农产品是生活必需品，其需求弹性相对较小。特别谷物产品需求弹性往往最小。某人平常一顿吃2碗米饭，他不会因为农产品价格降低而多吃一碗。大部分大宗农产品需求都是相对稳定的。

（2）需求的多样性、层次性和发展性。市场上销售的农产品种类丰富，需求呈现出多样性。如蔬菜、水果品种超过上百种，消费者可供选择的较多。在种类繁多的农产品之间，存在着一定的替代关系，消费者会根据自己的偏好和收入等因素，决定购买哪种农产品。同时，人的需要是分层次的，在较低层次的需要得到满足之后，人们便开始追求更高一层次的需要，需求具有发展性。农产品需求也具有层次性和发展性，从最初追求吃饱，到吃得丰富、吃得新鲜、吃得美味，再到吃得健康、吃得安全，再到吃得精致、吃得体面、吃得尊贵等，农产品需求正在逐步向更高层次发展。

从消费者每天食用的农产品来看，种类丰富，呈现出一定的金字塔结构。按照健康膳食结构，农产品需求金字塔第一层是富含碳水化合物的谷物类食品，食用的一般最多；第二层是蔬菜、水果等富含维生素的食品，一般食用较多；第三层是肉蛋奶、豆类等富含蛋白质的食品，一般食用较少；第四层是油脂类食品，一般食用最少。这种农产品消费的金字塔结构较为稳定，而从长期来看，也会发生一些转变。例如，随着素食主义观念的兴起，需求金字塔第三层和第四层的比重可能会出现降低。

三、农产品供给

1. 农产品供给的内涵

（1）农产品供给与供给量。农产品供给，是指在某一特定时期内，在各种可能的价格水平上农产品生产经营者愿意且有能力出售的某种农产品的数量。供给是出售愿望和出售能力的统一。供给有个人供给和市场供给之分：个人供给是单个农产品经营者对某些商品的供应状况；市场供给是市场上所有农产品经营者对某些商品的供应状况，是个人供应的总和。

农产品供给量是指在某一价格水平上农产品经营者愿意而且有能力出售的某种农产品数量。一般所说的供给不足，指的是在特定的价格水平上农产品生产经营者愿意出售的数量低于市场需求量。应注意的是，农产品供给主要来自农业生产，在市场经济条件下农业生产的主要目的是追求利润最大化（除自给性消费），农产品市场比较接近于完全竞争性市场，农产品生产者的市场行为具有一种"被动的数量适应者"特征，即市场价格对任何一个单一生产者都是既定的，只能按照价格调整其生产规模和供给量。边际收益等于边际成本是生产者利润最大化原则。

（2）农产品类型与供给。供给主要取决于生产，农产品的类型多样，不同农产品的生产周期不同，产品特性不同，生产区域与流通范围不同，市场供求关系的复杂程度也不同。在生产经营的实践中，需要分别把握各类农产品的市场供给特性，尤其是上市的季节性、周期性、库存量以及保鲜难度、易腐烂变质性等。

2. 农产品供给的影响因素

（1）农产品自身的价格。在其他条件不变的情况下，某种农产品的价格和供给量之间成同向变动关系，即价格越低，供给量越少；价格越高，供给量越多，即为供给定理。供给与价格关系的表达方式包括供给表、供给曲线和供给函数等。

农产品供给定理也会出现例外情况：当有些农产品价格下降时，其供给量反而增加；当价格上升时，供给量却减少。其原因主要有两点：一是由于农业资源的专用性较强，生产用途范围狭窄，不能很顺利地实行转移和流动。当生产者所生产的农产品价格下跌后，为了维持正常收入水平，反而可能会努力增加产量。二是由于生产者对商品农产品未来价格预期的不确定性，当预计未来某种农产品价格上升时，为了将来获得高额收益，即使当前价格较高，也会减少现时商品供给量；相反，在价格下跌时，若预计未来商品农产品价格继续下跌，则会把商品全部抛售出去，从而增加现时供给量。

（2）相关农产品的价格。某一特定功能农产品的供给，不仅取决于它自身的价格，还取决于相关农产品的价格，相关产品主要有两种：①竞争性农产品，即在资源利用上相互竞争（此消彼长）的农产品。在特定资源条件下，如果有两种竞争性农产品，当其中一种价格不变时，另一种农产品价格发生变化，就会使得前一种农产品的供给量发生相反方向的变化。②连带性农产品，即在生产一种农产品的同时也生产另一种农产品。当两种连带性农产品中的一种农产品价格不变时，另一种农产品价格发生变化，会使得前一种农产品的供给量发生相同方向的变化。如羊皮和羊肉是连带农产品，当羊皮价格上升时，人们会多养羊，从而可能增加羊肉供给量。

（3）农业生产要素的价格。当农业生产要素价格上升时，农产品生产成本会增加，从而在农产品市场价格不变的情况下，利润会降低，供给量往往会减少；相反，当农业生产要素价格下降时，农产品生产成本减少，利润上升，供给量往往会增加。降低生产成本是增加农产品供给的一个重要措施。

（4）农业资源开发利用的技术水平。农业资源从基础条件上决定了农产品生产的可能性，即资源条件的优劣决定着农产品生产的多少。技术水平提高会使农业资源得到更充分的利用，从而提高供给水平。农产品供给的增长固然可以通过劳动、土地、资本的大量投入实现，但这些要素投入带来的增长是有限的，即边际生产力递减规律，唯有技术进步可以改变。

（5）农产品生产者对未来价格的预期。主要指对市场行情的判断和预测。在其他因素不变的情况下，如果农产品生产者预期未来价格不断上升，则生产者就会减少本期的供给量，以备未来赚取更多的利润；如果预期未来价格不断下跌，则会减少农产品的存储量和生产量，增加本期农产品供给量，减少未来农产品供给量。

（6）其他因素。除了上面介绍的影响因素之外，农产品供给还受到农产品生产者数量、气候条件、交通条件（运输成本）、生产要素替代的可能性、农产品特性（如鲜活性）、流通效率、相关经济政策等因素的影响。影响供给因素复杂多变，农产品供给的不确定性较大。

3. 农产品供给弹性

农产品供给价格弹性是农产品供给量对价格变动反应的灵敏程度。由于不同类型农产品的生产周期、耐储性及用途等特性有较大不同，价格弹性可从以下角度分析思考。

（1）单项农产品供给弹性。单项农产品供给弹性与农产品总体供给弹性不同。单项农产品供给弹性主要影响因素包括：①生产规模扩大的潜力。如土地后备资源越少，该产品的种植面积占耕地面积的比例越大，则该产品供给弹性越小，反之则越大。②农业生产集约度。单位面积的劳动力、资金等要素投入越高，农产品供给弹性一般越小，反之则越大。

（2）总体农产品供给弹性。从短期看，总体农产品供给弹性较小，远远低于单项农产品供给弹性，这意味着通过政策手段提高某些农产品价格，能够促使这些农产品供给增加，但也造成未提价农产品的供给减少，并不能使农产品总体的供给量显著增加。从长期看，对总体农产品供给弹性起决定作用的因素也是生产规模扩大的潜力和农业生产要素投入程度。

4. 农产品供给的特性

农产品供给既符合一般供给规律，又具有较强的特殊性，主要体现在以下几个方面。

（1）价格的作用范围十分有限。价格提高只能在一定范围之内促进农产品供给量的增加。其原因之一是，土地是农产品生产不可替代的基本生产资料，同时又是稀缺资源，在一定地域和技术条件下，能够供给的农产品总量是有限的，不会随着价格的提高呈现出无限增长趋势。另一个原因是，农产品生产周期比一般商品长，如果农产品突然出现供给不足，无论价格多高，都无法在短时间之内刺激供给量的增加。

（2）受自然环境影响较大，具有不稳定性和不可控性。农产品生产是有生命的动植物的再生产过程，与动植物再生产相关的众多因素，如土地、温度、光照、降水量等都会对农产品供给量产生影响，具有不稳定性和不可控性。

（3）受政府调控程度大。农产品供给涉及国计民生，供给的不稳定性可能会造成社会的不稳定，政府对农产品的生产和供给进行调控是必要的，保供稳价是经常性要求。

（4）季节性较强。农业生产的季节性决定了农产品供给的季节性，特别是鲜活而不耐贮藏的农产品供给的季节性更强。同一气候条件地区生产的同种农产品几乎同时收获上市，产生集中放大效应，导致价格下降与"卖难""滞销"问题，甚至出现农产品宁可烂在地里、树上也不愿收获。而在某些供应短缺的时间段，会出现农产品供给不足，价格较快大幅上升。

（5）时间滞后性。农产品市场价格的变动，不能立即引起农产品供给量的变动，价格变动到相应的农产品供给量变动有一定的时间间隔。按照时间间隔的长短，农产品供给调整可分为两个类型：一是短期供给调整，是指在一个生产周期以内的供给调整，供给量取决于现有农产品库存的地区调剂和上市时间的提前或延后，短期调整往往缺乏弹性。二是长期供给调整，是指在一个生产周期以上的供给调整，供给量取决于现有生产能力的利用程度和生产能力的提高程度。与短期调整相比，长期调整的弹性较大。

政策链接："农产品仓储保鲜冷链设施建设"项目

据有关资料，中国果蔬产品在"最初一公里"损耗率约 15%—25%，产后损耗率达到

30%—40%，肉类可达 12%左右。作为全球第一大生鲜农产品生产、消费和贸易大国，国内 6000 多万吨冷库只满足不到 20%的需求，果蔬、肉类、水产品冷藏运输率仅为 35%、57%、69%，远低于西方发达国家 90%的水平，且这些国家在流通环节损耗率普遍不超过 5%。生鲜流通往往伴随着仓储、运输过程中的损耗及季节性变化导致买难、卖难。2020 年 4 月，农业农村部正式启动"农产品仓储保鲜冷链设施建设"项目，聚焦"产地"、深入"田间"，政府带动、主体参与、农户获益。截至 2021 年 12 月末，两年间已支持建设约 5.2 万个设施，新增库容 1200 万吨以上，1800 个县（市、区）、7000 个乡镇、2.2 万个村参与其中。

资料来源：作者根据有关资料整理。

四、农产品供求关系

1. 一般供求均衡静态模型

在供求均衡分析中，不考虑时间因素来考察均衡形成和稳定的条件，就是静态均衡分析。

（1）供求均衡与均衡价格。农产品供求均衡是指在某种价格条件下，市场上某种农产品的供给量和需求量相一致，供需双方保持相对稳定，没有大幅度波动的状态。在市场经济条件下，农产品的供求均衡主要是价格机制作用的结果，由供给和需求之间的相互影响而实现的。均衡价格是指某种农产品的市场需求量和市场供给量相等时的价格。在现实世界中，人们所直接观察到的并不是均衡价格而是实际价格。实际价格一般会高于或低于均衡价格，只有在偶然的情况下才等于均衡价格。只要实际价格偏离了均衡价格，供求的作用就总会推动实际价格向均衡价格移动。

（2）均衡价格变动与供求定理。均衡价格是由供给和需求力量共同决定的，在图形上的市场均衡表现为需求曲线与供给曲线的交点（即均衡点），均衡点所对应的价格为均衡价格，所对应的数量为均衡数量。根据供求定理，需求变动引起均衡价格和均衡数量的同方向变动；供给变动引起均衡价格和均衡数量的反方向变动。在实际中，供给和需求可能同时变化，共同对均衡价格和均衡数量产生影响。

2. 一般供求均衡静态模型应用

（1）农产品价格支持政策。在一些情况下，为了达到特定的目的，政府会采取农产品价格支持政策。价格支持政策的具体形式就是政府对某些农产品规定一个高于市场均衡价格的最低限价。许多国家都对农产品实行价格支持政策。因为农产品特别是粮食、棉花等是人们的生活必需品，但农业产业经济效益往往偏低。如果农产品完全由市场来调节，那么农业就不能吸引优质生产要素，或者难以保障一定水平的供给。

价格支持政策的效应可以用图 5-1 来解释。某种农产品的市场供给与市场需求所决定的均衡状态由 E 点表示，此时均衡价格为 P_e，均衡数量为 Q_e。假定政府为扶植该农产品生产而规定的支持价格为 P_1，它高于均衡价格 P_e。结果，在 P_1 价格水平上，需求量和供给量分别为 Q_1 和 Q_2，显然供给量大于需求量，出现产品过剩。如果此时任由市场力量自发调节，价格必然下降。因此，政府为了维持支持价格，必须在规定支持价格的同时采取相应的措施使市场供求平衡，通常的做法是由政府收购市场上过剩的农产品。当政府收购了过剩部分 Q_1Q_2 的农产品后，市场上的需求量和供给量在 P_1 价格水平上恰好相等，支持价格 P_1 就能维持。

通常政府将收购来的过剩农产品用于储备、出口或对别国的援助。

（2）农业生产补贴政策。政府为了鼓励某种农产品的生产，可以给农产品生产者进行补贴，降低农业生产的成本。农业生产补贴政策的效应可以用图 5-2 来解释。假定农产品市场需求曲线为 D，市场供给曲线原为 S，当没有政府干预时，农产品市场均衡点为 E，均衡价格为 P_0，均衡数量为 Q_0。当实施农业生产补贴后，供给曲线向右下方移动，变为 S'，供给曲线的下降幅度为由于农业补贴后单位农产品生产成本的降低额。供给曲线下降使得均衡点变为 E'，均衡数量增加为 Q'，均衡价格下降为 P'。这项政策不影响农产品的需求，所以需求曲线不变。

（3）解释丰收悖论。丰收悖论是指粮食等农产品的"增产不增收"，甚至"增产减收"的现象。造成这种现象的根本原因是粮食是生活必需品，它的需求价格弹性很小。在此提示，需求价格弹性很小，意味着需求曲线（直线）在图上相对比较陡峭。

当粮食丰收时，供给增加导致价格大幅下降，从而使得农民因增产而增加的收入少于因价格下降而减少的收入，造成总收入减少。可以用用图 5-3 来表示。假定上一年的粮食市场的需求曲线为 D，供给曲线为 S，市场均衡点为 E，均衡价格为 P_0，均衡数量为 Q_0。本年粮食丰收后，供给曲线向右下方移动，变为 S'，需求曲线一般不变。由于粮食需求曲线缺乏弹性，均衡价格下降幅度较大。新的均衡点变为 E'，均衡数量增加为 Q'，均衡价格下降为 P'。显然，因粮食增产而增加的收入少于因价格下降而减少的收入，因此，粮食增产后粮食收入反而减少了。

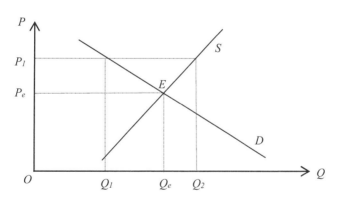

图 5-1　农产品价格支持政策的效应

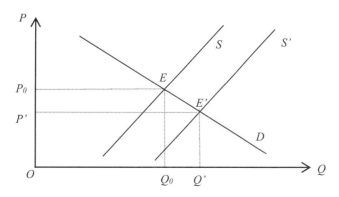

图 5-2　农业生产补贴政策的效应

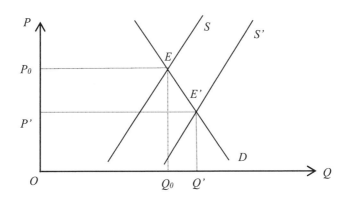

图 5-3 丰收悖论的成因分析

专栏：中国农产品目标价格政策改革

目标价格政策，是指在市场形成农产品价格的基础上，通过差价补贴保护生产者利益的一项农业支持政策。实行目标价格政策后，取消临时收储政策，生产者按市场价格出售农产品。当市场价格低于目标价格时，国家根据目标价格与市场价格的差价和种植面积、产量或销售量等因素，对生产者给予补贴；当市场价格高于目标价格时，国家不发放补贴。为完善农产品价格形成机制，2014 年，启动东北和内蒙古大豆、新疆棉花目标价格补贴试点，探索粮食、生猪等农产品目标价格保险试点。目标价格政策改革的背景是，持续多年的最低收购价和临时收储政策存在许多问题：①定价不合理，一定程度上导致农民盲目种植；②扰乱了正常的市场机制，粮食市场化改革可能会走回头路，政府最低收购价逐步替代市场价格，粮食经营的多渠道又回到单一渠道，粮食企业进退两难，一度形成新问题；③中央财政负担加重，花很多冤枉钱；④农民难以完全享受到最低收购价政策带来的实惠。

资料来源：作者根据有关资料整理。

---

3. 供求均衡的动态分析——蛛网理论

（1）蛛网模型。在均衡分析中，如果引入时间因素来考察均衡状态的变动过程，就是动态均衡分析。在现实生活中，供给和需求很少真正达到均衡，多半是处于走向均衡的过程中，这个过程可能是收敛的，也可能是发散的，还可能是循环的。蛛网模型就是考察某些生产周期较长，因而调节其供给需要相当长时间的产品，特别是农产品的价格波动对下一周期生产的影响及由此产生的均衡变动，依据这种动态分析所表现的价格、产量波动的图形状似蛛网，所以称为"蛛网模型"。由于农产品的生产周期比较长，其供给调节需要一定时间，致使生产者的供给与市场价格信号之间形成一个时间差。为此，需要考虑时间因素，运用蛛网模型对农产品的供求均衡进行动态分析。

（2）假设条件。蛛网模型有一系列假设条件：①完全自由竞争的市场；②本期产量决定于前期价格；③本期需求量决定于本期价格；④供给量对价格的反应存在时滞；⑤需求量对价格的反应不存在时滞，价格变动立即引起需求变动；⑥商品本身不易保管，必须尽快出售。

（3）蛛网类型及形成过程。由于农产品的需求和供给弹性不同，随着市场价格的变动，需求和供给必将发生波动，从而形成收敛型、发散型与封闭型等三种不同的蛛网类型。

①收敛型蛛网。如果农产品的供给弹性小于需求弹性（在图上意味着需求曲线相对比较平坦，供给曲线比较陡峭），价格变动对供给的影响程度则小于对需求的影响程度，这种蛛网就是收敛型的。如图 5-4 所示，假定某种农产品第一生产周期的产量为 Q_1，此时，农产品市场需求量大于供给量，出现供不应求，消费者愿意以较高的价格 P_1 购买产品，P_1 远远高于均衡价格 P_e，于是生产者根据这一市场信号决定在第二个生产周期将产量增加到 Q_2。由于产量增加，市场出现供过于求的情况，消费者都想以低于均衡价格的价格 P_2 购买，因此，价格降低到 P_2。于是生产者根据这一市场信号决定在第三个生产周期把产量减少到 Q_3。如此反复，价格最后收敛于均衡点。

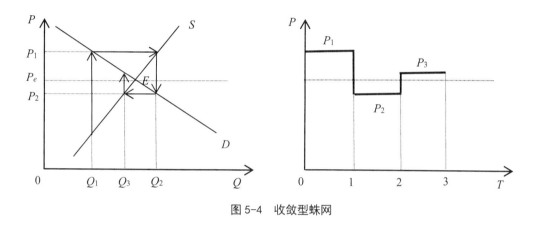

图 5-4　收敛型蛛网

②发散型蛛网。如果农产品的供给弹性大于需求弹性（在图上意味着需求曲线相对比较陡峭，供给曲线比较平坦），价格变动对供给的影响程度则大于对需求的影响程度，这种蛛网就是发散型的。如图 5-5 所示，其波动过程与上一种情况相同，只是在连续时期内价格和产量的波动越来越大，距离均衡点越来越远。因此，在这种情况下，均衡是不稳定或不存在的。

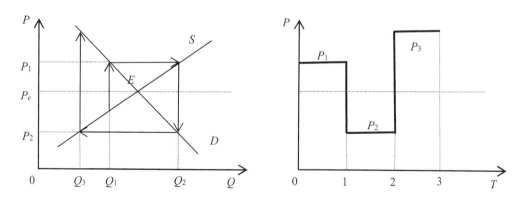

图 5-5　发散型蛛网

③封闭型蛛网。如果农产品的供给弹性等于需求弹性，价格变动对供给和需求的影响程度相等，这种蛛网就是封闭型的。当价格下降时，需求增加的幅度与供给减少的幅度相等；

当价格上升时，需求下降的幅度与供给增加的幅度也相等。产量与价格总是对等波动，从而在一个封闭型蛛网内循环（图略）。

（4）蛛网理论的应用价值。蛛网模型说明了在市场机制自发作用下，农产品市场会发生蛛网型波动，从而影响农业生产和农民收入的稳定。通常农产品供给价格弹性大于需求价格弹性，即农产品市场发生"发散型蛛网"波动，这正是农业不稳定的原因。为维持市场及农业的稳定，政府应根据蛛网波动规律制定相关政策预防，如发布预警信息，实施价格干预政策。农业生产经营者可以运用蛛网理论，掌握周期性变化规律，不盲目跟风，做出正确的产量决策。还可以利用期货市场的调节机制，规避风险。

蛛网模型提出后，一些经济学家用该模型解释生猪和玉米的价格与产量的关系及其波动，提出了著名的"生猪—玉米"循环模型。这个模型指出：因为玉米是生猪的主要饲料，生猪的价格会影响到玉米的价格。当玉米价格发生变动后，又会影响下一年玉米产量，玉米产量变动后，又会影响玉米价格，进而影响生猪价格，生猪的价格变动又影响猪肉的产量，如此等等，直至趋向一个长期的均衡，即玉米和生猪的价格与产量相对稳定下来。这是历史上运用蛛网理论的典范。

五、农产品价格与市场

1. 农产品价格决定机理

（1）价值决定价格形成。商品价格的变动遵循着基本的价值规律，即价值决定价格，价格围绕价值上下波动。价值是价格的基础，价格是价值的货币表现。市场上各类商品的价格存在差异，首要原因是它们所包含的价值量不同。在其他条件不变的情况下，商品的价值量越大，价格就越高；价值量越小，价格就越低。例如，有机菠菜比普通菠菜的价值量高，必然表现为有机菠菜市场价格高。

（2）供求关系决定价格变动。农产品供给与需求之间总是处在平衡与不平衡的相互交替状态，农产品价格也总是处于上涨与下跌相互交替之中。伴随供求关系连续不断的变化过程，农产品价格围绕价值不断上下波动。天气、生产条件、政策、进出口贸易、习俗、消费心理、相关产品价格、农产品库存、经销商炒作行为等会通过改变农产品供求关系影响价格。

（3）市场结构影响价格形成。价格是在市场交易过程中形成的，在不同类型的市场上企业对价格的控制或影响程度是不同的。在完全竞争市场中，存在大量的买家和卖家，经营的产品一般无差别，每个企业都无法控制市场价格，都是市场价格的接受者；在不完全竞争市场中，存在较多的买家和卖家，经营的产品差别，某些企业在一定程度上可以控制或影响市场价格；在完全垄断市场中，只存在一个买家或卖家，市场上产品是唯一的，不存在竞争关系，企业能在很大程度上控制或影响市场价格。

2. 农产品价格发现

价格发现是指，买卖双方在既定的地点对既定数量和质量的产品达成一致价格的过程。价格发现是人为的过程，难免会存在判断失误的情况，并且受制于买卖双方的谈判能力。价格发现中达成的一致价格并不一定等于均衡价格。农产品价格发现方式通常包括以下四种。

（1）对手交易，是农产品买卖双方在私下通过一对一谈判确定农产品价格的过程。价格的公平性依赖于买卖双方的信息获取能力、交易技巧、渠道权力等构成的谈判能力。中国分散经营的小农户获取市场信息明显不足，对收购商（商贩）的依赖性较强，经常处于被动地位，是低价、滞销风险和损失的主要承担者。通过对手交易发现和形成的价格往往与市场均衡价格相比差异较大，难以保证价格的公平性，而且需要付出较多的时间精力与交易成本。相对弱小的农产品经营主体需要通过成立组织或加入集体组织（如合作社、协会），将个人私下协议转变为集体私下协议，提高谈判能力。

（2）有组织的公开市场交易，是指将零散的私下交易都转变为集中、公开、有组织的交易，即把大量的农产品买者和卖者汇集到有形市场上，通过统一的交易规则和流程，发现和形成农产品价格。例如，在农产品拍卖交易市场上，通过公开竞价的方式发现和形成的市场价格更加透明，公平性更强，而且降低了价格发现的成本。中国有代表性的是云南斗南花卉市场的拍卖交易、郑州商品交易所和大连商品交易所的农产品期货交易。

（3）参考同类市场交易。农产品经营者可以不直接参与到市场交易中，通过参考同类市场形成的价格或相关机构提供的市场信息而发现价格。各地农产品批发市场、国内外期货市场、大型电商平台都具有价格发现功能，农业、市场主管部门和相关机构会定时收集各地有形市场的价格信息并公布。这种价格发现方式可以减少交易成本，应注意信息传递的滞后性问题，还要考虑参考的信息是否与本企业实际条件相符合。

（4）管制价格。政府制定目标价格、支持价格、最高限价等都属于管制价格。如果这种方式利用不当，很容易出现扰乱市场、歪曲价格，资源配置不合理等问题。

3. 农产品价格表现与价格关系

（1）农产品价格水平的衡量。衡量指标按照不同标准大致分为以下几种类型：单个农产品价格与同类产品综合平均价格，时点价格与时期平均价格，收购价格、批发价格与零售价格，环比价格指数与同比价格指数等。

（2）农产品差价，是指同一种农产品在流通过程中，因地区、季节、质量和流通环节等不同而形成的价格差额。形成价格差额的主要因素可能是生产成本、流通成本、风险、利润率目标、供求关系等。农产品差价大致分为以下几种类型：①地区差价，即同种农产品在同一时间不同地区之间的价格差额。②季节差价，即同种农产品在同一市场不同季节之间的价格差额。③质量差价，即同种农产品在同一时间、同一市场，因质量不同而形成的价格差额。④购销差价，即收购和销售某种农产品的价格差额。⑤批零差价，即批发价格与零售价格之间的差额。

（3）农产品比价，是指同一时期同一市场各种不同农产品的价格之间的比例关系。由于粮食在农产品中的特殊重要地位，一些农产品的比价都以粮食价格为中心来确定，如猪粮比价，是指每公斤生猪销售价格与每公斤玉米（饲料）价格之比，它被广泛认同为衡量生猪盈亏平衡及市场预警的重要指标。2008 年 1 月猪粮比价历史上首次突破 9∶1，连续 17 个月高于 5.5∶1 的盈亏平衡点。2021 年 6 月 9 日，中国国家发改委将生猪养殖盈亏平衡点对应的猪粮比价由此前的 5.5∶1—5.8∶1 提高到 7∶1。再如，为了平衡经济作物和粮食作物的收益，计划经济时期普遍采用粮食价格的若干倍确定棉花收购价格。

（4）工农产品价格剪刀差。苏联政府在 1921 年为加快积累工业化资金，人为地压低农产品收购价格，导致农民需要用相当于原来数倍的农产品才能换到等量的工业品，部分农民收入在工农业产品交换中转入政府支持发展的工业部门，农业和农民丧失的这部分收入相当于"贡税"或"超额税"，苏共中央正式称之为"剪刀差"或工农产品价格剪刀差，并在社会主义国家经济文献与政策中普遍应用。因此，"剪刀差"的原始内涵（本意）是发展中国家（尤其是社会主义国家）的政府通过压低农产品价格从农业部门攫取利润加快工业化资本积累的一种政策方式，是政府凭借权力主动干预的行为和结果。

剪刀差的常用的含义是指，工农产品在长期交换中，农产品价格低于其价值，而工业品价格高于其价值（比值剪刀差）；或者单位农产品换取的工业品越来越少，单位工业品换取的农产品越来越多（比价剪刀差），所形成的差距在统计图上像张开的剪刀一样。衡量工农产品价格剪刀差可以用"工农产品综合比价指数"指标，即农村工业品零售价格指数与农产品收购价格指数之商，或者农民购买的农业生产资料价格指数与出售的农产品价格指数之商。相对于某个基期，该指标大于1，表明剪刀差扩大；等于1，表明不变；小于1，表明剪刀差缩小或不存在。

市场经济条件下，尤其是国家对农业支持保护背景下是否存在剪刀差以及如何衡量等问题，学术界存在很多争论。有的认为市场经济条件下不存在剪刀差问题；有的认为由于农业的特殊性，农产品价格受到国家强有力的干预，仍然在很多国家及其某些发展阶段存在剪刀差。剪刀差存在的原因包括国家干预农业，工农业劳动生产率差异等。

4. 农产品价格变动规律

分析农产品价格变化的方法主要是成分分解，即将价格的时间序列数据分解为：趋势成分、季节成分、周期成分和随机成分，每个时点的实际价格都是这四种成分的叠加。例如蔬菜价格上涨的趋势成分是农业生产成本上涨，随机成分可能是突发的疫病影响、气候变化等不确定因素。农产品市场价格变动还具有季节性和周期性的显著特点。

（1）农产品价格季节性变动。从短期来看，农产品供给具有一定的季节性，例如，东北地区玉米一般在5月初播种，10月份收获，生长周期大约为5个月。不同月份之间农产品产量存在较大差异，有淡旺季之分，引起农产品价格呈现一定程度的季节性变动。不同种类农产品价格变动的季节性是有差异的。与种植产品相比，畜产品受自然条件及空间限制一般较小，其价格的季节性变化不明显，但也有一定的季节性波动。例如，观察近些年中国生猪市场不难发现，一般情况下每年11月前后为全年生猪价格的波峰，随后逐月回落，次年5月前后达到价格的波谷，随后逐月回升，每年循环往复。

（2）农产品价格长周期变动。从长期来看，农产品价格波动呈现出明显的周期性。价格周期的长短一般取决于农产品生长周期的长短。例如，东北普通玉米生长周期大约为5个月；一般肉牛养殖从母牛补栏到牛肉上市需要大约46个月，其中母牛妊娠期大约为9个月。

5. 农产品市场信息不对称理论

在中国农产品市场上存在的一个重要现象是，很多人希望以合适价格购买到高品质、知名品牌的农产品，很多生产者也能提供这样的农产品，包括有机产品、绿色食品等，但总体交易量却增长缓慢。其原因固然很多，但农产品市场信息不对称原理则是一种很好的解释。

（1）信息不对称的内涵及其原因。农产品市场信息不对称是指农产品各方交易主体因所掌握的关于产品内在质量、功效、成本价格等市场信息的不同或不对等，以致在农产品交易中产生不公平行为，导致一方交易主体利益受损。

农产品基本质量特性是信息不对称产生的根本原因。农产品生产者对自己的生产环境、土壤状况、化肥农药使用情况及产出的农产品质量等都比较清楚，而消费者却很难准确判断该产品内在质量及相关情况。从消费者角度看，农产品有三方面的特征，一是"搜寻品"特征，主要是指购买者在消费之前能够了解的特征，如颜色、光泽、大小、形状、成熟度、外伤、肥瘦、肉品肌理和新鲜程度等；二是"经验品"特征，主要是指购买者在消费之后才能够了解的内在特征，如口感、味道、肉质和加工特征等；三是"信任品"特征，主要是指购买者自己没有能力了解的有关食品安全和营养水平等方面的特征，如农药、抗生素、病菌等有害物质含量，蛋白质、维生素等营养成分含量等。经验品与信任品特征的客观存在，造成了农产品市场信息不对称。特别是信任品，购买者只能依靠对销售者及其品牌信任、政府公信力等途径获取信息。交易主体还会出于谋求利益最大化的动机，故意造成信息不对称。同时，在市场监管机制和交易制度不健全的条件下，农产品市场信息不对称问题容易出现。

（2）信息不对称的影响及其解决路径。信息不对称对农产品市场的不利影响包括：①逆向选择，是指由交易双方信息不对称和市场价格下降产生的"劣货驱逐良货"、优质不优价，进而出现市场交易产品平均质量下降的现象；②道德风险问题，生产经营者机会主义倾向明显，违反有关诚实准则，市场欺诈严重，假冒伪劣产品屡禁不止；③价格风险、竞争风险以及交易成本增加，市场交易效率较低。

解决农产品市场信息不对称的基本路径是：建立有效的全国农产品市场信息网络系统，及时准确发送农产品质量相关信息；加强农产品质量认证、品牌建设；建立系统的市场治理与声誉机制，如黑名单、行业禁入、市场准入等制度，严打市场欺诈等行为。

第二节　农产品国际贸易基础知识

一、国际农产品贸易的基本规则和发展现状

1. 世界贸易组织（WTO）

（1）WTO概述。WTO是目前世界上唯一处理各国之间贸易规则的国际组织，其宗旨是通过组织多边贸易谈判来增加国与国之间的贸易、规范贸易行为和解决贸易纠纷，从而使国际贸易更加自由、资源得到更有效的配置。其主要职能是实施和管理协定与协议、提供多边贸易谈判场所、解决成员方之间的贸易争端、审议各国的贸易政策等。WTO通过多边谈判的方式，采取成员方协商一致而非少数服从多数的投票方式，制定规则或达成协议，其谈判过程往往是马拉松式的。

2001年11月，在卡塔尔多哈举行的WTO第四次部长级会议启动了新一轮全球多边贸易谈判，旨在促进削减贸易壁垒，尤其是发展中国家的经济发展，简称"多哈回合"，是WTO的首轮全球多边贸易谈判。最初计划在2004年年底达成协议，并且定了八个谈判领域：农业、非农产品市场准入、服务、知识产权、规则、争端解决、贸易与环境以及贸易和发展问题。关键和核心问题是农业问题，主要包括削减农业补贴、削减农产品进口关税等。由于发达成员的农业补贴严重扭曲国际农产品市场，损害发展中国家的利益，《多哈部长宣言》明确提出要"实质性削减扭曲贸易的国内支持"。但20多年过去仍未达成最终协议。

（2）WTO基本原则。其贯穿于WTO的各个协定和协议中，构成了多边贸易体制的基础，主要包括以下原则：①非歧视性原则，是指一成员方在实施某种优惠和限制措施时，不得对其他成员方实施歧视待遇，该原则具体通过最惠国待遇原则和国民待遇原则来实现；②公平竞争原则，是指成员方应避免采取扭曲市场竞争的措施，纠正不公平贸易行为，创造和维护

公开、公平、公正的市场环境；③市场开放原则，是指所有成员方必须通过谈判逐步削减关税和非关税壁垒，使本国贸易、法制环境透明化，渐进地开放本国市场；④透明度原则，成员方有义务事先公布所制定和实施的有关进出口贸易的所有法律、法规、条例及其变化情况，否则不得实施，同时还应将这些法律、法规、条例及其变化情况通知 WTO。

2. WTO 关于农产品贸易的规则

二战以后，多边贸易谈判史上有两个谈判颇为著名，而且讨论难点均以农业为核心。它们分别是关税及贸易总协定（GATT）时期的乌拉圭回合和 WTO 成立以后的多哈回合。《农业协定》和 WTO 的成立是乌拉圭回合谈判的成果之一。多哈回合谈判至今，虽然期间取得过阶段性突破和进展，但谈判尚未全面达成。WTO 关于农产品贸易的规则有以下几方面。

（1）扩大农产品市场准入。在《农业协议》实施以前，各国对农产品进口的限制主要通过关税和非关税壁垒措施。所谓关税壁垒，是指进出口商品经过一国关境时，由海关向进出口商征收关税所形成的一种贸易障碍。非关税壁垒是指除关税措施以外的一切限制进口的措施，主要包括进口配额、技术性壁垒、通关环节壁垒、进口税费、进口许可、进口禁令、反倾销、反补贴和保障措施等。非关税壁垒形式多样，且更为隐蔽。其中，技术性壁垒是最难对付的、最隐蔽的非关税贸易壁垒。而乌拉圭回合通过以下规定增加市场准入机会：①削减非关税壁垒，即关税化，是指把所有各种非关税措施转化为保护程度相等的关税措施；②关税减让，是指各成员承诺在议定的实施期限内，将各自的产品关税（包括关税化过程所产生的关税）按一定幅度削减；③最低市场准入和关税配额。最低市场准入是指允许一些实施关税化困难的成员保留某些产品的非关税措施，但必须确定的最低的市场准入数量。关税配额是指要求成员允许以相对较低的关税进口一定数量的产品（主要是农产品），对配额内的进口征收较低的关税（一般为0—9%，多数为1%—3%）。对超过配额的进口则征收较高的关税（可以高到100%以上）。

（2）规范农业国内支持政策。为消除农业国内支持政策对农产品贸易产生的不利影响，《农业协议》将农业国内支持政策分为"绿箱"政策、"黄箱"政策和"蓝箱"政策三类，并对不同的政策进行分类处理。①"绿箱"政策，是指对农业生产、价格和贸易不会产生扭曲影响，或影响微小的政策，成员方无需承担约束和削减义务。主要包括：政府的一般性服务，食物安全储备补贴，国内食品援助，与实际生产数量、价格、投入等变化不挂钩的收入支持（即基期确定收入补贴后不再与实际变化相关），政府在收入保险方面的补贴，自然灾害救济补贴，农业生产者退休计划或结构调整资助，资源停用计划的结构调整援助，对农业结构调整提供的投资补贴，为保护环境所提供的补贴，地区性援助等。②"黄箱"政策，是指容易引起农产品贸易扭曲的政策措施，要求各成员方用综合支持量来计算其措施的货币价值，并以此为尺度逐步予以削减。主要包括：价格支持，营销贷款，面积补贴，牲畜数量补贴，种子、肥料、灌溉等投入补贴，某些有补贴的贷款计划。如果国内"黄箱"政策支持量很少，则不需要纳入计算和削减，称为"微量允许"。③"蓝箱"政策，是指根据农产品限产计划，按固定面积和产量对生产者的直接补贴。这些补贴与农产品限产计划有关，成员方不需承担削减义务。

（3）技术性贸易壁垒协议。技术性贸易壁垒是国际贸易中商品进出口国在实施贸易进口管制时通过颁布法律、法令、条例、规定，建立技术标准、认证制度、检验制度等方式，对外国进出口产品制定过分严格的技术标准、卫生检疫标准、商品包装和标签标准，从而提高进口产品的技术要求，增加进口难度，最终达到限制进口目的的一种非关税壁垒措施。技术性贸易壁垒具有形式合法性、内容广泛性、保护方式隐蔽性等特点。发达国家不断提高技术标准，限制外国农产品进入，贸易技术壁垒不断升级。

合理的技术性贸易壁垒对贸易是有积极作用的，不合理的技术性贸易壁垒则对贸易造成限制作用。对农产品贸易影响较大的技术性贸易壁垒很多，如日本的"肯定列表制度"、欧盟的食品标签法规等。《技术性贸易壁垒协议》旨在消除不合理的技术性措施，减少国际贸易壁垒；通过制定多边规则指导成员制定、采用和实施被允许采取的技术性措施，努力保证这些措施不成为任意的或不合理的歧视，造成不必要的国际贸易障碍；鼓励采用国际标准和合格评定程序，提高生产效率和便利国际贸易。协议适用于所有产品，包括工业品和农产品，但涉及卫生与植物卫生措施的，由《卫生与植物卫生措施协议》进行规范。

（4）规范卫生及动植物检疫。为防止一些国家利用卫生和动植物检疫措施设置非关税壁垒，乌拉圭回合谈判最终达成《卫生和动植物检疫措施协议》。协议规定，各成员方有权采取正常的以保护人类、动物和植物生命或健康所必需的措施，但在运用这些措施时，不得在情形相同的成员方之间造成任意或不正当的歧视，或对国际贸易构成变相的限制。对进口农产品的卫生检疫，应以国际标准、准则和建议为基础。各国可以实施高于国际标准、指南和建议的措施，但这些措施必须以科学原理为依据。协议还对卫生与动植物卫生措施的等同待遇、非疫区和低度流行区条件、检疫规定的透明度、控制检验和批准程序等作了规定，其目的是要尽可能减少卫生和动植物检疫措施对贸易的阻碍作用，避免一些成员将其作为技术壁垒。

（5）特殊保障措施协定，是指 WTO 成员在进口激增并对国内相关产业造成严重损害或严重损害威胁时，所采取的紧急限制进口的措施。特殊保障措施的实施条件包括：①某项产品进口数量大量增加，且是由于不可预见的情况和成员方履行 WTO 义务的结果。②进口数量大量增加对国内生产同类产品或直接竞争的产业造成了严重损害或严重损害威胁。③进口数量大量增加与国内产业遭到严重损害或严重损害威胁之间存在因果关系。

（6）反倾销协定。倾销是指在正常的贸易过程中，一项产品以低于其正常价值的价格出口到另一国家或地区，从而给进口国国内相关产业造成实质损害。《反倾销协定》主要规定了以下几个问题：如何认定进口产品倾销；如何认定倾销的进口产品对国内产业造成损害或损害的威胁；有关发起、调查、收集信息，认定和征收反倾销税，审议认定以及终止征收反倾销税等方面应对遵守的程序。

3. 世界农产品贸易的特点与发展环境

1995 年 WTO 成立，第一次就农产品国际贸易达成规则协议，农产品贸易快速发展，到2020 年的 25 年间全球农产品出口和进口都增长 3 倍。但是，未来 WTO 全球农业贸易治理机制改革任重道远，贸易环境不确定性仍然较大。

（1）世界农产品贸易的特点。农产品贸易具有明显的季节性、地区性和分散性，供求都缺乏弹性，需要特定的贸易设施，成本高，风险大。在国际市场上，大多数农产品的贸易表现出下述重要特点：①贸易规模不断扩大。21 世纪以来，世界农产品贸易规模不断扩大，增长速度高于世界货物贸易总体增长速度。据 WTO 统计，2000 年到 2010 年，世界农产品进口额从 5963.0 亿美元增加到 13954.1 美元，增长 134.01%；世界农产品出口额从 5508.7 亿美元增加到 13648.5 亿美元，增长 147.8%。2010 年到 2020 年，世界农产品进口额从 13954.1亿美元增加到 18496.1 亿美元，增长 32.6%，增速比前十年放缓；世界农产品出口额从 13648.5

亿美元增加到 18031.2 亿美元，增长 32.1%，增速也比前十年放缓。②贸易市场集中度高。主要农产品出口市场集中度高。如 2017 年，全球 77%的大米出口来自印度、越南、美国、巴基斯坦和缅甸；50.9%的小麦出口来自俄罗斯、澳大利亚、加拿大、阿根廷和美国；68.3%的玉米出口来自阿根廷、美国、巴西、乌克兰和俄罗斯；91.5%的大豆出口来自巴西、美国、阿根廷、巴拉圭和加拿大。此外，棉花、食糖的出口市场集中度也比较高，超过 60%的出口集中在全球前五大出口市场。同时，农产品贸易进口地区集中也较高，每个出口国都只有几个重要的贸易伙伴，这些贸易伙伴的国内经济状况直接影响到出口国的外贸出口额。③区域结构向多元化方向发展。21 世纪以来，发展中国家和发达国家在农产品贸易市场中占比发生明显变化。发达国家消费结构相对稳定，技术先进、资本雄厚，农业比较优势强，占据了全球农产品贸易的主要份额。新兴经济体国家在国际农产品贸易中的参与日益深化，新兴市场和发展中国家市场份额逐步提升，尤其在进口市场份额中。④产品结构向高值化方向发展。WTO 按照农产品附加值从低到高进行分类，分为粮食、饮料作物、经济作物等传统农产品，果蔬和坚果，特产类及加工农产品类。在过去的 50 年中，传统农产品占出口份额明显降低，高附加值农产品份额则在明显升高，该变化以 20 世纪八九十年代最为明显。进入 21 世纪后，各自的份额进入相对稳定阶段，加工农产品保持在 65%左右，而传统农产品保持在 25%左右[①]。⑤农产品贸易障碍多，价格波动幅度大，风险高。由于农业关乎国家的稳定，为了保护本国农业，各国一般通过关税壁垒和非关税壁垒限制农产品进口。欠发达国家通常是价格的接受者，而不是价格的制定者，出口农产品的风险较高。农产品国际市场环境复杂，不确定因素更多，供求关系不稳定，市场波动性较大。例如，2022 年 2 月 24 日俄乌冲突开始后，全球能源价格、粮食价格、食用油价格大涨，粮油价格在很多国家上涨超过 50%，一些国家的某些产品价格翻了一番。

（2）世界农产品贸易环境。对未来农产品贸易影响较大的环境主要包括：①世界经济格局发生重大变化。世界主要发达国家经济增速放缓，新兴经济体保持较快增长，全球经济增长面临较大的风险和压力，导致国际农产品贸易不确定性增大。②国际贸易环境依然不公平。即使在当前的全球化时代，几乎所有国家仍然被约束在西方构建的国际秩序中，国际贸易秩序仍然由发达国家主导，导致农产品国际贸易不公平问题一直存在，如与发展中国家相比，发达国家的农业补贴水平仍然居高不下。③农产品关税壁垒居高不下，非关税壁垒花样繁多。虽然乌拉圭回合谈判使农产品出口关税在一定程度上有所下降，但世界平均关税约束水平仍较高，农产品贸易保护水平很高。发达国家关税高峰农产品（关税超过 120%的农产品）占全部农产品税号的 10%，一些重要农产品关税更是高达 350%—900%。非关税壁垒使用越来越频繁，名目繁杂、形式多样、涵盖面广，已经成为农产品国际贸易壁垒的主要形式。同时，反倾销、特保条款和新型贸易壁垒使用日趋频繁。各国农产品贸易政策不稳定，贸易保护主义抬头，国际农产品市场波动加剧。④区域贸易协定（RTA）作用日益突出。RTA 是两个或两个以上国家，或不同关税地区之间，为消除各成员间的贸易壁垒，规范彼此之间的贸易合作关系而缔结的国际条约。在 WTO 新协议难以达成的背景下，其作用日益突出，成为新的全球化的趋势。历时 8 年，由中国、日本、韩国、澳大利亚、新西兰和东盟十国共 15 方成员制定的 RCEP（区域全面经济伙伴关系协定），于 2020 年 11 月 15 日签署，成为世界上涵盖人口最多，成员构成最多元化，经贸规模最大，最具发展潜力的自由贸易区，覆盖人口超过

---

① 张小瑜. 世界农产品贸易结构变化与发展趋势[J]. 农业展望，2015（1）：64-69.

35 亿，经济总量达到 29 万亿美元，占全球总量的 30%。RTA 的成员合作以自由贸易区为基本组织形式，合作层次由低级向高级发展，区域一体化程度日益加深；涉及的内容更加丰富和广泛，甚至超出了 WTO 协议范围；呈现网格化格局，"轴心—辐条"体系逐步形成，各大洲逐步创建轴心。⑤地缘政治冲突的影响。基于地理要素、历史因素、政治格局等形成的各主要国家间或各集团之间的相互关系与行为，造成国际地缘政治冲突，因为复杂的历史与民族问题、现实与未来利益等原因而一直存在，对国际关系、国际贸易产生重大影响。例如，美国对中国、俄罗斯的制裁，俄乌冲突等。

4. 国际农产品市场价格波动的因素

国际农产品市场价格的波动不同于一国国内，体现在波动的产品、频率、程度及其主导因素、受到影响的国家等方面，其往往是多种因素的叠加或者共振。国际市场的不确定性因素很多，各国资源禀赋差异、国际贸易秩序、地区冲突、自然灾害等导致种植与收获受限、进出口贸易受阻、未来产量预期不确定等产生严重叠加效应，加上农产品资本化的投机因素，导致价格波动幅度较大，尤其对粮油等基本需求产品与进口量较大的国家影响较大。随着全球农业生产水平不断提高，粮食产量整体呈上升趋势，然而挨饿的人却越来越多，粮食生产地区不平衡和国家间分配不均是许多国家和地区长期存在粮食危机问题的基本根源。

（1）基本因素：供求关系变化。供求关系变化是导致国际市场价格波动的基本因素，其他因素通过影响供给、需求及其关系而引发价格变化。①供给因素变化。凡是影响世界主要农产品生产和产量的因素都会影响农产品供给。全球农业自然资源分布不均衡，农产品出口往往集中在少数国家或地区，如果它们出于某些原因减少或增加出口，国际市场供应量出现波动，进而引发价格的剧烈波动。②需求因素变化。农产品的需求分为食用消费、饲用消费、工业消费和种用消费等。世界人口的缓慢增长决定了农产品食用消费和饲用消费不会出现突发性、大规模变动，增长是缓慢而平稳的。工业消费主要与生物能源的发展紧密联系。例如，原糖、玉米、油籽等产品可以用于生产燃料乙醇和生物柴油，因此生物燃料的生产量决定了这部分农产品的工业消费量。由于生产成本高昂，生物能源发展一般受到各国政策推动，同时还取决于石油价格变化。若石油价格高于某个水平或出现短缺，生物能源才会有利可图，政府出台政策促进生物能源生产，从而引发国际农产品价格的波动。

（2）具体因素：各种重大事件等。重大事件主要通过影响供给，进而引发价格变化。2022 年 5 月 4 日，联合国粮农组织发布《2022 全球粮食危机报告》指出，造成当前粮食不安全状况加剧的主要原因是冲突、极端天气和经济危机。①地区冲突。如果地区冲突国是主要农产品生产国，可能会产生一系列连锁反应。②严重的自然灾害与病虫害。据有关研究，干旱、洪水与病虫害是很多国家农业生产损失的主要危害。例如，巴西和美国是全球两大重要的粮仓，2021 年都遭遇了历史性的严重旱灾，将全球粮价推至近十年的高位；2008—2018 年间，洪灾造成最不发达国家和中低收入国家农作物损失 200 多亿美元；2020 年沙漠蝗虫突袭，使非洲、南亚 20 多个国家受灾面积达到 1600 多万平方公里，造成至少 2500 万人面临严重的粮食短缺。需要特别重视的是，全球气候变化等自然因素对国际农产品市场的影响加大，气候变化导致洪涝灾害、干旱、极端气温和病虫害增加。据比利时鲁汶大学灾害流行病学研究中心数据显示，2000—2018 年，全球自然灾害数量共 7717 起，其中洪涝灾害、干旱、极端气温等灾害共 3756 起、病虫害 19 起，发生频次大大增加。③经济景气情况。例如，受新冠疫情冲击，全球 GDP 增速出现近年来的首次负增长，粮食价格指数从 2020 年上半年起便不断攀升，贸易运输不畅导致部分地区食品价格上涨。正常的贸易均衡以及供求格局被打破，出现复杂的价格波动状况，不同地区或产品表现各异。④原油价格及其生产资料价格。主要从原材料和生物能源两个方面影响农产品价格：一是农膜、化肥、农机所需的柴油等农业生产资料与农产品的生产成本直接挂钩，原油价格上涨时造成农产品成本推动的价格上涨。二是生物能源的发展打通了石化燃料和生物燃料两个市场的联动性，原油价格上涨会刺激各国政府出台政策促进农产品向燃料的转化，助推农产品价格上涨。⑤美元价值及其指数走势。全球超过60%的贸易目前仍然以美元计价、结算，当美元升值时，以美元为主要结算单位的国际农产品市场价格随之下跌。⑥投机因素。农产品贸易范围已从局部、区域性的市场扩展为全球市场，农产品作为资本的金融投机对农产品市场价格的影响日益突出。这些投机性交易以牟取暴利为目的，农产品市场的暴涨和狂跌正好为它们创造了机会。现货市场价格变动在期货市场上的影响会被放大，造成农产品市场价格的波动。①

典型案例：2022年"俄乌冲突"与全球食品价格上涨

由于新冠疫情蔓延全球、粮食供应链紊乱等原因，早在2022年2月俄乌冲突爆发之前，全球粮价就已处于高位，多地食品价格不断上涨。FAO的月度报告显示，2022年2月全球粮食价格指数为140.7点，同比涨幅高达24.1%，超过了2011年2月的峰值，创历史新高。俄乌冲突则进一步推高全球粮食价格，其主要原因在于两国是全球的"两大粮仓"。小麦是全球35%以上人口的主食，且替代品数量有限。首先，俄罗斯是世界上最大的小麦出口国，乌克兰是世界第五大小麦出口国。据FAO统计，2021年俄罗斯和乌克兰的小麦产量分别为8199万吨和2903万吨，合计全球占比为14.30%；小麦出口量分别为4249万吨和2036万吨，合计出口全球占比为32.5%。近50个国家依赖从俄罗斯和乌克兰进口以满足本国30%或以上的小麦进口需求，其中26个国家超过50%的小麦供应依赖俄罗斯和乌克兰。其次，乌克兰和俄罗斯是全球第二和第三的大麦出口国，2021年大麦产量分别为1750万吨和1020万吨，合计全球占比为19.0%；出口分别为450万吨和600万吨，合计出口全球占比30.7%。第三，乌克兰是全球第四大玉米出口国，2021年俄罗斯和乌克兰的玉米产量分别为1487万吨和3857万吨，合计全球占比为4.5%；分别出口玉米526.6万吨和3161万吨，合计出口全球占比19.7%。另外，全球葵花籽油交易中两国占比超过70%。第四，冲突不仅影响两国的粮食种植，收紧粮食出口政策，粮食运输和流通等环节受阻，加上多国陆续宣布禁止粮食出口，粮食供应链受损，粮食获得成本增加，推动全球粮食价格不断上扬。第五，俄罗斯是全球化肥生产和出口大国，年产量超5000万吨，占全球化肥产量的13%，2020年是氮肥第一大出口国、钾肥第二大出口国、磷肥第三大出口国，约有25个国家依赖俄罗斯以满足本国氮肥、磷肥和钾肥30%或以上的进口需求；俄罗斯也是全球生产化肥原材料——天然气的重要供应国，欧洲40%的天然气供应来自俄罗斯，各国的制裁加大天然气价格上涨压力，阻碍了化肥生产，俄乌冲突发生后，化肥价格涨幅一度达到约40%，导致农产品生产成本上涨。总之，俄乌冲突叠加全球气候变化、新冠疫情的影响不容忽视，需要全球共同应对。

资料来源：作者根据有关资料整理。

二、中国农产品国际贸易

1. 中国农产品贸易总体发展

2001 年中国加入 WTO，成为第 143 个成员。中国政府对农业"入世"做出重大承诺，大幅削减了农产品关税，显著降低了市场准入门槛，推动农业对外开放进入新阶段。"入世" 20 年来，中国统筹利用国际国内两个市场、两种资源的能力不断提高，农产品贸易得到迅速发展。

（1）农产品贸易国际地位显著提升。"入世"之后，中国农产品贸易规模不断扩大，国际地位和影响力显著提升。中国农产品贸易占世界农产品贸易的比重由 2001 年的 3.2%提升至 2020 的 8.5%，在全球农产品贸易的排名由第十一位提升至第二位，成为全球农产品贸易增长的主要动力。2011 年后，中国超过美国成为全球第一大农产品进口国（仅 2016 年略低于美国）；2015 年后稳居全球第五大农产品出口国，在美国、荷兰、德国、巴西之后。中国是全球最大的大豆、棉花、猪牛羊肉进口国，也是食糖、油菜籽、植物油、乳制品进口大国。

（2）农产品贸易快速增长，贸易逆差不断扩大。"入世"后中国农产品贸易进入快速增长阶段，已不再限于"余缺调剂"和"品种调剂"，而成为供给的重要组成部分。"入世" 20 年，中国农产品贸易额扩大了 9 倍，从 2001 年的 274.5 亿美元增长至 2020 年的 2468.6 亿美元，年均增速 12.3%，高于同期全球农产品贸易 6.4%的增速。其中，出口从 160.5 亿美元增长到 765.0 亿美元，年均增长 8.6%，进口从 118.5 亿美元增长到 1719.4 亿美元，年均增长 15.1%。中国农产品贸易数量、金额不断提高，占全部货物贸易额的比重稳步提高，农产品进出口额占全部货物进出口额的比重由 2010 年的 4.0%，稳步提高至 2020 年的 5.3%，农产品进出口额占全国农业总产值的比例由 2010 年的 12.0%，增加至 2020 年的 13.3%。

同时，中国农产品贸易进口增速高于出口，逆差总体不断扩大，由 2010 年的 230.5 亿美元增加至 2020 年的 947.7 亿美元，年均增长率为 15.19%。食用油籽和畜产品为贸易逆差的最主要来源，2020 年两种农产品占全部农产品贸易逆差的比重分别为 43.97%、44.47%。

（3）农产品进口市场相对集中，出口市场多元化明显。粮棉油糖肉奶等农产品出口主要集中在少数农业资源禀赋具有优势的国家和地区，进口来源地相对集中且在较长时期内难以改变。中国农产品出口规模不断扩大，形成以日本、中国香港等为主的多元化市场格局。

（4）农产品贸易伙伴和渠道进一步拓展，新业态、新模式不断涌现。"入世"后，中国贸易"朋友圈"不断扩大，目前已与全球 200 多个国家和地区建立了农业贸易关系，进口伙伴国（地区）由 2001 年的 142 个增加到 201 个，出口伙伴国（地区）由 2001 年的 191 个增加到 214 个。另外，还通过 19 个自贸协定与全球 26 个国家和地区建立了稳定的优惠贸易安排，2020 年中国与 26 个自贸伙伴间的农产品出口额为 478.8 亿美元，占农产品出口总额的 63%；进口额 517.7 亿美元，占农产品进口总额的 30.3%；农产品贸易额 996.5 亿美元，占贸易总额的四成。随着农产品贸易外部环境持续优化，市场主体加快探索创新，涌现出一批农产品贸易新业态和新模式，成为农产品贸易增长和农民增收的新动能。全国设立跨境电商综合试验区 105 个、建设海外仓 1000 多个，部分试验区聚焦农产品贸易，例如佛山市里水镇依托本地特色花卉园艺产业，打造集种植、商贸、物流、金融为一体的农产品跨境电商园区。积极开拓海外市场，通过建设境外展示中心，多渠道强化出口品牌推介，如辽宁省已在美国、加拿大、韩国等 7 个国家设立农产品展示中心。

（5）农产品贸易带动产业链延长，贸易与投资一体化趋势增强。"入世"对中国农业国际化提出了新要求，农产品贸易带动中国农业走出去，通过整合生产、加工、流通等各环节，强化全球资源配置，推动产业链向国际市场延伸。与此同时，一批跨国农业企业成长起来，国际化水平不断提升，积极拓展国际农产品市场，实现"买全球、卖全球"。随着农业走出去的持续快速发展，从初期的贸易合作扩展到生产投资合作，农产品贸易与投资一体化趋势增强。截至 2019 年，中国农业对外投资存量超过 348 亿美元，境外设立农业企业超过 986 家，涉及种植、养殖、加工、仓储、物流和科技服务等多类别、多环节，形成了较为完善的境外产业链体系。中国农业企业加快融入全球农产品供应链，加大橡胶、油料、乳品等国内紧缺产品投资，推动进口多元化布局，提高了重要农产品的供给韧性[①]。

2. 中国农产品贸易结构变化

首先需要说明的是，农产品国际贸易受国际整体经济环境等影响较大，个别年份出现非正常较大波动，如 2008 年的次贷危机、金融风暴，2020 年之后的新冠疫情的影响等。

（1）产品结构变化。①产品进口结构变化。中国农产品进口结构从 20 世纪 90 年代中期的粮食、植物油、棉花和畜产品为主转变为食用油籽、植物油、畜产品和棉花为主。如大豆进口量 2001 年为 1394 万吨，2020 年达到 10032.7 万吨，占全球大豆贸易量比重由 24%增加到接近 70%。同一时期，棉花进口占比由 2.9%增加到 27%，食用油由 6.3%增加到 14.5%。畜产品从 2003 年起出现进口额大于出口额，贸易逆差逐渐扩大。值得注意的是，近年来水果进口增长较快，2018 年出现进口额超过出口额，首次出现水果贸易逆差，2019 年逆差再扩大。②产品出口结构变化。中国农产品出口结构从土地密集型为主的粮油产品占重要地位已经转变为劳动密集型的园艺产品占据主要地位。大宗农产品的出口波动较大，总体上呈现了下降的趋势。蔬菜、水果等中国最具国际竞争力的园艺产品增长较快。在出口贸易的增加比例中园艺产品的总体份额增加比较明显，而水产品进出口基本呈稳定增长态势。主要优势农产品出口在国际市场中的份额也不断提升。2001—2019 年，中国水产品、蔬菜、水果、茶叶出口在国际市场份额分别增加了 5.6%、7.7%、3.4%和 12.6%。同时，由于中国出口多为初级农产品，易遭遇低端同质化竞争。例如，自 2015 年以来，中国水产品出口在国际市场份额出现下降，至 2019 年下降 2%，而同期越南、印度、印度尼西亚等国市场份额出现上升。

表 5-1　中国优势农产品进出口变化趋势情况[①②]

年份	进口额（亿美元）				出口额（亿美元）			
	蔬菜	水果	畜产品	水产品	蔬菜	水果	畜产品	水产品
2001	0.8	3.4	20.2	18.8	23.4	7.9	26.4	41.9
2003	0.7	5.0	33.6	24.8	30.7	13.7	27.2	54.9
2004	0.9	5.9	40.4	32.4	38.0	16.5	32.0	69.7
2008	1.1	11.9	77.3	54.0	64.4	42.3	43.9	106.1
2009	1.0	16.3	66.0	52.6	67.7	38.3	39.1	107.0
2010	2.8	20.3	96.6	65.4	99.8	43.6	47.5	138.3
2012	4.2	37.6	149.0	80.0	100.1	61.8	64.4	189.8
2014	5.1	51.2	221.7	91.9	125.0	61.8	68.4	217.0
2015	5.4	58.7	204.5	89.8	132.7	68.9	58.9	203.3

---

① 马洪涛. 入世 20 年中国农产品贸易发展及趋势展望[J]. 农业经济问题. 2021,（12）：50-54.

续表

年份	进口额（亿美元）				出口额（亿美元）			
	蔬菜	水果	畜产品	水产品	蔬菜	水果	畜产品	水产品
2016	5.3	58.1	234.0	93.7	147.2	71.4	56.4	207.4
2017	5.5	62.6	256.2	113.5	155.2	70.8	63.6	211.5
2018	8.3	84.2	285.2	148.6	152.4	71.6	68.6	223.3
2019	9.6	103.6	362.2	187.0	155.0	74.5	65.0	206.6
2020	10.4	110.4	475.7	155.6	149.3	83.3	54.3	190.4

① 中国海关总署；②因字数所限，个别比较正常变化年份的数据略去，不影响趋势分析

（2）地区结构变化。①进口来源地变化。"入世"之初，农产品前五大进口来源地为美国、东盟、澳大利亚、阿根廷和欧盟，进口合计占比 64%；2020 年为巴西、美国、欧盟、东盟和澳大利亚，占比上升了 3 个百分点。目前，中国农产品进口贸易伙伴集中在美洲、大洋洲的农业大国。北美的美国和加拿大、南美的巴西和阿根廷、大洋洲的澳大利亚和新西兰成为中国主要的农产品进口伙伴。其中，美国和巴西一直是中国进口农产品的最大的来源地。2010 年美国和巴西占中国农产品进口总额的比重分别为 22.6% 和 17.3%，2020 年为 11.8% 和 21.1%。从产品来源地来看，大豆进口的 90% 左右来自巴西和美国，玉米进口的 93% 来自乌克兰和美国，棕榈油进口几乎全部来自印度尼西亚和马来西亚，棉花进口的 74% 来自美国和巴西，牛肉进口的 60% 左右来自巴西和阿根廷。②出口去向地变化。"入世"之初，中国农产品前五大出口市场为日本、中国香港、韩国、美国和德国，合计占农产品出口总额的 64.7%。2020 年，中国农产品前五大出口市场为日本、中国香港、美国、越南和韩国，合计占农产品出口总额的 46.3%，农产品出口市场呈现显著多元化。目前，中国农产品出口主要贸易伙伴集中于亚洲。其中日本和中国香港常年位居前三，其次是韩国和越南等地。亚洲以外的主要农产品出口伙伴是美国和德国，常年位列中国十大农产品出口目的地。

3. "入世"后中国农业面临的严峻挑战

"入世"后中国农业发展总体平稳，延续了"入世"之前的向上走势。农产品生产全面增长，2002—2020 年全国第一产业增加值年均增长 3.9%。但中国农业进口竞争压力增大，农产品贸易逆差持续增至高位维持，农业增效农民增收面临空前压力，管理调控好农产品进出口、农产品与非农产品等方面的利益关系考验着政府治理能力。

（1）农业对外依存度攀升。从 2004 年开始，中国农产品贸易已连续逆差，2020 年达到 954.4 亿美元的历史新高。蔬菜和水产品虽然长期保持贸易顺差，但顺差规模分别从 2001 年的 22.4 亿美元和 23.0 亿美元扩大到 2017 年的峰值 149.7 亿美元和 98.0 亿美元后，2018 年起开始下降，2020 年已分别下降至 138.9 亿美元和 34.8 亿美元。这表明，中国农业进口依存度已步入持续上升通道。其主要原因在于：①国内外农产品生产成本和价格倒挂幅度不断扩大，价差驱动型进口压力加大；②国内生产结构赶不上需求结构变化，缺口驱动型进口压力加大，③劳动力成本、土地成本等上涨导致劳动密集型农产品的出口优势衰减；④农产品进出口结构基本体现了农业资源禀赋特征。2020 年中国农产品进口额 1708 亿美元，占农牧渔业增加值的 14.6%。按照国内单产水平和料肉比折算，中国农产品进口量相当于国内 13 亿亩左右耕地的产出。

（2）农业国内支持水平快速上升。"入世"以来中国农业国内支持政策的变化呈现以下

特征：①国家对农业从攫取转向补贴。先后从 2004 年和 2006 年起在主产区实行稻谷和小麦最低收购价政策，后来拓展到对玉米、棉花、油菜籽、食糖实行临时收储政策；从 2004 年起实行种粮农民直接补贴、农作物良种补贴和农机具购置补贴，从 2006 年起实行农资综合补贴。2006 年废除农业税。②农业国内支持总量持续快速增长。中国农业国内支持总量从 2001 年的 885 亿元，增长到 2016 年的 15070 亿元，年均增长 16%；同期农业国内支持总量占农林牧业总产值的比重从 7%提高到 17%。③农业国内支持结构发生较大变化。在"绿箱"政策持续快速上升的同时，"黄箱"政策的力度也逐步加大，2016 年首次出现"蓝箱"政策。尤其是自 2011 年起出现了特定产品现行综合支持量（AMS）越过了微量允许上限[①]。

（3）农产品进口对中国农业造成的不利影响明显。①对国内某些农业产业造成挤压。一些农产品生产不仅没有因需求增长而发展，反而在既有的产量水平下经常发生严重的积压，加剧了部分产品国内市场波动。例如，自 2009 年起大豆播种面积开始缩减，从 2015 年起开始慢慢恢复种植，到 2019 年全国大豆播种面积为 933.33 万公顷，总产量为 1809.18 万吨，远难满足国内日益增多的消费，超过八成的大豆消费需要依赖进口。②对国内一些农产品趋势价格造成抑制作用，导致这些产品生产比较效益下降，产业发展缺乏必要的激励和动力。③进口与外资相结合对特定产业的中小企业造成了过度的挤出效应。④大量进口和外资进入削弱了一些产业控制力和定价话语权，给长期供给安全带来了潜在风险。⑤过度进口给农业产业安全带来越来越大的挑战。由于中国农产品市场开放程度高，净进口范围的扩大和进口量的增大，将使国际市场的波动性、不确定性、风险性更加直接、更加快捷地传导到国内市场，给国内生产稳定和产业安全带来越来越大的挑战。

（4）农产品贸易"易进难出"局面难以改变。中国农产品市场保持着高度开放，国际农产品凭借价格、质量与组织优势很容易进入中国市场。但国际上仍然有很多国家对农产品保留高关税、高补贴，并且不断增加卫生与植物卫生措施和技术性贸易壁垒，有些国家还将贸易壁垒延伸到低碳、汇率、知识产权等领域，这将给中国农产品出口贸易带来很大障碍。同时，中国农业整体缺乏基础竞争力，特别是大宗农产品竞争力不足，传统优势农产品水果、水产品与蔬菜等出口竞争力也逐渐减弱。作为高度依赖自然资源的产业，土地规模决定了种植业基础竞争力，进而决定了养殖业的基础竞争力。中国农业户均规模只有 0.5 公顷，这样的经营规模大体相当于日本的 1/6、欧盟的 1/30 和美国的 1/340，小农将长期存在。基础竞争力不足显性化，导致生产成本在国际比较中发生逆转。例如，2016—2019 年三种粮食作物的亩均净利润连续为负数，增产不增收；2020 年三种粮食作物的平均化肥利用率只有 40.2%，远低于发达国家的 60%；2019 年中国农业劳均增加值只有 5609 美元（按 2015 年美元不变价计算），只相当于美国的 6%、日本的 32%、欧盟的 22%，相当于高收入国家平均水平的 14%。随着居民收入水平提高和农业劳动力机会成本的上升，这种劣势将进一步凸显。

> **知识延伸：中国农业开放程度世界领先**
>
> 　中国农业开放已处于全球领先地位，成为全球农产品关税水平较低和贸易自由化程度最高的国家之一，在 WTO《农业协定》的三大领域做出了领先于大多数成员的开放承诺。

① 叶兴庆. 深刻认识加入 WTO 以来我国农业发生的重大变化[J]. 中国发展观察，2021（24）.

①大幅降低市场准入门槛。承诺取消所有非关税措施，对全部农产品实行关税化管理。承诺2010年过渡期结束时农产品平均关税削减至15.2%，累计降幅达67%，是乌拉圭回合中发达国家成员36%降幅的近两倍、发展中国家成员24%降幅的近三倍；农产品最终关税水平约为世界平均水平的四分之一，远低于发展中成员56%和发达成员39%的平均水平。中国农产品的最高约束关税为65%，而美国、欧盟、日本分别为440%、408%、1706%。虽然中国对部分农产品进口实行关税配额管理，但豆油、菜籽油、棕榈油仅在过渡期内实行，自2006年起取消配额；自2005年起小麦、玉米、大米配额外的最惠国税率降至65%，食糖、棉花配额外最惠国税率分别降至50%和40%。中国承诺放弃适用《农业协定》关于特殊保障条款的权利，当农产品进口数量增加或价格下降到一定幅度、对国内相关产业造成实质损害或损害威胁时，只能适用触发门槛更高的《保障措施协定》进行贸易救济。②只获得有限的国内支持政策空间。放弃适用为发展中成员量身定制的《农业协定》第6.2条关于"发展箱"的权利，对农业可普遍获得的投资补贴、低收入或资源贫乏生产者可普遍获得的农业投入品补贴必须计入现行综合支持总量，而不能像其他发展中成员一样免于削减。综合计算，中国农业综合支持量约为-900亿元，这意味着中国农业国内支持水平约为-5%。基于这一情况，中国未根据《农业协定》的规定获得基期农业综合支持量（AMS）权利，这意味着中国"入世"以后的"黄箱"措施仅限于微量允许。根据《农业协定》规定，发达成员特定产品微量允许（某一产品的"黄箱"措施占该产品产值的比例）和非特定产品微量允许（各产品普遍受益的"黄箱"措施占农业总产值的比例）上限分别为5%，发展中成员分别为10%，但中国分别只有8.5%，未能充分享受到发展中成员的特殊和差别待遇。③承诺不使用任何出口补贴措施。入世之前的一个时期内，由于国内玉米和棉花出现过剩，中国曾给予出口补贴。"入世"时承诺不再对农产品出口提供补贴。但美国、欧盟等发达国家成员自WTO成立以来一直为农产品出口提供各种形式的补贴。尽管2015年WTO第十届部长级会议形成具有约束力的决议，同意停止和逐步淘汰农业出口补贴，要求发达成员立即取消出口补贴、发展中成员2018年取消出口补贴，特定的"加工品、奶制品和猪肉"等产品可延至2020年，25个成员做出了削减出口补贴的承诺，但从实际执行情况看，出口补贴的削减并未达到预定目标。

资料来源：叶兴庆. 加入WTO以来中国农业的发展态势与战略性调整[J]. 改革. 2020，05：5-24。

第三节　区域农业市场化发展

一、中国农业市场化改革概述

1. 改革的简要历程

回顾中国农业市场化改革历程，可以明显地发现渐进式的特点：先易后难、先试点再推行，从农产品市场到农业生产资料市场，再到农业要素市场。

（1）农产品市场化改革。区分两类消费品分别推进。一类消费品是指粮棉油糖等关系到国计民生的产品。二类消费品是指蔬菜、水果、肉类等相对次要的副食品。第一，二类消费品先于一类消费品推行市场化改革。1985 年中央一号文件提出"生猪、水产品和大中城市、工矿区的蔬菜，也要逐步取消派购，自由上市，自由交易，随行就市，按质论价"。到了 20 世纪 90 年代初，二类消费品完成了由计划向市场体制的转变。第二，一类消费品改革步伐较为缓慢。1984 年起逐步实行粮食产品计划收购和市场收购的"双轨制"。1993 年，取消凭粮本、粮票供应粮食的办法，改为市场调节，实行了 30 年的粮食统购统销制度至此结束。20 世纪 90 年代中期，为保障粮食有效供给和市场价格稳定，开始实施粮食省长负责制，建立粮食风险基金，同时成立政策性银行（中国农业发展银行）。2004 年以后，中央开始出台了一系列政策，包括粮食直补、种子补贴、生产资料综合直补、农机补贴、最低收购价、临时收储、目标价格补贴等，将粮食等农产品供给作为首要问题。

（2）农业生产资料市场化改革。在消费品市场改革基础上，逐步深化扩展，建立和完善农业生产资料市场。农资的市场化是伴随着国家角色在农资生产、流通管理中的退出，农资经营中私人资本逐步进入，价格机制逐步从计划主导走向市场主导的过程。建国之后到 20 世纪 80 年代，农资基本上实行统一管理、计划安排和计划调拨。国家对重要农资商品仍然实行专营，只允许农业部门的一些经济技术实体（国有农资公司和各级供销社等）经营一部分农资商品。进入 20 世纪 90 年代，农资经营渠道逐渐放开，1992 年，将农资公司和农业三站（植保站、土肥站和农技站）作为农资经营单位。1993 年起，农资专营逐步被取消，国有农资公司和农业三站不再独家经营农资商品，而是以实力和优势服务参与市场竞争，发挥主渠道作用。允许具备条件的各种企业、农民专业合作社和个体工商户等市场主体进入。2001 年中国加入 WTO 后，农资市场化改革进一步加快，国内农资市场逐步与国际市场联系起来。

（3）农业资源要素市场化改革。农业资源要素主要包括土地、劳动力和资本三大基本要素，以及技术、管理和信息、数据等渗透性要素。由于农业资源要素是国家经济发展的根本因素，市场化改革更加谨慎推进。劳动力要素市场较早放开，1992 年之后国内就基本放开了劳动力要素的跨区域流动，2001 年基本形成了全国统一的劳动力流动市场。而土地要素的市场化改革关系到中国社会经济全局，改革进程相对缓慢。基于中国土地产权制度，土地要素市场化改革的重点是土地使用权流转。改革开放以后，土地流转经历了一个从"禁止"到"尝试"再到目前鼓励流转的过程。2003 年颁布的《农村土地承包法》为土地流转市场建立和发展提供了法律依据。2005 年，农业部颁布了《农村土地承包经营权流转管理办法》放开了对土地转入主体身份的限制，允许农户把土地流转给其他经营主体，为土地规模化经营提供有利条件。2014 年，中央一号文件提出"在落实农村土地集体所有权的基础上，稳定农户承包权、放活土地经营权"，将经营权从土地承包经营权中分离出来，使其成为一项能够进行市场交易、具有使用价值和交换价值并独立于承包权的产权形态，由此确立了中国农村土地"三权分置"的制度安排。同时，政策的落脚点锁定在规范引导土地经营权有序流转上。

2. 农产品流通体系发展变化

中国农产品流通体系发展变化主要表现为以下几个方面。

（1）农产品流通渠道的演化。1985 年，开始实施农产品流通体制改革，逐步建立市场经济的自由购销体制，取消农产品统购统销，农产品市场由垄断市场逐渐转向自由竞争市场，多种类型经营者介入。最初是以小农户短距离的自产自销为主，即小农户把自己生产的蔬菜、水果或肉蛋乳等少量农产品拿到附近集市或马路市场上直接卖给居民，形成了最短的流通渠道。随着农产品市场需求的急剧增长和农产品产量的不断提高，各类农产品市场逐步放开，允许大部分农产品自由交易，越来越多的农产品个体运销户出现，成为农产品运销的重要承担者，20 世纪 80 年代末全国农产品运销户达到 1200 万户左右。到了 20 世纪 90 年代，出现了批发商主导的农产品流通渠道，一些资金较多的个体运销户转变为农产品批发商，承担农产品在全国大范围的流通；一些小的个体运销户转变为农产品经纪人，成为农户与批发商之间的纽带；同时，在零售终端出现了大量的个体零售商贩。进入 21 世纪，农产品流通渠道成员分工进一步细化，主要渠道的长度逐步伸长（如图 5-6 所示）。从事农产品信息中介、储藏、运输、加工、分销、配送、零售等活动的专业运销商的出现是劳动分工和专业化的结果。从经济学角度分析，专业化分工能够减少每个渠道成员搜寻及谈判等交易成本，让每个成员专注做自己最擅长的业务，促进各运销主体的不断成长，使其更有效率地执行各自的运销职能。近些年，农产品生产者、各级批发商、零售商等渠道成员规模化、组织化程度加强，彼此联盟化、一体化趋势明显，构建了多种产销对接渠道，如"农超对接""农社对接""农餐对接"、O2O 生鲜电商等。目前，中国农产品流通渠道仍以长渠道为主，短渠道也在逐步发展。而从长期来看，中国农产品流通渠道长度的演变呈现出明显的阶段性特征，一般表现为渠道长度先变长再变短的"倒 U 型"演变趋势。

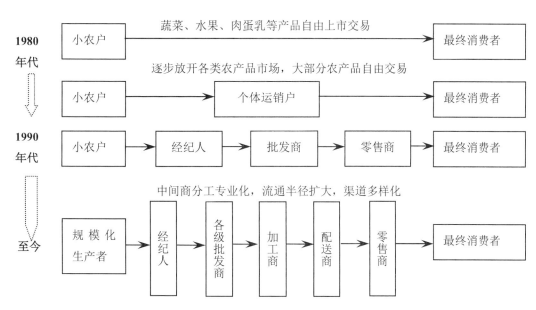

图 5-6　中国主要农产品流通渠道历史演化

（2）农产品批发市场的发展。农产品批发市场是中国农产品流通的核心节点，具有产品集散、价格发现、信息中心和综合服务等重要功能。新中国最早的农产品批发市场是在农产品集贸市场（属于零售市场）的基础上发展起来的。20 世纪 80 年代，为了适应当地农业发展以及满足城镇居民对农产品日益增长的需求，解决小农户与大市场对接的问题，各地政府开始鼓励农产品批发市场建设。1986—1995 年，各地掀起了农批市场投资建设的热潮，批发市场的发展如雨后春笋般发展起来，由 892 个增加到 3517 个，增长了 2.9 倍；农产品总交易额由 28.4 亿元增加到 1422.4 亿元，增长了 49.2 倍，农批市场在"南菜北运"、水果全国大流通当中起到了枢纽的作用。从 2004 年开始，中央连续多年的一号文件里都强调"加强农产品批发市场建设"，建设要注重质量，通过改造流通设施装备，提升流通服务能力，如配备冷链能力。2005 年全国有 38.6%的农产品批发市场建有冷库。2015 年《全国农产品产地市场发展纲要》发布实施，农产品产地市场由自发分散向规范有序转变，由集散交易场所向复合功能平台发展，初步形成了以国家级农产品产地市场为龙头、区域性农产品产地市场为节点、田头市场为基础的农产品产地市场体系。截至 2020 年底，已建设 21 个国家级农产品产地市场，带动各地建设了一批区域性农产品产地市场和田头市场；成交额亿元以上农产品产地市场 500 多家。2020 年，全国亿元以上农产品批发市场成交额 2.9 万亿元，比 2015 年增长 24.0%。全国约 70%以上的鲜活农产品通过批发市场流向消费终端，农贸市场 80%的货源、超市 60%的货源均来自农产品批发市场。许多普通农产品还要经由产地、销地批发市场流通，一些功能较强的批发市场将长期存在。

（3）农产品期货市场的发展。农产品期货市场是指交易农产品标准化合约的场所，具有规避市场风险、发现价格、调节供求、国际定价等重要功能。规避市场风险是通过套期保值实现，就是在农产品期货市场上买进或卖出与现货数量相等但交易方向相反的农产品期货，以期在未来某一时间通过卖出或买进期货合约而补偿因现货市场价格不利带来的损失。其基本原理是现货市场价格与期货市场价格走势基本一致。1993 年 5 月，在郑州粮食批发市场的基础上，建成了郑州商品交易所，推出小麦、大豆、玉米等期货交易品种，这标志着中国农产品期货市场正式拉开序幕。1998 年，为了对期货市场进行规范，国务院决定把原有的 14 家期货交易所撤并为 3 家。2018 年，大连、郑州、上海三个期货市场农产品期货交易量 9.28 亿手，交易额 47.37 万亿元，期货品种有黄豆、玉米、豆粕、苹果、鸡蛋等 20 多个。

表 5-2　三大期货交易所的农产品期货品种

期货交易所	主要的期货品种
郑州商品交易所	强麦、普麦、棉花、白糖、菜籽油、早籼稻、油菜籽、油菜粕、粳稻、晚籼、棉纱、鲜苹果
大连商品交易所	玉米、玉米淀粉、黄豆一号、黄豆二号、豆粕、豆油、棕榈油、胶合板、纤维板、鸡蛋
上海期货交易所	天然橡胶

资料来源：2019 年中国农产品电商发展报告。

（4）农产品物流设施设备发展情况。①农村交通、通讯基础设施加快完善。2020 年脱贫攻坚任务顺利完成，整个农村交通、通讯等基础设施水平发生质的飞跃。基本上全部实现了镇村通公路，全国行政村通光纤和通 4G 比例均超过 98%，5G 加速向农村地区覆盖，基本实现农村城市"同网同速"；农村宽带用户总数达 1.42 亿户，农村网民规模达 3.09 亿，农村居民平均每百户拥有移动电话 261.2 部，农村地区互联网普及率达 55.9%，城乡互联网普及率差距较 2015 年末缩小逾 10 个百分点。②冷链物流基础条件逐步完善。中国冷链物流市场规模快速增长，国家骨干冷链物流基地、产地销地冷链设施建设稳步推进，冷链装备水平显著提升。2020 年，冷链物流市场规模超过 3800 亿元，冷库库容近 1.8 亿立方米，冷藏车保有量约 28.7 万辆，分别是"十二五"期末的 2.4 倍、2.0 倍和 2.6 倍左右，初步形成产地与销地衔接、运输与仓配一体、物流与产业融合的冷链物流服务体系。冷链物流设施服务功能不断拓展，全链条温控、全流程追溯能力持续提升；冷链甩挂运输、多式联运加快发展；冷链物流口岸通关效率大幅提高，国际冷链物流组织能力显著增强；数字化、标准化、绿色化冷链物流设施装备研发应用加快推进，新型保鲜制冷、节能环保等技术加速应用；冷链物流追溯监管平台功能持续完善；冷链快递、冷链共同配送、"生鲜电商+冷链宅配"、"中央厨房+食材冷链配送"等新业态、新模式日益普及，冷链物流跨界融合、集成创新能力显著提升①。

3. 农业市场化面临的现实问题

（1）粮食安全保障难度加大问题。粮食是特殊商品，保障粮食安全必须强化政府的市场调控能力，避免市场失灵。但是，如果政府对市场干预和粮食保护不当，很容易引导资源配置错位，带来诸多严重的负面效应。例如，在 1993—1996 年，全国粮食市场供给大于需求，粮食价格却出现了连续三年的大幅上涨，根本原因在于政府对粮食市场趋势误判，通过保护价格政策来进一步刺激粮食生产。当时政府面临两难选择，一是维持较高粮价，会进一步加剧粮食过剩，而且财政负担过重；二是维持较低粮价，会降低粮农生产积极性，动摇粮食安全的基础。但如果过度依赖进口，风险更大。例如，2004 年出现的中国"大豆危机"演变到 2022 年，国家提出"大力实施大豆和油料产能提升工程"，增加补贴，推广大豆与玉米带状复合种植等防患未然。如何保障粮食安全和维持价格稳定是农业市场化改革面临的难题。

（2）高值鲜活农产品风险加大与效益不稳问题。果蔬、畜禽等高值鲜活农产品一直是改革开放后农民务农增收的主要途径。虽然各类高值特色农产品发展很快，但滞销卖难现象经常性发生，季节性、周期性、区域性与结构性的供求矛盾突出，规模盲目扩大，不耐储存，同质化竞争激烈，生产利润总体不断下降，效益很不稳定。

（3）农业标准化水平较低问题。农产品现货拍卖交易、农产品期货交易、农产品电子商务、农产品品牌建设、农产品国际贸易等活动都需要标准化水平相匹配。中国地域辽阔，各地自然资源条件差异较大，地方特色农产品种类较多，即使是同一种产品，在不同地区的差异性也较大，这给农产品标准化带来了许多困难，存在不少差距和问题（本书将后续讨论）。

（4）与发达国家关系问题存在较大变数。中国农业市场化改革在很大程度上取决于国际营销环境的变化，其中与发达国家的关系是最重要的环境要素。近些年来中国与西方发达国家的关系出现了较大不确定性，如中美贸易博弈对中美关系造成较大冲击，对中国农业市场带来了一定的负面影响。再如，种业安全与农业高新技术进口问题，发达国家领先，但通过技术性贸易壁垒设限，或者收取高额专利使用费等。需要通过深化体制机制改革，增强自主创新能力，但需要很长过程才能避免被"卡脖子"。

（5）区域农产品产地市场体系不完善。与发达国家和发展要求相比，各地的农产品产地市场发展面临不少问题。①产地市场发展不平衡、不充分问题突出，跨季节、跨区域调节农产品供需能力不足，对产业支撑能力在各地区差异较大。从农产品产地市场成交额与农业总产值比值看，东部地区为 0.35，东北地区、中部地区、西部地区分别约为 0.10、0.10 和 0.07，产业支撑能力远落后于东部地区。②农产品产地市场交易设施简陋，相当多的产地市场为简易、季节性交易场所。农产品冷藏保鲜和商品化处理设施不足，产后平均损失率是发达国家的 3—5 倍。③运行效率较低。农产品产地市场流通主体参差不齐、大小不一，建设标准体系不健全，与国家综合立体交通网对接不紧，跨区域衔接不畅，价格发现功能发挥不足，嵌入供应链、融入销售网深度广度不够。产地市场经营效益偏低，单位营业面积成交额平均约为

---

① 数据来源："十四五"冷链物流发展规划.

1.3 万元/平方米，不到农产品批发市场平均水平的 1/3。

二、区域农业市场化发展基本现状与问题

区域农业市场化发展则呈现较大的差异性，尤其是农业组织化程度、要素市场化程度以及政府农业治理、服务等方面。发达地区和某些地方的改革创新走在全国前列，农业市场化、国际化水平总体较高。例如全国农业改革创新的先进地区浙江、山东、江苏、福建、上海等地的部分领先区域。评价分析一个地区的农业市场化发展情况，需要按照农业市场化的内涵、特征及其要求等进行系统调查分析，构建相应的评价指标体系等，是一项复杂的工作。为了让读者对区域农业市场化的现状与问题有基本的认知，以下推荐一篇文章，其基本代表了中国大部分区域农业市场化的情况。

典型案例：山东省东营农业市场化发展现状和问题

东营市位于山东省东北部，是黄河三角洲开发建设的核心区。近些年，东营市农业市场化发展取得了一定的成效。①农业市场主体不断壮大，农产品有形市场体系逐步完善。截至 2019 年底东营市农业龙头企业发展到 682 家，农民专业合作社发展到 2471 家，家庭农场发展到 1705 家，建成市级农业生产社会化服务平台 3 个，全市农业生产社会化服务组织发展到 378 个，11 家农业生产性服务组织被认定为省级示范组织，辐射带动全市土地适度规模经营比重达到 65%。与此同时，农产品市场体系更加完善。据统计，东营市有规模较大、效益较好的农产品批发市场 13 个，其中，蔬菜批发市场 8 个、水产品批发市场 2 个、水果批发市场 1 个、畜产品批发市场 1 个、粮油批发市场 1 个，8 个属于产地市场、5 个属于销地市场，总占地面积 1142 亩，资产总额 4.2 亿元，形成了以农产品批发市场为中心、以城乡集贸市场和其他零售市场为基础的农产品市场体系。②农产品交易方式多样，农业信息化水平不断提升。农产品市场交易已由集市贸易扩大到了专业批发、跨区域贸易、期货贸易、订单购销、农超对接等方式，连锁经营、直供直销、配送销售、网上交易、电子商务、经纪人代理等农产品新型流通方式也发展迅速。与此同时，农业信息化水平不断提升，全市完成"益农信息社"建设行政村 1420 个，覆盖率达 80%。建设智慧农业应用基地 3 处、农机信息化示范点 1 个，购置农用北斗终端导航 16 台套、农用植保无人机 28 台、北斗卫星自动驾驶系统 3 台。建设了淘河口、买卖惠、供销宜家等电商交易平台、农业"四情"物联网平台、"大数据+互联网"农产品质量安全监管追溯平台，全市农业信息化水平不断提升。③农业资源型要素流动活跃。全市农村土地制度改革持续深化，农村产权交易市场不断健全完善，全市农村家庭承包经营土地流转面积达 100.8 万亩。农村集体产权制度改革深入推进，全市累计实现村集体经济组织分红 1.7 亿元。政策性农业保险覆盖面不断扩大，在小麦、玉米、棉花三大主要农作物品种保险基础上，开展了农业大灾保险试点、优质特色农产品保险试点。探索了"政府+银行+保险+产业化+农户"的金融支持农业产业化的发展模式，通过政府补贴保险机制，增强农村信贷融资能力。

然而，东营市农业市场化发展仍存在一些问题。①农业市场主体市场化适应能力较弱。一是市场风险抵御能力偏弱。目前，虽然新型农业经营主体发展迅速，但市场风险抵御能力仍然偏弱。从规模上看，存在规模细小、经营效率低下的问题。从组织上看，大部分合

作社、协会仍属于松散型或半紧密型的组织形式。二是农民市场意识不强。全市农民文化素质普遍较低，市场意识不强，适应农业市场化发展的能力较弱，在生产上容易出现盲目性和地区趋同性，导致农产品市场风险大大增加，影响农业生产收入。②农业市场与流通体系不健全。一是全市土地、劳动力、科技、金融、信息等农业要素市场体系还不健全，影响了农村要素流动和农业资源优化配置。二是现有农产品市场绝大多数是简陋的大棚式市场和露天集贸市场，基础设施落后。三是农产品流通模式仍处于现货交易的原始集散阶段，农产品电子商务交易占比不高，交易产品以大宗初级产品为主，高档、高附加值产品较少。四是农产品流通监管滞后，农产品流通管理体制机制不健全，流通环节检测、检疫制度落实不到位。③农业市场信息体系薄弱。一是信息供给与信息需求可能存在脱节，影响农业生产与销售。二是全市农业信息传输反馈网络不完善，市场预警机制不健全，不能及时、有效、准确地为市场主体提供权威信息。三是基层农业信息服务化水平仍然偏低，农村电子商务仍然是小众化的流通模式。④农业社会化服务体系不完善。农业生产社会化服务的有效供给能力还比较低，不能完全匹配各农业生产主体对农业生产社会化服务的需求。一是基层政府公共服务机构的服务主要是完成上级下达的计划（或责任状）和上级布置的中心任务，是通过行政命令来落实的，针对性、适应性不强。二是新型农业经营主体的社会化服务功能不强，一般停留在统一耕种、统一灌溉、统一防治病虫害等常规服务上，产前的信息指导，产后的流通、贮藏、运输、加工、销售等服务远没有很好地开展起来。

资料来源：肖静. 东营市农业市场化发展现状及对策[J]. 中国经贸导刊. 2020（6）：97-98。

三、强化区域农产品产销对接融合

农产品流通不畅，经常性出现滞销卖难问题已经成为农业市场化的一大顽疾。2022年中央一号文件特别强调"加强县域商业体系建设"，提出"支持大型流通企业以县城和中心镇为重点下沉供应链；加快实施"互联网+农产品"出村进城工程，推动建立长期稳定的产销对接关系；推动冷链物流服务网络向农村延伸，整县推进农产品产地仓储保鲜冷链物流设施建设，促进合作联营、成网配套；支持供销合作社开展县域流通服务网络建设提升行动，建设县域集采集配中心"。

1. 把握主要类别农产品流通渠道的基本特点

农产品流通渠道是为实现农产品价值和满足目标市场需求，由相关运销主体相互选择、联系和作用形成的，构成农产品流通渠道的成员主要包括：农产品生产者、农民专业合作社、农产品经纪人、农产品批发商、农产品加工商、农产品零售商、相关流通服务商等运销主体。不同类别农产品的流通渠道各具特点。

（1）粮食产品的一般流通渠道特点。首先，粮食生产、加工、收储企业遍布全国各地，流通渠道一般较长，不同种类、品种粮食的区域性及全国性流通兼有，粮食收储企业作用突出。中国每年生产的粮食超过 6.5 亿吨，70%通过流通进入消费领域。由农户采收后要经历产地收购商收购、储备企业收储、加工企业加工、各级批发商逐级分销，最后由零售商销售给消费者（如图 5-7 所示），涉及粮食仓储库、成品粮批发市场、粮食电子交易平台、粮食期货市场、粮食加工场所等重要流通节点。粮食储备企业是落实国家粮食政策、调控粮食市场的重要主体。近年来，国家加大了粮食仓储物流现代化建设，粮食仓储设施水平总体达到世界较先进水平，粮食库存数量充足、质量良好、储备安全，特别是稻谷和小麦两大口粮品种库存能够满足一年以上的消费需求，36 个大中城市主城区及市场易波动地区的地方成品粮油储备达到 15 天及以上市场供应量。

其次，粮食流通受国家管控的程度大，根据粮食市场供求和安全状况，具体政策法律制度会适度调整。《粮食流通管理条例》自 2004 年 5 月公布实施后，2013 年、2016 年分别对部分条款做了一些修订。随着粮食市场主体更加多元，购销活动明显活跃，2019 年全国具有粮食收购资格的经营者中，非国有市场主体占比接近 90%，基本形成了"市场化收购为主体、政策性收购来托底"的新格局。2021 年 4 月第三次修订后的条例取消了粮食收购资格许可制度，但明确了收购企业的备案要求，明确了收购情况的报告制度、收购行为的规范要求、监督管理的措施和手段以及违法行为的法律责任等。

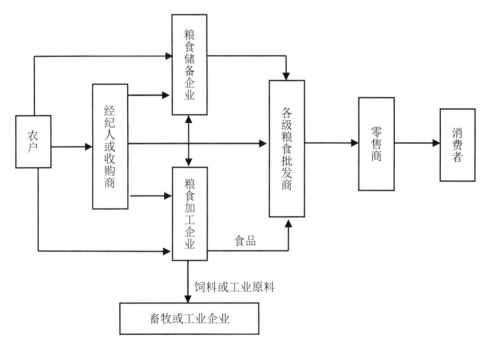

图 5-7　当前我国粮食一般流通渠道

（2）棉花产品一般流通渠道特点。棉花生产产地相对集中，收储企业相对集中，流通渠道较长。棉花由农户采收下来之后，一般要经历棉花经纪人、轧花厂等产地加工厂，棉花储备企业、棉花批发商、棉纺织企业、棉纺织成品企业（服装生产企业、家用纺织品企业、针织企业等）、棉纺织成品批发商、棉纺织成品零售商等环节（如图 5-8 所示），批发市场和期货市场是棉花的重要流通节点，包括产地收购市场、皮棉批发市场和棉纺成品批发市场等。

国家对棉花市场调控不同于粮食，主要由国家储备棉花企业（如中储棉公司）落实棉花收储政策，在棉花供大于求时吸储棉花，在棉花供不应求时抛售棉花，从而稳定棉花市场价格；棉花企业还利用国际市场棉花资源调节国内市场供需。

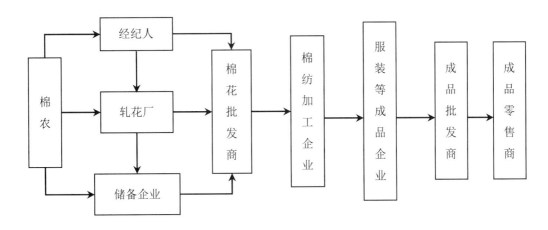

图 5-8　当前中国棉花一般流通渠道

（3）果蔬产品一般流通渠道特点。各地果蔬生产品种丰富、地域差异大，销售范围差异大，果蔬产品生鲜易腐，在物流过程中要执行商品化处理、交易、贮运保鲜、质检等一系列技术活动，技术要求较高，流通过程具有更强的不稳定性。虽然生鲜农产品电商兴起，新业态、新模式不断创新，但80%左右的仍然是传统的以批发市场为核心的模式，流通过程一般为：①在产地市场阶段，由农产品经纪人或产地批发商把一家一户的农产品收购集中起来，收购的地点包括田头、收购站或产地批发市场等，农产品经过必要的分选、分级、加工、预冷、保鲜、包装等商品化处理之后，运输到销地市场。②在销地市场阶段，位于销地批发市场的批发商对农产品进行再处理，然后进行分销，农产品被次级批发商或零售商购买后，即可进入零售市场。③在零售市场阶段，零售商对农产品进行再处理，然后直接面对消费者进行零售，消费者通过感官判断挑选所需的农产品。在果蔬流通渠道中存在着农产品生产者、农产品经纪人、产地批发商、销地批发商、次级批发商、农产品零售商、物流公司、市场设施经营者等多种营销主体，其中产地或销地批发商是流通渠道的主导者，各类渠道成员之间关系比较松散，大型农产品现货批发市场为核心流通节点，市场交易方式以传统的对手交易为主。

（4）畜产品一般流通渠道特点。首先是有较严格的规范化制度规定。畜禽产品可包括两大类，一类是有生命的活畜禽（有特别严格的规定要求的种畜禽除外），另一类是活畜禽生产的蛋、乳、蜂蜜、毛以及经过屠宰加工后的肉、皮、骨等。涉及检疫、疫情防控以及病死物、污染物处理的环境要求，2006年实施的《中华人民共和国畜牧法》等法律法规对活畜禽的交易、屠宰加工等有严格的规范要求，例如，"国务院畜牧兽医行政主管部门规定应当加施标识，而没有标识的畜禽不得销售和收购"。鉴于生猪养殖和猪肉消费的重要地位，国务院颁布《生猪屠宰管理条例》（2021年8月）进行规范，如实行"生猪定点屠宰"、加工与集中检疫制度。未经定点，任何单位和个人不得从事畜禽屠宰活动（农村地区个人自宰自食的除外）。定点屠宰厂（场）的畜产品未经肉品品质检验或者经肉品品质检验不合格的，不得出厂（场）。

其次，一般的畜禽产品流通的技术要求和专用性资产要求高，渠道呈现多元化，组织化程度高，"公司+农户（农场）"及"自繁、自养与屠宰、加工、销售"等产业化主导。一些大型畜产品屠宰加工企业是畜产品流通渠道的主导者，对其他渠道成员进行有效管理和控制，建立自己的品牌。在批发环节，经加工的畜产品（如分割肉）由批发商分销，最后进入零售终端。全国大中城市一般都设有畜产品批发市场，批发市场可与定点屠宰加工企业签订"场厂挂钩"协议，批发市场只能销售与之签订协议的定点屠宰厂的畜产品。由于畜产品的鲜活易腐性较强，畜产品贮藏运输的难度较大。因此，畜产品在运输之前要进行加工处理和包装，如牛奶要进行高温灭菌和真空包装，鸡蛋要采用蛋托包装。畜产品运输需要采用专业的运输工具，如活畜运输要采用专门的车辆，原料奶运输采用罐车、肉品运输要采用冷藏车。还要加强对鲜肉、冻肉、鲜奶等畜产品的冷链管理，降低畜产品损耗，保障食品质量和安全。

（5）水产品一般流通渠道特点。水产品（特别是活体水产品）流通渠道一般较短，技术要求高。主要分为三个阶段：产地出货阶段、批发市场交易阶段和零售阶段。在产地出货阶段，养殖户或捕捞业者向收购商提供水产品，由于水产品鲜活易腐性较强，收购商必须快速集货，及时发往客户所在的批发市场。在大部分水产品流通中，批发市场发挥了重要作用。为保持新鲜，水产品流通过程中贮运技术要求较高，如用充氧袋、冷链运输等，成本高、风险损失大。对于活体水产品而言，在整个物流过程中要采用水箱加氧、控制温度、消毒等技术手段保证水产品的鲜活。对于冷冻类水产品而言，要实施冷链物流管理。

2. 着力提升区域农产品产地市场运营效率

《"十四五"全国农产品产地市场体系发展规划》将提升农产品产地市场运营效率作为重要任务，应主要在以下方面努力。

（1）促进各级市场之间联动发展。探索国家级、区域性农产品产地市场与田头市场通过股份合作、委托经营等多种方式，增强业务联动，引导仓储保鲜、商品化处理和物流配送等流通资源集聚，促进农产品产地市场联建联营、融合互用、上下游有机链接。

（2）加强跨区域协同发展。引导各级农产品产地市场通过平台对接、资源共享等方式，打造优势互补、利益一致的市场共同体，开展符合产业链、供应链要求的流通和配送服务，促进产品空间对接和产业协同发展。

（3）建设产地冷链集配中心。《"十四五"冷链物流发展规划》提出，要结合新型城镇化建设，依托县城、重点镇布局建设一批产地冷链集配中心，改善产地公共冷库设施条件，强化产地预冷、仓储保鲜、分级分拣、初加工、产地直销等能力，提高农产品商品化处理水平；拓展产地冷链集配中心中转集散、分拨配送功能，优化完善县乡村冷链物流服务。

（4）推动产销市场融合发展。一是扶持产地市场发展电子商务、配货配送、连锁门店，引导产地市场和销地市场经销商开展摊位共享、代购代销等合作，推动农产品产地直供与销地直采双向融合。二是扶持农产品产地市场发展共同配送，推进农产品上行与工业品下行设施设备共享共用、网络互联互通，提供日用消费品、农资下乡和农产品进城双向服务。三是构建产销协同机制，实时共享生产、需求、库存和流通信息，实现按需组织生产，合理安排仓储物流。四是提升产地流通服务水平。推广供应链理念和技术，改造提升农产品产地市场，培育形成新型供应链服务平台，建立与中间渠道、消费终端经营主体紧密合作机制，构建采购、分销、仓储、配送统一体系。

3. 探索多样化的农产品产销对接模式

目前，各地区农产品营销渠道仍以长渠道为主，中间流通环节较多，农产品从生产者到消费者的整个流通过程中的流通费用较高；环节过多，容易产生"牛鞭效应"①，市场信息不能及时传递和反馈；农产品流通经过较多中间环节，总的流通时间较长。针对这些问题，各种相对短化的营销渠道在不断探索。

（1）销售企业主导的产销对接模式。近10年来，各地实体农产品经销企业积极探索"农超对接""农餐对接"等产销对接模式，适度简化流通环节。以"农超对接"为例，"农超对接"是指农民（或农业合作组织）与供应链终端的超市之间通过契约关系或者约定建立长期的供应一定品种、数量、规格的农产品，并借以获得合理收益。该模式发展的目的是减少农产品流通环节，降低成本，平抑价格，给农民、超市、消费者三方带来利益。自2008年起各地开展"农超对接"试点，但经过几年的试点发现，现实利益中的"农"与"超"难以实现成效显著的对接，曾被寄予达到"农民增收、企业增效、顾客受惠"三方共赢的愿望并没有实现。农民组织化程度低、农产品达标率低、消费者认知程度低、渠道权力不均衡、利益分配不合理等问题严重制约着"农超对接"进一步发展，成功的案例还较少。

（2）农业企业主导的产销对接模式。各地农民专业合作社、农业龙头企业等新型主体积极探索"农社对接"、会员制配送等产销对接模式，适度简化流通环节，以"农社对接"为例简要分析。"农社对接"是指合作社在城镇居民社区开设直销店，把自产农产品直接销售给消费者的产销对接模式。这种模式旨在减少农产品的流通环节和成本，实现产销稳定衔接，让农民和消费者受益。2011年农业部启动了"农社对接"试点工作，安排专项资金引导各地合作社与城市社区开展对接。但是在实践中这种模式的运营难度较大，农民专业合作社规模普遍较小、实力有限，在销地建立直营店直接负责农产品零售，要承担较大的市场风险，盈利难度较大，主要有三点理由：第一，由于合作社生产的农产品种类比较单一，通过在一个居民社区范围内零售，难以实现很大的销售量，盈利困难；假如合作社扩大直营店的数量，把销售网点覆盖到多个社区，就要付出高额的经营成本（物流成本、店铺成本、人员销售成本等），容易出现亏损。第二，即使有些合作社种植的农产品种类丰富，但是由于缺乏零售管理经验，信息化水平较低，难以根据消费者需求的变化及时调整商品种类和数量，盈利难度较大。第三，同连锁超市相比，合作社零售管理经验不足，直销店只经营农产品，没有其他高利润产品，一旦出现市场价格低于总成本时，经营就会难以持续下去。可进一步探索通过农民专业合作社联合、直营店连锁加盟的方式，由联合社成立专业的运营机构实行统一管理、统一监控、统一营销，解决单个合作社规模小、品种单一、实力弱、直营网点少等问题；利用电子商务网上空间无限延展的优势，解决自营实体店场地空间局限、商品种类有限等问题，并确保社区生鲜农产品直营店经营的常态化。为提高消费者的满意度，需加强产品的标准化管理，提高合作社零售管理水平。

（3）基于网络营销的产销对接模式。2015—2018年间，中国网上零售额年均增速达到32.4%，网上销售在城乡爆发式增长。2021年，全国实物商品网上零售额达到108042亿元；农村网络零售额2.05万亿元，比上年增长11.3%，增速加快2.4个百分点；农产品网络零售额4221亿元，同比增长2.8%。农产品网络营销是借助互联网、计算机通信技术和数字交互式媒体来满足农产品消费者需求，实现农产品经营者营销目标的一系列营销活动，具有推广

---

① 需求信息流通过流通渠道传递，一般从消费终端向生产者端逐级逆向传递时，信息在传递过程中经过多个中间商环节，无法有效地实现信息共享，使得信息扭曲而逐级放大，导致了需求信息出现越来越大的波动，此信息扭曲的放大作用在图形上很像一个甩起的牛鞭，因此被形象地称为"牛鞭效应"。

品牌、收集信息、客户服务、在线洽谈和付款结算等主要功能，便捷交互性、突破时空限制、推广精准性和整合性等特点突出，各地区可基于网络营销构建农产品产销对接新模式来越多，农民专业合作社、农业龙头企业、大型连锁超市等企业，都纷纷建立起自己的网络营销平台。

目前的网络营销主要有自媒体营销和网店营销等形式。自媒体营销是指，利用短视频、微信、直播平台、微博等互联网平台和媒体来进行市场推广活动。近几年来，直播带货、微商、社区团购、拼购等网络营销新模式、新业态在县域地区蓬勃兴起，手机变成了"新农具"，流量变成了"新农资"。当然，网络营销也不仅限于线上，一个完整的网络营销方案，除了在网上做推广外，还有必要利用传统方法进行线下推广。由于农产品的标准化难度大、生鲜易腐性强、季节性强等特点，许多生鲜农产品网络营销的作用还主要在宣传层面上，要真正做好生鲜农产品网络营销，还必须做好线下工作，如严格分拣分级，保证农产品达到标准；注意贮藏与保鲜；突破冷链物流的发展瓶颈；与物流公司合作，降低物流成本；协调好货源，及时送到货。如今越来越多的电商企业纷纷涉足农产品线下业务，进军农产品新零售市场。

目前的生鲜农产品消费市场仍以线下购买为主，占80%左右。相比于线下生鲜门店或者菜市场，生鲜电商的优势到底在哪里？一是节省时间，尤其是自提或者到家业务节约了年轻消费者采购食材的时间；二是产品的品质更好，尤其是进口的生鲜产品。但中国电子商务研究中心数据显示，国内生鲜电商领域，大约有4000多家入局者，其中仅有4%营收持平，88%陷入亏损，最终只有1%实现盈利。生鲜电商平台盈利困难的原因有很多，其中一点是成本太高。2020年的新冠疫情让生鲜电商行业再次站上创业、投资风口，补贴大战"硝烟再起"，生鲜电商延续互联网行业的一贯剧情：烧钱补贴——快速扩张——恶性竞争——行业洗牌——巨头合并——走向寡头，很多生鲜电商收缩规模或者倒闭关店。

（4）政府主导的产销对接模式。在特定时期和特定条件下，地方政府以及社会力量在农产品产销对接过程中发挥主导作用。例如，在新冠疫情发生期间，一些产地农产品销售困难，同时社区农产品供应紧张，政府发挥主导作用，为农产品开通绿色通道，积极联系收购商，构建紧急配送网点。在非疫情时期，各地农产品也会出现大量滞销的情况，需要政府、媒体以及企事业单位等社会力量共同帮助构建农产品销售渠道。为了让本地特色农产品销售更好，一些地方政府也采取各种营销推广手段，比如举办农业产业大会、特色农产品产销对接会、在电视等媒体上做特色农产品公益广告等。

典型案例：天津市武清农产品进京产销对接会

2019年12月19日，由天津市武清区农业农村委员会主办，天津市农业农村委员会支持的"津菜进京"暨"武清区国家农业产品质量安全县"农产品产销对接会如期举行，武清区50多家规模经营主体组成"武清果蔬"大家庭，携带田水铺村水果萝卜、石各庄"雍贝"金果梨、津门老字号"和平牌"挂面、"东马房"豆制品、"学清"黑色系列农产品、"天民田园"甘蔗、"晓森"鲜桃、"黑马"水培韭菜、"君健"有机蔬菜、灰锅口果蔬、河北屯西红柿、陈咀鲜食玉米、"益捷"绿色猪肉以及"华明"乳品、"绿翅"鸡肉、鸡蛋等百余个优质农产品品种来京进行推介，京东、首农、物美超市、聚利和团餐、首航超市、美菜等70余家京城的超市、生鲜电商、机关食堂、团餐单位到场进行产销对接，天津市农业农村委员会、北京市农业农村局领导和京城数百名市民代表等500余人参加津菜进京推介活动。对接会现场签订采购协议 56 个，采购总额 9100 万元，协议销量达 2000 万公斤以上，同时 6 家单位还与武清农业经营主体签订了长期合作生产基地项目。

　　资料来源：摘编自天津日报 2019 年 12 月 24 日报道。

4. 有效对接农产品国际市场

　　进一步开拓农产品国际市场，尤其是提升特色优势农产品的国际竞争力，需要更加细致的工作和艰苦的努力。

　　（1）分析并适应国际营销环境。区域农业对接国际市场首先要重视营销环境研究。不同的国家和地区之间在政治、法律、经济、自然、社会文化、人口、技术等宏观环境和微观环境上存在着较大差异。其中，文化差异有时决定着企业国际营销的效率和效益。国际营销环境变化对农业经营者的影响越来越大。区域农业要想成功对接国际市场，必须首先研究清楚国际营销环境，并采取有效的营销策略，不断适应国际环境的变化。

　　（2）通过质量管理突破技术性壁垒。区域农业对接国际市场最难跨越的障碍之一就是技术性贸易壁垒。例如，近年来我国输往日韩的大蒜和出口美国的水产品因不符合其标准时有被退回。农产品出口的技术性壁垒主要包括食品中农兽药残留限量要求、微生物指标要求、重金属等有害物质限量要求、食品标签要求以及加工厂和仓库注册要求等五大类，这对我国出口食品的生产工艺和生产质量都提出了更高要求。要突破技术性壁垒，农产品经营者必须以国际标准为标杆，实施严格的标准化管理，积极通过相应的国际质量体系认证（获得市场准入的通行证），改造相关技术工艺，提高产品质量。

　　（3）瞄准目标市场开展差异化营销。农产品国际市场环境更为复杂，竞争更加激烈。经营者应该采取差异性营销策略，针对不同的目标市场采取差异化的营销组合，满足不同消费者的需求。例如，安丘市某食品公司通过与国外客户当面洽谈等方式研究不同国家、不同人群的消费偏好，并针对不同地区的消费者开发适销对路的农产品。根据日本环海，夏多雨、冬寒潮湿的气候特点，公司向其出口生姜、大葱、圆葱、辣椒等系列农产品；根据韩国人的饮食特点，向其出口泡菜、速冻芋仔、烤花生果等食品；根据英国、美国、澳大利亚、加拿大等国家对面食的偏好，向其出口春卷、金钱袋、酥饺、锅贴等食品。企业还要在差异化营销过程中，导入和塑造品牌，不断提高品牌的知名度和美誉度。

　　（4）慎重选择国际贸易中间商。农产品国际营销的专业性和复杂性较强，买家和卖家各处异国，往往互不了解，并且文化差异较大，需要贸易中间商搭建渠道作为买卖之间的"桥梁"，选择贸易中间商代理或经销其产品。在与贸易中间商交易的过程中，由于双方的信息不对称，往往会承担巨大的交易风险，需要选择诚信可靠的贸易中间商。

　　（5）利用电子商务开展国际营销。电子商务是以电子信息网络应用为前提，以系统化电子工具为基础，以商品贸易等经济活动为对象，以电子数据交换和网上交易为内容的全新商务模式，是整个商务贸易活动的电子化和网络化，具有交互性、个性化、经济性、跨区域等特点，扩大了企业的销售范围，提高了国际营销效率。农业经营者可针对国际市场消费者需求差异性大的特点，利用电子商务的交互性，引导客户对产品及服务进行选择和提出具体要求，及时进行生产并提供相应的产品。知名的国际电商平台有 Amazon、eBay、全球速卖通、EC21、TradeIndia 等。

典型案例：农产品电商发展的典型——拼多多

目前农产品上的最大平台之一拼多多，其以"拼购"模式迅速裂变并聚集消费需求，通过实时海量的多对多匹配，迅速消化掉大批量的当季农产品，将农产品直接从田间送到消费者手中。此模式很好契合了中国"小农"现状，利于解决农村电商物流的量少且分散、信息不对称、利润率低等问题。拼多多依托创新的"拼农货"模式，解决了传统电商模式下农货被动等待搜索、销量难以持续的普遍性难题，通过主动向消费者呈现"产地直发"优质水果的方式，帮助"小农户"连接"大市场"。拼多多深入广大农村，渠道下沉能力强，2019 年拼多多平台农（副）产品成交额达 1364 亿元，较同比增长 109%，进一步扩大了全网农产品上行领先优势。在"货找人"模式的推动下，拼多多成功带动了数亿消费者由即时性农产品消费转变为"半计划性消费"，有效丰富了农产品的消费场景，大幅度提高了农产品的市场容积。2019 年，拼多多额外投入 159 亿营销资源及 29 亿现金补贴，推广农产品，畅通农产品流通渠道，寻找合适的销售模式。平台单品销量超"10 万+"的农（副）产品达 1500 款，较上年增长近 230%。"拼"模式于需求侧的爆发力，进一步推动一批"超级单品"脱颖而出。2019 年一年内，平台农（副）产品活跃商家数量达 58.6 万个，较上年增长 142%，由平台直接带动的新农人超过 86000 名，覆盖中国各大主要农产区。在全国农产区建立分拣、包装、物流的分布式中心，直连地区建档立卡贫困户，平台及新农人直连的农业生产者预计超过 1200 万人。截至 2019 年底，拼多多平台注册商户地址为 832 个国家级贫困县的数量超过 36 万家（经营类目以农产品和农副产品为主），年订单总额达 372.6 亿元。其中，注册地址为"三区三州"地区的商家数量达到 157152 家，年订单总额达 47.97 亿元。

资料来源：作者根据有关资料整理。

本章思考、练习与讨论题

1. 中国经常出现"蒜你狠""蒜你贱"现象的交替发生，类似也出现了"姜你军""豆你玩"等现象。经营者或投机商有的"一夜暴富"，有的"倾家荡产"。同时，普通农业生产者面临着巨大的市场风险。试用所学原理分析回答：（1）哪些种类的农产品更容易出现上述现象，这些农产品具有哪些产品特点、生产特点与市场特点？（2）这种现象产生的其他社会经济因素有哪些？（3）如果你是区域农业管理者或农产品经营者，如何应对此类问题？

2. 中国蔬菜、畜产品及水果等鲜活农产品市场上，经常发生区域性、周期性的农产品"卖难"（滞销）问题，虽然政府和社会各界都采取了一些积极措施（如信息平台、爱心购买与助推销售等），但是仍然难以避免"卖难"问题经常性发生。而欧美日等发达国家和地区却较少出现此类问题。试分析：（1）卖难问题产生的主要原因；（2）目前政府及社会采取的措施的局限性；（3）解决此类问题的根本措施。

3. 1995 年中国由大豆净出口国变为净进口国，入世 20 多年来，大豆成为对外依存度最高的重要农产品，进口量持续增长。目前，年进口量 1 亿吨左右，同时还进口大量豆油和豆粕；而全国大豆年产量经过近几年的努力，约为 0.2 亿吨，大豆对外依存度超过 80%，成为农产品贸易逆差扩大的重要贡献者。结合国家对大豆产业政策变化等背景资料，试述该问题的成因以及应对措施。同时，阐述你对中国农产品贸易逆差扩大并处于高位的看法。

4. 在农业中存在"两头叫、中间笑"与"两头笑、中间叫"的说法，前者是指农产品产地收购市场价格低，而终端消费市场价格高；后者是指农业生产资料供应和农产品产后销售环节收益较高且稳定，而农产品生产者收益较低且不稳。试述你对这两种现象的看法。

本章主要参考文献

陈池波主编. 农业经济学[M]. 武汉：武汉大学出版社，2015.

张广花主编. 合作社经济[M]. 杭州：浙江工商大学出版社，2012.

张忠根. 农业经济学[M]. 杭州：浙江大学出版社，2010.

武拉平. 中国农业市场化改革之路[M]. 北京：经济管理出版社，2020.

杨光. 地方政府在农业市场化过程中的作用分析——以浙江省长兴县为例[D]. 杭州：浙江大学硕士学位论文，2015.

武拉平. 中国农业市场化改革的逻辑[J]. 农业现代化研究，2020（1）.

曹斌，于蓉蓉. 促进公益性农产品批发市场体系建设：日本的经验与启示[J]. 学术研究，2021（12）.

马洪涛. 入世20年中国农产品贸易发展及趋势展望[J]. 农业经济问题，2021（12）.

第六章　区域农业发展组织化

组织化水平高低是现代农业的重要标志。产业发展依靠农户、企业、合作社等各类经营组织去配置利用资源，各种组织有其不同的特性、适宜性和优劣势，需要根据外部市场环境变化、自身条件和发展需求不断创新。

第一节　农业组织化理论概述

一、生产经营组织的基本理论

1. 生产经营组织的基本内涵、特性与类型划分

（1）组织的基本内涵。作为动词，组织是按照一定的规则和方式对各种要素进行配置，以实现特定目标的过程。组织作为名词是一个"实体"，是各要素按照一定方式相互联系而形成的某种结构，是为了某种共同利益而结合在一起的群体成员之间的关系结构。权利、责任与利益的关系及其结合方式是一种组织区别于另一种组织的核心。

在经济管理领域，普遍认可制度经济学对组织本质的观点，即组织的本质是一种契约关系。具体描述词汇或名称有很多，如经济组织、生产经营组织、经营组织、市场（经济）主体、经营主体、产业组织、产业经营组织等。严格意义上各种概念的内涵与外延有一定的区别，基本含义可以认为相同或相似。在不同时期和语境下，对这些概念的内涵解释不完全一致。一般认为，生产经营组织就是从事生产经营活动的微观主体，市场主体就是在市场上从事经济活动，享有权利和承担义务的个人和组织体。产业经济学所研究的"产业组织"不同于一般意义上的微观生产经营主体，而是产业内各种生产经营组织或市场主体之间的市场关系、竞争与合作关系结构。

（2）组织化。"组织化"一词并没有权威统一的界定。一般意义上，组织化就是提升单一组织或者产业组织的整体效能的过程，包括如下方面：一是由独立个体或行动按照一定的规则、目标结合为共同体或行动；二是组织从低层次、低水平向高层次、高水平变迁，如合伙制向公司制转变；三是组织之间的联合与合作，包括跨行业、跨部门等合作；四是行业或产业的组织化，针对一个产业或行业的产业链各环节，由市场竞争或市场交易关系发展为竞争合作乃至一体化关系。

（3）生产经营组织特性的主要体现。深刻、系统、理性地认识这些特性很重要，是分析思考组织问题的基本逻辑。一种生产经营组织区别于另一种的内在规定性就是该组织的特性，主要体现在以下几方面：①所有权结构。产权一般指是以财产所有权为主体的一系列财产权

利的总和，包括所有权及其衍生的占有权、使用权、经营权、收益权、处置权等权利，产权的各项权能是可以分离、流动与交易、重组的。不同组织的资产权能类型、构成及其关系不同，例如私人所有、国有、集体所有、股份所有以及混合所有等。②其他产权权能结构。同样的所有权结构，但占有、使用、处置及收益等其他权能结构不同，组织的类型、内在机制、功能也会不同。③权责利关系及其内在机制。即使在产权权能结构一样的组织，其组织内部的权利、责任及利益关系等具体机制也会存在差异，进而影响组织效率与绩效。同样都是集体组织，但内在的权责利关系也会不同。④组织成立的动机、目标及信念（理念、宗旨）。组织成立的基本动机是为了获取更多的利益（经济、政治或社会利益等），也有组织的设立动机就是利用制度漏洞"投机获利"，也有其他动机需要政府的制度规范引导，才能符合社会发展要求。组织是为一定目标而成立发展的，是一种目标为主的多重目标集合，不同组织及在不同阶段的目标是可变的，如企业目标一般是利润最大化和能持续生存发展，但当企业发展到一定程度，社会责任目标凸显；有些企业目标是就业、社会福利性，有些是生态环境目标；在某些特殊困难阶段，企业的目标是先要"存活"；有的农户的目标是维持生计、风险最小，有的是利润最大。⑤产业自身特性及发展环境与条件。不同产业及其产品生产经营的特性，以及所需的资金、技术与人才条件不同，产业发展技术环境、制度环境和市场需求环境等不同，组织特性及其主体形式不同，组织必须适应这些特性环境及条件才可能找到最有效的形式，实现组织目标。最复杂多样的是农业产业的生产经营组织。

（4）组织形成的基本条件及原因。为什么会形成生产经营组织？根据组织基本内涵及特性可以推理出三个基本条件：要有诱因、要达成均衡、要创造效率。也就是说，任何组织的形成都有一定的动机和目标，例如超过个体努力的更多潜在利益的诱导；组织的各个成员、利益相关者及其权能关系、权责利的关系等要实现一定的均衡，获得成员的一致认可，形成利益共同体，组织才能存续并发展；组织必须创造出高于个体的效率和利益，否则会"用脚投票"导致组织解体。

更进一步，组织为什么会形成更高的效率或利益？最基本的原因是能够形成合力、优势互补、资源整合、规模效应等功能作用。也就是克服了个体或自然人的自身力量、资源条件、知识等很多局限性，把市场交易行为改变为组织内部的协调行为（市场交易、外部交易内在化），减少不确定性风险与交易费用等。社会发展、经济发展就是社会分工不断深化的过程，分工就需要合作，组织就是合作。

当然，相对于个体，组织的运营也要付出协调管理等组织成本，面临更大的风险，比如规模化生产的更大风险等。组织的存续和发展取决于组织收益和组织成本的比较，组织收益大于组织成本是基本要求。

2. 生产经营组织的形式（类型、形态）

（1）生产经营组织形式划分。首先要了解官方机构的统一制度规范。2021 年之前，中国工商行政管理机关曾将登记注册的各类企业分为内资企业、港澳台商投资企业和外商投资企业 3 大类。2021 年开始实施的中国《民法典》，将中国民事主体分为自然人、法人（包括营利法人、非营利法人和特别法人）和非法人组织。其中法人是具有民事权利能力和民事行为能力，依法独立享有民事权利和承担民事义务的组织。法人应当依法成立，应当有自己的名称、组织机构、住所、财产或者经费，依照法律、行政法规规定的具体条件和程序成立。《民法典》赋予机关、农村集体经济组织、城镇农村的合作经济组织、基层群众性自治组织为特别法人；农村承包户与个体工商户为自然人民事主体；个人独资企业、合伙企业、不具有法人资格的专业服务机构，但能够依法以自己的名义从事民事活动的组织为非法人组织。

2022 年 3 月开始实施的《中华人民共和国市场主体登记管理条例》规定，市场主体是指在中华人民共和国境内以营利为目的从事经营活动的下列自然人、法人及非法人组织：①公司、非公司企业法人及其分支机构；②个人独资企业、合伙企业及其分支机构；③农民专业合作社（联合社）及其分支机构；④个体工商户；⑤外国公司分支机构；⑥法律、行政法规规定的其他市场主体。同时，根据不同的语境场景和目的要求，可对生产经营组织划分不同类型。例如，根据组织目标，可以划分为营利性组织和非营利性组织，如行业协会、专业合作社都被界定为以服务为宗旨的组织。

（2）生产经营组织形式与其功能的关系。不同类型都有其主要特性或者基本规定性，是一类组织的共性，也是形式上的要求。不同的组织类型都有其理论上的优劣势，没有绝对最优组织、好坏组织，只有最适宜的、政府要求或产业要求的组织，市场主体多样化是各行业基本现实。中国过去实行的人民公社与集体化不适应当时生产力发展水平和国情，但以色列农业现在仍然有大量的高度集体化农业组织"基布兹"。

更进一步，组织"应有"优势或功能作用的发挥，还需要很多具体的环境、条件。同样都是合作社，但经营效果、持续性等差异很大；同样是家族企业，有的衰败，有的是百年老店等。必须把握市场主体发展的实质及其内在机制。进行农业生产经营组织、组织化研究就是要找到共性和规律，用以指导实践，通过专家服务、教育培训以及人力资本提升更好地促进产业发展。但符合共性、规律只是组织经营持续、成功的必要条件，而不是充分条件。制度规范本身不能创造出成就，成效是要靠人来实现。

虽然随着大数据、云计算等信息技术的发展将为科学决策提供更系统精确的依据，大企业、企业集团等优势更加突出，但决定市场主体绩效和前景的核心仍然是人，是具有企业家精神和才能的人。企业家精神有多重内涵和表述，如以创新创业为核心价值观，信任、合作和社会责任等伦理精神，甘愿冒险和主动创新的精进精神等。

3. 产业组织发展的经典理论概述

产业组织及组织化的相关经典理论及其流派很多，不同理论针对的问题及其分析逻辑不同，简要介绍几种专业文献中应用较多的理论的基本思路和观点。

（1）分工理论。分工通常和专业化同时出现。所谓分工就是社会劳动的划分和独立化，是把原来由一个人或组织从事的不同经济活动或同一经济活动所包括的不同操作或职能分解为两个或以上的人或组织承担。专业化是指个人或组织把生产资源聚集于生产活动中的某一种或几种操作（职能）。很多经济学理论都是以分工理论为基础。亚当·斯密（1723—1790）的《国富论》奠定了古典经济学的系统理论。该书开篇就分析了劳动分工，并指出"分工是国民财富增进的源泉"。斯密将人类文明历史划分为低级而粗野的原始阶段、游牧阶段、农业阶段、商业阶段和工业阶段，每一阶段都对应一种典型的组织形态。处于文明社会的民族之所以比处于原始阶段的民族更富裕，主要原因就在于文明的社会中形成了更为发达的分工体系。同时，斯密将分工分为三种：一是企业内分工；二是企业间分工，即企业间劳动和生产的专业化；三是产业分工或社会分工。

分工与专业化发展成为经济增长的重要源泉，其原因是：导致分工增进的经济效益因素超过分工引发的成本因素。专业化分工引起劳动生产效率的提高和生产成本的降低，促进生产技术和组织方式的创新；而专业化发展也导致产业链条（环节）不断增加，交易范围和规模扩大、交易对象增多、交易频率可能不断提高，导致成本费用（交易费用）会相应提高。这就要求更好地协作，必须设计更为高效的交易协调规则、机制及其组织，才能实现净收益的不断提高。因此，社会经济发展的每个质变阶段都会对应其典型的组织形式。

（2）交易费用（成本）理论。交易费用是搜寻有关交易信息、谈判签约以及监督合约执行，以及判断失误带来的损失、违约及受到欺诈所产生的费用、处理交易纠纷的费用等。新制度经济学的创始人罗纳德·科斯（1910—2013）于1937年发表的《企业的性质》一文，首次提出"交易费用"思想，认为企业的产生是因为"交易费用的节约"。

交易费用理论经奥利弗·威廉姆森（1933—2020）等不断发展，成为制度经济学的核心概念。该理论认为，交易费用的决定因素是市场交易的不确定性、谈判对手的数量和交易对象的资产专用性等三个主要维度（因素），以及人类理性的有限性、机会主义行为（如搭便车）、信息的不对称（不充分）等。资产的专用性，是为支持某项特殊交易而进行的耐久性投资，它一旦形成便很难转移到其他用途上。资产的专用性越强，越需要交易双方建立一种稳定、持久的契约关系。交易的不确定性包括环境的不确定性、交易双方行为的不确定性等。

根据该理论，不同的农业生产经营项目（产业、产品生产等）的资产专用性、不确定性等是不同的，要根据不同产品的生产和交易特点而采用不同的组织形式。

（3）制度变迁理论。农业生产经营活动，不仅仅是一种人与物之间的技术关系，更取决于一定的社会关系（或人与人之间的关系），其直接表现为一定的制度安排。制度就是能够约束人们行为的一系列规则，由正式制度与非正式制度构成。正式制度是指有意识制造的一系列政策法规，包括政治规则、经济规则和契约及其所形成的一种等级结构。非正式制度是人们在长期中无意识形成的，有持久生命力的，且通过文化结构代代相传的一系列规范，由价值观、伦理观、习俗和意识形态等组成。制度的职能很多，诸如提供一种秩序，降低交易费用和风险，促进节约以及再分配等。制度正确（或适宜）及其有效实施是其发挥作用的基础，正式制度只有与非正式制度相容才能发挥作用（制度"相容性"原理）。经济发展中最重要的制度是关于产权、市场、国家和意识形态方面的。

制度变迁是制度经济学的核心问题，是指新制度产生、替代或改变旧制度的动态过程，制度变迁一般会使部分人受益、部分人受损，也存在变革成本和风险。为什么会发生制度变迁？其基本动力和诱因是能够给当事人带来利益，人们出于对自身利益不断增进的要求，会不断地寻求能够带来更高利益的制度安排。这种经济利益可以表现为规模经济、外部性、克服对风险的厌恶、避免市场失效等。导致制度变迁中成本与收益变化的重要因素有市场规模、技术、知识积累、社会公众预期变化、组织费用的承担、国家权力等。从供给与需求角度思考，影响制度需求的因素主要有相关产品和要素价格的变动、宪法秩序、技术变化、市场规模；影响制度供给的因素主要有宪法秩序、制度创新的成本、现存的知识积累、现有的制度安排、规范性行为准则。

制度变迁有两条基本路径：①诱致性制度变迁，是由个体或群众在寻求获利机会时自发倡导、组织和实施（自下而上），具有自发性、渐进性特点。②强制性制度变迁，是由政府命令或法律引入和实行的制度变迁（自上而下），具有强制性、激进性特点，也就是在短期内强制性实施完成。其很容易出现诸多问题，如"一刀切"强制推进忽略现实条件的差异性，生产者"机会主义"投机牟利，甚至"权利腐败"等问题。制度变迁过程中，会存在"路径依存"现象，也就是在初始阶段走上某种路径，它的既定方向会在以后的发展中得到自我强化，过去的选择往往代表了他们现在可能的选择，可能处于"锁定"局面，只有勇于创新才能不断突破。

新中国成立后的经济制度变迁往往是强制性和诱致性在不同时期、不同领域的多样化结合。改革开放之前的计划经济时期基本是强制性制度变迁主导，改革开放之后则是以诱致性制度变迁为主，强制性制度变迁相向而进、相互配合的过程，也就是：诱致性自主变迁（自主试点示范）→政府认可→政府强制性推进。通过鼓励基层实践探索，建立试点试验及改革试验区，将试点试验的成功经验做法上升为制度，由政府自上而下组织实施。应该看到，中国中央政府赋予了地方很大的改革创新自主权，区域发展中的地方制度创新越来越成为竞争力的首位要素，这是吸引企业家、推动技术创新的制度保障。

组织行动遵循一定的外部制度环境和内部制度安排，制度是很多组织成立、运行的条件，组织作为微观主体包含着一定的制度要求，如公司法、合作社法等关于组织成立与运行的规范。组织行动也推动着外部制度环境的变化（改革创新）和内部制度的调整与变革。例如，企业或公司的注册资本制度，就是因为公司作为一种法人民事主体，财产是一切人格的基础，要拥有独立的财产，作为从事经营活动、建立法人财产权的基础，作为公司对债权人的一种信用的担保，反映公司承担责任的限额、公司规模和对管理的要求。

（4）"委托—代理"理论。如果当事的委托人和代理人双方，其中的代理人代表委托人的利益行使某些决策权，从事某些活动，并取得一定的报酬，就形成一种契约关系。例如，公司股东、合作社成员与其公司、合作社之间就是一种"委托—代理"关系。

该理论主要研究在信息不对称和当事人双方目标不一致的情况下，委托人如何设定最优契约、激励代理人按照委托人自己的利益进行决策。其有两个基本要素：双方当事人目标不一致性，信息不对称性。当事人双方目标不一致性是由于经济人追求自身利益所致。"委托—代理"理论就是要解决在给定信息结构条件下，设计符合当事人双方利益的契约，或者说解决当事人双方目标不一致性的问题。具体说，"委托—代理"理论试图解决如下问题：一个经济主体（政府、企业、团体或个人等委托人）想使另一个主体（代理人）按照委托人的利益进行经济活动，但委托人不能直接观测代理人行为，只能观测到另一些变量（这些变量由代理人行为和其他外生随机因素共同决定）。因此，代理人拥有信息，委托人可根据观测到的信息（变量）制定契约，以激励代理人选择对委托人有利的行动。例如，产业组织中的股权、期权激励等。

（5）组织生态理论。该理论借用生物学和生态学的种群观点，研究外部环境对社会组织以及组织"种群"的影响，主要是强调制度环境、技术环境、市场环境等对组织生存和演化的决定性作用。环境影响塑造着组织，组织自身要适应环境，组织也可以影响环境，组织变迁更可能体现为"联合结果"；组织存续取决于组织效力和组织效率之间的均衡，前者侧重于从组织外部角度出发，强调组织"要做正确的事"，后者侧重于从组织内部角度出发，强调组织"要正确地做事"。

基于组织生态学理论提出了"环境—行为—组织发展"的分析框架[①]。其基本逻辑是：环境影响行为主体，市场主体行为推进组织演进，此过程不是简单的单项因果关系，而是一

[①] 高杰著. 中国农业产业化组织演进研究. 北京：科学出版社，2017。

个涉及多因素的复杂有机演化过程。①环境是影响社会经济主体的关键因素，在不同的外部环境条件下，个体行为的预期净收益不同，行为选择也存在差异。但环境对行为主体作用效果受到主体对环境主观认知的影响，习俗、历史、感情和文化等因素影响个体对环境判断及环境变化后的行动决策。②主体行为推动组织演进。组织演进是个体行动互动与协调的结果，组织中的个体作为行动主体，根据外部环境和自身认知做出行动选择，各主体间的行为相互影响，形成互动关系，经过协调实现主体间行为的均衡。③组织演进的过程是环境适应性弱的组织被适应性强的组织逐渐替代的过程。这一过程是"建构"与"演化"相结合的过程，是"自组织"与"他组织"（设计）混合的渐进累计过程。④组织演进的最终目的是通过提高组织的适应性实现组织中个体福利的提升。组织演进的核心动力是不同环境中个体对经济利益的追求。

二、农业组织化问题的缘起：小农户和农业家庭经营

农业家庭经营问题是农业的基础问题，更是农业组织化问题的起点，也是学术研究、理论认识和政策争议较大的问题。从历史、理论和实践结合角度系统深刻认识农业家庭经营问题具有重要理论和实践价值。

1. 小农问题的经典理论简介

农户是从事农业生产的人家。小农通常是指小规模经营农业的个体农民，其基本经济特征是：具有生产和消费的双重性，与农业生产经营紧密相关，能够经营一定数量的土地作为生活的基础，主要依靠自有劳动生产经营，具有一定的"维生"性质。农民则是在农村从事农业生产的劳动者，是职业区分，中国古代就有"士民、商民、农民、工民"等"四民"。1958年之后的户籍制度下赋予了农民更多的社会身份特征。将农民翻译为英文"peasant"，其来自古法语，是拉丁语派生词，词意是异教徒、未开化者、堕落者，是对卑贱者的贬称。发达社会一般用"Farmer"表示农业工人或农业工作者、农场主。在学术和实践中讨论最多的是小农（户）问题，形成了很多不同的观点和政策主张。

（1）落后（消亡）小农，是马克思主义的代表性观点，是20世纪30年代苏联实施农业集体化和中国20世纪50年代实施农业合作化的重要思想基础。其认为：家庭农业必将被资本主义农业替代，在"看不见的手"调整下，技术革新将推动劳动分工和生产专业化，极大地提高劳动生产率并实现规模经济，规模生产战胜小生产。恩格斯指出："我们这里所说的小农，是指小块土地的所有者或租佃者——尤其是所有者，这块土地既不大于他以自己全家的力量通常所能耕种的限度，也不小于足以养活他的家口的限度。"

马克思、恩格斯基于阶级分析和历史分析法，将小农户视为封闭、落后的生产方式，是"封建"经济的基础和被改造的对象，在工业化、社会化背景下必然受到剥削，必然走向消亡；小农是"十字路口的经济"，应该通过合作化引导小农走向社会主义道路。马克思主义有关小农的论断起源于西方社会特定历史条件下，尤以法国和德国小农为主。而中国的小农户经营方式，基于人多地少的特殊资源禀赋条件，延续发展几千年，形成了一整套稳定的精耕细作农耕生产方式和文化，至今仍然大量存在。

（2）理性小农（贫穷但有效率的小农），是舒尔茨在《改造传统农业》（1964年）中提出的重大创新观点。认为小农是完全等同于和资本主义企业家一样精明的"理性人"，是有进取精神并对资源做最适度运用的人，在现有技术条件下使资源配置最优化且效率最高；认为农

民虽然贫穷，但并不愚昧，不仅对价格、市场、利润十分关注与敏感，在购买时还会比较不同市场的价格，根据价值最大化原则安排劳动力；每代小农都尽力从技术与实践上，发展与改进古老的农业生产经验，农民的劳动对生产都是有贡献的，并不存在农业劳动力边际生产率为零的情况；但农民保持传统的生产方式，长期使用世代相传、并无明显变革的传统生产要素，技术方面也未经历重大变动，需要在保存家庭式农场的基础上，提供可以合理运用的现代生产因素。

舒尔茨纠正了当时主流认识对小农生产的偏见，认为小农生产非常高效和理性；改造传统农业的正确途径，不是发展苏联式的大农场，而是在保留家庭农业生产形式基础上，通过市场机制向农民提供现代农业生产要素。

（3）生存小农，是俄国著名统计学家、"组织—生产"学派代表人物之一的恰亚诺夫（1888—1939）于1925年出版的《农民经济组织》中提出的理论，是基于俄国小农经济的现实分析。其核心观点是：小农最优化选择取决于自身消费的满足与劳动辛苦之间的均衡，而不是利润最大化。他认为，家庭是农民经济组织的核心，是一个生产和消费的共同体，并非量入为出，而是量出为入；在由家庭人口规模决定的既定消费水平下，需要合理安排劳动投入，进而决定了劳动辛苦程度；当家庭在劳动辛苦程度和消费水平达成均衡之时，农业生产和消费都会保持稳定。也就是说，小农经济家庭的劳动投入上限取决于家庭可利用劳动力，下限则取决于家庭消费需求，家庭劳动辛苦程度主要取决于消费人数与劳动人数的比例，此比例越高，农业劳动的辛苦程度越高，小农就会表现为自我剥削。因此，家庭小农经济并非追求利润最大化，而是追求劳动投入和家庭消费的均衡；小农不会日益分化为两个对立的阶级，只是随着家庭人口变化的生命周期内劳动者与消费者比例的变化而起伏，具有"强大抵抗力"和"历史稳定性"，农业发展的方向应该是基于合作组织形式的纵向一体化，使农户能够获得生产、加工、销售全过程的收益，而农业转型的动力既有自发因素又有国家干预，但基础力量仍然是自发因素。

（4）综合小农（混合小农），其基本观点是：中国20世纪前半叶小农是一个"利润追求者、维持生计的生存者和受剥削的耕作者的复合体"；改革开放以来中国小农在劳动力成本、劳动激励、地租等方面拥有资本主义大农场不具备的优势，保持了农业与副业结合的经营体系，又形成了农业生产与非农打工结合的半工半耕的工农兼业经营。因此，在农业现代化转型的大趋势下，既要维护农户家庭经营核心地位，也要通过农户联合而形成的合作组织，负责单个小农无力承担的销售和农产品加工，进而实现农业生产"纵向一体化"，把农产品产业链中的大部分利润归于农户。

该理论是对著名历史社会学家、美籍华人黄宗智教授观点的概括。在《华北的小农经济与社会变迁》(1986)、《长江三角洲小农家庭与乡村发展》(1992)和《中国的隐性农业革命》(2010)等著作中，黄宗智用内卷化范畴和历史方法分析中国小农发展问题。"农业内卷化"就是在有限的土地上投入大量的劳动力获得总产量增长，但边际效益递减，有增长无发展。因为中国资源禀赋条件导致耕地面积过于狭小，为了维持生活而不得不在劳动力边际回报已经降到极低的情况下继续投入劳力，以期增加总产出。发展不足的资本主义经营式农场和小农经济结合在一起，会形成特别顽固、难以发生质变的小农经济体系。总之，小农在劳动力成本、劳动激励、地租等方面拥有资本主义大农场不具备的优势；小农保持了农业与副业结合的经营体系，又形成了农业生产与非农打工结合的半工半耕的工农兼业经营。

总之，对小农的质疑批评，主要是其相对于规模化、企业化与资本化、市场化农业而言存在很多劣势、不足，如生产规模小，积累与投资扩大再生产能力弱，抗风险能力弱，只能维持简单再生产，不愿意承担更大风险等。

2. 农业家庭经营的普遍性

农业家庭经营是以农户家庭作为基本生产经营单位，劳动力主要来自家庭成员，不是由一般的市场契约结合而成，而是以血缘和婚姻纽带组成。生产单位与生活单位、生产经营与家计安排、成本耗费与生活消费等"三合一"是其显著特点。

家庭是社会中基本的特殊命运共同体、利益共同体，有较强的外部适应性和抗逆性。一是家庭是一个特殊的利益共同体，维持其内部关系的更多是血缘、感情、婚姻等超经济纽带，内部更容易产生利他主义行为；二是家庭内部世代交替的特殊稳定性，上下代际存在特殊的继承关系，存在长期而稳定的预期及自愿协作、激励相容，劳动激励形式多样灵活；三是家庭内部信息不对称等问题较少，成员之间更易实现有效的劳动分工，无需高昂监督成本、劳动计量费用，基本不存在"委托—代理"问题。

国际上家庭经营也被认为是与自由、社会稳定、经济公平等价值观相一致的农业经营形式，也成为各国农业政策扶持的对象，联合国曾将 2014 年确定为"国际家庭农业年"，强调家庭农场是农业的支柱，家庭农场在消除饥饿和保护自然资源方面的巨大潜力。在发达国家和发展中国家，有超过五亿个主要由家庭成员进行生产和经营的家庭农场，为数十亿人口提供食物，许多发展中国家家庭农场在农场中占比平均高达 80%。

为什么在规模化大生产主导工业化、现代化的时代，农业家庭经营却非常普遍，并表现出强大的生命力？除了家庭经营的特殊性、农业规模经济不明显外，其主要来自农业的生产特性。具体表现在以下方面：农业生产的工业式集中难，农业劳动分工和专业化程度较低；农业需精心照料、灵活决策；农业劳动成果体现在最终产品上，容易产生激励失效，劳动监督难、成本高；现代农业的工艺专业化分工及社会化服务体系强化了家庭经营。因此，农业家庭经营既可以实行专业化规模化，又可以与较大的经营规模相适应，具有较强的弹性、适应性和韧性。

三、农业组织化与社会化

1. 农业分工与组织化生成

农业组织化强调两层基本含义：一是形成或产生有效的农业组织，即组织变迁，是在家庭小规模生产经营农业发展同时，与现代农业分工相向而进，发展效率更高的组织方式，如企业、合作社等；二是各种组织之间关系的变化，侧重于行业或区域层面，是围绕某个产业或者某区域，采用更有效的组织模式，将各种市场主体有机联结为一个整体，减少交易成本，实现产业和区域农业的最大功能。

农业社会分工和组织化发展是基于外部外境与自身条件进行实践探索与理论、政策发展完善的结果，是自然演化与组织建构、制度变迁相适应的过程，也是探索试错的学习过程。既受制于一定环境条件，也需要市场主体的自主创新。①制度环境。组织都是在一定制度下的规范，不同的制度环境对农业产业组织有不同要求和多重影响。制度环境包括国家制度（政治、经济）、上层建筑或意识形态（政治观点、政党目标、法律法规等）、管理体制与政策等。②产权基础。不同的农业组织化、组织形成的产权结构不同，如集体组织与合作组织、企业组织的区别，首先是产权构成不同，中国集体经济组织的重要基础就是土地等资源资产属于集体所有。③历史承继。不同国家的农业组织化都有其文化与历史印记，是基于演变规律的渐进性制度变迁，理解中国农业组织化必须了解新中国 70 年农业经营体制及组织化的历史。④资源禀赋。主要体现在自然资源及人地矛盾。同样的合作社，美国属于公司型（公司化），与欧洲的经典专业合作社不同；东亚的小农模式与美国的大农场不同，资源禀赋不同是重要因素。⑤产业特性。体现在产品、生产方式（集约或粗放）、技术模式及其技术变迁、产业投资前景、潜在获利空间等很多方面。例如，现代畜牧业的公司化乃至集团化主导，企业化、全产业链等程度远高于种植业，种植业则是家庭经营为主。再如，设施种植、智能化种植适宜公司化，而露天种植适宜家庭。"互联网+农业"、智能化等将重塑农业组织，新农人创业采取农庄、会员制等。投资获利空间大的产业项目能吸引创业投资者，促进产业分工。⑥学习借鉴。农业组织化过程是一个开放性的实践探索、学习借鉴与试错过程，是主要利益人的创业创新行为，需要不断摸索完善，借鉴国内外的先进组织方式及机制、经验教训是常见的做法。改革开放后，大量的外国经验、做法被介绍到中国，进行试验探索。⑦投资创业。资本投资、创业创新是促进产业分工、产业发展以及组织化发展的重要力量。农业社会分工与企业家的投资、创新创业互为因果、相向而进。⑧生存发展。农业市场主体为了生存发展、增收致富必须依靠创新，其包括组织创新，以降低交易成本，谋求规模效益、效率提升等。

因此，真正的高效农业经营组织以及组织化，核心是内在机制、发展素质和能力的提升，需要长期的实践试错和经验积累与不断完善，要循序渐进，避免盲目追求所谓的"先进组织"而拔苗助长，杜绝定指标任务发展，单靠政府扶持成长不了真正的企业家与"百年老店"。

2. 农业生产社会化

（1）基本内涵。所谓"社会化"，就是将生产经营中由本单位完成的某些工作任务、某些环节等业务，按照市场交易方式交给其他组织完成，即"专业的人干专业的事"，然后进行市场交易。专业化分工诞生了社会化服务，如大学"后勤服务社会化"，就是学校自办的后勤服务交给社会去办，第三方物流、服务外包等都是社会化的表现。

农业生产社会化是指农业由孤立的、封闭型的自给自足的经济转变为分工细密、协作广泛、开放型的商品性农业的过程，是农业专业分工深度、广度和协作联系程度不断提高的过程。也就是农业生产日益具有社会性，从个人行动变为社会行动，农产品从个人的生产成果变为许多人、许多组织共同完成的社会成果，农业生产资料由个人提供变为由社会提供。

（2）重点内容（趋势）。主要包括：①农艺过程专业化。就是农业生产总过程由若干专门从事某一环节或某一阶段经济活动的组织共同完成，农业前、农业中、农业后的社会服务组织发展。②农户企业化。农户基于理性经济人进行生产决策，商品化与市场化程度不断提高，专业大户、家庭农场等作用日益突出，农户日益纳入企业一体化经营管理体系。③产业链一体化。农业产业链的各环节连接紧密，成为一体化组织。包括通过契约关系一体化和农工商企业的一体化等。④生产区域化。基于地区资源禀赋特色和优生区、适生区，生产有竞争优势的产品，形成"一村一品""一乡（县）一业"。⑤服务社会化。形成专业化分工与社会化服务相互促进新格局，服务组织的数量、质量以及提供的服务类型满足产业发展需求。

3. 新型农业经营主体

新型农业经营主体，是生产经营规模相对较大，物质装备条件较好，生产与经营管理能力水平和劳动生产率、土地产出率较高的农业生产经营组织。专业大户、家庭农场、农业企业、新型集体经济组织以及社会化服务组织是主要形式。相对于过去的主体，"新型"主要体现在：①发展动能新，发展目标不是自给性，而是商品性，主要依靠现代新品种、新技术、新机制等新动能；②产权权能结构与内在机制新，根据需要采用混合所有的开放式产权模式，产权清晰，采用灵活的适应市场竞争的经营机制；③生产经营方式新，实行集约化生产方式，乐于采用现代化的种养技术和模式，如生态循环模式、标准化方式，劳动生产率、土地生产率较高，采用电商经营模式，品牌化运营，流通效率高；④经营内容新，不但可以从事农产品生产、服务等专业化，也可以是产业链延伸、功能拓展等新产业、新业态。

专栏：日本农业协同组合（农协）

　　世界各国因不同的历史与国情，农业经营管理体制与农业组织、农民组织的发展模式不同，其中东亚农业组织的典型代表是日本农协，类似的还有韩国和中国台湾。日本是一个农业资源极度贫乏的国家，第二次世界大战后美国占领军主导实行土地私有制自耕农体制，1947 年通过《农业协同组合法》，到 1950 年，农协吸纳了全国 99% 以上农民，成立了包括市、町、村的基层农协、都道府县的农业联合会和全国性的中央联合会等三级组织机构，其业务范围和服务内容涵盖农民的生产生活和农村公共事业等各个方面，是集农业、农村、农民和经济组织、政治组织为一体的自成系统性、综合性的准政府机构，是农村商品流通、信贷、社会保障等方面占压倒优势又颇具垄断性的"综合商社""银行""保险公司"，与职业官僚（及农林水产省）、政党（自民党）形成"铁三角"的关系，保护地域农业农民利益。经过多年改革与合并重组，截至 2014 年 12 月，共有各种全国性农协联合会 18 个，都道府县农协联合会 207 个，基层综合农协 708 个，各类专门农协 2011 个。日本市场销售的农产品绝大部分由农协提供，其中大米和小麦占 95%，水果占 80%，家禽占 80%，畜产品占 51%。其制度基础之一是其独特的行政区划制度。日本采用两级行政制：跨区域的广域地方自治体——都、道、府、县，基层地方自治体——市、町、村。都道府县与市町村之间不存在行政隶属关系。都道府县可从跨区域统筹的角度在各个领域对市町村行使指导、建议的职能，拥有审批权等。市、町、村是负责处理最贴近居民生活事务的基层地方自治体，"町"的城市形态更加完善，从事工商业等城市化劳动的人口较多，事权范围并无差异。

　　资料来源：作者根据有关资料整理。

第二节　中国农业家庭经营与家庭农场

一、中国农业家庭经营概述

1. 中国的小农（户）经营

　　中国传统小农生产，是以家庭自主经营为基础，在小块土地上循环性、保护性利用，通过世代生产知识承袭应用和家庭劳动力合理分工利用，在村社自发性互助协作，努力满足家庭自给性消费为主的生产方式。而现代小农则是可以使用现代生产要素和服务体系的商品化、市场化小农户。

按照世界银行耕地面积 2 公顷及以下为小农户的标准，2019 年中国从事农业生产经营的小农户 2.1 亿户，约占农户总数 87%；家庭承包经营的 15.45 亿亩耕地，9.9 亿亩由原承包户耕种（占 64.1%），流转面积占 1/3 多。小农户经营仍是我国现阶段农业生产经营的基本面。

如何理性科学认识中国小农户生产问题？首先，不同国家的农业资源禀赋不同，农户的规模及其经营方式不同，中国人多地少，小规模农户仍将长期存在，这是客观存在。其次，农业有其生物学生产基础等特性，不同于工商业，规模报酬、规模经济更适用于工业。第三，效率包括劳动生产率、土地产出率和资金产出率等，大部分实证研究结果显示：随着土地规模扩大，农业生产率是下降的，两者呈现反向关系。而且，不同的种植模式和结构，同样的耕地劳动集约、资本集约和技术集约程度不同，其产出价值差距很大，如设施生产方式的规模相对不大，但产出水平高。第四，现代科技发展，分工深化与社会化服务体系日益完善，可以满足小农户发展的服务需求。第五，消费需求以及农业多功能性价值需要小农户发展各种特色产品，实现就业和社会稳定等功能。第六，土地规模只是规模经济的一种，通过区域小农户的联合也可形成农业规模化生产（外部规模经济）。

2. 农业家庭小规模经营的缺陷

各国农业家庭经营在不同阶段的规模大小、经营方式与组织模式等存在较大区别。美国也是以家庭农场经营为主，但经营规模大，专业化、集约化和产业组织化程度高，农场数量从 1970 年的 292 万个下降到 2016 年的 206 万个，平均规模则从 2325 亩扩大到 2685 亩。日本农户数量由 1985 年的 466 万户减少到 2010 年的 252 万户，平均规模由 1985 年的 13.2 亩扩大到 2011 年的 28.2 亩。中国农户 2.3 亿户，户均经营规模 7.8 亩，是超小规模经营，远低于东亚日韩等国约 30 亩的平均规模。更为严重的是，除黑龙江、吉林、内蒙古、宁夏、新疆以外，其他省份户均经营面积都在 10 亩以下，如江苏 3.8 亩、广东 2.6 亩、浙江 1.3 亩。特别是在西南及其丘陵山区，不但户均经营规模小，而且地块特别零散，四川省每户的地块在 10 块以上，平均每块地只有 0.5 亩左右。这也是中国特殊的土地承包制度的最大瑕疵。

中国农业家庭小规模经营的缺陷集中体现在"五弱"：①市场竞争能力弱。生产分散，获取信息能力弱，预测能力差，分散进入流通领域，缺乏市场开拓能力，流通费用高，卖难滞销风险大。②发展致富能力弱。难以依靠小规模务农实现富裕，只能维持低水平生存，融资困难，也无法形成规模经济，产业链延伸、扩大再生产受到很大限制，在产业链的价值分配中缺乏话语权、谈判力，处于被动、无奈乃至被"剥削、压榨"地位。1985—2019 年，中国第一产业经营纯收入（净收入）占农村居民纯收入（可支配收入）的比重从 66.4% 下降到 23.3%，未来收入比重还会持续下降，农业只能作为绝大多数农户的副业，不能成为收入增长的主要来源。③抗风险能力弱。因为经济实力弱，承担自然风险、技术风险、政策风险、市场风险等多重风险能力弱。④创新动力能力弱。小规模农业的副业化、老龄化问题突出，家庭收入不依赖农业，农户学习采用新技术的动力不足。⑤满足社会需求能力弱。农户种植分散决策，品种技术难统一，难以标准化，保障供给的能力较弱。尤其是应急保障能力弱，例如新冠疫情期间的农产品应急保障供应主要依靠规模化种植基地、种植户。

因此，在肯定农业家庭经营客观必然性的同时，也应认识到中国小农户经营的缺陷，应采取针对性措施弥补，但需要较长时期，不能强迫命令。随着乡村富余劳动力和劳动时间日益稀少，出现"雇工难、雇工贵"等问题，务农一线的劳动力平均年龄在 55 岁左右，其中

60 岁以上的务农劳动力占到了 1/4，到 2035 年左右就不再成为劳动力，土地规模经营会得到较大提升，可能达到户均超过 30 亩。

3. 农民分化与农户分化

（1）农民的分化。中国农民是一个职业与身份概念、阶级或阶层概念、地域与文化概念的多元集合体。农民一般是指长期居住生活在农村，承包土地从事农业生产经营活动的自然人或法人。主要可从职业、地域和户籍三个角度认识，其外延范围有重叠。①职业角度的"农民"，是指直接从事农业生产劳动的人员，即农业劳动者，2020 年约 1.77 亿人，占三次产业就业劳动力的 23.6%。其分为纯务农者、以农为主兼业者、以非农为主兼业者等三种类型。②区域角度的"农民"，2020 年约 5.1 亿人，占人口 36.1%。是居住生活在城镇以外的乡村地区的常住人口，包括无业者、纯务农者、以农为主兼业者、以非农为主兼业者、打工者、农村个体工商户、农村企业主和农村干部等阶层。③户籍角度的"农民"，是指具有农村户籍的人口。2020 年，农村户籍人口 7.7 亿人（比农村人口多出约 2.6 亿人），占总人口的 54.6%。户籍人口城镇化率低于常住人口城镇化率 18.5 个百分点，主要表现为大量的外出农民工属于城镇常住人口，但户籍在农村。

（2）农户的分化。农户作为农业生产经营的基本单位，与农民的分化紧密关联，但不完全相同。例如，中国的农户兼业属于"代际分工半工半耕"为主，即很多家庭是老人或妇女在家务农，子女外出打工。中国仍处于城镇化发展时期，农户仍将不断分化，有些农户退出农业，部分农户成为规模化专业农户，部分农户成为兼业农户（兼业化）。

（3）影响农民农户分化的因素。在农户分化中，兼业化农户存在农业的副业化、创新动力弱、集约化水平低等问题，专业大户是期望的方向。但兼业农户是一个长期的必然现象，也是世界现象，是农民的理性选择。不同兼业类型、不同农户分化的具体原因有差异，尤其是要重点关注以下因素：①制度环境，如集体成员资格、社员身份是有价值的，保留集体资产增值收益获取，承包权一旦放弃或退出，再取得困难等。②农户保留承包地的动机，承包地能够带来一定的收入，对有的家庭仍然是重要补充，收入来源多样化，保留承包地可能是一种退路，在城市就业遇到困难保留农业承包地作为缓冲，或者作为老龄时的就业和收入来源，土地以及农业的多功能、农村的多元价值吸引有"乡愁"的农民居住农村等。③农户未来预期，包括未来土地可能被征收获得的收入预期，土地价值上涨预期等。④土地产权交易市场与价格。农户流转经营权要有需求方，要存在有效的交易市场、达成交易，但部分地区存在流转价格过低，缺乏需求方或发展项目导致难以流转。

二、家庭农场

农场是世界普遍的一种农业组织形态，抗日战争时期，中国共产党领导下的陕甘宁边区人民政府已建立一些国营农场。中华人民共和国成立后，新建和扩建了一大批国营农场，人民公社期间的农村也有过不少的集体农场、林场等。经过 30 多年的发展，20 世纪 80 年代初的国营农场已遍布全国，有 7000 个以上，耕地面积约占全国的 5.7%；其中农垦系统的国营农场 2093 个，国营林场 3870 个，国营渔场 992 个，耕地面积约占国营农场总耕地面积的 4/5。借鉴农村家庭承包制改革，国营农场实行了职工承包制的"大套小农场"制度，名称改为国有农场。从 2001 年开始，在部分地区的农户规模化专业生产基础上，出现并探索注册登记"法人"型家庭农场。2008 年中共十七届三中全会报告第一次将家庭农场作为农业规模经营主体之一，2013 年中央一号文件提出鼓励和支持承包土地向专业大户、家庭农场、农民合作社流转。《农业部关于促进家庭农场发展的指导意见》（农经发〔2014〕1 号）对于发展家庭农场的意义、家庭农场的内涵特征、发展举措等提出了基本意见。到 2021 年 9 月底，全国家庭农场超过 380 万个，平均经营规模 134.3 亩。

1. 家庭农场的基本内涵与特征

"农场"（farm）一词是"舶来品"，国内外普遍使用，但对基本内涵与特征的认识并不一致。字面意思就是农业生产的场地、场所，但作为一种组织形式，其含义理解差异大。《现代汉语词典》（2005 年第五版）曾将"农场"解释为：使用机器、大规模进行农业生产的企业单位。中国的农场概念更多地强调一定的规模和技术含量（如机械化等），而西方的农业经营规模普遍比较大，无需特意强调规模。农场按照产权主体、产权关系可分为家庭农场、合伙农场、集体农场、国有农场、公司制农场、联营农场；按照劳动力主要来源可分为雇工农场与非雇工农场（如家庭农场）等。当然，任何一个分类都很难完全科学，一般通过制度来规范，也就是"农场制"。例如，在美国，任何能够在一年内生产和销售 1000 美元以上农产品的地方都被称为农场。

（1）家庭农场的基本内涵。《农业部关于促进家庭农场发展的指导意见》提出：家庭农场是以农民家庭成员为主要劳动力，以农业经营收入为主要收入来源，利用家庭承包土地或流转土地，从事规模化、集约化、商品化农业生产。对于目前普遍采用的官方权威界定，有不同观点。

家庭是由亲属中较小的群体共同生活居住、共同经济核算、相互合作发挥作用的人组成的单位，是生产单位、生活单位合一，所有财产权利由家庭成员共有共享，债务共同承担。作为经济组织形式，与公司制农场、集体农场相区分，对"家庭农场"的认识有多个角度。首先，是权责利特点，即产权权能构成，收益、风险和责任承担机制等内在规定性。其次，是劳动组织方式，劳动力的来源及其组织方式、劳动报酬分配方式等。因此，从逻辑及学理上理解，家庭农场的基本内涵应该是：以家庭为生产经营组织单位，家庭成员共享生产经营权利、共担风险责任，主要依靠家庭劳动力经营管理的农场。

（2）家庭农场的基本特征。认识家庭农场的特征也有多个角度，如：与一般农户、专业大户比较；体现农场的内在规定性，也就是与其他企业的内在规定性比较；与集体农场、公司型农场的比较。根据《农业部关于促进家庭农场发展的指导意见》，现阶段中国家庭农场的主要特征是：以家庭为生产经营单位，主要依靠家庭劳动力，以农为主专业化集约生产，适度规模经营，生产力水平和收入水平相对较高。此外，家庭成员共享生产经营权利、共担风险责任也应是其特征。

专业大户属于自然人，家庭农场一般要在相关部门注册登记为法人，尤其是列入示范家庭农场。按照规定，"依照自愿原则家庭农场可自主决定办理工商注册登记，以取得相应市场主体资格"。现实中大量符合家庭农场特征的专业大户并未注册登记，或者未列入农业农村部的"家庭农场名录"。2019 年 9 月出台的《关于实施家庭农场培育计划的指导意见》提出，"把符合条件的种养大户、专业大户纳入家庭农场范围"，这是一种政策规范。

2. 家庭农场制度规范（农场制）

家庭农场制是关于家庭农场的系列制度规范，如基本标准要求、注册登记或统计标准等。不同国家、不同阶段的农场有不同的特殊性及其制度规范要求，是动态调整的。

（1）家庭农场具体标准要求。中国家庭农场提出不久，2013年3月，原农业部初步提出了家庭农场认定的七项条件：经营者应具有农村户籍；以家庭成员为主要劳动力，无常年雇工或常年雇工数量不超过家庭务农人员数量；以农业收入为主，农业净收入占家庭农场总收益的80%以上；经营规模达到一定标准并相对稳定，从事粮食作物的，租期或承包期在5年以上的土地经营面积达到50亩（一年两熟制地区）或100亩（一年一熟制地区）以上，从事经济作物、养殖业或种养结合的，应达到当地县级以上农业部门确定的规模标准；经营者应接受过农业技能培训；经营活动有比较完整的财务收支记录；对其他农户开展农业生产有示范带动作用。

在上述规定基础上，各省市级政府一般都提出了本地方的家庭农场认定标准，地区之间存在一定差异，主要体现在经营者的户籍要求、雇工人数、农场收入及农业收入比例、农场规模大小以及流转土地的期限等五方面，且随着实践变化有调整。例如，2018年5月江苏省修订省级示范家庭农场认定标准，取消了户籍限制，适当提高原"粮食种植类家庭农场的经营规模为100—300亩"的上限到600亩，农场主年龄上限由65岁降到60岁，取消"流转期不少于5年"的条件，取消"家庭农场亩均产出和经营效益比普通农户高20%以上，家庭农场成员劳均收入与当地城镇居民收入水平相当"的条件等。尤其是对于家庭农场的雇工实际中并没有要求，很多地方甚至将雇工数量作为农场带动作用的重要体现①。"家庭成员为主要劳动力，无常年雇工或常年雇工数量不超过家庭务农人员数量"的要求实际是理想化的不合实际，很难监督衡量，也没必要，是对"家庭"含义的浅层表象认识。

（2）家庭农场的注册登记制度。虽然目前对于家庭农场的注册登记采取自愿原则，但从示范家庭农场、规模较大的家庭农场以及未来发展要求看，注册登记应该是重要制度要求，其涉及两个基本问题。

首先，为什么应该注册登记？注册登记的作用体现在：①对政府及社会的作用。一是身份、资格和信息确认功能。相对于2.3亿农户，家庭农场是一种数量相对较少的新型主体，经过政府有关部门登记认可，能传递一种基本安全、准确的信息；二是规范引导与目标导向功能。体现政府的政策和发展导向，不符合要求的不予登记；三是统计监测、决策预测与政策依据功能；四是注册资本金是一种履约担责的承诺保障。另外，政府行政管理改革后注册便利、成本低。②对农场主及交易的作用。是否注册登记家庭农场取决于农户的认知、发展理念及注册登记后发展的优惠政策。对于素质能力高、扩大生产愿望强烈的发展性农场主，其注册登记后有法律认可的规范的市场主体名称，签订规范交易合同及承担责任、建立品牌信誉等有了明确可知对象，有利于提高交易效率。固定的法定名称、地址等信息公开（甚至财务、品牌、规模），较易通过各种正规媒体公开传递农场信息，提升知名度、信任度，易于获取贷款，受法律保护，优先接受政策扶持，甚至类似于合作社销售农产品开税务发票，实现做强做大，这与政府的目标是一致的。20世纪80年代中后期，宁波市就有了家庭农场的雏形，一些大户自发或在政府部门引导下，进行工商注册登记，以期寻求法律保护和进一步参与市场竞争，成为那时开展外贸出口业务的准入条件，也在很大程度上满足了农民当老板、改变身份地位的愿望，是诞生培养更多农业企业家的基础。

其次，应该注册登记为哪种类型？按照相关规定，农场主可以在个体工商户、个人独资

---

① 相关详细资料可以比较各省市的"示范家庭农场认定标准"。

企业、合伙企业、有限责任公司等四种类型中任选其一，并没有其他严格的规定。这种方式并不严谨，存在困惑与矛盾。家庭农场属"农"，注册工商户名不副实。登记注册为企业法人存在债务履行的风险。例如，家庭农场的土地只有承包经营权或一定期限的经营使用权（流转的土地），难以承担可能的相关债务，虽然稳健的农场主出现这种问题的可能性较小，政策也强调"适度规模"，以预防难以承受的大风险。按照《民法典》注册登记为个人独资企业、合伙企业等非法人组织只是一种相对较好的选项。如何注册登记尚需要进一步创新。例如，作为受到广泛支持保护的农产品生产型的家庭农场，统一在农业行政管理部门注册登记为农业类的"特别法人"，实现注册登记与业务管理指导的统一，可能是一个最好的选择。

3. 中国建立家庭农场组织的发展逻辑与合理性

中国发展家庭农场组织，是改革开放后家庭承包经营基础上推进农业现代化一系列改革举措和实践发展的必然结果。1982 年开始，中央提出培养"专业户""承包专业户"，1984年提出"鼓励土地逐步向种田能手集中"，2011 年提倡"引导土地承包经营权流转"，2013年提出发展家庭农场，具有国情、发展阶段与产业广泛的适宜性。

（1）发展逻辑。家庭承包经营、市场化改革以及工业化城市化快速发展，农户、农民加速分化，土地流转与规模经营对国家和部分农户均成为客观需要和必然结果，政府采取各种措施扶持农业、土地流转和规模经营，培育有竞争力的市场主体和产业；专业大户、规模化种养大户大量涌现，有别于一般农户，需要合适的"名分"予以确认和引导，家庭农场是最自然的首选；同时，这些大户很多需要签订市场交易合同、对外合作、宣传、开拓市场、创建品牌、融资以及承接政策项目等，也需要法律认可的适宜组织，家庭农场被自然移植应用。

（2）合理性与必要性。在农业种养大户和专业户基础上发展家庭农场组织，而不是直接注册发展为企业组织，其合理性主要体现在：第一，保留了家庭经营的合理内核及其优势，避免了直接成为企业或法人组织的高管理成本困扰；第二，适应多层次规模农业经营户的素质能力和水平，以及相对规模仍较小，难以满足成为企业、法人的各种设立条件要求的现实；第三，有利于稳定完善国家发展"适度规模经营"的政策，满足规模农业经营户"高质量"发展的要求和预期；第四，组织弹性大、适应性广，与农情、区情、国情相适宜，如果规模实力达到一定程度可发展为真正的法人企业化组织，也可与合作社、企业等联合；第五，作为一种农业特有的组织化程度相对较低的形式，风险相对较低，如土地流转期限短、规模过大的风险等，能够广泛适用于各类人群在农业创新创业，适宜于发展新产业、新业态，使农业成为体面职业以及促进共同富裕等潜力较大。

4. 家庭农场发展概况

据有关资料，2015 年全国家庭农场有 34.3 万个，到 2020 年 6 月底，数量突破 100 万个，县级及以上示范家庭农场 11.7 万个。2016 年开始，原农业部建立"全国家庭农场名录系统"，由地方政府组织填报。2020 年开始，鉴于家庭农场处于起步发展阶段，相当多符合条件的种养大户、专业大户等规模农业经营户没有纳入家庭农场范围，也没有享受到相关政策支持和服务指导，要求以县（市、区）为重点抓紧建立健全家庭农场名录管理制度，把符合条件的种养大户、专业大户等规模农业经营户和市场监管部门注册登记家庭农场信息纳入名录管理，并根据其生产经营变化动态管理，每年抽取一定数量样本调查。2021 年 9 月底，全国家庭农场超过 380 万个（包括规模农业经营户），平均经营规模 134.3 亩。

家庭农场作为农业新型经营主体，发展前景毋庸置疑，近 10 年涌现出很多好典型。但从整体看存在三个不一致：一是注册登记为家庭农场的数量远低于规模农业经营户（差 200 万户左右）；二是示范家庭农场数量远低于登记注册的家庭农场数；三是中西部地区发展低于沿海发达地区。未来需要在调查研究基础，针对存在问题有效解决。《新型农业经营主体和服务主体高质量发展规划（2020—2022 年)》等相关政策文件有系列指导性意见，需要各地区针对实际务实有效推进。

典型案例：郴州市家庭农场的调查报告

①家庭农场作为新型农业经营主体表现出"五新"。农场主结构新：退伍军人、返乡农民工、大学毕业生、老板、农村经济能人等；观念新：愿意采用新品种、新技术、标准化、电商经营，质量安全意识、品牌意识强；目的新：将农业作为职业、产业经营，提高土地产出率等；规模新：敢投入、有规模；组织新：牵头成立了农民合作社或者加入合作社，积极参与组建联合社。②家庭农场有"七难"。土地流转难：签订土地流转合同难（农户分散），连片流转难，合同履行难；基础设施难：投资大，建设协调难，补贴申请难；劳动力难：找不到，管理难；资金难：投入大，贷款难；农业设施用地难：农产品农资仓库、农业机械存放仓库、晾晒场地建设难；产品销售难：粮食卖难，无农产品销售信息平台；保险难：险种少，理赔难。③家庭农场有"四盼"。一盼政策：基层领导重视，财政支持，国土支持，打击有关农产品质量安全的谣言，电力支持；二盼土地：土地流转顺利，法律支撑；三盼金融保险：金融机构贷款支持，农业保险支持；四盼信息支撑：农民数据库，农技实时指导平台，销售信息平台。

资料来源：李小勤，"家庭农场新在哪里，难在哪里，期盼什么——关于郴州市家庭农场的调查报告"，中国乡村发现[J]. 2020（2）。

第三节　农业合作经济与村集体经济

一、合作社产生与发展历史简述

了解国内外合作社的起源及传播发展历史，对于深刻理解合作社的内涵特征，分析中外合作社发展问题有重要启示。

1. 合作社产生发展历史

（1）合作社的诞生。合作社思想起源于英国空想社会主义者罗伯特·欧文（1771—1858）的"新和谐公社"，欧文 1817 年开始宣传"统一合作社新村"，1821 年组成了"合作经济协会"，就是由排字工人组织的一个消费合作社。当时的背景是：英国产业革命产生了雇佣劳动阶层，社会两极分化、劳资对立加剧，劳工食物供应问题很严重。因此，欧文的合作思想得到传播。但空想社会主义者忽视个人经济利益，强调公有制。1844 年 12 月 21 日，由 28 人每人出资一英镑（16 人是纺织工人，其余是木工、鞋匠、工程师等，14 人是欧文思想的拥护者），在英国曼彻斯特市成立"罗虚代尔公平先锋社"（消费品零售合作社）。其充分重视社员的个人利益，合作社章程的第一句话就是："本社的目标与计划是实现社员的经济利益与改善社员的社会地位和家庭状况。"因其寻求在公平和效率之间的微妙平衡,受到全体社员的拥护。该社开始主要经营面粉、燕麦片、黄油、食糖、蜡烛等日用品,由社员在工余时间轮流售货。由于采取了一系列符合实际管理的原则,比较成功,业务拓展迅速,1847 年末社员人数增加到 110 人,1851 年开办面粉厂,1855 年创办纺织厂,1880 年社员突破 1 万人,到 1944 年建社 100 周年时,已拥有上百个分店和多处较大的工厂、屠宰场等,社员人数 3.2 万人,年营业额 200 万英镑。随着"罗虚代尔先锋社"做法的传播,在先锋社成立 2 年后,合作社制度已经在曼彻斯特的邻区流传开,后又被英国大多数工业区的劳动者效法。到 1851 年,该类合作社已有 130 个左右。

在罗虚代尔先锋社和其他合作社发展的基础上,联合成立了英国合作社集团。根据集团网站信息(2022 年 1 月 22 日),该集团是世界上最大的消费者合作社之一,是英国第五大零售商,拥有 2500 多家本地便利店和中型商店。有 4 个业务为会员和客户服务,即合作食品、合作殡葬服务、合作保险、合作法律服务;其宗旨是,"为您和您的社区倡导一种更好的经商方式";拥有 3750 家门店,集团年营业额 90 亿英镑;有超过 7000 名同事(员工)致力于满足会员和客户的需求。

罗虚代尔先锋社成功的根本在于制定实施了一套有效的办社原则——"罗虚代尔原则",成为国际合作社制度的经典原则。其概括为 8 条:入社自愿,一人一票,现金交易,按市价售货,如实介绍商品、不缺斤少两,按业务交易量给社员分配盈利,重视对社员的教育,政治和宗教严守中立。

(2)合作社的发展。国际合作社发展大致分为四个阶段:早期发展阶段(1844—1917)、全面调整时期(1918—1945)、大发展和改革调整时期(1946—1980)、自由发展与创新阶段(1981 年始)。在英国消费合作社不断发展的同时,加工、农业合作社开始发展,1867 年第一个罗虚代尔式农业园艺合作社在英格兰诞生,主要经营农用生产资料购买和供应服务。法国则是世界生产合作运动发源地,其源自法国几位著名的合作社理论家的思想,如空想社会主义者傅立叶的"法郎吉"、圣西门的"实业制度"等都主张生产合作社的理论。法国合作社运动的特点是以农村为基础、生产合作为主导。1848 年后法国合作社进入发展时期,但因为政治、政府等原因,到 1878 年全国只有 17 个生产合作社;1884 年颁布"工团法"后,劳动者结社自由,合作运动快速发展。1914 年农业工团达到 5200 个,社员达 95 万人,农产品加工、运销和种植合作社也快速发展。德国则是世界信用合作运动发源地,随后在法国、意大利、日本等国家广泛传播。德国第一个农村信用社于 1848 年创办,信用社贷款给农民并采用分期付款方式购买家畜和种子。1861 年法国建立了第一个一般居民的信用社。美国是合作运动后起之国,在 19 世纪初一些地方出现了合作社雏形,19 世纪 20 年代和 30 年代不同地区出现畜力运输合作社、互助储蓄银行、消费合作社等,1845 年建立的"劳动者保护联盟"被看作是真正消费合作社先驱,1847 年出现了第一批灌溉互助的合作组织,1864 年成立了"第一联盟合作社协会";1867 年到 19 世纪末美国第一次农业危机刺激农业合作社大发展,1890 年经营的农场主合作社 1000 个以上,1905 年达到 12000 个。除上述国家外,意大利、丹麦、苏联等国家早期合作社发展也很有特色。在二战以前的 1934 年,全世界的合作社社员已达 1 亿人左右,到 1984 年发展到近 5 亿人,到 1995 年达到 7.5 亿人以上,直接受益人口近 30 亿人,占世界总人口的一半,各种合作社为 1 亿人提供了就业机会。

西方合作社发展经历了较长的时期,期间随着国际、国内环境形势和认识变化,各国政策法律等制度有所调整，合作社的组织运营方式、治理机制等会发生一定调整，比如企业化、联合与集团化等，但总体上没有发生根本性质变，仍然遵循合作社的本质性规定，有其深厚的根植于社会各个阶层的合作社文化基因，能够不断传承、健康发展。合作社的经济实力不断增强，在世界经济中的地位日益重要；合作社规模不断扩大，结构逐步优化；合作法律法规不断出台，为合作社发展提供有力的制度保障。

2. 国际合作社联盟及合作社原则修订

鉴于 19 世纪 80 年代欧洲合作社运动大发展，法国、英国等国家的合作社联盟倡议建立国际联盟，宣传合作社原则，交流运行经验。1895 年 8 月 19 日，国际合作社联盟（ICA）在英国伦敦召开第一次会员代表大会，14 个国家的 35 位代表以及一些国家作为观察员参加。ICA 是一个不受政治、民族、宗教和文化影响的非官方组织，所有遵循该联盟规定的合作社原则的全国或地区性合作社（联盟）组织都可加入。1913 年只有约 30 个国家的 70 个会员，截至 2021 年共有 112 个国家的 318 个会员，涵盖了农业、金融、卫生、工业、旅游等各个领域，代表了全球 10 亿多合作社社员，是全球最大的独立非政府性国际组织。中华全国供销合作总社于 1985 年 2 月代表中国合作社正式加入 ICA，2007 年 10 月起，中华全国供销合作总社理事会成为国际合作社联盟副主席成员方。自 1995 年起，每年 7 月的第一个星期六被联合国确立为"国际合作社日"，每年确定主题，加强合作社的教育与培训工作。例如，1998 年的主题为"合作社与经济全球化"，2002 年主题为"社会与合作社：关心社区"，2013 年的主题是"合作社在充满危机的时代发展依然强劲"。

ICA 成立时，确认"罗虚代尔原则"作为国际合作社原则，也就是在实践中所遵循的、被证明行之有效的指导合作社发展的规范标准，体现合作经济本质特征，也是指导合作社的方针。随着国际合作社发展实践变化，该原则在国际合作社实践中历经 1921 年、1937 年、1966 年、1995 年 4 次重要修改。目前仍然是 1995 年确定的 7 项基本原则：①自愿和开放的社员；②社员民主控制（一人一票、民主选举等）；③社员的经济参与（体现为按公平方式认购股份、有共同财产、公积金与资本报酬有限、盈余返还等）；④自治和自立；⑤教育、培训和信息服务；⑥合作社间的合作；⑦关心社区。其中的成员资格开放、民主控制、按照惠顾额返还等被看作是核心，一直保留。

实例：英国合作社集团（UK Co-operative Group）的运行原则

①自愿和开放会员资格：任何超过 16 岁且喜欢我们开展业务方式的人都可以加入；②民主的管理、会员控制：任何会员只要一年花费 250 英镑（每周只需 4.8 英镑），都可以投票；③会员经济参与：希望每位会员都成为忠实的客户，我们有责任给他们一个很好的理由；④自治和独立：只对我们的会员负责，不对股东负责；⑤教育、培训和信息（服务）：为会员提供他们在我们的业务中充分发挥作用所需的一切，包括他们做出明智选择所需的信息；⑥合作社之间合作：许多领域与其他合作社合作并提供支持，包括联合从供应商处采购商采购以降低客户的价格；⑦关心社区：用利润支持我们服务的当地社区并回馈会员。

资料来源：摘编自英国合作社集团官网 2022 年 1 月 22 日报道。

二、合作社的内涵、价值观及其功能、类型

1. 合作社的基本内涵

一般采用 ICA 在 1995 年的定义：合作社是人们自愿联合、通过共同所有和民主管理的企业，来满足共同的经济和社会需求的自治组织。合作社是由其成员拥有的企业，是一种不同的业务，由个人成员和其他合作社拥有（而不是大投资者），成员有机会对运营方式发表意见；利润意味着成员获得金钱、奖励和优惠，合作社可以支持其当地社区，合作社让人们在对他们来说重要的事情上有发言权。

以美国为代表的北美、大洋洲等国家，合作社公司化明显，对合作社的界定是：用户所有、用户控制和用户受益的公司型企业。该定义比较准确、简明扼要地揭示了合作社的内涵、外延和基本特征。也就是，合作社是以满足使用者的需求为基础建立的（而不是以投资者资本增值需求），成员的所有权、控制权和收益权是建立在其对合作社的使用基础上的。

2007 开始实施的中国《农民专业合作社法》规定：农民专业合作社是在农村家庭承包经营基础上，同类农产品的生产经营者或者同类农业生产经营服务的提供者、利用者，自愿联合、民主管理的互助性经济组织。在合作社法实施 10 年之后，根据新的发展要求和实践中的问题，2018 年实施新的《农民专业合作社法》的界定中，去掉了"同类"二字，合作社适用范围扩展，包括水资源利用合作社、合作社联合社等。

有人认为，合作社的本质规定性是两点：一是惠顾额返还等原则背后所隐含的自我服务，即以满足社员利益为宗旨的组织发展导向；二是以一人一票为基础的民主控制。也就是说，不论合作社怎么变化，判断其是否是合作社，这两点是核心。

2. 合作社的价值观

合作社建立在一套价值观和原则之上，是一种不同的更公平、更好的经商方式，合作社价值和原则一直是合作社商业模式的核心内容。合作社的主旨是维护和发展一个社会群体共同的文化价值、可持续发展的利益。关于合作社的价值观，对合作社组织而言强调：自助、民主、平等、公平、协作（团结）；对合作社社员要求：诚实、开放、关心社会（社会责任）、关心照顾他人。个人对合作社组织整体的认同感是组织的精神核心。

合作社共同价值观包括七方面。①自我帮助：合作社与其会员共同努力创造自身特色；②自我责任：每个会员都应当为实现合作社的宗旨做出贡献；③民主：每个社员都有权参与合作社的经营；④平等：所有成员均享有同样的机会参与合作社的经营；⑤公平：合作社公平地对待每个会员；⑥团结：所有合作社均建立在"集体、合作是通往成功的最佳道路"的信念基础上；⑦其他价值观：诚信、公开、社会责任感、互相关心。各合作社在具体的价值观理解表述和实践方面可能不完全相同，可彰显自己的特色文化和要求。

3. 合作社的功能

合作社的功能、作用及其价值有多层次的体现，具体列举可超过百条。如何思考总结其功能？一方面来自其价值观、运行原则及其实践的逻辑体现。例如，相对于一般公司体现出的为社员服务，避免中间商盘剥，谋求共同利益、规模经济，形成组织、品牌优势，社员分享产业链利润、提高收入，团结合作分享管理智慧、信息，关注社区、慈善的社会责任等。另一方面，不同国家或地区、不同合作社的业务，表现出很多具体的功能和作用。例如，金融合作有助于解决社员贷款难，供销合作则减少交易成本，克服"买高卖低"，农业生产合作

可实现作业同步、标准化，提高市场谈判力，延伸产业链等。农民合作的必然性和普遍性根植于农业生产的自然性、分散性和家庭分散经营。

4. 世界代表性农业合作社发展类型

世界各国的农业合作社组织模式、运行机制等差异很大，在所有的经济组织形式中，合作社组织原则不断变化，组织形态也因地而异、因时而变，出现若干种偏离"理想型"合作社制度，追求附加值收益，本质规定性漂移难以避免，但其核心价值观、功能没有大的变化。

各国农业合作社在遵循为社员谋求利益、自愿和民主管理的基础上，都有其特有的历史、文化以及资源基础、产业特点，一般从两个角度分类。

（1）按照基本组织及其体系特点分为三类。①以德国、法国等为代表的专业型（欧洲型）。其分工比较精细、专业性强，常根据具体产品或者农业的单项任务或功能组建，比如说牛奶合作社、小麦合作社，专门的收获合作社。因此，种类多，遍布于农业的产供销、信贷保险和社会服务每个环节。每个合作社都是一个经济实体，规模大，合作社之间联合与合作很强，形成很强的区域及全国性合作体系。②以日本、韩国和中国台湾等为代表的综合型（亚洲型）。一般称作农协或农会，如日本称为"农业协同组合"，中国台湾称为农会。农协的功能很全、很强，一个基层农协往往就涵盖农业的生产、销售甚至信贷、保险等多种业务，包括农民的生活服务、社会保障等，大部分农民都是农协成员，主要产品销售、生产资料购买通过农协；基层农协、地区农协、全国农协组成完善的多层体系。③以美国、加拿大、巴西为代表的跨域合作型（美洲型）。农业合作社大多建立在生产同一种农产品的各大农场基础上，通过跨区域的合作实现共同销售，产生的规模效应，并向加工等产业一体化发展。

（2）按照组织治理模式分为三种。①传统（经典）型合作社。严格遵循合作社的七项原则运行。②股份参与型合作社。非成员参与者可通过投资换取一定的股权，据此分享收益，但限定股权的持有人群，一般限于合作社雇佣的人、本地居民或具有业务往来的合作社。投资者分享的权利属于个人，股权可转让，具有增值效应。投资者也可以参加董事大会并参与投票，大部分投票权在成员手中。如果合作社盈利，投资者将获得资本收益，收益额按约定分配。③交易股份型合作社。也称为"美国新一代合作社"，在美国、加拿大、新西兰等国家存在。其规定很多，不能自由加入或退出，只有购买了可转让的股权才能成为成员，成员权力有限；股权可自由交易、可增值；投票权一般平等分配，给大股东增加一定投票权；无论外来投资者占多大股权都由成员掌握控制权；成员与合作社之间的交易配额与其持有的合作社股权份额对等；成员按其股权份额分享利润，并参考其与合作社交易配额的完成量。

5. 国际农业合作社发展的特点及面临问题

经过170多年的发展，发达国家的农业合作社得到政府大力支持，资本集中化趋势明显，数量下降，规模实力和影响力不断增强，有影响力的合作社企业集团很多，如"英国合作社集团"，新西兰"恒天然集团"等。同时，特别注重盈利能力，放弃"不以营利为目的"的原则，较低的利润率不适应市场竞争要求，追求较高利润率，以丰补歉，甚至以获取最大利润为目标。金融合作在很多国家的合作社中发挥重要作用，如日本农协的主要盈利点来自信贷业务，中国台湾也如此。

适应市场竞争的要求，合作社发展中的某些方面偏离了经典原则，具体表现在：由"一人一票"制向承认差别制发展，如采取附加表决权制度等；将不可分割的公共积累的资产产权明晰化，如引进股份化做法等；对资本报酬率的严格限制向外来资本实行按股分红的方向发展；以自我服务为主转向以开放型的经营服务为主，甚至逐步走向企业化、股份化。

同时，国际农业合作社在发展中也面临一些难点和问题，其内在机制存在不适应方面。例如：人口老龄化，社员和接班人减少，年轻人更多流向城市；差异化激励不足，"搭便车"与决策的效率低，市场竞争力相对不足；成员自我意识加强，集体观念和协作意识淡漠，有人丧失了信念，对以"我为人人、人人为我"为精神准则的合作社思想基础和组织基础产生了冲击等，需要通过重组合并、加强联合及合作教育、改进内在机制等方式组织创新完善。

> ### 知识延伸：中国台湾农会组织
>
> 中国台湾农业是"小农"现代化的成功典范，农会组织至关重要。中国台湾农会是具有经济性、教育性、社会性、政治性四大功能的非营利社团法人，1900年台北三峡镇成立第一个农会。1974年公布《农会法》及《农会法实施细则》，农会成为"农有、农治、农享的公益社团法人"。① "农有"：自己拥有和主导的职业团体。农会会员分为正式会员和赞助会员。只有直接耕作的农民才能成为正式会员，每户限一人参加，享有选举权和被选举权。农会财产属于法人财产，归全体会员所有。② "农治"：自己进行民主与科学管理。农会组织分为省、县（市）、乡镇市（地区）基层农会，全台农会共有302家，下设4572个农村小组，会员180多万人，占全台农户总数的99%。实行理事会领导下的总干事负责制，理事和监事由农民直接选举产生，都是义工，不拿工资；总干事及工作人员都是聘任，属于雇员，量等定薪。一个农会往往有多个产销班（由农事小组组织），每个产销班由5—10户组成，产销班以合伙制或股份制组建，既负责产前、产中的种植管理，也负责产后的产品收购、分级包装、运销等业务，共有7000多个产销班。③ "农享"：为农民提供全面服务，收益由农民共享。为农民提供供销经营、信用贷款、金融保险和技术推广等全面服务，受益由会员共享。设有277家信用部、营业点1100处，基本上做到了应保尽保、需贷尽贷，农民正常的贷款需求都得到了满足。农会的经费除会费收入外，来源于募集的事业资金、推广经费收入、金融机构年度所获纯利的提取收益和政府预算编列的农业推广事业补助费，过去曾经98%营收及95%盈余皆来自信用部，2020年非信用部盈余已提升至20%。总之，农会经济及金融服务功能完善（供销经营是首责、金融服务是生存发展关键、技术推广是核心职能），是农民自己的协会，是民办官助、政府扶持的半民间半官方组织，政府提供特许、免税、经费补助、专项支持等政策。
>
> 资料来源：作者根据有关资料整理。

三、中国合作社发展历史简述

中国合作社发展具有不同于欧美的历史背景和经济社会环境。在清末民初，西方合作思想随着各种社会主义思潮传播到中国，但相对于欧洲第一个合作社出现后的持续不断发展明显滞后，其中有复杂的历史、国情和政治、意识形态、认识等综合原因。新中国成立后面临严酷的发展环境，为了摆脱西方封锁，尽快实现国家工业化和自强自立，集体化、国营化代替了合作化，走上不同道路，合作思想文化、价值观传播与实践严重滞后，甚至扭曲。发展合作社需要从历史中吸取教训，遵循合作社发展原则及成长规律，不能超越应有的文化积淀与价值观养成，不能"拔苗助长"，更不能"跃进赶超"。

1. 发展历史简单追溯

从 1918 年诞生第一个消费合作社后，中国的合作社发展探索就一直未停止，也是经济生活领域的重要组织形式。但由于复杂的历史、环境和意识形态等原因，一直未能发展成为发达国家那样的高水平农业组织。

新中国成立前解放区的农民分得土地后，开始自发地组织建立互助组、生产合作社等。新中国成立后的合作事业进入了新的发展期。早在 1949 年 2 月，中共中央编辑《列宁、斯大林、毛泽东论合作社》，作为学习研究资料印发给中央领导；1949 年 11 月，中央合作事业管理局成立，1950 年 7 月中华全国合作社工作者第一届代表会议通过了《中华人民共和国合作社法（草案）》，成立中华全国合作社联合总社（包括农村供销合作社、城市消费合作社、城乡手工业合作社、信用合作社等）。1951 年出台《中华人民共和国合作社法（草案）》《中华人民共和国合作社登记办法（草案）》《中华全国供销合作总社章程》等法规性文件，农业、供销、消费、手工业、信用、渔业和运输等各种类型的合作社如雨后春笋，在城乡各地纷纷兴起，成为国民经济的一个重要组成部分。从 1953 年开始，在完成土地改革的基础上，合作社发展历经曲折，尤其是 1956 年农业合作化转变为集体化，供销合作社、信用社等体制机制曲折变化。

改革开放后，在家庭联产承包经营基础上的各种农民专业合作社、专业协会等新型合作社自发发展，城乡集体经济股份合作制改革推进，农村供销合作社、信用合作社开始改革与生产力发展不相适应的管理体制，重点是恢复合作社性质，加强组织上群众性、管理上民主性、经营上灵活性等"三性"建设。1984 年，中央一号文件最早出现了农民专业合作经济组织的提法，2006 年 10 月颁布了第一部农民专业合作社法，从组织形式、经营范围、支持政策等方面做出了法律规定。

历史资料：新中国建立之前的合作社发展

1918 年 3 月 30 日中国第一个合作社——北京大学消费公社成立。1919 年上海复旦大学创办"上海国民合作储蓄银行"，是中国最早的信用合作社。1920 年长沙成立"湖南大同合作社"，是中国最早的生产型合作社（主要生产毛巾、袜子、衣服等，还种植蔬菜、喂养家禽）。1922 年 7 月成立的安源路矿工人消费合作社，是中国共产党领导下创办的全国第一个工人消费合作社，也是中国工人阶级第一个经济事业组织。1923 年华洋义赈总会组织设立的第一个信用合作社在河北香河县正式成立,是中国历史上第一个信用合作社。1927年湖北黄冈县成立了农民协会信用合作社,是中国共产党领导下组建的第一个信用合作社。毛泽东在 1927 年所写的《湖南农民运动考察报告》中，把合作社运动看作农民运动所发生的十四件大事之一。1932 年中华苏维埃共和国临时中央政府颁布《合作社暂行组织条例》,1933 年苏区国民经济人民委员部颁发《发展合作社大纲》。在 1927 年 8 月—1937 年第二次国内革命战争时期的中央苏区，合作社已成为重要的根据地经济组织。截至 1933 年 8 月,中央苏区境内已建起了 417 个消费合作社，拥有 8.3 万名社员、9.1 万元股金，并在江西瑞金成立了中央苏区消费合作总社。在 20 世纪 30 年代初，南京国民政府和无党派知识分子掀起了以信用合作为主的合作运动。但是，早期合作社和南京国民政府统治区的合作运动都避开了土地问题，或者幻想通过合作运动来解决土地问题，最后都以失败而告终。而中国共产党领导的合作社在不断探索发展，抗战爆发后的农业、工业和消费等合作社也得到比较多的发展。

资料来源：作者根据有关资料整理。

2. 农村供销合作社发展与改革概述

全国供销合作社自 1950 年成立以后，曾被行政手段"三分三合"，对于其持续发展造成严重影响。1958—1961 年第一次与商业部合并，1962 年恢复；1970—1975 年第二次与商业部合并，1975 年恢复；1982—1994 年第三次与商业部合并，1995 年恢复，依然是国务院的直属事业单位。2011 年，供销合作社全系统销售总额 20255.1 亿元，全系统资产总额 8530 亿元，中国供销集团跻身中国企业 500 强第 83 位。供销合作社经营服务网点覆盖全国 80% 以上的乡镇和 1/3 以上的行政村，承担着 70%左右的化肥、农药等农资储备和销售任务，棉花经营量占到全社会的 55%。

2013 年 12 月 23 日，在中央农村工作会议上，习近平总书记强调："供销合作社是为农服务的生力军，要积极创新组织体系和服务机制，在建设现代农业中发挥作用。"2015 年 3 月《中共中央国务院关于深化供销合作社综合改革的决定》提出：供销合作社是为农服务的合作经济组织，是党和政府做好"三农"工作的重要载体；长期以来，供销合作社扎根农村、贴近农民，组织体系比较完整，经营网络比较健全，服务功能比较完备，完全有条件成为党和政府抓得住、用得上的为农服务骨干力量，要充分用好这支力量。

供销合作社系统目前已经成为一个庞大复杂的多元化的产权结构（混合所有）、人员结构、产业结构以及管理体制机制、经营模式的大系统，公务员、事业编、社会就业人员多种身份共处，有的享受财政拨款，有的自收自支；既要承担政府的很多公共社会职能，也必须通过市场经营谋求发展。其经营的领域包括：批发零售贸易业（农业生产资料、农副产品、日用消费品、再生资源），各类生产加工（农产品、工业品、再生资源），服务业（宾馆、饭店和餐饮业、物流）。面临历史包袱重、矛盾多、协调难等问题，需要不断改革创新。2021 年中央一号文件针对性提出供销合作社开展生产、供销、信用"三位一体"综合合作试点。

知识延伸：《全国供销合作社系统 2020 年基本情况统计公报》摘编

2020 年末，全系统有县及县以上供销合作社机关 2789 个，其中省级社 32 个，省辖市社 344 个，县社 2412 个；供销合作社机关人员编制 4.9 万个（其中参照公务员法管理的人员编制 3.4 万个，占 70.1%），财政全额拨款的 2517 个（占 90.2%）；有基层社 37652 个。全系统共有职工 326 万人（实际从业人员 208.1 万人），各类法人企业 22739 个（不含基层社），分属省社、省辖市社、县社；全资企业 8872 个，控股企业 3729 个，参股企业 4302 个，开放办社吸纳的有业务指导但无资产关系的企业 5836 个。全系统销售额保持快速增长，2020 年实现销售总额 5.3 万亿元，其中：农业生产资料类销售额 8667.1 亿元，农产品类销售额 22205.3 亿元，消费品类零售额 18234.5 亿元，再生资源类销售额 2824 亿元；组织农民兴办的各类专业合作社 192460 个（其中合作社联合社 9865 个），入社农户 1515.7 万人；有省部级及以上认定的农业产业化龙头企业 952 个；领办各类协会（商会）12823 个，其中农产品协会 6112 个，农产品流通经纪人协会 1215 个，农业生产资料协会 1220 个，再生资源协会 712 个等。土地全托管面积 3701.3 万亩，土地流转面积 3923.2 万亩，配方施肥服务 12350.4 万亩次，统防统治服务 11448.9 万亩次，农机作业服务 8454.3 万亩次；建立农村综合服务社 44.8 万个，其中，与村委会共建 59628 个，农村综合服务中心 73766 个，生产性为农服务中心 18041 个，庄稼医院 74733 个。

资料来源：摘编自中国供销合作网 2021 年 05 月 07 日报道。

3. 农村信用合作社发展与改革概述

与供销合作社改革相似，农村信用合作社管理体制问题历经 1951—1958 年、1959—1979 年、1979—1996 年、1996—2003 年、2003 年之后等阶段性管理体制变化，最终成为独立的金融市场主体，接受银监会和人民银行统一监管。2003 年 6 月末，全国信用社法人机构 34909 个，其中信用社 32397 个，县级联社 2441 个，市地联社 65 个，省级联社 6 个。至 2011 年 9 月末，全国有农商行 134 家，农村合作银行 214 家，农信社法人机构由改革前的 3.5 万家减至 2914 家；置换了农信社 1694 亿元不良资产。2020 年末，全国农村商业银行 1539 家（营业网点 60256 个），农村合作银行 27 个（营业网点 771 个），农村信用社法人机构 641 个，营业网点 14138 个，从业人员 165368 人。农村商业银行成为改革的主要选择。

在推进信用社改革的同时，为改变农村金融短缺的现状，有序成立村镇银行、贷款公司、农村资金互助社等小微金融。例如，2007 年 3 月 1 日，全国第一家村镇银行、贷款公司——四川仪陇惠民村镇银行、四川仪陇惠民贷款公司挂牌开业；2007 年 3 月 9 日，全国第一家农村资金互助社——吉林省梨树县闫家村百信农村资金互助社正式挂牌营业。到 2013 年底在农村成立了 1071 家村镇银行、14 家贷款公司和 49 家农村资金互助社。2020 年末，有村镇银行 1649 家（营业网点 4847 个），农村资金互助社 41 个，农村贷款公司 13 家。

四、改革开放后中国农民专业合作社发展

1984 年的中央一号文件提出了发展合作经济组织，并出现了地区性合作经济组织、农业合作社、经济联合社、专业合作经济组织等提法。改革开放后中国农业合作经济组织称作"新型合作经济组织"，以区别于 1953 年开始的农业合作化，其中经历几十年探索，最终确立以农民专业合作社为主要形式。

1. 改革开放以后农业合作经济组织发展历程

（1）1980—1993 年：专业技术协会主导。家庭承包经营后，一些地区的农民开始发展规模化养殖业，需要互相学习技术，缺乏有效的载体，民间自发组织、科技部门指导的农村专业技术协会（研究会）开始发育，主要解决技术引进难题。到 1998 年，共有各类农村专业技术学会 12 万个，会员农户 620 余万个，占全国农户总数的 3.5%。服务内容以技术交流培训与指导为主，生产资料联合采购以及其他服务，部分协会兴办科研或储运经济实体。1993 年《中共中央、国务院关于当前农业和农村经济发展的若干政策措施》（中发[1993]11 号）指出："农村各类民办的专业技术协会（研究会），是农业社会化服务体系的一支新生力量。"

（2）1993—2006 年：农民专业合作社开始发展。1993 年之后，农业基本完全市场化，农副产品供给逐渐充足，开始出现区域性、季节性过剩，农产品"卖难"滞销、价低等小生产（小农户）与大市场的矛盾日益凸显，农民开始更加主动、自觉地联合起来，各种"新型

农村合作经济组织"快速发展，部分合作经济组织开始延长产业链，从事农产品加工业。1998年拥有加工业务的农民合作经济组织已占 2.4%，"农民专业合作社"名称也在这一阶段开始出现。一些发达地区开始推动合作社的发展，数量不断增加，但有些在农业行政管理部门、民政部门注册，有的在工商部门注册。协会、合作社等各种名称以及登记注册部门、性质多样，亟需法律规范。2005 年底较规范的农民新型合作经济组织已有 15 万个。

（3）2007 年之后：农民专业合作社大发展。2007 年开始，《农民专业合作社法》实施及系列扶持优惠政策、制度规范出台，农民合作社有了市场主体的合法身份。2007 年 10 月 1 日《物权法》施行，明确了土地承包权的物权性质（用益物权），2008 年 10 月中共十七届三中全会提出"赋予农民更加充分而有保障的土地承包经营权，现有土地承包关系要保持稳定并长久不变"，土地流转比例开始大幅度提高，政府将合作社示范作为重要工作引导发展，各种类型的农民专业合作社开始"爆发式"增加。

2007 年底，全国在工商系统登记的农民专业合作社 2.64 万个，2010 年底达到 35 万个，2015 年底达到 153.1 万个。截至 2020 年，全国依法登记的合作社 224.1 万家，合作社联合社10273 个，合作社成员 6682.8 万个，全国平均每个市县有合作社 703.6 个，每个村委会有合作社 4.3 个。经过"空壳社"清理等原因，到 2021 年 11 月底，全国依法登记的农民合作社221.9 万个，其中县级及以上示范社 16.8 万个。2013 年制定实施《国家农民专业合作社示范社评定及监测暂行办法》，制定了申请国家示范合作社的 7 方面 27 条标准；《合作社法》在运行 10 年后于 2018 年修订颁布；2019 年 11 月重新修订颁布《国家农民合作社示范社评定及监测办法》。

知识延伸：《中华人民共和国农民专业合作社法》重要规定

（1）合作社以其成员为主要服务对象，应遵循下列原则：成员以农民为主体；以服务成员为宗旨，谋求全体成员的共同利益；入社自愿、退社自由；成员地位平等，实行民主管理；盈余主要按照成员与农民专业合作社的交易量（额）比例返还。可分配盈余按成员与本社的交易量（额）比例返还的，返还总额不得低于可分配盈余的 60%。（2）成员应是具有民事行为能力的公民，以及从事与农民专业合作社业务直接有关的生产经营活动的企业、事业单位或者社会组织；农民至少应当占成员总数的 80%；一人一票制，成员各享有一票的基本表决权。出资额或者与本社交易量（额）较大的成员按照章程规定，可以享有附加表决权。附加表决权总票数不得超过本社成员基本表决权总票数的 20%。（3）成员超过 150 人的，可设立成员代表大会；设理事长一名，可设理事会。理事长为本社的法定代表人。可设执行监事或者监事会，理事会会议、监事会会议的表决，实行一人一票。

资料来源：摘自《中华人民共和国农民专业合作社法》（2017）。

---

2. 农民专业合作社发展的整体特点：多样化

几十年的农民专业合作社发展呈现出一个显著的特点：多样性。具体表现在以下方面：一是牵头组建主体多样。以农村能人领办为主，村干部、村集体、供销合作社、农业产业化龙头企业、技术推广部门等多元主体领办合作社的格局。二是合作范围、项目与行业多样。涉及农业的各个产业、各个环节，乃至乡村旅游、文化、农产品加工等，农产品生产、农业生产资料购买、农产品销售、农机服务、植保服务等最多。三是发展机制与原因的多元化。与西方国家合作社发展的历史不同，中国的合作社发展具有"赶超情结"。首先是市场机制的推动，是生产经营者为了"抱团发展"；其次是政府推动，包括优惠政策扶持等。

进一步，合作社法颁布实施后，合作社数量快速增长的原因主要有：①合作社法实施之前的探索发展，在合作社法颁布实施之前已经有 20 年的探索，有 15 万个规范的合作社；②农业发展与农民增收的需求拉动；③中央及各级政府优惠鼓励扶持政策推动，如免税、承担农业项目；④地方政府制定数量发展目标以及行政推动；⑤其他"非发展性"动机行为，合作社发展初期规范要求较低，《合作社法》是市场主体法，目的是引导发展，约束弱。部分人注册合作社主要是看中优惠政策、承担政府投资项目等。

3. 合作社快速发展过程中存在的问题

问题集中表现在：一般认为正常规范经营和发挥作用的合作社只占到 10%—20%。虽然涌现出不少典型社，但县级以上示范合作社只有 16.8 万个，仅占合作社的 7.6%，如果考虑到确定示范社可能的名额分配及数量限制，不超过 20% 的正常经营社的判断基本准确（各地区发展不平衡）。也正如此，政府相关部门一再强调合作社的规范化发展、提质增效，2019年开始对"空壳社"进行确认清理，对无农民成员实际参与、无实质性生产经营活动、因经营不善停止运行、涉嫌以农民合作社名义骗取、套取国家财政奖补和项目扶持资金、从事非法金融活动等"空壳社"进行清理整顿，并提出要建立"空壳社"治理长效机制促进农民合作社规范发展。

合作社快速发展过程中存在的具体问题可从以下几个方面分析思考：一是从建立的动机及目的看，偏离合作社的服务、互助等宗旨，不是为了通过发展增进社员利益，而是为了私利，为了获取优惠政策的投机行为在现实中大量存在；二是从合作社单体作用发挥看，单个合作社的实力相对弱，带动农户发展、抗风险能力弱，低水平重复竞争，如有的村围绕某一个特色产业甚至成立十几个同类合作社；三是从内在管理机制看，民主管理制度只有形式或章程规定，"精英俘获"是经典的概括；四是从分配机制看，盈余60%按交易额返还的较少，很多合作社的盈余很少或根本没有；五是从发展规范化程度看，很多合作社的成员并没有真正出资，财务制度很不规范，很多社员也只是名单上的，并没有实质参与合作社的经营；六是从现实的发展理念看，追求数量增长，财政扶持"垒大户"，财政扶持的社会效应弱等。总之，不符合合作社根本宗旨、价值观及核心原则的"假合作社"才是真问题。

对于实践中合作社发展遇到的问题，要分类理性认识。例如，如果是因为经验不足、能力不够等导致盈利差乃至亏损，这是任何一个市场主体都可能遇到的，不是"真问题"。再如，人才不足、规模小的问题，这本就是农民办合作社现实基础或阶段特征，也不是"真问题"。提高农民的合作意识，合作社由小到大、由不成熟到成熟、由不规范到规范、由低级到高级需要很长的历史时期，绝不是几十年能够达到，培育提高全社会和农民的合作文化、信任文化是长时期任务。"运作的是民主，考验的是人性"是对合作社的深刻理解。

4. 合作社持续壮大发展的关键性要素

合作社是一种特殊的企业，办好合作社比办好一般的企业要难很多，尤其是农业生产领域的合作。影响一个合作社发展的因素太多，在此仅强调几点。①领导力：能人与团队的综合素质与能力。合作社的领导及团队骨干应是"好人+能人"，既愿意按照合作社要求为社员服务、增进共同利益，也要有较高的能力和水平实现目标要求。②价值支柱：合作文化。合作社不仅是一种交易方式，还是一种生活方式。合作文化的基础是建立在共同价值观基础上的信任，社员有意愿也能够积极参与，体现"人人为我、我为人人"。③内在机制：制度设计。包括产权制度、管理制度、分配制度等，没有适宜、高效的内在管理制度和机制，合作社难以发展，世界合作社发展发生的变化就是适应性的制度创新。④持续引力：合作领域选择与拓展。合作社必须盈利，增进共同的、社员的利益，就必须不断开拓新的合作领域、新的盈利点。⑤外在环境：政府及相关部门扶持。合作社开始一般是弱者的联合，社会功能价值突出；农业合作更是弱质、弱势产业的生产经营者的联合，更需要政府及社会的扶持。关键是扶持哪些合作社、哪些环节、哪些要求以及扶持方式与力度等政策的科学性、公平性、高效性，中国 220 多万个合作社如何有效扶持既是实践问题，也是理论问题。对合作社扶持引发的不公平、低效等问题尚未引起高度关注。

五、村集体经济

2016 年开始的村集体产权制度改革为发展村集体经济奠定了清晰的产权基础，发挥村集体经济作用促进农业发展成为重要实践探索。

1. 农村集体经济（组织）的内涵、基本特征与价值

（1）发展村集体经济的背景。经过改革开放 40 多年，适度规模经营已经达成普遍共识，正在通过土地流转、托管以及发展家庭农场等多种形式有序推进。虽然村干部报酬及村级组织基本运营费用列入财政保障，但 50%左右的村没有稳定的集体经营性收入来源，很多公益事业难以有效开展。根据全国 2020 年村集体经济清产核资结果，超过 3/4 的资产集中在 14%的村；东部地区资产为 4.2 万亿元（占总资产 64.7%），中部和西部分别占总资产的 17.7%、17.6%；从资产经营收益看，有 10.4%的村收益在 50 万元以上，主要集中在城中村、城郊村和资源充沛的村庄。因此，消除经济薄弱村、发展壮大村集体经济成为继产权制度改革后的又一热点，有的地方将村集体经营性收入低于 5 万元、10 万元或 20 万元的村"清零"作为硬性目标写入十四五规划。

（2）农村集体经济的内涵与基本特征。农村集体经济，是集体成员利用集体所有的资源要素，通过合作与联合，实现共同发展的一种经济形态，是社会主义公有制的重要形式。农村集体经济发展的组织载体统称为农村集体经济组织。传统的农村集体经济组织，是 1956 年农村生产资料公有化的结果，是相对历史上生产资料私有及其相应的个体经济而言的。也就是历经高级农业生产合作社、人民公社、"三级所有队为基础"以及"双层经营体制"下的"农村社区合作经济组织"等，但其基本特征未变。

农村集体经济组织的基本特征是：①农民集体土地所有权是基础。土地由本集体经济组织的农民集体所有，资源性资产和公益性资产具有不可分割性，不得分割到农户或者农民个人。以土地为基础而形成的资产属于集体资产，全部资产属于本集体农民集体所有。②明确的地域性（社区性）。村组边界范围内的土地是集体的地域基础，也是建立集体经济组织的重要基础。③唯一性与排他性。特定村组的范围内只有一个农民集体土地所有权，只能成立一个农村集体经济组织。成员与集体经济组织形成唯一归属关系，本集体经济组织成员平等地享有权利，对于其他外人具有排他性，其他外人未经集体经济组织同意不能享有集体经济组织的利益和成员权力，不能参与集体经济组织内部决策，成员退出社区时不能将量化资产分割带走。④成员的相对封闭性。只有特定地域范围内的村民，通常是长期居住、生活并且以该地域农民集体所有的土地为生活保障的村民及其后代，才能成为集体经济组织成员。因为婚丧嫁娶、生老病死，成员又总是处于变化之中。⑤相对稳定性。农村土地集体所有制是一条不可逾越的红线，农村集体经济组织不能像普通公司、企业那样随意破产。农村集体经济组织可以出资设立企业，由企业依法从事生产经营活动，并按照市场规则承担相应风险，万一资不抵债，可以依法破产、兼并、重组，但不涉及集体经济组织的破产。即使在集体产权制度"股份合作"改革中的"股"，也只是代表成员在集体资产收益中的分配份额。

2. 股份合作经济（社）与农村集体产权制度改革

1984 年集体企业改制中探索股份合作制的做法，之后在国家市场主体注册登记中特别明确了股份合作社的类型。在 2017 年《民法总则》实施之后作为"特别法人"之一。在此特别强调，中国的股份合作经济（社）实际并不是在发展合作社的基础上引入股份制，而是将村集体经济组织看作是社区合作经济组织，至今也有人认为合作经济包含集体经济。经过系列改革之后的村集体经济组织，已不同于传统的集体经济，可用"新型集体经济"以示区别。

（1）股份合作经济（社）。其基本内涵是，以合作制为基础，由企业职工共同出资入股，吸收一定比例的社会资产投资组建，实行自主经营，自负盈亏，共同劳动，民主管理，按劳分配与按股分红相结合的一种集体经济组织。

其基本特点（征）有：资本合作与劳动合作相结合；营利性和互助性相结合；决策权上劳动与股份相结合；按劳分配和按股分红相结合。在不同的企业，具体内在机制和制度差异较大，例如，决策权坚持"一人一票"基本表决权，同时按照股份多少给予一定的附加表决权，有的有上限规定，有的划分不同的股份数量区间分别赋权等。

在实践中集体企业进行股份合作制改革或组建的具体模式，有集体企业改制型、社区合作组织改制型、专业合作组织改制型、土地股份合作制等 4 种基本类型。以 2016 年开始的农村集体（社区合作经济组织）"股份合作社"改革为例简要介绍。

（2）村集体经济组织产权制度改革。从 2001 年开始一些地区就已经探索村集体经济组织产权制度改革。2016 年发布实施《中共中央国务院关于稳步推进农村集体产权制度改革的意见》，开始在全国全面推进。

村集体经济组织产权制度改革的重点内容（基本思路、程序）是：①村集体资产清产核资。按照经营性资产、资源性资产、公益性资产的不同类型，全面搞清集体资产的存量、结构、分布和运用效益情况。②村集体经济组织成员身份确认。综合考量户籍、土地承包关系、人员生活历史等确定，身份取得分为原始取得、法定取得、协商取得 3 种。③经营性资产的股权量化、股权设置和股权管理等股份合作制改革。第一，股权量化。有的根据经营性资产收益的多少进行分类量化，资产和收益较多的村（组），以股份或者份额的形式量化到本集体成员；量化股权以人口、土地、劳力等为基本要素，区分社员类别，确定合理的计算比例，界定各户股权，设置股份数量；有的提取村集体净资产总额 10% 左右的比例作为改制风险金等。第二，股权设置。主要是以成员股为主，是否设置集体股由本集体经济组织成员民主讨论决定；成员股中可设置基本股、劳龄股等，按照集体净资产总额，考虑人口、土地、劳龄等要素，合理确定权重。第三，股权管理。大部分地区提倡不随人口增减变动而调整的静态管理方式。有的采取"生要增、死要退"的管理方式，集体成员在持股期间，其股权原则上不得转让、不得退股。

2021 年农村集体产权制度改革阶段性任务基本完成，全面完成农村集体资产清产核资，清查核实农村集体资产 7.7 万亿元，其中经营性资产 3.5 万亿元；2020 年全国 54.5%的村集体收益超过 5 万元。集体土地等资源 65.5 亿亩，确认成员约 9 亿人，建立乡镇、村、组三级集体经济组织 96 万多个，在农业农村部门注册登记，领到《农村集体经济组织登记证书》，并可凭此证到有关部门办理公章刻制和银行开户等手续；由县级农业农村主管部门负责发放，并赋统一社会信用代码，首次有了统一的"身份证"。

（3）发展村集体经济的难点。村集体产权制度改革完成了清产核资、股权量化等基本工作，为发展村集体经济奠定了基础。但必须理性认识在市场经济条件下村集体经济发展的体制机制、现实市场环境等现实与难点，探索可行有效的思路。特别强调，中国及其各地的村集体组织的资源禀赋及其开发程度与潜力，发展的产业与实力基础，文化氛围与凝聚力等差异极大，有不同类型，必须因地制宜、"一村一策"。

发展村集体经济要依托村集体的各种资源资产的开发，是一种市场行为，面临很多风险，没有人能保证肯定盈利不亏损；同时，需要有企业家或者企业家精神的领导，需要好的团队，好的激励机制和环境。产权制度改革后，存在很多的不利因素或难点，主要体现在以下 4 方面。①带头人方面。村委会主任、村党支部（党委）书记兼任股份经济合作社社长，一人身兼数职，大部分人没有足够的时间、精力谋划发展集体经济，或者运营管理好集体资产资源；再加上村干部的社会治理等任务繁重，上级对社会稳定等重点工作考核要求严格，发展经济相对居于次要地位。另外，受村干部任期影响，可能出现短期化行为、机会主义行为等不利于村集体经济发展的行为。②组织决策与管理制度方面。实行股份合作社，组织要求更加规范，发展经济的重大决策需要召开代表大会，需要一定的程序和时间，但灵活性不够。同时，对村干部、村经济组织的党性要求、约束性更强，而发展经济则需要企业家有承担风险的精神，需要相应的容错制度，现实的很多制度束缚住了村干部的手脚。③村民方面。村集体组织成员共同体的"异质性""原子化"问题突出，很多村庄累积的矛盾多，社员只愿意分红，不愿意承担风险或亏损，影响干部的创业创新，动力与激励普遍不足。④资源与制度约束方面。很多村庄缺乏开发潜力较大的特色优势资源，尤其是实行严格的永久基本农田制度、粮食生产功能区制度、生态红线黄线制度等，建设用地指标严重不足，发展工商业没有资源基础，也缺乏好的项目落地村庄。还有经营管理专业化人才缺乏，相对于产改前的村集体，股份合作社缴纳的税收增多，减免制度不完善等。

3. 新型农业集体统一经营

新型农业集体统一经营是"双层经营"体制下部分村集体统一经营模式的一种总体概括，其在具体的组织运营机制等方面不同于人民公社时期的集体统一经营，实践中主要有三种基本类型。

（1）"代理型"集体统一经营："集体（村'两委'）+农业园区（集体农场）+农户"。农户将部分或者全部承包地交由村集体或者"村两委"统一代理经营（反租倒包），集中进行规模经营，发展特色种养、设施种养业的集体农场或者园区，实行集体统一经营。具体经营管理由"村两委"或者村集体经济组织负责，劳动力主要来自本村农户，对农户采取"保底分红"。

（2）"实体型"集体统一经营："村集体+土地股份合作社+农户"。由村委会或村党支部成员领办，组织农户以土地经营权入股成立土地股份合作社（实体），将部分或全部承包地交由合作社统一经营。其内部具体的组织机制、管理机制和分配机制存在较大差异。有的只根据耕地数量多少确定不同的股权，有的将土地数量折价入股；有的只根据经营情况确定收益或分红，绝大部分都确定保底收益或分红以充分吸收农户入股实现规模经营；有的是为了形成规模经营优势、自主经营，有的是组织土地股份合作社后再将连片规模化土地出租给农业企业。2016 年中央财政选择 13 个省份开展扶持村级集体经济发展试点，其中试点之一就是支持村集体领办土地股份合作社。

（3）"服务型"集体统一经营："村集体+服务型专业合作社+农户"。村集体经济组织或村两委根据自身实力、资产情况，为农户提供农业生产所必须的公共品、公共服务，是不以营利为目的的服务，如统一组织农田水利建设及利用、维护，提供统一的农机、植保、种苗、灌溉等服务。有的村则采取土地托管的方式，农户将承包地交给村集体及其牵头组建的服务型合作社负责主要的生产作业，如播种、植保、收割等，产品归农户，农户支付一定的托管费，超产在农户合作社按约定分成。

经验借鉴：村集体经济发展的 8 种典型模式

相关部门从实践中总结推荐了以下发展村集体经济的实践模式。①资源开发型（乡村旅游、特色产业等）：凭借土地、山水、田园等特色自然资源，开发增收项目，可采取村组干部、乡村能人开发利用耕地、山林、水面等资源，领办、创办企业和合作经济组织等，村集体以土地、山场、水面等生产资源入股分红；②物业经营型：引导、扶持村集体利用集体所有的非农建设用地或村留用地，兴建标准厂房、仓储设施等，通过物业租赁经营等方式增加收入；③资产盘活型：对村集体闲置的会堂、厂房、祠堂和废弃学校等设施，通过公开拍卖、租赁、承包经营、股份合作等多种方式进行盘活增加收入；④资本运营型：将村集体历年积累的资金、土地补偿费等货币资产，通过参股经营等方式转为经营资本，获取股金、利息和资产增值等资本运营收入；⑤村庄（村落）经营型：拓展集体经济发展空间，打造村域景区、农家乐、民宿经济等，把绿水青山变成"金山银山"；⑥产业发展型：推进农业产业园区、加工物流区建设，在促进产业发展中增加村集体收入；⑦生产服务型（专业服务型）：围绕村域产业化经营，创办多种形式的村级经营性服务实体，为农户提供生产资料、农业机械、病虫害防治等服务，通过开展购销服务增加村集体收入；⑧土地股份合作型（土地流转型）：通过村集体领办土地股份合作社，推动农业适度规模经营，实现土地经营收益最大化。

资料来源：摘编自浙江在线 2020 年 07 月 13 日报道。

第四节　农业企业与社会化服务组织

一、农业企业

农业企业属于营利法人，是以取得利润并分配给股东等出资人为目的成立的法人，包括有限责任公司、股份有限公司和其他企业法人等。因为农业产业范围不同，农业企业的外延也不同。在中国"农业企业"一词使用很不统一，内涵范围不明确。广义的农业企业包括从事种植业、畜牧业、林业、渔业、副业以及农业关联产业的经济组织；狭义的农业企业应是指以农林牧渔产品生产为基础的企业，可以进一步延伸加工、物流、营销以及社会化专业服务等综合经营，形成完整产业链。在部分报告或文献中，有的将农业企业等同于"农业产业化龙头企业"，将农产品批发市场、农产品加工企业、物流企业等也归入农业企业（可称作涉农企业）。例如相关部门的文件中，关于农业企业的数据其实是"农业产业化龙头企业"，"农业公司 500 强"中的很多是农产品加工企业。这些企业虽然与农业产业有关系，但产业特性是完全不同的，如果不属于同一个法人，而是采用市场关系、合同关系与农产品生产者联合，应属于"农业产业化经营"。为有助于针对性思考现实，本书将立足于对农业企业基本概念和外延界定基础上的分析。

1. 企业的经济性质

企业（Enterprise）的英文词意指冒险、胆识、进取心及计划等。一般认为，经济学中的企业是指集合各种生产要素，为社会提供产品和服务，以营利为目的，具有法律地位，实行自主经营、独立核算的经济组织。

企业组织代替手工作坊成为产业革命的主要组织方式，其性质与功能具有特殊性。关于企业的经济性质与特性，产业经济学以及企业组织理论有很多研究，形成了很多经典理论，成为分析企业经济的基础。如下观点具有代表性：第一，企业是具有经济理性的追求利润最大化的单位。只有获取最大的利润才能持续生存，并不断创新做强做大，发挥更大功能。第二，企业是效率性与社会性的统一。企业向社会提供产品或服务的过程有一定的生产难度，必须经过一定的技术转换过程，这是企业经济活动的本质内容所在。企业所从事的技术性转换比其他组织更有效率（效率性），生产的产品或服务符合社会需求（社会性）。第三，企业存在的原因是交易成本低。市场和企业是可以相互替代的资源配置的两种机制和职能，都是有成本的。企业之所以存在，是因为有些交易在企业内部进行比通过市场花费的成本低，即交易成本低。企业的性质就是降低交易成本。第四，企业是一个合约关系结构，可以提高生产效率。这些关系包括雇主、雇员之间的关系，企业与客户、供应商的关系等。不同的历史文化、资源环境等条件会产生不同的企业合约关系及企业文化。例如，日本的"人本主义"企业模式不同于"股东主权"模式。西方的企业总是追求高比例的股息分配，短期利益优先，遵循"股东主权"。日本人本主义企业认为：企业的根本属性是一种社会存在，是属于员工的，功能是向社会提供财货或服务，是由人与资源共同构成，作为人与资源的集合体处于一个管理组织的支配之下。因此，企业是为长远利益而运营的，采取低股息分配、长期利益优先。日本企业的家庭风格与超血缘意识共存，营造了企业成员间相互信任、共同发展的良好氛围；企业目标与个人利益相融，保证了个体利益在集团目标中的应有地位。日本企业之所以如此，是因为资源匮乏，"日本列岛唯一的资源就是吃苦耐劳、勤奋工作的日本人"，儒家理论与企业的独立性并用规范了经营者与员工各自的正确行为。企业作用的发挥，有赖于具有企业家精神的组织者权威。不是所有的企业主（领导者）都具有企业家精神。

在有关文献及实践中，经常会看到"企业化"的说法，主要指经营行为企业化和组织形式企业化。有的组织虽然不是企业，但采取了类似于企业的组织方式、内在机制，属于行为企业化。如农户企业化，就是改变农户自给性、小规模的特点，向商品化、规模化发展，如家庭农场等。

2. 农业企业的类型与特点

农业企业是以农林牧渔业为基础的独立经营的盈利性法人经济组织。在现实中，有的农业产业园区、种养殖农场也属于企业法人经营。常见具体类型有：①产品生产型，即农林牧渔业产品生产型企业，如农业种养殖公司，国有农场；②科技创新型，主要是农业良种企业，包括农业种子种苗繁育企业，农业科技创新公司等；③以农产品生产为基础的多元化全产业链经营企业，不少农业类大集团公司基本如此，如中粮集团等。很多的公司、国有农场等实现多元化经营，都有农产品生产业务；④农业多功能综合性中小型企业，如各级农业园区、农庄等很多是法人组织，其在农产品生产的同时开发观光休闲、产品初加工等功能；⑤农业生产性服务型，为农业生产环节提供病虫害防治、机械作业等专业化服务的企业，是农产品生产环节的服务外包，其需要按照生物生长规律、环境气候特点等科学作业。

农业企业除了应具有一般企业的经济性质之外，更主要的是基于农业的特性以及不同国家农业的特殊国情历史而产生的特点。一是农业生产对象的生物性及生产环境的自然特性的影响大。农产品生产采取企业化运营管理需要特殊的激励机制与责任承担、惩戒等机制设计，如按照作业环节、作业量的责任承包制度等。二是农业投资大与生产周期性、价格变化周期性的影响大。农业的流转土地、基础设施建设以及新品种与专业人才引进等"专用性资产"的前期投资大（俗称"农业投资无底洞"），产量丰歉转换，供求与价格周期性波动（"猪周期""鸡周期"），造成不确定性，回收期较长，要求持续经营，年际间弥补，才可能保持一定盈利，或者等来一定的高盈利机会收回成本，稳步发展。期望投资农业短期暴富极少，很多农业投资失败就是因为对农业的特点缺乏足够的认知。三是流转农户土地对企业影响很大。在中国农村投资农业需要流转农户的土地才能实现规模化，耕地流转期限不能超过承包期的剩余期限，流转期限可能短、风险大，专用性固定资产投资难以收回，也可能会因为一些原因毁约；农业生产需要劳动力主要来自当地，可能的工价高、乱涨价及较大风险。四是各种"乡土成本"较大。农产品基地地处乡村，当地的文明、治安与治理状况对公司影响很大，有的地方村民、集体与公司关系很好，有的则存在矛盾冲突，原因各异。例如，曾出现的哄抢、偷盗外来经营者的农产品等事件。五是受国家政策影响大。虽然国家对农业有很多扶持政策项目，很多农业企业也享受到了政府扶持，但是公司的利益目标有时在国家的调控管理目标下难以实现，发生冲突的问题很多。例如，国家调控猪肉价格过高而增加进口，导致价格大幅度下降；再如，地方政府鼓励发展休闲农业，吸引工商资本投资时审批把关不严，或者给与便利，但国家整治污染与"大棚房问题"会对企业造成较大损失。

以上五方面的特点，需要详细调查研判，充分重视易于被忽略的潜在风险。"农业投资的问题不是机会太少而是机会太多"，盲目投资扩张，追求"高大全"而倒闭的案例很多。

3. 中国农业企业发展简介

首先说明的是，农业企业相关详细系统的数据缺乏，仅介绍有限情况。21世纪以来农业企业数量增长较快，2000年农业企业数量不足7万家。截至2020年底，农业企业数量超过225万个；经县级以上主管部门认定的龙头企业超过9万家，其中国家重点龙头企业1547家，省级以上近1.8万家，市级以上近6万家。经过多年的鼓励发展、重组合并以及规范，全国持证种子企业7200多家，种子自给率达到90%以上。"十四五"规划提出，力争到2025年，以企业为主体、基础公益研究为支撑、产学研用融合的种业创新体系基本建立。

自2000年初中国共计农业上市公司13家，2019年末有41家（占上市公司1.1%），20

年间年均实增不足 1.5 家；20 年间累计新增约 42 家（上市新增约 40 家，重组新增 2 家），同时因各种原因退出农业经营范畴的累计 14 家。从长期趋势看，农业股的市场价值持续低于对比产业、边际成长性弱于所有对比产业，投资收益常年未见明显蓬勃期，周期性产业以及农业的市场价值没有明显提升，农业股收益率的数值和波动幅度均为最小。

4. 社会资本投资农业问题

社会资本投资农业（也称作"工商资本下乡"）并没有明确的界定，一般可以看作是除了农户农业扩大再生产投资以及财政投资农业之外，其他社会各界对农业的投资，或者是农业系统之外的非农领域经营者、资本所有者投资农业。近年来对于社会资本投资农业出现的"非农化""非粮化"以及侵害农民利益等问题引起广泛关注，政府相关部门出台引导政策，期望社会资本不与农民争利，联农带农，保障农民利益。

为了科学规范引导社会资本投资现代农业，2014 年原农业部将农业投资领域划分为"红、黄、蓝、绿"四大区域，采取禁止、限制、鼓励等差别化政策措施，规范性引导发展。2020年 4 月出台《社会资本投资农业农村指引》，提出社会资本投资农业的重点领域 12 个。2021年 5 月进行了调整，提出了 13 个领域，尤其是增加了"乡村富民产业"新提法，代替"乡村特色产业"，体现出社会资本进入农业要富裕农民的政策导向。

应如何系统理性认识社会资本投资农业问题？首先，中国农业投资不足，现代农业发展资金缺口很大，需要社会资本投资。但没有利润支撑的投资难以持续，不利于企业发展，选择盈利潜力大的项目投资是必然的。其次，现实中的社会资本投资农业的目的动机很复杂。一是为满足对原料的质量和数量需求而建立自己的种养殖基地；二是非农行业企业转型或者创业者、投资者基于农业的发展潜力进入农业，优质蔬果、规模化养殖场、农产品物流电商、种业等是主要领域，园区是重要载体；三是原企业延伸产业或功能拓展。具体动机有产业延伸、产业关联、产业拓展、产业转移等"发展型"，产业盲从与产业投机型。第三，不同的需求及出发点会有不同的效应。社会资本投资农业为农业注入了大量资本"血液"，为农业引入了许多新理念、新管理方式、新营销模式、新技术以及新产品、新产业等，促进了现代农业发展。但盲从型、投机型很有可能出现持续亏损而难以为继，进而导致"非农化""非粮化"发生，甚至引发社会问题。例如，租赁农民土地出现的"跑路"问题。关键是要构建完善的政策体系，采取切实有效的防范措施，激发正效应，减少避免负效应。第四，社会资本投资农业带领促进现代农业发展、农民致富的实例很多，存在问题及其原因也很多。社会资本投资农业存在的问题包括两方面：一是不利于工商资本进入农业发展的问题。如土地流转期限短不稳定，政府职能缺位，金融服务滞后，技术人员短缺与服务难到位等。二是社会资本进入农业后带来的问题。就是经常说的资本进入的盲目性、"非农化"、"非粮化"、农民权益受到侵害等。

典型案例："金丰公社"模式

2017 年 7 月中国最大的民营化肥集团上市公司金正大正式采用"金丰公社"探索农民愿意接受的服务模式，围绕种植户需求，聚焦"金融保险、农资套餐、全程托管、农产品销售"4 大服务，聚合各类资源，提供产前、产中、产后各环节在内的全产业链农业服务、全方位金融支持、多元化服务方案，实现从个体经济到共享经济、从单向生产到订单农业、从碎片化到一站式服务，构建了从总部、县级金丰公社到社长、农机手的服务体系，种地成本节约 10% 以上，产量增加 10%，综合收益提升 20% 以上。截至 2019 年 12 月底，县级金丰公社有 456 家，遍布在全国 22 个省，发展社员 612 万余人，服务土地面积累计超过 2692 万亩，开展了包含耕、种、管、收等全过程生产托管服务。

资料来源：作者根据有关资料整理。

二、农业社会化服务组织

1. 基本内涵与特点

农业社会化服务组织，是适应农业生产社会化，为农产品生产经营提供专业化服务的组织。农业专业化分工产生的服务需求通过市场化交易就形成了社会化服务及其组织，这些组织构成了农业社会化服务体系。农业社会化服务体系是为农业提供社会化服务的组织机构、服务内容及服务方式等形成的关系系统（结构体系），涵盖内容非常广泛。随着现代互联网技术、农业标准化技术的发展，服务内容和方式正在发生重大变化，服务内容多样化、服务手段信息化与服务方式高效化是必然趋势和要求。

农业社会化服务组织有其自身的特性（要求）。第一，提供专业化服务，工作的专业性标准强、质量衡量复杂。很多服务的效果不能直接显现，质量效果难衡量，易于引发矛盾纠纷，需要采取适宜有效的责任约定方式。第二，专用性设备与专业人才等专用资产投资较大，需要一定的服务规模分摊才能收回成本并维持。第三，与农业生产标准化水平紧密相关。农业生产标准化是服务组织发展的重要基础，一定区域、一定规模的专业化种植产品品种、种植方式等标准化水平提高有利于服务组织的发展。

2. 区域农业社会化服务体系的要求

一个地区的农业社会化服务体系是伴随农业现代化发展要求与农业社会化分工发展，以及服务组织创业创新的动态演变过程。其要求主要是：第一，及时满足农业专业化分工分业的现实要求，与现代农业发展相互促进。如适应土地流转与规模经营的要求，农机、植保以及种苗生产等专业化服务组织不断发展，服务效能不断提升。第二，服务组织多元化、多层次。适应各层次、各环节的专业服务特点要求，区域农业社会化服务体系组织也是多元化、多层次，形成公益性服务与经营性服务、专业服务与综合服务、阶段性服务与全程性服务、农业生产性服务与其他服务等系统。第三，服务方式及其机制高效，不断适应生产经营者的要求。不同的服务对象及服务组织的服务方式很多，如土地托管服务模式、股份合作服务模式、"公司＋合作社＋农户（家庭农场）"等；从服务内容看，有"农资＋服务""科技＋服务"以及"农机＋""农业金融＋保险"等。第四，充分利用"互联网＋服务"的平台作用。随着网络化与智能化技术在农业领域的创新与推广应用，市场中涌现出大量的新型农业生产性服务组织，包括线上综合服务平台、线上专项服务平台与"线上＋线下"服务等运营方式，应该充分利用。例如，"神州农服"与"史丹利农服"平台，"农医生"、大田农服、农田管家、嗡嗡农服等，各有其优劣势，可综合利用。

3. 发展概况

为分散的小农户提供有效服务一直就是政府政策重点，针对中国"大国小农"国情，1991 年发布《国务院关于加强农业社会化服务体系建设的通知》，是第一个系统安排农业社会化服务体系建设的国家文件，着重于解决农户分散生产面临困难的服务体系完善；从 2014 年开始，国家政策将发展农业生产性服务业作为重点，2017 年出台《关于加快发展农业生产性服务业的指导意见》，是第一部专门的农业生产性服务业的文件，2017—2020 年，中央财政持续安排专项资金支持农业生产性服务业发展。2019 年专门出台《关于促进小农户和现代农业发展有机衔接的意见》文件，提出发展"乡村共富产业"，鼓励支持涉农企业创新开展社会化服务，将小农户嵌入现代农业产业链条。2021 年中国已有各类农业生产社会化服务组织 95.5 万个，农业社会化服务覆盖面积达到 16.7 亿亩次，带动小农户超过 7800 万户。

从 2013 年起，中央财政专门安排资金支持农业生产社会化服务，到 2020 年，中央财政共安排支持农业生产社会化服务资金 190 亿元，其中 2020 年 45 亿元，项目实施省份 29 个。据有关研究，2020 年通过对 19 个省份的 875 个项目进行定量分析显示，项目区小麦每年每亩共增收 356.1 元，其中节本增收 270.4 元，增产提质增收 85.6；玉米每年每亩共增收 388.8 元，其中节本增收 297 元，增产提质增收 91.9 元。

典型案例：中化农业 MAP 服务模式

中化集团有限公司农业事业部于 2017 年 5 月提出建立现代农业服务平台（Modern Agriculture Platform，MAP），核心是建立 MAP 技术服务中心和 MAP 示范农场（线下），推动耕地规模化，依靠科技实现把地种好，构建技术标准化、数据公司化的智慧农业（线上）发展模式，为规模种植者提供包括良种选育、作物营养、作物保护、农机应用、技术培训、智慧农业、品质检测以及农产销售、品牌打造、金融支持等在内的"7+3"服务，建立"公司+服务中心+合作社+农户"模式实现订单式生产。已布局推广到全国 29 个省（市区），在 100 多个农业县开展落地试点，建立 MAP 综合服务中心近 200 个，服务管理耕地 215 万亩，服务规模种植户 2.1 万户。规划五年左右，将建设 MAP 技术服务中心 500 家、MAP 示范农场 1500 家，覆盖 3000 万亩以上的耕地，服务 300 万户种植者，带动农民增收超过 100 亿元。

资料来源：作者根据有关资料整理。

第五节　构建区域新型农业经营体系

区域农业发展需要形成各类主体相向而进、相互补充协调的有机整体，尽最大可能减少交易成本、组织成本和负面效应，实现区域农业整体功能最优化，必须构建区域农业经营体系（组织体系）。与国家政策术语衔接，本节主要介绍新型农业经营体系及其产业化经营、农业产业化联合体、农业行业协会等组织化模式。

一、新型农业经营体系的内涵与要求

1. 新型农业经营体系的基本内涵

新型农业经营体系是相对于传统或过去的经营体系而言的，其内涵丰富，不同角度和层面的理解有差异。

（1）农业经营体系的基本内涵。体系是有关事物按照一定的秩序和内部联系形成和构建

的一个整体（系统）。"形成"体现规律性、逻辑性的自然演化，"构建"体现有关主体的主观主动行为。农业经营体系与农业产业体系、农业生产体系共同组成农业体系。农业经营体系是农业生产经营活动及相关主体的构成及其相互关系的总称，其涉及的问题包括：主体构成及其职能、功能，各主体实现职能的方式及主体之间的关系（如合作与竞争、市场买卖与契约关系等），体系的整体效能（效率与功能、能量）等。一个区域的农业经营体系，涉及农产品生产与加工组织、流通与物流组织、社会化服务组织、政府农业管理协调组织及其相互之间的复杂关系。

　　农业经营体系与广义的农业经营体制有时被看作同一含义。狭义的农业经营体制重点是对农业经营主体的主要构成、职能定位及相互关系等问题的基本制度规范。例如，写进宪法的"中国实行以家庭承包经营为基础、统分结合的双层经营体制"。农业经营体系侧重于描述微观经济活动体系及其状态，农业经营体制只是其中的部分内容，一定阶段、一定经济体制下的农业经营体制也是农业经营体系的制度基础。

　　（2）新型（现代）农业经营体系基本内涵。新型农业经营体系的提法来自政府文件。例如，中共十八大报告提出：培育新型经营主体，发展多种形式规模经营，构建集约化、专业化、组织化、社会化相结合的新型农业经营体系。也就是说，新型农业经营体系首先需要农业专业户、家庭农场、合作社、企业等新型主体进行多种形式的规模经营，在农业产业、一定区域或者国家整体实现了集约化、专业化、组织化、社会化相结合的现代农业。

　　《新型农业经营主体和服务主体高质量发展规划（2020—2022年）》提出，加快构建以农户家庭经营为基础、合作与联合为纽带、社会化服务为支撑的立体式复合型现代农业经营体系。这种界定强调农户家庭经营基础地位不变，突出各个主体之间的联系。

2. 区域新型农业经营体系的要求（标准）及难点

　　从新型农业经营体系建设目的、最终结果以及实践应用角度，其标准要求可从以下方面理解。①区域各种资源潜力能充分发挥，形成高效生态化利用体系。在符合生态环境保护和持续发展要求的前提下，农业土地资源、财政资金、社会民间资金、劳动力等资源利用和配置效率最大化，潜力最大限度得到发挥，土地生产率、劳动生产率、资金产出率等生产力水平提高，产品浪费与资源浪费在技术可能条件下最小，社会成本最小，实现政府、社会、生产经营主体的目标均衡。②形成具有整体优势的产业体系，产业素质和竞争力水平较高。依据资源优势和市场需求形成有优势特色的规模化主导产业、支柱产业基地，产业规模化、组织化、品牌化、影响力和信誉度等较高，能有效参与国内外市场竞争，持续生存发展。③产业链利益分配合理，形成高效持久的分工合作体系。建立起各产业、各环节有效连接，各主体高效持续经营、功能互补、分工协作、利益合理分配、风险及时化解的发达高效体系，使从事农业生产成为收入有保障的"体面"职业，实现均衡的多赢目标利益。④形成制度化、规范化的高效治理体系。只有制度化、规范化的区域农业高效治理体系，才能为依靠创新与合法合规经营谋求发展的主体提供正常的发展预期和制度条件，才能有效抑制各种欺诈、投机、恶性竞争、违规违法、诚信缺乏以及信誉丧失等无序化问题，才能实现前述3个目标。

　　达到上述目标是一项长期任务，中国面临许多深层次问题，在不同地区问题的严重程度及主要表现不同。在此仅列举3个根本问题：第一，合格成熟的经营主体成长及其和谐共赢关系形成的长期性、渐进性与复杂性。家庭农场、合作社、农业企业等发展普遍存在"实力不强""联结不紧""效益不高"等问题。新型经营主体及关系体系的形成既是一种基于共同利益、适应市场竞争要求的微观组织产权制度、经营制度变迁过程，更是一种文化观念的转变过程，往往需要很长的历史时期和不断的改革创新。组织的成熟是比技术创新应用更复杂的试错与渐进发展过程。第二，农业生产高风险与经营波动大的问题尚未根本改变。经营主体数量庞大，但个体规模小，产业链各环节关系不稳，收益也难稳定，稳定和谐关系难建立，农业组织化状态与水平整体落后发达国家几十年。第三，制度不适与内卷化问题严重。很多基层农业土地制度瓶颈突破难、公共服务"缺位"、农业科技服务"最后一公里"问题及"政府失灵"等长期存在，呈现内卷化与"路径依赖"。

二、促进农业产业化经营

农业产业化是实现区域农业组织化，建立新型农业经营体系的较早实践探索，目前仍然是农业政策和实践的重要内容。

1. 农业产业化的提出

20 世纪 90 年代中国由计划经济向市场经济转轨过程中，农业出现了"千家万户的小生产"与"千变万化的大市场"的矛盾，农产品生产、流通、加工、贸易等相关政府管理部门分割，各环节之间缺少有效连接机制。山东潍坊市出现了诸城市的"贸工农一体化"、寿光市依靠市场带动发展、寒亭区的"一村一品"和高密市实行区域种养等做法，于 1992 年明确提出了"农业产业化"。1993 年 5 月 25 日，《中共潍坊市委、潍坊市人民政府关于按照农业产业化要求进一步加强农村社会主义市场经济领导的意见》正式印发，提出了农业产业化的基本内涵：以市场为导向，以效益为中心，以科技为支撑，围绕主导产业，优化组合各种生产要素，对农业和农村经济实行区域化布局、专业化生产、一体化经营、社会化服务、企业化管理，形成市场牵龙头、龙头带基地、基地连农户，集种养加、产供销、内外贸、农科教于一体的农业经济管理体制和运行机制。1995 年 12 月 11 日的人民日报头版以大社论的规格、超常规的篇幅发表社论——《论农业产业化》，并配发三篇述评，提出"农业的根本出路在产业化"。1997 年 9 月中国共产党十五大报告明确："积极发展农业产业化经营，形成生产、加工、销售有机结合和相互促进的机制，推进农业向商品化、专业化、现代化转变。"2000 年国家八部门联合出台《关于扶持农业产业化经营重点龙头企业的意见》，并公布了第一批 151 家农业产业化国家重点龙头企业名单，引起广泛关注。2001 年 6 月 26 日原农业部、国家发改委等 7 部门发布"重点龙头企业认定和运行监测管理办法"（2010 年、2018 年分别进行修订）。

2. 农业产业化基本内涵认识

农业本身就是产业，中国实践中提出农业产业化是否符合学理要求及是否有必要？国际上曾有"产业化农业""资本化农业"之说，基本等同于工业化农业或现代化农业。1940 年之后三次产业分类法在发达国家开始普遍应用，发达国家农林牧渔业实际上已经是工业化农业，英文"Industry"翻译为中文就是工业、产业、行业等含义，是工业革命的产物，农业与其他非农产业结合很紧密，组织化程度高，是一体化的政府管理协调。而中国在改革开放后正处于从自然农业、初级农产品生产以及分散农户生产的第一产业向加工、流通等紧密结合的工业化农业（现代化农业）转变，政府的管理部门分割严重，体制缺陷造成了三次产业的分割与不协调，生产与市场的矛盾突出。潍坊市以及其他地区在实践中探索如何打破这种矛盾，提出"产供销、贸工农一体化"的"龙型经济"，在此基础上提炼出中国特有的"农业产业化"新概念、新理论，也作为一种农业发展的方向或战略（要求），就是按照产业化的要求进行经营，也称之为农业产业化经营。

农业产业化是以市场为导向，依靠龙头企业或其他组织带动，将农业生产与产前、产后等关联产业环节联结为利益共享、风险共担的一体化系统。其实质就是一体化，也就是：产加销一条龙、贸工农一体化经营。对农业产业化的理解、要求以及实践做法等存在差异，一般是围绕或确定某些主导产业或重点产业、特色产业等，按照"区域化布局、一体化经营、企业化管理"的要求进行重点规划发展，培育龙头企业，提供政策倾斜，聚集各种资源，实现产业链的各环节、各有关部门的紧密连接，获取最大的整体效益。其特征有很多概括，如市场化、区域化、专业化、规模化、一体化、、企业化、社会化等。

与农业产业化相似（同）含义的概念和实践做法是农业纵向一体化（垂直一体化）或农工商联合体。纵向一体化是指在农产品生产、加工销售过程中，两个或两个以上前后不同阶段的经营主体紧密地结合在一起。根据结合的紧密程度分为：①完全的垂直一体化：农工商综合体。将农业的产加销或供产销各个环节纳入同一农业企业或经营体内，实行统一核算。②不完全的垂直一体化：契约农业。通过合同方式把从事农业生产资料的供应、农业生产以及农产品加工运销等环节的诸多小企业，特别是农户结合在一起，共同整合和延长产业链。

3. 农业产业化的构成要素及其联结模式

（1）构成要素。其基本构成要素包括：①龙头企业（组织）。就是能发挥带动作用、核心功能，把初级农产品生产者有效连接在一起的农产品加工或运销企业、合作组织及技术服务组织等，具有一定的经济实力和组织运营能力、带动能力。其之所以要带动农户，是满足其对于农产品的数量和质量要求，比如品种、质量、数量以及生产技术等。②初级农产品生产者。主要是从事农产品生产的分散的农户、专业大户、家庭农场等。其之所以愿意与龙头组织合作，主要是为保障其产品的销路、价格和收益等。③主导产业及其基地。一般选择市场前景和潜力大，有特色和优势，对带动当地农民增收作用较大的产品或行业进行产业化经营。④联接方式及其机制，是将产业化各环节稳定、紧密联结在一起的纽带桥梁、方式及其作用机理，核心是利益联结机制。不同的农业产业化经营水平，各环节的联结方式及机制、成效不同。

（2）联结模式分类Ⅰ：按照带动农户的不同龙头组织（载体）及其联结环节分。可分为4 种类型。①公司+农户。其中的"+"代表联结，农户泛指初级农产品生产者。该模式采用率最高，有关调查资料表明高达 45%。就是农户与企业签订契约或合同，规定农产品的交易价格、数量、品质要求等，农户负责农产品生产，企业负责农产品的加工和销售，有的企业还会提供农业生产资料采购供应、生产技术指导等服务，对双方都可能有利。但公司与农户之间的简单契约合同关系相对松散，多是简单的市场买卖关系。在基本模式基础上还有"公司+基地+农户"，就是公司为了获得稳定的高质量农产品，选择适宜的区域，采取将农户土地流转统一基础设施建设，成为生产基地，再交给农户或者重新招标发包给一些农户进行具体生产，公司统一品种、技术、管理及销售；也可以在选定的区域由公司规定或有偿提供品种和其他农资、技术指导服务，农户负责日常生产管理，产品由公司按照协议收购。该模式的缺陷是：公司直接联结分散农户，实现"利益共享、风险共担"的交易成本、运行管理成本及不确定性风险很大，公司与农户既存在共同利益，也存在利益冲突，都希望自身利益最大化。因此，联结的利益协调、平衡机制很关键。②合作组织（村集体）+农户。就是由合作社发挥龙头作用，与公司不同的是合作社是社员自己的组织，有其特殊的出资、管理及盈利分配机制，利益关系相对和谐。对于村集体经济组织而言，更具有土地所有权、统一管理权以及基础设施的建设维护运营权，也承担着为农户服务的职责，具有联结农户的优势，现实中的很多村集体经济组织发挥重要作用。不足是合作社的实力和经营管理能力等不如公司，大部分合作社发展加工、贸易的能力较弱，实践中产生了其他模式。③公司+合作组织+农户。该模式是将前述2个模式结合起来，克服其局限性，是最有前途、最应当鼓励发展的模式。公司直接和合作社联结，合作社发挥自身机制有效联结农户，交易成本、运营管理成本及风险下降，效率有效提升。④农副产品批发市场+购销商+农户。就是发挥批发市场的产品品种全、购销商集聚、信息聚集、渠道多元等优势，成为连接生产者、购销商的平台（龙头）。

（3）联结模式分类Ⅱ：按不同利益联结方式分为以下几种。①合同制，也称作订单农业，就是龙头与农户通过签订合同规定权利义务，是最普遍的形式。合同的具体内容包括产品价格、质量、数量、服务方式以及履约方式等。从价格契约看，有最低收购价（保护价）、市场价等多种。②合作制，是按照合作制原则、规则运行，包括民主管理、盈余返还。在实践中，合作制中的合作社与农户也经常采取契约方式约定产品收购等。③股份制，是农户以土地使用权、资金等入股公司成为股东，按照股份制规则运行。④股份合作制，是采用股份合作制运营方式及利益联结平衡机制。在实践中的具体做法差异较大，如合作社代表社员以土地经营权、资金或其他财产入股龙头公司，结成紧密的利益共同体，在公司规模较大，需要大量农户参与时可采用。

典型案例：温氏股份公司的创新模式"公司+农户"

广东温氏股份公司（温氏食品集团股份有限公司）起步于养鸡产业。1983年5月，广东省新兴县食品公司指导农户养鸡的技术员温北英（47岁）停薪留职，联合七户八人，以每股1000元集资8000元创办勒竹畜牧联营公司（改为勒竹鸡场）。1986年，租用榄根乡砖瓦窑，同时扶持榄根乡办的集体鸡场，此鸡场由何凤林承包，成为"温氏"第一个合作养鸡户。1987年开始，勒竹鸡场由内部自繁自育自销的养鸡体系，逐步向社会化服务体系转变，和36户专业养鸡户达成合作协议，鸡场纯利润达到8万多元。1989年6月后，对养鸡户保价回收肉鸡，创立了"公司+农户"模式。1990年，勒竹鸡场发行职工内部股票，共发行1万张，每张面额100元。1994年温氏集团经批准成立了广东温氏食品集团有限公司，向全国各地扩张，复制"公司+农户"模式。1995年养猪利润比养鸡高，采用"公司+农户"模式向生猪行业扩张，直接投放育肥猪仔给养殖户饲养，公司垫资提供饲料、防疫药品及免费技术指导，向养猪户保证170—190元/头的收益。2011年之后，将"公司+农户"模式升级为"公司+家庭农场"，推动智能化、信息化养殖，使合作农户的生产由"小而散"到"大而专"。截至2020年12月31日，温氏股份已在全国20多个省（市、自治区）拥有控股公司399家、合作家庭农场约4.8万户、员工约5.28万名。2020年温氏股份上市肉猪954.55万头、肉鸡10.51亿只，实现营业总收入749.39亿元。

资料来源：作者根据有关资料整理。

4. 区域农业产业化经营评价

区域农业产业化发展情况应至少从 4 方面选择、设置科学的指标分析评价。①龙头组织的数量及其规模、实力。包括龙头组织的数量、资产规模与经营规模，如年交易额、加工运销农产品数量或金额等。②龙头组织带动农户状况。包括带动农户的数量及比例，也常用"加入产业化体系农户比例"指标；带动农产品产业化的基地规模及其比例；农户参与产业化经营增收额（或增收率）等。但用"加入农业产业化体系农户数量或比例"衡量，如果数据来自自下而上的部门上报、企业或合作社上报，甚至是估算，真实价值较小。③产业化联结机制状况。包括订单农业数量及其比例，订单农业履约率，合作制、股份合作等紧密型联结的产业化经营规模及其所占比例等。④带动产业整体发展情况。通过产业化有效带动区域农业产业形成一体化经营，竞争力和效益、品牌化等提升变化情况。常用指标包括农产品加工率，农产品加工增值率，主导产业标准化程度、品牌化程度，产业综合效益及其提升状况等。

5. 农业产业化实践中存在的问题

因为详细的科学评价资料严重缺乏，一般仅有国家级重点龙头企业发展、示范合作社发展等方面基本数据和标准要求；农业产业化模式多样，联结的紧密程度差异较大，缺乏全面反映产业化全貌和实质的系统数据，认识差异大。例如，将加工企业数量、合作社数量作为农业产业化的重要标志，认为只要是加工企业就是龙头企业，只要是合作社就能带动农户。实际上很多加工企业加工的是进口原料（或外地原料），对本国或本区域的农业产业带动作用有限，并不是严格意义的产业化经营。

本书仅根据各方面的文献资料及实际观察，列举问题的主要方面。①受龙头企业的农业生产监督成本较高约束，难以快速扩大规模。不少公司从最初的发展订单农业、指导农户种养，到自己建设基地、保障高品质原料供应，但规模扩大到一定程度面临监督管理成本高的制约。②"公司+农户"多是一种松散、脆弱的利益共生关系。双方市场地位不对等，多数情况下都是企业控制、农民依附，无法形成利益共同体，双方经营目的无法有效融合，合同履约率较低，短期合约较多。③距离"利益共享、风险共担"的要求差距较大。尤其是真正做到风险共担的较少，也就是形成紧密利益联结关系的较少。

三、引导农业产业化联合体发展

农业产业化联合体是农业产业化发展到一定阶段的产物，是提升农业产业化水平实践的新概括和新要求。2010 年左右，河北省、安徽省宿州市等探索建立以龙头企业为核心、家庭农场为基础、专业合作社为纽带的紧密型产业联合体，取得初步成效。2012 年 9 月安徽选择 16 个联合体开展示范性创建，在此基础上印发《现代农业产业化联合体认定管理暂行办法》，2017 年底宿州市农业产业化联合体发展到 252 家，加入联合体的龙头企业 260 家、合作社 832 家、家庭农场 1701 家。2017 年 10 月国家 6 部门联合印发《关于促进农业产业化联合体发展的指导意见》，对其基本内涵、特征与重点要求等做出明确规定；2018 年 3 月印发《关于开展农业产业化联合体支持政策创新试点工作的通知》，在全国层面发展农业产业化联合体成为政策重点之一，目前发展已经超过 1 万家。国家层面是本着成熟一个认定一个，不制定具体发展的数量目标。

1. 农业产业化联合体的基本内涵与特征

农业产业化联合体，是龙头企业、农民合作社和家庭农场等新型农业经营主体以分工协作为前提，以规模经营为依托，以利益联结为纽带的一体化农业经营组织联盟。实践中强调，以品牌为市场导向，建立以龙头企业为核心、专业大户和家庭农场为基础、专业合作社为纽带，以契约形成要素、产业和利益的紧密连接，集生产、加工和服务为一体化的新型农业经营组织联盟，是农业产业化经营链条上紧密型的新型农业经营主体组织联盟，但不具有法人主体资格。

其基本特征是：①独立经营，联合发展。它不是独立法人，一般由一家牵头的龙头企业和多个新型农业经营主体组成，各成员保持产权关系不变、开展独立经营，在平等、自愿、互惠互利的基础上，通过签订合同、协议或制定章程，形成紧密型农业经营组织联盟，实行一体化发展。②龙头带动，合理分工。以龙头企业为引领、农民合作社为纽带、家庭农场为基础，各成员具有明确的功能定位，实现优势互补、共同发展。③要素融通，稳定合作。立足主导产业、追求共同经营目标，各成员通过资金、技术、品牌、信息等要素融合渗透，形成比较稳定的长期合作关系，降低交易成本，提高资源配置效率。④产业增值，农民受益。各成员之间以及与普通农户之间建立稳定的利益联结机制，促进土地流转型、服务带动型等多种形式规模经营协调发展，提高产品质量和附加值，实现全产业链增值增效，让农民有更多获得感。

因此，根据地方实践需求及政策导向，农业产业化联合体可看作是农业产业化经营的"精华版"及"升级版"，组织化程度与要求低于农工商联合体，但高于一般农业产业化组织，是提升农业产业化水平的重要方向和要求，对于引导农业产业化发展更加注重于内在机制建设，培育农业产业化新理念、新文化等具有重要作用。

2. 农业产业化联合体的评定（评选）标准

国家目前并没有出台评价标准，根据农业产业化联合体内涵特征以及实践背景理解，应着重2方面的标准（不同于农业产业化）。①机制标准（内在机制）。具体包括：一是产业联结，是否实现专业化分工、多元化联合、标准化生产、品牌化经营；二是要素流动，是否发挥市场配置资源的作用，实现联合体内部的土地、资金、人才和信息等要素自由流动；三是利益共赢，各主体之间是否通过合同契约形式建立利益共享和风险分担机制等。②成效标准（外在作用）。具体包括：一是经济效益，土地产出率、资源利用率、劳动生产率情况，各主体年总产值、总税收等；二是社会效益，带动农户增收和提高内部经营者素质等；三是生态效益，资源、环境保护等方面成效。

目前各地出台的"示范现代农业产业化联合体评选管理暂行办法"的具体细节要求不同。规定主要包括2个方面：一是对联合体的要求。例如，要有成员共同制定的联合体章程，有围绕主导产业的建设方案，联合体内各成员之间以文字契约建立紧密的产业、要素、利益联结机制，联合体内各主体之间有品牌化运营实际内容，以及成本降低、收入增加等内容。二是对组成联合体的新型主体的要求。主要是规模、带动作用、规范性等要求。这些充分体现了农业产业化联合体不同于一般农业产业化的新要求。具体条件可参阅各地区的相关规定。

3. 区域农业产业化联合体发展的着力点

发展农业产业化联合体的标准要求高，其发展水平代表一个区域农业产业化的水平。没有高水平的新型主体，就没有真正的联合体。发展农业产业化联合体要在产业组织、利益分配、金融等方面不断创新。重在三个内在持续发展机制建设。①建立多元主体分工协作机制。着眼于不同主体的优势和定位，增强龙头企业带动能力，提升农民合作社服务能力，强化家庭农场生产能力；完善内部组织制度，引导各成员高效沟通协作，制定共同章程，探索治理机制，制发成员统一标识，增强成员归属感和责任感。②健全多类资源要素共享机制。促进土地、资金、科技、信息、品牌等在联合体内互联共通，增强联合体的凝聚力和竞争力。如鼓励农户以土地经营权入股家庭农场、农民合作社和龙头企业，支持龙头企业为家庭农场和农民合作社提供贷款担保、资金垫付等服务，稳妥开展农民合作社内部信用合作和资金互助，在收益分配前按一定比例计提风险保障金，设立共同营销基金，统一开展营销推广，打造联合品牌，把成员纳入企业信息资源管理体系等。③探索新型联结方式。引导联合体内部形成服务、购销等方面的最惠待遇，龙头企业将农资供应、技术培训、生产服务、贷款担保与订单相结合，探索成员相互入股、组建新主体，采取"保底收入+股份分红"的分配方式，形成利益共享、风险共担的责任共同体、经济共同体和命运共同体等。

四、培育区域农业（农产品）行业协会

行业协会是世界各国产业发展普遍的协调组织模式。国外农产品行业协会历史悠久，协会数量多，产品覆盖面广，内部管理规范，运行独立，会员数量大，与农民合作社职责不同、各有分工。农业行业协会在有效地组织广大分散的农民开展生产，及时有效地保护协会会员的利益、与政府沟通，适时有效地开拓农产品国内外市场，开展行业自律，避免恶性竞争等方面发挥着重要作用。自中国加入 WTO 后，适应政府管理职能转变要求，各种行业协会普遍建立，农业也一样，目前全国性、地区性的农产品行业协会很多，据有关信息估计近万个。

1. 行业协会的基本内涵

一般认为，行业协会是指介于政府与企业之间、商品生产者与经营者之间，承担服务咨询、监督公证、自律协调等职能的社会中介组织。农业（农产品）行业协会是以服务为宗旨，以增进共同利益、维护合法权益为目标，以组织协调为手段，在一定区域范围内由从事某项专业的农民、相关企业、中介组织以及科研单位自愿组织起来的非营利性的经济组织。一般以社团法人注册登记，是民间组织社会团体的一种，即国际上统称的非政府机构。

行业协会成员的主体多是法人单位或达到一定规模的自然人主体（尤其是全国性的行业协会）；协会也强调自愿入会原则，但还有资格准入和强制入会等方式；行业协会的利益目标主要通过行业自律和服务来实现；行业协会属非营利性社团法人。另外，全国性行业协会的组织机构一般采取理事会形式，最高权力机构是会员大会，具体决策机构是理事会，设秘书处作为日常办事机构，同时，设技术标准、市场、法律等专业委员会。

2. 行业协会的主要特征

主要体现在六性：①行业性。围绕不同的产品、行业分别成立相应的行业协会，如大豆协会、棉花协会等。②自愿性。由相关行业的主要规模化生产者、经营者、加工商、贸易商等自愿组成。同时，根据成员的规模实力、在行业中的地位以及受益多寡等承担相应职责，比如会长、副会长比一般成员所在单位缴纳的会费多。③自治性。依法成立后就可在法定范围内自主活动，以实现组织特定目的，自我组织、自我管理的自治权是行业协会能够独立存在所必须享有的权利。自治权主要包括自治事务管理权、组织人事权、经费筹集使用权等。④非政府性。是自愿组成，而不是依政府命令；内部实行自我管理，一般不受政府的直接控制，需受政府监督；其工作人员不属于国家公务员系列，主要经费来源不是国家财政拨款，但承担政府委托项目任务可获得相应经费。⑤中介性。不具体从事生产经营活动，承担国家

（政府）与企业（成员）之间的联结和沟通作用，使私营部门与公共部门之间有效联系。⑥非营利性。不以营利为目的，其运行经费来源于成员缴纳的会费、培训与服务收费及承担政府项目的财政扶持资金等。

3. 行业协会的主要职能及其实现路径

其职能（功能）主要来自两方面：一是成员赋权，就是协会成员加入协会希望其发挥的职能、达到的目标，即自下而上的要求；二是政府赋权，就是政府对行业的一些管理、协调等职能交由协会承担（自上而下的要求）。西方国家对产业发展是"小政府"或"有限责任"，中国加入 WTO 后，农业管理体制机制与国际接轨，将政府承担的很多行业管理协调职能交给行业协会承担。

行业协会的职能及其履职方法主要是四项：①行业代表。以组织化、群体化的形式，凝聚会员力量作为同行业经营者的代表组织集体行动，与本国政府、其他产业进行沟通协调，与相关国家及其产业、国际组织进行贸易纠纷的解决、产业发展合作等。②行业服务。为成员提供行业发展的信息、技术、法律、人才培训以及展览、会议等方面的服务。一方面，以组织所拥有的各种资源（各专业委员会及专家）、专业技能和专门知识服务成员；另一方面，发挥各成员的优势、特长，相互交流学习，共同提高。③行业自律。通过制定与执行行业规则实行自律管理。在对行业内各企业权利和利益协调与平衡过程中，通过研究、协商、妥协等方式达成共识，由成员共同遵守，形成一种自生自发的自律秩序，培养理性自律精神，避免非理性的集体行动。④行业协调。把本行业利益诉求和权利主张传递给政府决策过程之中，把政府政策、决策信息反馈给会员企业，建立政府与企业的沟通桥梁和信任机制。面对不同成员之间的利益矛盾和意见分歧，协会以其组织的力量，进行互谅互让、自我协商和化解。

行业协会在一国内部与国际经济贸易中的作用体现不完全相同。例如，在 WTO 规则框架下，很多国际贸易纠纷诉讼提出、应诉以及证据提供等是由行业协会负责，而不单是政府部门。在国内产业发展中，重点是制定行业自律的规则，例如反对低价恶性竞争，为会员提供技术、信息等服务，代表成员与政府沟通等。

需要说明的是，农业协会的职能及其履行情况，取决于协会建设与发展的内在机制及其对行业的作用、成员的认可度等。与发达国家农业行业协会发展比较，中国农业行业协会发展历史较短，缺乏经验积累，规模小、功能与作用有限，经费不足，缺乏高素质专业人才，还很不规范，尚需要较长的成长过程。目前尚没有系统的全国农业行业协会的权威统计数据，难以做出全面准确判断。只有部分省市有简单的统计数据，例如，江苏省级、市级农业行业协会共 168 家（截至 2018 年底）。

五、案例讨论：浙江"三位一体"综合合作改革创新

在本章最后，简单介绍浙江推进供销合作社、信用社与农民专业合作社"三位一体"改革创新案例，引发对提升区域农业组织化水平深层次系统问题的探索思考。

1. 背景

中国大部分地区都有各级供销合作社、信用社组织（农商行等），承担政府重要的"三农"责任，虽然各地区的组织数量、经营实力和状况等差异较大，但职能作用突出，有一定的优势。例如，供销社就具有多年来形成的组织网络体系和一定的人才基础与物质基础，信用社具有资金和金融人才、服务"三农"融资的优势。在农民专业合作社、家庭农场等新型

主体大发展的同时，资金、人才、渠道以及经营管理等问题进一步凸显，尤其是融资难、融资贵，做强做大遇到很多难题，而信用社与供销社受制于体制机制约束，其作用并没有充分发挥，一直在探索如何进行改革。从理论和实践需要出发，从发挥现有组织资源潜力优势的角度出发，在一个区域内，围绕"三农"发展需求，将各种组织资源有效整合形成合力，改变各自为战的分割、低水平竞争状态，无疑具有重要意义。日本的农业协同组合、中国台湾的农会和专业合作社等都是融农产品生产、加工营销与金融服务为一体的综合合作组织，中国也有必要探索改革。

2. 改革的做法与创新

2006 年，时任浙江省委书记习近平同志亲自谋划构建生产、供销、信用"三位一体"新型农村合作经济体系，温州瑞安市率先试点，之后在浙江省 18 个县（市、区）展开试点，提出了深化"三位一体"改革的一揽子方案，11 个市 82 个县（市、区）都基本建立了以供销合作社为依托的县乡两级农民合作经济组织联合会（简称"农合联"），包括供销合作社、农民合作社、农村信用社、龙头企业、家庭农场和农户等。供销合作社作为农合联执行委员会，农合联办公室设在供销合作社。农合联为非营利性社会团体，在民政部门注册登记，实行农有、农治、农享，建立成员大会、理事会和监事会制度。至 2017 年浙江组建了省级农合联、11 个市级农合联、82 个县级农合联、930 个乡镇农合联，会员 6 万家，涵盖农民合作社及联合社、行业协会、农业龙头企业、家庭农场等，形成了比较完整的"三位一体"组织框架。

截至 2021 年，浙江省自下而上 6.61 万个农民合作经济组织和各类涉农服务组织（企业）组织起来，全面组建了省、市、县、乡（镇）四级农合联；全省 311 家乡镇农合联现代农业服务中心和 313 家产业农合联衔接，构建了新型农业社会化服务分工协同的庞大体系，越来越多的党政机关、事业单位、金融机构、工商企业也通过农合联为农服务。较早试点的温州市形成"1 个市级农合联+11 个县级农合联+133 个乡镇农合联+52 个产业农合联"的框架，涉农乡镇（街道）覆盖率达 100%，8000 多家农民合作经济组织、为农服务组织（企业）加入农合联，是浙江省会员规模最大的农民合作组织。至此构建起了一个新型农业社会化服务体系和平台。在这个组织平台上，生产、供销、信用、环境四个领域的服务资源不仅聚合而且协同，形成了区域农合联承担通用性服务，产业农合联承担专业性服务的分工协作格局，将各类为农服务功能聚合"一体"于农合联平台，以协同方式供给，突破部门分割、要素配置的发展瓶颈，整合各方资源提升地方农业组织化水平的重要创新。

2020 年 7 月组建浙江"农合公司"，2021 年 3 月 9 日浙江农合有限责任公司开业，形成"省农合联—农合集团"的运行格局。其宗旨是引导农合联内部相关会员和农合联外部相关主体，培育为农服务龙头、打造为农服务体系，开展合作投资服务，引领合作经济发展。

3. 需要进一步思考讨论的几个问题

浙江作为近 20 年来中国"三农"改革创新与发展最具活力和成效的省级单位，一直在持续推进系列改革创新，"三位一体"农合联是其标志性成果之一。2017 年和 2018 年的中央一号文件曾要求全国各地推动"三位一体"综合合作。2021 年中央一号文件则提出要求，开展供销合作社、信用合作社和农民专业合作社"三位一体"综合合作试点。但总体看，真正全面试点的还不多。

需要进一步思考以下问题：第一，浙江改革能够获得较大成效，其综合性的原因和条件有哪些？其他地区如何才能或者需要进行哪些根本性的改革创新逐步接近这些条件？例如，改革与创新创业的文化氛围与传统，主要领导的高度重视与支持，人才队伍保障等。第二，政府在整合各种资源，推动改革创新中如何发挥作用？政府与市场的关系如何处理？没有政府的顶层设计、系统性强力推进，没有市场主体的巨大需求和主动参与，没有一大批的企业家等都很难成功。第三，农合联系统高效的内在机制和规范制度如何建设？将不同所有制性质、经营内容和状况的合作社、企业整合在一个系统平台和体系内，其高效运转需要大量细致的各种内在机制和制度建设创新。第四，政府的"三农"治理体系改革如何与推进三位一体综合合作相配套。没有高效务实的地方治理体系，任何改革都将难以达到效果。第五，相关合作社、服务组织等市场主体如何提升自身的能力和水平问题。没有强烈的创新创业意识和发展愿望与能力的市场主体，包括供销社、信用社自身的改革创新等，跨行业、跨区域合作都难以成功。第六，其他地区如何学习先进经验？不能简单模仿形式，应当如何有计划地因地制宜创新发展？这些问题需要进一步参阅大量资料，认真思考，结合区域实际不断探索。

本章思考、练习与讨论题

1. 如何理解农业组织形式选择与组织功能作用发挥好坏的关系？二者影响因素与衡量标准有哪些不同？

2. 如何理解中央提出的"将小农户对接到现代农业体系"的必要性及其主要路径？

3. 从中国与欧美合作社发展的简要历史中你得到什么启示？对中国农民专业合作社发展有哪些参考？

4. 中国各地区的经济发展水平、村集体的发展水平及资源禀赋、类型不同，产权制度改革后如何因村制宜发展村集体经济？

5. 过去曾经提出一个口号，"扶持龙头企业就是扶持农民"，但也存在龙头企业"坑农"现象；国家对工商资本下乡经营农业的"非农化""非粮化"等问题提出引导性要求。你如何认识评价这些现象？

本章主要参考文献

张培刚主编. 发展经济学教程[M]. 北京：经济科学出版社，2001.

孔祥智 金洪云 史冰等. 国外农业合作社研究-产生条件、运行规则及经验借鉴[M]. 北京：中国农业出版社，2012.

于战平，李春杰. 都市农业发展与乡村振兴——天津20年探索与反思[M]. 天津：南开大学出版社，2021.

孙新华. 农业转型的动力机制研究及其拓展[J]. 华中农业大学学报（社会科学版），2017（8）.

朱光磊，裴新伟. 中国农民规模问题的不同判断、认知误区与治理优化[J]. 北京师范大学学报（社会科学版），2021（6）.

张清津，王新志. 中国农村专业化分工与农业经营组织体系的演变[J]. 江西社会科学，2016（2）.

杨正位. 中国台湾农会的成功经验与启示[J]. 中国延安干部学院学报，2012，5（5）：

92-107.

　　于战平. 农场、农场制与中国家庭农场发展[J]. 江西财经大学学报，2016（1）.

　　夏蓓，张鹏. 网络化与智能化驱动下的农业生产性服务模式创新[J]. 信息与管理研究，2021（2）.

　　何宝玉. 我国农村集体经济组织的历史沿革、基本内涵与成员确认[J]. 法律适用，2021（10）.

　　庞悦，刘用明. 我国农业上市公司市场表现及成因研究[J]. 农村经济，2021（3）.

　　王侠. 发展“三位一体”综合合作　加快打造为农服务大平台[J]. 求是，2017（23）.

第七章　区域农业产业结构优化

　　各国或地区的经济发展往往是旧产业逐步衰亡或者退居次要地位，而新产业不断产生、占居主要地位。根据资源禀赋、需求变化以及技术进步等率先调整优化结构，获取市场竞争的主动权，抢占市场先机和产业利润最高期，形成规模效应、品牌信誉、先发优势已经成为农业竞争的核心路径。中国已经进入农副产品及其加工品的数量与产能相对过剩的新时代，"只有想不到、没有买不到"，农业供给侧结构性改革成为发展的一条主线。

第一节　农业产业结构优化基础理论

一、农业产业结构概述

1. 结构及其基本特性

　　任何事物、任何社会及其单元、任何区域都有结构问题。结构是描述分析事物由哪些元素（单元）构成，各元素所占比重（地位）及其相互之间的关系（关联），进而形成的事物整体功能及其对外部环境变化的适应性等特性，是各元素在某一事物内部相互结合的有规则的组织体系。成分、比例关系及组合或关联方式是结构的三要素。组合方式就是指依存制约关系及作用机制机理等。结构的内部关联，除了表现为一定的技术水平和规模外，还表现为一定的聚合质量，也就是产业之间的耦合状态以及由此决定的产业结构的整体功能。结构分析实际也就是事物的系统分析，是一种在自然科学、社会科学广泛应用的思维和方法。结构决定功能，结构的调整与优化可以产生"结构效应"，即"1+1>2"的功能效应。

　　任何结构都具有4大特性，这是思考结构问题首先要想到的。（1）多层性。结构具有多角度、多层次的丰富内涵，需要由浅入深、由一般到具体层层分析认识。全面的农业产业结构问题分析包括生产结构、区域布局结构、组织结构、生产方式结构等。产业结构分析不能仅仅局限于一个层次，只有深入到更多层次，才能发现更深层次的问题，掌握产业发展的更全面的状况。分析农业及相关产业的结构问题，按照国家统计分类，首先是01大类（农林牧渔业生产）到10大类的大类结构；其次，是每个大类内部的中类结构问题，例如在01大类中涉及011—015的中类结构问题，主要是农林牧渔业生产的行业结构；第三，是每个行业的内部结构。假如从产品生产角度分析农业产业结构（生产结构），不能仅仅局限于农林牧渔的结构，还应当进一步详细分析。例如，种植业中的粮作物、经济作物与饲料作物的关系（三元结构），粮食作物中又要按照功能等角度分析，例如一般分为谷物类、豆类、薯类等，或者细分为食用粮、饲料粮、种粮，或者按照产品分为小麦、水稻（主粮）、玉米与小米、高粱等杂粮、豆类、薯类等；即使在种植玉米中，也可分为食用、饲用等，食用又分为鲜食玉米、加工用等。所选用的适宜品种不同，这与经济效益关系密切。当然，在具体的实际工作和研究中，要分析主要矛盾和矛盾的主要方面，突出重点问题、难点问题的调查分析，而不是面面俱到。（2）相关性（关联性、系统性）。无论从结构层次角度、影响要素角度还是功能角度看，结构都是一个整体，组成结构的各成分存在复杂的相互影响关系，需要管理者、生产者经营者理性选择。例如，一个地区只有十万亩耕地，种植什么、各种植多少，都是依据供求价格以及技术、成本收益、政策、目标要求等多因素主动选择或被动选择，不同选择的收益结果不同，长期看有一定规律。（3）客观性。任何结构都是在一定技术、经济社会条件和一定发展阶段的客观存在，是历史演变或进化的结果。划分产业是研究、管理、实践需要的主观行为，体现研究管理的需求和水平，通过研究更好地促进结构优化。在研究结构演变以及优化中，要首先立足于客观现实与历史事实，采用科学的方法，尽量少些主观臆断。（4）动态性（相对性、历史性、发展性、阶段性等）。在科技、知识、文化、制度等创新与交流的推动下，现代经济社会发展演变不断形成各种新结构，不同条件、不同阶段、不同区域会形成不同的结构。必须用发展的动态性、相对性、历史性等思维分析结构问题，科学理性分析不同结构背后的影响因素、形成的内在机理等，因地制宜、因时制宜推进结构优化。

农业结构除了具备上述 4 个特性外，还具有最典型的区域性。因为农业对自然环境具有很强的依赖性，不同自然地理区域的农业结构往往具有较强的差异性。从现实及未来很长时期看，科技创新尚难以完全改变农业对自然环境条件的高度依赖，自然资源禀赋导致的成本价格优势仍然是农业优势和竞争力的重要基础。

2. 经济结构及其产业结构、农业产业结构

经济结构是组成经济系统的各要素的组织体系。经济学分析研究的结构一般包括生产关系结构和生产力结构，生产关系结构包括产权结构、分配结构、产业规制管理等；生产力结构则主要指产业结构、产业组织结构、产业布局结构等。产业结构是各产业部门之间的比例构成和它们之间的相互依存、相互制约的联系。其反映的是资源在各部门、产业、产品等方面配置状况，调整产业结构就是优化资源配置。产业经济分析产业结构的重点是产业之间产业关联、产业布局及其优化问题。

农业产业结构是一个国家或一个地区农业产业中各层次、各部门的比例构成和相互依存制约的关系，它是产业结构的重要组成部分，也受制于国家和区域产业结构的影响。例如，现实中的土地资源、财政资源与劳动资源等在农业与非农产业中的竞争性配置的相互影响等。

3. 农业生产布局

农业生产布局是对一定区域农业生产项目、产业、产品在地域空间上的安排部署，进而形成的分布和组合。也称为农业配置（产业与资源配置）、农业区划等。作为动词，农业布局是一种有意识的主动安排部署；作为名词，反映的是资源在不同区域、产业的配置情况。农业生产合理布局，是在长期发展过程中，依据资源禀赋、生产历史传承以及习惯、市场需求和竞争环境变化、技术变化、经济效益大小，乃至政府的政策行为或者经济组织的主动调整的结果，也就是顺应自然、经济规律和人的主观能动性共同作用的结果。

因为种植业、林业对自然环境条件的依赖性较强，合理的农业生产布局要求按照比较优势原则，因地制宜，尽可能在条件最优越、适宜的地区种植最适宜的作物，促进各部门有机结合保持合理比例，提高经济、社会、生态综合效益，满足多样化需求，保持和提升竞争力。

一个地区的农业生产布局是在一定技术水平下多种因素作用的结果，具有相对稳定性、合理性、客观性。但具体到不同的更小微观区域（如村、镇），生产者则会处于动态调整中，以适应各种环境变化。

德国经济学家冯·杜能 1826 年发表名著《孤立国同农业与国民经济的关系》（简称《孤立国》），提出了著名"农业圈层布局理论"，是农业区位论和农业布局的开山之作。其基本观点是：在农业布局上，并不是哪个地方适合种什么就种什么，农业经营方式也不是任何地方越集中越好，在这方面起决定作用的是级差地租，首先是特定农场（或地域）距离城市（农产品消费市场）的远近。距离消费中心越近，运输费用越小，地租越高，对易腐保鲜要求高的产品、单位产品体积或重量大而价值低的产品，为节省运费和土地或为加快销售速度，土地利用的集约度越高，其产地应离消费中心较近。因此，农业土地利用应以城市为中心向外呈"同心圆状"扩展为不同的农业圈层，其规律是土地的单位面积产量和收益由中心向外围逐渐递减，农业的集约化水平也由内向外降低。各国的城市一般都是建立在地理位置、土壤质量和生产力等相对较好的地区，依次向外扩张，越是接近城市，集约度水平越高，符合杜能圈。在中国 20 世纪 90 年代提出发展都市农业的上海、天津等地，都曾按照"农业圈层理论"布局，在环城近郊重点发展集约度高、不耐储运的蔬菜以及设施农业、休闲农业等。目前在不少区域、特定产品生产、特定时期，其仍然具有重要实践价值。例如，在城市郊区保持一定的集约化鲜活农产品生产基地以预防突发灾害（应急保障），不耐贮藏鲜活农产品地产地销等。

随着农业技术的巨大进步、交通运输的现代化等，杜能的"农业圈层布局理论"已明显过时。美国地理学家辛克莱在对美国中西部大都市周边的农业布局研究时发现，大都市边缘地带的农业生产为粗放型，而远离大都市较远的郊区农业生产则多为集约型，后人称为"辛克莱模式"（"逆杜能圈"）。其原因及逻辑是：交通运输改变，大量生产及市场范围扩大；城市扩张及城市地价比农村的高，形成城市用地与农业用地的直接竞争；城市外围的农地地价较高，会被投机者收购，愈接近城市，用作农地之价值下降，因为城市化的可能增加；若距离市区愈远，价值增加，直至到达一点已无机会变作城市土地，用作农地的价值便会稳定。

专栏：杜能"农业区位论"的经典研究方法

杜能农业区位理论诞生于 19 世纪德国（普鲁士），农民在法律上自由，可独立支配属于自己的农场，一些贵族成为大土地所有者和农业企业家。《孤立国》出版之前，同时代的泰尔的"合理农业论"占主导地位，其认为改变普鲁士农业的落后状况，应该以轮作式农业生产方式全面取代"三圃式"农业生产方式。杜能试图论证对于各地域而言，并非轮作式农业都一定有利，以合理经营农业为目标的农业生产要遵循一定的地域配置原理。为了研究需要，杜能本人于 1810 年在德国北部平原的麦克伦堡附近购置了"特洛农场"，详细记录了十多年的农业数据。在构建其农业区位理论体系时，采用了科学抽象法（演绎法），具体称之为"单因子孤立化方法"。他假定：有一个与外界无联系的孤立国，国内只有一个中心城市（市场），环绕它的是一个广阔的、自然条件到处一样的可耕平原，由各地向中心城市只有一种运输方式（马车），农民自行运送农产品，各种农产品单位距离的运费到处一样。因此，运费与距离及重量成比例，运费率因作物不同而不同。农产品的生产活动是追求地租收入最大（杜能称之为经济地租，也可称之为纯收益），一般地租收入的公式如下：$R=pQ-CQ-KtQ=（P-C-Kt）Q$。式中：R—地租收入；P—农产品的市场价格；Q—农产品的生产量（等同于销售量）；C—农产品的生产费；K—距城市（市场）的距离；t—农产品的运费率。对同样的作物而言，R 随着距市场距离增加的运费增多而减少。当地租收入为零时，即使耕作技术可能，经济上也不合理，成为某种作物的耕作极限，将让位于地租比它高的另一种农产品，一种土地利用类型被另一种类型所取代。一定地方生产的农产品，应当是获得地租最高的那种农产品。进而形成以城市为中心，由内向外呈同心圆状分布的 6 个农业地带（圈层）：第一圈"自由农业带"，紧接城市，提供生产易腐食品，即蔬菜和鲜奶；第二圈林业带，生产体积大、运费高而不宜远运的烧柴及木料；第三至第五圈是生产谷物为主但集约程度逐渐降低的 3 个农耕地带，即无休闲地的谷物（小麦）和饲料作物（马铃薯等）轮作带，有休闲地的谷草式轮作和"三圈制"农业带；第六圈（最外圈）是粗放畜牧业带，再外则为未开垦的荒野。因此，杜能的研究方法排除了自然条件差异（土质条件、土地肥力、河流等），只是考察在一个均质的假想空间里的农业生产方式配置与城市距离的关系，并非说明当时实际的农业区位状况，而是一种关于农业经营方式区位的理想模式。

资料来源：作者根据有关资料整理。

4. 影响农业产业结构演变的主要因素

产业结构演变既是国内外自然、经济、社会、科技、需求以及市场主体行为等多种复杂因素相互作用的自然选择与演进过程，也是政府有意识干预、引导、创新的结果。产业经济学一般将产业结构影响因素概括为供给因素、需求因素、国际贸易因素、国际投资因素、政府经济政策和市场等因素。作为区域农业生产经营者以及管理者，需要关注区域外部的这些环境以及内部的条件变化，寻找能够满足消费者需求并获取较好收益的产业新方向和新产品。部分生产者、部分地区农业结构的创新获取"创新收益"，进而引发模仿、扩散、再创新与竞争性发展，推动结构不断发展。

一个地区农业产业结构演变也是很多复杂因素综合作用的结果，主要是：地理环境条件与气候变化，土地、水等自然资源禀赋及其利用结构，土地、劳动力、资本等生产要素相对价格变化（如劳动力短缺导致价格上涨对机械化需求的影响），农产品需求结构变化，科技与生产方式创新，产业基础及其关联产业发展水平，产业体系状况，产业素质与创新竞争能力，产业创新创业的人力资本及其营商环境，政府行政管理服务体系效能与政策制度等。

5. 消费结构与农业产业结构

农业产业结构优化是生产不断满足现实需求、开发潜在需求的过程。在农产品需求中，食物消费是最主要的需求。随着收入水平的提高，"吃饱"的基本生存需要得到满足后（或部分人逐渐满足），产生对其他种类农产品的需求，满足这些需求生产能够获取较高的价格和利润。不同收入群体需求结构的渐进梯次变化推动者供给结构（产业结构）不断演化，在供需调适中推动产业升级。

近 40 年来，谷类作为中国居民传统主食的地位发生了变化，消费量逐年下降，动物性食物和油脂摄入量逐年增多。总体看，根据中国人的消费习惯及其演变，对农产品的消费基本呈现如下规律：谷物为主→谷物减少及果蔬、蛋类与畜禽肉类增加→奶类、水产品、水果增加→加工食品较快增加等。其间伴随着特色、安全与功能性等要求提高。这种变化是梯次性的，具有多重替代性。例如，消费果蔬、肉蛋奶多了，谷物消费就减少，实现功能替代；特色、小众农产品多了，普通、大众农产品就少。同时，为了获取较高利润，需要创新（特色）形成先发优势、综合成本质量优势，这些推动着生产经营者以及不同区域的农业结构创新优化。

国家的卫生健康政策、科学研究及宣传引导对产业结构优化起到重要作用。《中国居民膳食指南（2016）》提倡"食物多样，谷类为主"，推动保持我国膳食的良好传统，避免高能量、高脂肪和低碳水化合物膳食对健康的不利影响。提倡每天的膳食包括谷薯类、蔬菜水果类、畜禽鱼蛋奶类、大豆坚果类等食物，每天至少摄入12种以上食物，每周至少25种以上食物，主食应当注意增加全谷物和杂豆类食物。针对很多慢性病、肥胖症等多发，《国家卫健委疾控局关于做好2021年营养健康宣传工作的通知》提出：深入开展减盐、减油、减糖和健康口腔、健康体重、健康骨骼的"三减三健"专项行动，切实提升全民营养健康素养，增强平衡膳食、促进健康的能力。

专栏：地理标志农产品

地理标志农产品又称"原产地标记"（简称地标产品），是指表示某商品来源于某地区，该商品的特定质量、信誉或其他特征，主要由该地区的自然因素或者人文因素所决定的标志，是国际《与贸易有关的知识产权协议》（TRIPS）给予保护的一种商业标记，被认为是最具有特色和信誉的高质量产品的代名词，成为地方特色农产品的品牌形象代表。其地理名称具有真实性，并与其所标识的特定质量相关，是一项特殊的集体产权、知识产权，具有永久性。中国政府对农产品地理标志实施保护从1999年开始，地标农产品在一定数量基础上保持平稳增长，开展了农产品地理标志资源普查，形成《全国地域特色农产品普查备案名录》，收录特色资源6839个。截至2020年在农业农村部登记保护的全国地标农产品3090个。地标农产品代表的质量、文化差异，会成为成交与否的关键因素。经营者可比同类其他产品价格更高、效益更好，有助于农产品的产业化，将地方固有资源优势变为产品优势；提供有关产品来源和质量特点的信息，激起购买欲望。

资料来源：作者根据有关资料整理。

二、农业产业结构优化

产业结构优化是推动产业结构合理化和高级化，并最终达到高效化，以增强竞争力、提高效益的过程。

1. 产业结构高级化

产业结构高级化是通过技术创新、制度创新、组织创新等途径实现结构由低水平状态向高水平状态的动态演化过程。产业结构的高级化、合理化都是历史性概念，是产业在不同历史发展阶段和一定内外环境下的理想状态，也是基于一定理论认知的主观评判。应认识到，产业结构的规律对一些国家比较符合或基本符合，但对一国内的不同地区则不全适用。因为一国内部的产业分工、产业政策、产业布局等有统一的权威性制度约束，能够进行有效的规制与协调，很多产业发展要因地制宜，而不是都要求符合整体要求。推进产业结构的高级化要区别不同产业状况有序发展。

评价判断产业结构是否高级涉及复杂因素，对一个地区而言较难。例如，很多传统手工艺的产品价值反而很高，传统生态农业耕作方式及其产业相对于化学农业哪个更高级？区域农业的差异性是世界多样性的要求，但按照经济利润、附加值最大化原理却未必高级。也正如此，区域产业结构优化既要高级化，更要合理化。但对一国而言，随着需求升级、技术进步以及竞争加剧等，通过产业间优势地位的更迭实现结构高度化是国家竞争优势的整体必然要求，比如产业技术含量提升、发展高新技术产业、精深加工、产业融合等。

一般认为，随着技术进步、竞争加剧、需求升级，一国产业结构高级化呈现出三条共性规律：由第一产业占优势比重逐级向第二次、第三次产业占优势比重依次演进；由劳动密集型产业占优势比重逐级向资金密集型、技术知识密集型产业占优势比重依次演进；由制造初级产品的产业占优势比重逐级向制造中间产品、最终产品的产业占优势比重依次演进。例如，农产品加工优势地位演变的大致趋势是：初加工（分类包装、加工净菜及半成品等）→农家传统加工或乡村工坊加工（1.5 次产业）→精深加工→食品制造。这既是需求结构变化与竞争推动的结果，也是技术创新不断提供支撑的结果。

产业的优势地位主要根据附加价值高低（利润率等）、产值比重大小（产值规模）和产业关联效应大小等三种标准衡量。另外，技术含量高低，尤其是现代信息技术、新材料以及高新技术在产业中应用程度是衡量产业高级化的重要标志。

2. 农业产业结构合理化

农业产业结构合理化，是产业与产业之间以及产业内部协调能力与关联水平提高的过程。其核心是解决相关的不协调问题，主要包括供给结构和需求结构的相互不适应、不协调问题，各产业之间以及产业内部各部分之间发展的协调问题，产业结构整体功能或效应如何充分发挥问题。

农业产业结构是否合理是一个多维度评价的动态复杂问题，根据产业结构的基本内涵和功能目标，可按以下思路思考。①产业地位：建立起优势产业或具有相对优势的产业链条。体现在适应社会化分工与竞争环境，适应并发挥自然资源、区位优势，内外部条件潜力充分释放，形成了相对完整和独立的主导产业或支柱产业，如区域特色优势产业地位突出等。②产业布局：形成有效竞争与分工合作，适应多样化资源和生态保育、持续发展要求的产业体系。符合国家及地方空间规划布局要求，如关于生态保护区、粮食生产功能区等规定；适应不同区域资源多样性、生物多样性以及生态循环、可持续发展的要求，形成多样化高效物质能量利用的现代产业体系等。③技术进步：创新成果有效应用。如结构与技术进步相互促进、相互适应，始终保持产业链及结构的技术先进性、协调性，将现代信息技术等有效融入，先进生产方式大量应用，技术效率高。例如，适应劳动力短缺与成本上涨，发展适合于机械化栽培的"矮化宽行"轻简化果树栽培模式等。④产业组织：具备较强的自组织能力和抵御风险能力。产业内部及产业链、产业体系的关系协调、高效，交易成本低，抗风险能力强等。如全产业链经营、农业产业化经营以及先进适用的组织形式有效发展。⑤需求满足：能适应消费需求结构变化。农产品的消费需求具有常年均衡性、多样性，而生产具有区域性、季节性与品种有限性，需要多层次的协调、适应，包括不同区域、不同茬口（上市时间）的有效接续等。消费结构是一个多层次多维度的概念，包括数量结构与质量结构，品种与品质结构，消费方式结构等。合理的产业结构是能够充分挖掘消费潜力、适应消费结构变化的结构。⑥发展绩效（成果）：资源利用配置效率高、效果好。资源潜力充分发挥，经济、社会、生态效益协调，竞争力与持续发展能力较强。

总之，产业结构是否合理，是动态发展的，既是客观的，也是主观评价、认识与要求的变化。合理的产业结构不一定是高级的，高级化是合理化的部分要求。

3. 区域农业产业结构分析评价的基本内容及其指标

从不同区域角度分析评价农业产业结构的合理性、水平及问题，不同于从全国角度，根据产业结构的基本内涵特征与合理性要求，基本可从以下方面分析。

（1）产业各组成部分所占比重及其地位。主要是客观描述各部分在整体中所占的比重（现状）。根据区域农业产业结构的多层次性，可以分别分析计算每个层次中各部分所占的比重，可以是产值、产量、就业、资金投入、占用土地、播种面积等比例。一般首先分析农业增加值（产值）、就业劳动力在区域产业中的比重；其次，按照结构的多层次性逐级深入分析；第三，进一步重点分析当地农业支柱产业或主导产业的内部比重构成。例如，产品结构、品种结构与品质结构等。只有对重要产业多层次深入调查分析，才能发现深层次问题及其原因，提出根本性对策。

通过调查分析计算的结构指标数据，参照一定的标准或要求进行理性科学的解释、判断，要避免误读数据，误用标准等问题。例如，将畜牧业产值占农业产值的50%以上作为衡量农业结构现代化的标准，对不少国家整体来说是规律，但对大部分地区和一些国家来说就不正确。再如，全国要保持一定的棉花种植面积，但对于很多地区不适宜也不种，都是合理的；全国需要保障生猪产能，也不是所有区域都如此；很多地方生产鲜食性农产品，不能都盲目要求深加工等。

用客观的指标数据评价结构的合理性及水平，很重要的就是"参照系"或"标准值"的选择。一般可采用同类先进地区的水平，国家国际标准，是否适应消费需求结构的要求等。特别提示：农业生产、农业结构主要是生产者理性选择实践的结果，不能套用理论、理想要求完全用"应该是什么"衡量，而要结合"为什么是这样"以及"可以是什么""能做到什么"全面分析。

（2）产业关联以及协调度。也就是产业素质或质量方面。区域农业产业结构是动态发展的有机整体，需要产业之间相互促进，比如通过产业链延伸解决卖难、附加值低、生产者收入低的问题，通过多功能开发实现高附加值和收益，通过现代信息技术应用解决技术梗阻断层、降低成本等问题，通过废弃物资源化利用（循环农业）实现绿色清洁生产。

全面衡量区域农业产业关联及协调难度较大，因为市场开放、跨区域等导致数据获取难等问题。例如，一些地区的农产品加工原料来自区域以外，某港口、口岸进出口的农产品是面向全国的。在实践中可以用一些相对简单的指标从不同侧面解释。例如，区域农业产业集中度（聚集度），就是主导产业或专业化、规模化优势产业在本区域或全国所占的比例；区域农业或某产业产品的加工率及其加工业产值与初级农产品产值之比；休闲农业收入或休闲农业收入与农业产值之比；农业废弃物资源化利用率，生态循环农业面积及所占比例，绿色生产农产品所占比例；现代信息化手段在农业应用程度等。根据区域产业不同特性还可以开发更多的指标。

（3）产业效益（绩效）、竞争力与发展持续性。这是衡量区域产业结构发展的结果以及未来的趋势。可以从很多方面深入分析，效益的评价包括经济、社会、生态效益三个方面。特别强调：产业结构反映的是资源配置，从资源配置利用的结果或影响评价应当是重要内容。例如，结构的可持续性影响问题，如果一个地区长时间大量种植单一作物导致生物多样性灾难、土壤污染等生态环境问题，就不是一种合理的结构，这就是可持续性评价。同时，因为分析评价不应该面面俱到（也不可能），应该重点针对特色优势产业、朝阳产业、支柱产业以及占用土地资源较多的产业，分析关键环节、关键问题。

三、农业全产业链经营

1. 为什么要进行农业全产业链经营

全产业链经营是指企业或区域中产业链上下游的延伸和整合，是集产品的原料供应、生产、包装物流以及营销环节、上下游形成一个整体，终端市场和消费需求通过市场机制和企业计划反映给上游，使产业链所有环节都以市场和消费者为导向。农业全产业链是由农资供应与采购、农产品生产、农产品仓储与物流、农产品加工与深加工、品牌建立与营销、农产品销售等多个环节组成的完整产业链系统。

全产业链经营的基本依据是：可以降低交易费用，增加市场垄断力与消除市场压制，优化资本配置。其战略优势体现在很多方面，例如：创新性与差异化的竞争优势，增强盈利和抗风险能力，战略协同效应强（不同产品线之间实现战略性有机协同利益共同体），规模效应和成本优势，信息传递顺畅，食品安全可控度高、可追溯性强，有利于建立品牌并增强其影响力等。全产业链实现价值创造前提是：总体生产效率大于单个部门生产效率之和；总体交易成本小于单个部门的交易成本之和。应当注意，实施全产业链经营战略需要综合性系统条件，盲目推进全产业链经营可能会造成巨大损失。

全产业链经营是中粮集团最早提出并实施的战略，是以探索全产业链食品安全管理模式为战略目标，打造从田间到餐桌，包括农业服务、种植、收储物流、贸易、加工、养殖屠宰、食品制造与营销等多个环节的"全产业链"管理，发挥协同优势，强化控制力。企业集团扩张进行全产业链，或者区域农业主导产业（产品）全产业链发展，都是农业产业化经营的重大转型，即农工商一体化企业。

2. 如何理性科学认识农业全产业链经营

农业产业链延伸及全产业链经营代表着一种主导方向，符合一般认知、政策导向和"规律"而受到广泛宣传。但应当清醒认识到以下几点：①农产品种类很多，不是所有的农产品都适合精深加工，简单的分级、包装等更普遍。有些产品鲜食效果最好（使用价值高），或者其主要用途就是鲜食（如鲜桃、口感西红柿、西瓜等），不适合于加工，或者加工的投入产出不合理，加工品的市场收益较低等，西瓜汁的销量、鲜桃汁的销量远不如鲜果。因此，产业链延伸到什么程度、哪些环节是最合理的，由市场、企业家和投资者选择，不是政府决策，不能主观臆断，更不能盲目信奉"发达国家经验"。②延伸产业链或者全产业链经营需要资本投入、经营管理水平及技术、人才、市场需求等要素支撑。例如，多年之前很多机构就研究过鲜桃的保鲜问题，但到目前为止也没有解决。再如，中国从玉米中提取附加值很高的变性淀粉和玉米糖，从辣椒中提取辣椒碱的高效品种、技术及设备研发滞后，长期依赖进口，仅辣椒碱进口每年就花费 300 多亿人民币。近年来随着中国需求扩张、技术研发，国内已经可以生产，有效降低了对国际市场的依赖。③不同地区、不同发展阶段（消费阶段）以及不同的产业发展目标，产业链延伸的状况差异很大。例如，大豆、稻谷、玉米等就是作为加工原料的，散装运输效率更高；同样是红薯，作为礼品需要分级挑选包装等，但一般在市场销售却没有必要。需要理性分析其延伸的增值潜力、需求规模等。过度包装与不重视包装都是产业链延伸中的误区。④产业链延伸以及全产业链经营的产品产业需要综合多种因素选择。实践中一般主要围绕产品规模、延伸潜力与收益、市场需求、市场销售半径等较大的特色优势产业。⑤全产业链经营对于企业或区域的要求很高，需要系统的顶层设计和组织运营。涉及品种、栽培技术、采收、储运、包装、加工等系统的技术协调，需要现代化的信息技术手段应用，高效的人才队伍及管理运营团队，需巨额资本投入。因此，也会面临巨大风险，失败的案例不少，需要科学理性决策，不能轻言全产业链。

> ### 政策链接：农业农村部推进农业全产业链建设
>
> 　　"十四五"期间农业农村部计划构建 30 个农产品现代农业全产业链标准体系及相关标准的综合体，打造 300 个现代农业全产业链标准示范基地。2021 年农业农村部开展全国农业全产业链重点链和典型县建设工作，其共性条件是产业链条全、创新能力强、绿色底色足、联合机制紧。重点链的条件包括：①"链长制"。形成"一个链条、一个链长、一套班子、一套政策、一个团队"，省级领导担任"链长"。②"链主制"。选择在农业全产业链建设中起主导作用的龙头企业担任"链主"，牵头构建农业产业化联合体。③协同发展格局。产业基础好，优势特色鲜明，对全国产业发展有一定影响力，东、中、西部上一年度主导产业生产、加工、物流、营销、服务等全产业链总产值分别达到 100 亿元、80 亿元、60 亿元以上（西藏、新疆可放宽为 30 亿元），主导产业加工业产值与一产产值比分别达到 2.6：1、2.4：1、2.2：1，并具有较大的发展潜力等。
>
> 　　资料来源：农业农村部办公厅关于开展全国农业产业链重点链和典型县建设工作的通知　农办产〔2021〕8 号，2021 年 07 月 28 日。

四、农业供给侧结构性改革

自 2014 年中央判断经济发展进入新常态开始，供给侧结构性改革就成为经济发展的主线，农业也不例外。作为中国经济发展的政策术语，从经济发展原理角度深刻理解其产生的背景、基本内涵等问题有重要价值。

1. 供给侧结构性改革的基本内涵

2015 年 11 月 10 日中央财经领导小组第十一次会议在研究经济结构性改革和城市工作时首次提出供给侧结构性改革。为什么不是需求侧？从宏观经济看，一方面，改革开放后拉动中国经济高速增长的三大重要动力中，投资和出口地位非常突出，但投资的边际生产力在不断下降，粗放型经营、产能过剩，产品在国际市场竞争力不高，传统增长方式难以为继；另一方面，很多高档的消费品、生产投入品（先进设备）、高科技产品以及旅游康养服务等在国内得不到有效满足，问题主要是在供给侧。

供给侧相对于需求侧，包括产业体系、生产体系与组织（经营）体系等丰富内容，是生产经营者为消费者生产、运销及售后服务等系列活动，其直接表现为生产供应产品或提供服务的数量、质量、结构及其效率，是生产者经营主体对土地、资本、技术、劳动力、企业家、制度等要素配置利用的结果。

供给侧（体系）的"结构性"问题是供给体系能否适应需求结构变化及有效需求，是供给的效率与质量问题。不单是产业结构问题，有更丰富的内涵，主要包括：①产业体系：产业及其产品、品种等关系构成。是最直接的表征，体现满足消费者有效需求的能力。②生产体系：生产产品或提供服务的各类生产方式及其技术体系。如集约经营与粗放经营、绿色生产方式与化学生产方式等，全要素生产率高低是主要标志。③组织（经营）体系：生产经营主体的构成及其关系。交易成本低、交易效率和资源配置效率高是衡量的标准。④供给体系整体功能及其实现的效率与效益。体现供给侧满足需求、持续发展的综合能力与绩效。

供给侧结构性改革就是针对供给侧存在的问题，从理念、体制机制、政策制度等方面不断创新，例如中央提出的"创新、协调、绿色、开放、共享"五大理念，去产能、去杠杆、去库存与降成本、补短板等"三去一降一补"，"国内循环为主、国内国际双循环"的新思想等，都是推进供给侧结构性改革的重大举措。

2. 农业供给侧结构性改革

2015年12月中央农村工作会议强调，要着力加强农业供给侧结构性改革，提高农业供给体系质量和效率，使农产品供给数量充足、品种和质量契合消费者需要，真正形成结构合理、保障有力的农产品有效供给。

（1）农业供给侧结构性主要问题的一般表现。①产业产品结构以及产业关系问题。如层次整体较低，供过于求与供不应求并存，出现卖难滞销或者价低赔本，生态、有机等高质量农产品发展缓慢，农产品贸易逆差不断扩大，产业链条短与增加程度低，产业链存在短板与瓶颈等。②区域布局与区际关系问题。如区域自然资源优势潜力发挥不充分，优生区、适生区与不宜区的产业重复，优势与特色难以转化为市场和收益优势，低水平同质化恶性竞争、重复发展导致收益下降等。③产业组织及其关系问题。新型经营主体数量多但质量、素质不高，农业副业化，合作社以及产业化经营发展水平不高，品牌化、标准化程度低，市场谈判力和抗风险能力较弱，主体之间的联合程度低，关系松散不稳定，产业链整体组织化程度低等。④功能效益问题。如农业成本不断提升、利润总体不断下降，生态环境与质量安全问题仍然严峻，粮食安全、种业安全仍然严峻，工商资本、农业企业发展租地与小农户矛盾等。⑤资源配置与利用问题。这是核心表现，如财政资源、水土资源、人才等资源配置利用效率不高，全要素生产效率较低等。

（2）区域农业供给侧结构性问题的来源（产生原因）。很长时期内中国的农业结构、农业供给侧尚难稳定，"转方式、调结构、降成本、补短板、树品牌、畅流通、增效益、保生态"等是落实五大发展理念的实际要求。区域农业供给侧结构性问题产自于以下方面（原因）：①农业的客观（自然）特性：风险大、不稳定、脆弱性与季节性明显等。农业是一种特殊的古老的区域性产业类型，即使日光温室种植也有季节性限制，受工业化、城市化的影响冲击较大，机会成本高、比较经济效益低，没有国家的支持保护、强有力的农民组织系统，依靠自由市场竞争难以有效生存，即使在很多发达国家也是如此。②国情及阶段性特征：2亿多农户以及大量经营户，小规模分散生产经营。组织化程度低，产业体系不成熟等。同时，消费者也不成熟，价廉物美是主流，"劣货驱逐良货"导致的优质难以优价等。粮食安全、鲜活农产品自给率与质量安全、生态环境的矛盾，如化肥农药的大量使用等。③区域农业的现实特点：不同地区农业产业素质能力与水平差异。受制于政府的政策法律法规、经济实力、财政支农力度、体制机制等复杂因素，各地区农业产业发展水平差异大，面临的问题不同。④技术进步与新产业、新业态发展：速度加快、周期缩短等。现代生物技术与信息技术加快发展下的新品种、新方式、新业态、新模式等不断创新涌现；大市场大流通以及国际化资本化加速发展，全国各地不断出台各种发展优势特色高质量农产品的相关规划和扶持政策，地区、产业竞争激烈，短板、短腿和不适应性问题不断显现。

第二节　中国农业产业结构优化的实践

一、改革开放以来农业产业结构演变阶段性透视

中国工业化城市化进程中的农业产业结构演变，是在国家宏观经济社会发展战略和政策演变背景下的市场化探索和规律化发展过程。从产业结构演变角度看，改革开放之前是"以粮为纲"集中解决温饱问题，果蔬等经济作物生产消费基本是小区域性的，区域产业结构基本属于"粮食为主的小而全自然地域分工"结构，经济作物以及养殖属于区域性分散小规模多种经营，没有形成明显的区域之间的全国大交换大流通格局。改革开放后，农户有了生产经营自主权，在市场化改革政策与需求引领、农户增收致富动力推动下，各地农业结构一直在不断调整，力度深度、范围广度不断加大，是面对新形势、解决新问题、适应新要求的连续性变革过程。

1. 20 世纪 80 年代中期"积极发展多种经营"

1984 年历史上第一次粮食、棉花出现结构性地区性"卖难"，农民增收致富需要寻求新产业产品，城市居民的副食品供应不足，种植果蔬以及养殖畜禽的潜力较大，鲜活农产品国家统一销售的政策被逐步打破，生产者能够获得较大收益，各种经济作物种植以及养殖"专业户""重点户"不断发展，有的进一步发展为"一村一品"专业村（镇），在城市郊区形成了以供应城市居民鲜活农产品为主的"城郊型"农业，果蔬等经济作物生产、养殖业成为很多地区结构调整的主要方向和农业增效、农民增收的主要途径。

2. 20 世纪 90 年代发展"高产优质高效农业"

基本解决粮食与副食品严重短缺问题后，适应城乡居民需求变化必须以市场为导向。1992 年 9 月发布的《国务院关于发展高产优质高效农业的决定》指出，"使农产品生产与市场需求直接联结起来，推进高产优质高效农业更快发展"。1993 年明确了建立社会主义市场经济体制的总目标和要求，农业农民开始真正全面面对市场，但在生产中出现"盲目茫然"，部分农产品出现"卖难"影响农民收入，"高产优质高效"是必然要求。另外，1994 年国家实施"分税制"改革，大幅提高中央收入比重，出台农林特产税政策（收入归地方），极大地刺激了各地发展多种农林特产的积极性，经济作物面积大幅增长，推动农业产业结构调整。

3. 20世纪末推进"农业结构战略性调整"

1997年的亚洲金融危机导致农产品出口在1998年、1999年两年连续下降。1999年118种农产品中，除中国不生产的棕榈油外，其他均不同程度地供过于求。从1994年到1998年，城乡居民每年人均消费的口粮分别从102公斤、257公斤下降到87公斤和249公斤。1998年10月召开的中共十五届三中全会通过了《关于农业和农村工作若干重大问题的决定》提出，农产品由长期短缺到总量大体平衡、丰年有余；要"依靠科技进步优化农业和农村经济结构"，要"重点围绕农副产品加工和发展优势产品"等，农产品质量安全问题开始得到广泛关注。2000年1月中央提出，农业和农村经济发展的新阶段就是结构战略性调整的阶段。随着2001年12月中国加入WTO，遵守国际规则、面向国际市场竞争成为最重要的国际化大背景，发展"高产、优质、高效、生态、安全"等成为必然要求和长远目标，出台了一系列优化农产品区域布局的战略措施，包括优势、特色农产品区域布局规划，扶持产粮大县，形成区域粮食主产区的优势地位和格局。

4. 2015年开始聚焦"农业供给侧结构性改革"

2015年开始"农业供给侧结构性改革"被确定为农业现代化的核心与主线，其背景和原因系统复杂。一是从宏观经济社会发展背景看，是经济发展新常态下农业发展的必然要求，是如期完成2020年脱贫攻坚和全面建成小康社会目标的要求，没有全面深化改革创新其目标难以实现。二是从消费需求角度看，消费结构不断升级，新的消费方式、新业态不断出现，农业供给难以适应需求的变化。三是从农业自身发展看，面临的问题日益严峻。主要是：农产品贸易逆差的持续扩大，农业国际竞争力显著下降；农业成本增加、效益下降严重影响农民增收；资源环境与生态问题凸显，耕地过度开发，透支利用过度，耕地质量下降等。国内小麦、大米、玉米和大豆等主要农产品的价格比国际价格高出30%—50%。2007—2018年间，三种粮食人工成本占总成本的比重从33%增长至38.3%，土地成本从17%涨至20.6%，物质与服务成本从2007年的240元/亩涨至2018年的450元/亩。因此，农业供给侧结构性改革，不仅是数量层面结构调整，更重视质量、品质、效率、生态结构的调整；不仅要加快土地、资本、技术、信息、新经营主体、制度等农业要素的流动与重组，还要发展新产业、新业态和新模式，满足日益增长和升级的消费需求。

针对农业供给侧结构性改革的要求，国家制定规划、出台政策、谋划重点项目加以推动。2017年中央一号文件《中共中央国务院关于深入推进农业供给侧结构性改革　加快培育农业农村发展新动能的若干意见》提出了农业供给侧结构性改革的六项主要任务（内容）：优化产品产业结构，着力推进农业提质增效；推行绿色生产方式，增强农业可持续发展能力；壮大新产业新业态，拓展农业产业链价值链；强化科技创新驱动，引领现代农业加快发展；补齐农业农村短板，夯实农村共享发展基础；加大农村改革力度，激活农业农村内生发展动力等。

政策链接：特色农产品及优势区

根据原农业部《特色农产品区域布局规划》（2006—2015年），特色产品选择的主要标准是：①品质特色：产品品质独特，功能特殊，有一定认知度；②开发价值：产业可延伸性强，经济开发价值高；③市场前景：目标市场相对明确，现实市场竞争优势明显或具有潜在市场需求。优势区确定的主要依据是：①生产条件：原产地或区域具备最适宜的自然生态条件，能生产品质优良、风味独特的特色产品；②产业基础：有生产传统，技术成熟，相对集中连片，市场半径和市场份额大，具备形成知名品牌、组建区域特色农产品产业体系的基础；③区域分工：特色产品发展符合区域分工，有利于发挥比较优势，形成优势互补的农业区域格局。

资料来源：农业部.《特色农产品区域布局规划（2006—2015年）》. 2007-08-20。

二、区域农业结构优化的实践逻辑

基于对新中国农业发展历史阶段的介绍以及改革开放以来农业结构优化实践的简要梳理，可以看出农业结构优化发展历史的实践图景。

1. 区域农业产业结构优化的基本现实逻辑描述

家庭承包经营赋予了农户一定的生产经营自主权，在不违反国家法律、政策制度的条件下，对一个地区而言，优化农业产业结构的基本路径有：①原有传统产业基础之上的扩张、提升与创新发展，其中有特色的产业逐步形成规模优势、产业链发展优势。②模仿学习其他地区的新产品、新产业，结合区域条件发展。③结合区域自然条件及市场需求，自主引进新品种、新产业，逐步发展成为优势主导产业。

具体看，其一般现实逻辑如下：首先，根据自身的经验、技能、信息以及当地自然条件，基于增加收入动机选择种植养殖项目，如引进新产业、新品种、新技术等；其次，因为获取较好收益，引起周边农户的模仿学习，规模不断扩大；第三，地方政府基于促进区域产业发展的责任，对先进的产业产品进行宣传扶持，进一步推进该产业的发展以及提升，相关的技术服务部门跟进服务，市场化的社会中介服务组织（如种子肥料销售等）根据产业发展的市场要求和获利动机提供相关服务。同时，自20世纪90年代中期开始大力推进农业产业化经营以来，社会资本进入农业领域越来越广泛，采取自建基地、"公司+基地+农户"等模式对改变或提升区域产业结构发挥了重要作用，一个公司带动一个地区新产业发展的案例有很多。"十三五"脱贫攻坚期间，全国建成各类特色产业基地超过30万个，每个脱贫县都形成了2—3个特色鲜明、带贫面广的主导产业。

2. 区域农业产业结构优化的主要因素（力量）

中国区域农业结构实践是五个主要力量的作用结果，其中政府与市场、社会力量的高效合力是结构创新的关键，营商环境、地域文化也是结构优化的核心因素。

（1）农产品生产经营者的主动创新。引进新产品、新品种等结构调整有可能获得较高收益，但也可能面临市场不认可、技术约束而失败，存在一定的盲目性。如果有了很好的收益，就会引起更多的生产者模仿，相关的种子（种苗）的服务产业随之跟进。产业得到认可，逐渐扩张发展壮大，成为特色优势产业。

（2）国家政策制度的引导与规范调整。国家基于整体战略规划、社会需要以及宏观形势变化，会采取制定规划、政策、法规以及具体项目等方式引导、规范生产经营者。按照国家规划布局要求就能得到相关项目资金，国家的作用在农业结构优化中的作用日益凸显。国家的行为一般是基于整体长远战略需求，在充分研究基础上做出的抉择，代表着整体发展方向，也是总体的布局规划。在严格的行政管理体系下，生产经营者以及地方一般会遵照国家要求，但也可能突破政策乃至法律法规边界，如高标准农田、粮食生产功能区的"非粮化"问题。

（3）地方政府的规划与扶持。基于落实国家战略与政策、发展地方经济和增加收入等动力，地方政府会采取一些措施推进结构优化，这是弥补市场缺陷的重要举措，但不同地方政府的力度和成效存在较大差异。从实践看，地方特色优势产业地位的确立与地方政府的理念、力度关系密切。主要是：制定产业规模化发展规划，并出台配套政策扶持；建设、宣传和保护区域产业品牌、形象和信誉。

地方政府在促进区域产业结构优化中，要注意避免曾经出现过的代替生产者决策、强迫生产者调整等问题，在有的地方曾经出现过"政府提倡发展什么千万不能干什么"的信誉问题。要基于认真调研分析，尊重生产者选择，主要运用引导扶持的措施，而不是强制。

（4）技术创新、人才及其服务的支撑。科技创新及其人才服务的作用体现在：一是提供产业创新所需的新品种、新技术；二是提供信息和技术服务；三是发展相关的新技术服务产业，包括种苗产业等。

（5）民间资本、工商资本等投资经营。没有大量社会资本投资，尤其是实力雄厚的龙头企业主导延伸产业链，用现代化的理念和经营管理方式去经营农业，很难做强做大。引进优质工商资本或者培育地方性龙头企业是产业结构优化升级的重要任务。当然，社会资本进入农业产业领域，需要处理好联农带农与促进农民增收等问题。

三、现阶段中国农业产业结构的基本判断

经过 40 多年改革开放，农业产业结构格局已经发生了巨大变化，借助现代农业科技创新、现代工业、市场需求拉动和农民致富与资本投资推动、政策规划引领，由自主盲目调整结构逐步发展到理性科学、遵循规律的有序调整，依据国土空间规划、自然资源优势的结构布局和区域专业生产格局初步形成，未来将主要是深化改革创新，提升产业链和区域产业的质量素质与持续发展能力。

1. 中国农产品生产结构的基本特点

中国农业体量大、种类繁、区域差异大，对于几十年农业产业结构发展的系统准确概括需要大量篇幅，在此仅根据产业结构高级化、合理化的主要标志要求简要总结农产品生产结构方面的主要特点。

（1）农业产业结构与各业内部结构持续优化。农林牧渔四大生产部门的产值普遍增长（年均 4% 左右），产值结构基本稳定，种植业、林业、畜牧业、渔业产值占比分别为 55%、4%、30% 和 10% 左右。一是主要大宗农产品产量持续增长、质量不断提高，优质产品的比例不断提高，以相对较低的价格维持居民对多样化农产品的需求。中国国民的膳食结构整体向着更加均衡的结构优化（合理膳食结构金字塔是：谷物类 36%、果蔬 28%、肉类 20%、乳类 12%、油脂 4%），如人均粮食消费量占比下降到 35%，果蔬占比超过了 30%。二是农业产业结构高级化水平不断提高，高附加值农业产业产品发展较快，如蔬菜、水果、花卉以及养殖业等发展很快，种植业比重下降，养殖业比例上升。三是农产品加工业较快发展，适宜于加工的产品琳琅满目，几乎是"没有买不到、只有想不到"。

（2）多层次、多类型的种植业规模化、专业化生产区域（基地）大量形成，农产品区域布局框架初步构建，专业化、区域化、规模化生产新格局形成。其形成路径及主要原因多样，如基于自然资源优势形成，基于产业发展优劣势变化转移形成（如新疆棉花、红枣产业等），基于长期稳定产销合作关系建立的大宗农产品规模化基地，大资本投资建设特色产品或大宗

产品规模化基地（包括养殖行业的大公司主导），传统优势产业基础上的规模扩张（如很多道地药材基地等），政府规划建设等。如甘蔗、柑橘生长在南方，广西、云南和广东 3 省（区）糖料产量合计占全国 87%左右，新疆棉花占比大幅度提升（占全国 84%左右）；黑龙江、河南和山东三省占全国粮食产量的近 30%，前十大省的粮食产量占全国的 68%左右。依靠收购商长期收购特色农产品，形成了稳定的购货基地，是区域主导产业、特色产业形成的重要方式，每到产品收获季节，大量的收购商云集于生产区域，支撑稳定的专业化基地。

最典型的是依据自然资源与产品的适宜性基本形成各类水果生产优势产区。例如，中国 25 个省生产苹果，经过几十年的集中化，区域分布主要集中在渤海湾（包括山东、河北、辽宁）、西北黄土高原（陕西、甘肃、山西）和黄河故道三大产区。渤海湾区和西北高原区在 2016—2018 年间，两大主产区种植面积占全国总面积的 84.3%，产量占 91.8%。因为根据气候和生态适宜标准，渤海湾产区和黄土高原产区是中国最适苹果发展产区；黄河故道产区属于苹果生产的次适宜区；其他地区（如西南冷凉高地）苹果生产规模小、产业基础差，无法满足苹果生产优势区域的要求。

（3）"一业为主、数业并存"的区域农业产业结构普遍。因为自然地理条件限制、土地家庭承包经营和区域资源多样性、市场容量等现实原因，"一业为主多样化"成为普遍现象，如种养结合循环农业，这也是农业生物多样性与生态文明的要求，将长期存在。

（4）特色农业和品牌农产品发展成为主导和重点，引领发展方向。围绕特色优势发展品牌农产品已经成为普遍共识和实践现象，消费者网络购买农产品增长迅速，主要是特色品牌农产品。

（5）设施农业持续发展，是调节农产品供给结构与农民增收的重要途径。习惯把设施园艺（蔬花果）称为设施农业。设施类型多样，为节省能源，主要按设施结构性能安排适宜茬口和蔬菜种类。全国大中拱棚以上的设施面积 370 万公顷（5550 万亩），占世界设施园艺面积的 80%。其中，设施蔬菜播种面积 400 万公顷，占蔬菜播种面积的 17%，产量近 3 亿吨，占蔬菜总产量的 38%，产值 9800 亿元；设施花卉面积 11.6 万公顷，占花卉种植面积的 8.7%；设施果树 6.7 万公顷（不含草莓）①。设施农业发展，不仅解决了蔬菜周年均衡供应以及错季上市问题，而且在发展特细菜、高档果品、花卉等高附加值产品，促进农民增收和高效利用农业资源等方面贡献巨大。

（6）畜牧养殖行业的地区集中化、产业化与规模化企业主导格局形成，种养结合成为新方向。一是区域集中明显。长江流域、华北、西南和东北前十位省份猪肉产量占全国 65.9%；华北、华东、东北和华中前十位省份禽蛋产量占全国 77.2%；白羽肉鸡主要在北方，黄羽肉鸡在南方，前十位省份禽肉产量占全国 72.3%；东北、华北、西部等北方地区前十位省份牛奶产量占全国 82%；冀鲁豫、东北和西部 8 省区前十位省份牛肉产量占全国 70%、羊肉产量占全国 76%。二是在市场和政策的共同推动下，畜禽规模养殖加快发展。2018 年，全国畜禽养殖规模化率达到 60.5%，近几年保持每年提高 1—2 个百分点的势头。三是育繁推一体化企业集团主导引领产业发展。集饲料加工、良种繁育、畜禽生产、屠宰加工于一体的大型工厂化畜禽养殖集团（上市公司）依靠强大的资金、研发、渠道等实力和品牌影响力主导引领畜牧业产业化发展。

---

① 说明：全国设施农业面积的数据不完全准确，各种渠道数据差异较大，仅供参考。

（7）水产养殖高质量发展，竞争优势明显。水产养殖是全世界增长最快的食品生产领域之一，不但为全球人类提供大量的优质蛋白质，成为保障世界粮食安全的重要补充。中国渔业产值占农业产值比重从 1978 年的 1.6% 提高到 2020 年的 9.3%。1988 年水产养殖量超过了捕捞量，1989 年水产品产量跃居世界第一位。2020 年，水产品总产量 6549 万吨，养殖产品占比 79.8%，养殖水产品占世界水产品养殖总产量的 60% 以上，种类达到 300 种以上，养殖水产品人均占有量 37 公斤，是世界平均水平的 2 倍。国内海洋捕捞产量由 2011 年的 1241.9 万吨减少到 2020 年的 947.4 万吨。

2. 区域农业产业结构及其优化的主要问题分析（思路）

农业产业结构没有最优，只有更优。欧美及日本等农业发达国家产业组织化程度高，产学研、产供销紧密结合，社会化服务产业发达，形成了相对稳定的合作关系，地区分工格局基本定型。中国作为发展中人口大国、地域大国，国情农情及所处发展阶段不同，虽经 40 多年农业产业结构的持续优化调整，大的区域整体格局基本形成。但与农业产业结构成熟先进国家相比，与整体经济社会发展要求和农业农村发展要求相比，尚存在很多问题需要理性认识、科学分析，找到根源及可行性政策方案。例如，中国 2.3 亿农户分散生产，数以亿计的农产品中间运销商、加工商、销售商也属于个体或小规模主体，"半自由无序竞争状态"是普遍现象，区域之间的协调合作机制很不健全，地方政府锦标赛竞争，地区性、结构性、季节性"卖难滞销"常年经常发生。从农业产业结构的一般特性及合理性评价的复杂性看，存在的问题可以列出几十条甚至上百条。本部分仅提出几个主要分析思考的角度及思路，并简要举例说明可能存在的问题。

（1）全国整体角度分析。重点从满足国家经济社会发展要求（经济、社会、生态）、产业结构与需求结构的协调性、产业之间协调性以及国际竞争力、产业区际关系协调性、资源配置利用科学性、合理性和高效性等角度综合分析。《全国乡村产业发展规划（2020—2025年）》指出，我国农产品加工业与农业总产值比为 2.3∶1，远低于发达国家 3.5∶1 的水平；农产品加工转化率为 67.5%，比发达国家低近 18 个百分点；产业链条延伸不充分，第一产业向后端延伸不够，第二产业向两端拓展不足，第三产业向高端开发滞后，利益联结机制不健全，小而散、小而低、小而弱问题突出，乡村产业转型升级任务艰巨等。

（2）区域角度分析。重点分析是否有适宜于区域自然环境优势和市场需求的特色优势产业、主导产业，产业效益和竞争力如何，区域农业产业之间关系协调性，产业结构与生态环境是否协调等。例如，不少地区农业产业结构稳定性差，地区之间低水平竞争，价格波动明显，产品附加值低，差异化特色不显著，种养结合循环程度低；有的区域过度专业化，导致生物多样性危机、土壤质量危机等。

（3）各产业（链）角度分析。不同产业产品的特性、用途、市场需求等存在差异，技术水平、生产方式、组织化、标准化以及产业链整体发展水平不同，需要针对性分析产业素质、质量、效益和竞争力等方面的问题。例如，农业产业链协同存在"梗阻"，农产品物流成本高、效率低；农业科研、生产、加工、流通等产业链环节之间耦合性差，协同效应不强，导致生产与消费的匹配性差，甚至"稻强米弱、麦强粉弱"现象，农产品加工对农业结构调整的风向标作用不明显。《全国设施蔬菜重点区域发展规划（2015—2020年）》指出设施蔬菜发展中存在的突出问题是，缺乏科学统一规划，环境调控能力不足，土壤连作障碍严重，生产效率普遍较低等。中国工程院院士邓秀新认为我国水果发展目前存在 8 个问题：水果国际竞争优势在淡出而不是增强；单位面积效益逐年下降；水果种类更加多样化，但品种却单一化（苹果三分之二产量是富士）；病虫害危害增加；劳动力资源匮乏且价格逐年飙升；水果种业更加混沌；砧木育种滞后；科研、推广体系与生产组织方式不相适应。

第三节　推进区域农业融合化、集群化与品牌化

新时代区域农业结构优化，已不是简单的引进新品种、新技术的单项调整，而是系统性、综合性不断深化的过程，三产融合、产集群及其品牌化是最主要任务和路径。

一、促进农村三次产业融合发展

2015 年国务院出台《关于推进农村一二三产业融合发展的指导意见》以来，三次产业融合已被作为农村经济转型升级的重要抓手和有效途径，区域现代农业发展已经进入谋划协调产业链发展的新阶段。

1. 如何理解产业融合

一般认为，产业融合是由于技术进步、组织与管理创新，不同产业或同一产业内不同行业之间的业务、组织、管理发生重组或优化整合，改变了原有产业的产品与市场需求特征，产业边界模糊化与产业重构，进而形成新产业或新型产业形态的过程。

产业融合现象早就存在，工业革命后产业发展的过程就是分工与协作、旧产业衰落与新产业、新形态不断诞生的过程，其中一些产业就是融合的产物。但"融合"一词的真正使用始于光缆、无线通讯、卫星等信息技术革新普及与通讯、广播、报刊等传媒业的相互合作（20世纪 80 年代），现代数字信息技术不断强化深化产业合作，由技术融合逐渐演变为由技术、市场、价值主题等驱动融合，产业边际模糊，出现更丰富的产业类型。

产业融合的类型可从两个维度作出基本判断。①融合方向维度：纵向与横向融合。产业融合是纵横交融的过程。纵向融合就是沿着产业链的纵向一体化行为，如农产品生产向加工、物流、销售等方向拓展。横向融合就是一条产业链的某环节的规模数量扩张、功能性拓展或者是两条产业链之间的交叉融合。如农产品生产者之间的合作联合，拓展农业观光休闲功能，农业与电商的融合，发展"互联网+农业"等。②融合结果维度：吸收型与拓展型融合。吸收型融合指原来的两个或多个产业之间实现融合，形成一个共同的产业，产业数目一般会减少，实现原有产品功能的集成、扩大和延伸。扩展型融合指在原来两个产业或多个产业的交叉处融合进而产生一个新的产业，同时原有的各产业仍然独立存在，产业数目一般会增多，催生新的融合产品，具备了新的技术特性、品质和功能。

2. 农村三产融合的内涵与实践模式

农村三产融合的现象早就存在，但一般认为，首先明确提出并系统主动实践的是日本。1994 年提出农业"六次产业化"概念，即"1+2+3=6"，之后又提出"6=1×2×3"。其目的是为了活化乡村，将更多产业发展机会、利润等留在乡村，留住人才人口。针对初级农产品生产环节利润低，农业农村发展后继无人等问题，提出将农业向第二、三产业延伸，通过产业融合尽可能地将第二产业和第三产业中与农业相关的生产或服务价值带回农业领域并留在

农村，其实质是在农业上创造第六产业。进入21世纪之后，为提高农民收入、改善城乡发展不平衡等问题，日本政府逐步采纳了"六次产业化"的融合发展思想，2008年制定《农工商促进法》支持农工商开展合作，并规定工商资本占合作企业的股份不能超过49%；2010年通过新的《食品、农业和农村基本计划》，提出通过发展"六次产业"增加农民收入，创造新商业模式，在农村创造新产业，相继颁布了《六次产业化：地产地销法》和相关纲要文件，提出了多项推进"六次产业化"发展的政策措施，农业活力得到增强，农民收入也得到明显增加。

因此，农村三产融合不同于一般的产业融合，其主阵地在农村，是以农业产业为基础，以农村的资源、产业基础为支撑，以繁荣农村为目标导向的融合，也是城乡融合发展的重要形式，即城市现代科技、产业、消费、思想等与农业农村产业融合。当然，日本提出的"六次产业化"是一种促进产业融合发展的理念和政策，并没有提出第四次、第五次和第六次产业是什么。

中国1995年之后大力推进发展的"农业产业化"思想和模式，也是一种产业融合，休闲农业与乡村旅游、农村电商等更是产业融合实践。《全国乡村产业发展规划》（2020—2025年）提出发展多类型融合业态：以加工流通带动业态融合，如中央厨房等业态；以功能拓展带动业态融合，如农业与文化、旅游、教育、康养等产业融合，发展创意农业、功能农业等；以信息技术带动业态融合，促进农业与信息产业融合，发展数字农业、智慧农业（数智农业）等。山东省提出要发展农业内部融合、产业链延伸、功能拓展、新技术渗透、多业态复合、产城融合等"六类模式"。无论何种模式，都是立足农业农村资源和产业，通过有效的组织方式和紧密的利益联结机制，广泛应用现代先进技术，把农村的三业紧密结合起来，将农产品生产延伸到流通、物流、信息服务、休闲农业等各环节，整合产业链，形成现代农业体系。

3. 农村区域三产融合的理论依据及作用

为什么会形成或必须发展农村三产融合？可从分工合作、农业多功能性、交易成本、产业链、经营一体化等理论解释。分工与合作是人类社会及产业发展的基本规律，工业革命后在产业分化、分类不断增多的同时，更深入广泛地三产融合也是必然的。具体说，农村三产融合的理论基础和功能主要体现在以下方面：①克服初级产品处于"微笑曲线"附加值最低区的不利地位。通过融合巩固提升初级产品生产的市场地位、竞争力，可获得产后的增值效益，消减弱势地位。②创造降低交易成本、获取更多利益的机会。通过融合降低产业链各环节、各主体之间的交易成本，体现"1+1>2"的价值增值效应，为主体获取更多收益创造机会（能否获取更多利益取决于交易成本与边际收益的比较）。③创造新产业新业态，促进产业创新，更好满足消费者需求，促进经济增长。比如，现代信息技术产生的"互联网+农业"以及农产品加工业发展、休闲农业发展等。④对乡村资源的特色优势和潜力充分开发利用，将更多就业机会、收益留在乡村，增强乡村活力，增加农民收入等。

产业融合涉及农户、企业、合作社等众多主体，融合方式和程度不同，农民获益渠道和增收程度不同。如果是外来工商企业单独经营，农民不是二、三产业经营主体或参股方，分享融合后非农环节利润可能性就大大缩减，但会给村民提供就业机会、得到工资收入，还可能获得土地流转、房产租赁的收入，或者订单农业的产品溢价收入，产品销售风险较小，乡村很多食品加工企业最典型。如果是由合作社或村集体经济组织主导或者参股，村民不仅可能获得与自身有关的好处，还能得到产业融合后的经营利润，最典型的是乡村旅游业。另外，农产品电子商务直接扩大了农产品销售半径，提高了农产品售价，从而增加了农民收入。产业融合往往还可能给村民带来其他"搭便车"增收机会，如乡村旅游业中的一些村民可能得到经商机会，也可能办起农家乐、民宿等提供食宿并销售家庭作坊生产的地方特色食品，从而增加收入。

4. 农村区域三产融合发展的基本着力点（思路）

农村产业融合发展的基础和核心竞争力是立足于"农业+"和"乡村+"。乡村优势是农业多功能和乡村丰富资源与多元价值，如农产品原料接近产地、便宜的劳动力和土地，乡村景观、农业文化、新鲜空气、乡村生活等优势。将这些优势向产业融合方向发展，是一种市场行为，是基于市场需求、投资成本与收益、风险等综合判断的决策行为，并不是所有的地区、所有的农产品都可以向融合方向发展。例如，很多的鲜食农产品附加值高，没有必要深加工，融合度不可能很高。更进一步，对于各区域或一个产业整体看，是否进行产业融合？进行何种方式的产业融合？融合度如何？这些都是基于一定条件的市场经营行为，不能简单模仿，政府更不能盲目代办。

如何发展农村区域三产融合？一定区域的三产融合发展也是市场主体基于发展机会和利益要求，在政府政策之下的自主行为，是动态的发展过程。主要应从三方面着手：①市场主体素质和能力提升。农业新型市场主体以及"新农人""农创客"等是乡村产业创新发展的主要力量，其创新发展的强烈冲动、先进理念以及组织管理、运营水平决定区域产业发展水平，提升市场主体的能力水平是永恒的着力点，一方面是实践中提高，另一方面是培训学习等。尤其要在各种融合机制、新业态等方面不断创新，发展多种类型的合作方式，促进利益融合，推广"订单收购+分红""农民入股+保底收益+按股分红"等模式。②政府服务与管理效能提升。政府在区域产业竞争中的作用越来越凸显，涉及理念、政策支持、行政管理服务体系效能，尤其是营商环境以及区域发展文化的养成，不断改革创新地方政府行政管理与服务体系、提高其效能是核心。③发展"平台+农户+消费者"等新的融合模式（如"拼多多"）。互联网平台比传统市场边界大（几乎没有物理边界），理论上可容纳无限多的供给者和需求者，交易不受时间限制，通过数字化的照片、视频、语音等呈现，能够让供给和需求有更好的匹配，减少交易成本，增强客户对平台的黏性，平台的扩展成本以及维护成本非常低。链接在平台上的组织（主体）的规模可大可小，既可低成本覆盖更多同偏好的消费者，也可为小众消费者提供更加个性化的产品。小农户可在平台上达到规模化效果，也可以维持自己的小规模，为小农户提供更多的选择，可与平台合作自建物流体系，也可以通过外部的外流体系实现农产品的线下流动，其符合中国历史和国情，代表了未来。

政策链接：全国"一村一品"示范村镇申报条件

截至 2020 年全国"一村一品"示范村镇达到 2832 个，成为乡土特色产业品牌化、集群化发展的平台和载体。其申报条件是：①主导产业基础好。村主导产业总产值超过 1000 万元，占全村生产总值的 50%以上。镇主导产业总产值超过 5000 万元，占全镇农业生产总值的 30%以上。②融合发展程度深。主导产业生产、加工、流通、销售、服务等关键环节有机衔接，实现了链条化、一体化发展。电子商务、休闲体验、文化传承、生态涵养等农村一二三产业深度融合的新产业新业态已有初步发展。③联农带农作用强。申报村成立有农民合作社，主导产业从业农户数量占村常住农户数的 40% 以上。申报镇发展有地市级以上龙头企业或规模以上企业，主导产业从业农户数量占镇常住农户数的 20% 以上。村（镇）主导产业从业人员人均可支配收入近 3 年增长率均超过 8%。④特色产品品牌响。申报村（镇）推行标准化生产，主要经营主体有注册商标，产品销售渠道畅通，主要产品在当地有一定知名度和美誉度。

资料来源：农业农村部.《全国"一村一品"示范村镇认定监测管理办法（试行）》，2021-12-21。

二、聚力特色农业产业集群发展

农业产业集群是农业区域专业化、规模化生产发展的高级阶段。1990 年美国著名战略管理专家迈克尔·波特提出"产业集群"概念，用以描述大量中小企业在某个地理区域集聚发展的现象，受到多学科学者的广泛关注。农业农村部 2020 年启动优势特色产业集群建设，截至 2021 年 6 月，国家支持建设 100 个全国优势特色产业集群，涉及 31 个省（市）、647 个县（区）。其中，综合产值超 100 亿元的优势特色产业集群 80 个，8 个产业集群的综合产值均超过 500 亿元。

1. 农业产业集群基本内涵与特征

农业产业集群概念的具体表述虽然存在差异，但基本含义、本质认识相同。经济合作与发展组织（OECD）将其定义为：在临近的地理区域范围之内，围绕在某个或某些农业生产基地周围，相关企业及辅助、支撑机构以生产、加工农产品为主，通过共性或互补形成的一个有机群体，这个有机群体的主体主要由农户、生产基地、农产品生产及加工相关企业、各类服务机构（政府部门、大学科研机构、金融机构、行业协会、中介机构、公共培训机构等）组成。

产业集群的特征及评判标准应该是什么？目前尚没有一致标准。农业农村部 2020 年启动的农业产业集群建设项目提出如下要求：按照全产业链建设，推动生产、加工、流通一体化发展，支持建成一批年产值超过 100 亿元的优势特色产业集群，推动产业形态由"小特产"升级为"大产业"，空间布局由"平面分布"转型为"集群发展"，主体关系由"同质竞争"转变为"合作共赢"，形成结构合理、链条完整的优势特色产业集群。这是发展的一种要求或期望，也说明现实中的某区域某产业距离产业集群存在距离或短板短腿，通过项目建设达到。

根据相关研究及政策导向，农业产业集群的本质特性是：产业的地理邻近性和有机关联性。主要特征概括为 3 方面：①地理范围及其地方性：产业空间地理临近，本地根植性鲜明。农业产业集群是在一定地区的地理集中和紧密关联，依托一定区域的农业自然资源基础或者产业基础，在一定的地理范围内关联产业的高度聚集，本地社会关系网络、文化等是其深层基础，一般以县乡或者大型农业园区为边界（如国家推动建设的国家级现代农业科技园区、产业园区、示范区等），立足于当地特色优势产业或者规模化支柱产业、主导产业。②产业及其组织化：以农为主的关联产业链体系，龙头企业核心中坚地位突出。农业产业集群以农业为基础和中心，聚集大量共性和互补性的专业化企业及相关机构做支撑，形成密集柔性合作网络，能在分工合作与竞争中促进创新提升。③共性与互补发展机制及其多重效应：聚合扩张效应强，规模经济、品牌效应大。产业集群内具备分工专业化与交易便利性，形成一种高效的生产经营组织方式，具有自繁衍、自组织、自调节功能，在技术、原料、配套、用工等方面的成本大大降低。不断通过分工合作、市场竞争、企业家创新以及政府引导扶持机制等产生多重效应，如要素集聚与扩张效应、分工与合作效应、学习与竞争效应、规模与品牌效应、产业发展与区域形象效应等（"滚雪球效应"），外部经济显著。有观点认为：农业产业集群=农业产业集聚+网络。

需要说明的是，农业产业集群是由小到大的发展过程，其地理区域范围、产业规模等没有统一的标准，当然产业规模太小不可能符合集群的基本特征，地理范围过大，失去了产业区域聚集度高、交易成本低以及便利化等优势，难以"有机"结合，也不能称之为集群。在一个市域、县域范围内也可以围绕少数主导产业形成若干个农业产业集群。农业农村部在选择产业集群示范时，强调以下条件：一是资源条件优越，自然生态条件为该种农产品的最适宜区或适宜区，具有生产传统、生产基础和技术条件；二是生产规模比较庞大，能够集中连片生产，农产品商品率较高，区域内商品总量在全国占有重要份额；三是市场区位具有优势，市场目标明确，流通渠道畅通，运销便捷，对产业发展带动力强；四是相关产业化基础比较好，科研、生产、人才、技术、市场等方面基础条件较好，有带动能力强的农业产业化龙头企业，具备创建农产品知名品牌的基础；五是生态环境质量比较好，具有保障农产品质量安全和生产可持续发展的良好生态环境。

2. 农业产业集群形成与发展的路径（如何发展？）

（1）农业产业集群形成与发展过程。对农业产业集群的形成与发展过程，有的划分为形成期（资源优势推动）、扩张期（规模扩张推动）、整合期（产业链延伸与融合）和提升期（创新推动）；有的分为起步阶段、集聚成长阶段和扩张发展阶段，有的借用生命周期理论分为萌芽期、成长期、成熟期和衰退期。根据中国实际，大致可以分为以下四个阶段：①农业产业（产品）优势凸显期。集群形成的基础是具有一定规模的主导产业或特色产业，产生较好的经济效益和市场前景，为相关服务组织、产业提供发展机会。例如初步形成了专业村（镇）、规模化园区（基地），吸引相关支持性产业服务等。②产业链条延伸期。产业发展的溢出效应带动周边地区的发展，规模效益显现，产业规模进一步扩大催生专业化分工与合作需求和更多市场创业机会，促进产业链延伸，相同产业之间的学习性竞争交流。③产业深度融合期。随着产业链延伸以及产业规模进一步扩大，各类企业、机构、人才、资本在区域聚集，进行知识技术交流，相互联系、协同创新，促进产业纵横深度融合。④集群创新体系形成期。经过上述过程，围绕该产业的发展平台，形成了集群的自增强机制，发展为合作网络和创新网络，集群的创新体系形成，进入成熟期，依靠创新生存和持续发展。

（2）发展的基本路径与模式。基于上述认识，发展农业产业集群的基本路径是：①有潜力、基础、规模等优势的特色主导产业的集群化开发；②规模较大、带动力强的支柱产业的链条延伸和融合发展；③围绕资源禀赋挖掘建立新产业；④规模化农业园区、生产基地的集群化建设。

其基本形成模式是：①自发形成。由于资源禀赋和自然条件特别适合生产某类农产品，该类农产品便在该区域内得到生产；或者由于市场选择、某项农业新产品或偶然因素，使得该区域内逐渐形成了某种优势农产品的专业化生产与经营，逐步形成了农业产业区域集群。②政府规划引导下的自下而上形成。由于自然选择和社会选择逐渐形成了某种农产品区域专业化生产雏形，政府改善农业生产基础设施建设或其他优惠扶持政策，该区域逐渐形成了集群。③政府规划下的自上而下形成。政府通过战略规划、主体功能区布局引导、政策项目扶持等增强区域专业化生产程度，形成农业产业集群。

先进典型：河南漯河"三链同构"实现食品产业集群协同发展

漯河市地处河南省中南部，粮食种植面积 400 万亩左右，是中国首个"食品名城"。近年来，抓住"粮头食尾、农头工尾"，围绕"产业链、价值链、供应链"，探索出三链同构、集群协同的农食融合乡村产业高质量发展模式。2020 年，全市食品产业营业收入 2000 亿元，带动农户 25 万，户均增收 3000 多元。①培育产业群体，促进全产业链延伸。一是，扶持五级订单生产，夯实产业链基础。按照专种专收、专储专用、优种优收、优加优销要求，组织食品加工企业、面粉生产企业、种子企业、收储企业与种植大户、家庭农场和小农户签订"五级订单"。对优质专用、订单品种所需良种给予每亩 20 元补贴，组织相关金融机构洽谈合作，开发"专项贷""订单贷""种子贷"等金融产品。目前，全市发展优质小麦种植 115 万亩，优质小辣椒常年保持在 40 万亩以上。二是，培育产业化联合体，促进产业链延伸。制定土地、资金、人才扶持政策，支持组建龙头企业牵头、农民合作社和家庭农场跟进、小农户广泛参与的农业产业化联合体 25 个，联合体吸收龙头企业 100 家、农民合作社和家庭农场 200 家，年产值突破 900 亿元。三是，打造优势产业集群，带动产业链拓展。实施"十百千"亿级产业集群培育、"小升规"培育、"小升高"培育三大工程，形成了双汇肉制品、中粮面业面制品、喜盈盈烘焙膨化食品、卫龙休闲食品、中大恒源健康食品、三剑客乳制饮品等 6 大产业全链条集群化发展的品牌典型。②打造平台载体，促进全价值链提升。一是，打造食品研发平台，提升科技价值。搭建国家级、省级研发平台 84 家，食品企业每年研发新产品 300 个以上；企业自主建设省级以上工程技术中心 10 个、博士后工作站 4 个、院士工作站 2 个。二是，打造质量标准平台，提升品牌价值。设立市长标准奖，对主导或参与国家和行业标准制定的企业和组织奖补。以标准引领品种培优、品质提升、品牌创建，全市无公害农产品品牌 154 个、绿色食品品牌 35 个、有机农产品品牌 1 个，中国驰名商标 6 个、名牌产品 4 个。三是，打造食品云平台，提升渠道价值。创新"互联网+"电商营销模式，成立食品行业工业互联网标识应用创新中心、江南大学技术转移中心漯河分中心，形成大宗粮食电商服务平台，联结各类批发市场 50 多个，农村连锁超市 1400 多家，中介组织 1500 多家。③打通产业间联结点，促进全供应链贯通。一是，打通食品和装备制造业联系点，发展食品机械产业。成功发行 3 亿元检验检测专业园区建设专项债券，规划建成智能食品装备产业园，吸引广东 6 家国家级高新技术企业入驻。二是，打通食品和造纸产业联系点，发展食品包装产业。建设临颍食品饮料包装专业园区，年产各类饮料包装 45 亿只、占全国市场的 1/10，园区年营业收入近 30 亿元。三是，打通食品与宠物饲料行业联系点，发展宠物食品。投资 10 亿元建成宠物食品科技产业园，引进美国嘉吉公司 20 万吨预混料项目，利用玉米提取淀粉和果糖后的副产品加工宠物饲料母料。四是，打通食品与物流产业联系点，发展以冷链物流为重点的食品物流产业。全市国家 A 级物流企业 24 家，冷藏车拥有量占河南省 1/4，9 家企业上榜全国冷链物流百强，占河南省的 2/3。

资料来源：2021 年 3 月 1 日农业农村部发布的全国乡村产业高质量发展"十大典型"。

三、扎实推进区域农业品牌化发展

品牌已经成为普遍的大众词汇，大众知晓的农业品牌多是"地域+产品"的模式，如宁夏枸杞、洛川苹果、黄河鲤鱼、西湖龙井等，多是基于历史积淀的品质、信誉、规模效应与宣传的结果。虽然现在的很多消费者是在超市、集贸市场购买非品牌农产品，主要基于价格、外观以及经验选择，但也已经更多地关注品质质量、产地等信息，售卖者也都会介绍产品的产地、品质特点。网购品牌农产品已经成为不少中高收入者、特殊要求人群、年轻消费者的习惯性选择，特别是对生态有机产品、地理标志产品、新奇特以及功能性农产品的需求，农业品牌化已成为国内外市场竞争环境下现代农业发展的必然要求。

1. 品牌与商标

农业品牌化的基础是对品牌的内涵及其功能、品牌与商标的关系等基本问题的科学理性把握。

（1）品牌的内涵及其功能、要素。品牌是用来识别一个或一组经营者的产品或服务，并使之与竞争者的产品或服务相区别的名称、标记、符号及其组合。从动态以及本质意义上理解，品牌化就是生产经营者与消费者基于产品和服务的价值所进行的交流互动过程。品牌能够持续发展的关键在于是否与消费者建立了稳定持久的良好顾客关系。品牌是消费者的选择和权力，主动权掌握在消费者手中。建立品牌的直接目的是同其他产品和服务区分（尤其是区分同类产品及生产者等），便于选择并降低交易成本，满足消费者需求，吸引消费者。品牌也是产品、服务或生产经营者的价值、文化等个性的彰显，是质量和信誉的承诺，也暗示使用者的不同类型，如消费者人群、主观消费偏好乃至消费档次高低等。总之，品牌是重要的无形资产，具有识别选择、质量保证、信誉承诺、资产增值、文脉传承等功能。品牌的背后就是做人的文化，是诚信、信誉。评价品牌的指标主要是产品或服务的市场开拓并占有能力、价值实现及溢价能力（超值创利能力），质量水平及保障能力等。

品牌战略需要顶层的系统设计，优秀的品牌更需要专业的系统设计。但设计的品牌能否赢得市场，需要消费者的持续检验，可能很成功，也可能难达预期。品牌是长期努力经营、不断创新发展、不断满足消费需求的结果。产品或服务的功能（功效）、质量与价值（使用价值、价值等）是品牌的用户需求要素（内在三要素），是消费目的所在；知名度、美誉度和忠诚度是品牌的自我需求要素（外在三要素），是产品或服务提供者所希望的目的，其决定生产经营者的竞争力和持续生存力。品牌植根于消费者心里，其巨大价值来源于消费者的信任、偏好和忠诚。培养品牌的目的是希望此品牌能变为名牌，名牌代表了产品的质量档次和企业信誉，是能比一般品牌带来更大增值的无形资产。

品牌有多种类型，如单一产品品牌、品类品牌、企业品牌、产业链品牌、区域品牌等。不同类型的品牌建设特点、对市场主体和政府的要求、运营管理难度与要求、监管难度与要求、功能及覆盖面、投入等不同，建设运营风险、结果等更不同，需要市场主体、政府部门等理性认识、科学发展，避免贪大求全、盲目发展。

（2）品牌与商标。商标是按法定程序向注册机构申请，经审查予以核准，并授予商标专用权的品牌或品牌中的一部分，受法律保护，未经注册人许可不得仿效或使用。商标掌握在注册人手中。

商标一般分为企业商标、证明商标与集体商标。证明商标是由对某种商品或服务具有检测和监督能力的组织所控制，由其以外的人使用，以证明商品或服务的产地、原料、制造方法、质量、精确度或其他特定品质的商标。比如"绿色食品"标志、地理标志农产品等。集体商标是以团体、协会或者其他组织名义注册，专供该组织成员使用的标志。集体商标强调的是组织，只能由注册商标的组织及其成员使用；证明商标强调可以证明的能力，对产品的品质具有检测与控制能力。

　　商标与品牌是从不同角度指称同一事物，商标只是品牌的标志和名称，便于记忆识别。品牌注册后形成商标，获得法律保护并拥有其专用权，是一项知识产权；注册商标要成为一个真正的品牌要经历艰辛漫长的培育过程，可能成功延续发展，也可能昙花一现。中国是一个商标大国，也是一个品牌弱国，更是世界名牌小国。2015 年至 2019 年间农产品注册商标数从 205.61 万件增加到 481.25 万件。

2. 品牌的功能作用及其实现机制（条件）

　　明确建立培育品牌可能达到哪些功能作用，分析实现功能的内在机制、可能的障碍难点、解决的路径等问题，才能抓住农业品牌化的要害，有序培育发展。消费者为什么选择品牌产品越来越多？品牌化是实现生产者与消费者精准有效对接的高效模式，品牌能够起到如下功能：①信息公开、高效传递与提高选择效率。通过品牌形象宣传、营销等途径，向消费者公开、传递产品及服务的相关信息，包括产品的产地、特色、质量、价值、生产方式等，扩大市场销售范围等；消费者能够获得关于产品或服务的有关信息，比较选择，节约交易成本，选择符合自身消费需求的产品或服务。②价值实现、溢价及资产增值功能。无认知不品牌、无效益不品牌，品牌扩大了市场范围，有效细分目标市场人群，不但满足基本需求，而且包括文化价值、心理等多种需求，有效促进产品价值实现、溢价与资产增值，为生产者不断创新发展奠定基础。据《中国区域农业品牌发展报告（2020）》，"丽水山耕"2013 年建立首家地市级的区域农业公用品牌，2019 年"丽水山耕"年销售额已达 84.4 亿元，5 年销售额增长 29 倍，赋能产品平均溢价超过 30%；"天赋河套"授权的产品溢价 25%，"鱼台小龙虾"溢价率 40%左右，"即墨地瓜"溢价率 35%左右，品牌赋能效果显著。③质量信誉保障。品牌就是生产经营者的一种质量信誉承诺，不但是产品或服务质量，而且包括产地生态环境、生产方式、售后服务等各个方面的保障。④提升产业结构水平与促进区域发展。农业品牌体现差异性、特色优势，通过品牌的带动，资源优势转变为产品优势、市场优势，实现价值最大化，带动结构优化和区域发展，并建立其区域发展的良好形象与知名度。

　　现实中的很多品牌看似设计很完美，但成效很差。品牌发挥功能作用需要一定的条件，要通过其内在机制（路径）才能达到。这些机制主要是：①市场机制。品牌好坏一定是市场机制选择的结果。品牌的设计要符合一定消费者的需求，获得一定消费者的认可，能够产生有效需求，消费者认同，投入产出的效益合理。②战略机制。按照战略理念、思维做品牌，系统的质量信誉承诺能够持续很长时间，而不是短期的或者个别环节的，否则会影响消费者的选择。③创新机制。即持续系统创新。技术在不断进步，消费者需求在变化，竞争者及其产业在变化，品牌设计及运营是长期战略，需要不断培育、维护、创新完善才能保持优势。

3. 基于农业特点的农业品牌化辩证认识

　　农业品牌化是通过对农业领域的产业产品、生产经营活动以及管理服务等按照品牌建设的要求进行设计、注册、运营和管理、服务的活动。有的认为，是对农业领域的投入品、产出品进行品牌注册、品牌整合、品牌战略实施、品牌价值评估和强势品牌带动推动的过程。

区域农业品牌化是由部分产业产品的"点"发展到全部产业产品的"面",由产品品牌化到产业链,再到区域品牌化的漫长发展过程,是区域农业发展的要素重组、体系优化和价值重构的系统工程,是重构农业生产经营者与消费者关系的一次重大转型。农业、农产品是复杂庞大的体系,品牌化需要结合其特点辩证系统认识,理性把握,针对性推进。

（1）地域性与差异性。进一步可以引申到本地性、民族性、地理性、生态环境等,生态造就产品的独特性和优异品质。因为地域性,同样产业的同类产品就存在某些差异（同时功能上存在同质可替代性）,这正是品牌化的基础和切入点,从产地环境、生产方式、品种品类、产品质量、农耕文化等挖掘差异、创造差异,针对特色、特性建设与发展品牌是农业品牌化的优势,也是满足消费市场细分要求,获取品牌溢价或创新收益的要求。差异处于创造品牌的"第一位置",品牌化也是"去同质化"的一种表达。现实中的很多所谓"品牌"定位,因为没有显著的差异性,或者差异性被消费者接受的程度低、数量小,或者差异化被其他同类产业抵消,就难以创造出足够的品牌消费者。同时,地域性自然禀赋、产品、产业及其文化特点,对于创造区域性品牌很关键,如在大米知名品牌中,黑龙江的"庆安香"突出"黑土寒地",而湖北彭墩大米突出"生态""富硒",宁夏大米凸显"黄河水"灌溉,"褚橙"则是体现广为人知的"褚橙精神"励志故事等。

（2）多功能性与食用性。对消费者而言,农业及农产品具有多种功能,如食品供给、生态景观、传统文化传承、食文化教育与体验等,不同消费者在不同阶段对不同的功能要求有差异,体现消费者的主观偏好,在品牌定位发展中必须予以关注。比如生态文明的理念、动物福利性理念（散养放养等）,与文明社会的要求相一致。当然,作为农产品最主要的普遍核心价值是食用,质量高低及其安全性事关健康,是最主要的基本价值,不能主次颠倒,要符合目标市场的消费者认知偏好。例如,过分强调"皇家食用""名人故里",忽略与之相匹配的高质量、高品位要求也难以持久,不能以地域传统文化或农耕文化宣传等代替现代新品种、新技术的广泛应用。

（3）多样性与替代性（竞争性）。全国同类、同功能农产品种类很多,虽然各地有差异,但基本功能价值相同或相近,可以互相替代,竞争性很强。品种、品质、品味是消费者的基本价值要求,这也是做农业品牌的难点之一。没有一劳永逸的品牌、名牌,只有不断创新提高的品牌。

（4）消费多层次与趋高性。消费者的收入、农产品消费理念与习惯不同,不同层次类型的农产品可能都有其消费人群,即使在脆甜型红富士苹果占据主导地位的同时,也有很多消费者青睐传统的"小国光"苹果味道,老年人更适合绵软、柔软细腻质地的金帅、红元帅等,不同生产者的产品要客观准确定位。随着消费者需求结构水平的提高,总体上质量、品种要求提高,能够获得较高溢价、创新利润的当然是高品质高档产品,产品、服务的质量保障与不断提升是品牌建设的核心。

（5）风险大与预期难。农业的生产、技术及其生产结果受制于复杂的自然因素,产业产品标准化难,产品易腐,即使进行系统的顶层品牌设计及运营,仍然会面临很多的风险和不确定性,包括技术进步、质量控制、成本价格等。例如,新品种出现的替代性等,对品牌未来的延展性、适应性有更高要求。需要整个产业链各环节、区域的系统高效管理协调,建立风险管理预防体系,保证品牌的信誉。尤其是对于涉及区域形象的区域品牌要求更高。现实中很多地方存在品牌设计很好,包括宣传口号、包装标识等,但实际中并没很好使用,未达预期效果。目前利用现代技术做的形象宣传视频很漂亮，很有创意、感染力和吸引力，但有的与现实有一定差距。

从中国农业发展阶段及国情、区域特点看，农业品牌化是漫长的过程。如人们经常说的千家万户的小规模分散生产，组织化程度低，真正的行业协会少、作用有限，合作社以及村集体等农民组织的整体功能和影响力、信誉度较低。进入互联网时代，网购的主要是品牌化农产品，并且选择的地域空间、产品空间扩大，很多地方性的品牌未必成为当地消费者的选择，导致很多品牌并不成功，总体处于初级阶段。中国农业品牌化存在不少问题，品牌多而不亮，"一哄而上"同质化严重，假冒伪劣导致"劣货驱逐良货"，部分品牌设计完后处于"休眠"状态、使用率较低，很多品牌的标准化生产、质量保证等措施跟不上，有的一味追求"一夜成名""打造爆款"，缺乏长久经营品牌的准备等。

因此，真正的农业品牌化很不易，名牌农业更不易。推进区域农业品牌化是涉农市场主体及政府基于消费需求、市场竞争而长期探索发展的过程，是区域各发展要素相向而进的动态提升过程。2018年6月发布的《农业农村部关于加快推进品牌强农的意见》提出，品牌强农要"筑牢品牌发展基础、构建农业品牌体系、完善品牌发展机制、挖掘品牌文化内涵、提升品牌营销能力"等主要任务。

知识延伸：中欧互认互保地理标志产品

经过历时 8 年谈判，《中华人民共和国政府与欧洲联盟地理标志保护与合作协定》（简称《中欧地理标志协定》）于 2021 年 3 月 1 日正式生效，协议规定了地理标志保护规则和 550 个地理标志（双方各 275 个）互认互保清单，涉及酒类、茶叶、农产品、食品等。保护分两批进行：第一批双方互认的各 100 个地理标志，于 3 月 1 日起开始保护；第二批各 175 个地理标志，将于协定生效后 4 年内完成相关保护程序。通过对地理标志高水平的保护规则，将有效阻止假冒地理标志产品，使双方消费者都能吃上、用上货真价实的高品质商品，在相互开拓市场、推动出口、巩固中欧经贸等方面意义重大。

资料来源：作者根据有关资料整理。

四、培育农产品区域公用品牌

农产品区域公用品牌是在一个具有特定自然生态环境、历史人文因素的区域内，由相关组织所有，若干农业生产经营者共同使用的农业品牌，一般有明确的生产区域和品牌使用范围，体现为集体商标或证明商标。农产品区域公用品牌因为其"准公共产品属性"以及受益面广、涉及区域形象等广受重视，成为政府推动农业品牌化的重要抓手，也是难点，涌现出很多成功典型，也有很多并不成功，暴露出很多问题需要针对性预防解决。《农业农村部关于加快推进品牌强农的意见》提出，要重点培育一批全国影响力大、辐射带动范围广、国际竞争力强、文化底蕴深厚的国家级农业品牌，打造 300 个国家级农产品区域公用品牌，500 个国家级农业企业品牌，1000 个农产品品牌。

1. 农产品区域公用品牌建设发展概况

该类品牌包括单一产业型与全域型 2 类。单一产业型由"产地名+产品（品类）名"构成，是最常见、最有效的品牌，如五常大米、洛川苹果、宁夏枸杞、眉县猕猴桃等。全域综合型主要是因为一些地方受单一产业规模小、生产分散、品牌多而弱等限制而创建的品牌模式，具体品牌的区域定位、产业及价值要求等差异较大，如天津的"津农精品""蓟州农品"，四川巴中的"巴食巴适"、浙江丽水的"丽水山耕"、山东聊城的"聊胜一筹"等，没有明确的产业或产品。

目前几乎所有各类农产品中都有代表性的知名区域公用品牌（有专家估计8000多个），成为某类产品的代名词，是消费者购买该类产品时首先想起的品牌。业界普遍认为单一产品（品类、产业）的区域公用品牌成效显著，主要因为产品基础好、推广传播简单、模式复制容易、产业带动效益明显等优势，其核心就是依赖于地标产品自身的产品特色、市场的广泛认知和地方特产长期积累的市场口碑。

全域综合性型农产品公用品牌则在品牌打造和运营上受到诸多因素制约。一是品牌命名不能直接明确某一个品类，只能创意一个新奇特且能够注册的商标作为品牌名称，给新品牌的创意策划、宣传推广以及消费者的快速认知带来困难；二是公用品牌核心价值从所有子产业（产品）中提炼的难度很大；三是品牌所支持的产业越多，管理压力也越大，产品品质等各种经营问题可能不受控制，一个产品的问题会直接摧毁整个品牌。针对这种情况，很多地方采取"母子品牌"的做法，以全域综合型品牌为基础，选择或打造若干个产品、企业等品牌作为子品牌。

2. 农产品区域公用品牌成功典型的共性做法

农产品区域公用品牌建设发展需要很多条件配套，单一产业品牌相对更容易成功，而全域综合型则需要更严格、系统的诸多条件。从根本上说，农产品区域公用品牌的根基在于优秀的产品品质、差异化的地域认知、地标产品的信任背书和持续多年的市场积累、严格的监管与保障体系，达到这些要求，则需要政府与业界的长期合作努力。

成功典型共性主要表现在以下方面：①区域农业产业基础较好。基础设施、技术、生产方式、组织化程度及产品质量等具有打造品牌的基本条件。②品牌建设增效潜力大。目的明确、吸引力强、参与度高，属于特色优势产业，有一定的规模和生产经营者，溢价有潜力，预期成效明显，能促进农业转型升级，提升本地农产品的整体形象。③高水平品牌设计。创意设计差异化、针对性与吸引力、感染力较强，符合一定潜在消费者需求。④政府组织推动与服务务实高效。成立务实高效的领导机构，建立一套权威领导挂帅、部门合力的工作组织体系，技术创新推广服务体系支撑有力。⑤高水平的企业或行业协会作为品牌及其商标经营管理主体。政府在品牌建设初期发挥主导作用，但具体的经营主体必须是高水平的企业或者行业协会，承担"准政府"职能，能够高效权威性地依法依规经营管理，发挥龙头作用、行业协调自律等功能，开展多渠道品牌宣传，创新品牌营销，线上线下结合等。⑥严格推进品牌授权使用。农业经营主体需向品牌运营管理机构提交申请，获得授权后才能使用区域品牌，包括须具备主体、资质、质量、标识、产品、安全等要求，有效克服公用品牌的"公地悲剧"。例如，"丽水山耕"品牌从生态环境、标准生产、物联网应用、安全检测、保鲜储运、文创包装、整合营销、数据分析等保证产品品质，建立了涵盖农业物联网、电子商务、农村产权交易、质量安全追溯、农企服务、电子现贷、农资溯源等7大平台的大数据中心。⑦政策制度规范与引导有力。不同时期制定实施"品牌建设实施方案""品牌使用管理办法"等政策文件，落实经费保障的扶持政策，并建立可持续运营的财政保障机制等，有足够的资源支撑及运营能力，如"吉林大米"品牌在 2017 年左右的三年共花了 1 亿元的推广费。

3. 发展中可能的问题来源及其表现

农产品区域公用品牌数量众多，但真正发挥作用、实现预期的较少，出现"建而无效"或"建而低效"。其具体原因很多，是从品牌理念、定位、产业选择、创意设计到实施的系统中的某些环节达不到要求或者出现问题，主要是 4 方面问题。

（1）品牌设计科学性与理性欠缺。品牌设计毕竟是在分析现状、问题、趋势及要求基础上的主观性谋划，即使经验丰富的权威性高水平设计公司及其团队的设计，也未必符合消费者及市场竞争状况，信息不准不全或不确定性大量存在，一些设计过度理想化，针对性、可操作性差，难以引起消费互动共鸣。有的品牌"贪大求快"，尤其是全产业全域综合型的要求达不到。有的品牌设计的消费指向、价值表达不明确，只能引起人的好奇、新鲜而去尝试或者看看而已，形不成粘性。

（2）品牌培育建设行动缺乏系统协调一致性。农业区域公用品牌建设是一项由品牌化决策、品牌模式、品牌规划、品牌延伸规划、品牌管理构成的长期的、适应内外动态发展的系统工程，各部分相生相克。这方面的问题很多：对农产品区域公用品牌建设的系统性要求缺乏足够认识，配套措施与政策不到位；建设品牌的动因是完成任务（政治任务）而不是产业理想，有的将公用品牌看作简单的贴牌，而不是"深刻影响购买决策的信誉背书"；人员和资金保障、政府服务和品牌监管保护不到位，重申报轻培育，特色不鲜明，将公用品牌商标使用当作"公益事业"；质量保障体系、信用体系不健全，商标使用者质量把关不严导致信誉不佳；推广不到位，组织职责不清晰；直播爆单后的物流拖延、售后服务跟不上等问题时有发生，影响消费者体验，品牌形象受损；品牌意识淡薄，讲不好品牌故事，缺少营销手段，市场信息不对称等导致溢价难甚至低价、滞销。

（3）品牌培育建设时间短而缺乏持续创新。绝大部分农产品区域公用品牌建设按 5 年做规划，消费者认识、接受一个品牌需要时间的沉淀，一个农产品品牌效应充分显现并走上正常运营轨道一般需要 3—5 年的精心培育建设，也才能真正建立稳固的地位，培养一批忠诚度、粘性较高的客户。同时，互联网电商的发展，不断有同类产品或新产品、新品种的品牌加入竞争，品牌建设培育应持续不断创新，是市场选择的结果，而不是主观设计选择。现实中的一些品牌因为各种原因难以度过初创期，如在品牌建设之初，各方作为"亮点工程"短期内投入大量资金建设，2—3 年后如果尚未取得大成效，逐渐失去兴趣，成为"鸡肋"。

（4）品牌与产品捆绑传播不够，品牌认知度低。有的品牌更聚焦于产品宣传，而有的则更聚焦于品牌宣传，两者捆绑营销不够，受众只知产品不知品牌，或只知品牌不知产品。

4. 推进未来区域农产品公用品牌发展的重点

（1）按照产业链逻辑谋划打造品牌。地方政府应明确地区农业产业中的细分特色产业和未来发展的重点产业，从产业配套角度进行资源梳理和职责分工，建立完整的产业配套体系。在深入分析研究基础上做好区域产业发展规划，为品牌化奠定坚实基础。

（2）以县级行政区域为范围打造区域公用品牌。县级行政区域是我国地方政府职能最全的最基层政权组织，是乡村振兴的主阵地和桥头堡，财政支农项目资金在县级可以统筹使用。就农产品区域公用品牌建设而言，县域产区集中、同一产品品质相近，决策简单、执行力强，适度规模、易于管控，属于民生工程，能够凝聚人心。

（3）围绕"地标农产品"与数字平台打造品牌。重点要提高地标产品品牌的地域、名誉、人文、独特工艺、生态、现代科技的影响力、魅力和感召力，把传统农业技术精华同现代科技有机融合，提高独特品质特性及其影响力，积极利用电商、视频直播、社交网络、云展会等拓展营销渠道。

（4）遵循品牌设计的内在要求和逻辑。品牌个性、故事、标志、口令、符号及文化族谱（历史等）是品牌的灵魂。要分析研究农产品区域公用品牌的核心资产（禀赋与优势）、发展趋势（如生态文明要求）、竞争对手等进行战略定位，形成直击人性的品牌态度和价值主张（如消费动因、价值差异），满足顾客需求，产生精神共鸣。品牌命名要把握传达区域特征、表现产品特点、传递品牌文化、彰显品牌价值等基本准则。品牌传播口号要求与定位、形象等具有一致性、延续性、关联性、互动性，要口语化、价值化、行动化，与品牌名称的基调保持一致；要拓展延伸品牌内涵，顺应消费特征，保持与市场的关联性以及与消费者的互动性，触及消费心境（如质量安全、生态）。一个好的品牌口号，不光要顺口，更关键的是要充分诠释品牌内涵，让消费者能融入其中。另外，要从文化资产、品牌名称、品牌价值、行业属性等四个角度，通过颜色、图形、卡通、产品、人物等为品牌塑形。

（5）形成"地域+品名+商业化标识"的立体保护。相似性、替代性强的地标农产品、区域公用品牌农产品越来越多，来自非权利人的近似商标影响的风险增大，品牌权利人需要提高商标风险防控意识，除通过注册地理标志进行保护外，还要形成"地域+品名+商业化标识"的立体保护体系，对存在潜在侵权的商标申请行为提出异议，抵御商标侵权。

（6）发挥好政府在中国特色农产品区域公用品牌运营管理中的作用。处理好政府、行业协会、企业及消费者（市场）的关系，做到"四位一体"；依靠品种、品质、包装、营销与人才等创新，实现主体、标准、价值、形象、营销、管理等"六统一"。将品牌创建列入"一把手工程"，达到观念共识、思想统一，有组织保障，协同作战，打通部门局限，形成品牌"宪法"，保证连续性、战略性持续投入。

本章思考、练习与讨论题

1. 基于农业产业结构的特性，尝试说明你对农业结构调整的理性科学思路及原则问题的认识；并设计一个"某区域农业产业结构调研"的基本提纲。

2. 根据农业供给侧结构性改革的背景及问题的表现，说明推进区域农业供给侧结构性改革的基本思路和重点任务；并思考编制一个区域农业供给侧结构性改革的规划提纲。

3. 根据三产融合的原理、产业集群发展原理及其现实案例等，分析农村区域三产融合与产业集群的关系，说明如何实现两种理论在实践中的科学、理性应用。

4. 中国某地是一个山区较多、特色产品种类丰富的农业大县、乡村旅游大县，有人提出要"设计服务于全区域、全产业、全品类、全覆盖的标志性品牌"，试述你的看法和建议。

本章主要参考文献

苏东水. 产业经济学[M]. 北京：高等教育出版社，2000.

李铜山，刘清娟著. 现代农业产业集群创新发展研究[M]. 北京：中国农业出版社，2016.

蒋文龙. 品牌赋能——"丽水山耕"营造法式[M]. 中北京：国农业出版社，2017.

娄向鹏. 品牌农业3：农产品区域品牌创建之道[M]. 北京：中国发展出版社，2019.

何秀荣. 小康社会农民收入问题与增收途径[J]. 河北学刊，2021（5）.

邓秀新. 关于我国水果产业发展若干问题的思考[J]. 果树学报，2021（1）.

叶兴庆. 加入 WTO 以来中国农业的发展态势与战略性调整[J]. 改革，2020（5）.

陶怀颖. 我国农业产业区域集群形成机制与发展战略研究[D]. 中国农业科学院，2006.

李二玲. 中国农业产业集群演化过程及创新发展机制——以"寿光模式"蔬菜产业集群为例[J].地理科学，2020（4）.

刘鑫淼. 如何看待我国农产品区域公用品牌模式[J]. 农产品市场，2020（4）.

刘聪. 2020 中国区农品牌发展——解读《中国区域农业品牌发展报告（2020）》[J].中国品牌，2021（1）.

樊宝洪. 推进农产品区域公用品牌建设的思考[J]. 江苏农村经济，2019（9）.

第八章 区域农业发展的社会经济资源利用高效化

区域农业发展的核心是各类资源要素在不同产业、不同时空的配置与利用问题。随着农业技术与生产方式变化，资源要素的边际贡献也会变化。一定区域在某个时期内的自然资源相对稳定，起重要作用的可变要素是各种社会资源要素，其中的资金与资本、劳动力与人力资本、科技和区域文化资源等四类要素尤为重要。

第一节 区域农业发展的资金与资本

一、区域农业发展的资金概述

资本、资金在不同的场景或学科专业、专家著作中有不同含义，也经常混用，是一个多义词。农业经济学分析的资金问题，不是财务方面具体的资金运用问题，或者微观的企业、合作社等组织的资金筹措与管理，而是要认识农业发展资金规律、供求矛盾及解决之道。

1. 农业资金的基本含义及其类型

（1）基本含义。农业资金是商品货币经济条件下，农业生产和流通过程中所占用的物质资料和劳动力的价值形式和货币表现。其本质是垫支于农业生产经营活动中的不断循环周转并保值增值的价值形式。广义的农业资金是社会各投资主体投入农业领域的各种财物和资源的总和，并且总是以一定的货币、财产或其他权利的形式存在，既包括货币形态的资金，又包括实物形态的资金，类似于资本的含义。而一般所说的狭义的农业资金，大多是指投入农业领域的货币资金。货币资金具有很好的流动性，能够很容易地转化为其他形式的资金，是商品经济条件下农业生产单位的重要手段，是农业生产要素中流动性最强、活跃性最高、替代弹性（能力）最大的要素。常说的农业发展缺资金，是指缺乏购买生产要素、购置设备、生产经营周转等投资经营资金，是狭义的概念。

（2）主要类型（形态）。农业资金按不同的标准、在不同的场景和产业链环节中以多种类型并存。例如，按农业资金在生产过程中所处的阶段不同，可分为生产领域的资金和流通流域的资金。生产领域的资金是各种生产资料和在生产产品所占用的资金；流通资金是指各种产成品占用的资金和在流通领域中的现金、存款、应收款所占用的资金。按农业资金的价值转移方式不同，可分为固定资金和流动资金。

按来源不同，农业资金一般分为自有资金和外来资金。自有资金指农业生产主体筹集的股本资金和自己积累的农业资金，是农业生产单位自身所有，不需归还别人。外来资金主要来自社会投资、信贷资金、农业财政资金、引进的国外资金或通过资本市场进行融资等。由于资本市场具有供求集中、流动性充分、市场秩序化程度高、竞争公平等特点，资金配置和使用的效率都比较高。因此，资本市场融资不仅增加了农业资金的供给量，而且具有调节农业生产、管理经营风险的作用，如农业公司上市融资、农业众筹。

农业众筹是生产者向其产品（或服务）的潜在消费者筹集资金，生产者根据订单决定生产，收获后将农产品直接送到消费者手中。有些是由互联网平台或者众筹平台发起，有些是企业、农场主自己发起，主要有农产品预售、农业技术、农业股权和公益等类型，农产品预售类最多，类似"团购+预售"模式，也就是聚集一批人共同销售或者消费农产品。可形象称之为"一群陌生人的私人定制"，参与人一般会成为农场的会员，有助于缓解农业经营中的资金、人（消费者）等资源不足，在消费端和生产方之间建立信任关系，缩短农产品流通链，实现利益共享、风险共担。有的在众筹基础上发展为"共享农庄"，其本质特征是共建、共享、共赢，尤以海南省为代表。2017 年海南省出台《关于以发展共享农庄为抓手建设美丽乡村的指导意见》《关于进一步支持共享农庄发展的十一条措施》等，共创建共享农庄试点 200 家，正式认定 20 家，成为海南特色"三农"新品牌。例如，三亚红花生态园共享农庄，占地面积 2220 亩，以红花和龙文化为主题，集热带火龙果园、百香果园、稻虾共生、瓜果蔬菜、生态养殖、亲子研学、自然教育、民宿树屋、康养旅居等为一体，以"人人都可以成为庄主，人人共享，人人受益"的理念进行众筹，每亩火龙果只需投入 5 万元，即可享受 7 年的收益以及各项庄主福利。每年的销售收入扣除运营维护成本后收益全部归庄主，并且承诺 2—6 年内保底退出。适合农业众筹的项目有许多特点和要求，并不是大多数众筹农业项目都能成功，其面临自然灾害与市场风险、资金断链的金融风险、信用风险等，在起步阶段要解决信任难题，农产品生产周期较长、物流成本高等制约农业众筹成功率和发展速度。现实中也存在不少乱筹，标的模糊不清、缺乏有效的退出机制、不清楚非法集资的红线等问题。

2. 农业资金的运动特点及其实践意蕴

农业资金既具有一般资金的流动性、增值性和周转性等运动特点，也受到农业生产经营自身特点影响而具有独特性。

（1）农业资金循环的长周期性和强季节性。农业资金的运动不能像工商业资金那样人为控制生产周期，生产季节投入和收获季节回收的时间跨度长，周转时间长、周转速度慢。因此，农业投资占用时间长，规模越大、要求越高，需要的资金量越大，回收期太长。很多农业投资者对此缺乏足够的认识，导致资金链断裂的投资失败案例很多。另外，在粮食夏收和秋收的集中上市季节需要的收购资金巨大，农民需要尽快将粮食交售给国家粮库或收储企业，这些企业需要的资金大增，国家农发行等建立专门的粮食收储资金封闭运行体系，一些金融机构也推出贷款倾斜政策，保证粮食收储工作需要。

（2）农业资金投入的巨大风险性与极不稳定性。农业的市场风险、自然风险、技术风险等很大，经济效益不稳定性突出，资金周转慢与投资回报水平低、效益低。越是大规模投资的农业项目，其风险就越大，损失也可能巨大。农业投资项目要充分进行科学、系统的风险评估论证，做好备案及预案。也要求必须建立完善的高水平农业风险保障体系，这是维持农业资金良性循环以及吸引社会资本投资农业的重要"营商环境"。

（3）农业资金产出的外部性和公共产品性。农业生产不仅产生相应的经济效益，而且具有较大的生态效益、社会效益和显著的外部效应。例如，根据北京农业生态服务价值监测，2020 年北京农业生态服务价值为 3476 亿元，其中直接经济价值为 344 亿元，仅占总价值的

10%；间接经济价值为 899 亿元，占总价值的 26%；而生态与环境价值为 2233 亿元，占总价值的 64%。经济效益可以通过市场和价格机制转变为投资者所有，而社会效益和生态效益却具有显著的外部性。

（4）农业项目资金需求与运用预估难，不确定性大。无论是企业投资农业，或者是政府财政支农资金，都要进行可行性研究，其中的资金预算以及效益测算、风险评估是最难把握的问题。农业资金需要的具体环节、需求量以及产出的结果等不确定是重要原因，这也是很多农业项目的实施效果难达预期的表现。农业投资界有的总结教训认为"农业投资是个无底洞""毛利率是个坑"。有的投资者不熟悉农业，看到消费者对农产品需求趋势是高质量，有报道农业毛利率可高达百分之几百，一亩地高档水果一年收益几十万，生鲜果品电商的"高利润"等个案信息，将农业看作是"蓝海"，忽略了农业市场竞争的复杂性、高风险性等，造成巨大投资损失。

3. 区域农业发展资金的供求矛盾及突破路径

发展中国家的发展资金短缺是长期普遍性问题。对区域农业发展而言，资金的供求矛盾表现不同，有的地方农业发展的资金供求矛盾并不突出，大部分地方则可能感觉严重短缺。可从三方面思考分析。

（1）资金需求。现代农业发展对资金的需求量日益增大、领域不断扩张、系统性与持续性需求不断增强，资金链断裂导致的失败案例很多。资金需求涉及需求的主体及其目标、数量、使用条件（如利息、还款期限及方式）及具体用途等问题，有不同的状况。例如，作为地方政府，农业发展的资金需求主要是履行上级政府下达的任务，完成本级政府确定的农业发展目标任务，涉及维护区域农业发展体系的正常运转，完善或提升基础设施与公共服务，扶持产业发展等。农业新型经营主体的资金需求可分为维持性需求和发展性需求，维持正常生产经营活动的资金周转，购置固定资产、引进新技术、扩大规模以及提升竞争力的发展性需求等。

理论上说，区域农业不断由低级向高级发展，资金需求量永远无法完全满足。但从不同区域的阶段性发展目标任务、发展要求看，从有效的实施主体一定时期内可能完成的工作看，在一定技术水平下的区域资源开发利用的资金投入量有一定的上限，超过上限的资金投入边际收益为零甚至为负，为无效投入。资金的投入必须与一定的技术、人才和资源禀赋、产业基础等各种要素科学匹配才是有效投入。因此，确定一定时期的资金投入、扶持的优先序是农业经济管理的重要任务。

（2）资金供给（来源）。一定时期内的资金可供量是有限的，在生产与消费、农业与非农产业、政府与企业、投资者等多种用途中按照市场机制、计划机制以及效益原则等进行配置。不同的资金供给渠道有不同的动机、目标要求、条件。例如，信贷资金的利率、贷款条件等；各种投资资金是为了获取更多资金增值；财政资金则有特殊的社会公共利益目标和要求。

由于农业及其资金使用的特殊性，农业产业的经济回报不如非农产业，投资引力总体较弱，需要国家的扶持性政策。一个区域农业发展吸引资金能力大小的因素，与区域非农产业发展有很多相似之处，主要是：资源禀赋及开发潜力，产业的规模、品牌及其提升发展的空间，政府配套政策、区域文化以及政府行为等营商环境，地理环境及区位条件等。区域产业发展的积聚效应、产业链的延伸与融合效应、区域空间的综合开发效应等产业集群效应是集中体现。

（3）区域农业发展资金的供求矛盾。农业发展资金需求的近乎无限性与有效供给的有限性，导致农业发展的资金困境。相对于其他产业，农业吸引投资能力较弱，一直处于严重的资金短缺状态，农业技术进步、现代化发展落后于其他产业。不同地区的资金困境表现不同，有的是农业产业发展条件很好，但缺乏资金；有的是表面上缺资金，但更主要的是营商环境不佳，整体产业投资或提升发展的综合条件差距太大；有的是区域产业发展水平并不高，但农户分散经营，整体上对发展性资金需求并不强烈；有的区域是政府实现目标任务缺资金，基础设施以及公共服务缺资金，而竞争性产业发展的市场化程度高，社会投资活跃。总体看，发达地区，经济活跃程度高，产业发展的均衡性相对较好，政府资金相对充裕，农业发展的资金困境并不突出，比如北京市、上海市的大城市小农业，政府农业支持力度大。

区域农业发展资金困境的出路，从政府经济管理角度重点应当是：①科学理性确定区域农业发展的阶段性目标任务，综合需要与可能条件，分析清楚瓶颈、短板、短腿，确定好一定时期发展的优先序，有所为、有所不为；②按照技术先进适用、经济可行、生态持续等基本原则谋划发展项目，从区域实际、产业实际以及各方面综合条件出发，稳步推进技术进步、产业升级，不盲目追求"高大上""赶时髦"；③把营造良好的区域营商环境作为长久战略，久久为功，集成改革创新，包括区域的信用信誉体系、先进的营商文化、完善的农业基础设施建设以及公共服务体系、政府行政文化、农业治理体系建设等；④以农业资源深度系统开发为主线科学凝练区域农业发展重要项目及其配套政策条件，如农业产业链延伸与融合项目；⑤利用好政府财政资金以及信贷资金，不断提升资金对产业发展的贡献率。

二、区域农业发展资本概述

1. 资本及其形成

资本有多种含义，马克思政治经济学认为，资本是能够带来剩余价值的价值。广义上说，资本是人类创造物质财富和精神财富的各种社会经济资源的总称，包含一切投入再生产过程中的有形资本与无形资本、金融资本和人力资本。一般也称之为"本钱"，是生产出来的生产要素。

一般意义上资本的形成，就是社会不把它的全部生产活动用于满足当前消费需要，而是以其一部分生产资本品（工具和仪器、机器和交通设施、工厂和设备），也就是各式各样的可以用来增加生产效能的真实资本，狭义就是物质资本，体现现有的生产能力和未来的生产潜力。从货币形态看，资本形成是投资过程的结果，它来源于生产量超过当前消费量的剩余，即储蓄通过投资和生产转化为物质资本。

从实物形态看，资本形成还有两个重要来源：一是劳动积累。即利用活劳动的投入，劳动者消耗的物质财富低于创造的财富，产生剩余，所谓的"人口红利"就是利用人多的优势积累财富；"以工代赈"则是以活劳动支出获取国家在灾年救济的生活资料、国家投资等。剩余劳动力如果进行农田基本建设会形成资本，支付给劳动者较低的报酬，形成购买力，增加收入，对贫困户增加储蓄。中国改革开放后的大发展，也是各行各业劳动者勤劳积累的结果。二是对外贸易。通过对外贸易，发挥本国的资源禀赋和产品优势，与其他国家交换，实现资本的增加。当然，发达国家通过对殖民地的掠夺增加本国资本是一种侵略行为。

2. 区域农业发展资本的形成（来源）

广义的区域农业发展的资本除了共性的人力资本、物质资本（土地、基础设施、设备、生产资料、产品等）之外，还有生物资本（生物资产）、生态资本（资产）以及文化资本。例如，正在成长的林木、牲畜等都是农业的生物资本；一个村庄所具有的良好生态环境及其风景，称为生态资本。另外，还有权利资本、知识资本等很多内容，例如，农用地的经营权、品种的知识产权等。资本深化时代的农业高质量发展需要多种资本有机结合。

一定时期的区域农业发展，除了来自传承的土地、基础设施以及林木、生态等资本遗产之外，需要不断扩大资本的来源，盘活资本存量，创造新的增量。其主要形成方式（渠道）包括：①农业自身积累。包括：农业系统的直接劳动力投资（活劳动的支出），利用廉价的剩余劳动力扩大资本积累，出口农产品，农民和企业自愿储蓄。②政府财政投资或补贴。政府财政支农资金建设基础设施、生态环境以及补贴农业机械，增加农民收入，都会促进农业中资本增量的形成。③工商资本投资农业。工商资本投资农业具有不同于农民自己投资的特点，不但是大量的资金投入，而且带来了先进的技术、理念、运营管理方式和人才，发展领域突破了农民自身的局限，起点较高，创新发展动力和能力强，品牌化程度高，是现代农业发展的产业链延伸、产业融合以及"微笑曲线"两端的主要载体，是带动农业生态资本、生物资本等多样化资本增值的重要力量。某种程度上，工商资本投资区域农业的活跃度和力度，决定现代农业的发展水准。④国外资本。主要是利用外资，包括国际组织、多国集团等多边渠道、国家之间双边渠道和民间渠道等，利用的方式也是多种多样，如直接投资、国际援助、借款、民间捐助等。

3. 区域农业资源与资产的资本化

实现区域农业农村资源与资产的价值增值，是区域农业产业发展的重要途径，工商资本投资区域农业也需要利用区域资源与资产。经过几年的农村集体产权制度改革，村集体的资源性资产、经营性资产和非经营性资产的家底清楚、产权明细，股份合作经济组织普遍建立，促进资源资产的资本化与市场化是深化改革的必由之路。市场化是资本化的基础，没有市场化就难以实现资本化。

资源与资产的资本化是通过明晰产权、明确责任、量化价值等手段，促使资源、资产转变成资本，实现价值增值的过程。但并不是所有的资源、资产都能转化为资本，只有经过市场交易、流通、服务等领域，转化为产品、商品或服务有效满足需求，产生价值增量效应才可称其为资本。可以被资本化的资源、资产必须具备收益性、稀缺性、可交易性（流动性）、产权清晰与价值可计量等五个条件。

区域农业农村资源的资本化对象主要是：①土地资源类产权权利，包括农用地、未利用土地、建设用地的使用权、经营权的出租、股权投资等；②经营性资产，包括厂房、机械设备；③生态与空间（地理区位）资源，实现生态环境资源与空间资源的经济化，如森林或林地资源，一定区域的空间开发利用权（发展旅游业、物流业等）；④其他资源或资产，如地理标志农产品标志（商标）使用权，地方独特品种开发使用权，地方文化资源开发使用等。

发展典型：天津农村产权交易所

2008 年 10 月 13 日，中国首家综合性农村产权交易所在成都成立。2011 年国有全资企业天津农村产权交易所成立，注册资金为 2000 万元，是经天津市政府批准设立和唯一指定的集体资产资源流转交易服务平台，主要交易服务包括：农户承包土地经营权；农村集体资源性资产；农村经营性资产；集体林木资产处置；农业生产设施设备；集体建设用地；农村小微工程；农村建设项目招标等。伴随着农产集体产权制度改革的深化发展，交易所的功能不断拓展，近3年的业务量大幅增长。2021年，完成各类交易2694笔，成交额50亿元，在全国主要省市农村产权流转交易市场中名列第二，累计带动农民增收9.16亿元。2022年1—5月完成各类交易2313笔，交易金额26.37亿元，累计完成交易成交金额8702笔，交易总金额178.53亿元，市场整体竞价率39.83%，溢价率12.48%，为村集体和农户累计增收9.35亿元，惠及农户23.02万户。

资料来源：天津市农业农村委员会。

三、区域农业发展的财政资金

财政不断增加农业投入是世界普遍现象，争取更多的农业财政资金并不断提高利用率是区域农业发展的重要问题。农业财政资金也称为农业财政投入、财政支农支出，是政府通过财政杠杆实施的，以支持农村发展、农业生产和保护农民利益为目的的各种直接和间接的资金投放，是国家财政预算中用于农业的各项支出，是农业发展重要的资金来源。一个国家或地区财政支农的状况取决于政党的"三农"理念、财政实力以及社会对农业的需求、财政管理体制等很多因素。

1. 中国农业财政资金概述

（1）农业财政资金的基本类型。根据农业财政不同性质划分为两类。①财政对农业的投入性支出。是政府作为投资主体，为提供农业公共产品和服务而对农业领域的公共性投入。通常是通过政府的购买性支出来实现，支持项目是针对一般意义上的农业而不是针对生产者和加工者的直接支付，不能直接形成受益主体的收入。一般适用于提供纯农业公共产品和服务或农业准公共产品和服务。支持的具体目标包括：农业公共性投资项目建设；发挥财政资金的示范效应和乘数效应。具体支出项目包括：农业基本建设支出、支援农村生产支出、农林水利气象等部门事业费、农业综合开发支出、农业科技三项费用支出以及扶贫资金中用于农业的支出等。②财政对农业的补贴性支出。是政府对农业领域中某种产品的生产、流通、贸易活动或某些居民所给予的辅助性财政资金支持行为。通常能直接形成受益主体的收入。主要目的是调节利益关系，发挥政府对特定群体、特定区域、特定环节的支持和补偿作用，实现政府的特定目标。其来源于财政转移支付。适用范围是有一定经营性、市场主体可以承担，但需要政府扶持。

按照农业财政资金的政策目标（主要功能）分为三种。①农业公共性财政资金。是国家财政对纯公共设施、公共服务等公共产品生产、管理和维护方面的投入，由中央和地方政府财政全额无偿支付，主要包括农业公共设施、公共事业服务费支付，在一定正常期相对稳定。②农业调控性财政资金。用于缓冲市场冲击等调控方面的财政支出，利用财政资金的乘数效应影响和干预私人部门的行为。其投入的总量和时机，要根据农业发展目标和市场扰动态势相机抉择，一般采用财政补贴、稳定基金的方式。③农业保护性财政资金。用于对农业产业实行支持和保护的财政支出，在WTO框架中，体现在"三箱政策"运用上。

从中央层面，按照财政涉农资金整合要求，采取"大专项+任务清单"管理模式，涉农财政资金"大专项"包括两大类。①涉农专项转移支付资金。以农业生产发展、农业资源及生态保护、动物防疫、农业综合开发、土地整治、林业生态保护恢复、林业改革发展、水利发展、农业生产救灾及特大防汛抗旱等大专项为主体。②涉农基建投资。以重大水利工程、水生态及中小河流治理等其他水利工程、农村饮水安全巩固提升、重大水利项目勘察设计等前期工作、农业生产发展、农业可持续发展、现代农业支撑体系、森林资源培育、重点区域生态保护与修复、生态保护支撑体系、农村民生工程等大专项为主体，是中央预算内投资农业建设项目资金。

另外，从财政统计口径看，农业财政资金包括支援农林生产支出、农林水气等部门的事业费、农业综合开发支出、农业基本建设支出、农业科技三项费用、农村救济费及其他农业财政支出。

（2）中国财政支农的现实特点。财政支农资金不单是支援农业，而且包含农村生产、农林水利等，常用"农林水事务支出"代表，完全的农业支出只是其中一部分。①财政支农的力度不断提升。财政支农支出（用农林水事务支出代表）从1978年的150.66亿元逐步增长到2020年的245679.03亿元，增长了158倍之多，且总体呈稳定增长态势。农林水事务支出作为民生支出，列入一般预算支出范围，近年来其占一般预算支出比例基本维持在10%左右。②多种因素导致财政支农资金的地区配置差异较大。自1994年实行分税制改革，将中央和省级政府的税收权利重新划分，中央财政占比大幅提高，地方相对下降（各占50%）。但省级财政与其所属基层的税收关系并未理顺，县级财政税源及收入占比较小，其财政实力主要取决于本级经济发展以及获得上级的转移支付、项目资金等。因为各个地区（省市县）经济发展的差异不断拉大，财政实力相差较大，政府着力于发展能带来更多地方税收的二三产业，农业投资意愿普遍不强，只是在《农业法》以及相关政策的约束下，能基本达到要求，地区差异较大。③中央财政投入是主体，省市为辅，县级、乡镇相对较少。地方财政投资"三农"的意愿普遍不强烈，主要依靠中央及省市财政的投入，争取上级财政资金支持成为不少基层政府发展农业的重要资金来源。而且，这些项目资金也常被违规变相挪用为政府人员事业经费等。④聚集全国力量脱贫攻坚以及巩固脱贫攻坚成果。习近平总书记2021年2月25日在全国脱贫攻坚总结表彰大会上指出：8年来，中央、省、市县财政专项扶贫资金累计投入近1.6万亿元（中央投入6601亿元）；土地增减挂钩指标跨省域调剂和省域内流转资金4400多亿元，扶贫小额信贷累计发放7100多亿元，扶贫再贷款累计发放6688亿元，金融精准扶贫贷款发放9.2万亿元，东部9省市共向扶贫协作地区投入财政援助和社会帮扶资金1005亿多元，东部地区企业赴扶贫协作地区累计投资1万多亿元。在"十四五"期间，巩固脱贫攻坚成果，对口帮扶工作仍将按照计划有序推进。

表8-1　中国政府财政总支出与财政支农支出及其增速：1978—2020年（单位：亿元，%）

指标	一般公共预算支出	一般公共预算支出增速	农林水支出	农林水支出增速	农林水支出占比
1978	1122.09	—	150.66	—	13
1980	1228.83	-4.13	149.95	-14	12
1990	3083.59	9.2	307.84	16	10
2000	15886.5	20.46	1231.54	13	8

指标	一般公共预算支出	一般公共预算支出增速	农林水支出	农林水支出增速	农林水支出占比
2010	89874.16	17.8	8129.58	21	9
2012	125952.97	15.3	11973.88	20	10
2014	151785.56	8.3	14173.83	6	9
2016	187755.21	6.3	18587.36	7	10
2018	220904.13	8.7	21085.59	10	10
2020	245679.03	2.9	23948.46	5	10

2. 农业财政资金存在问题及改革取向

因为财政资金固有特性以及管理体制、监管体系等，其使用效率不高广受诟病，不同时期的主要问题不同，一直在尝试改革。

（1）农业财政资金存在问题的可能表现及其原因。因为体制机制以及社会文化等因素，农业财政项目总是或多或少地存在各种问题，有的方面还很严重，如财政农业资金总量仍然较少，与发达国家有较大差距；财政资金投入结构不尽合理，资金使用"缺位"和"越位"现象严重；农业财政资金分配不公平、使用效率较低等。

用好农业财政资金涉及多类项目、多级政府、多元主体以及多样复杂关系，国家层面的政策决策问题会随着形势变化、研究认识深化以及宏观政策调整、体制机制改革而不断完善。从具体项目的角度看，农业财政资金问题可能主要来自以下五方面：①项目的立项决策方面，在项目选择方面是否具有很强的问题导向和需求导向，是否针对很强；项目的规模是否过大过小；项目的目标定位是否准确，是否具有实施的条件，项目的优先序是否合理，项目决策程序是否科学等。②项目分配及承担主体的选择方面，项目的相关标准要求等方案是否完善，农业财政项目承担主体选择是否客观、合理、科学，承担项目指标的分配是否公平公正，是否存在主体不合格而套取财政资金的投机行为等。③项目的具体实施方面，财政资金是否按照目标、方案以及财务制度等要求合理使用，项目建设的具体内容、规格标准、实施进度是否符合要求，相关数据信息是否完整、规范等。④监管方面，是否有相应的监管办法并经常检查，是否按照要求严格落实相关政府部门的监管责任等。⑤项目的绩效方面，按照项目设立的目标以及具体实施方案的要求，项目实施后的经济效益目标、技术目标、社会效益以及生态效益如何，与预期目标相比是否存在较大差距等。

农业财政资金方面问题既有客观因素，也有主观原因。客观方面，比如农业项目的执行主体多而散，涉及多级政府、复杂主体，监管环节多、难度大，多级、多部门委托代理管理制存在严重的信息不对称、行政管理成本高、管理错位与空位等问题；农业项目实施过程、绩效的影响因素多、不确定性大等。主观方面，国家及地方层面对涉农资金的使用管理一直都有具体规定，但往往得不到有效执行，主观因素是最主要的，涉及决策者、监管者、实施者的理念、敬业精神，及其自身的专业素质和能力，主要领导或主管领导的重视程度，地方发展的文化等。现实中一些地方项目做得非常好，而有的地方则问题普遍且长期存在。

（2）农业财政资金改革取向——涉农资金整合。从 2005 年开始一直到目前，涉农财政资金整合成为提升绩效的核心举措，《国务院关于探索建立涉农资金统筹整合长效机制的意见》（国发〔2017〕54 号）对此提出了系统的指导意见，要求到 2020 年，构建形成农业发展领域权责匹配、相互协调、上下联动、步调一致的涉农资金统筹整合长效机制，并根据农业领域中央与地方财政事权和支出责任划分改革以及转移支付制度改革，适时调整完善，目前各项制度已经在全国实施。《意见》提出了三项重点任务：①推进行业内涉农资金整合：归并设置涉农资金专项、合理设定任务清单、同步下达资金与任务清单、建立与整合相适应的绩效评价制度；②推进行业间涉农资金统筹：充分发挥规划的引领作用，加强性质相同、用途相近的涉农资金统筹使用，促进功能互补、用途衔接的涉农资金集中投入等；③改革完善涉农资金管理体制机制：加强管理制度体系建设、进一步下放审批权限、充实涉农资金项目库、加强涉农资金监管、加大信息公开公示力度、鼓励探索创新等。

3. 推进区域农业财政资金高效配置使用的基本着力点

中国农业财政资金的决策、使用监管等体制与制度方面不同于其他国家，正处于深化改革期，强化涉农财政资金整合，有很多新规定、新要求，也决定了区域农业财政资金问题有其特殊性（尤其是县级），做好相关工作的重点与思路不同于国家层面（甚至省市级）。

（1）以高质量、高效率的农业财政资金绩效成果争取更多的财政资金支持。中央和省级农业财政资金的数量保持稳定增长既是农业法的要求，也是乡村振兴和农业农村现代化的要求。区域农业发展要在国家战略及政策下，通过为实现国家战略贡献，实现区域农业发展目标。相关规定明确提出："对涉农资金统筹整合成效突出的地方在资金安排上予以适当倾斜。""逐步建立以绩效评价结果为导向的涉农资金大专项和任务清单设置机制及资金分配机制。"因为财政资金毕竟是有限的，地方财政能够投入农业的资金更是有限，以高质量的绩效完成财政目标既是对中央和中国"三农"发展负责，更是赢得更多财政资金的基础信誉。

（2）发挥好"县级政府"统筹财政资金的主体作用。财政涉农资金整合规定提出："充分发挥地方特别是县级涉农资金统筹整合的主体作用。""进一步下放审批权限"，"推动县级建立统一的涉农资金信息公开网络平台"等。县域已经成为关键和重点，县级政府承担最直接、最重要的项目筹划、申报、实施监管等主要职责。做好县域涉农财政资金统筹使用，需要从编制务实、科学、可行、前瞻性的区域发展规划开始，科学谋划、论证与筛选项目，抓好实施及监管、绩效考评等系统工作，各部门的统筹协作是关键。越是高效的县级政府行政体系，越能够得到更多的财政涉农资金项目支持。

（3）根据县级财政收支状况，明确区域农业发展目标和问题解决的优先序，量力而行、尽力而为。大量的研究表明，县级政府承担了 60% 左右的农林水事务、医疗卫生、教育等支出，以及 40% 左右的一般公共服务、住房保障、社会保障和就业等支出，财政支出需求大，承担的支出责任不断扩大。据匡萍的研究①，绝大多数县级财政处于入不敷出状态，2844 个县级行政区划，只有 47 个县的财政收入是大于财政支出的，财政收入和财政支出之间存在较大的缺口。县级财政自身能够用于农业的资金非常有限，战略规划、项目筹划要科学理性、系统地进行专业论证，不能赶时髦，盲目追求高大上，更不能为了某个所谓的重点项目而牺牲很多的持续性投入领域。比如，系统性的支持要求强、投资巨大的真正的数智农业大项目，对不同的市、县需要慎重、稳妥选择，这些领域需要持续的大量资金投入、人才支撑等配套，

---

① 匡萍. 中国县级财政压力问题研究[D]. 中国财政科学研究所，2021 年 1 月.

只有社会资本作为主体,基层政府依据现有条件并创造优良投资环境下才可能发挥系统功能。

（4）建设一支专业化高水平的区域涉农财政项目人才队伍。项目筹划、规划制定、论证、实施与监管、绩效考评等都是专业性较强的工作,需要一支综合性的高水平专业人才队伍,不能完全委托、依赖咨询服务机构。首先是政府相关职能部门人员的专业业务素质、能力要高,县域的基础现状信息、需求与潜力、产业发展等有系统充分的掌握;其次,是地方相关领域的高水平研究专家队伍、实践经验丰富的技术和管理运作人才队伍等,共同对涉农财政项目进行谋划论证。区域农业发展战略、规划研究以及大项目谋划更是重要基础性工作,需要自下而上、上下结合的顶层设计以及长期的研究与经验积累。例如,农业农村部《进一步做好 2023 年和今后一个时期中央预算内投资农业建设项目前期工作的通知》提出:对于直接投资类项目,前期工作包括可行性研究报告、初步设计的编制、评审及审批;对于投资补助类项目,前期工作包括编制和核准项目实施方案,以及项目实施所必须办理的规划、用地、环评等前置手续;对于整县推进类项目,还需要在编制子项目实施方案基础上,编制项目整体实施方案。

（5）发挥好财政资金撬动作用与乘数效应。区域农业发展必须充分发挥财政资金"四两拨千斤"的引导作用、乘数效应,在完成上级财政资金项目要求的公共财政目标任务的同时,按照整合统筹的要求,着力解决好新型主体、社会资本投资、新农人发展农业的堵点、瓶颈问题,创造优良的营商环境。

四、区域农业发展的信贷（金融）资金

农业信贷资金是农民以及其他农业生产经营者从金融机构获得的发展农业资金,需要还本付息。狭义的农业金融与农业信贷同义,指金融组织在农村吸收存款、发放贷款的信用活动。金融具有资金动员、资金配置和风险转移等功能。农业信贷是农业金融的基础与核心,农业金融还涉及农业保险等。农村金融是在农村范围进行的资金融通,农业金融是农村金融的组成部分,在剖析农业金融发展时常常以农村金融作为整体分析。

1. 思考中国区域农业金融问题的几个基本点

农业金融问题属于行业信贷,中国的社会主义市场经济体系建设在不断完善,市场机制发挥决定性基础作用,但农业有其特殊性,中国的宏观调控体制机制有特殊性,尤其是面对阶段性经济问题时,财政政策与金融政策具有相机决策的特点,对于地方农业信贷政策都会产生一定的影响。

思考区域农业金融问题必须要认识到以下几点:①金融市场化是基础。因为金融的重要作用以及金融市场风险巨大,金融安全要求是第一位的,实行严格监管是必然的理性要求,金融市场不能自由化、完全市场化。正规的农业信贷是供需双方达成合约的过程,是一种特殊的市场均衡。②中国对金融市场的监管有自身独特的体系和机制。不同时期的涉农贷款政策服从于国家整体的金融财政政策、宏观经济调控政策、金融市场状况以及农业发展要求,县域涉农金融的扶持优惠政策会越来越多。例如随着流动性过剩,农业项目在政策保护的加持下可能会越来越受青睐。③区域农业的信贷融资状况,是与非农产业及其他领域融资竞争稀缺资源的过程。在区域融资额度有限的情况下,基于市场竞争以及信贷的安全性、增值性、流动性等基本要求,农业融资竞争力相对不足,需要政府的协调与特殊扶持。④发展中国家资金稀缺是一个长期普遍的现象,"三农"贷款是世界性难题,全面满足各类经济主体全部信

贷需求不现实。尤其是在采取紧缩性宏观货币政策时，中小企业贷款难、农业农村贷款难的矛盾更加突出。工商业、城市、发达地区及大型企业的投资收益一般要分别高于农业、农村、欠发达地区及中小型企业，金融资源更多流向盈利高的地区、行业和企业。如果没有强有力的政策扶持引导，"三农"融资难将长期普遍存在。

在解决发展中国家小农户贷款方面，小额信贷与孟加拉乡村银行模式非常典型。世界银行估计发展中国家有 7000 多家小额信贷机构，为 1600 万贫困人口提供信贷服务，全球小额信贷周转金估计达 25 亿美元。1974 年，穆罕默德·尤努斯在孟加拉国创立小额贷款，1983 年正式成立孟加拉乡村银行——格莱珉银行。孟加拉乡村银行模式是一种利用社会压力和连带责任而建立起来的组织形式，是当今世界规模最大、效益最好、运作最成功的小额贷款金融机构，在国际上被大多数发展中国家模仿或借鉴。其主要特点为：瞄准最贫困的农户，以贫困家庭中的妇女作为主要目标客户；提供小额短期贷款，按周期还款，整贷零还；无须抵押和担保人，以五人小组联保代替担保，相互监督，形成内部约束机制；按照一定比例的贷款额收取小组基金和强制储蓄作为风险基金；执行小组会议和中心会议制度，检查项目落实和资金使用情况，办理放、还、存款手续，同时还交流致富信息，传播科技知识，提高贷款人的经营和发展能力。格莱珉银行如今发展成为在全球范围内拥有 380 万贷款客户，1300 多个营业网点、13000 余名员工、业务覆盖了近 5 万村庄的庞大的金融服务机构，为客户累积提供了超过 100 亿美元的贷款，贷款平均偿还率 97%—98%，成功实现了即使在发达地区也很难实现的高还款率，成为利用小额信贷模式向贫穷宣战的成功典范。

2. 中国农业金融服务供给概述[①]

（1）农村金融服务供给体系简介。总体看，经过 40 多年的金融体系市场化改革发展，多层次、广覆盖的中国农村金融组织体系持续完善。中国的金融体系是国有商业银行占据主体地位，农村基层则主要是农村信用合作社（农村合作银行、商业银行）、邮政储蓄银行等覆盖绝大部分乡镇，是农村基层主要的正规金融机构，从事吸收存款、信用贷款（尤其是小额信用贷款）、担保贷款等，成为农民贷款的主要机构。目前中国的农村金融供给组织体系见表 8-2。截至 2020 年末，全国乡镇银行业金融机构覆盖率为 97.13%，行政村基础金融服务覆盖率为 99.97%；全国组建农村商业银行 1537 家、村镇银行 1649 家，村镇银行 90%以上贷款投向农户和小微企业；全国融资担保行业共有法人机构 5139 家，融资担保直保余额 32620 亿元，其中农户及农业新型经营主体担保直保余额 4543 亿元；农村资金互助社 41 家。

表 8-2　中国农村主要金融机构体系

正规农村金融机构					民间金融机构
传统银行			新型小微金融机构	非银行金融机构	互联网金融合会
政策性	商业性	合作性	村镇银行 农村资金互助社	小额贷款公司	典当
农发行 国开行	农行、工行 建行、交行 邮储银行 中国银行	农村信用社 农村商业银行 农村合作银行		农业保险公司 小额贷款公司 信托公司 担保公司	基金会等

① 注：本部分主要数据和观点来自于中国人民银行农村金融服务研究小组编著的《中国农村金融服务报告 2020》（中国金融出版社，2021）.

　　中国农业发展银行是直属国务院领导的中国唯一的一家农业政策性银行。主要职责是按照国家的法律法规和方针政策，以国家信用为基础筹集资金，承担农业政策性金融业务，代理财政支农资金的拨付，一般不直接吸收存款，其贷款资金来自政府提供的财政资金、中央银行借款和市场融资，农业贷款一般按照优惠的利率提供，具有政策性、非竞争性和非营利性。另外，国家开发银行具有政策性、开发性，对"三农"和扶贫开发的投资力度大，"十三五"累计发放精准扶贫贷款 1.18 万亿元，贷款余额 8075 亿元。

　　商业金融机构是以资金为载体、以营利为目的，通过提供各种金融产品或服务来获取利润的法人机构，主要包括银行、证券公司、保险机构等。在国家"三农"政策的引导要求下，农行、工行等也陆续加大"三农"信贷服务。尤其是农行总行在 2008 年 8 月设立"三农"金融事业部，全面推动全行"三农"金融事业部制改革，实行单独管理体制，逐步成为服务"三农"的最重要主体。同时，各大银行也都推出了很多便民的信贷产品服务。

　　需要特别说明的是，2006 年银监会为加快培育多元化的农村金融体系，批准建立村镇银行、小额贷款公司、农村资金互助社，提供了更多贷款渠道，满足多样化的需求。截至 2018 年末，经过银监会批准成立的农村资金互助社达 46 家（还有未经批准的据估计上万个）。发展农村（农民）资金互助社，曾被认为是很有前景的农民合作金融互助组织。但从现实看，因为监管不到位、经营理念与行为存在严重问题，江苏、河北、海南等都曾出现一些违规吸收非社员存款与贷款等问题，引发多次"挤兑""跑路"等金融风险事件，有的甚至"涉黑""涉暴"；有的则因为政策局限性等原因发展缓慢，银监会批准的全国第一家农村资金互助社（2004 年 7 月）——吉林榆树县百姓农民资金互助社已于 2021 年 12 月申请关闭清算，其实在 2010 年左右业务就基本停滞。

　　2014 年国家实施"一省三县"新型农村合作金融试点方案（山东省与河北玉田、安徽金寨、湖南阮凌等三县），为农民专业合作社成员发展生产提供信用合作资金，以合作社成员自愿出资入股为主要资金来源，坚持成员制、封闭性、服务对象仅限于合作社成员。试点在拓宽农民融资渠道、调剂社会资金余缺、支持合作社主业、提升社员信用和风险意识等方面取得较好效果。截至 2020 年末，山东省共有 210 家合作社开展信用互助试点，参与社员 1.76 万人，累计投放资金 3.86 亿元；玉田县有 3 家合作社开展信用合作试点，参与社员 2411 人，入股资金 4821 万元，累计投放资金 3.07 亿元；金寨县有 18 家，参与社员 9391 人，入股资金 2.46 亿元，累计投放资金 6.8 亿元等。

　　（2）农业信贷总体变化。随着农业现代化发展，农业经济总量持续增加，农业产业链的延伸，在国家重农政策和很多扶持政策的引导下，农业信贷总量不断增长，涉农融资难、融资贵等问题有效缓解。2007—2020 年，农村贷款余额从 50384 亿元持续增长到 322657 亿元，年均增长 15.4%；占各项贷款的比例最低为 2018 年的 13.6%，最高为 2013 年的 31%，呈现不规律的波动性变化；农林牧渔业贷款余额（农林牧渔业生产及其生产性服务业贷款）从 15055 亿元，持续增长到 42675 亿元，年均增长 8.3%，占各项贷款余额比例从 5.4%持续下降到 2.5%，与农业产值（增加值）占比下降趋势一致；农户贷款余额（生产贷款和消费贷款）从 13399 亿元持续增长到 118145 亿元，年均增长 18.2%，占各项贷款的比例从 4.4%稳步提高到 7.9%（2013 年、2014 年曾达到 9.5%和 9.3%）。

　　（3）提高涉农金融服务水平的改革创新概述。中国涉农金融服务的持续改进与发展，是 21 世纪以来各项改革与扶持政策作用的结果，其创新性的改革很多，仅列举几个方面的简要情况：①货币政策扶持。2019 年开始人民银行几次对农村金融机构实行定向降准，目前农村合作银行、农村信用社、村镇银行执行 6% 的存款准备金率，为历史最低水平，比大型商业银行低 5 个百分点。对中国农业银行涉农贷款投放较多的县级"三农"金融事业部实行比农业银行低 2 个百分点的存款准备金率。②财政政策扶持。2008 年起，中央财政对试点地区符合条件的县域金融机构涉农贷款平均余额增长超过 15% 的部分，按照 2% 给予奖励；2015 年，将奖补资金整合并入普惠金融发展专项资金。③金融服务产品与方式创新。国家整体、地方政府以及金融机构都在不同层面进行涉农金融服务产品创新，如农村土地承包经营权、林权抵押贷款，生态公益林补偿收益权质押贷款，厂房和大型农机具抵押、圈舍和活体畜禽抵押等信贷业务。在 27 个省（自治区、直辖市）开展了 335 个"保险+期货"试点项目。推广不需抵押担保的农户小额信用贷款等贷款产品，如甘肃"马铃薯收购与加工特色农业小额贷款""枸杞种植业农户小额贷款"等多种特色农业农户小额贷款产品；创新"公司＋农户＋银行"信贷模式，农业银行的"E 农管家"电商平台等。④农村农民信用体系建设。征集农户、家庭农场、农民专业合作组织等生产经营主体的信用信息，开展信用户评定或信用评价，持续推进信用村、信用乡镇建设。截至 2020 年末，全国共建设有农户信用系统 270 个，累计为近 1.9 亿农户建立信用档案。⑤发展普惠制金融（包容性金融）。2005 年联合国提出，通过完善金融基础设施，以可负担的成本将金融服务扩展到欠发达地区和社会低收入人群，向他们提供价格合理、方便快捷的金融服务，不断提高金融服务的可获得性，即普惠金融。普惠金融在中国的发展经历小额信贷、传统普惠金融、数字普惠金融三个阶段，各阶段的代表机构、资金来源、服务对象、金融产品、服务宗旨也都有所不同。国家先后出台了一系列支持"三农"和小微企业发展的财税金融政策。2016 年初，国务院印发《推进普惠金融发展规划（2016—2020 年）》，作为首个发展普惠金融的国家级战略规划，确立了推进普惠金融发展的指导思想、基本原则和发展目标，从普惠金融服务机构、产品、基础设施建设、法律法规和教育宣传等方面提出了一系列政策措施和保障手段。⑥拓宽涉农直接融资渠道。支持符合条件的农业企业通过首发上市和再融资募集资金，截至 2020 年末，新三板挂牌的涉农企业 369 家；涉农企业累计发行债务融资工具 1.58 万亿元，"三农"专项金融债券 444 亿元。2020 年，农林牧渔业企业发行企业债、公司债 22 只，发行金额 203.15 亿元。⑦政府建立农业融资担保体系。2015 年全国农业信贷担保体系建设工作启动，财政部等相关部门相继下发《关于财政支持建立农业信贷担保体系的指导意见》，国家农业信贷担保联盟有限责任公司于 2016 年 5 月注册成立，建成上下联动、紧密可控、运行高效的"国家—省—市（县）"三级服务体系。2017—2020 年全国农担体业务规模年均增长 91%，平均代偿率连续 4 年低于 2%，远低于融资担保行业平均水平。截至 2020 年末，全国农担在保余额 2117.98 亿元，放大倍数 3.4 倍；全国农担平均单笔金额 28.28 万元，累计担保 133.9 万个，在保 74.9 万个。全国农担体系实行优惠担保费率（平均仅为 1% 左右，远低于担保行业 2%—3% 的平均水平），将新型农业经营主体综合融资成本基本控制在 8% 以下，部分省级农担公司结合本省的贴息政策，农户实际承担的综合融资成本更低，浙江的"浙里担"只有 6.4%。

专栏：新型农业经营主体信贷直通车

2021 年农业农村部组织开展了新型农业经营主体信贷直通车（信贷直通车）活动，打造"主体直报需求、农担公司提供担保、银行信贷支持"直通车服务模式。《农业农村部关于推进农业经营主体信贷直通车常态化服务的通知》（2022）提出：①完善"主体扫二维码申请、直通车平台自动核验、农担公司审查核保、银行机构审核授信、反馈信贷服务信息"的流程。②建立农业经营主体信贷需求名单制，梳理各类示范主体名录，纳入信贷直通车平台服务范围。有条件的地方可主动提前开展农业经营主体信贷需求摸底调查，分析需求特点，有针对性地组织对接信贷服务产品。③重点支持10万—300万元额度的适度规模经营贷款需求，对种业企业等农业科创企业支持的贷款规模可适度提高至单笔不超过1000万元的水平。

　　资料来源：作者根据有关资料整理。

3. 区域农业金融服务供需特点

　　区域农业金融发展是供需动态均衡的发展过程，既有金融产品服务的特性，也有中国金融供给体制及其文化、政策的特殊性，受多种复杂因素影响。

　　（1）农业金融的基本特点：贷款难。金融的有效供给是金融机构对于能够满足贷款条件的需求者提供的资金规模。金融机构提供的金融服务和金融产品不同于一般产品，其资金来源于股东资本金、客户的存款和积累，使用股东资本金、存款户的存款有成本，只有盈利才能不断生存。金融机构提供产品和服务首先要考虑资金的安全性，其次是流动性和盈利性，在此基础上设计出服务和产品的种类、价格（利率）及其他条件供需求者选择。金融市场供给带有一定的垄断性（不是充分竞争的开放性市场），金融服务产品的种类及其价格取决于货币管理当局政策、政府、法律的规定以及金融机构的价值取向、产品创新、经营能力等多种因素，需求者只能是被动接受，服务对象也取决于供给者的选择，需要综合考虑需求者的经营能力、还款能力、商业信用等多种因素。

　　因为农户居住分散、贷款规模小、有效抵押物缺乏以及农业生产周期长、风险大、收益不稳定、信息不对称等导致金融服务"三农"的成本较高、风险较大，越是经济发展水平较低的地区，农村基础金融服务越薄弱，金融资源不足，经营成本高、风险大的问题越突出，形成一种低水平循环。出于安全性、成本及盈利性考虑，不少金融机构采取责任包干及追究制，审慎放贷，贷款更倾向于大企业、盈利高的行业、优质客户以及一次性融资额较大的客户（高端客户），市场机制下的"嫌贫爱富""离农化"与中小企业、农户及合作社贷款难仍较普遍。

　　（2）区域农业金融供需特点。近10多年来，涉农金融服务市场发生了很大变化，表现出中国特色的农业金融供需特点。①政府作用突出。中国的正规金融机构实行的是总行（总部）统筹领导下的地方分支机构负责与业绩考核制度，金融机构的服务对象与地方政府重点工作要求结合紧密。虽然正规金融机构实行企业化经营，强调政企分开，但不少金融机构（如农村合作金融）的主要管理者由组织部门任命、管理，地方政府部门的发展规划、重点工程等成为金融部门支持的重点，包括政府担保平台融资等。地方政府对于解决"三农"发展的融资需求，也是金融机构应尽的社会责任。执行并完成好中央以及省级政府的战略决策也是地方农业金融的职责。地方政府的改革创新对实体产业、金融服务业发展都会产生直接重大影响。②区域产业结构及其活力对融资需求存在差异，金融服务创新多样化。金融服务需求与金融机构的供给相互影响、相互推动。在农业产业较发达，特色产业规模化、产业化程度高的地区，农业信贷非常活跃；但在非农产业发达的地区可能会不同，金融服务更多地投向非农产业。整体看，经济发达地区、农业产业发达地区，金融服务与产业发展能够形成良好的互动合作关系，实现协调相向发展。区域产业发展需求推动的区域农业金融改革状况决定区域农业金融创新活力。③农业政策性保险发展助推农业信贷发展的作用突出。正是政策性农业保险的发展，降低了农业产业的风险和农业信贷风险，并推出了"信贷+保险"等服务产品。④区域金融基础建设支撑农业金融持续供给。农业信用体系建设、金融服务网点的广覆盖、农村货币支付手段的现代化以及现代信息化基础设施、手段等不断发展，是农业金融发展的支撑条件。⑤农业新型经营主体逐步成为农业金融服务的主要需求者。信贷有成本，很多农户正常情况下如果能够用自己的资金或者亲友拆借满足需要，一般不会到金融机构贷款。一般农户农业生产上的长期贷款较少，短期的应急需求存在，比如亟须购买生产资料等。随着农户分化以及收入提高，信贷对一般小农户的生产作用下降，有效生产贷款难的问题不多，而主要是对农业发展影响较大的专业农户、家庭农场、合作社、企业以及农业产业链延伸、产业融合发展的信贷需求，有其自身特点。贷款数额较大，风险也更大，需要不断创新服务产品和方式。⑥助力国家精准扶贫、脱贫攻坚战。脱贫攻坚战开始后，累计发放扶贫再贷款 6688 亿元，金融精准扶贫贷款 9.2 万亿元。截至 2020 年末，贫困人口贷款余额 7881 亿元，产业精准扶贫贷款余额 1.77 万亿元。2016—2020 年，累计发放贫困人口贷款近 3 万亿元和产业精准扶贫贷款 4 万亿元，支持贫困人口 9000 多万人次。

4. 区域农业金融服务创新发展趋势

未来随着乡村振兴以及流动性过剩，金融业的竞争加剧，需要不断创新服务项目，可能的趋势表现在：一是现代互联网、大数据、云计算等信息技术在金融业加快应用，将颠覆很多传统的做法，解决信用、信息不对称、成本高等问题的前景广阔；二是竞争加剧推动现代农业的资本密集度和产业规模化水平明显上升，已不再仅仅是"小额、短期、分散"的周转式需求，同样需要"长期、大额、集中"的综合化金融服务，需要地方政府、社会资本与金融机构联合改革创新，推出更多的新产品、新模式，如产业链融资等；三是社会资本综合服务带动解决资金需求难题不断拓展，例如农业产业化经营模式与平台服务模式（中石化的MAP 模式）等，公司为农户解决购置饲料、肥料等所需的资金问题，这些公司不是金融机构，但在技术与生产、营销服务的同时，承担了相关融资职能，解决了生产者流动资金的需求；四是现代农业对金融服务的需求，从单一的融资需求，转向农产品定价、风险管理、资本化经营等多种需求并存，针对农产品市场风险管理的金融服务明显不足，农村金融综合化服务水平提高有较大空间。

针对农村金融难题，中国各地不断进行大量的探索实践，例如浙江的"浙里担"。据有关资料，2016 年 9 月，浙江农担公司组建成立，注册资金 9 亿元，内设综合、业务、风控、财务 4 个部门，专职人员 17 个，着力于三个协同创新，即："银担协同"激发金融支农积极性，"政担协同"弥补市场短板，"担担协同"解决为农服务"最后一公里"（选择一批县市地方农担公司联合担保）。同时，坚持农户信用体系建设，截至 2020 年末，全省已有用信农户299 万户，占授信户 33%，总信用额度 5896 亿元，将农户小额普惠贷款利率从 7.7%降至 6%，低收入农户贷款执行当月贷款基础利率。2021 年浙江省农业融资担保有限公司开发上线"浙里担"应用，对接省有关厅局 60 余个数据接口、200 多张共享数据表，以及人行征信、百行征信和银行合作业务金融数据，建成了全省首个新型农业主体数据库。建立了一套信用评价模型，由过去的银行、担保分头审批变为全程线上一体操作，减少操作流程和审查环节，大幅缩短审批办理周期，提升办理效率。各类农业主体信息接入平台后，省农担公司利用大数据技术，采用机器学习等方法，从基本信息、经营能力、偿债能力、履约能力、发展前景 5 个维度 34 项信用评价指标对农业主体进行画像，用数字化手段为各类农业主体解决融资需求。并且开发建设小额担保贷款、生猪贷款等多个模型，补上农民信用数据缺失的短板。农业贷款点多面广金额小，原先农户要在银行、担保公司两头跑，整体贷款下来要跑 8 个环节、4 次、15 天左右。在"浙里担"申请融资，仅凭信用就能获取融资额度，流程精简，主体只要跑一次，发起申请 1 小时之内就审批完成。只要经营良好、额度适宜，无需抵押，无需找人担保，无需见面签字，甚至无需直接提供各种证件，凭线上出具的电子保函就可以放款，融资不仅便捷，而且综合成本远低于市场标准。

第二节　区域农业发展的劳动力与人力资本

一、农业劳动力与劳动生产率

"三年学个手艺人，十年学不成个庄稼汉"，农业发展最终靠人，现代农业发展已不是主要依靠传统意义上的农民，而是高素质的人力资本。

1. 人力资源与农业劳动力

（1）人力资源与农村人力资源。人力资源是指某种范围内（国家或地区）的人口总体所具有的劳动能力的总和，是存在于人的自然生命机体中的一种经济资源。简单说，凡是具有劳动能力和劳动意愿的人口都是人力资源，其不一定要有年龄限制。其中，处于劳动年龄范围的具体规定各国不完全相同，世界银行认为是 15 岁至 64 岁，而中国规定一般男 60 周岁退休，很多国家都延长了退休年龄。在实际中，退休后很多人仍参加劳动；未达到劳动年龄的也可以从事力所能及的劳动。人力资源包括数量和质量两方面。

微观组织中的人力资源是指一定时期内组织中的人所拥有的能够被企业所用，且对价值创造起到贡献作用的知识、能力、技能、经验、体力的总称。农村人力资源，是在农村范围内或者某个农村区域具有劳动能力的人口总体，是一个区域性的概念。

（2）农业劳动力。劳动力是指在劳动年龄范围内（15—64 岁）有劳动能力的人口，包括已参加劳动或可能参加劳动的人。即使在劳动年龄范围内，因为上学、参军等原因部分人不能成为事实上劳动力。根据中国相关法律法规，法定劳动年龄是年满 16 周岁至退休年龄。劳动力是人力资源中的一部分。《劳动法》规定，禁止用人单位招用未满 16 周岁的未成年人；文艺、体育和特种工艺单位招用未满 16 周岁的未成年人，必须依照国家有关规定，履行审批手续，并保障其接受义务教育的权利。

农业劳动力是指能够从事农业生产活动的具有劳动能力的人口。在实际中，从事农业的劳动力按照具体参加农业劳动的程度，分为专业劳动力（职业农业劳动力）与兼业劳动力；按照劳动能力大小，常分为全劳动力和半劳动力，半劳动力主要包括参加农业劳动的少儿、老年人等。考虑到农业的特殊性，农业农村部对农业劳动力具体界定标准为：男整劳力为 18—50 周岁，女整劳力为 18—45 周岁；男半劳力为 16—17 周岁和 51—60 周岁以上男性劳动力，女半劳力为 16—17 周岁和 46—55 周岁以上女性劳动力。其他年龄段经常性参加劳动的被称为辅助劳动力。

在实践中，由于中国户籍制度及其变化、农村三次产业的发展、农业的内涵外延变化等因素，兼业农民成为普遍现象，农业劳动力与农村劳动力之间的具体界限很难划分，缺乏准确的实际统计资料。一般而言，农村劳动力中只有一部分从事的是农业产业活动。国际上普遍采用更科学规范的农业从业人员、农业就业人员等代替传统的农业劳动力词汇。

（3）农业劳动力比例下降规律。农业就业数量及其在社会整体劳动力就业中、三次产业中的比例下降，降低到某个低点后基本保持稳定，这与农业在国民经济中的比例下降规律一致（表 8-3）。

8-3　不同国家和地区的农业就业人员占比变化　　　（单位：%）

年份	1991	1995	2000	2005	2010	2015	2019
中国	59.7	52.2	50.0	44.8	36.7	28.6	25.3
美国	1.9	1.8	1.6	1.4	1.4	1.4	1.4
欧盟	10.7	10.3	9.0	6.9	5.8	5.1	4.4
日本	6.7	5.7	5.1	4.5	4.1	3.6	3.4
韩国	14.6	11.8	10.6	8.0	6.6	5.2	5.1
巴西	19.6	18.1	16.5	16.6	12.7	10.2	9.1
印度	63.3	61.8	59.7	56.0	51.5	45.3	42.6
世界均值		40.4	39.9	36.9	33.0	28.8	26.8

数据来源：世界银行，世界发展指标［EB/OL］，https://data.worldbank.org.cn.

1978 年，中国农业就业人员占全社会就业人员的比重高达 70.5%；2020 年，农业就业人数减少至 17715 万人，占全社会就业人员中的比重下降至 23.6%。一般认为，西方主要发达国家这一比例普遍低于 10%。中国不同地区农业就业人员占比存在较大差异。例如，2020 年末，北京一产就业 28 万人，占比 2.4%；河北一产就业 815 万人，占比 22% 等。

2. 农业劳动力的质量与人力资本

（1）劳动力的二重属性。劳动力及其相关人口具有二重属性。如果劳动力能够与其他生产要素有效结合，就成为生产力，也是消费力；但如果不能够与生产要素有效结合，存在大量的富余劳动力以及大量的失业、不充分就业状况，劳动力主要作为消费力，也需要社会提供大量的公共产品与公共服务，也可能会影响社会稳定。因此，人口与就业、失业问题，社会保障问题，人工成本问题成为很多国家的重点政策问题。

（2）劳动力质量。劳动力质量就是劳动者体力和智力的总和。实际中经常用劳动力平均受教育年限、务农劳动中高中以上毕业人数所占比例等一些指标反映劳动力质量的状况。在有些情况下，结合政府相关部门对劳动力培训的要求，也常用"获得新型职业农民证书"的数量或者比例反映。对于劳动的结果，常用劳动生产率反映，在某种程度上也可用于反映劳动力的质量。

（3）人力资本。人力资本是指人所拥有的知识和有效运用这些知识的能力。人力资本的概念提出比较早，但在现代经济学发展中，因为计量物质资本、劳动等贡献比较容易，人力资本的贡献难以清晰界定，对人力资本的投资长期以来都被认为是个人消费支出，其在经济增长中的贡献长期受到忽视。现在普遍认为：人力资本构成了国民财富的最终基础，物质资本和自然资本是消极的生产要素。人力资本概念普及后就逐步取代了劳动力质量这一用词。

人力资本主要包括 2 类要素：①一个人的寿命、力量强度、耐久力和精力。这种人体物质条件受到卫生条件、医疗保健水平和营养状况的影响，也受到饮食习惯、结构以及个体素质差异、健康运动等影响，如现代人的肥胖症等各种疾病，寿命长了，但体质未必更强了。②个人的生产能力和技能。主要通过"干中学"积累工作经验、教育和培训等获得，尤其是职业教育及成人培训。

人力资源和人力资本的载体都是人。作为人力资源首先是天然资源，人与生俱来就具备一定的体能和脑力。人力资源通过后天的教育、培训之后，并且进入到生产关系中才转变为人力资本，实现其自身的价值增值。人力资本是通过对人力资源的投资而形成的存在于人体中，并表现为各种生产能力、能在投入生产过程中带来大量收益的一种资本形态，是一种主动性资本。物质资本是被动性资本，物质资本没有人力资本的推动是运转不起来的，也就无法实现资本的价值增值。

（4）农业人才。人才字面意思就是人的才能，是在某一方面有才能或本事的人。现在常泛指具有一定的专业知识或专门技能，进行创造性劳动并对社会做出贡献的人，是人力资源、人力资本中能力和素质较高的劳动者。

人才的内涵和范围很宽泛，既有国家有关部门认定和统计的人才，也有大量的民间认可的人才，如乡土人才、土专家等。广义的乡土人才是扎根和活跃在民间传统技艺、现代实用技术等领域，掌握特殊技艺的能工巧匠、善于创新的经营能人、拥有一技之长的生产能手。在农业领域，经常将农业人才简单认为是农业科技人才，既包括有职称的技术人员，也包括具有相关技术能力和水平，从事相关专业技术工作的各类市场主体的技术人员。现代农业发展需要的人才种类多样，也只有多种人才的有效协作，才能持续推进产业创新，包括组织管理人才、营销物流人才、电商人才等。这些人才的作用越来越大，甚至成为稀缺资源。

（5）新型职业农民与"新农人"。新型职业农民有不同的界定。有的认为是将农业作为产业经营，并充分利用市场机制和规则来获取报酬，以期实现利润最大化的理性经济人；有的认为，是以农业为职业、具有相应的专业技能、收入主要来自农业生产经营并达到相当水平的现代农业从业者；有的认为，新型职业农民的核心特征是具有较高的文化素质、掌握现代农业技能，可分为生产经营型、专业技能型和社会服务型三种类型等等。具体人员包括：农业经营管理者（农民的"白领"），农业职业经理人，合作社理事长、龙头企业主；种养能手（农民"蓝领"）或农业"土专家"，如种养大户、家庭农场主，农业产业技术工人，田间管家；社会化服务人员，如运销大户，农村"淘宝店店主"，农民经纪人，农机手，防疫员等。新型职业农民不仅有助于解决"谁来种地"的现实难题，更有助于解决"怎样种地"的深层问题。

"新农人"就是有新理念、新技术、新方式和新手段，把从事农业作为自己喜好的"事业"和收入的主要来源，不断谋求创新发展的农业及其关联产业的新型经营主体。"新新农人"是拥有较高的教育背景，为创业理想或理念投身农业，用不同于传统的农作和管理方式种植养殖，运用互联网工具和思维、先进的产销模式，多种专业结合的群体创业。常见的有大学生创业型、农民工返乡创业型和跨界创业型。早在 2014 年，阿里研究院就认为新农人达到100 多万，而根据拼多多发布的《2021 新新农人成长报告》，在拼多多平台上，1995 年之后出生的"新新农人"数量超 12.6 万，女性占比超 31%；他们普遍来自农村，成长于移动互联网时代，不仅对电商、直播等创新模式具备先天的敏感度，而且对农业农村有深厚的个人感情，在返乡创业过程中更愿意回馈家乡，并注重农业的可持续发展；普遍具备本科、大专学历，其中不乏名校毕业生、海外留学生，95%以上均为返乡创业的"农二代"；在创业过程中，每位"新新农人"平均可以带动 5 至 10 位"95 后"参与到电商创业中。

（6）新型农业人力资本——农业经理人。2020 年 3 月 3 日，人力资源和社会保障部会同农业农村部等部委首次颁布了农业经理人国家职业技能标准（职业编码：5-05-01-02），证书分为三级。农业经理人常常被称为"家庭农场主""农业经纪人""农业 CEO"等。其依托农民专业合作社、家庭农场、农业公司等，并代表这些组织单位对已经规模化的土地进行精细化经营和管理，并分享最终利润，成为职业化的经营管理者。主要职责（技能）有 7 项：搜集和分析农产品供求、客户需求数据等信息；编制生产、服务经营方案和作业计划；调度生产、服务人员，安排生产或服务项目；指导生产、服务人员执行作业标准；疏通营销渠道，维护客户关系；组织产品加工、运输、营销；评估生产、服务绩效，争取资金支持。

农业经理人出现于 20 世纪 90 年代的"农业产业化"发展时期，当时出现了以农民专业合作社、规模家庭农场为服务对象，以薪酬和分红为收入来源，具有明确分工与活动领域的职业劳动者。2007 年《中华人民共和国农民专业合作社法》明确规定，农民专业合作社可以"决定聘用经营管理人员和专业技术人员的数量、资格和任期"，确立了农业经理人的法律地位。2010 年起，四川崇州以试行"农业共营制"破解土地退租困局，将农地连片并动员、引进种田能手经营水稻生产，实现了土地承包与经营权的分离，巩固了农业经理人的社会基础。人社部发布的《新职业——农业经理人就业景气现状分析报告》（2020 年）指出，中国农业经理人从业人员预估超过 286 万人，未来 5 年，对农业经理人的需求总量达 150 万人左右。

3. 农业劳动的特点及其实践意蕴

农业劳动者参与劳动活动表现出自身的特点。①劳动时间具有强烈的季节性。农业生产的季节性，对劳动力的数量、技能等有不同的要求，也会出现区域性乃至全国性的"农忙"与"农闲"交替，劳动力供求关系、价格发生变化，"农忙时缺人手"导致劳动力价格远高于一般季节，农闲时大量剩余，兼业劳动成为普遍现象。②劳动空间的分散性、地域性导致监督难。农业劳动在广阔的空间进行，劳动监督困难、监督成本高，标准化质量控制成本高、风险大。③劳动内容的多样性。农业对象的生物性以及环境的自然性，农民是传统经验知识最丰富、劳动能力最强的劳动者，即使在现代农业专业化分工的背景下，真正的专业务农劳动力也需要能胜任很多工序的工作或工种，自己从事经营或者农业职业工人也是如此，农业应是一个令人尊敬的职业。如果是经营农业，更需要不断学习丰富的技术常识。④劳动供给与需求的复杂性。劳动者是一个复杂的生物体，活劳动的投入不单是数量、劳动时间多少问题，有质量、效率要求，如客观性的劳动技能、主观性的劳动责任心等。提高劳动者技能与调动劳动者积极性的激励机制同样重要。⑤劳动成果的最后决定性及不稳定性。农业产出既受劳动的数量与质量的影响，更受生物生长与环境的影响，具有不稳定性，会影响收入预期、实际收入和投资意愿。完善的基础设施与公共服务、农业风险管理等作用日益突出。

4. 农业劳动力富余（剩余）与结构性短缺

改革开放前 30 年农业劳动力过剩与转移是农村发展关注的焦点，近 10 多年来，随着粮食安全与"谁来种地""劳动力成本上涨"等问题日益凸显，农业劳动力整体就业不充分（剩余）与结构性短缺并存成为必须面对的转型难题。

（1）农业剩余（富余）劳动力，是指在一定区域和一定时期内，可从事农业生产的劳动者供给数量与农业生产实际需要的最低劳动投入之间的差额。换言之，当农业劳动的边际生产率是负值或等于零时，这部分农业劳动力就是剩余劳动力。

农业劳动力剩余产生的原因包括累积型、结构型、替代型和季节性等四类。累积型剩余是指由于农业人口和农业劳动力增长过快，超过非农产业吸纳量，农业劳动力逐年沉积在农业就业，超出农业需求部分的一种剩余。结构型剩余是指由于城乡结构、产业结构变化导致对劳动力需求结构变化，能够且愿意转移出去的农业劳动力的年龄、知识、技能等方面不适应这种需求结构变化所造成的剩余，表现为非农产业缺人手，而农业劳动力就业不充分。替代型剩余是指由于先进的农业机械、生产技术和作业方式的应用产生对活劳动的替代，减少了对部分活劳动的实际需求而产生的剩余。季节性剩余是指在农闲季节呈闲置状态（不充分就业）的农业劳动力。

农业剩余劳动力按照其表现形式分三种。①纯粹性剩余（全年性剩余），就是劳动力供给超过农业所需劳动力部分，将这些劳动力从农业中转移出去，对农业生产不会产生较大不利影响，甚至有积极作用。在中国改革开放的最初20年左右，由于农业劳动力总量过于庞大，属于绝对性严重过剩，表现为纯粹剩余。②季节性与地区性剩余。因为农业生产活动的季节性，农忙时节需要更多劳动力，甚至务工人员回乡参加"夏收""秋收"，雇工价格上涨。而在农闲时（如北方的冬季）则出现一些劳动力闲置，需要找工作获取更多收入。同时，因为各地区的产业结构不同，对劳动力的需求在地区、季节方面存在差异，有些地区剩余，而有些地区却雇不到工，如南方的采茶季经常出现劳动力严重缺乏。③技能型剩余。农业劳动者的劳动技能不能满足生产需要而产生的剩余。例如，一定区域农业发展需要一定数量的农村青壮年，但因为各种原因青壮年劳动力却大量转移到非农产业，出现短缺。农业中还有很多的超过劳动年龄的劳动力，其中的部分人即使有很多的劳动就业机会，但掌握不了相关的技能，满足不了生产的需要。在很多现代化特色农业园区、制种产业中，对劳动力的技能有较高要求，即使经过培训有些劳动力也达不到要求，或者很难通过培训达到要求。

（2）农业劳动力结构性短缺。与上述的季节性和技能型剩余相对应，出现一定季节性、技能性的劳动力短缺。劳动力结构性短缺是中国各行业的普遍现象，劳动力成本不断上涨是外在表现之一。但农业有其特殊性，主要是务农收益比较低，缺乏对年轻人的吸引力，未来"谁来种地"问题将在20年后更加凸显。同时，也应看到，老年劳动力、妇女的就业对增加农民收入有重要意义。农民没有退休制度，即使按照现在的农民养老保险制度，与城镇居民的收入差距也在20倍左右。因此，如何给农村劳动力留下更多的就业和获取收入的机会，事关共同富裕的大事。

5. 农业劳动生产率

（1）基本内涵与衡量指标。现代农业发展水平的核心指标就是农业劳动生产率。衡量一个国家农业劳动生产率的指标有两个：①农业劳动力供养人口数。是一个国家生产的农产品能够满足多少人的正常需求，适用于国家之间比较。具体说，就是平均每一个农业劳动力生产的农产品能够供养的人口数。②单位劳动时间内所生产的农产品数量（价值量），或者生产单位产品所支出的劳动时间。基本公式为：农业劳动生产率＝生产的农产品数量（或价值量，如产值、增加值、净产值）/某区域（或某行业、某企业）农业劳动力人数（或劳动的时间、劳动日数）。世界银行使用"农业劳动力人均增加值"指标衡量农业劳动生产率。其中，农业增加值表示一个国家和地区农业部门的全部产出减去中间产品的投入。从表 8-4 可以看出，中国的农业劳动力人均增加值还相对较低，不仅低于美国、欧盟、日本、韩国等发达国家和地区，也远低于巴西，仅高于印度，还有较大的提高空间。

表 8-4　2000—2019 年各国和地区农业劳动力人均增加值变化情况（单位：美元）

年份	2000	2005	2010	2015	2019	2000—2019 年均增长率（%）
中国	1437	1880	2795	4326	5609	7.43
美国	71173	92920	82862	86890	100062	1.81
欧盟	12458	15673	18930	22726	25476	3.84
日本	20179	18356	20020	19752	17763	−0.67
韩国	10349	12714	16999	21116	20572	3.68
巴西	3802	4173	5938	8203	9992	5.22
印度	1006	1072	1321	1668	2076	3.89

数据来源：世界银行.世界发展指标[EB/OL]，https://data.worldbank.org.cn.

注：农业含林业、渔业、畜牧业及作物种植；以 2015 年不变价美元计算。

（2）农业劳动生产率的主要影响因素以及提高途径。所有影响农业发展的因素都会影响农业劳动生产率。根据公式，提高农业劳动生产率的基本途径及其具体措施可重点从以下 2 方面思考：

第一，在某地区农业劳动力数量不变情况下：增加分子（产出）。因为产出的衡量指标有产量、总产值、增加值几种主要表现。从不同的角度衡量可以有不同的具体措施，其具体变量涉及产量、产出价格、成本之间的比较，有很多种组合路径。例如，如果用增加值衡量产出，就有几种可能的组合，产值增加、成本不变或者小幅增加，边际产量达到最大；产值增加、成本减少；产值增加、成本不变，等等。对于如何增加产值，也有几种可能，如产量增加、价格不变，产量减少、价格提升。总之，节本增效是基本要求，不同产业有不同的规模经济特征要求，遵循产业发展的技术、经济规律是根本。

如何做到增加产量或附加值、降低成本与提高效益？具体的途径很多，如：技术创新与进步，结构调整，组织化水平提升，品牌化发展等。应根据不同产品的技术约束以及突破的可能性，技术进步带来的产出变化，产品的附加值以及市场需求变化，自然资源条件，以及国家政策等综合考虑。

第二，在某地区农业产出不变的情况下：减小分母（活劳动投入）。因为活劳动的投入，可以用劳动力人数、劳动时间、劳动工日数等表示，具体的减少途径可以有不同侧重，主要是发展农业机械化、智能化，用机械代替人力；提高劳动力的质量；提高闲置劳动力或者就业不充分的劳动力的就业时间，为有就业意愿的劳动力提供更多的获取报酬机会，解决季节性和技能性剩余问题等。

二、农业劳动力转移与人力资本经典理论简述

1. 农业劳动力供给理论

美国发展经济学家、诺贝尔经济学奖获得者威廉·阿瑟·刘易斯在 1954 年发表了一篇论文《无限劳动供给下的经济发展》，提出了著名的"二元经济"理论，解释发展中国家如何从传统农业社会向现代工业经济转型。刘易斯认为，在一国发展初期存在二元经济结构，一

个是以传统生产方法进行生产的、劳动生产率和收入水平极低的非资本主义部门，以传统农业部门作为代表；另一个是以现代方法进行生产的、劳动生产率和工资水平相对较高的资本主义部门，以工业部门和城市作为代表。假设农业部门没有资本投入，土地资源也十分有限，但是由于人口增长过快，劳动力非常丰富，根据边际生产率递减规律，其边际生产率非常低甚至为零，农业部门出现大量劳动力剩余。此时，只要工业部门能够提供稍大于农村人口最低生活水平的既定工资，农业部门就将有大量劳动力涌入工业，为工业的扩张提供无限的劳动力供给。但随着农村富余劳动力向非农产业转移，农村剩余劳动力减少，劳动力将由无限供给逐渐变为有限供给，这个转折点则被称为"刘易斯拐点"，也就是劳动力由过剩向短缺的转折点。直到农村剩余劳动力全部吸收完毕，发展中国家就完成了工业化和城市化过程，人口红利逐步消失。刘易斯将工业化和城市化过程有机结合起来，认为工业化过程就是农业人口向城市部门迁移的过程，二者必须协调推进，以避免城市化滞后和过度城市化问题。

中国经济发展在 2004—2010 年期间经过刘易斯转折点，资本和劳动力的相对稀缺性关系发生重大变化，资本替代劳动的现象越来越多。在劳动力相对富集的农业，随着农村劳动力大量外流，农业生产的资源禀赋结构也发生了改变，传统农业生产中的劳动替代资本方式逐步演变为资本替代劳动，并成为不可逆转的趋势。

2. 舒尔茨的人力资本理论

舒尔茨发现，20 世纪上半叶美国农业产量和农业生产率的迅速增长并不是土地、劳动力增加所致，而是人的能力和技术水平提高的结果。他将人力资本定义为:相对于物力资本而存在的一种资本形态，表现为人所拥有的知识、技能、经验和健康等。人力资本的显著标志是:它属于人的一部分，是人类的；它又是资本，因为它是未来满足或未来收入的源泉。

舒尔茨人力资本理论主要创新性观点是:①人的知识、能力、健康等是一种资本形态，教学、科研及相关活动是产生新型资本的行业；②人力资本的形成主要在于后天的投资，教育投资越多，劳动就越有效率，人力投资成为报酬递增的源泉；③人力资本投资是生产支出而非简单的消费支出；④人力资本投资具体有正规教育投资、在职培训投资、健康投资、迁移投资和科研投资。

知识延伸：教育深化

教育具有公共产品特征，私人对教育的消费会大于社会最优提供量。由于教育的外部性，国家愿意提供大量的教育服务，但随着某一教育程度的普及，教育的信息甄别功能增强（比如认为研究生文凭的人比本科能力强，改变了大学生和研究生的收入预期），而教育的生产力功能降低（研究生教育可能对生产力没有实质性影响，外部性也没那样大），从而导致私人对继续接受教育热情不减，而且持续不断地对政策提出要求。但从社会角度看，这种教育扩张，回报率不如初中级或在职训练，也可能不如其他投资项目的效果，甚至社会边际成本大于边际社会效益，导致资源浪费，这就是教育深化。进而导致"知识失业"问题，也就是，原本受过中级教育或在职培训的雇员就能胜任的工作，由于都追求更高的学历，最终使受过更高级教育的人陷入失业困境，反过来知识失业又会导致教育进一步深化，大学生会失业，研究生也会失业，也可能是研究生不愿意接受低级工作。

资料来源：张培刚. 发展经济学教程[M]. 北京：经济科学出版社，2001.

三、区域农业劳动力非农就业转移与利用

1. 中国农业劳动力转移的简要历程及趋势

改革开放之前的城乡二元户籍制度、农产品统购统销制度等将不断累积的大量富余劳动力严重束缚在农业农村，造成了严重的城乡二元社会。改革开放后农业富余劳动力非农化转移就业，是伴随着一系列农业农村政策的创新过程，也是与国家整体宏观经济社会发展形势波动密切相关的规律性客观过程。大体分为三个阶段。①就地转移为主阶段（20 世纪 70 年代末到 20 世纪 80 年代末期），乡镇企业的迅速发展成为吸纳劳动力的主渠道，从 1984 年到 1988 年，乡镇企业数量从 607 万家增加到 1888 万家，非农业劳动力人数从 4283 万人上升到 8611 万人，年均增长速度高达 25%，非农劳动力占农村劳动力的比重也由 11.91%提升到 21.49%。②大规模异地就业与大城市、沿海发达地区转移为主（20 世纪 90 年代初期到 2007 年），表现为"民工潮"规模不断扩大，20 世纪 90 年代达到 8000 万人以上，21 世纪初达到 12000—13000 万人。在 2000—2007 年期间，转移到非农业就业的农业劳动力规模从 14965 万人增加到 22796 万人，非农就业劳动力占农村劳动力比重由 31.2%提高到 36.17%。③外出农民工增速下降阶段（2008 年开始）。2008 年爆发的国际金融危机在下半年引发了较大规模的农民工返乡，2009 年第二季度后农民工就业才较快恢复，但增速下降且较低，2011—2017 年外出农民工增速分别为 3.4%、3%、1.7%、1.3%、0.4%、0.3%、1.5%。外出农民工占农民工总量的比重由 2011 年的 62.8%逐渐下降到 2017 年的 60.0%。截至 2020 年底有 850 万名农民工返乡创业。

经过 40 多年的农业富余劳动力转移就业，绝对性的农业劳动力剩余量很小，近 10 年及未来一段时间农业劳动力非农就业转移可能呈现以下 3 个趋势：一是，总量增加，但流动半径进一步缩小，本地农民工增加较多；二是，中西部地区和县城吸纳就业能力持续增加，农民工"中西飞"的趋势越来越明显，这与大量的劳动密集型企业向中西部地区转移，中西部地区利用资源优势发展特色农业、乡村旅游、三产融合，乡村振兴战略实施要求的城乡融合与农业农村优先发展等政策有关；三是，第三产业将成为非农就业的重要增长点，第三产业在农民工就业行业占比逐年提升，2013 年为 42.6%，到 2018 年达到 50.5%，2019 年达到 51%，2020 年为 51.5%，2021 年下降到 50.9%。

2. 区域农业劳动力资源利用现状及其特点

中国不同地区资源禀赋条件差异较大，农业结构类型、生产方式多样，农业劳动力的供求状况多样，不同地区劳动力用工成本存在较大差异，不同农作物品种的劳动力投工量以及农业机械化水平不同，需要了解掌握区域农业劳动力资源利用的基本状况和特点。

（1）大部分区域呈现出中老年、妇女为主体，少数新型职业农民、新农人以及农业企业家主导的格局。在乡村工业化、城镇化不发达的地区，农业劳动力主要是 45—64 岁为主，但超过 64 岁以上的农业劳动力只要身体允许一般都会实际参与劳动，从事相适应的作业，以辅助型工作为主，属于子女外出务工的半工半耕代际家庭分工模式。本地非农就业机会多，本地农民工数量就多，农业兼业化经营普遍，农业副业化、妇女化。近年来，很多地方的新农人（新新农人）、新型职业农民（家庭农场主等）、农业企业家数量虽然不大，但广泛受到重视，成为现代农业发展的引领者。

（2）区域农业劳动力资源配置利用方式与类型多样。不同区域的农业产业结构类型、生

产方式以及农业机械代替人力模式、农业社会化服务模式不同，形成了丰富多样的区域劳动力资源配置特点。例如，现代生猪、蛋鸡肉鸡饲养、奶牛养殖等畜牧业发展基本实现机械化，有的向智能化方向发展，大型规模化企业主导发展。有些地方是以大规模化的粮棉油生产为主，劳均耕地面积大，基本是机械化、规模化，如东北、新疆等。有的地方则是农户小规模的多样化种植，机械化水平相对较低，农业劳动力的利用以兼业化或者半工半耕的代际分工为主，形成合作社、龙头企业等各种社会化服务模式。

不同产业、不同区域的农业产业发展及劳动力配置的主要矛盾不同，可能的演变方向、速度、力度等存在差异。例如：①资本密集型的规模化粮食、油料、棉花等主产区，机械化水平高，甚至向智能化、无人化等方向发展，规模效益明显。②劳动密集型的果菜规模化种植区，是很多地方农民收入的主要贡献者，目前有大量的老年劳动力从事辅助性的工作，如分拣、装箱等，对增加收入有很大作用，但10—20年左右，将会面临严重的劳动力短缺问题，而机械代替人工需要农业的标准化种植、大量的资本投入相匹配，将面临产业"退市""衰退"的风险。③企业规模化生产（大型养殖场）、产业园区等，基本完全是市场的用工原则，成本较高，高素质人力资本短缺问题突出，但机械、智能化代替劳动力，向资本密集的高科技集约型发展。

（3）农民大规模持续不断的多样化培训成为提升区域人力资本的恒久举措。从新中国成立以后政府就特别重视农民素质与技能培训，采取政府主导培训，培训主题与社会发展需求保持一致，培养目标更具针对性，培训内容日趋广泛，培养渠道更趋有效，培养方式更趋规范，培养方法更加丰富多样，农业人力资本水平有较大提升。以1990年农业部印发《关于开展农民技术资格证书制度试点工作的意见》为标志，农民培训工作进入了规范化探索阶段。据农业农村部信息，到2021年底，中国返乡入乡创业人员达到1120万人，职业农民超2000万人；"十三五"时期，全国培训高素质农民500万人，直接培训农村实用人才带头人11万人，涉农高等职业教育首次面向农民扩招3.5万人；全国农村实用人才总量约2254万人，占主体的高素质农民超过1700万人，活跃在农业产业链各环节；全国近70%的高素质农民年龄在36—54岁之间。另据《2021年全国高素质农民发展报告》，2020年高素质农民的农业生产经营人均纯收入达到3.69万元，相当于同期城镇居民人均可支配收入（4.38万元）的84%，是农村居民人均可支配收入（1.71万元）的2.15倍；29.7%的高素质农民农业生产经营人均纯收入高于同期城镇居民人均可支配收入。

虽然"谁来种地""如何种地"问题困扰多年，农业劳动力的"386199部队"现象也存在多年，但农业产出的量与结构水平不断提升，中国特殊的农业劳动力资源与农业产业结构、技术进步、农民培训等多种变量在动态发展中不断实现均衡。

3. 区域农业高质量发展的人力资源难题

未来区域农业必然要转向产品质量高、产业效益高、生产效率高、竞争力高和农民收入高的高质量发展道路，人力资源方面将面临许多长期的、现实的难题需要解决。

（1）农业人工成本上涨问题。人工成本上涨是中国现代化进程中的各行业的普遍趋势。过去很长时期由于大量农业剩余劳动力存在，属于劳动力无限供给，将廉价劳动力资源作为"优势"和"红利"，但当过了"拐点"之后，尤其是2004年出现"民工荒"，新一代农民工诉求发生较大变化，农民工的工资以及农业雇工费用不断上涨。例如，根据《全国农产品成本效益资料汇编》，2000年种植业劳动日工价为10元/工日，2004年为13.7元/工日。2014

—2019 年，劳动日工价从 74.4 元持续缓慢上涨到 86.38 元。具体到很多地方，即使是妇女劳动力，前几年每日工价在 60 元左右，同样的工作 2022 年则达到每日 100—120 元。当然，不同地区、不同产业、不同工种、不同季节的劳动日工价变化较大，机械代替人工的程度差异较大，雇工成本以及人工成本在农产品成本中的比例差异较大，变化不同。农业的人工成本上涨反映了农业劳动供求的结构性关系变化，如季节性、技能性以及劳动强度、劳动环境等。

（2）产业的关键环节"缺人手"问题。主要是两种情况：一是在各地的特色产业发展中，需要的一些特殊的人工集中在短期内完成某项工作，如采茶、采花椒等，因为大量人工缺乏，即使是很高的工资也找不到人，严重影响产品采收速度和质量，例如，每年都会报道每日可以赚到 300 元以上的采茶工严重短缺；二是存在技能性的人才短缺问题，如适应现代农业特色种养殖的操作工、田间管理人员、植保人员等。这两类人手短缺，主要是因为产业某些环节机械技术创新严重滞后，或者因为技术的要求，现在很难用机械代替人工（高档茶叶的采摘），或者研发成本高、难度大。高技能农业操作工短缺，则反映了农业的职业教育存在问题和对农业的偏见，更深层次的问题则是农业职业地位与收入远不如其他产业，农业高新技术操作工的就业、待遇、用工以及工作条件等信息平台缺乏。

（3）劳动力"兼业化"问题。普遍认为，劳动力兼业化不利于先进科学技术的推广，兼业户学习接纳先进技术的主动性积极性不高，进而不利于农业劳动生产率的提高和结构优化，也不利于国家粮食安全等。也有观点指出，农业的兼业化是适应农业的季节性，使劳动力资源得到了充分利用，增加了农民收入，增加了劳动供给。劳动力兼业是农户家庭、农民的一种理性经济选择，即使很多欧美发达国家的农场主也在寻求农业之外的收入，如发展观光休闲等。根本上说，劳动力的兼业化是农业的产业特性及其效益难以满足需要的必然结果，将会存在很长时间。

（4）区域农业产业链的人才"掉链"与创业人才短缺问题。从现实及未来农业高质量发展要求看，缺乏大批农业创业者、农业企业家，区域农业产业链的产后物流、营销、电商以及品牌运营维护等产业链重要环节的人才严重不足，农业处于被动的原料生产者和低附加值地位，这是大部分地区农业的普遍现实问题。培育或引进这些人才需要良好的生态系统，要在一定的区域内，形成以农业创业人才为核心的人才个体、创业企业、创业环境相互作用、相互依存的统一整体。创业环境包括市场环境、政策支持、创业氛围、基础设施、融资环境、创业服务等。人才个体也应当具有知识、能力、经验等人力资本，获取资金、分享商业经验、交流创业信息和商业机会，与客户、合作伙伴合作，与政府部门、服务机构、技术研发推广等交流的社会资本，自信、希望、韧性、乐观等心理资本。因此，需要持续性战略及区域文化、政策制度的强有力支撑。

专栏：农业机械化发展的技术与经济分析思考引导

　　农业机械化乃至智能化发展成为替代活劳动的重要技术，在技术创新、工业化发展以及国家政策引导、改革开放等系列力量推动下，中国目前主要大田作物的机械化水平提高很快，但很多的农业产业仍然具有典型的劳动密集型特点，未来的机械化仍将不断发展。应当如何从技术、经济等角度系统思考，提出问题并分析问题，在此简单做分析引导。首先应该想到的一个问题是：为什么会发生机械代替人工？或者说其目的与动力有哪些？其次，购置农机的条件及要求有哪些？第三，购置农机具需要注意哪些经济问题？假如某个农户花巨资购买一套农机将面临什么问题？机械的使用存在什么问题？农机的作业能力能否充分发挥，如果作业规模太小，不能有效分摊购机的固定成本，会出现规模不经济问题。进一步思考一个地区、全国可能会出现什么问题？再联想到 2004 年之后国家为什么出台农机购置补贴？为什么每年夏收国家协调组织农机跨区作业？第四，农业机械化发展可能带来的社会问题有哪些（正反作用）？联想现在的数字化、智能化（数智化）热，应该如何理性思考不同区域、不同农业产业的数字化或者智能化技术进步的条件、进程、适宜领域、可能存在的不利影响？

资料来源：作者根据有关资料编写。

第三节 区域农业发展的科技进步

一、农业科技进步基本理论

农业科技进步，是指持续产生新知识、新科学，创造新技术、新产品，并在农业生产中进行推广使其成为现实的生产力，不断用生产效率更高的先进科学技术替代落后技术的过程。农业科技进步对农业增长的贡献持续增长，发达国家从 20 世纪初的不到 20%，实现农业现代化时基本达到 60%—80%，目前已经开始进入数智化的新阶段。2020 年中国农业科技贡献率已达到 60.7%。农业科技进步具有系统性、复杂性、渐进性、周期性和外生性特点。创新是农业科技进步的核心和灵魂。

1. 农业科技成果

（1）农业科技成果的要求。一般认为，农业科技成果是指在农业领域内，通过调查、研究、试验、推广应用，所提出的能够推动农业科学技术进步，具有较明显的生态、经济、社会效益并通过鉴定或为市场所肯定的物质、方法、技术或方案。《中华人民共和国促进科技成果转化法（2015 年修订）》中的科技成果是指：通过科学研究与技术开发所产生的具有实用价值的成果。

作为农业科技成果，应具有如下要求（特性）：①新颖性。同一范围、同一领域内不应该存在相同的两个或两个以上的成果。②先进性。对科技进步和发展生产起推动作用。新得出的理论、技术、效益如果达不到现有的同类水平，不能弥补现有科技的不足，不是发展或延伸，就不应认定为成果。③完整性。作为科技成果，不论是理论、技术或效益性成果，其构成必须是完整的；无论成果大小，都必须完整，理论成果立论要正确，论据要充分可靠，论证要全面，能反映一定规律，能解释某种现象，揭示某个问题的实质。④成熟性。成果必须是可靠的，是根据学科、专业的特点，按必要的程序进行而取得的，经过多方面试验，反复验证以及实践考验，处于随时可应用的状况。

（2）农业科技成果的类型。实践中对农业科技成果有不同的分类。例如，按照研究属性，一般分为理论成果、应用技术成果和软科学成果三大类；按照研究主题的领域属性，分为基础性、前沿性、应用性与公益性；按照科技成果的载体或外在表现可分为物化型、操作型和知识型三类；按照市场（交易、商品）属性，可分为纯公益性、商品性和介于二者之间的准公共性三类。

按照科技成果的专有权利划分为职务科技成果与非职务科技成果。前者是指，执行研究开发机构、高等院校和企业等单位的工作任务，或者主要是利用上述单位的物质技术条件所完成的科技成果。除此之外可称之为非职务科技成果。法律规定：职工不得将职务科技成果擅自转让或者变相转让；职务科技成果转化后，由科技成果完成单位对完成、转化该项科技成果做出重要贡献的人员给予奖励和报酬。

按照农业技术的经济属性，可分为劳动节约型、土地节约型、资本节约型和中性等。劳动节约型就是能够减少活劳动的使用，适合于农业劳动力短缺或减少的情况，机械技术、智能化技术是典型代表，其代表了农业科技进步的主要方向之一。土地节约型，也可称之为土地集约型，就是提高土地产出率的技术，如化肥、新品种。资本节约型也就是节约资本型，可以看作是适合劳动密集型的技术，使用的劳动力相对较多，适合于农村资金不足、劳动力有余的情况，如使用有机肥，少用或不用化肥。中性技术是介于或者兼具上述类型特点的技术。注意：上述分类只是大致从主要方面分析，是假设其他条件不变，某种因素发挥主要作用。例如，劳动节约型技术，假定投入的资本、土地等要素不变，减少劳动投入的技术。现代农业及其科技发展越来越表现出资本深化的特性，土地节约型、劳动节约型是主要的方向。

（3）农业科技的特性。2012年中央一号文件明确提出：农业科技具有显著的公共性、基础性、社会性。其公共性主要体现在（或原因）：农业生产经营单位具有高度的相似性，可以轻易学习掌握很多技术，农业技术在推广与扩散过程中具有外溢性；大多数农产品具有低需求弹性的特点，技术进步带来的产量增长往往导致更大幅度的农产品价格下降，消费者受益但生产者受损；很多农业技术供给的市场化安排存在一定的难度与非现实性，如栽培技术、养殖技术等"非物化"的成果，不如种子、肥料、农机等物化技术能够充分市场化。其基础性主要体现在农业是国民经济的基础产业，科技又是农业发展的决定性力量和根本出路。其社会性主要因为公共性和基础性决定，需要全社会的支持，同时也因为农业科技发展越来越离不开各类学科、各类人员与各产业的广泛参与，包括消费者的支持等。

2. 农业科技创新

（1）基本内涵及类型。狭义农业技术创新是指农业新技术的发明或新技术的研究开发过程。广义农业科技创新是指新的农业技术成果从产生到转化为现实生产力的全过程，是一个不断把农业新构想、新技术推广应用到农业生产实践的过程，也包括技术更新以及二次应用等。科技创新也包括农业经济管理科学的创新。

根据创新模式的不同，农业科技创新可分为原始创新、集成创新和引进消化吸收再创新。技术创新也可分为四种基本类型：渐进性技术创新，根本性技术创新（观念、产品、过程、组织等连锁反应），系统性技术创新（技术相互关联的创新群的出现），"技术—经济范式"变革（几乎对所有相关的经济活动决策及结果都会产生影响并改变人们的常识）。后两种称为技术革命。

（2）基本过程及特点。农业科技创新是一个过程行为，一般包括基础研究、应用研究、开发研究、试验示范和推广应用等五个阶段，科技创新并非每一过程都始于研究与开发，而是可以从任何一个阶段出发形成回路。

农业科技创新在不同的历史阶段表现出明显的时代特点，不同类型的科技创新也有其自身的特性。如果说 20 世纪以前的农业科技创新主要属于兴趣、探索的话，之后的农业科技创新进入到有组织的职业化、专业化为主的现代农业创新阶段，大学、研究机构、社会资本以及国家的投入、体制机制、法律制度（如知识产权保护法）等方面的作用越来越重要。

现代农业科技创新的主要方面在很大程度上已经突破了传统的自然依赖及其季节性、区域性与手段的局限性，总体上表现出许多新特点。①主体更多元。农业科技创新既是国家创新体系的重要组成部分、科研院所的主要职能和科技人员的职业，也是空间巨大的科技产业发展之源，有巨大需求，呈现出主体多元化的普遍特点。也因此，形成多层次、覆盖广的创新体系，通过合作与竞争加速创新步伐。②手段更先进。研发设备现代化水平更高，育种已经由传统杂交育种向分子育种时代发展，国际一流种业已经进入生物育种时代，更加注重利用大数据和人工智能技术提供高效、高产、综合的育种方案。另外，智能温室等设施技术的发展，也可实现全年全周期育种；突破地域限制，聚集到更加适合繁育种子的地区，也加快育种步伐，如中国的"南繁基地"，在此地育种的周期会缩短 1/3 到 1/2，全国 700 多家单位、70%的农作物新品种经过南繁培育，中国主要农作物在海南完成了 6—7 次更新换代，每次换代增产在 10%以上。③创新速度更快。出成果的速度、成果扩散的速度等更快，迭代创新不断出现，新品种、新技术更新加快，尤其是植物新品种更新速度加快。④跨界（学科）融合更强。多学科交叉创新与相互移植、借鉴，基础学科、工学、信息学、空间学等为农业科技创新提供新支撑；生物产业、新材料、信息技术产业、机械技术以及机器人、设备制造业等在农业科技创新中广泛应用。⑤成果更丰富。新成果涌现的数量更多、领域更广，也意味着替代性更强，竞争性更强，技术采用者的选择面更广。但在国际领先层面上取得突破性、原创性或颠覆性的重大成果较难，也可能会出现很多的"伪创新""伪技术"或者大量低水平模仿牟利的现象，知识产权的保护、科技成果的评价体系改革创新具有重要作用。

（3）诱致性技术变迁理论。是农业科技进步的经典经济学分析。从一般意义上说，一项农业技术的产生，首先是农业生产中出现了某些障碍、问题，或者难以达到预期目标要求，有的生产要素稀缺，一些创新性的企业出于利润动机和企业家精神的创新（问题导向与需求导向），也有一些研究机构或者科技创新出于兴趣、爱好或好奇心等驱使创新，寻求解决问题的技术方法，经过研究形成新技术。

对农业科技创新的经典经济学分析提出了诱致性技术变迁（进步）理论，也就是因为农业生产中的要素禀赋发生变化，进而导致要素相对价格变化，诱导生产者或者技术人员寻求替代高价格要素的生产技术，进而产生技术变迁。具体逻辑如下：产品需求增长→资源禀赋变化→对相对昂贵要素的替代需求→公共机构开发新技术→供应商提供现代技术投入品→引导农民用相对丰裕的要素替代日益稀缺的要素→实现技术变迁。例如，从专业化、规模化与产业化的现代农业发展看，由于人工成本不断上升，将人从繁重的劳动中解放出来并要提供更多更好的农产品，全面机械化、智能化就是必然的。

3. 农业技术成果转化及推广应用

一项成果能否转化为生产力，多大程度和范围转化为生产力，取决于科技成果的生产需求、成果本身的真正价值和创新性、成果转化为生产的应用渠道以及农业科技体制机制、科技市场发育程度等复杂因素。农业技术推广、扩散都属于技术成果转化的范畴，只是描述的角度和具体内涵有差异。

（1）农业科技成果转化。《促进科技成果转化法》中对科技成果转化的界定是：为提高生产力水平而对科技成果所进行的后续试验、开发、应用、推广直至形成新技术、新工艺、新材料、新产品，发展新产业等活动。科技成果持有者可以采用下列六种方式进行科技成果转化：自行投资实施转化；向他人转让该科技成果；许可他人使用该科技成果；以该科技成果作为合作条件，与他人共同实施转化；以该科技成果作价投资，折算股份或者出资比例；其他协商确定的方式。同时，国家鼓励研究开发机构、高等院校采取转让、许可或者作价投资等方式，向企业或者其他组织转移科技成果。

农业科技成果转化是农业领域的科技成果的转化。认识农业科技成果转化特点，要从三方面思考。①基于农业生产及其技术的一般特性引申的共性特点，如地域性、周期长、公益性等。农业生产具有很强的地域性，很多新品种、栽培技术等成果有地域适应性要求，转化都需要经过区域试验或者后续的开发试验，需要数次或者一定的周期，也具有公益性特点。②基于特殊的体制机制原因形成的特点。成果转化率低主要就是体制机制造成的，产学研推之间脱节的弊端至今仍未能根本扭转，涉及复杂的农业科技创新体制改革问题，从立项研究到成果转化的系统深化改革难度很大。有资料显示中国每年约有 6000—7000 项农业科技成果面世，但成果的转化率仅为 30%—40%，远低于发达国家水平，像美国、日本的农业科技成果转化率为 70%—80%，德英法等国的转化率高达 90%。③基于不同类型技术的差异性特点。农业中的新品种、适用肥料、新农机等物化技术成果转化速度很快，尤其是现代互联网技术、信息传播加快成果转化。另外，国家借助现代信息的远程教育培训等也加快了种养殖技术的推广。

在农业科技创新及推广应用中，知识产权及其保护日益收到重视。知识产权是智力劳动成果依法享有的专有权利，农业知识产权特指农业领域受法律保护的知识产权，包括涉农专利、商标、版权，以及植物新品种、地理标志、农业生物遗传资源与传统知识、农业商业秘密等。农业知识产权具有知识产权专有性、时间性、地域性和客体无形性等一般特征外，还具备农业领域特点。一是客体传播性，农业技术在推广的过程中都是在农民身边和田地里，容易流失和被人窃取；二是主体具有不定性，农业分散生产，农业知识产权主体在一些权利领域难以控制；三是价值难以衡量，农业知识产权是经过智力劳动生产出的产品，其知识产权形成需要与自然紧密相连，导致难以对权利主体付出的智力劳动进行统一衡量和价值评判。由于农业知识产权专业性很强，被侵权后调查取证复杂，导致维权难，缺乏有效的维权机制，各地也在积极做出探索。2021 年 4 月，宁波市公安局从知识产权大数据监测梳理中发现，由宁波农业种业专家自主研发的著名超级水稻"甬优"系列杂交稻种制种基地的农户存在违反制种合同约定，通过中间商擅自将公司委托制种的"甬优"种子非法买卖获利，形成了黑色地下产业链，严重侵犯该公司的知识产权合法权益。历时 4 个月，成功破获 8 起横跨浙江、江苏两省，涉及宁波、台州、金华、嘉兴等多地的系列性侵犯"甬优"稻种知识产权案，依法取缔涉案网店 5 家，查获假冒水稻种子 24 吨，涉案金额 157 余万元。2022 年 4 月，全国首个农业知识产权保护工作站在宁波揭牌，是由宁波市农业领域的企事业单位、科研院所、行业协会、合作社、个体工商户、从事农业知识产权维权服务机构等自愿组成的非营利性组织，其宗旨是搭建会员单位与知识产权保护职能部门及专业知识产权服务机构的沟通协作渠道，指导会员单位依法规范维权，逐步提升农业知识产权的综合竞争优势。

（2）农业技术推广与推广体系。《农业技术推广法》中的技术推广是指，通过试验、示范、培训、指导以及咨询服务等，把农业技术普及应用于农业产前、产中、产后全过程的活动。农业技术推广更加强调国家农业技术推广机构的主体作用，这也是针对农业及其技术创新、成果转化的特点提出的。

与中国强调的农业技术推广不同，国际上更多强调农业推广，即广义的农业技术推广，是以教育为主线，以教育、培训、信息传播和咨询服务为主要推广方法，让农民获得农业生产生活实用知识，提高他们的生产技能，进而改变农民的态度和行为，提高农民的综合素质。也称之为农业推广。例如，联合国粮农组织提出：现代农业技术推广是一个把有用信息传递给人们，帮助人们获得必要的知识、技能和正确的观点，以便有效地利用这些信息或技术教育方面的执行过程。

农业技术推广体系是指从事农业技术推广的组织机构及其相互关系的总称。中国农业技术推广实行国家农业技术推广机构与农业科研单位、有关学校、农民专业合作社、涉农企业、群众性科技组织、农民技术人员等相结合的推广体系；国家鼓励和支持供销合作社、其他企业事业单位、社会团体以及社会各界的科技人员开展农业技术推广服务。《农业技术推广法》提出农业技术推广要遵循以下原则：有利于农业、农村经济可持续发展和增加农民收入；尊重农业劳动者和农业生产经营组织的意愿；因地制宜，经过试验、示范；公益性推广与经营性推广分类管理；兼顾经济效益、社会效益，注重生态效益。

在农业技术经济分析与科技管理中，需要对农业科技推广应用状况进行分析，会用到一些指标，在此简单介绍两个。①农业科技成果推广度=已推广规模/应推广规模×100%。其中：推广规模是指推广的范围、数量大小，可根据科技成果特点，用土地面积或者头、株、件、台等单位表示。已推广是实际数，应推广规模是估计数。②农业科技成果推广率=已推广农业科技成果数/农业科技成果总数×100%。其中，已推广农业科技成果数指推广度达到20%以上的科技成果。

（3）农业技术扩散。农业技术扩散是指农业技术借助一定的信息载体和渠道，在某一区域或人群中的传播，最终被人们普遍采用的过程。技术推广与技术扩散概念接近，均指创新型技术最初由少数人或少数地区使用，经过一定的渠道，在时间上、空间上提高使用率的过程，但两者又有差别。第一，技术推广属于主动行为，技术扩散则是相对自然的行为；农业技术推广强调政府推动，技术扩散的主体更多元。第二，技术扩散形式更多样，内容更丰富，参与主体结合实际情况通过新闻、网络等媒介或是直接借助"口碑效应"进行传播；技术扩散的内容可以是单纯应用技术的使用推广，也可以是管理理念等科学知识的扩散。

农业技术（创新）扩散具有一定的时空特征，普遍接受的是突破、紧要、跟随和从众等四阶段"S"型技术扩散理论。①突破阶段。创新"先驱者"付出大量心血进行各种试验、评价工作，一旦试验成功，以令人信服的成果证明创新可以在当地应用而且效果明显，就取得了突破。②紧要阶段（关键）。人们在等待创新的试用结果，如果确实能产生良好的效益，就会得到更多的人认可，引起更高重视，扩散就会以较快的速度进行。③跟随阶段（自我推动阶段）。当创新的效果明显时，除了先驱者和早期采用者继续采用外，被称为"早期多数"的这部分农民认为创新有利可图也会积极主动采用。④从众阶段。当"后期多数"纷纷采用创新时，创新扩散就会势不可挡，在整个社会系统中广泛普及采用，从众者就是"后期多数"＋"落后者"。四阶段之所以会形成S型曲线（图略），因为一项农业创新刚开始推广时，多数人对它还不太熟悉，很少有人愿意承担风险，所以一开始扩散得比较慢，采用数量也不多；当通过试验示范后，看到试验的效果，感到比较满意后，采用的人数就会逐渐增加，使扩散速度加快；当采用者（或采用数量）达到一定程度以后，由于新的创新成果的出现，旧成果被新成果逐渐取代，曲线也就变得逐渐平缓，直到维持一定的水平不再增加。而且，突破阶段花费时间最长、数量少，而从众阶段花费时间少、数量多。

（4）影响农业技术创新与采用的因素。其因素非常复杂，列举几个主要方面。①经营规模。如果生产规模过小难以调动采用新技术的积极性；如果新技术适用规模过小，也难以引起技术创新人员的兴趣和积极性。很多地方性的小众农业特色产业的技术创新往往很难引起著名机构的关注，需要国家的特殊扶持。例如地方种质资源的研究与开发等。②农业创新本身的技术特点。如技术的复杂程度，技术可分性大小、技术的适用性，新品种、化肥、农药等可分性大就较易推开，而可分性小的农业机械装备的推广就要难一些。如果新技术容易和现行的农业生产条件相适应，而经济效益又明显时就容易推开，具体有很多情况，如立即见效的技术和长远见效的技术，一看就懂、操作简单的技术和需要学习理解、培训训练的技术，安全技术和带有危险性的技术，单项技术和综合性技术，先进技术和适用技术等。③农民自身因素。如农民的知识、技能、要求、性格、年龄及经历等。④其他社会、政治因素。如社会价值观（习惯等）、社会机构和人际关系、制度（政策、法律法规以及其他非正式制度）。

（5）农业技术现实选择的基准：适用技术。在现代技术创新日新月异的背景下，备选农业技术很多，比如发达国家最先进的机械技术、种养殖技术以及生产模式等，中国的跨越、追赶情节严重，在现实中似乎总是要求最先进的高标准。事实上并不是把发达国家的先进技术全部照搬就能获得相应的生产效率增进和社会进步，相反还会造成对这些"不适用"技术的严重依赖，或者投资浪费，这种现象很多。应当主要选择适用技术，也就是既能满足技术需要，又考虑到其他生产要素现状、目前的技术状态、技术采用成本等因素，能够获得最大效益的那类技术。农业的技术进步是一个随着各种条件改进的渐进过程，例如，小型农业果园机械技术，在中国近年来发展很快，因为农户有能力购买，也有替代劳动力稀缺资源的需求。对于很多的先进数字农业技术的选择使用尤其要注意普遍的适用性、应用场景、投入产出、人才支撑等要求，不能盲目追求硬件"高大上"。

4. 农业科技创新体系与体制

农业科技体制改革创新是中国农业经济管理长期研究的重要领域，也是政策制度不断深化的实践命题。

（1）基本内涵。科技创新体系指的是一个国家或者地区与科技创新相关的各种要素组成的系统或整体，主要由创新主体、创新基础设施、创新资源、创新环境等要素组成。科技体制是科技活动的组织体系、管理形式和组织运行机制等制度的总称，包含科技活动中各层次、各部门权限的划分、组织形式（机构设置）、工作程序和运行机制等众多内容。为什么会产生科技创新的体制问题？因为近代科学逐渐由兴趣好奇、实践摸索等演变为专门的职业，即科学活动成为社会构成中的一个相对独立的部门和职业门类，科学体制化需要解决的就是科学研究的组织问题、科学教育问题以及科学家职业的问题，是与政体、经济体制、文化体制等紧密相关的问题。科学没有国界，但科学家有祖国。

现代农业科技创新体系是一个涉及基础与应用研究、成果转化与推广服务在内的有机系统，是将农业科技创新的人财物等资源在科研院所、推广服务机构、农业企业以及其他相关组织、人员的配置，既受制于农业科技创新发展自身规律的约束，也受制于发展阶段、体制机制、政策变化等约束。各国农业基于其不同的历史演变、制度变迁以及国体、政体等，都有自身特点。一般可简单从研发体系与技术推广体系两方面及其相互关系的角度说明体系的基本特点，很多详细的具体制度、方式方法、内在机制等内容复杂，会形成多种具体特点，某些方面可以对中国及各地的改革创新有借鉴或启发，但不能简单模仿。

（2）发达国家农业科技研发体系及推广体系简介。可以从主体、分工与合作关系、资金来源以及与成果扩散（转化、推广）的衔接关系等角度了解体系的特点。①美国体系。国家级农业研究中心侧重于基础研究和应用研究，州试验站侧重于应用研究（结合州特点与需求），私立研究机构主要进行开发性研究，农业部预算的 3%左右用于农业部研究，州研究经费 50%来自州政府。形成了以赠地大学和农业部研究中心为龙头，州农业推广站与县农业推广站、农场主等衔接紧密的"四位一体"农业科技进步模式。②日本体系。是公共科研机构为主导，企业为主体，大学紧密配合的农业科技创新体系，构建了协调的农业科技创新管理机制，官产学各具特色并联合开发，多层次农协组织与多元化技术转移机构共存，研发经费主要来自政府以及财团等。③荷兰体系。以农业试验站、大学研究机构、区域研究机构为主体，瓦赫宁根大学是农业科研的中坚力量（唯一的农业大学），主要进行农业基础研究和前瞻性研究。科研院所研究经费 50%来自政府。④以色列体系。以公益类和社会类研究机构、农业教育机构为主体，政府公益类研究机构主要进行全国科技发展的关键问题和前瞻性基础问题研究，社会类研究机构的研究范围广泛，政府每年科研经费占农业产值的 3%。

世界各国农技推广体系因其产业发展进程、发展水平、发展组织、产业地位及劳动者素质等不同也不尽一致，大体可以分为三类：一是以政府推广机构为主导的农技推广体系，政府农业部门直接领导，农业部门下属的推广机构负责具体工作；二是以政府领导、农业大学参与的农技推广体系，农业教育、科研、推广三位一体；三是政府补贴、农场主协会组织的农技推广体系。

二、中国农业科技体制改革及创新体系简述

1. 中国农业科技体制及其改革

改革开放之前，与计划经济体制、集体所有制体制相配套，建立了全国"四级农业科学试验网"。但在"文化大革命"期间，正规大学及研究机构等农业科研系统遭受严重破坏。随着家庭承包制的全面实施，传统的村集体组织功能严重弱化，商品化、市场化严重冲击了原有的农业科学试验网，出现了"线断、网破、人散"的局面。随着土地政策、农产品购销政策的边际效应或者红利严重下降，1985 年发布《中共中央关于科学技术改革的决定》，1988年邓小平提出"科学技术是第一生产力"，"一靠政策、二靠科技"在 20 世纪 80 年代末成为共识，开始了全国农业科技创新体系的改革或重建工作，在 1989 年实施"科教兴农"战略，全国各地选派"科技副县（乡镇）长"，实施"技（术）政（策）物（质）""农科教""产学研"相结合等措施推进农业科技进步，开始了探索中国特色农业科技创新体系改革。

经过 40 多年的重建与改革探索，中国农业科技创新已经成为世界规模最大、主体多元、资金来源多样的庞大体系，科技资源投入数量不断增大、结构日趋合理、产出规模和水平不断提高，农技推广体系多点覆盖，成为支撑农业现代化取得巨大成就的第一生产力。当然，目前仍然存在很多问题需要深化改革。

2. 当前农业科技创新体系概况

中国农业科技创新体系的组织形式和载体呈现"百花齐放"，创新活力不断增强。①研

发组织体系以各级科研院所和大学为主，企业作用不断提升。综合性大学的作用显著增强，基础研究、人才与跨学科等优势在农科领域充分展现。②平台载体不断丰富。多层次、多类型、专业化及跨学科的研发中心、重点实验室与试验基地（如南繁基地）、农业科技创新中心、农业科技园区与农业高新技术示范区、创新联盟等数量庞大，潜力有待释放。③创新要素合作重组方式日益多样化。各种机构及其人才之间的流动与合作方式日益灵活，形成了丰富的研发与产业化、推广服务与成果转化方式。④经费来源多元化、使用项目化。主要是国家级各类项目，自然基金委、农业农村部、科技部以及涉农主管部门都有各种项目，公开申报申请。国家级经费不断增加且有保障，省市级经费变化受制多种因素波动。⑤成果转化、扩散与技术推广服务的多元化与灵活多方式。以中央、省市、县的国家公益性农技推广服务机构为主导，科研院所与大学、企业的作用不断提升，多数乡镇级机构作用式微，市场竞争与社会声誉的评价作用日益突出。⑥体系运行秩序的规范化、规则化与制度化。行政体系、法制化与行业自律、社会组织监督、市场惩戒等力量在多领域有效发挥作用，水平有效提升。

更进一步，根据大量相关分析以及现实观察，国家政策导向和以下发展趋势非常明显：一是全局整体的农业科技创新主要方向、思路、目标和领域、重大项目等战略问题基本明确，农业科技体制改革基本方向与框架基本确立；二是国家级科研院所、综合性重点大学、重点农业大学等在农业科技创新的引领作用进一步凸显，国家队与地方队的职能功能分化进一步加剧；三是培育发展大宗农产品"育繁推服一体化"的种业和产前产中产后紧密联系的"产加销服"一体化跨界融合农业企业（集团）成为主导，在畜牧养殖、高质高值特色种养殖产业中已大量涌现；四是工商资本、社会资本投资农业及其科技创新、技术服务等势头强劲，农业技术创新与服务、新业态新模式的风险融资日趋活跃，智慧农业、平台农业等发展领域不断拓展深化。

三、信息化赋能现代农业

依靠高新技术赋能重塑未来农业发展是科技革命与产业强国、生态强国建设的必然要求和趋势。高新技术包括现代信息技术、生物技术、新材料、新能源以及空间技术利用等，已经在很多产业及其不同环节、场景下得到应用。高新技术赋能现代农业最受关注，新概念、新理念与新技术推出最多的是农业信息化方面。

1. 农业信息化

（1）基本内涵与特征。《（2006—2020年国家信息化发展战略）》指出，"信息化是充分利用信息技术，开发利用信息资源，促进信息交流和知识共享，提高经济增长质量，推动经济社会发展转型的历史过程"。农业信息化就是在农业领域发展和应用信息科学技术，使之渗透、融合到农业全产业链以及农村社会、经济、技术等各个具体环节的全过程，改变农业生产、服务和管理方式，实现农业经济和社会的信息化。

农业信息化主要特征体现在网络化、全程化和综合化三个方面。网络化以计算机、互联网为载体，将农产品生产信息、市场销售需求信息、农业咨询（气象信息、政府政策）等涉农信息传播到每一个网络用户手中，并通过网络互动，使信息得到有效反馈。全程化是指信息技术应用贯穿在农业生产、管理、销售等全产业链中，实现农户、涉农企业、政府、专家等全方位的信息对称。综合化既包括数据库技术、网络技术、计算机模型库和知识库系统、多媒体技术、实时处理与控制等信息技术结合，又有信息技术和生物技术、核技术、遥感技术的日益紧密结合，使农产品的生产方式、经营管理和农业服务水平不断提高。

（2）发展现状概述。中国的农业信息化发展始于 20 世纪 80 年代末，农业部成立信息中心，各地相继建立多个农业数据库，原农业部 1993 年提出农业信息化体系建设总体规划，1996 年的第一次全国农村经济信息会议上再次明确农业信息化发展方向，之后陆续出台了《推进农业电子商务发展行动计划》《国家农业科技服务云平台建设工作方案》《关于推进农业农村大数据发展的实施意见》《"互联网"+现代农业三年行动实施方案》等。2022 年网信办、农业农村部等十部门印发《数字乡村发展行动计划（2022—2025 年）》，以加快数字乡村建设。

农业农村部市场与信息化司联合信息中心发布年度《全国县域农业农村信息化发展水平评价报告》（或《全国县域数字农业农村发展水平评价报告》）。其评价指标体系包括：一级指标包括发展环境、基础支撑、农业生产、农产品经营、乡村治理、服务等 6 个方面，二级指标 15 个，三级具体指标 20 个。其中，农业生产信息化水平（权重 30%），主要指种植、设施栽培、畜牧、水产养殖信息化水平（信息化技术在生产中的应用率）；经营信息化（权重 25%），主要指农产品网络销售情况，即农产品网络销售率；农产品质量安全追溯信息化水平评价分别从种植、设施栽培、畜牧、水产养殖等 4 方面评价。

2021 年发布的报告显示，经对全国 2642 个县（市、区）上报的 2020 年相关数据综合测算，2020 年全国县域农业农村信息化发展总体水平接近 38%，浙江在全国领先，江苏、安徽、上海等位居前列。农业生产信息化水平为 22.5%（东部地区 25.7%、中部地区 30.8%、西部 19.6%），全国农产品质量安全追溯信息化水平为 22.1%，县域农产品网络零售额占农产品销售总额的 13.8%，总额 7520.5 亿元，其中东部 3359.9 亿元（17.7%），中部 2628.5 亿元（12%），西部 1532.1 亿元（11.2%）。另外，养殖业生产使用现代信息技术的占 30.2%，设施栽培、大田种植、水产养殖分别为 23.5%、18.5% 和 15.7%；大田种植的农机作业、设施农业的水肥一体化智能灌溉和设施环境信息化监测技术应用相对较多，水产主要是信息化增氧技术。

通过上述评价报告可以看出，基于指标数据可获得性，目前的评价指标都是最简单的单项信息，不科学、不全面，农业信息化水平尚处于初级阶段，主要是某些环节的某项信息技术应用为主，而且普及率（渗透率）并不高，距离真正意义上的网络化、全程化、综合化等现代信息化尚有很大距离。如果从系统、全面、科学的角度评价，水平更低、差距更大。

2. 数字农业与智慧农业

（1）数字农业及其相关的几个范畴。数字农业是各种信息技术在农业中应用的一个集合概念。一切将数字信息技术应用于农业科研和生产经营领域的都可称之为数字农业，也就是用数字化技术，按人类需要的目标，对农业所涉及的对象和全过程进行数字化和可视化表达、设计、控制、管理的农业。主要涉及物联网、农业大数据、区块链、云计算、遥感、人工智能、5G 技术等，是一个技术不断升级、内涵不断扩展的范畴。

农业物联网，是通过仪器仪表实时显示农业数据，或将农业数据作为参数传入物联网中，实现温室精准调控，达到增产、改善品质、调节生长周期、提高经济效益的目的。农业大数据，是大数据理念、技术和方法在农业的实践，是将耕地、播种、施肥、杀虫、收割、存储、育种等各环节的来源和存储结构有差异的多元异构数据进行融合重构，通过数据挖掘分析出数据背后的规律，并予以可视化展示。狭义的区块链是一种按照时间顺序将数据区块以顺序相连的方式组合成的一种链式数据结构，并以密码学方式保证的不可篡改和不可伪造的分布式账本。云计算是把存储于个人电脑、移动电话和其他设备上的大量信息和处理器资源集中在一起，协同工作，在极大规模上可扩展的信息技术能力向外部客户作为服务来提供的一种计算方式。精准农业是以信息技术为支撑，根据空间变异，定位、定时、定量地实施现代化农事操作与管理。从发达国家智慧农业发展趋势看，大数据技术日益渗透农业全产业链，智能化装备广泛应用，无人化、少人化发展迅速。

（2）智慧农业。智慧农业是以信息和知识为核心要素，通过互联网、物联网、大数据、人工智能和智能装备等现代信息技术与农业跨界融合，实现农业生产全过程的信息感知、定量决策、智能控制、精准投入、个性化服务的全新农业生产方式，是农业信息化发展从数字化到网络化再到智能化的高级阶段。其整合应用生物技术、信息技术、智能装备三大生产力要素，应用智能农业装备、智能传感器系统、智能无人机、智能机器人、软件等主要技术。智慧农业是目前数字农业技术的集中体现和综合应用。

关于智慧农业的主要特征，公认的是国家农业信息化工程技术研究中心主任赵春江院士的观点：①农业生产要素数字化、网络化、在线化。利用先进传感、遥感及机器视觉等感知技术，使农业种植、养殖环境信息，种植或养殖对象的生长信息，生产作业机械、装备工况信息实现数字化标示和获取。利用互联网、5G、窄带物联网、卫星通信等网络通信技术，实现远程数字化信息调度。②农业生产过程调控与决策云计算化、智能化。基于生产过程的海量数据，充分利用大数据和人工智能技术，借助农业云计算平台对数据进行加工处理，产生最优化的农业动植物生长调控模型，实现生产全过程智能化调控。③农业全环节、全过程、全链条协同化。通过农业云计算平台，将分布式农业生产系统、物流系统、交易系统和消费系统连成一个有机整体，使农业生产、经营、管理、消费各环节和主体工作协同优化。④农业管理信用化、安全化。通过区块链去中心化技术将农业生产、流通、交易、消费等环节数据全部上传并储存到区块链共享分布式数据库中，形成可供消费者、采购商查阅的不可篡改的账本，使农业管理信用化、安全化。

发展智慧农业是战略方向性必然选择。但实现一定程度的真正智慧农业的普及尚需解决很多现实问题，例如，农田地块规模小、耕地细碎化问题突出，农业机械化、标准化水平比较低，农村信息基础设施薄弱，信息感知农业传感器、智能决策模型算法以及高端农业智能装备技术产品创新不足等，这些问题的解决尚需要很长时期。

四、区域农业科技创新与科技进步

区域农业科技创新水平是多种复杂综合因素的动态耦合体，与经济发展水平一致。这些因素主要是：区域产业规模水平对科技需求的支撑，综合性学科研发优势及其与农业的交叉融合创新，高水平的综合性农业科研院所（大学）为龙头，较强的财政持续扶持强度，内生活力很强的创新创业的人才政策与文化生态、科技创新型企业的水平等。中国农科院发布的"中国农业知识产权创造指数报告"的排序显示，总体地域分布继续呈现出由东部向中西部递减的阶梯状特征，和各区域的经济发展水平相符合，东部沿海地区农业知识产权创造持续发力，农业知识创新中心东移的趋势明显。

1. 科技创新赋能区域现代农业发展的特点

地方农业科技创新是以政府主导的多元主体、多种模式、多种力量竞相发展的格局。不同地区既在中央政府统一领导下制定和实施系列统一制度，依托中央财政实施自上而下的很多项目；也根据地方财政实力、资源与产业状况等制定地方性政策制度，实施了大量自主创新推广项目，生产主体基于市场选择自主引进采用新品种新技术。

各地方农业科技创新的共性特点具体表现在：①巩固强化发展地方优势，挖掘提升地方特色，尽快形成研发市场优势是地方科技创新的重要方向；②围绕优势主导产业整合多种力量，多学科、政产学研用、科教推服相结合，省市、区县、乡镇、生产主体的一体化运作，是高效的科技创新体系的必要组织模式。实质性"（政）产学研用服"紧密结合，更加重视农业高新技术的多样化创新与多学科综合配套成体系；③"三农"科技问题统筹协调解决，与"三农"相结合，产业链协同创新、区域协同整体开发提升为重点，如区域环境科技创新；④实用性技术创新发展非常迅速，技术上的突破很快就会带动新兴产业迅速崛起，尤其是相对投资小、周期短、见效快的物化型科技产品创新领域的竞争将更加激烈，如良种繁育、生物肥料、生物饲料等生物农业；⑤促进农业产业链创新与技术链的双向融合，开展关键技术和共性技术的研究、集成和示范，形成诸如"良种繁育体系—标准化种养体系—农产品精深加工体系—副产物综合利用体系"等；⑥由某环节某项技术推广应用为主，向综合系统性、全产业链以及生产与环境、"三生"（生产、生活、生态）结合等"农业农村推广"的持续延伸拓展；⑦企业化科技集团以及科技创新企业群将成为决定区域科技创新水平的主要力量，这已经被山东寿光、北京、长三角等很多地方的实践、现实所证实。

2. 区域数字农业发展的科学理性思维

数字农业在发达国家的成功案例和实践，国内科技创新政策导向、资本"大咖"投入实践等经过媒体传播、专家宣传，引起社会关注。但真正意义上的数字农业的实现是一个大系统，各环节、各项技术的性能、功能相互依存，存在技术、经济等方面的任一梗阻都难以达到预期。因此，中国数字农业发展的务实要求应该是：国家引导、创投（资本）主体，强化基础研究和设备研发，补齐基础设施和基础信息短板，重点发展技术适用、经济可行的成熟有效技术，由点到面、由单项到集成逐步试点发展。

对于区域数字农业或智慧农业发展的资金条件、人才条件以及基础配套条件等要有清醒的认识，瞄准产业发展的紧迫技术需求，科学理性地看待。①数字农业技术是手段，不是目的。使用数字农业技术是为了解决农业发展中的很多问题，比如成本高与效益低，质量安全与生态环境，物流效率低与损失大，国际竞争力弱等。使用数字技术也需要成本，不但有购置设备工具的成本，还有维护使用与更新成本、使用人力资本的成本等。技术采用者需要进行理性权衡后才会采用。技术的经济、适用、有效是基本要求。②数字农业很多技术创新和基础体系尚待突破和完善。有些是单项技术、设备的性能及其价格等方面难以实用化，如传感器、智能系统或设备，有些是与生物技术、种养殖技术相协调的问题等，还有信息化基础设施、信息的收集系统等难题。③现实中存在不少超前使用数字农业技术效果不佳的案例。目前中国的数字农业技术创新和应用在不少方面取得了一定成效，如智能农机、物联网、农业无人机等，在大田作物以及高附加值的园艺作物等方面得到应用。但也存在一些公司在技术很不成熟、不适用的条件下盲目推广，谋求政府财政资金。有的项目在政府资助下试验示范，项目验收后设备闲置；有些所谓的数字农业服务平台实际就是将媒体信息整合到平台上，不少追溯系统及其设备就是摆设，造成了严重的浪费，导致对其他紧迫需求、解决现实问题的财政投入相对减少。

规划链接："十四五"全国农业农村科技发展规划（节选）

要把握"突破、融合、重塑、提升"战略支点。突破农业"卡脖子"关键核心技术，突破农业科学重大基础理论和前沿技术，突破农业产业高质高效绿色发展的技术瓶颈、产品装备和工程技术。强化科企深度融合，强化科技与县域产业同村镇经济深度融合，强化科技创新要素与区域产业发展深度融合。完善新时代中国特色农业农村科技创新体系，强化国家农业战略科技力量建设，优化国际农业科技合作发展格局。实现农业质量效益竞争力大幅度提升，实现农业科技自主创新能力大幅度提升，实现农业科技成果转化推广效能大幅度提升。到 2025 年，力争突破一批受制于人的"卡脖子"技术和短板技术，农业领域原始创新能力大幅提升，农业科技整体实力稳居世界第一方阵，生物育种、农业 5G 应用、动物疫苗等领域居世界领先水平；农业土地产出率、劳动生产率、资源利用率等进一步提高，生物种业、耕地保育、智慧农业、农机装备、绿色投入品等领域产业竞争力显著提升，农业科技进步贡献率达到 64%。展望 2035 年，一批世界农业科学技术中心基本形成，以高端化、智能化、绿色化为标志的农业科技现代化基本实现，基本建成农业科技强国。

资料来源：摘编自农业农村部官网 2021 年 12 月 24 日报道。

第四节　区域农业发展的文化资源

一、农业文化资源的内涵及其需求价值

乡村文化的核心是农耕文化（农业文化），围绕农耕文化而形成生产、生活与生态等乡村文化，实践中的农业文化与乡村文化很难截然区分。

1. 农业文化资源及其内容

（1）文化的内涵。文化尚不是一个被权威组织、专家界定的概念，不同时代、不同学科、不同专家的理解存在一定差异。在此仅列举几个经常见的界定：一是，文化是人类生产出来的物质财富和精神财富的总和；文化是人类在发展进化过程中逐步掌握的能改善人类生活的知识、能力、习惯的总称，它主要分为物质文化（如种植技术、手工艺技术、工业技术等）和精神文化（如文学、绘画、哲学、音乐等）。有的说包括物质层面文化（物质文明总和）、制度文化（不同政策、法律、政体等制度）和观念（思想观念和意识形态）。狭义的文化一般是指意识形态所创造的精神财富，包括宗教信仰、风俗习惯、道德情操、学术思想、文学艺术、科学技术、各种制度等。二是，文化是一个群体（国家、民族企业、家庭等）在一定时期内形成的思想、观念行为、风俗、习惯、代表人物，以及由这个群体整体意识所辐射出来的一切活动，也可以说，人们的行为集中体现文化。

国家统计局《文化及相关产业分类（2012）》规定，文化及相关产业是指，为社会公众提供文化产品和文化相关产品的生产活动的集合，包括：一是以文化为核心内容，为直接满足人们的精神需要而进行的创作、制造、传播、展示等文化产品（包括货物和服务）；二是为实现文化产品生产所必需的辅助生产活动；三是作为文化产品实物载体或制作（使用、传播、

展示）工具的文化用品的生产活动；四是为实现文化产品生产所需专用设备的生产活动。

（2）农业文化资源及其内容。广义的农业文化指的是在农业生产实践活动中所创造出来的同农业相关的物质文化和精神文化的总和。狭义的农业文化，是以农业生产方式为基础，与农业生产密切关系的价值观念、哲学理念、思维方式等内容体系。农业文化资源是能够被开发利用并产生价值的农业文化。资源是动态的、相对性的概念，农业文化能否成为资源取决于认识、技术以及需求等多方面因素，未成为资源之前就是一种客观存在，需要保护，一旦破坏、丢失，很多无法恢复。

农业文化的具体表现（载体）或主要内容包括四类：①物质实体文化（主体内容），如农作物品种、农业生产工具、生产及辅助设施，农业技术书籍（典籍）、自然观察记录、农业文学艺术作品、农业自然生态景观、人工农业景观等；②民俗与民间信仰，农业民俗文化就是与农业相关的在民间能传承的文化；③农业文化观念体系（灵魂），如农业哲学思想、农业政策思想、农业生产经验与理论、农业制度等；④农民生活的物质与精神文化，包括农民生活工具、生活用品以及生活的理念思想、文化作品等，与农民的生产关系密切，如日出而作、日落而息等。

（3）农业文化资源的价值差异性。从农业文化资源禀赋及其开发利用价值角度看，其差异较大，可以有不同的分类（类型），对开发利用及管理有重要启发价值。①资源自身价值内涵的大小不同。农业文化资源具有艺术、历史、经济、社会、美学、研究、教育等多层次多重价值，有的是单一价值突出，有的是综合价值很高；有的对研究者的研究价值大，但对消费者缺乏吸引力；有的历史价值大，但在现代社会的价值很小。同时，文化资源自身价值是动态的、相对的多种类型，也取决于认识、需求乃至研究的水平。有的价值被发现，有的没有被发现；有的被发现后价值很大且多元，有的则可能很一般，需要开发利用者科学理性评估，要避免现实中"自夸"的放大价值的做法。例如，保留了一个旧社会老地主留下的几间普通老房子，就像对待贵重文物一样，高估其价值。②对消费者需求的效用差异。不同的资源能够提供给消费者的效用有多种类型，如视觉、听觉、嗅觉、味觉与触觉等感官需求，好奇、心理的满足，学习知识、技能，体验农业生产、乡村生活的体验价值，放松、锻炼身体等休闲。越是能够满足更多消费者效用的文化资源开发的前景越大。或者说，农业文化赋能农业产业要站在消费者角度去思考，有哪些消费者、多少消费者愿意付费。③资源禀赋状况及其影响力大小差异。如世界级、国家级、地方级以及小区域影响等。农业文化遗产就有世界级、国家级，有的地方还确定了省市级的。再比如名人故里、历史文化村落、古镇等，其知名度和影响力不同，如果是国家级、世界级，吸引力大，只要将文化资源更好地呈现、展示、宣传即可，市场细分不重要，至少在很长时期内，旅游文化消费需求呈现增长趋势。但对于一些只在部分人群、部分地区知晓认可的文化资源，缺乏足够消费者就是大问题，特色、差异化、创新创意对持续生存发展很关键。另外，投资开发也需要客观理性评估其潜力。④实现农业文化资源的经济价值的条件差异。单一性或专业性资源需要很多数量和种类聚集在一起才能形成一定价值，比如一件旧农具、旧生活用品或一本旧书，自身价值可能并不大，需要放在博物馆，或者在一个村、一个民宿等聚集起来，才能产生足够的价值（吸引力）；而农业文化遗产、古村落、田园景观等，自身就有足够大的开发利用价值。农业文化资源的开发利用需要足够数量、种类的积累和体系化，达到整体功能凸显，不断地挖掘、发现并重组很重要。

2. 农业文化资源的特征及其开发蕴意

开发利用文化资源，首先要认识文化资源，因其种类庞杂，各具特点，也具有共性特点，如一般总结为独特性、多样性、精神性、可再生性（可重复利用或产生新的文化因子）。农业文化资源作为"农业（农村）+文化+资源"的复合范畴，对其特征的理解和总结可以是多角度、多元的不同描述。资源开发利用要回归到并遵循资源本身的特征及规律，避免盲从。

（1）形成的区域性与历史性。农业农村文化是由地域的自然地理、气候、历史人文、生产生活等多种因素在历史发展中共同作用而积淀形成的，地域性特色突出，越是地域特点突出的越能吸引人，越有开发利用价值；同时，其也是历史积淀的结果，尤其是传统的农业文化资源兼具区域性与历史性。挖掘历史内涵、特色价值等是开发利用的重点。

（2）季节运律性与自然一体性。农业的景观、生产生活活动、种植的作物都有季节性的变化规律，是在一定的区域自然环境、气候和生产方式之下逐渐形成的，开发利用虽然可以部分加以改造（如设施等），但不能改变整体或全部，涉及成本与投入产出、特色与价值能否保留和提升等不确定性问题。开发利用资源要结合季节性变化的规律，针对性整体设计，不断丰富。

（3）农民主体性与产权模糊性。区域农业文化资源是当地农民共同活动的结果，没有农民真正的有效参与，农业文化资源及其开发利用就缺少根基、灵动性、真实性和吸引力，日本、中国台湾等地在发展乡村休闲时注重在地农民通过导游、项目经营等方式直接参与。同时，很多农业文化资源的产权是模糊、不明确的，需要在开发利用时设置有效的机制，采取有效的组织。

（4）功能整体性（集合性）与多态融合性。农业文化资源有多种不同形态、不同价值，特定资源的功能价值有限，需要与其他资源组合在一起才能实现一定的功能价值，比如村庄的休闲资源，肯定是多种资源要素聚集在一起的结果。农业文化遗产作为区域农业文化和旅游资源的一部分，具有整体性、复合性和全域性的特征，除了有着丰富的农业物种、农业技术以外，还有自然风光、地质景观、生态景观、民俗节事、传统美食等许多其他元素，共同构成了农业文化遗产旅游资源这一有机整体。多种资源可以发展成多种业态的产业和项目，如休闲、体验、研学项目以及赋能品牌农产品等，构成复杂的多业态，现实中的农业文化资源开发基本都是多业态融合。需要遵循农业的产业发展规律、商品经济的价值规律和文化的社会价值规律。

（5）价值实现的动态性与发展的创意性。农业文化资源的产业开发是一个不断地价值挖掘、创造的动态过程，现代创意文化元素、新的经营方式等不断融入，让传统文化在满足现代需求过程中不断产生更大价值。传统农业文化的挖掘与开发利用，需要守正创新，而不是完全恢复古老的做法。例如，过去完全人推、驴拉石磨做香油、做豆腐，完全可以改为电动石磨。即使是地标农产品，保持其质量，也需要技术、水土、品种、栽培以及贮藏保鲜、加工等系统创新，需要技术赋能农产品创意或创新开发，需要品牌文化创意打造与保护。一个村或者民俗项目、民宿项目的开发，都需要在产品、布局、品牌包装宣传等方面进行大量的艺术创意，丰富提升价值内涵，更好满足需求。2021年中国美丽休闲乡村申报就提出了比过去更多的项目要求，11个特色项目主要是：农事体验、乡土美食、休闲康养、特色民宿、亲子研学、民俗文化、科普教育、民族风情、拓展训练、红色旅游、夜间项目/夜间经营。

3. 农业文化资源开发的功能价值需求

农业文化资源的价值是多元的客观存在，也取决于主观评价。消费者对农业的文化价值需求比较复杂，有巨大的群体差异、个体差异。一般可分为美食、游玩、知识、体验、健康等十几种。在此突出介绍以下几方面的主要功能价值。

（1）感官性的需求。视觉、听觉、味觉、嗅觉、触觉等感官刺激是文化产品最直接的需求，即使是品牌的地理标志农产品的包装、LOGO 设计等也要体现新鲜、好玩，甚至是震撼，能触动人产生想看的欲望。例如，乡村休闲农业发展，大部分游客希望的是土味、野味、俗味、古味与洋味等特殊"五味"；有的是想看到"意象乡村"，也就是在长期的历史发展过程中人们头脑里所形成的乡村"共同的心理图像"，如聚落建筑、田园景观、生态环境等乡村景观意象，乡村农耕文化、生活形态、民风民俗等乡村文化意象。

（2）知识、教育与心理等精神的需求。通过对农业农村文化产品、服务的消费，获得农业、自然、乡村发展历史、农村社会等方面的直观印象和知识，甚至进行体验、劳动锻炼等，学生的学农教育会极大促进各种农业农村的研学活动。而有的消费者则是有特殊的心理性需求，如满足好奇心、高品质产品需求的阶层优势心理，乡村成为一些人向往的"诗与远方"。

（3）特殊（个性）功能性需求。很多消费者对文化产品服务有特殊性的功能要求，例如享受"静"的要求，健康养生文化（黑色养生作物），形意、寓意文化产品（心形西瓜、柚子）等方面的需求，甚至是特殊的奇怪个性心理方面的需求等。利用资源禀赋创意这些特殊功能价值，是增强吸引力和特色的重要路径。

（4）休闲（玩）的需求。"休闲"是指解除体力上的疲劳，或恢复生理平衡，获得精神上的调节和休整，是在非劳动工作时间内以各种"玩"的方式求得身心调节与放松，达到生命保健、身心愉悦目的。突出放松，并不在于学到什么，甚至看到什么。

（5）体验性和"角色""身份"转变需求。对于农业文化产品与服务的需求，正在转向更高的体验要求，例如，休闲农业由过去的农家乐转向实际参与的体验农业劳动、传统农产品加工（农场 DIY 等），更有高级层次的需求是追求一种"状态"，如乡村慢生活的状态、环境与方式，自己动手、自给自足的过程体验，体验日出而作、日落而息的生活，精神回归"初心"，去掉浮躁等。这种心境与环境和谐的状态在城市很难，没有空间，没有人员稀少的环境，在乡村则能够实现。

二、农业文化赋能区域产业发展的实践及其趋势

农业农村文化具有鲜明的地域性、本土性，是在一定区域范围内的实践，其开发利用（活用）需要不断开发或拓展资源的新功能，扩大资源原有功能的作用范围和影响力。

1. 区域农业文化资源开发的实践做法及现状

实践做法是多层次多样化的丰富内容，可以从多个角度归类，在此简单介绍几种代表性的做法（模式）。

（1）发展休闲农业与乡村旅游。这是最主要的一种综合性开发利用方式，从 20 世纪 80 年代的农家乐开始，到目前是向民宿、康养、主题公园、田园综合体等更加复合的业态转变。全国休闲农庄、观光农园等休闲农业经营主体 30 多万家，年营业收入超过 7000 亿元；乡村旅游重点村达到 6000 个，休闲农业和农村旅游特色村 10 万个以上。这些村优势资源挖掘充

分、经营业态不断丰富、联农带农成效显著、配套设施功能完善①。

（2）认定与保护开发农业文化遗产、非物质文化遗产项目及传承人。公共遗产保护是人类为应对现代化造成的灾难而采取的重大举措，认定自然遗产、文化遗产、非物质文化遗产（非遗）和农业文化遗产是其中的四步曲，在全球及国家层面、地方层面非常重视，进行了很多的认定、保护扶持。这些认定项目成为特色产品、乡村休闲旅游的文化赋能标签，产生了重大作用。例如，2008 年开始进行非遗认定，截至 2021 年中国国家级非遗代表性项目、代表性传承人 3063 人，地方认定的非遗项目以及传承人更多，绝大部分是乡村民间文化。

（3）认定与保护开发古村古镇、特色村镇。经过先后 5 次国家认定的古村落（传统村落）达到 6819 个，其中浙江 636 个、贵州 724 个、云南 714 个、湖南 657 个、山西 545 个，五省共计 3275 个，占全国的 48.14%；国家认定的历史文化名镇 312 个。另外全国有 1600 个左右的特色小镇等。不但保护其建筑、生活生产设施、工具及其自然生态环境、人文历史遗迹等，而且保护其生活生产文化。通过这些推荐、评选与认定，有了政府授牌和背书，能够实现整村、全镇的开发带动，成为产业发展的重要依托。

（4）认定与保护开发地理标志农产品、地方特色农产品、地方种质资源以及手工作坊、传统工坊及其产品。中国地域广阔，区域差异大，上万年的农耕文明留下了丰富的农业资源，全国乡村特色产品有 10 万多个，截至 2022 年 2 月已登记认定地理标志农产品 3454 个（山东多达 351 个），绿色有机地标农产品比普通农产品效益高出 10%—30%，甚至 50%以上。2021 年 3 月启动了新中国历史上规模最大的农业种质资源普查，经过 8 个月工作取得了阶段性成果，新收集农作物种质资源 2.08 万份，新发现鉴定畜禽遗传资源 18 个，新收集水产养殖种质资源 3 万余份。另外，具有自然性、人文历史性和技术性的众多的传统手工作坊、传统工坊得到挖掘、传承和发展，成为地方特色的标志。

（5）兴办或恢复各种博物馆、村史馆、名人故居、宗庙、寺院等。改革开放之后，各种文化建筑的修葺与恢复重建活动，在国家和地方政府、民间层面一直就在持续进行，很多在过去损毁的建筑和一些活动恢复，名人故居更是炙手可热。例如，中国大部分农业博物馆成立于 2010 年以后，2000—2010 年为 9 个，2010 年以后增加到 61 个，各种地方的小型或者专业型博物馆估计有上千个。同时，民间自发以及地方政府推动建立村使馆的越来越多，不计其数。

（6）发展红色旅游。红色旅游资源遍布中国城乡，在乡村更为丰富，随着国家的更加重视，红色旅游已成为利党利国利民的政治工程、文化工程、富民工程和民心工程，在各地宣传部门、组织部门的推动下，各地开发热度不减。截至 2021 年，已基本建立起以"全国红色旅游经典景区"为核心的中国特色红色景区管理体系，在国家《全国红色旅游经典景区名录》中，共包含 300 处经典景区和 18 个重点红色旅游城市，涵盖伟人故里、革命遗址遗迹、烈士墓/陵园、革命纪念场馆、红色非物质文化遗产等多种类型。全国红色旅游出游人数从 2004 年的 1.4 亿人次增长到 2019 年的 14.1 亿人次，旅游收入约 4000 亿元。

（7）以农业园区、农场、农业企业、田园综合体等为载体发展现代科技农业、创意农业与融合农业。农业文化资源不但包括传统的农业农村文化，而且包括现代理念、现代科技和

---

① 农业农村部新闻办公室，农业农村部公布中国美丽休闲乡村推介和监测结果 254 个乡村被确定为 2021 年中国美丽休闲乡村，2021-11-19.

现代设备支撑的现代农业文化，承载各种现代科技元素、现代理念和现代创意的各种载体、生产活动、生产景观、展示（如农业嘉年华）和产品，一直是消费者休闲旅游的重要内容，其与传统的农业农村文化资源一起为消费者提供更加丰富多元融合的体验。

2. 未来区域农业文化资源开发利用的趋势

经过几十年的大开发大发展，资源禀赋或特色优势明显的区域资源以及浅层次的、易开发的都基本开发，未来将进入相对稳步发展与质量提升期，最主要的任务是如何实现高质量发展。总体看，以下趋势比较明显。

（1）需求潜力巨大，要求提高。无论是宏观经济发展战略走向，还是消费需求的总量及其增长潜力看，农业文化需求资源开发的空间都是巨大的；居民收入消费水平的提高，需求增加是必然趋势。同时，消费者的要求不断提高，有些人群的某些消费需求已经得到满足，追求的是更高的价值，消费者更加理性、成熟。例如，更加注重深度、综合性体验和实质内容，部分乡村旅游转向更高文化含量、更高生活体验以及更高的附加值方向。休闲农业及乡村旅游、品牌农业发展等不断升级是必然的，文化赋能也是必然的。

（2）发展的区域、主体加速分化。部分区域、村庄依靠在过去发展中积累的先发优势，不断吸引人才、资本进行创意创新，提升质量和吸引力，成为著名"打卡地"，步入良性持续发展道路。一些区域、村庄因为前期建设缺乏对消费需求、文化资源开发利用价值的准确把握，缺乏丰富资源禀赋、竞争力和文化内涵吸引力的部分村庄、博物馆、园区等，经济效益不高、经济实力不足，缺乏创意和人才的不断提升，只能低水平维持或者退出。与此同时，经营者加速分化，持续创意创新能力与经济实力较强、理念先进的经营者，包括品牌农产品经营者、村集体、合作社或者大资本等则通过不断寻求突破，步入高质量发展轨道。

（3）更加多样化、融合化与个性化。在开发利用过程中，为了吸引更多的消费者，就需要不断创意创新项目和内容，针对新需求不断开发，尤其是针对个性化需求成为亮点、特色，开发的内容会更加多样化，并且日益融合，包括尽可能挖掘活用资源，将各类各项资源进行融合化创意和个性化发展，从观光式旅游过渡为度假式深度体验游，形式逐渐多样化。

（4）科技、创意与科学化管理运营、高水平人力资本的作用更加突出。要活用资源，就需要不断用文化创意的理念和手段，在项目设计、规划布局、产品的品牌包装设计等方面全面提升，给消费者效用更大、吸引力更强的体验。而没有科学化、规范化的运营管理组织及其制度机制、高水平的人力资本的支撑，难以完成创意创新发展的高质量要求。

（5）整村、联村、片区等区域联动开发运营成为主流。乡村文化、农业文化资源有明显的区域性特点，很多文化遗存散落在不同点、不同的人，只有整合起来才能成为真正的资源；满足消费者多样化、融合化与个性化的需求，也需要大量的区域资源进行整合整体设计开发，小资源的村庄难以承载综合性的功能，单一的特色只能成为一个点位。合作、联合的整村、跨村等区域联动开发运营成为转型升级的主流方向，需要改变发展的思维与理念。

（6）科学系统、务实理性的顶层设计谋划是高质量持续开发利用的基础。在新阶段实现农业文化资源开发利用的高质量发展需要顶层设计，从根本上、原点开始系统科学地思考分析和谋划，要科学不是臆想，要系统不能碎片化，要务实不要形式化，要理性不要盲从。

综合案例讨论：浙江省湖州市"两进两回"政策促进乡村振兴

在本章最后介绍一个综合的实践案例——浙江省湖州市"两进两回"政策促进乡村振兴。请根据浙江省湖州市通过"两进两回"（科技与资金进乡村、青年与乡贤回农村）促进乡村振兴的有关政策及做法，体会思考如下问题：新时代乡村产业发展需要哪些社会经济资源？为什么只有这些资源的相互协调配合才能实现产业发展？

2019年10月22日，浙江省政府下发《关于实施"两进两回"行动的意见》，各地分别制定具体实施方案。2020年4月，湖州市"关于全面推进'两进两回'行动的实施意见"提出，到2022年全市建成省级高水平农业科技示范基地80个；市级支持乡村振兴财政累计投入35亿元以上，每年安排市级乡村振兴专项资金2亿元；每年滚动安排强农产业基金2亿元、乡村振兴投资基金1亿元；涉农贷款余额累计新增500亿元，每年滚动安排农业信贷担保额2亿元，累计引导工商资本下乡300亿元；培育青年"乡村创客"1000名、"新农人"1000名，培育市级"青创农场"30家；吸引3000名新乡贤返乡助力乡村振兴。

实现上述目标，采取"四大行动+保障措施"全面推进。①科技进乡村行动。实施科技成果惠民工程、专家驻村服务工程、农业科技领军人才"乡聚工程"，实施"金蓝领"职业技能提升行动等，选育推广100项实用性农业科技成果，推动100名农推联盟专家下乡联村服务，遴选聘请25名市级乡村振兴"首席专家"，组建专家工作室，每两年选派60名科技特派员携带项目下基层，每年定向培养大学生基层农技人员20名，每年培育乡村工匠能手1250名以上等。②资金进乡村行动。加大财政投入力度、拓宽金融支农渠道、推动工商资本上山下乡。③青年回农村行动。实施"乡村创客"培育工程，重点支持在45周岁以下、具有大专以上学历的农业农村领域创业主体中引育一批新生代、领军型"乡村创客"，全面实现"一村一客"；推动1000名以上高校毕业生从事现代农业，每年对接1000名大学生参加乡村振兴岗位实习，建成共青团助力乡村振兴重点村50个，青年助力生态环保标杆村100个；面向返乡创业青年、电商创业青年设立青年创业担保贷款，最高贷款额度1000万元，全市建成市级农村电商示范村100个，培育农村青年电商3000名。④乡贤回农村行动。建立新乡贤人才库和重点乡贤联系制度，建立完善新乡贤激励保障机制，妥善帮助其解决创业、回归、住房、就医、子女入学等问题。积极推荐政治素质好、有突出贡献的新乡贤为"两代表一委员"。区县应建立新乡贤总会，乡镇（街道）应建立新乡贤联谊会，村（社区）应建立新乡贤参事会（联谊分会），建立健全新乡贤组织成员准入退出机制等。

在政策与组织保障方面提出，搭建创业创新载体，突出人才项目扶持，落实税费减免政策，优化生活保障服务，打造农村良好创业生态等，建设国家级、省级、市级"星创天地"5家以上、10家以上、40家以上，孵化农村创业典型项目500个；对入选"南太湖精英计划"的"两进两回"人员领衔的领军型创新创业团队，给予最高3000万元的资助。对入选"南太湖特支计划"乡村振兴领军人才的"两进两回"人员，每人给予30万元的特殊支持。对在本市乡村产业发展、休闲旅游、人才聚引、科技创投等乡村振兴领域，主办项目带动性和引领性具有井喷式效应的回乡青年和新乡贤，可给予最高1000万元的资助。

资料来源：作者根据有关资料整理。

本章思考、练习与讨论题

1. 根据农业劳动力使用的特殊性，中国农业劳动力供求结构性矛盾以及其他理论、宏观社会经济发展趋势等，阐述你对解决"谁来种地"问题的看法。例如，很多地方农村中青年人口在县城居住，20 年后出现更严重的"空心村""老人村"问题，农业产业谁来经营？如何理性认识农业劳动力价格上涨问题？

2. 根据所介绍的"浙里担"案例，体会分析该模式解决了哪些问题？取得较大成效的原因（条件、因素等）及其内在机理是什么？你得到哪些启示？

3. 数字农业发展是必然趋势，但对于一个县域而言，假如你是一个主管领导，你认为应该如何科学、理性地推动其发展？面临的障碍以及难点有哪些？

4. "耕读传家久，诗书继世长"，近年来国家对学生耕读教育（学农教育）非常重视，2020 年 3 月发布《中共中央国务院关于全面加强新时代大中小学劳动教育的意见》，中央一号文件连续 2 年写入耕读教育（体系）问题，各地方和相关部门也发布了相关的实施办法，并已经开始执行。根据你体验过、参与过的农事劳动、农业休闲以及乡村旅游活动，结合相关知识以及看到的有关信息，阐述你对做好学生学农教育实践的认识。针对中小学生农业劳动教育可能的难点、困难与问题等，对地方学农教育如何健康有效发展提出针对性、可操作性建议。

本章主要参考文献

张培刚. 发展经济学教程[M]. 北京：经济科学出版社，2001.

石敏俊. 区域经济学[M]. 北京：中国人民大学出版社，2020.

毛科军，于战平，曲福玲. 中国农村资源资产市场化资本化研究[M]，太原：山西经济出版社，2013.

于战平，李春杰. 都市农业发展与乡村振兴——天津 20 年探索与反思[M]. 天津：南开大学出版社，2021.

殷一博. 改革开放以来农业劳动力转移的历史流变及发展趋势[J]. 中国农村研究，2020（4）.

匡萍. 中国县级财政压力问题研究[D]. 中国财政科学研究所，2021.

中国人民银行农村金融服务研究小组.中国农村金融服务报告 2020[M]. 北京：中国金融出版社，2021.

郭海红. 改革开放四十年的农业科技体制改革[J]. 农业经济问题，2019（1），86-97.

张丽群. 农业信息化水平对农业经济增长影响的研究[D]. 山东理工大学，2020.

第九章　地方政府农业治理现代化

开放市场环境下弱质弱势的农业基础产业需要政府有效弥补市场失灵。政府由管理调控农业转向有效治理农业是国家治理体系和治理能力现代化的题中之意。不同国家在不同的国体政体和不同阶段的体制与政策环境、宏观形势下，农业治理的理念、目标、手段与方式、重点内容等方面会不断改革创新以适应发展要求。中国有特殊的国体政体和国情农情，在中国共产党统一领导下，在中央政府农业发展的大政方针和主要制度确定之后，要由地方政府去落实，地方政府有很大的创新空间，农业治理能力和治理水平现代化就成为农业现代化的重要议题。

第一节　从农业行政管理到农业治理

一、农业市场失灵与政府干预

1. 农业市场失效（失灵）

市场失效是指在资源配置的某些领域完全依靠市场机制的作用无法实现资源配置的最优状态，必须通过政府提供公共产品、行政措施、经济措施和法律等干预手段解决。

在市场经济条件下，农业本身所具有的特征导致市场在某些方面失效。①农业的外部性。农业对于经济缓冲、扶贫、劳动力就业以及社会福利替代方面具有较大的正外部性，也会引起水土流失、水资源耗竭、地表水和地下水污染、面源污染等负外部性。②农业的公共产品性。农业具有多功能性，如粮食安全带来的社会稳定，良好环境带来生态质量提升，农业文化传承等。③农业的弱质性与弱势性。农业不但市场风险巨大，而且自然风险、技术风险和政策风险巨大。农业与二三产业的竞争中常处于相对不利的地位，土地用于非农产业的报酬远高于农业，农业的相对劳动生产率、比较利益较低，农业中的资金、人才等生产要素流向非农产业，造成农业发展动力不足。

2. 农业的政府干预

经济活动中市场失灵的客观事实导致政府必须干预。政府对农业的干预，是政府作为主体，为保障农业持续健康发展，运用各种必要手段对农业经济活动进行的调节和控制，也称为调控。政府干预农业经济是现代市场经济条件下各国的普遍做法，不同的是不同国家或地区，在不同的阶段干预的具体目标、内容、手段、方式以及所形成的体制等方面存在不同。

各国干预经济（包括农业经济）主要是通过经济政策手段实施，但不是唯一的方法，现实中往往是与法律手段、行政手段、计划规划等手段结合，每种手段都有其优势、劣势和适用的场景（形势）等，其效果也有差异。农业由于其特殊的基础地位、多功能性以及弱质弱势性，农业干预主要是对农业支持和保护。至于具体的干预内容是动态变化的，因为农业农村的特殊性，政府干预的内容和范围越来越广，有形手的作用越来越大。国家层面政府通过直接和间接的干预措施对农业进行宏观调控的目标一般包括：保护农业资源、改善生态环境、发展农业生产力、确保农产品安全供应、稳定农产品价格、增加农民收入、改善农村社会福利、巩固和完善生产关系、提供农业所需要的公共物品等。现实中的具体目标会因国家经济体制、发展阶段以及宏观环境不同而有差异。

3. 政府干预失效（失灵）问题

政府的干预行为也可能会失效，这也是最易于引起社会诟病的问题，因为政府是以代理人的角色代替公民进行干预，其不同于市场主体的自我负责。政府干预农业失灵的具体表现及其原因可以列举很多，有不同的类型，如主观原因与客观原因导致的问题，可以避免预防与难以避免的问题，个人原因与组织原因导致的失灵等。认识、研究分清问题的不同表现及其原因，有助于做好预防，更好地做好农业治理工作。基本可以从两个思路去思考。

（1）干预手段的构成环节。农业政策手段涉及政策制定、实施、监督、完善与绩效考评、反馈等众多环节，每个环节如果缺乏有效的手段或制度、机制，都可能影响政策绩效。比如，在政策制定环节，如果真实系统的数据资料严重缺乏，调查研究不够，政策制定者水平不够、理念滞后或过激，政策问题与目标选择判断失误，政策就很可能缺乏针对性、有效性。农业的法制手段同样涉及立法、执法、司法，行政手段涉及行政管理体系的行政主体、行政组织、行政过程、行政监督等方面，都会影响行政结果。政府干预都是由人操作，干预机构的职能优化及协同高效，人才队伍高素质、强能力是根本。

（2）现实及客观存在的问题列举。政府干预经济是公共政策研究的重要内容，尤其是对发展中国家的研究可以列举出大量的具体问题，对农业经济也一样。某些手段的实施肯定会存在一些劣势或者缺陷，例如行政手段就广为诟病，因为违背公平、产生腐败、低效浪费等问题可能性较大。集中体现在以下方面：①主观与客观的不一致。因为人的有限理性、知识能力的不足等，主观上想做好但实际结果不理想，制定目标计划对客观实际的调查研究不够、信息不充分等。②政府机构具有垄断性。在行政管理手段应用较多的国家，政府机构具有一定的垄断性及行政权威体系，如果缺乏有效监督，可能会导致权力滥用，产生腐败等问题。③干预带来的寻租等利益矛盾。所谓租，也称经济租（租金），原指一种生产要素的所有者获得的收入中，超过这种要素的机会成本的剩余。人类追求自身经济利益的行为大致分为两类，一是生产性地增进社会福利的活动，如生产产品、研发、正常市场条件下的公平交易等，称之为寻利；另一类是非生产性的、有损于社会福利却白白消耗社会资源的活动，如与政府官员的权钱交易，这种活动就是寻租活动。寻租活动就是那种维护既得的经济利益或者对既得经济利益进行分配的非生产性活动。寻租活动的实质就是寻租者利用各种合法或非法的手段取得占有租金的垄断权。例如，有的政府部门通过设置一些收费项目，而使得某企业得到项目、特许权或其他稀缺的经济资源。寻租往往使政府的决策或运作受利益集团或个人的摆布。④干预决策的滞后性。决策需要一定的调查研究、分析判断、制定对策等过程，需要一定的时间和程序，如果决策效率低，就会导致干预滞后。例如，过去曾经普遍存在的行政审批"公章旅行"问题，需要十几个部门审批盖章，时间长、效率低。⑤农业的天然缺陷。政府对农业的干预困难较多，天然存在很多缺陷。例如，生产经营者分散、规模小，信息收集难，导致信息不对称、信息滞后，而农产品市场波动与风险大等。组织化、信息化的发展有助于提升政府干预农业的成效。⑥利益集团的博弈。实行多党制的国家，执政党与在野党往往代表不同的利益集团，在很多干预政策方面存在矛盾，干预实际上是一种利益集团的博弈。对农业的干预，尤其是支持保护取决于执政党及其利益集团对农业的态度，取决于农民手中的选票。

因此，政府的干预必须严格限制在必要的范围内，即仅仅针对那些市场机制无法解决、解决不好或解决效率不高的问题，同时尽量遵守市场经济的行为准则。正如《中共中央国务院关于新时代加快完善社会主义市场经济体制的意见》（2020 年 5 月 11 日）指出的：坚持正确处理政府和市场关系，坚持社会主义市场经济改革方向，更加尊重市场经济一般规律，最大限度减少政府对市场资源的直接配置和对微观经济活动的直接干预，充分发挥市场在资源配置中的决定性作用，更好发挥政府作用，有效弥补市场失灵。

二、农业行政管理

1. 农业行政管理概述

（1）基本内涵及其内容。农业行政管理是农业行政主管部门依据国家行政权赋予的职责和权力，依托自上而下的各级政府行政部门（机构）组成的行政体系对农业的干预或管理。

各国在不同阶段农业行政管理的具体内容、手段与方式不同。中国在计划经济条件下主要通过制定并实施计划（指令性计划和指导性计划）、行政指令以及自上而下的一套组织体系保障其运行（中央—省—市县—公社—大队—生产队）。实施家庭承包经营后，改革开放力度不断加大，市场在经济运行中的基础地位日益凸显，大量的直接行政干预难以持续，政府无法直接面对千家万户的小生产、千变万化的大市场，直接的行政干预必然会越来越少。目前，通过制定农业发展战略规划与政策，扶持重点领域的农业项目（落实战略与政策），监督政策与规划落实，农业行政执法等成为农业行政管理的主要内容和路径。

（2）农业行政管理体制。提高行政效能是行政管理活动的基本要求，这与行政管理体制有很大关系。农业行政管理体制涉及机构设置、职能定位、制度规定、管理手段与机制、人员、环境、行政绩效等很多内容，是在国家行政体制、行政体系之下的部门管理体制。也有从行政环境、行政主体、行政过程、行政管理过程以及行政结果等方面概括行政管理体制的主要内容。凡直接或间接对农业行政管理的性质、职能、发展变化等方面构成影响与制约的因素，均称为农业行政环境。农业行政主体就是农业行政组织、行政人员及行政领导。农业行政过程包含农业行政立法、执法与法制监督。农业行政管理过程包括行政决策、计划、沟通、协调、控制等活动。农业行政结果就是农业行政效率及其评价。分析评价一个地区农业行政管理体制的状况可以从上述 5 方面展开。

按照中央政府统一领导、地方政府分级管理的原则，中国形成了由上而下的"金字塔式"的政府科层结构。农业行政管理组织机构设置，也是自上而下设立五级行政管理体制，即中央—省—市—县—乡镇五级。横向看，除农业农村部外，还包括政府的其他涉农部门，如发改委、水利部、自然资源部、粮食局、市场监督管理局等相关部门，共同组成农业行政管理体系。

2. 中国农业行政管理体制改革概述

改革开放以来，根据市场经济发展和对外开放、现代化的要求，中国先后经历了 1982

年、1988 年、1993 年、1998 年、2003 年、2008 年的行政管理体制改革的曲折探索，积累了宝贵的经验和教训，最终走向大部门制。根据转变政府职能的要求，机构设置更加明确化，管理方式更加科学化，业务相近或者可以合并的进行了合并，机构精简。各级地方政府按照中央部署，进行了以大部制改革为方向和目的的机构改革探索，调整机构设置和综合部门设置。2018 年国务院发布《国务院机构改革方案》，将农业部的职责，以及国家发展和改革委员会的农业投资项目、财政部的农业综合开发项目、国土资源部的农田整治项目、水利部的农田水利建设项目等管理职责整合，组建农业农村部，作为国务院组成部门，将农业部的渔船检验和监督管理职责划入交通运输部等。各省市参照农业农村部的改革，自主确定地方农业农村行政管理的部门设置、职责划分等，各有不同的特点。

由于历史原因、中国特殊的政体和国体，农业农村经济社会发展与其他部门、城市的发展是密不可分的整体，一体化程度在不断提升，很多领域、环节的政府部门职责不可能"泾渭分明"，也不可能完全照搬西方发达国家，部际的职能交叉与协调仍然难以避免。如国务院目前的农业农村管理的部分职责依旧分散在国土部、水利部等不同部门。

近 20 多年中国的农业法制建设不断完善，大量的新法律法规不断颁布实施，旧的得到修订，不适宜的得到及时废除。截至 2020 年 9 月，农业领域共有法律 15 部、行政法规 29 部、部门规章 148 部，涵盖农业基本法、农村基本经营制度、农业生产资料管理、农业资源环境保护、农业支持保护、农产品质量安全等主要内容的农业农村法律法规体系基本建立，农业农村治理基本上实现了有法可依。截至 2020 年 7 月，省级全部组建完成农业综合执法大队，已有 309 个地市明确市级农业综合执法机构（占应开展的 93%），1978 个县（市、区）明确了县级农业综合执法机构（占应开展的 89%），农业领域法治体系基本形成。据《农业农村部 2021 年度法治政府建设情况报告》：2021 年全国累计出动农业综合执法人员 445.28 万人次，查办各类违法案件 10.46 万件，罚款 6.14 亿元，为农民群众挽回经济损失 3.43 亿元。

另外，从中央到乡镇对很多部门进行合并，组建了农业农村部（委、局等）、市场与食品安全委、一体化行政许可服务中心，强化农业公共服务，大力发展社会化服务；中央政府在粮食安全、环保、耕地保护、生态环境、重要农产品保供稳价、疫情防控等方面的统一调控不断加强，手段不断丰富。几十个国家级、上万个地方级的农业行业协会承担了大量的"准政府机构"职能。

农业行政管理体系及其体制是一个非常复杂的系统，机构设置及其职责定位的改革只是其中的小部分内容，是提高行政效能的组织基础，最核心的实质性改革则是相应的管理方式方法、管理人员素质和能力以及执行力、纵横关系与矛盾的协调力、应对风险的能力等，目前的体系尚存在不少问题。比如部分领域存在缺位、越位、错位现象，政府财政资金使用效率不高，浪费现象不少。因此，深化农业行政管理体制机制改革永远在路上，农业创新发展先进地区也是深化农业行政管理改革创新的地区。

专栏：中国行政体制改革发展的要求

2018 年 2 月中共十九届三中全会审议通过了《中共中央关于深化党和国家机构改革的决定》和《深化党和国家机构改革方案》，2019 年四中全会通过的《坚持和完善中国特色社会主义制度 推进国家治理体系和治理能力现代化若干重大问题的决定》，对改革完善行政体制提出的要求是：坚持和完善中国特色社会主义行政体制，构建职责明确、依法行政的政府治理体系。①完善国家行政体制，以推进国家机构职能优化协同高效为着力点，优化行政决策、行政执行、行政组织、行政监督体制；②优化政府职责体系，完善政府经济调节、市场监管、社会管理、公共服务、生态环境保护等职能，实行政府权责清单制度，厘清政府和市场、政府和社会关系；③优化政府组织结构，推进机构、职能、权限、程序、责任法定化，使政府机构设置更加科学、职能更加优化、权责更加协同；④健全充分发挥中央和地方两个积极性体制机制，理顺中央和地方权责关系，加强中央宏观事务管理，维护国家法制统一、政令统一、市场统一。

　　资料来源：摘编自新华网 2019 年 11 月 07 日报道。

三、农业治理概述

1. 治理的内涵

　　治理，在不同领域有着不同内涵。公司管理的治理，是指导、控制和监督企业运行的组织体制；善治的治理，是强调效率、法治、责任的公共服务体系；社会控制体系的治理，是政府与民间、公共部门与私人部门之间的合作与互动等。

　　联合国全球治理委员会（CGG）认为，治理是指"各种公共的或私人的和机构管理其共同事务的诸多方法的总和，是使相互冲突的或不同利益得以调和，并采取联合行动的持续过程"，这既包括有权迫使人们服从的正式制度和规则，也包括各种人们同意或符合其利益的非正式制度安排；治理有四个特征:治理不是一整套规则，也不是一种活动，而是一个过程；治理过程的基础不是控制，而是协调；治理既涉及公共部门，也包括私人部门；治理不是一种正式的制度，而是持续的互动。

　　自 20 世纪 90 年代以来，治理理论在全球普及，并应用于实践。"治理"常和"善治"紧密联系在一起，是一种不同于行政管理统治的模式，其最主要的区别就在于行政管理之下是一种等级森严的管理体系，而治理则突破了等级制之下的身份限制，是政府与社会力量基于合作的关系网络。治理发生在不同的管理层次上，从全球到国家，再到地方、社区、村集体，牵涉到政府、私人部门以及公民等多个利益主体。

2. 现代农业治理体系

　　现代农业治理没有理想或最优体系，只有最适宜的体系，是动态发展的，一般应该包括现代农业发展的制度体系、产业体系、生产体系、经营体系和社会化服务体系等五部分，在发展中相互支撑、互为补充、相互渗透。

　　现代农业治理体系是一个全面、协调的体系综合体，不仅涉及治理目标、相关治理主体、治理对象，还包括将这些主体和对象联系起来的治理机制。治理目标是实现治理体系和治理能力现代化；治理主体是在中国共产党的领导下，以政府、企业、农民、市场和其他生产经营主体之间的协同互动、有效对接；治理对象是对农业全产业链活动进行监督、规制和保障；治理机制是追求更加高效协同。具体见图 9-1。

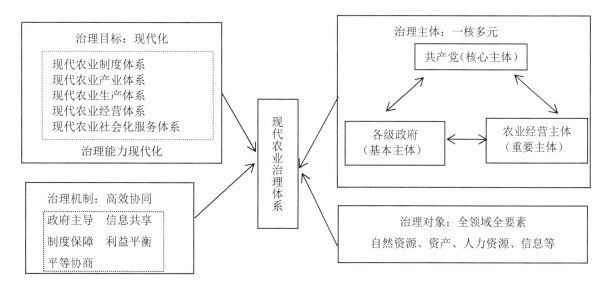

图 9-1　现代农业治理体系图

3. 地方治理的工具

常见的治理工具包括管制工具、经济性工具、信息工具，政府组织性工具、市场和志愿性组织工具。管制工具就是政府依靠强制力要求标的群体采取某种行动，包括经济管制和社会管制。经济管制，是为确保市场交易的公平，对企业的进入、价格等进行的管制。例如，许多国家对于自然垄断行业自来水、电力通讯业等一般都实行经济管制，直接干预市场配置农产品价格管制。社会性管制是基于保障劳动者、消费者的健康、卫生、安全以及环境保护等，对产品与服务质量等方面实行的管制。

经济性工具是政府依靠经济诱因引导标的群体采取某种行动，例如，农业财政补贴、农业担保、农业贷款、农村产权确定和交易等。信息工具指政府不直接作为，而是通过提供一定的信息发动标的群体的行动，如行政指导、各种信息发布、农产品认证和标签。政府组织性工具是政府依靠自身的力量直接解决政策问题，主要形式是国家计划、政府机构、公共事业、公共企业、政府间协议和合作。市场和志愿性组织是指依靠市场机制或志愿性组织机制来解决政策问题，包括市场、团体自治或自我管理、志愿行动、慈善组织等。

4. 农业治理现代化的基本要求

农业治理现代化致力于构建系统完备、科学规范、运行高效的农业管理新格局，政府、农民、市场与社会的多元主体共同参与、协同管理，实现国家农业发展目标。其基本要求是：①科学系统的顶层制度保障。顶层制度包括基本制度、主要政策以及长期发展战略、体制建构等，是战略方向性的目标要求和协调处理各种关系的纲领。中央对乡村振兴及农业治理现代化有一套适合中国国情和现代化战略的顶层设计，体现在基本经营制度、粮食安全保障、耕地保护、食品安全、生态安全以及发展战略等方面。②精准有效的治理实践。在顶层设计框架之下，因为产业、区域以及治理对象、目标的具体差异，必须是精准治理，包括精准决策、精细管理、精致服务、精确监督，不存在固定模式和统一标准。例如，大城市的都市农业发展与一般农业地区的农业治理有很大差异（各城市、各农区也存在差异），北京市农业定位在森林防护、蔬菜生产、市民休闲三大目标。上海农业的主要功能也有这三个方面，但有一定的差别，上海的农业治理有多重目标，底线是田有人种，不抛荒，重点是保障蔬菜尤其是叶菜的供给，因为叶菜是上海人每日必须，而从外地远距离运输保鲜困难、成本价格较高、数量有限，必须保障一定的地产叶菜种植。③多元主体协同共治。治理主体的多元化，意味着非政府组织甚至包括私人部门在内的一系列公共行为主体以多元的模式承担着共同事务管理责任，是一种政府—市场一公民社会"三位一体"的治理模式，是"分散化的公共治理"或"多中心治理"的格局。④多种手段方式兼用。治理的手段与方式必然是丰富多样的，根据不同治理对象、目标或者区域、参与主体之间的关系等灵活协商确立，没有固定、一成不变的模式，也不可能是单一的方式。⑤多利益主体共享成果。由管理向治理转变，就是要协调好相关利益主体的目标、行为和利益，减少系统的无效损耗，尤其是实现多赢的利益共享。例如，在保障政府实现粮食安全目标的要求下，保障粮农、粮食加工与流通、消费者、生产资料供应商等相关主体的目标和利益，生产经营者能够获得合理的利润，这样才能有效实现粮食安全的治理。

四、地方政府农业治理职能及履职转型

1. 地方政府农业治理职能

（1）地方政府职能特点。广义的地方政府是与中央政府的对称，即除中央政府以外的各级政府。狭义的地方政府则是指直接治理一个地域及其居民的一级政府，即基层政府。地方政府是由中央政府为实现对国家某一地理区域内社会公共事务的有效治理而设置的政府单位。中国目前是中央、省、地（市）、县（市）和乡镇五级政府。

地方政府的特征是：①双重角色性，即执行职能和领导性职能。地方政府具有从属性，处于中央政府或其他区域性政府的管辖之下，但又有一定的自主性；具有被领导者与领导者双重角色，需执行上级政府的决定，又是管辖区域地方事务的领导者，具有一定的自主权，表现为相对的独立性。②双重隶属性，即同一政府不仅隶属于上级行政机关，同时也隶属于同级立法机关。③职权有限性。地方政府的治理权力只限于其所辖范围内的区域与居民，同时在权力的行使上受到法律和中央政府的约束，不同层级的政府的权力范围和大小也不同。

政府职能由政治权利主体赋予，因其公权力主体地位而产生，其目的涉及和平、安全、公平、效率、公众福利、解决市场失灵等，可划分为政治职能、经济职能、社会职能、文化职能、生态保护职能等。政府职能具有公共性、普遍性、非营利性、强制性、动态性等特点。政府职能应该且会随着经济发展、社会进步以及认识变化、发展要求变化而改变，即职能转变。它是政府对自身职能作的调整，包括职能范围、职能结构、职能方式等方面的调整。改革开放以来，中国政府职能的重心经历了"政治职能—经济职能—社会管理和公共服务职能"的转变。

中国目前的地方治理还是以政府为中心的权力主导型格局，中央与地方政府之间、地方政府之间、地方政府与外部主体之间围绕着一个权力中心形成了上下隶属关系。地方治理理论在实践中的应用，体现为"国家—市场一公民社会"的"三位一体"治理模式，可以适合多种社会情景。

（2）地方政府的经济职能①。中国的省市县乡镇"四级"地方政府都具有发展地方经济的重要职能，地方经济发展水平高低直接影响到地方财政收入、社会发展、居民收入、基础

---

① 石敏俊编著. 区域经济学. 北京：中国人民大学出版社，2020，255-274.

设施建设以及政府人员的事业发展、社会形象等。市场经济条件下的地方之间是一种竞争性关系，是在上级政府统筹协调与制度框架下的竞争关系。在区域发展管理中政府的作用体现在：指导和协调区域经济发展；营造公平的市场环境；直接干预区域发展；开展区域合作等。地方政府对区域发展的管理手段包括：制定并实施发展战略与规划，制定区域发展政策，对问题区域进行管理（如贫困地区等）。

地方政府实际上已经是区域经济的利益主体，而且往往是处于主导地位的利益主体。一个国家内部不同行政区域的地方政府，为吸引资本、技术等生产要素，在投资环境、制度、政府效率、地方公共物品等方面开展跨区域竞争。地方政府的竞争起到了试错的作用，也有可能使差距进一步扩大。地方政府的经济职能主要包括：资源的管理者和开发者；地方国有企业的管理者；区域经济的发展主体和运行主体；提供地方基础设施、公共服务；区域发展管理（地方政府竞争、营造营商环境、提升品质）等。其中，经济增长往往成为地方政府的首要目标，通过制定发展战略、规划、目标及相应的政策措施，推动区域经济发展，如财政建设资金投入、基建、公共服务改善、招商引资、区域创新体系建设等。政府也是区域经济组织和调控主体，地方发展状况与地方政府决策有密不可分的关系。

地方政府竞争的手段很多，有些与市场经济公平竞争要求相悖被禁止，如过去曾经出现的地方保护、地区封锁等。现在最主要的手段是营造良好的营商环境。营商环境是投资经营主体开展投资经营活动所面临的竞争环境和条件的总和，如平等的市场主体地位和公平的竞争环境，亲、清的新型政商关系，也就是健康、清廉、公开、透明的政商关系等。

地方品质驱动区域发展已成为广泛共识。地方品质是指一个地方区别于其他地方的独特性质和吸引力。在新时代创新驱动发展中，地区经济繁荣的基础是创新，创新的基础是人才，地方品质改善与提升，有利于各类人才在本地区的集聚，推动本地区创新活动的繁荣，提升现代化产业竞争力，进而实现本地区的高质量发展，而高质量发展也会反作用于地方品质，实现正反馈循环，实现本地区的长期繁荣。

（3）地方政府农业治理职能。中央和地方各级农业政府管理部门职能重点不同。中央农业主管部门主要负责对全国有重大影响、事关农业发展的全局性工作，包括农业产业宏观规划和发展政策、大型农业基础设施建设、国家粮食安全、国际贸易政策、信息与市场体系、资源与生态环境保护，以及对全国有重大影响的农业科研等，职能具有全局性、战略性和长远性的特征。而地方各级政府则要根据本地实际，具体落实中央农业宏观目标和政策，实施本区域内的农业事务调控活动，职能具有区域性、灵活性和针对性的特征。

地方政府在农业治理职能发挥中，由于各地经济发展水平不同，地方政府农业治理理念和制度创新、履职转型不同，又有一定的差异。地方政府农业方面的职能大致有 14 项，如统筹研究和组织实施针对地方经济发展水平的"三农"工作发展战略、中长期规划、重大政策；拟订深化农村经济体制改革和巩固完善农村基本经营制度的政策；指导乡村特色产业、农产品加工业、休闲农业发展工作；种植业、畜牧业、渔业、农垦、农业机械化等农业各产业的监督管理；农产品质量安全监督管理；农业防灾减灾、农作物重大病虫害防治工作；农业科技体制改革和农业科技创新体系建设等。

地方政府职能与中央政府职能紧密相关，但受地方政府的角色、权限与职能配置等因素影响又有自身的现实特点。①政府治理的决策特点：部门负责、专家咨询与主管领导拍板决策。在党委领导、政府具体负责的体制下，省市级地方党委中有副书记主管"三农"工作（县、乡镇的工作都属于"三农"范畴），政府也有副职主抓"三农"问题，农业农村委（局）的相关部门具体负责，构成一个相互依赖的整体，对治理成效产生不同影响。部门负责具体的管理、协调工作以及相关调研、文件起草，相关专家提供咨询建议。各级党政负责人在决策中起核心的作用，其个人的党性、综合素质、能力和水平以及对区域农业发展、资源配置的理念、决策行为、权威性是关键，各级农业治理体系的部门执行力、科学决策管理水平、履职素质和能力等都会影响治理效能。②治理内容及其考核要求特点：兼顾上级要求与区域自身要求的软硬结合。政府对农业治理的内容很多，不同时期重点、具体项目有变化，要求也不同。根据治理内容来源及要求不同，大致有如下几类：长期战略性的须无条件执行的硬约束内容要求，如耕地红线；短期应急性的硬约束内容要求，如重大动物疫情期间的防控、扑杀要求；发展性（引导性）的软约束内容要求，列入地方性政府考核的自主性内容要求，探索性试验性的治理内容要求。③治理手段方法与机制的特点：多种有效方式相机采用。地方政府农业治理的方式针对不同主题，实践中创造出了很多管用的方法，也可能有某些不良反映，但只要有效、管用就会被大量采用。例如，法制化（综合执法），依靠行政体系的行政权威、服从、科层制与监督问责机制，财政资金或项目奖补机制，人员政绩考评、荣誉及职级晋升、报酬等激励机制。④发展资源的来源特点：争取财政支持与招商引资并重。因为农业产业链的税收贡献相对较小（有的项目没有税收贡献），"三农"发展主要是"花钱"，如何向上级争取更多的财政资金（项目）、在本级财政"蛋糕"中争取更大的份额成为农业主管部门的一项重要任务，也需要高质量完成好财政资金项目，有为才能有位。同时，财政资金毕竟有限，利用地方资源禀赋、产业基础和地方品质吸引社会资本投资，激活农业产业活力，使农业成为企业家创新、新农人创业的热土具有重要作用。⑤政府管理服务人员的素质和能力要求：扮演多种角色需要系统、务实与终身学习。不同于国家层面的决策以及监督检查，区域层面的政府治理要对上完成上级要求，对下布置安排工作，需要的知识与能力是一专多能的"多面手"，需要科学、务实的作风，不断学习。要扮演好五种基本角色：国家政策制度的宣传员，理性科学决策的领导者或参谋，懂专业的应用型专家，熟悉基层的实践者，终身学习的好学者。

2. 地方政府履职转型的理论支撑

（1）新公共服务理论。是国家行政管理在以公民为中心的管理系统中，强调以人为本，追求公共利益，战略地思考、民主地行动，强调政府应该为人民服务而不是对人民进行管理和控制。20 世纪 90 年代，成都、上海、深圳等地方政府鲜明地提出了"服务型政府"的口号。农业行政管理部门的工作开展也应当以农业增产、农民增收为目标，以服务于全体公民为目的，主动承担起公共责任，从管理型政府转变为服务型政府。

（2）"无缝隙政府"理论。是指政府为了提高工作效率，整合所有相关部门资源和力量，打造同一个工作平台，并提供适应信息时代要求的服务，将各个部门及职能进行无缝隙衔接，集中于统一的对外办事窗口，最大限度地方便公众，提供优质高效的信息和服务。无缝隙组织是流动、灵活、完整、透明、连贯的组织形态。该理论强调把顾客导向、竞争导向、结果导向作为提高公共服务水平的三大因素，努力克服层级制的传统行政结构的不足，使政府部门的主要职能由管理向服务转变。中国的大部制改革与无缝隙政府的理论在本质上是内在统一的。

（3）整体性治理理论。主张以公民需求为治理导向，以信息科技为治理手段，以协调、整合和责任为治理机制，对治理层级、功能、公私部门关系及信息系统等碎片化问题进行有机协调与整合，不断从分散走向集中，从部分走向整体，从破碎走向整合，为公民提供无缝隙、非分离的整体型服务，充分体现国家治理的包容性、整合性。

3. 地方政府农业治理履职转型的实践趋势

（1）自主权和探索权不断加大。随着社会转型对公共服务需求的增加，尤其是现代信息技术支撑的电子政务快速发展，对现行的政府层级体制形成了较大的冲击。中共十九大报告指出，要赋予省级及以下政府更多自主权，也就是更多的自主权和探索权。如地方农业行政管理部门在机构设置上不必一一与上级部门对应，要因地制宜，结合所管辖区农业农村的发展情况和现实需求进行设置和改革创新。

（2）全域管理和集成管理不断加深。一些地方一直在积极对政府农业治理创新，成都的"大农业"机构改革是履职转型的典范。作为全国统筹城乡综合配套改革试验区，成都把与城乡协调发展关系最密切的农、林、水和交通作为突破口，从2005年起开始了一系列的机构撤并，2018年又进一步全面开展深化机构改革，破除城乡分治的体制性障碍，推进城乡一体化进程。按照城乡统筹的思路，以转变政府职能和服务方式为核心，整合城乡"分而治之"的行政管理职能部门，实现政府部门职能的城乡一体化，形成"一件事情由一个部门主要负责"的"大农业""大商务""大水务"等大部门格局，降低了管理成本，提高了工作效率。

（3）县级政府治理的地位作用凸显。省、市、县政府间关系直接体现了地方政府间的权力配置，通常表现为市管县和省管县这两种基本组织模式。推行"市管县"初衷是利用中心城市的优势拉动所辖县的经济发展，实现"以城带乡"的城乡协同发展。但随着经济社会的发展，市管县体制已越来越呈现出一些弊端。中心城市利益最大化的行为取向常偏离辖区整体公共利益最大化的目标，财政资源配置上过多地向地级市倾斜，反而导致了城乡发展差距的不断扩大，过多的行政层级也导致了行政成本上升和效率下降。

县域及县级政府有其特殊的地位和优势，农业与乡村主要就是在县域的县城之外，有广阔的发展腹地，县级政府除了外交、军事权力之外的政府权力都有（乡镇的权力一般小得多），自古中国就有"皇权不下县""郡县治、天下安"。早在1992年浙江就开始了"扩权强县"的几轮试点探索，2007年实行"强镇扩权"，赋予中心镇等更多自主权。自提出城乡统筹战略之后，在国家新型城镇化战略、乡村振兴战略以及推进城乡融合等战略中逐步形成了县域统筹负责的发展思路，如2022年5月国家发布《关于推进以县城为重要载体的城镇化建设的意见》，财政支农资金县域可统筹使用，"县委书记是乡村振兴一线总指挥""大力发展县域富民产业""加强县域商业体系建设"等，城乡融合的重点在县域，不论是乡村产业发展、商业体系的建立，还是就业的扩大、基础设施布局、公共服务的统筹、数字化的建设，都必须纳入县域范围统筹布局。

改革镜鉴：浙江全面推进集成改革

浙江是中国"三农"改革创新最活跃的地方，2010年以后，省级以上"三农"改革项目有近百项，大多是专项改革，也存在条块分割、碎片化、不协调、不配套等问题。2018年以后，在财政部的指导支持下，浙江省率先组织开展农村综合集成改革，首批选取嘉善、德清等六县（市、区）开展试点，2020年进一步扩大试点范围，目前初步形成"以目标集成为引领，通过政策集成推动要素集成，实现效果集成"的农村综合集成改革新模式。

"集成"具有融合之意，不是简单的机械组合。所谓集成改革，就是要集成项目、政策、要素、力量，做好政策与措施、功能与平台、资源与力量等三方面的集成，重塑体制机制与制度优势。所有的涉农改革全部放进"一张图"：顶层为五大集成领域，包括现代农业发展、乡村产业发展、农村人居环境、乡村治理和农民发展；每个领域有3到4个集成环节，如农村人居环境领域，设置村庄建设、农村生态环境、乡村文化3个环节；底层是具体改革内容，如农村生态环境以水环境综合防治为切入点，包括农业面源污染治理、土壤污染治理和生态补偿机制、碳汇交易机制、GEP核算制度、生态产品价值实现机制等集成内容。围绕各层级改革目标，加强相关改革的衔接配套，形成系统集成、前后呼应、整体推进、统筹实施的新格局，在政策取向上协同配合、实施过程中相互促进、工作成效上同向叠加。

浙江乡村振兴"综合集成"改革的启示是：改革进入到深水区，零敲碎打式的调整效果有限，单靠某一单位、机构的单兵作战或某几个部门的联合也很难；任何一项改革都不是孤立的一次实践，都存在系统配套的问题，制度集成具有系统性、整体性。需要树立大局、全局观念，就是整体、系统全面且全过程的思维与方法论；要重视方案协同、落实协同、效果协同；要加强纵向联动和横向协同，联动推进强化项目实施；要对照指标清单、改革清单、攻坚清单和任务清单；研究提出可量化、可操作、可落地的特色举措。

资料来源：郎友兴. 以"集成"改革方法化打造"重要窗口"，浙江日报 2020-11-16.

4. 地方政府农业治理中的政策冲突及其预防化解思路

由于政策所体现的利益是多样的，中央农业政策在地方实施中必然会产生冲突。①中央政策与地方政策之间的冲突。地方政府权力不断扩大，可能会变成较为独立的区域利益主体。而中央政策是基于全社会利益做出的，全局政策与局部政策必然会产生矛盾。如地方保护政策，地方官员为了追求 GDP 增长提高政绩而制定的政策，往往会造成"上有政策，下有对策"，或者打"政策擦边球"，导致中央政策与地方政策冲突。②地方政府政策之间的冲突。"锦标赛"性质的晋升体制以及经济指标导向的政绩考核，强化了地方政府相互竞争的力度，可能会出台大量有利于地方自身经济发展却违背上级政策的地方保护政策。例如，有些地方执行严格的环保政策，而有些地方则故意降低标准或者放松监管，投资吸引力不同，竞争成本不同。③职能部门政策之间的冲突。在处理交叉事务中，职能部门会由于本身是独立的利益个体，有着自身的利益需求，制定有利于本部门的政策。如环保部门为了生态环境保护要求限制污染大的畜牧业发展，农业部门为了完成保供任务需要扩大畜牧业发展；农业部门出台政策推进休闲农业大发展，但需要建设用地，而建设用地审批管理不在农业农村部门，导致政策冲突。④政策主客体之间冲突。例如，某农业大省，每年可收集的秸秆资源多达 4400 万吨，但再次利用率只有 53%，还有近一半的秸秆资源焚烧浪费。为增强秸秆资源的利用率，保护生态环境，出台了关于农业作物秸秆禁烧和综合利用工作的意见。但是普通民众并不理解禁烧秸秆的重要性，过了禁烧期又纷纷开始焚烧秸秆，导致雾霾污染严重。同样是秸秆禁烧，据报道某乡镇某一年用于秸秆禁烧的费用高达每亩 200 多元，比国家给种粮农民每亩补贴费用都高。政策冲突会导致资源浪费、政府形象大跌、公信力受到重创。

政策冲突的不可避免性，反过来也促进地方政府在制定政策时要因地制宜，提升政策执行的可行性和适应性。在治理政策冲突问题过程中，应该解决的首要问题就是建立完善科学的决策体系。首先，地方政府在落实国家大政方针时，要与时俱进、勇于创新，改变治理方式和手段，糅合决策执行中的原则性及解决问题的灵活性，提升政策执行力和地方治理水平。其次，制定严谨的农业政策决策机制，有利于制定科学的可操作性强的农业政策。严谨的决策机制将减少政策实施中的矛盾冲突，应该遵循包括问题反馈、部门协调、公众参与、专家咨询以及政策预估等五个主要过程。最后，建立权责相对等的行政体系。地方政府如果享有政策制定的权力，而不对政策发生冲突承担责任，容易导致政策不严谨不科学，出现个别领导"一言堂"。需要建立政策问责机制以防止政策制定者随意"拍脑袋"定政策。

五、农业治理中的区际政府竞争与合作

1. 区际政府竞争概述

区际政府是指跨区域的两个或者两个以上的地方政府（有时也简称府际）。区际政府竞争从本质上来说是为了满足本辖区发展需求而进行的竞争，主要围绕公共产品供给、提高地方吸引力以及稀缺资源进行竞争，最典型的是招商引资引智。

区际政府竞争具有双重效应。1978年以来，中国以地方政府分权为特征的市场经济体制建立，留给了地方政府诸多发展经济的空间。财政分权体制的形成，各级地方政府之间的直接或间接竞争成为促进经济繁荣的巨大推动力。与企业竞争相似，区际政府之间规范的竞争对于提高地方政府优化决策的水平，加快地方政府辖区内的基础设施建设、提高公共产品供给质量与效率、改善投融资环境、促进区域经济开发、提升产业发展水平等作用巨大。但一定时期社会发展经济资源有限，各自为政会让恶性竞争不断升级，会导致资源浪费、社会成本增加，不利于整个国民经济的和谐发展。例如，地方政府决策低水平模仿性，造成产业趋同、重复建设，影响了产业集聚效应的充分发挥。

2. 区际政府合作及其理论基础

区际政府合作是地方政府通过制度或者契约与其他地方政府联合，分工协作共同治理跨辖区的经济、政治和社会等问题，优势互补提供公共产品和公共服务，从而建立的一种短期或者长期稳定的合作关系。区际政府合作成为解决跨边界、跨领域、跨部门问题的重要方式，成为地方政府的战略选择。其代表性理论主要有以下几种。

（1）协同理论。协同作用能够推动系统形成有序的结构，促使系统从量变走向质变，从无序走向有序，产生协同效应并形成某种稳定的结构。地方政府间合作可以变分散的局部地区优势为整体综合优势，创造出系统理论所描述的个别地区无法取代的新的协作生产力。

（2）组织间网络理论。过度的中央集权与过度的地方自治都有损于国家的治理。组织间网络作为一种治理机制与协调方式，强调政府间横向合作，政府与市场、与社会的有效合作，政府内部各个部门之间的有效合作。在网络中每个政府离不开其他政府手中的资源，相互依赖，需要彼此之间的合作。信任与合作是网络的核心机制，网络中的政府以合作作为行动策略。网络组织弱化了传统公共组织的等级制色彩，呈现扁平化趋势。

（3）府际管理理论。府际管理是为实现公共政策目标和治理任务，以问题解决为取向，通过协商、谈判、合作为手段的一种政府间关系治理模式。它不但注重公私部门之间的合作，也重视政府间的关系，是以问题解决为焦点。其打破了传统政府管理的区域和层级观念，有助于打破权威、封闭和狭隘的地方主义，促进权力或资源相互依赖、开放和区域合作，对于

地方政府间合作具有重要的借鉴价值，有助于有效解决跨地区公共产品与服务的供给问题。

（4）竞合理论（合作竞争理论）。通常用来解释企业或组织之间纷繁复杂的竞争和合作行为。从 20 世纪末开始，西方企业战略已从"纯竞争战略"为主导，向"合作竞争战略"为主导转变。竞合理论的核心逻辑是共赢性，从传统的企业间非赢即输、针锋相对的关系，改变为更具合作性、共谋更大利益的战略合作伙伴关系，树立优势互补、和解协作的观念和思想。是以合作求竞争，让企业走出孤立的小圈子，走入相互影响的联合王国，实现规模效应、成本效应、协同效应和创新效应，获得竞争优势。该理论也被广泛应用到政府公共管理中，区际政府在合作关系中保持自身的竞争优势，以此产生的良性竞争保证了合作关系的长期稳定性，推动跨辖区共同发展，达成区际政府合作共赢的结果。

3. 区际政府农业合作的现实必要性

区际政府农业合作是自由竞争市场经济走向政府干预、调控的必然要求，也是农业特点与社会对农业需求特点相适应，实现社会成本最小、福利最大化的要求。很多不同类型农产品的功能具有替代性，技术进步导致一种农产品在全国很多地方都可种植或养殖，在主要依靠市场机制、竞争机制优化资源配置的发展过程中，各地区发挥资源禀赋优势，生产优势特色农产品，实现全国乃至世界的交换，是交易成本、管理成本最小的机制。这是一个不断试错的长期形成过程，因为市场信息的滞后性等导致的市场失灵，供过于求导致的地区性、结构性卖难、滞销大量存在，造成严重的资源浪费。

在改革开放 40 多年的农业发展中，地方政府在不同的政策背景下制定本地的特色产业发展规划，大规模化的专业化商品农产品基地不断涌现，一定程度上也加剧了市场同质化竞争。而农业发展中水资源、生态环境等都是跨区域的影响，农业资源利用、生态保护、动物防疫等方面的区际政府合作就更多。事实上，农产品的产销区协调、大城市需求与农产品生产基地的协调合作一直在探索，但尚未成为普遍现象。例如，北京、上海在外地建立农产品供应基地，过去主要是地方政府负责，现在更多是企业参与。农产品供给侧结构性矛盾突出，凸显区际政府合作的必要性。

总之，区际政府农业发展与治理合作，是更好解决农业市场失灵问题的新要求，是依据区际间资源禀赋不同，更好发挥优势满足社会多样化需求、降低成本的必然要求，是解决全国性的农业供给侧问题和区际农业公共服务、公共资源矛盾问题的必然要求，也是适应区域经济一体化与市场一体化大趋势的要求。现代信息技术、交通和通信技术、物流技术的迅猛发展打破了地理空间的限制，将有力推动区际合作。

4. 农业发展中的区际政府合作实践

从世界范围看，农业发展中政府合作层级不同，可以分为以下几类。①国家间的经济一体化。区域内多个独立国家参与，覆盖参与国全境的经济一体化，其中最突出的是欧盟、中美洲共同市场、阿拉伯共同市场、东非共同市场、北美自由贸易区、"一带一路"沿线经济体等，这类经济一体化的层级会随着合作的加深而逐渐升级。此外，还包括若干个国家边境地区的经济一体化，如中蒙边境合作、中俄边境经济一体化、"一带一路"建设等。②国家内区际政府间的经济一体化。这是目前发展最快的一类一体化，直接效果就是导致大量城市群的出现，成为经济发展的新增长极。目前国内已有长江三角洲、珠江三角洲、环渤海经济圈等省际大都市经济合作区，形成了广泛的地方间区域经济合作。

区际政府农业发展与治理合作是区域经济社会一体化的重要组成部分，其具体内容、模式、机制多样。根据实践，简单列举如下：①区际政府相关部门签订合作协议，在一方或双方建立产品供应基地，实现产销对接，双方互为对方提供政策优惠条件，政府搭台、企业唱戏。例如，为提升食品保障能力，北京市在农产品总体自给率不断下降的背景下，积极在河北省的张家口、承德等地建立外埠农业生产基地。到 2020 年，建设面积达到 20 万亩左右，年供京蔬菜达到 3.6 亿公斤左右。②政府制定优惠政策，促进跨区域建立产业链、产业融合以及发展产业化经营。例如，大城市具有农产品加工、市场优势，而本地原料供应难以满足需要，或者成本较高，品种、品质难以达到要求，将产业链延伸到其他地区。③为其他地区的特色优势农产品在本地销售提供便利、搭建平台。目前很多地方政府之间的农业合作围绕推动本地产品扩大销售范围展开，尤其是品牌农产品。典型的是脱贫攻坚对口帮扶贫困地区的特色产品销售，依托批发市场、商会等建立专卖店。④打通物流、运输等市场壁垒，促进产品区际正常流通。如农业部实施了几十年的农产品"绿色通道"制度。⑤农业标准化、质量安全以及动植物检疫防疫等制度及其实施的跨区域合作与一体化，生态环境治理、水资源跨流域利用的综合管理等。

总之，区际政府间农业发展与治理的关系已经不是单一的市场竞争，竞合化已经成为主流，呈现出一种竞争下的合作以及合作中的竞争态势。

战略举措：长三角地区签订农业农村一体化发展备忘录

2020 年 12 月 13 日，长三角农业农村一体化发展推进会在浙江省嘉善县举行，上海、江苏、浙江、安徽联合签署长三角农业农村一体化发展备忘录，提出将在农产品质量监测追溯、绿色农产品生产加工供应基地建设、渔业资源修复养护、农产品市场营销、乡村休闲旅游推介、新时代美丽乡村建设、乡村振兴人才培养和乡村科技服务等方面强化交流合作，共同推动长三角地区农业农村一体化发展。以备忘录为蓝本，三省一市农业农村部门将加快构建跨区域协调体系、重难点问题联合攻关机制、多领域信息共享机制，共同推动农产品质量监测追溯、新时代美丽乡村建设等重点任务，每项任务都将组建一个工作小组、明确责任分工。三省一市农业农村部门将共同成立长三角地区农业农村一体化发展执委会，统筹推进重大合作事项。长三角农业创新赋能联盟和长三角农创客发展联盟成立，发出了长三角农创客助力乡村振兴倡议，推介发布了长三角最具代表性农业区域公用品牌和精品美丽乡村风景线。

资料来源：摘编自新华网 2020 年 12 月 15 日报道。

第二节　地方政府农业治理现代化的重点议题

一、完善区域农业标准化体系

1. 标准与标准化

（1）基本定义。国际标准组织（ISO）对标准的定义是:为在一定范围内获得最佳秩序,对活动及其结果规定共同的和重复使用的规则、指导原则或特性文件。1983 年的中国《标准技术基本术语》中对标准的定义是：标准是重复性事物或概念所做的统一规定，它以科学、技术和实践经验的综合成果为基础，经有关方面协商一致，由主管部门批准，以特定形式发布，作为共同遵守的准则和依据。

一般认为标准化定义是：在经济、技术、科学及管理等社会实践中，对重复性事物和概念通过制订、发布和实施标准，达到统一，以获得最佳秩序和社会效益。ISO 对标准化的定义是：为在一定范围内获得最佳秩序，对实际的或潜在的问题制定共同的和重复使用的规则的活动。标准化的实质是让市场信息充分和对称。

（2）标准的类型。标准从不同角度有不同的分类。按照层级标准，国内主要分为国家标准、行业标准、地方标准、企业标准等 4 级，各级别标准的管理主体和内容均不同。国家标准按实施强度分为强制性国家标准（GB）和推荐性国家标准（GB/T）。强制性国家标准是保障人体健康、人身、财产安全的标准和法律行政法规规定强制执行的国家标准。推荐性国家标准是指生产、交换、使用等方面，通过经济手段或市场调节而自愿采用的国家标准，企业在使用中可以参照执行。企业可以制定执行高于国家标准的企业标准，也可以指定企业标准（前提是没有国家标准或行业标准、地方标准）。推荐性国家标准一经接受并采用，或各方商定同意纳入经济合同中，就成为各方必须共同遵守的技术依据，具有法律上的约束性。企业不管使用的是推荐性国家标准还是企业标准，一旦在产品上明示就是强制执行。

按照对象不同，标准分为基础标准、产品标准、方法标准、安全卫生与环保标准。基础标准是对一定范围内的标准化对象的共性因素（如术语、符号、计量单位、通则等）做出的统一规定，是制订产品标准或其他标准所必须遵循的依据或准则，具有广泛指导意义。不同领域、范围的基础标准的具体内容差异较大。此外，按标准化对象（属性），标准可分为技术标准、管理标准、工作标准；按标准的适用范围还有国际标准和区域标准。

（3）标准化的效应和作用。不同类型标准的用途和效应存在差异。例如，如果标准是属于最低质量／安全方面的规制，则可以降低交易成本、纠正负面外部性，但也可能产生"规制俘获"，进而增加交易对手的成本。如果标准属于"多样性减少"的规制，则有利于发展规模经济、集中精力发展。如果标准属于信息描述和认证方面的规制，则会便利贸易、降低交易成本，但也可能产生"规制俘获"。

标准及标准化已经深入到生产生活的各个方面。一般意义上说，标准化具有规范作用、先导作用、评价作用、保护作用和沟通作用。标准化为产品、技术和生产经营过程、操作、环境等提供了科学的合理规范，引导生产经营者依标操作，对生产经营以及管理、产品质量等评价提供参照系（依据），也对于严格依标生产经营的企业及其产品、品牌、利益等方面是一种有效的保护，为各方面了解产品的参数、性能、质量等提供简洁方便的充分对称信息。总之，标准化节约了交易成本、减少了信息不对称，已经成为普遍遵循，在经济、社会、文化、生态、科技等几乎所有领域都要不断推进标准化，现代信息化发展更需要标准化支撑。

（4）标准及标准化的属性。制定实施标准、推进标准化，首先要了解标准及其标准化的属性，主要有以下方面：①地域属性。标准有其不同的适用地域，例如，从事国际贸易需要遵循国际标准、进口国别的标准等；有的是国家标准、地方标准等。农产品（食品）领域的国际标准组织 ISO、联合国粮农组织和世界卫生组织下属的食品法典委员会（FAO/WHO/CAC）、国际动物卫生组织 OIE、国际植物保护公约 IPPC 等四大标准组织是 WTO 认可的国际标准化组织。②时间属性。标准随着时间变化，需求、生产技术等方面的变化需要及时修订调整；有些过去难以制定实施的标准，随着环境条件变化可以实施，标准化的范围、内容、项目要求及其具体指标都会发生变化。③技术属性。标准都是在一定技术水平下制定和实施的，都有足够的科学依据和实践依据，标准过低难以起到应有作用，但标准过高会导致大部分企业的技术水平达不到而难以遵守，甚至作假，例如，在现有一般正常的技术水平条件下，中等水平奶牛饲养场的生鲜乳的蛋白质含量一般为 3.0%左右（主要用秸秆青储饲草），如果强行要求 3.2%以上，就会导致很多企业达不到要求而影响供给，也可能会导致有些生产者违规添加化学物质以求达到要求。当然，制定不同层次的标准适应现实，并引导企业追求更高标准生产是常见的做法。④经济属性。不同的标准体现不同的技术、投入与产出、经济利益状况，实施标准化也是为了保护生产经营者利益，维护消费者的权益。实施高标准的企业产品能够获得较高的利益并受到法律保护。⑤制度属性。标准是一种制度规范，是为减少交易成本和信息不对称，是提高效率、促进发展提供的制度保障。

2. 农业标准化及其特点

农业标准化就是农业领域的标准化，是根据需求和科技发展水平，运用简化、统一、协调、选优的原理，对农业生产产前、产中、产后全过程制定并实施相关的系列标准，以取得最佳经济、社会和生态效益的过程。农业标准主要有种子种苗、产品、操作方法，环境保护、质量卫生、农业工程和工程构建、管理等方面。

农业的很多天然特性增加了标准化的难度，体系很不完整。农业标准化发展与科技研发、生产技术水平、组织化水平、操作水平等很多复杂因素有关，其特点体现在：①农业标准化程度与农业生产方式（科技、组织）现代化水平显著正相关。以专业化、规模化、组织化、集约化以及设施（工厂）化、产业化为标志的现代农业水平越高，越有利于农业标准化。相反，大量的小规模、分散生产，标准化很难。现代农业发达国家的农业标准化远高于其他国家。②农业标准化覆盖率总体低很多，主要是在某些领域、某些环节、某些技术等方面的标准化。相对于工业领域的几乎全部标准化，农业因品种类型多、生产环境差异大、技术操作各异以及生产者的数量庞大、生产不稳定性，总体标准化覆盖率很低，重点是在适宜标准化、急需标准化的某些行业、环节、产品质量等方面率先推进，由点到面逐步推进。③强制性、全国性的农业（生产）标准相对很少，主要是推荐性、地方性、行业性或具体产品的标准。除了对农产品质量安全、农业投入品等方面的强制性、全国性农业标准外，绝大部分的农业标准都是推荐性的，也就是引导性的标准。当然这些标准对于关联产业、消费者也具有重要的作用。同时，农业生产的区域性，特色农产品以及农产品品牌打造等都需要标准化，地方农业标准成为推进标准化的策源地，在此基础上逐步形成国家行业标准。例如，1999 年开始的无公害蔬菜农产品标准就是主要依据天津的地方标准。地标农产品都有自己的标准规范。④农业标准制定主要是政府公共治理的职责。标准是一种知识产权（生产者私人所有），尤其在工业产业产品中，知识产权拥有者可据此获得行业发展的"话语权"和垄断收益。但农业领域难有这样的"话语权"，部分创新品种、创新投入品可以获得创新利润、垄断收益，其他的生产过程、流程工艺、质量安全等方面都是公共性的。也因此，农业标准化的推进主要是政府的公共治理职责，农业标准化的研制属于政府科研立项支持范围，一般由有关科技专家、行业实践技术专家、生产者代表等共同研发，很多是由行业协会牵头制定并组织实施。

3. 农业标准化的趋势

农业标准化是科技生产力的具体体现，具有鲜明的知识产权属性，具有显著的经济增长效应、国际贸易效应。总体上，农业标准化的普及程度和要求越来越多（高）。其趋势主要表现在：①注重农产品生产环境标准化。对有机或者绿色农产品及其他特定农产品的生产环境设施施行标准化。②注重农业生产过程与工艺的标准化。要求严格依据质量管理体系标准、危害分析和关键点控制（HACCP）以及国际统一标准、欧盟统一标准、国家标准及行业标准等规定进行农业生产过程控制。农作物种子选育和育苗期，培土到使用肥料、农药，农产品加工过程中的车间的卫生条件、加工设备的条件、包装材料、储运时间、温度以及储存的天数等，都要遵守有关食品安全和质量管理体系标准要求。③严格农产品质量安全的标准化和规范的食品质量安全控制体系。这方面不但有系统严格的法律规定，而且要求的指标标准越来越多（高），以重要国际组织推荐的标准为基础或依据，建立高标准食品安全控制体系，引导生产者。截至 2019 年底，中国制订农药残留限量标准 7107 项、兽药残留限量标准 2191 项，配套检测方法标准 770 项，农兽药残留标准总数达到 10068 项，限量标准与国际食品法典委员会（CAC）一致性超过 90%，基本覆盖主要农兽药品种和食用农产品。④推进农业产业链标准化建设。农业产业链各环节需要技术、质量标准等方面的匹配，实现由点到面、由单一环节到产业链、由局部到整体的标准化是必然趋势和要求。农业农村部 2022 年 7 月发文开展国家现代农业全产业链标准化示范基地创建，计划到十四五末在全国创建 300 个左右，打造标准化引领农产品质量效益竞争力提升的发展典型和协同发展的示范样板。⑤注重发挥市场主体在农业标准化中的多重功能。市场主体既是标准制定的参与者，也是实施者和受益者。注重市场引导与培育品牌相结合，增强农业标准化的示范带动性，充分重视龙头企业在农业标准化中的主体地位成为重要趋势。

4. 推进区域农业标准化体系建设的实践

（1）政府组织支持的多元化参与主体协作发展。中国的农业标准化体系建设一直持续推进，国家设立有专门的标准化委员会，农业部门也有分会和专业委员会，总体上形成了国家和地方两个层次、科研与实践两种力量相结合，企业、社会团体和教育、科研机构，学会、协会、商会、联合会、产业技术联盟等社会团体广泛参与的发展格局。农业标准化既有国家有关部门组织的统一行动，也有大量的地方自主实践创新，实施模式包括政府主导型、龙头企业带动型、行业协会引导型、合作经济组织拉动型、政府推动型及市场拉动型等。

（2）由点到面、由易到难的试验试点推动发展。从某个环节、某个产品的地方试验试点探索制定实施标准，经过一定时期后上升到全行业、全国，这是农业标准化的基本路径，区域性农业标准化探索是国家农业标准化的重要策源地和推动者，大量的农业标准都是地方先定、先试、先行，有的可以上升到行业标准、国家标准，大部分可能主要适用于地方。例如，截至 2019 年底，浙江丽水市共制订市级农业地方标准 49 项，主导或参与制订、修订国家标准 2 项、行业标准 4 项、省级农业地方标准 15 项；北京现行有效的农业地方标准 255 项（不含林业），现有农业标准化基地 1208 家，农业标准化覆盖率已达到 60%。

（3）注重实用化、适用化的多种有效方式方法推进。推进农业标准化的几十年，已经形成了一套行之有效的办法。在标准制定过程中，以主导产业、优势产区及特色产品为切入点构建农业标准体系，覆盖产前、产中、产后全过程，涉及种植、养殖、加工多领域，包含产地环境、投入品和农产品各环节，基本实现了农产品"生产有标可依、产品有标可检、执法有标可判"。在推动农业标准化生产方面，围绕产业发展开展标准实施，围绕优势区域开展标准化示范，以行政区域、生态区域、生产单元等为单位组织开展标准化示范，围绕优势品牌开展标准宣传贯彻，制定单位开展单项标准宣传与产业集成标准的示范推广工作。

（4）着力推进农业标准化示范区建设。从 1995 年国家开始农业标准化示范区建设活动。农业标准化示范区，是以实施农业标准为主，具有一定规模、管理规范、标准化水平较高，对周边和其他相关产业生产起示范带动作用的标准化生产区域。包括农业、林业、畜牧业、渔业、烟草、水利，以及农业生态保护、小流域综合治理等与农业可持续发展密切相关的特定项目。截至 2020 年 6 月，先后开展了 9 批建设工作，建设国家级 4509 个，省级 6000 多个，涉及全国 31 个省（区、市）及新疆建设兵团的 2000 多个县（区、市），覆盖粮食、畜禽、水产、蔬菜、水果等大宗农产品和各地优势特色农产品。尤其是 2013 年后，农业标准化示范项目建设进入高速发展期，建立了"市场组织/社会组织承担+多元主体参与+政府服务"的治理结构模式，在简政放权的同时政府不再是项目的主要承担者和建设者，农业企业参与示范项目的比例大幅上升，政府组织、市场组织和社会组织通过座谈会、研讨会等方式沟通，反映相关者的利益诉求。

未来深入推进区域农业的标准化工作，仍然要充分认识标准化的基本属性、农业标准化的特性和地方发展规律性，把握发展趋势，立足国情、农情和区情，在已经取得成功经验基础上不断创新，例如，运用现代信息技术对农业标准化示范项目建立科学的综合评价指标体系，进行精准化、精细化的管理，深化价值链、供应链以及全产业链的标准化体系、平台建设等。

政策链接：国家现代农业全产业链标准化示范基地创建的重点任务

①构建现代农业全产业链标准体系。以产品为主线，以强化全程质量控制、提升全要素生产率、促进融合发展为目标，聚焦产业链关键环节，开展标准梳理、比对分析和跟踪评价。按照"有标贯标、缺标补标、低标提标"的原则，加快产地环境、品种种质、投入品管控、产品加工、储运保鲜、包装标识、分等分级、品牌营销等方面标准的制修订，着力构建布局合理、指标科学、协调配套的现代农业全产业链标准体系。②提升基地按标生产能力。建立健全基地标准化制度体系和实施激励机制。支持基地开展生产、加工、储运、保鲜等环节设施设备标准化改造，改善标准化生产条件。推行绿色生产技术和生态循环模式，制定与技术模式相配套的标准综合体，编制简明易懂的模式图、明白纸和风险管控手册。建立标准化专家队伍，开展标准宣传培训，推动标准规程"进企入户"。构建产加销一体的全链条生产经营模式，提升各环节数字化、标准化水平。③加强产品质量安全监管。强化生产者主体责任，加强产地环境和投入品使用管理。建立生产记录制度，完善农事操作和种养殖用药记录档案，建立基地内检员队伍，落实自控自检要求，规范出具承诺达标合格证。推行质量追溯和信用管理，推动建立信息化质量控制体系。实施网格化管理，加强基地日常巡查检查，鼓励基地设立标牌，明示种养品种、地域范围、技术模式、责任主体等内容，推动质量安全情况公示上墙。④打造绿色优质农产品精品。以绿色、有机、地理标志、良好农业规范等为重点，培育绿色优质农产品精品。建立农产品营养品质指标体系，开展特征品质指标检测与评价，推动分等分级和包装标识。打造绿色优质农产品区域公用品牌、企业品牌和产品品牌，加强农批、商超、电商、餐饮、集采等单位与基地对接，培育专业化市场，建立健全优质优价机制。⑤提升辐射带动作用和综合效益。支持基地采

取"公司+合作社+农户"、订单农业等模式，通过统一品种、统一技术、统一管理，带动区域标准化生产和产业升级。开展专业化全程化生产技术服务，将小农户纳入标准化生产体系，建立利益联结机制。依托产业化龙头企业，培育标准化领军主体，促进标准与产业、技术、品牌、服务深度融合，提升经济、社会和生态效益。

资料来源：摘自农业农村部官网 2022 年 07 月 11 日报道。

二、提升农产品质量安全保障体系水平

习近平总书记指出，要用最严谨的标准、最严格的监管、最严厉的处罚和最严肃的问责加快建立科学完善的食品安全治理体系（"四个最严"）。农产品质量安全是农产品安全或者粮食安全、食品安全、农业安全的重要内容之一，是农业标准化的重要内容。农业标准化管理是农产品质量管理的重要基础和组成部分，消费者、社会更加直接关注农产品质量安全。

1. 农产品质量安全的基本内涵

2022 年 9 月修订公布的《中华人民共和国农产品质量安全法》指出：农产品质量安全，是指农产品质量达到农产品质量安全标准，符合保障人的健康、安全的要求。法中的农产品是指来源于种植业、林业、畜牧业和渔业等的初级产品，即在农业活动中获得的植物、动物、微生物及其产品。

农产品质量安全可以从卫生、管理两个角度阐释。从卫生角度看，要求农产品中不含有导致消费者急性或慢性毒害或疾病感染的因素，或不含有产生危及消费者及其后代健康隐患的有毒有害因素。从管理的角度看，要求农产品的种植、养殖、加工、包装、贮藏、运输、销售、消费等活动符合国家强制性标准和要求，不存在损害或威胁消费者及其后代健康的生产经营活动，农产品食用后不会危害人们的身体健康。

衡量农产品（食品）质量安全状况的指标很多，综合性指标有农产品（包括各类产品）的抽检合格率、食品中毒率与食源性疾病患者比例，可作为质量安全直接评价依据。另外，食品类商品的"质量和安全消费申诉率"可用以表示消费者的间接评价。

发展成就：中国农产品质量安全状况总体保持稳定

农业农村部 2021 年国家农产品质量安全例行监测（风险监测）结果数据显示，2021年农产品例行监测合格率为 97.6%，全国农产品质量安全状况总体保持稳定。开展了 3 次国家农产品质量安全例行监测，共监测了 31 个省份 200 个大中城市的 2095 个菜果茶生产基地、1340 辆蔬菜和水果运输车、634 个屠宰场、443 个养殖场、1778 辆（个）水产品运输车或暂养池、2086 个农产品批发（农贸）市场，抽检蔬菜、水果、茶叶、畜禽产品和水产品等 5 大类产品 114 个品种 130 项参数 22127 个样品，蔬菜、水果、茶叶、畜禽产品、水产品抽检合格率分别为 97.1%、96.5%、98%、98.8%、96.9%。抽检的蔬菜中，水生蔬菜全部合格，甘蓝类、食用菌、根菜类、茄果类、瓜类合格率分别为 99.9%、99.2%、98.7%、98.7%、98.6%。抽检的畜禽产品中，猪肉、猪肝、牛肉、羊肉、禽肉和禽蛋的合格率分别为 99.4%、99.4%、98.5%、99.6%、98.8%和 97.4%。抽检的大宗养殖水产品中，罗非鱼和

鲢鱼全部合格，鳙鱼、对虾、鳜鱼合格率分别为 99.8%、99.5%、98.6%。

资料来源：摘编自农业农村部官网 2021 年 12 月 28 日报道。

2. 农产品质量不安全因素的来源及其特点

食品对人体生命健康造成危害的致病（命）因素主要源自三方面：①物理性污染。例如，农产品中混入的有害杂质，或者农产品因辐射导致放射性污染，如日本福岛核泄漏曾经导致的农产品污染。②化学性污染。例如，使用农药、兽药（抗生素等）、添加剂等造成的残留超标，会对人体造成潜在或现实危害。③生物性污染。主要是致病性细菌、病毒以及某些毒素。另外，某些生物技术的应用，如转基因技术的应用，如果不符合严谨的科学原理、法律规定，也可能导致严重的甚至灾难性的健康问题。其中的化学性和生物性污染是最主要的来源。

针对性有效做好农产品质量安全管理工作，需要理性认识农产品质量不安全的特点。①危害的直接性。农产品尤其是食用农产品的质量不安全直接危及人的健康和生命。②危害的隐蔽性。很多质量不安全因素对人的健康和生命造成影响并不直接或立竿见影的显示，而是通过其他因素表现出来，易于被忽视。③危害的累积性。有些质量不安全的因素产生危害需要积累到一定的量，由量变到质变，易于被忽略，最典型的就是长期使用抗生素残留超标的农产品，会导致人体产生耐药性，并对青少年的生理发育产生严重危害。④危害产生的多环节性。产地环境、小气候、投入品、生产过程操作、储藏保鲜与运输、加工、消费等各个环节都可能会发生危害，农产品质量安全管理是一项全社会的大系统工程，也需要全社会的集体行动。⑤管理的复杂性。因为危害的环节众多以及有隐蔽性、累积性等特点，再加上生产经营者数量众多、农产品的种类品种多，科技对很多问题难以有效预防应对等系统因素，管理难度很大。⑥质量安全事故的负面影响及损失越来越大。网络化时代农产品质量安全事故的传播速度、传播面超乎想象，负面影响难以估量，产品品牌、企业、产业链、行业乃至区域形象、就业、收入等相关各环节都可能受到严重不利影响。2022 年 3·15 晚会报道的湖南华容县"土坑酸菜（酱菜）事件"，涉及种菜、腌制菜、加工腌制菜与使用腌制菜的企业等产业链，事件影响到 20 多万人的生计。华容县被称为"芥菜之乡"，"华容芥菜"获国家农产品地理标志保护产品认证，2017 年华容县政府投资 3 亿元打造华容芥菜加工产业园，全县芥菜种植面积 22 万亩，酱腌菜加工企业 39 家多，以芥菜为原料的酸菜产业总产值达 43 亿元。

3. 农产品质量安全问题产生原因的系统引导性分析

发达国家农产品质量安全水平高于发展中国家，但这些国家同样经历过严重的农产品质量安全问题。不同国家的农产品质量安全问题是复杂的多种原因的结果，也是在发展中多种矛盾下的现实选择，应该从历史与现实、理论与实践、政府与市场、数量安全（吃饱吃好）与质量安全（吃得健康）、生产经营者利益与消费者健康利益等多角度系统理性认识，涉及质量安全的一般原因（共性原因）和中国的特殊原因、历史原因，也可从经济学、管理学、社会学以及心理学等角度对其解释。在此，仅作引导性思路分析。

（1）农产品质量安全问题为什么引起广泛关注。农产品安全问题引起广泛关注是多种情景下的结果，事实上不安全的农产品质量事故和问题自农业化学化之后就存在，只不过没有累积到非常严重的程度，产生严重的生命、疾病以及生态环境问题，科学没有研究认识到、探求到源头。化肥、农药的大量使用、滥用，尤其是化学农业初期的高毒性农药（如含氯有机化学农药 DDT），化肥过量不合理使用导致的水土污染，以及各种畜禽疫病的大爆发导致灾难性后果，开始对化学农业反思。20 世纪 60 年代，北美大湖地区野生鸟类受到含氯有机化学农药 DDT 的侵害，出现鸟类种群大量减少；日本曾经出现的严重"水俣病"产生巨大影响，公众、学术界、政府以及国际组织开始高度关注。

概言之，农产品质量安全问题引起广泛关注的基本源头是：①食品质量安全事故频繁发生，造成了巨大损失和危害，甚至引起社会的不稳定、恐慌和不信任；②经济发展和生活水平提高，饮食习惯和消费理念巨大变化，更加关注健康；③WTO 框架下的《卫生和植物卫生措施协定》（SPS）、技术性贸易壁垒协议（TBT）等为保证国际贸易中食品质量安全、反对贸易歧视、合理使用贸易技术壁垒提供了基本法律框架，农产品贸易保护主义与农业多功能性的盛行等。

（2）影响农产品质量安全保障水平的系统性因素（问题的原因）。一个国家或地区农产品质量安全状况是多方面因素相互作用的结果。用经济学原理解释农产品质量安全问题认为，农产品市场的信息不对称、生产者与消费者之间的博弈、生产者与政府之间的博弈、质量安全管理的外部性特征等都是造成农产品质量安全问题的根源所在。信息不对称条件下农产品质量管理陷入逆向选择的劣货驱逐良货以及"道德风险"。

更进一步可从如下方面分析思考：①化学农业技术和生产方式的依赖性及科技创新支撑的阶段性。化肥、农兽药对大幅度增加农业产量，促进农业规模化、专业化与产业化，促进农村人口城镇化和降低农业劳动强度等方面作用巨大，其惯性及其负面影响具有长期性，农业发展方式的彻底转型需要较长的时期，很多质量安全问题需要科技创新才能解决，例如，产地环境污染问题，高效无害的贮藏保鲜方式问题。②国情因素以及作为发展中国家的发展阶段性。农产品质量安全水平与社会经济发展水平相适应。中国农产品需求数量庞大，粮食安全是底线之一，满足不断增长的农产品数量需求、结构升级的压力大。对高质量高价格的农产品有效需求仍不足，价格仍然是大多数消费者选择农产品的主要依据。③食用农产品产业特性及质量特性。影响食用农产品质量的因素复杂、环节多、不稳定、可控性差，标准化难度大，在市场交易中会出现严重的信息不对称，建设完善的农产品质量安全追溯体系、发挥其真正作用有限，检测成本高、追溯难。④制度与管理的困难性。质量安全农产品是生产出来的，也是管理出来的，但其本身监管难度大。中国农业生产经营者数量庞大，小规模生产分散化，监管难度大、监管成本高；产后保鲜、流通和初加工等产后处理的经营主体与环节多、门槛低、监管难。如果法律规定不完善、威慑力不足，多部门分段管理不协调，地方执法与监督管理不到位、不协同等，就会导致不安全问题成为"惯性"或"潜规则"。⑤其他社会复杂因素的根本影响性。四十多年的改革开放与市场经济发展，在促进经济发展的同时，违规违法逐利性、经济道德失范、诚信和社会责任缺失等大量存在，先进的市场经济文化远未建立，追求价廉"物美"、贪图便宜等都为不安全农产品提供巨大市场。如生产者生产过程不规范，违规、过量使用投入品以节约成本、增加产量等。

4. 农产品质量安全（保障）体系

2000 年左右，中国农产品质量安全问题开始得到高度关注，以实施无公害农产品行动计划为始点，农产品质量安全法的出台实施为标志，食品安全法的颁布实施为里程碑，体系不断建立完善，管理不断加强，认识不断提高，质量安全的保障程度不断提升并稳定在较高水平。例如，通过强化南方重金属污染区耕地土壤污染管控与修复，2019 年全国耕地质量平均等级达到 4.76，较 2014 年提升 0.35 个等级；实施化肥减施增效、绿色防控和果菜茶有机肥替代等重大行动，推广配方施肥、种肥同播、水肥一体化等新技术，全国农药和化肥使用量连年负增长，农产品质量安全监测合格率稳定在 97% 以上；推进绿色优质农产品认证管理，全国绿色、有机和地理标志农产品总数 4.35 万个，绿色优质农产品比重持续提升。

（1）法律法规体系。中国农产品质量安全管理的法律法规体系已初步建立，包括法律、行政法规、部门规章和地方法规规章等四个层次。主要包括：《食品安全法》《农产品质量安全法》《动物防疫法》等；行政法规主要有《肥料管理条例》《兽药管理条例》《农药管理条例》等。同时，还发布了一系列的规范性文件。各地方政府结合本地实际情况制定了大量地方法规、制度和规范性文件，如举报线索奖励制度、农产品质量安全示范县建设评价指标体系等。

（2）农产品质量安全监管体系。国务院机构改革后对农业农村部、国家食品药品监督管理总局等部门的相关职能进行了具体分工，如农业农村部履行食用农产品从种植养殖环节到进入批发、零售市场或生产加工企业前的质量安全监管职责，国家工商行政管理总局组织开展有关服务领域消费维权工作，按分工查处假冒伪劣等违法行为等。农业农村部组建农产品质量安全监管局，各省（区、市）和地、县农业部门分别成立农产品质量安全监管机构，基本形成从中央到地方的农产品质量安全管理工作体系。

（3）标准体系。农产品质量安全标准体系在不断完善中，标准范围发展到了种植业、畜牧业、渔业、林业、饲料、农机、再生能源和生态环境等方面，基本贯穿了农业产前、产中、产后的全过程，涵盖了大农业的各个领域。国家标准、行业标准涉及农产品产地环境、主要农产品质量、安全卫生、检验检测、认证认可、高新技术及产品等方面，地方标准包括区域性农产品的生产、加工技术规程和部分安全卫生标准等。

（4）检验检测体系。基本构建起以部级质检中心为龙头、省级综合质检中心为骨干、地（市）级综合质检中心和县级综合质检站为基础的农产品质检体系。目前，全国共有农产品质检中心 2732 个，检测人员近 2.8 万人，实现农产品检测体系建设地市全覆盖和县级基本覆盖，农产品质量检测机构硬件设施条件大幅改善，检测能力显著提高。

（5）追溯体系。农产品质量安全追溯，是采集记录农产品生产、流通、消费等环节信息，实现来源可查、去向可追、责任可究、强化全过程农产品质量安全管理与风险控制的有效措施。截至 2021 年，国家农产品质量安全追溯平台上注册的主体 29 万多家，产地环节农产品生产经营主体实施追溯管理的 50 万家，产地规模以上生产主体超过 10% 纳入农产品质量安全追溯体系管理中。各地政府在农产品质量安全追溯方面也探索建设各类相关平台。

（6）认证体系。认证是保证产品、服务和管理体系符合技术法规和标准要求的合格评定活动，是国际通行的对产品、服务和管理体系进行评价的有效方法。农产品认证，按认证方式分，主要有强制性认证和自愿性认证；按认证对象分，主要有全国性认证、行业认证和地方认证。在产品认证方面，主要开展无公害农产品和产地认证、绿色食品认证、有机食品认证等；在体系认证方面，主要有危害分析与关键点认证（HACCP）、良好生产规范认证（GMP）和中国良好农业规范认证（China GAP）等。2019 年 12 月，农业农村部印发《全国试行食用农产品合格证制度实施方案》，在蔬菜、水果、畜禽、禽蛋和养殖水产品 5 大品类试行，试行主体包括生产企业、合作社、家庭农场，鼓励小农户参与试行。食用农产品合格证制度要求生产者在自控自检的前提下，自我承诺，自行开具合格证，对其所生产销售农产品的质量安全负责，实现农产品带证带标上市，建立产地准出和市场准入衔接机制。试行一年半后，全国 2760 个县均开展了试行工作，33.5 万家生产企业、合作社、家庭农场以及 42.7 万个小农户已开具使用合格证。

（7）信用体系。信用监管是提升现代化治理能力和治理水平的重要手段之一。围绕生产经营主体信用，开展立信、评信、示信和用信，主要是：组织农产品生产经营主体建立完整的信用档案，组织开展信用评价，推行信用结果应用，通过"用信"提高主体"立信""评信"的积极性，对健全完善信用档案且信用等级较高的主体给予资金奖补、项目支持或其他优惠扶持。例如，浙江省 85 个涉农县（市、区）、6.3 万家规模农产品生产主体纳入省级农产品质量安全监管系统，2.1 万余家规模农产品生产主体纳入省级信用评价平台，初步构建了农产品质量安全信用监管体系，建立了行业信用评价监管体系，实现统一评价指标、统一评价平台、统一分级分类。

（8）技术创新与政策创新支撑体系。技术创新与针对性政策引导扶持是农产品质量安全水平有效提升的重要经验。农产品质量安全的标准要求、保障水平要求会越来越高，需要技术创新解决现实中的技术难题、投入与效益难题，需要针对性的政策引导扶持生产经营者依标依规生产，比如扶持全产业链标准化、示范区以及补贴有机肥替代化肥等。

最后，需要说明的是，虽然中国农产品质量安全管理有了很大进展，农产品质量总体安全稳定，但保障水平总体上仍然属于底线安全，即使有 1% 的不安全产品对中国也是庞大的数量（何况目前在 2% 左右），影响重大，质量安全保障是持久战，没有终结，"3·15 晚会"也成为一个专有名词。农产品质量安全法明确规定："县级以上地方人民政府对本行政区域的农产品质量安全工作负责，统一领导、组织、协调本行政区域的农产品质量安全工作，建立健全农产品质量安全工作机制，提高农产品质量安全水平。"提升农产品质量安全保障水平，需要按照法律法规的要求和 8 大体系建设完善的重点任务，找准地方的短板、短腿，选准切入点，在地方政府治理机制、政策等方面不断创新，切实增强现代治理的时代性、规律性和创造性，营造地方高质量农产品的区域品质和品牌形象。

三、健全区域农业风险管理体系

农业的发展过程就是一个不断应对各种风险的过程，现代农业市场化国际化与产业化资本化的不断深化发展，风险种类日益多样、相互作用影响关系更加复杂化，农业风险管理已经成为国家宏观农业管理、区域农业发展、农业行业产业发展以及微观主体都必须面对的问题，发达国家已经形成了自己一套完整的体系，中国相对滞后很多，21 世纪后才引起系统性关注。2004 年之后进行农业政策性保险探索，《农业保险条例》在 2012 年颁布实施，2013 年成立"中国农业风险管理研究会"等。

1. 农业风险管理概述

（1）农业风险来源。风险就是不确定性，是一种状态，其出现是不确定的，一旦出现这种状态，会对主体的利益造成损失或获得收益。从风险管理角度可把风险分为投机风险和纯粹风险。投机风险的发生有可能导致主体遭受损失，也有可能会给主体带来额外收益，如投资股票、农业期货等。纯粹风险是只有损失发生的可能性的风险，如暴雨、地震、虫害、瘟疫等。

按照来源不同，农业风险包括：①自然风险。主要表现在气象灾害、病害和虫害三个方面。中国地域辽阔，地理环境和气候千差万别，自然灾害种类多、频率高、强度大，时空分布广，地域组合明显，受损面广、损害严重。全球温室效应引发自然灾害频发，农业自然风险日趋增强。②市场风险。由于市场供求失衡与价格的波动、贸易条件变化、信息不对称、市场前景预测偏差等导致经济上遭受损失。③社会风险。又称行为风险，是因为个人或团体的社会行为造成的风险。其内容广泛，比如政局变化，伪劣种子、化肥和农药、错误的行政干预和污染等行为造成的农业损失。④技术风险。产生于科学技术的副作用、局限性或其不适当的使用而给农业生产和经营带来的各种损失的可能性。大量农业高新技术的应用也可能会导致风险大幅扩散和高发。⑤政策风险。因为农业政策变化以及其他涉农相关政策变化产生的损失可能性。政策变化意味着利益调整，可能会给部分市场主体或者产业发展带来损失。

（2）现代农业发展的风险特点。①风险多发及其损失大。人口增加、化学农业以及工业化、城市化对稳定的自然生态系统、传统农业生态系统造成严重的破坏，自然灾害多发、影响损失巨大；农业区域专业化、规模化以及生产者的规模化，投资较大，市场风险及其造成的损失、影响往往非常大，规模越大风险就越大；不但有国内市场风险，而且有国际的，不但是经济风险，还有生态风险、社会风险，造成损失更大。②风险类型的关联影响性强。不同类型风险之间有复杂的关联性作用。农业风险具有传导性和扩大性，社会风险会传导形成农业风险，农业风险反过来会加剧社会风险。例如，干旱、洪水等自然风险直接导致农业产量和质量下降，推动农产品价格上涨，市场风险加大；市场价格上涨会导致政策变化，促进粮食生产的政策变化作用具有不确定性，也可能会引起社会风险（如假种子有市场等）。同样，农业新技术的应用会产生"技术悖论"，导致收益下降，转基因农产品通过产量增加影响价格，并可能带来农产品安全和市场准入制度的变化等。再如，因为新冠疫情的影响，一些地方的防疫政策导致农产品滞销积压，影响农民收入，影响农民工就业，而城市农产品价格高企，影响市民消费等。

中国农业发展面临外部风险复杂多变，农业开放带来国内产业安全风险，国际贸易规则调整带来农产品贸易不确定性，农产品跨境流通带来动植物疫病输入性风险、新冠疫情全球蔓延带来不可预知的新型风险问题，农业自然风险呈现加剧态势，农业市场风险日益凸显，新技术、新产业、新业态发展带来的新型风险不断涌现，农业风险环境更复杂。

（3）农业风险管理及其工具。农业风险管理是在农业生产经营活动中，通过对风险进行分析、识别、估量、控制和处理，以最合理成本减少风险带来的损失，扩大风险收益的管理活动。其主要功能是减少农业风险发生的可能性，降低农业风险造成意外损失的程度。基本程序一般包括目标设定和分析、风险识别、风险评估、风险管理和效果评价等环节。现代农业风险管理由单一管理转变为综合性管理，运用不同的管理技术和方法进行风险管控；风险对象从单独的农业领域扩展到金融、政治、社会文化、资源变化、新技术等方面的风险；风险管理由单一生产环节向全产业链条覆盖、渗透和传导，由局部向整体扩散。农业风险管理的工具很多，但在众多的管理工具中，农业保险是一种从整体上对农业风险进行管理的市场化工具[①]，见表9-1。

---

① 柴智慧，赵元凤.政策性农业保险的收入效应研究[M].北京：中国农业科学技术出版社，2017.

表 9-1 农业风险管理的常见工具

风险管理		非正规机制		正规机制	
		农户	社区/团体	市场	政府/公共机构
事前	风险规避+风险控制	避险、预防生产技术、多样化种植、多种经营、间作、轮作	农业风险管理、教育、基础设施投入、公共资源管理	在职培训、劳动安全保护、金融市场扫盲	宏观经济政策、规章制度、环境保护、灾害预防、动物疾病预防、基础设施投入、教育培训、农产品全产业链监测预警
	风险转移+风险自留	收入来源多样化、投资人力资本、物质资本、储蓄	投资社会资本（网络、协会、相互礼品馈赠）	金融机构储蓄、小额信贷、套期保值、订单农业、农业保险、期货、期权、纵向一体化、非农就业	农业推广、自由贸易、产权保护、退休金制度、强制保险（失业、伤残）
事后	风险处理	出售不动产、减少消费、亲朋好友借款、劳动力再分配、季节性/暂时性迁移	团体慈善、互助网络的转移支付	变卖金融财产、银行借贷、非农收入	社会救助、灾害救济、补贴、社会基金、以工代赈计划、现金转移支付

现代市场经济发达国家已经形成了一套系统完整的农业自然风险、市场风险管理体系，体现在农业组织化水平高，农业产业链利益共同体形成，政策扶持保护针对性和系统性强，农业保险普及程度高，农业风险综合管理和产业链风险一体化管理程度高，不同对象、不同环节、不同工具之间的交互性强等。

2. 中国农业风险管理

计划经济体制下，农业主要面临的是自然风险，通过兴修水利等工程防灾抗灾，通过多种经营、间作套种等分散风险，并通过救济粮制度等大灾救济维护生产生活基本秩序。实行家庭承包经营后，在政府大灾救济的同时，大量的市场风险主要由生产经营者自己负责，农业生产经营者面临的政策调整变化风险、新技术应用风险以及假冒伪劣农资的社会风险曾经非常大，几乎没有有效的政策和法律制度。21世纪以来，随着中国入世，农业农村支持保护政策的实施，对农业风险管理日益重视，探索农业补贴、政策性农业保险等多种新工具，通过加强林业建设提高生态系统的防灾减灾能力。20年的探索实践对保障中国粮食安全、农产品供应以及农民增收等发挥了重要作用。但与农业发展的要求和发达国家相比尚存在很大差距。

（1）中国农业风险管理的现实特点。整体看，中国农业风险管理比较落后，严重滞后于现代农业发展的要求。①一般风险管理工具的局限性尚未有效克服。例如，灾害救济的事后性局限，价格保护、农业补贴的基本出发点不是应对农业风险，期货市场的覆盖面、参与度仍较低，风险转移作用有限；订单农业中的各种违约风险长期存在，农户与公司在遭遇较大风险冲击时为了自身生存和利益常常违约，可以"利益共享"，却很难"风险共担"。②各种风险管理方式缺乏长远的协调性和联动性，风险管理效率有待提升。例如，现实中农产品"卖难""滞销"的现象及风险不但在一般农产品中长期存在，而且不少特色农产品、高品质农产品也频繁出现。再如，2018年应对"非洲猪瘟"的举措叠加"环保要求"导致的生猪产能大幅下降、猪肉价格高企，又大力扶持生猪产能恢复导致猪价大幅度下跌。行政力量与市场力量、经济政策等风险管理工具的实施未能有效协调，行政干预不当，谋求短期应急目标，缺乏长期性符合经济规律的系统科学运用。单独处理一种农业风险，相对应的方式也许会产生应有的作用，但风险之间复杂的相互作用会使某种风险放大，孤立的风险管理方式就表现出低效率。③风险防范与风险管理的矛盾尚未有效克服。在一定场景下，农业风险管理方式与农业风险防范可能会存在内在排斥，甚至会放大某一风险对农业的冲击，或者说农业风险管理方式自身也存在着风险。当面对自然风险而孤立采用灾害救济时，很可能会由于道德风险和逆向选择的问题而改变农户的决策行为，影响供给，加剧价格风险；最低收购价可能会加剧市场供过于求，降低市场效率。

（2）区域农业风险管理的新要求（趋势）。从全国整体和宏观战略等方面，中国已经形成了一套农业风险管理政策、法律法规和保障支持体系，从战略上的顶层体系已基本具备。但是，在实际风险来临时的应对体制机制、具体举措等方面存在很大的不确定性"风险"，出于社会稳定、价格稳定等现实考量的政策较多。同时，中央与地方农业发展的职责存在区别，区域农业风险管理不可能依靠全国一套体系、相同的工具和力度，其区域针对性差、成本高。构筑不同区域的农业风险管理体系才是最艰巨的任务，也是决定农业风险管理水平的核心。

农业供给侧结构性改革、高质量发展以及乡村振兴战略的全面实施，对区域农业风险管理提出许多新要求。①构筑"有保障的基础设施+系统高效的技术服务+一体化产业链组织+现代市场交易体系+大灾救济+信贷服务+政策性农业保险+有效的政策项目"有机衔接的农业风险管理顶层体系。农业风险管理是一个涉及多重风险来源、多元风险管理主体、多种风险管理工具和多环节风险管理链条的复杂体系。针对风险多发、损失大等特点，将农业风险管理置于农业政策体系的核心地位，保障生产经营者的利益才能保障农产品的有效供给，解决好"谁来种地""如何种好地"的问题，需要将区域农业产业各环节的共性风险管理形成有效的内在系统。②以地方特色优势产业、主导产业为重点，探索从"点"式管理向"链"式综合风险管理的转变。农业产业链条上任何一个环节的风险事故，都可能向其他环节、其他领域快速传导蔓延，形成影响整个产业、整个区域的系统性风险，严重影响地方特色产业的长期竞争优势。必须建立在整个农业产业链中，加强风险管理策略和工具的协调、组合和集成。③探索针对性强的管理方式及其组合。不同产业链环节的主要风险存在一定差异，风险的作用方式也不相同。风险管理方式要能针对性地解决某环节的主要风险，保证风险管理方式之间的协调，实现与其他环节风险管理方式的关联。例如，充分释放信贷担保、农业保险、农产品期货期权、"保险+"等市场风险管理工具的活力；借鉴发达国家的经验，实现长期农业稳定发展政策（如收入稳步增长）与短期的农业保险政策的有机结合；探索大灾救济与农业保险有机结合的机制与政策，大力推广使用新科技、新技术风险管理工具，减少风险传导性和灾难性。

3. 农业保险概述

农业保险，是指保险机构根据农业保险合同，对被保险人在种植业、林业、畜牧业和渔业生产中因保险标的遭受约定的自然灾害、意外事故、疫病、疾病等保险事故所造成的财产损失，承担赔偿保险金责任的保险活动。农业保险作为风险管理的重要手段，有其特殊性。

（1）保险的基本要素及原理。分析农业保险问题首先要了解保险的基本要素和原理。保险要素主要有：保险人，就是保险公司或机构；投保人，是与保险标的具有直接经济利益的自然人、法人；保险标的，就是保险对象；风险因素，主要是灾害或事故发生的可能性大小以及损失的大小；保险金额，是保险人对投保标的的实际投保额；保险费（保费），是投保人为转移风险、取得保险人在约定责任范围内所承担的赔偿或给付责任而交付的费用，也是保险人为承担约定责任而向投保人收取的费用。

在确定保险产品的价格和条款时，需要基于大量历史数据和未来预测的精确计算，常用到以下指标：保险纯费率=保险费/保险金额×100%，也称作纯风险损失率（纯保费占保险金额的比例）；保额损失率=赔付额/保险金额×100%，其取决于事故发生频率概率大小、保险标的损毁程度等；赔付率=赔付额/保费收入×100%。

保险的基本原理是大数法则，是指大量的在一定条件下重复出现的随机事件将呈现出一定的规律性和稳定性，保险公司能推算出将来可能的各项成本，并通过精确计算确定保险费、保险金额等条款，开展保险业务。保险就是通过吸纳很多的人参与保险业务，参保标的必须达到一定数量才能盈亏平衡，缴纳保费才能有效分散事故发生可能产生的损失（一定的小概率事件）；参保标的规模越大，保险的保费才可能越低，也才能吸引更多的参与者，有效分摊经营成本和风险损失，保险公司才能生存，进而形成良性循环。

（2）农业保险的类型。按照经营目的划分为政策性农业保险和商业性农业保险；按照保险责任划分，一般可分为产量保险、成本保险和收入保险，各地在实践中推出了价格保险、气象指数保险等创新型保险项目；也可按保险责任范围划分为基本责任险、综合责任险和一切险。按照危险性质也可划分为自然灾害损失险、病虫害损失险、疾病死亡险和意外事故损失险等。按照保险标的划分为种植业、林业、畜牧业和水产养殖业保险等。

（3）农业保险的难点（特点）。农业保险是世界性难题，纯商业保险无法生存，主要难点（也是特点）体现在以下六方面：①地域性与季节性。农业生产具有明显的地域性差别和季节性特点，需要根据各地、各季的实际情况，详细掌握各个保险标的的状况，具体确定承保的条件和方式，增加了成本，也不利于形成大数量的参保者。同时，也要求时效性强，以便在承保、防灾和理赔的过程中，能够及时准确地对有关问题进行处理。②高风险性。农业的高风险导致赔付率较高，经营农业保险的成本高、风险大，盈利水平要低于其他类型保险，商业性保险公司不愿经营此项业务，政府要给予必要扶持。③保险金额和保险费率厘定难。种养业保险的保险标的具有生命活力，形态一直变化，生长过程中处在价值孕育阶段，不是在每一生长阶段都能以独立、完整的价值形态出现，只有生长周期结束才具有完整价值，保险金额的合理确定难度很大，保险标的必然受到市场价格的影响而变化。同时，农业自然灾害、市场风险的发生极不规则，自然灾害除直接危害种植业外，还可能引起其他灾害的发生，如洪水过后，往往出现动物疫病和植物虫害的大流行而造成新的更大灾害，加之各地之间的灾害程度差异很大，积累的以往有关风险事故发生的资料对未来的预测作用不大，农村中有关灾害的统计资料很少，加大了对危险发生频率测定的难度。因此，科学合理的制定保险金额和保险费率较难。④灾后经济损失评定难。处于动态的生命活动之中的动植物，不同自然条件、不同的农作物和畜禽品种、不同的生产水平以及不同的受灾害程度等导致的价值差异较大，在遭灾后难于准确估计其损失。⑤理赔工作难。农业保险业务点多、面广，被保险人、标的分散四处，现场勘察定额、赔付兑现等工作量很大，而且时间要求紧迫，导致理赔难度大、成本高。⑥农业保险更容易出现逆向选择与道德风险。逆向选择是指不利于保险公司对契约的选择，如果高风险者参加保险而低风险者不参加保险，则受保人的风险概率将大大高于平均风险概率，从而使保费上升，受保人进一步减少，直至该类险种消失。保险公司在短时间内对于投保标的甄别能力弱，难以评估风险，但农户对投保标的状况比较清楚，高风险状态下的农户一般会选择购买农业保险。同时，在自愿投保的条件下，农民对农业保险的购买受到支付能力和农业本身预期收益的影响，对农业保险的需求较低。部分农户在购买农险后，风险预防意识会有所减弱，甚至违反信义有意识地制造危险。由于保险双方的信息不对称，在承保、理赔中的道德风险和逆向选择不可避免容易产生。

上述难点加大了开展农业保险业务的难度，极大地增加了保险业经营的成本和不稳定性，"农业保险本身就是极大的风险"，以纯保费率为基础的高价格无法被保险人接受，在成本以下出售保单意味着经营亏损；承保足够多的风险单位受到保单价格和公司经营范围的限制，从根本上抑制了农业保险的有效供给。因此，农业保险基本上都由政府的大量财政资金支持或者直接由政府机构出面组织实施。

因此，普遍认为农业保险具有准公共产品性与政策性，并将其原因概括为：①农业保险的高风险高成本，在竞争性市场上出现的有效供给与有效需求同时不足；②农业自然风险和市场风险都不是在个人控制之下，更不是由个人过错造成的，且一般会导致较大损失，农业保险客观上保障了社会稳定和社会秩序；③农业保险具有显著的正外部性，具有公共产品属性，不应依靠商业性保险公司提供，也不能完全由政府提供。

（4）衡量农业保险发展水平的主要指标。衡量一个国家或一个区域、一个产业的保险业发展水平常用保险深度与保险密度两个指标。保险深度是指某地保费收入占该地 GDP 之比，反映该地保险业在国民经济中的地位。保险密度是指按当地人口计算的人均保费额，反映该地国民参加保险的程度。

2019 年 9 月发布的《关于加快农业保险高质量发展的指导意见》提出，农业保险业发展的目标是：到 2022 年，基本建成功能完善、运行规范、基础完备、与农业农村现代化发展阶段相适应、与农户风险保障需求相契合、中央与地方分工负责的多层次农业保险体系。稻谷、小麦、玉米三大主粮作物农业保险覆盖率达到 70%以上，收入保险成为农业保险的重要险种，农业保险深度（保费/第一产业增加值）达到 1%，农业保险密度（保费/农业从业人口）达到 500 元/人。

4. 中国农业保险发展简史及目前现状

（1）发展历程简介。中国农业保险业务始于 1950 年中国人民保险公司（简称人保公司）试办的牲畜和棉花保险。1958 年农业保险停办直至 1981 年。改革开放后农业保险发展总体上可以分为初步发展（2003—2006 年）、快速增长（2007—2017 年）、深入发展（2018 年—）等三个阶段。1982 年开始，人保公司再次试办农业保险，国家给予免征营业税优惠；1994 年保险公司开始市场化转轨，进入商业化模式。1999 年中国农业保险保费收入为 6.3 亿元，占保险总保费收入的 0.44%，到 2001 年农业保险保费收入缩减为 3 亿元，只占总保费的 0.14%，险种由原来的 130 多种缩减到不足 30 种，全国农业保险亏损严重。2004 年之前，只有人保公司和中华联合财产保险公司承办农业保险业务，属于商业保险模式。1985—2004 年，除两年农业保险实现微利外，其余 18 年呈现亏损，累计亏损 18.67 亿元。2004 年，农业保费收入仅 3.96 亿元，与历史最高的 1992 年（8.71 亿元）相比下降了约 55%；20 年中农业保险业务的平均综合赔付率超过 120%，许多省份的农业保险业务已完全停办，农业保险名存实亡。2004 年前这两家公司农业险的总体简单赔付率分别高达 87%和 73%，均高于保险界公认的 70%的临界点。

2003 年中共十六届三中全会提出"探索建立政策性农险制度",之后随着农业扶持保护政策的实施,大力发展政策性农业保险,鼓励金融业、保险公司探索农业保险业务,形成多元发展的新格局。2004 年,太平洋安信农险作为中国第一家专业性农业保险公司在上海成立,同年成立的还有安华农险(注册地位于吉林),目前专业农险机构已经有五家。2006 年《关于保险业改革发展的若干意见》提出"建立政策性农业保险制度",2007 年财政部发布《中央财政农业保险保费补贴试点管理办法》,向内蒙古、四川、吉林等六省的五大类粮食作物划拨 10 亿元专项补贴资金,之后中央财政持续加大农业保险保费补贴支持力度,推动农业保险"扩面、增品、提标"。2009 年,鼓励在农村发展互助合作保险并提出探索建立农村信贷与农业保险相结合的银保互动制;2016 年,提出积极开发新型保险品种,探索开展收入保险、天气指数保险试点,扩大"保险+期货"试点。2007—2016 年,农业保险保费收入从 51.8 亿元增长到 417.12 亿元,增长了 7 倍,承保农作物从 2.3 亿亩增加到 17.21 亿亩,农业保险的业务规模已仅次于美国,位居全球第二。2016 年中国农业保险赔付 348 亿元人民币,为 2.04 亿户次农户提供风险保障 2.16 万亿元,为 4575 万户次农户支付赔款 348 亿元,是 2007 年以后 10 年中赔付率最高的一年,达到 80%以上。

2018 年在内蒙古、辽宁等六省开展三大粮食作物完全成本保险和收入保险试点,2021 年试点范围扩大至 13 个粮食主产省份。到 2021 年,中央农业保险补贴品种已由最初的 5 个种植业品种扩大到种、养、林 3 大类 16 个,基本覆盖了关系国计民生和粮食安全的主要大宗农产品;补贴区域由 6 省区扩大到全国,各地区和各经营主体均可在自主自愿的基础上,开展并申请中央财政补贴;补贴比例也在逐步提高,并结合区域、险种情况实施差异化补贴政策,如种植业由 25%分别提高到中西部 40%、东部 35%。2019 年,中央财政开展对地方优势特色农产品保险奖补试点,支持地方自主选择 2 个品种申请中央财政补贴,2020 年进一步将试点地区扩大至 20 个省份,补贴品种增加至 3 个,当年保费补贴资金 285.39 亿元。同时,积极探索开展一揽子综合险,将农机大棚、农房仓库等农业生产设施设备纳入保障范围。

中央和地方农业保险财政补贴从 2007 年的 40.6 亿元,增长至 2021 年的 746.4 亿元,近年来各级财政补贴约占农业保险保费收入的 75%。2017 年农业保费收入 479 亿元,2020 年农业保险保费规模 815 亿元,超越美国成为全球农业保险保费收入第一大国。2021 年,农业保险保费规模为 976 亿元,继续保持全球农险保费收入第一大国。2020 年,农业保险深度为 1.05%,较 2008 年提升了 3 倍,提前完成了 2022 年农业保险深度 1%的目标。

(2)发展的基本现状。根据《中国农村金融服务报告(2020)》,中国农业保险发展现状概括为以下 5 方面:①农业保险制度体系建设不断完善。2013 年《农业保险条例》颁布实施,5 年之后根据创新发展要求修订,内容更加丰富、针对性更强。2019 年出台《关于加快农业保险高质量发展的指导意见》,提出了农业保险业改革创新发展的方向、重点任务、具体要求等。出台《关于加强政策性农业保险承保遴选管理工作的通知》;对农险产品实行两级备案,稳住中央大宗、放活地方特色,鼓励产品服务创新;发布三大主粮成本保险示范条款,以承保理赔历史数据为核心,形成全国 338 个地市三大主粮纯风险损失率成果并正式对外发布,改变了"一省一费率"的定价模式,更精准地描绘农业生产风险,使各地区农险定价更加科学合理。中国农业再保险股份有限公司于 2020 年年底批复开业,将对完善大灾风险分散机制发挥重要作用。②农业保险"扩面、提标、增品"取得阶段性成效。在扩面方面,农业保险基本覆盖了农林牧渔各主要生产领域,主要农产品保险覆盖率持续提升,2020 年玉米、水稻、小麦保险覆盖面为 60%、75%、70%；农业保险为 1.89 亿次农户提供风险保障，向 5182 万次农户支付赔款 616.59 亿元；开展地方特色险种"以奖代补"试点，2020 年试点范围扩大到全国 20 个省、自治区的 60 个品种。在提标方面，开展三大粮食作物大灾保险试点，2019 年扩大至 500 个产粮大县，保障范围扩展至地租成本，能繁母猪、育肥猪保险保额分别提高至 1500 元/头、800 元/头，有效覆盖生猪养殖成本。在增品方面，在传统农业产业保险以外，逐步向农房、农机具、大棚、农房仓库等农业生产设施设备保险方面拓展，积极开发收入保险、天气指数保险等新险种。全国农业保险承保农作物品种超过 270 个。③农业保险服务水平持续提升。首先是科技赋能助推农业保险发展。运用大数据、云计算、卫星遥感、无人机、远程侦察等技术手段，健全精准高效验标、查勘定损机制，提升承保理赔效率和精准度；其次是指数保险、区域产量保险、涉农保险等农业保险产品服务创新稳步推进，开发满足新型主体需求的保险产品，农业保险已逐步由保灾害、保成本向保价格、保收入转型，由保生产环节向保全产业链升级。④森林保险快速发展。2009 年中央财政试点森林保险保费补贴，至 2020 年底，全国森林保险总面积 24.37 亿亩，是试点初期 2.03 亿亩的 10 倍多，居全球第一；风险保障能力从 974 亿元增加到 15883 亿元，风险保障占林业总产值的比例接近 20%；中央财政补贴资金由 0.36 亿元增加到 16.39 亿元，各级财政补贴在总保费中的比重由 79.17%增加到 88.51%；累计支付理赔款 77.98 亿元。随着市场需求的逐步释放，物联网、区块链、大数据等信息技术的快速发展，经济林保险、指数保险、多年期保险产品大量出现，服务更为科学、便捷和高效，大灾风险分散机制不断完善，森林保险向林草全产业链拓展。⑤农业保险市场主体及其经营呈现适度竞争的市场格局、保本微利的经营格局、精细化的管理格局等特点。农险经营机构有近 40 家，包含 5 家专业农业保险公司和 30 余家经营农险业务的综合性保险公司。2021 年财险公司年报显示，20 家财险公司占据了约 93%的农险市场份额，其中，人保财险、中华联合财险、太保财险、国寿财险和平安财险五家公司合计份额超过 78%，占市场份额最大的人保财险公司的农险保费为 426.54 亿元，占四成以上份额。从盈利情况看，经营成本上升使得承保利润大幅下降，农业保险经营压力凸显。2019 年农险出现承保亏损，2020 年和 2021 年农业保险承保利润分别仅为 1.01 亿元和 2.77 亿元，承保利润率只有 0.17%和 0.4%。近 2 年农业保险的简单赔付率，全国平均为 75%左右，不少公司的综合成本率超过 100%。

5. 推进地方农业保险创新发展的现实选择

中国农业保险取得了长足进步，但潜力还很大，专家预测 2025 年农险保费规模有望达到 1620.71—1875.39 亿元。在未来发展中，区域差异化将更加明显。现阶段中央财政补贴的险种只有 16 种，各级地方政府补贴险种加起来也仅 250 多种，只占 2018 年农业农村部农业行业标准《农产品分类与代码》同口径农产品 700 多种的 40%左右，很多地方特色农产品还未纳入财政保费补贴范围。同时，保费补贴险种覆盖面有限，地方特色农产品保险保费收入只占农险总保费收入的 20%左右。《农业保险条例》规定：农业保险实行政府引导、市场运作、自主自愿和协同推进的原则；省（自治区、直辖市）人民政府可以确定适合本地区实际的农业保险经营模式；县级以上地方人民政府统一领导、组织、协调本行政区域的农业保险工作，建立健全推进农业保险发展的工作机制。因此，在国家统一险种普及推广的同时，要重点开发地方险种，促进地方产业的高质量发展和农民收入的稳步提升。

促进地方农业保险发展，需要回归理性与现实去思考，最基本的应当关注以下几点。

（1）农业保险发展及其服务产品的创新具有不同于一般政策创新的特殊性。从参与主体看，区域或产业保险创新需要"市场化的保险公司+政府（补贴及管理目标）+各方面技术专家（技术、管理、气象等方面）+经验丰富的区域农业产业生产经营者（土专家、老农、实践工作者）"的有效协作，是一个政府与保险公司紧密合作，期望达到政府目标与保险公司目标"双赢"的过程，更是一个系统的科学研究、设计计算、试验验证、修订完善的不断提升的动态创新发展过程。推出农险新品种，要基于精确计算、海量数据、多类技术、政府补贴等多种支撑条件，要经过一定时期的研究试验，不断完善，需要大量的细致工作。因此，作为地方政府，在执行中央农业保险政策的同时，应在量力而行的基础上，积极开展创新和服务，否则，欲速则不达。

（2）在一定区域内，不是所有的农业产业都能建立保险制度，地方政府扶持财力是物质基础。农险需要一定的产业规模基础，需要保险公司的精算，与政府协商可能的补贴，预测可能的参保人、费率以及可能的损失。创新一个农业保险产品并有效实施、发挥作用不易，需要各方积极参与大量工作。从现实看，农业保险的区域差距较大。一种是农业大省，产业规模大，特色产业多，创新的保险产品多（中央以奖代补引导支持）。另一种是上海、北京等财政扶持力度大，保险强度大，政府有财力通过农业保险实现政府扶持农业发展的目标。据人民日报 2015 年 6 月 12 日报道，10 年来，上海农业保险已实现四大跨越：农业保险险种从 19 个扩大到 57 个；保费收入从 815 万元增加到 4.48 亿元；农险保额从 4.42 亿元增长到 193 亿元，占全市农业总产值的 60%，接近发达国家水平；农业保险从单一的保险灾害补偿职责，逐渐向帮助政府转换农业风险管理职能角色转变，承担农业金融更多社会责任。北京市 2014 年新试点了树体保险、蛋鸡产业链保险、生猪价格指数保险、蜂业气象指数保险和北京杂交小麦种业一揽子保险，保费收入共计 3100.9 万元，保险金额 9.59 亿元，参保农户 3833 户（次）。

（3）大数据及详细信息是地方农险发展的重要基础资源和依据，需要政府充分重视，发挥作用长期积累。比如完全成本保险、收入保险等，都需要多年大量详细的数据，这些是政府部门的主要职责，也需要科学的系统调研及积累。

（4）政府的宣传推广非常关键。很多农民存在侥幸心理，或者对保险公司不信任，不主动参加保险。政策性农险需要政府发挥其组织优势，利用政府的信誉、权威、体系和影响力引导更多的农民参与农保项目，支持农保走上良性循环、持续发展轨道非常重要，也需要各级政府做大量工作。

（5）农业保险是一项长期的战略性、持续性管理举措，需要其他政策措施有效配合。要对地方的一些政策进行修订或者补充，例如大灾救济政策如何与农险结合，避免效应的抵消；如何与新型经营主体的规模化发展、园区的发展项目等衔接，引导其积极参与。要重视"防大于赔"，加强防灾减损和施救投入，对农牧民农业生产生活提供技术指导，科学管理；针对价值较高的经济作物，率先在种植地区布设物联网设备，利用物联网设备的可追溯性，对标的风险进行监测等。

四、完善区域农业公共服务体系

农业公共服务体系是农业社会化服务体系的重要组成部分。来自西方理论的公共服务概念，虽然被广泛应用，但并没有权威统一的界定，中国仍然处于市场经济的深化过程，政府与市场、社会的职能边界仍然在不断调整优化，农业公共服务体系建设问题仍在不断探索。

1. 农业公共服务体系的基本认知

（1）农业公共服务的界定。公共服务来自西方的"公共物品"（包括物质性的产品和非物质性的服务）与"公共管理""公共政策"等理论。典型的公共物品是具有非排他性和非竞争性的"纯公共物品"，具有显著的正外部性，难以由私人或者盈利性企业有效提供，需要由政府部门（组织）和非政府公共部门承担责任。一般认为典型的公共物品，具有垄断性（只能在政府）、非盈利性（不交费用）、非排他性（公众都有资格享受）和多样性等特征。但现实中大量存在的是"准公共物品"，其可能主要包括两种：一是只在一定地域、受益范围有限的公共产品（服务）；二是可能存在着"拥挤效应"和"过度使用"问题的消费竞争性公共物品（如地下水资源、灌溉渠道、森林等），或者是具有消费"拥挤点"，必须付费才能消费的一定排他性的公共产品。也就是说，准公共产品具有两个特性：一是消费中的争夺性，即一个人对某物品的消费可能会减少其他人对该物品的消费（质量和数量）；二是消费中具有排斥性，即只有那些按价付款的人才能享受该物品。大多数城市公用设施、公共教育和医疗保健服务等都属于准公共产品。

目前对农业公共服务有很多不同的界定。例如：农业公共服务主要是指满足农民生产需要的免费、公益的公共服务；农业公共服务是在政府主导下，市场与社会共同提供的农业信息、农业技术或劳务等非排他性和非竞争性社会服务的公共产品；农业公共服务是为了保障农业生产、促进农业发展所需的具有正外部效应且带有完全公共化或有一定公共性的服务和物品的总称。

农业公共服务涉及的领域及具体内容很多，主要有：制度服务（法律法规、政策）、生产服务、市场服务、科技服务、信息服务、发展服务、金融服务、保障服务、风险管理服务等。有的将其分为三大类：一是生产型农业公共服务，包括农业基础设施建设维护、农田改造、水利设施建设维护、农技推广研究、灾害预报、农民职业教育等；二是市场型农业公共服务，包括农业公共经纪与营销、农业公共信息系统、农业公共仓储与物流服务等；三是改善型农业公共服务，包括农业发展战略研究、农业生产标准化建设、农机与农资价格调控、农业贷款、农业保险、用地产权改革、农村环境治理等，为农业产业的进步提供保障。

（2）农业公共服务体系及其特征。农业公共服务体系是为农业发展提供公共服务的组织及其服务内容、方式等构成的整体（体系化结构）。一般意义上，农业公共服务体系具有历史性、多元性、动态化、多维性、综合性等特点。

从中国农业发展历史以及未来发展趋势看，重点应关注现代农业公共服务体系的 5 个特征。①政府主导性。公共服务提供的主体是政府及非政府组织机构，农业的正外部性、弱质性、弱势性以及多功能性等进一步强化政府的支持保护，公共服务政府主导性更加明显。政府主导通过各种方式体现，如通过更广泛、更强力度的政策与财政项目引导社会、市场力量参与，政府未必是直接的公共服务提供主体。②历史延续性。政府提供公共服务都是在一定的体制下由政府行政及事业单位提供，其必然具有历史延续性，无论是优势、劣势或者是缺陷，都有可能延续，除非革命性的变革。例如，中国的农业公共服务组织中的政府农业技术推广服务，虽然改革开放 40 多年，体制性问题一直较严重，很难改革到位。因为中国由计划经济向社会主义市场经济转轨并不是革命性的，而是渐进性改革。有些地区市场化程度高、就业机会多、创业意识强，政府农业公共服务组织改革阻力小，但其他多数地区的改革难度很大。③动态变化性（相对性）。农业公共服务的内容是动态变化的。理论上说，凡是市场与私人无力供给或者供给效率较低、成本较高的"失效"服务领域，政府都应当提供。随着市场机制发展、市场主体的不断成熟与服务范围拓展，公共服务的内容将适当调整；同时，新产业、新业态、新模式的不断出现，农业的创新发展要求新的公共服务，例如技术服务由品种、生产过程指导向加工、物流与品牌建设的服务转变；金融服务由小额贷款向规模化大额贷款转变等。另外，随着政府职能转变，尤其是服务型政府要求公共服务的内容与服务方式也将发生变化，大部制机构改革后，县、市、省级的农业服务中心、农村发展服务中心的职能集中体现为农业的"公共服务"，实际是原先的政府管理职能的转变。④多元化与多层次、多样性（综合性）。农业公共服务的"多"体现在很多方面，提供的主体是多元化的，政府主导、社会广泛参与；供给模式有权威型供给、商业型供给和志愿型供给模式；多层次性体现在"公共"覆盖范围的多层次，全国、省市级、区县、乡镇乃至村域等不同；多样化体现为内容丰富。⑤区域差异性。针对不同区域不同产业的发展需求提供服务，不同地区农业公共服务组织的发育程度及其效率不同，产业发展水平、政府财政实力及其扶持农业的力度等不同，地方的行政体系以及事业单位的效能不同，农业公共服务的区域差异性明显。

案例：贵州纳骂村集体盘活闲置资源　打造综合农事服务体

2019 年，贵州省六盘水市纳骂村集体基于农村产权制度改革成立了集体股份经济合作社，成员 3927 人。村集体针对本村近七成劳动力在外务工，土地地形复杂、零碎化的实际情况，以盘活村集体闲置资源为突破口，以发展壮大村集体经济为目标，以产业发展为平台，为农户提供"统一进苗、统一培训、统一管护、统一收购、统一加工、统一销售、统一品牌"的"七统一"服务。一年来，带动全村贫困农户 18 户 75 人的人均收入增加至 4000 余元，实现全村脱贫，村集体经济也从"空壳"转为积累约 30 余万元资金。（1）盘活资源，夯实农业社会化服务基础。纳骂村共有土地 7758 亩，四荒地 1550 亩，闲置房屋 8 处。村集体经济组织经过市场调研，结合纳骂村的土地特征，利用未承包到户的 60 余亩土地，试点种植羊肚菌、辣椒等特色产业，采取"龙头企业+集体股份合作社+农户"的组织方式，由公司与集体股份合作社签订合同保底收购，合作社负责组织农民生产，实现了土地规模化、集约化经营，销售收入 30 余万元。同时，盘活 8 处集体闲置房屋，改建成纳骂村农产品直营店和纳骂刺梨加工厂。农产品直营店已销售刺梨干、刺梨酒、土鸡蛋、面条等特色农产品 2.8 吨多，销售收入 9 余万元；利用刺梨加工生产刺梨酒 0.5 吨，被列入本村酒席用酒、本地商会用酒。（2）"七统一"全产业链托管服务，助力刺梨产业健康发展。纳骂村原以种植水稻和玉米为主，产量低、经济效益低，人均年收入只有 2300 多元。村集体发动全村 320 户农户种植刺梨 3200 余亩。村集体股份合作社采取"七统一"服务，保证刺梨"产得出、品质好、销得了、卖得好、卖得久"。一是提供统一苗木采购服务，保证刺梨"产得出"。苗木采购价格低于市场平均价格的 10%以上，2019 年刺梨收购价格高于市场均价 15%，为果农增加收入 20 余万元；系列"纳骂"牌刺梨产品的品牌效益约 40 万元。（3）推广全程托管，化解有地无人种难题。针对纳骂村及附近村寨青壮年劳动力大多外出务工、在家务农人员年龄偏大以及耕地零碎贫瘠的现状，村集体率先在马铃薯、辣椒、水稻等农作物上推广全程托管服务，对接服务组织承接了本村及附近村寨 1000 余亩土地的翻耕及代收业务，服务总面积达到 2000 余亩。2019 年先后转移劳动力 30 人，年人均增收 3 万元；

村集体股份经济合作社全年共增收约 85 万元；三种农作物平均每亩降低成本约 200 元，全村全年共计实现节本增效约 40 余万元。

资料来源：农业农村部农村合作经济指导司编《全国农业社会化服务典型案例（2020 年）》。

2. 分析区域农业公共服务体系发展的基本视角

农业公共服务体系建设是现代农业发展的重要内容，关注、分析其发展现状与问题是经济管理的重要任务。在理解农业公共服务的内涵及其特点之外，还需要从以下几方面去思考。

（1）中国农业公共服务的体制演变及其现实。中国有不同于西方国家的体制变化历史与现实，在借鉴西方理论的同时必须深刻了解中国整体以及地方农业公共服务的特殊性。中国以农业科技服务为主体的政府基层农业公共服务体系改革一直就未停止。最近一次的改革是2018 年之后的大部制改革，各省市的农业农村行政管理职能与事业性质的公共服务职能的机构分设，也就是省市、区县、乡镇等分别成立了农业/农村社会事业发展服务中心。体制内的服务效能问题仍然是农业公共服务体系的关键和核心问题，根据需求变化以及社会组织（包括市场组织）能够提供的服务数量质量及其成效等做好自身定位，提供高效服务，弥补市场不足，更好满足产业发展对服务的各项需求是基本要求。

在市场化改革过程中，政府的很多公共服务职能逐步被市场主体、社会组织代替，比如科技推广服务，既有大学、研究机构的公共服务或准公共服务，产学研结合等；也有市场主体发现为农业提供服务的大量盈利机会，进而形成了多样化的涉农公共服务模式，如"公司+合作社+农户"模式，很多公司为农户提供大量的科技服务、销售服务等。多元化的动态农业公共服务体系成为必然。

（2）农业公共服务的需求与供给。无论是农业的公共服务、私人服务，只有满足产业发展的需求才应该存在，才是有效率的。分析农业公共服务体系问题，首先要看区域产业发展中，生产经营者自身有哪些服务需求？这些需求中哪些通过市场能有效解决，哪些需要公共服务体系解决或者解决起来有优势？公共服务体系是否能够满足这些需求？等等。通过供需矛盾分析揭示发展困境及其原因，比较各种服务供给方式，为改革创新提供依据。

（3）体制及制度环境（要求）。一个地区的农业公共服务体系是在一定的国体、政体及其具体的体制、制度环境的具体体现，区域公共服务组织的设立、解散等需要一定的程序和机构批准，人员配置、考核评价、职务晋升等有其特殊性，其文化与制度不同于西方，执政理念与管理制度也不同。中国的地方农业公共服务组织的设立及运行等，要受到上级政府的约束，自主权受限，如没有体制内人员的辞退权等。

（4）长期发展的趋势（走向）。要判断区域农业产业发展的未来趋势及其对服务的需求走向，掌握改革创新的政策、体制等制度创新的战略导向，以及农业产业组织发展趋势及其对服务的需求变化。例如，根据政府治理体系现代化要求，希望社会资本、市场机制发挥更大作用，代替政府履行更多的职能。

（5）评价区域农业公共服务体系的标准。什么是高效完善的区域现代农业公共服务体系？从哪些方面、用哪些指标客观反映、评价？这也是分析的重要视角。标准很多，最主要的思路就是产业发展对公共服务的需求是否能够得到有效满足，公共服务对产业发展的促进作用及匹配程度，公共资源的效率状况，公共服务机构改革创新的招法及成效，服务对象的满意度等。例如，农民培训工作是否是农民真正需要的内容、可接受的方式方法，培训后的产业增产增收情况等。

3. 区域农业公共服务体系优化的难点及思路（路径）

优化区域农业公共服务体系面临很多难点，也是现实存在问题，仅简单列举几方面。

（1）公共服务组织的改革创新滞后于现代农业发展对公共服务需求变化。受制于体制内的弊端，创新动力不足，尤其是经过大部制改革后，部分地区的农业公共服务机构重组，服务难以到位。习惯了传统的自上而下的行政管理方式、管理理念，存在提供的服务不对路等问题。必须建立需求主导型的农业公共服务供给决策机制、完善的自下而上的需求表达机制，使农业公共服务的供需对口，只有通过改革创新不断完善。

（2）影响农业公共服务体系效率因素的复杂性与改革的艰巨性。决定一个地区农业治理及其公共服务体系效率的关键因素有："人"的素质能力与水平，核心决策层能够制定的相关制度的科学性、合理性、有效性等，现实中形成的区域文化，财政资源的配置等。改革创新富有活力的先进地区，项目实施成效很高，有不断创新的先进理念、非常成熟科学的做事规范（如调研、需求导向等），高效的执行检查系统。但部分区域则陷入了有增长无发展的内卷化、路径依赖（锁定）与格局固化等低水平循环，人员单位固化、职业固化，改革的系统性、困难性凸显。

（3）受制于财政资金、编制等限制，基层农业公共服务体系很不完善。在基层农业公共服务体系中，农业技术推广服务（包括农民培训等）是最主要的内容，但经过多年的曲折改革，区级组织主导、乡镇组织缺位成为较普遍的现象，尤其是在很多乡镇，受制于编制、经费来源等限制，其实际功能在下降。很多机构的专业人员"无为无位"，处境尴尬。但在部分经济实力较强、农业产业发展水平高以及作用大的地区，体系及人员队伍比较健全，能够很好发挥作用。

（4）促进多种服务组织的有机结合提高服务效率。政府行政事业单位、村集体、合作社、企业以及各种社会组织都会围绕农业发展提供各种服务，每个组织提供服务的目的动机、要求、方式、优劣势等不同，通过顶层设计或者实践摸索形成各种力量的有机结合是最理想状态和追求的目标，实践中也有很多成功的典型。但大部分地区囿于各种原因难以形成合力，反而出现冲突，造成社会资源浪费，需要政府发挥其组织功能，有效组合各种资源，形成多层次的功能互补的社会化服务体系。

案例：农业托管"永和模式"——智慧化监管、全链条服务与循环式发展

地处黄土高原梁峁残垣沟壑区的山西省永和县，全方位推进"耕、种、防、收"托管服务，创出"智慧托管平台+农业循环经济"的农业生产托管"永和模式"。永和县有耕地35万亩，是典型的雨养农业县，地块分散零碎、生产成本高、劳动力短缺、组织化程度低。2019年启动农业生产托管试点项目建设，历经三年摸索完善，打造形成了集"一个平台""两个结合""三个统一""四个关键"为核心的农业生产托管"永和模式"，成功入选农业农村部的农业社会化服务典型案例。

"一个平台"即搭建智慧托管监管平台，为全县207台农业机械安装定位系统，形成547个作业模块，并全部纳入中国农业社会化服务平台，实现实时监测、精准托管。"两个结合"是把农业生产托管与脱贫攻坚、乡村振兴相结合。"三个统一"即补助标准统一、作业标准统一、管理模式统一，遏制托管服务"缺斤短两"、托管价格"与民争利"，让农户明白"消费"、清楚"收益"、放心"托管"。"四个关键"即紧抓组织保障、紧抓政策支撑、紧抓程序规范、紧抓测评验收，将金融、农担、保险、农资、粮食收贮等相关部门集聚托管全链条，"一盘棋"运作，保障托管实效。该县参加农业产生托管的农户达到10147户，占到拥有耕地总户数的80%以上，托管地块亩均增产33%，户均增收2000元以上；土地小块变大块，直接增加播种面积1万余亩。全县涌现出农业社会化服务主体17个，配套农机具达到1980台，累计托管作业面积达到72万亩。该县年综合利用秸秆达到了5万余吨，参与托管的合作社将大量的秸秆精深加工，就近提供给养殖户，养殖产生的有机肥又用于种植增效。全县有5000亩苹果园融入立体生态循环农业发展模式，果农将切碎的秸秆覆盖在树盘内，实现调温、保墒、改土、增肥、抑草等一举多得，苹果亩均增产300余公斤，增收2000余元。

资料来源：《山西农民报》，2021-09-17.

本章思考、练习与讨论题

1. 试述你对中国区域农业治理特点的理解，对从事农业经济管理工作有哪些启发价值？

2. 你认为应当如何处理好农业的公共服务与社会化服务、企业服务等市场化服务的关系？如何提高农业公共服务体系的效能？

3. 根据本书介绍的农业农村部推介的两个农业社会化服务典型案例，你得到哪些启示？

4. 通过简要了解中国农业保险发展历史以及所学的经济学原理、保险学原理等，能得到哪些启示（感悟）？对农业保险业发展的特点和规律有哪些新认识？

本章主要参考文献

石敏俊. 区域经济学[M]. 北京：中国人民大学出版社，2020.

中国人民银行农村金融服务研究小组. 中国农村金融服务报告2020[M]. 北京：中国金融出版社，2021.

梁栋. 行政主导农业转型的实践逻辑与公共治理困境[J]. 华南农业大学学报（社会科学版），2021（5）.

农业部发展计划司"新形势下我国农业管理改革及对策研究"课题组. 新形势下我国农业管理改革研究[J]. 农业经济问题，2015（9）.

张峭. 中国农业风险管理体系的历史、现状和未来[J]. 保险理论与实践. 2020（7）.

熊娜，程建华，陈池波. 现代农业公共服务体系：概念界定、现实考量与建设思路[J]. 湖北社会科学. 2012（3）.

第十章　区域农业发展创新与规划

作为管理服务区域农业发展的专业人员，既要学习农业发展有关各重要主题的基本理论与实践内容，也要了解区域农业整体发展创新的基本理论，掌握如何科学调研与分析评价区域农业发展的现状、阶段性特点与问题，寻求有效解决之策，并通过编制科学可行的发展规划推进持续健康发展。

第一节　区域农业创新发展的基础理论

一、案例：陕西眉县何以成为著名的"猕猴桃之乡"

中国陕西省眉县、周至县等重点地区的猕猴桃产业发展是多种复杂因素持续推动的区域产业发展典型案例，极具学习分析与启发价值。在此说明，本案例来自作者的家乡，有一定的实际体验和认识，结合对搜集到的有关信息资料的甄别和选择性描述展示，提供基本的信息资料，如需更详细了解可进一步查看相关信息文献。

阅读下文信息资料，首先需要从专业角度提出、思考一些问题，比如：为什么猕猴桃原产地中国的产业发展水平落后于新西兰等国家？改革开放后大发展的系统因素或主要因素、原因有哪些？陕西省及其眉县、周至县的猕猴桃产业崛起的时代背景有哪些？在水果生产与消费结构多元化、多层化以及购销（消）网络化快速发展的新时代，如何提升区域特色产业的发展水平，走上高质高效的持续发展道路等。

1. 猕猴桃产业发展概述

世界上消费量最大的前 26 种水果中，猕猴桃营养最为丰富全面，维生素 C、维生素 A、叶酸等含量较高，维生素 C 的含量是苹果的 10 倍左右，被誉为"维 C 之王"；其低钠高钾，有多种氨基酸，酸甜适度，已跻身世界前 26 位水果之列（虽然面积、产量只占世界水果的 0.4%左右），中国是增长最快的国家，种植面积和产量占水果的 1%左右，20 个省份均有种植。2000 年全球猕猴桃产量 187 万吨。近 10 年面积和产量分别增长 71.25%和 55.58%，均超过柑橘、苹果等 27 类常用水果，跻身于世界主流消费水果之列。中国猕猴桃产业规模连年增长，年均增幅 22.14%，截至 2019 年底栽培面积 436 万亩，产量 300 万吨，稳居世界第一（占世界 50%以上）；国内猕猴桃逐步形成了陕西眉县和周至、四川浦江和都江堰、贵州修文和六盘水、江西奉新和赣南等规模化优势产区；陕西省猕猴桃规模占全国 40%，位居第一，2019 年亩均效益 9602.64 元；高质量猕猴桃需求不断增长，网络销售消费逐步成为主渠道，电商撑起了销售的半壁江山。①中国猕猴桃的主产区分布在大别山区、陕西秦岭北麓、贵州高原及湖南西部、广东河源和平县、四川西北地区及湖北省西南地区等五大产区，其种植情况各有特色，上市时间集中在 8—11 月份。陕西猕猴桃种植规模大、产业链十分健全，湖南呈现出品种多元、分布较广，河南较为集中、品种本地化，四川特色明显、优势突出。

世界猕猴桃产业发展始于 1899 年，英国人在中国收集野生中华猕猴桃资源并引种到英美培育驯化，但均未能转化成一种商业果品，仍只是一种观赏植物（西方人早期对猕猴桃取名"中国醋栗"）。1904 年新西兰一女教师从中国把猕猴桃种子带回，经过十多年驯化和改良取得成功，新型果品被定名为 Kiwi（基维果、奇异果），20 世纪三四十年代开始商品化栽培，1943 年开始出售培育的"海沃德"商品果，1950 年猕猴桃面积 13 公顷，开始向世界出口，之后澳大利亚、美国、意大利、智利、日本、希腊、法国、南非、以色列等国开始栽培猕猴桃。1996—2001 年新西兰年均猕猴桃产量 24.2 万吨，年均出口量 22.2 万吨，是新西兰主要支柱产业，其著名品牌为"佳沛"。全球猕猴桃产量前三名为中国、意大利及新西兰。

中国有得天独厚的猕猴桃自然资源，现有的 54 个种中，52 个为中国特有或中心分布。秦岭是世界猕猴桃的原产地，世界 96%的猕猴桃种都富集在这一地区。猕猴桃属植物的生长年代可以追溯到距今约 2600—2000 万年前，古代文献中有大量文字记载，因其资源十分丰富，叶片形状、花朵颜色、果实形状和大小、果肉颜色等性状差异较大，早期文献中的许多描述并不一致，名称有十几种（缺乏科学的植物分类）。猕猴桃的名字以及引种栽培，始见于唐代诗人岑参(715—770)在《太白东溪传张老舍即事,寄名弟侄等》的诗句："渭上秋雨过,……太白峰最高,……中庭井阑上,一架猕猴桃。"说明在 1200 年前陕西太白山北麓就有了猕猴桃的庭院栽培。唐朝之后历代编撰的《本草》中多有记述，多视其为"药材"来治病或食疗保健，并未列入水果。人工栽培猕猴桃是进入 20 世纪以后开始的，中国科研单位在新中国成立后才开始对猕猴桃进行资源调查及分类研究。1957 年中国科学院植物研究所首先从秦岭太白山将猕猴桃引种到北京植物园，1978 年前只是零星研究与栽培，人工种植面积不足 15 亩，品种是从新西兰引进的"海沃德"，并已开始良种选育。1978—1990 年是猕猴桃产业起步阶段，种植面积发展到 6 万亩；1990—1997 年是快速发展阶段，种植面积发展到 60 万亩，每年平均增加 6.3 万亩；1998—2007 年进入缓慢增长阶段，十年间种植面积增至 90 万亩；2008—2017 年又进入高速发展阶段，种植面积达 375 万亩，成为主产区农民收入的主要或重要依靠。尽管国内猕猴桃生产总量逐年提高，但是出口量仍然很小，出口数量、出口金额的增长远没有进口数量增长快，特别是 2013 年以后，国内进口猕猴桃数量增长呈现上升趋势，2018 年出口只有 0.65 万吨，进口量却高达 11.33 万吨，国际竞争力明显较低。

2. 陕西省眉县与周至县猕猴桃产业发展历程与现状

眉县隶属宝鸡市，位于陕西关中偏西部，中国气候南北分界岭—秦岭的主峰太白山北麓，独特的地理、气候、水源、土壤等自然条件非常适合猕猴桃的生长，是公认的猕猴桃最佳适生区，猕猴桃品质形成期的昼夜温差 10℃，特别有利于生长结果和干物质积累，糖分积累恰到好处。在改革开放之前的农业集体化时代，该县以种植小麦、玉米、谷子、荞麦、棉花和线辣椒等作物为主，种植的水果主要有苹果（生产队或生产大队的集体果园）、梨、杏等。改革开放后实行家庭承包经营，农户在满足粮食自给需求的同时，线辣椒、果树等高收益种植

---

① 《中国猕猴桃产业发展报告（2020）》发布，2020-10-10，西北农林科技大学.

业开始不断探索，早期是苹果园、葡萄园、李子园、桃园等发展较多，但随着这些产品的价格不稳定甚至出现严重"卖难"毁树等情况，逐步向资源环境条件和品质更好的优生区转移（如昼夜温差更大的陕西渭北旱塬、陕北、新疆等，产生白水苹果、陕北洛川苹果等地域品牌），对新兴的高附加值水果种植的引入就成为当地很多勇于"第一个吃螃蟹人"的选择，在农户自发引进以及政府有关部门的顺势扶持推进下，果树种植相对于其他种植的高效益对于人多地少、非农产业发展严重不足的地区是一种很好的选择。眉县是从 1978 年就开始对猕猴桃进行人工选育，1988 年开始推广种植，但面积很小、没有拳头产品，直到 20 世纪初开始，经过 10 多年才逐步成为真正的主导产业、支柱产业。

而紧邻眉县东部的西安市周至县则较早开始发展猕猴桃，其属于猕猴桃的适生区。周至县相对于眉县，人们的市场意识强，做生意的很多，"哑柏镇""哑柏市场"全国知名。早在 1986 年，猕猴桃试验站培育成优良单株"周至 101"和"周至 111"，经审定命名为"秦美"和"秦翠"；1989 年周至县进行第一次猕猴桃大田栽植，栽植面积 3000 亩，周至县哑柏镇一农民选育猕猴桃优良单株"周园一号"经审定命名"哑特"；1992 年出台《周至县猕猴桃发展"九五"规划》，1993 年周至县猕猴桃栽植面积达 10 万亩；1995 年"秦美""哑特"分获第二届农博会金奖、银奖，政府提出"户均一亩园，园园连成片，三年消灭空白点"口号，鼓励单位和广大干部职工带头建园；1997 年周至县被中国农学会认定为"中国猕猴桃之乡"，鲜果取得国家绿色食品认证，1998 年被国家质检总局认定为全国唯一的猕猴桃标准化管理示范县，"秦美"猕猴桃获第三届农业博览会名牌产品称号；2003 年建立了"西安市万亩绿色猕猴桃生产基地"，2006 年成为"十五陕西果业强县"等。2001 年周至猕猴桃栽植面积已达 13 万亩，鲜果总产量已达 8 万吨，总产值超 2 亿元，建成贮藏冷库 437 座，加工企业发展到 7 家，年贮藏加工能力达 6.5 万吨；2017 年全县猕猴桃栽植面积 42.39 万亩（耕地面积 90 万亩），挂果面积达到 36.2 万亩，一产产值超 32 亿元，猕猴桃"一村一品"专业村 96 个，10 万亩猕猴桃获得国家绿色食品认证，1 万亩猕猴桃获得欧盟良好农业操作规范认证，5600 亩猕猴桃生产基地获得有机食品认证。先后成立了 7 个协会，拥有贮藏库 2600 座，千吨以上高档气调库 26 座，库容量 30 万吨（猕猴桃属于后熟性，需要贮藏一定时间才成熟，并有效延长货架期）；深加工企业 38 家，年加工能力 10 万吨。更为重要的是，周至县的猕猴桃经销商遍布全国各地，有些村的主要劳动力都在全国各地市场从事经销。

相对于周至县的先发优势和研发基础优势，眉县猕猴桃的发展是后来居上，依靠太白山北麓独特的地理气候条件生产的优异品质产品，政府的大力扶持，其知名度、影响力等超过了周至县，有的外地贮藏运销商也从眉县收购产品销售。2004 年眉县与世界著名的猕猴桃生产营销企业——新西兰环球园艺公司开始长期合作，引进先进的生产管理技术，建立全国最大的猕猴桃标准化出口示范基地和亚洲第一个猕猴桃花粉研究中心（猕猴桃属雌雄异株，需要人工给雌株花授粉），在核心生产技术的研究应用方面实现了新突破。2006 年与西北农林科技大学合作实施"猕猴桃产业化科技示范与科技入户工程"，县财政每年拿出 50 万元专项资金用于猕猴桃新品种的选育、苗木扩繁、标准化生产和技术推广，普及推广和引种的猕猴桃新品种有 10 多种，面积发展到 8 万亩，产量 11 万吨，产值 2.2 亿元。以秦美、徐香、海沃德为代表的绿肉系列品质优异，特别是徐香猕猴桃香味浓厚、酸甜可口，成为最具市场竞争力的绿肉猕猴桃优势品种。2008 年成功举办了首届"中国眉县优质猕猴桃采摘节"，引起央视、凤凰卫视、人民日报、新华网、新浪网等国内外新闻媒体和广大消费者高度关注。政府将该产业作为"民生产业"不断加大扶持与宣传，金融部门贷款支持力度加大，农民建设冷库迅速，形成了政府、相关机构、农民合力发展的良好局面。2010 年 6 月，获农业部农产品地理标志登记证书产品，9 月"第二届中国·陕西猕猴桃国际贸易与技术交流会"召开；面积发展到 21.7 万亩（人均 0.8 亩），16 万亩获得了无公害农产品认证，"一县一业"格局形成。2012 年 11 月在眉县举行首届世界猕猴桃发展大会(之后连续举办世界猕猴桃产业发展大会)，并蝉联年度最具影响力农产品区域品牌。2013 年农业部与陕西省在眉县启动建设国家级猕猴桃批发市场（之后发展为国家级猕猴桃产业园区）。陕西省猕猴桃研究所、宝鸡市猕猴桃专家大院及猕猴桃种苗繁育中心等猕猴桃技术推广和研究机构相继建成。2015 中国品牌价值评价中"眉县猕猴桃"榜上有名，品牌价值 91.5 亿元，是全国 59 家区域品牌（地理标志保护类）中唯一的猕猴桃品牌。总结推广标准化生产十大关键技术，建成了功能齐全的国家级（眉县）猕猴桃质量检测中心等；拍摄《太白山下猕猴桃》科教电影，制作《太白山下奇异果——眉县猕猴桃》宣传专题片，创办"眉县猕猴桃"微信公众号；制定眉县猕猴桃可采摘的基准日期，严禁过早采摘产品流向市场影响产业信誉等。目前，种植面积 30.2 万亩（占 35.4 万亩耕地的 85%），总产量 49.5 万吨，产值 52 亿元，农民户均栽植 4.5 亩、人均 1.16 亩；有生产加工企业 11 家、电商企业 485 家、专业合作社 189 个、微电商经营户 5200 多户，各类冷库 4700座，储藏能力 30 万吨，形成了区域猕猴桃产业的生产、储藏、加工、物流营销以及市场中介服务、政府公益服务等链环、业态完整的产业链和产业集群。在猕猴桃产业整体发展的同时，农户收入水平的提高，很多农户购置了手扶拖拉机、小型旋耕机、割草机以及小型三轮运输车等农业机械，在适宜于机械操作环节实现了机械化。大量的化肥销售点（店）竞争激烈，很多为熟悉的农户提供赊销农资服务。

3. 陕西及眉县、周至县猕猴桃产业的潜在问题

陕西猕猴桃产业规模虽然在中国最大，但也存在不少的现实与未来发展问题，比如：①缺乏像新西兰的佳沛、四川绵阳佳沃等知名品牌，缺乏大型资本介入和带动能力、创新能力、品牌运作能力强的龙头企业。②作为农户收入主要来源，虽然对产品质量非常重视，少用化肥、多用复合肥与有机肥等基本普及，但非优生区、适生区域大范围种植对地标产品、区域公共品牌造成严重冲击，信息不对称导致优质优价市场难以形成，产能过剩导致价格波动、低价卖难，巨大的消费潜力难以转化为现实购买力。③部分品种的贮藏保鲜以及消费的便利性等尚存在严重缺陷，技术创新存在"盲点"。如保鲜剂的使用影响品质及贮藏质量，影响消费者持续大量消费，与猕猴桃的营养保健价值不匹配；猕猴桃采摘冷藏一定时间后，再经过销售、后熟后消费，易于腐烂，严重影响品牌形象和消费者消费量，急需系统性技术创新。④全国各地猕猴桃产业的多元化空间布局形成（收益与消费刺激全国生产地域扩张），新品种不断推出（近 10 年全国各地栽植的新品种有几十个），区域之间的替代性增强，外输的方式、数量等存在巨大变化，例如过去依赖非产区、销区的收购商销售，现在存在较大风险与不稳定性。⑤眉县严重依赖外地客商收购（包括周至县的经销商），本县在全国从事猕猴桃销售的较少，在市场中很被动，市场抗风险能力很弱。⑥地方政府的产业规制与品牌建设存在缺陷，曾经花大力确定的品牌战略似乎并未得到全面有效实施，小规模农户生产为主的局限性日益显现。未来应如何维持发展好猕猴桃这一"民生产业"仍将需要全方位的系统创新。⑦电商销售尚不活跃，占比很少，好品质的产品面临大量一般品质产品的价格冲击。⑧新品种不断涌现，产品功能定位、市场细分以及更新换代面临不确定性，最近几年有十几个品种在小规模试种、推广。⑨农资支出、人工费用大幅度上涨，导致成本上涨很快，尤其是 2021—2022 年的价格一直攀升，有的农资零售商的加价过大，有些不正规厂商生产销售低质肥料；在授粉、疏果等重要环节缺人手，人工成本增高。⑩产业的风险隐患较大，因为规模较大，果品的替代性较强，假如价格达不到一定水平，而成本大增，收益大幅度减少，影响农民的生活生产，影响面广、程度深。另外，目前种地的基本是 50 岁以上的中老人及妇女，大部分年轻人都要在县城或城市买房（为后代子女上学等），20 年后可能出现无人经营的状况，果园生产经营不同于粮食的规模化机械化，未来怎么办？等等。

二、现代农业的共性特征：区域专业化

区域农业专业化是指一定的区域只生产或主要生产一种或少数几种农产品的状态。改革开放之后中国农业产业发展的区域专业化是重要方向。借鉴日本 20 世纪 70 年代通过发展"一村一品"振兴乡村的经验，在 21 世纪政府有意识推进"一村一品"专业村镇发展，并提出农产品生产型"一村一品"专业村的基本要求是：主导产业或产品收入（产值）占全村农林牧渔业总产值的比重达到 70% 以上，专业村 60% 以上的农户从事主导产业或产品生产经营活动。

1. 区域农业专业化生产态势的基本判断：整体布局与格局已定，小调整与深度转型持续

农业是对区域自然资源条件严重依赖的产业。世界上大部分农作区都是人类为获取生存资料，历经几十年、上百年甚至几千年的劳动改造的结果，具有不同程度的历史继承性（合理性），有些作物在有些地区的种植历经数千年。近现代工业技术与科技发展突破了传统农业对自然环境条件的绝对依附，区域农业发展快速变革。现代农业发达国家历经工业化、城市化、农民组织化以及科学技术对区域农业的改造，区域农业产业不稳定性大变动时代已经过去，农业与社会经济的利益关系基本稳定，人口变化较小，生产者与资源环境的关系格局基本稳定，国家农业政策与制度、消费者与农民组织等基本成熟定型。形成了相对稳定的区域农业发展格局，主要任务就是在此格局下的品种、品质、品牌提升以及结构的小调整，维护或提高竞争力和效益。

中国实行了 40 多年的农户家庭承包经营，区域农业产业一直在大变动之中，人口仍在增长，消费需求结构仍在持续转型提升，科技作用仍在强化，组织化程度仍然很低，区际之间的竞争仍然激烈，农业与非农产业的利益关系仍然不稳不顺，大部分地区的农业产业变化仍将持续。现代信息技术、生物技术、环境技术、物流技术以及贮藏加工技术等仍在不断重塑区域农业格局，区域农业发展仍具有一定的不确定性。但在国家粮食安全与耕地红线、环境改善与生态红线等严格的底线要求之下，在农业"三区"功能要求以及生态安全空间战略布局之下，大的布局与格局变动的幅度与空间较小，产业发展主要是向高质量发展的转型升级。例如，严格耕地用途管制，清理乱占耕地行为，永久基本农田严禁改种果树与园林花卉、挖塘养鱼等。2022 年中央一号文件提出：落实"长牙齿"的耕地保护硬措施，实行耕地保护党政同责，严守 18 亿亩耕地红线；引导新发展林果业上山上坡，鼓励利用"四荒"资源，不与粮争地。

以种植业为例，目前不同层次的区域或地区形成了 4 种基本格局：①高效特色产业专业化生产区域。如前述眉县、周至县的猕猴桃产业等，我国已形成"一村一品""一镇（县）一业"的各类区域 2.6 万个，这些区域的绝大部分土地主要生产一种或少数几种农产品，每种产品经历了较长时间的发展积淀和市场竞争，主导产业、支柱产业很明确，具有一定的规模，

产业链相对完整，有一定的优势，效益相对较好，产业基本成熟，除非重大变化（市场严重需求下滑、滞销价低或自然灾害等），未来主要是提升质量和竞争优势。②规模化粮食、棉花、糖料等专业化生产区域。不同区域层次都有类似的专业化生产区，基本比较稳定。这些区域虽然种植的是相对低效的作物，但整体种植与占地规模大，生产单位经营规模大，机械化水平高，是国家粮食生产功能区及重要农产品保护区，有政策支持保护，国家600多个产粮大县、东北大豆和粮食、新疆的棉花以及广西的甘蔗生产等最为典型。棉、糖生产区域更加集中，新疆棉花面积占比达79%，广西和云南甘蔗面积占比达82%。草原牧区与水产业发达的沿海或内陆区域、大型林区等，也形成了相应的规模化、专业化生产区，规模层次多样。③多样化为主体的生产区域。无论从一个村、一个镇或者一个县域的范围看，没有任何区域支柱产业或主导产业，家庭分散经营，种植种类、品种等多样化，有的也存在一定的各种规模类型畜禽饲养或者渔业养殖、林业等相结合。多处于不以农业为主要收入来源，自给性生产占一定比例的区域，比如很多大城市郊区的农业，部分山区农业等。这些地区农业产业发展的变数较大，耕地集中规模化经营存在较多困难，空间有限。④一定程度专业化生产的区域。除前三种之外的大部分地区可能属于这种类型，这些地区有个别的产业在特定区域有一定程度的规模化专业化生产，但整体上还是家庭小规模的多样化生产为主，即使生产粮食的面积总体较大，但也是家庭分散种植。在产业发展上存在很大变数，比如通过土地流转、托管发展规模经营，发展新产业等，畜牧、水产养殖等也有一定的生产单位和规模。

2. 区域农业专业化及规模化生产格局的形成

（1）形成的主要因素及机理。农业专业化区域形成与发展因产业不同、规模范围大小不同而存在差异。为什么各区域农业专业化规模生产程度存在差异？其形成的主要因素及其经济机理是什么？联系陕西眉县猕猴桃专业化区域形成发展可看出：初始阶段一般是某些生产者或者投资者基于市场需求、新品种的潜力和收益（增收内生动力），挖掘本地产业或模仿引进其他地区的产品（产业），在获取明显增收效益后产生模仿效应，政府的技术推广服务部门等积极推动，种子种苗及有关投入品服务商瞄准商机跟进服务，相关的专业贮藏运销乃至加工等配套关联产业相向发展（产业链延伸），生产规模不断扩大（因为效益比其他种植要高，吸引大量客商，产品销路相对有保障产生规模驱动），形成区域产业聚集和规模效应、品牌效应。当规模达到一定程度或上限（阈值），也可能会引起其他地区的模仿，需要提升（转型）才能生存，只有创新才能提升竞争力，重塑优势。总之，区域产业专业化形成的基本逻辑是：由点到面，由单项生产到多元化环节协同综合，由小到大，由内生动力到内外结合，由低水平到高水平的渐进提高和不断深化过程。

通过本章案例也可以看出，一个地区农业产业发展是生产者基于区域自然环境、基础设施、生产传统以及国家政策制度等，根据市场供求变化，不断选择新品种新技术而谋求增加收入的持续性变革或创新行为；也是生产者的内生增收动力、市场需求的拉力、相关产业（购销与贮藏加工等）的投资获利动力以及政府政策保障、技术支撑等众多因素（力量）长期相互协调作用与选择的结果。其涉及产业系统、生产系统、经营系统以及生态环境系统、技术支持系统、政策系统等，形成了非常复杂的演变过程。在此过程中，一个地区的内生性文化、氛围、观念或理念也是重要因素，陕西周至县在全国各地经销猕猴桃的人数远超过眉县就是这种文化习惯的体现，正如浙商传统文化造就改革开放后浙江经济发展持续领先一样。

（2）农业区域专业化生产的优势与劣势（风险）。在各地方谋求发展过程中，形成了不同产业、不同程度的专业化规模区域，从世界各国农业发展以及国家政策看，推进农业区域专业化分工一直就是努力引导的方向。如中国先后出台的《优势农产品区域布局规划（2003—2007 年）》《全国优势农产品区域布局规划（2008—2015 年）》《特色农产品区域布局规划（2006—2015 年）》《特色农产品区域布局规划（2013—2020 年）》。

相对于分散农户多样化小规模生产区域类型，农业区域专业化规模化生产具有很多经济优势：①适应不同区域农业自然资源环境条件，最大限度发挥资源潜力和优势（自然生产力），成本相对较小、收益相对较大，能提高经济效益和竞争力。这是由农业特点决定的。②区域专业化生产的劳动者生产技术水平能够不断提升，专业化人力资本的数量增多、质量不断提升，持续不断创新创业提升产业水平。③能吸引并保障经销商的购销数量与质量要求，促进产品销售，形成产地品牌和集聚效应。④吸引科技服务、生产资料销售以及加工企业投资布点，形成完善的社会化服务体系，提升服务质量和效率，进而产生产业集聚和产业链规模效应。⑤符合政府政策导向，对于保障重要大宗农产品的一定自有率以及粮食、食物安全，有效应对国际市场不确定性风险具有重大作用。总之，区域专业化规模化的生产效率大幅度提升，实现规模效应、品牌效应、标准化效应、产业链延伸效应等产业集聚效应，提升区域形象，在解决小生产抗风险能力弱、品牌难、标准化水平差与社会化服务体系效率低等方面有重要作用，其发展的更高级形式就是农业产业集群。

同时应当认识到，大范围的区域专业化农业生产也存在很多现实的和潜在的风险与问题，这也是近现代农业危机（缺陷）的重要表现，主要是：①受市场价格波动、气候、病虫害等风险的影响较大，生产者完全依赖单一产品，可能损失惨重，影响生存与再生产。改革开放以来，中国很多地方出现过大面积农产品滞销事件，农民损失惨重。②破坏了农田乃至区域乡村生态系统内的生物、环境等之间的共生关系，生物多样性降低、抗逆性、自稳定性大幅降低，生物天敌减少、水土污染及质量下降，降低产量、质量及效益，不可持续。③单位产品附加值相对较低，难以适应高消费人群对高品质高质量的农产品需求。大规模的区域专业化生产追求的是规模效率、成本低的优势，初级农产品价格及其附加值比较低，也很难提高。高品质高品位的有机特色或者精品农产品，需要采用生态、有机的生产方式，生产量不可能过大，也不能过大。

因此，在后现代农业阶段，在区域农业发展的大规模专业化生产保障食物安全的同时，顺应大食物观的趋势，重视农业多功能性，按照生态农业、循环农业的技术要求，结合现代信息技术、生物技术应用，以家庭农场、农业庄园或者小规模产业园区为组织模式，着力发展高品质高质量"小而美"高附加值特色农产品，将是未来区域农业发展的重要方向。

三、区域农业地域分工理论：从比较优势到竞争优势

农业产业地域分工是基于自然资源条件的比较优势向竞争优势的发展变化过程，体现了区域农业发展要求与路径的演变，也是农业经济管理与政策的转变。

1. 区域农业分工的传统经典理论：农业比较优势理论

农业专业化规模化生产的经典经济学解释是农业地域分工与比较优势论。不同的地区由于自然环境条件、社会经济条件、区位条件等不同，具有不同的优势、劣势，尤其是在市场经济竞争条件下，实现农业资源优化配置和整体效益最大化，就必须发挥优势实现区际分工。而农业生产具有强烈的地域性，形成农业生产的地域差异，一方面是由于自然生物及地理生

态分布的地带性，决定了农业生物的适生范围及其程度；另一方面是技术的动态发展以及社会经济条件的差异，影响农业的布局、结构和经营方式以及生产水平等。在较大的区域之间农业有明显的差异性，在一定的地区范围内又有基本的共性或相似性。

农业比较优势是指一定区域某农业产业相对于其他地区或其他产业，在某些方面或整体方面具有的（或表现出的）有利条件（因素），其最终表现为形成优势农产品或优势产业。《优势农产品区域布局规划（2003—2007 年）》提出，优势农产品是指在我国的资源和生产条件较好、商品量大、市场前景广阔，在国内市场与国外产品竞争优势，能够抵御进口冲击的农产品，或在国际市场上具有竞争优势，能够进一步扩大出口的农产品。对区域农业发展而言，就是在国内外市场竞争中有优势的农产品。

比较优势理论被广泛认可的是动态比较优势，其认为基于未来发展战略的动态比较优势是需要政府通过产业政策培育，或者政府的产业政策可以加速这一进程；比较优势不是固定不变的，而是会随经济形势或者要素禀赋积累、技术进步等因素的转变而发生变化。其经典理论基础主要是两方面：

（1）自然地域分异理论：农业自然资源优势论。基于各地区自然资源分布的地理及其气候、生物种类及其数量质量、适宜性等禀赋的差异性而形成不同优势。但该理论存在明显不足，主要是：自然资源优势不等于农业产业的优势，将自然优势转化为产业优势需要一定的技术、社会经济条件、市场需求。因此，该理论主要适用于自然条件差异较大的地区或国家之间的比较，对于同一类型自然区域内缺乏决定性指导价值；自然资源具有多用途性，市场价值及收益往往成为产业选择的决定性因素，自然优势论则失去其实际指导价值。

（2）劳动地域分工理论：比较利益优势论。认为商品化、专业化促进地域分工，地域分工进一步促进地区专业化，形成地域分工的立论基础是基于劳动价值论的比较利益理论。比较利益理论是不断发展完善的，代表性观点依次为：①亚当·斯密（1723—1790）的"绝对优势利益论"。认为：一国或地区生产实际成本小于其他国家或地区的商品，进行市场交换，可以使交换双方获益。②大卫·李嘉图（1772—1823）的比较优势理论。李嘉图最早提出了比较优势概念，是指当一国的某某一产业（产品）具有较高的劳动生产率时，则该产业（产品）具有比较优势。认为：如果一国或地区在所有产品的生产中都没有绝对优势，也可以按照相对成本最小（或相对利益最大）的原则分工，进行专业化产品生产交换，对双方都有利（即"两优取大优、两劣取小劣"），即使一国在各种商品生产上都处于劣势，而另一国在各种商品生产上都处于优势，它们仍然可以生产和出口那些比较优势最大的产品，进口比较劣势最大的产品，从中得到收益。当然其前提是一国或者一个地区的所有资源生产产品难以满足市场需求。在李嘉图所处的时代，劳动是工业的主要生产要素，相对劳动生产率反映了技术的差异，生产技术的差异是比较优势的决定因素。③赫克歇尔—俄林的资源禀赋理论（H-O理论）。被称作新古典贸易理论，认为：在各国生产同一种产品的技术水平相同的情况下，两国生产同一产品的价格差别来自产品的成本差别，成本差别来自生产过程中所使用的生产要素的价格差别，生产要素的价格差别取决于各国各种生产要素的相对丰裕程度（相对禀赋差异）；在各国资源禀赋不同的情况下，各种生产要素组合和投入的相对价格构成了各国的比较优势。因此，生产本国或地区密集、相对充裕要素的产品的价格差异导致了国际贸易和国际分工，应当生产密集使用本国相对充裕要素的产品，而进口那些密集使用本国相对稀缺要素的产品。这三种理论都只能看作是一种传统的思想或理论创新，难以解释现实及未来农业区域发展的复杂状态，需要更广阔的多学科视野不断深化认识与创新。

　　在市场竞争环境下，区域农业发展就是在不断寻求发挥优势的过程，提升区域农业竞争力的基本载体就是建设特色农产品优势区。

政策链接：特色农产品及优势区

　　我国《特色农产品区域布局规划（2006—2015 年）》中提出特色产品选择的标准主要有 3 项，①品质特色：产品品质独特，功能特殊，有一定认知度；②开发价值：产业可延伸性强，经济开发价值高；③市场前景：目标市场相对明确，现实市场竞争优势明显或具有潜在市场需求。优势区的确定主要依据三方面，①生产条件：原产地或区域具备最适宜的自然生态条件，能生产品质优良、风味独特的特色产品；②产业基础：有生产传统，技术成熟，相对集中连片，市场半径和市场份额大，具备形成知名品牌、组建区域特色农产品产业体系的基础；③区域分工：特色产品发展符合区域分工，有利于发挥比较优势，形成优势互补的农业区域格局。并且提出建设重点是品种选育、产业标准化与管理、技术创新与推广、加工与营销等。《全国乡村产业发展规划 2020—2025 年》提出，乡村特色产业的地域特征鲜明、乡土气息浓厚的小众类、多样性的乡村产业，涵盖特色种养、特色食品、特色手工业和特色文化等，发展潜力巨大。发展基本路径是构建全产业链，推进聚集发展，培育知名品牌，深入推进产业扶贫。产品开发的重点是开发特殊地域、特殊品种等专属性特色产品，以特性和品质赢得市场；发展特色种养，开发特色食品，开发适宜特殊人群的功能性食品，传承特色技艺，弘扬特色文化；引导农户、家庭农场建设一批家庭工场、手工作坊、乡村车间，用标准化技术改造提升豆制品、民族特色奶制品、腊肉腊肠、火腿、剪纸、刺绣、蜡染、编织、制陶等乡土产品。

　　资料来源：摘编自农业部《特色农产品区域布局规划（2006—2015)》；农业农村部《全国乡村产业发展规划（2020—2025)》。

---

2. 区域农业比较优势形成原因及其测度

　　（1）区域农业比较优势形成变化的原因。农业比较优势表征要素就是产品成本与质量（成本低、质量高），但影响比较优势形成的则是多要素的相互作用，包括生产要素数量与质量、需求数量与结构、物流成本与效率、交易成本、关联产业、支持政策以及技术进步、资源配置效率、组织化，等等。

　　比较优势是动态变化的、相对的，变化的可能原因主要是：①资源禀赋发生变化，如部分稀缺资源、富余资源发现了新用途，要素禀赋发生了变化导致价格变化；②资源利用以及生产技术变化，有新的适宜品种以及技术创新突破原瓶颈限制；③消费者需求变化，新的产品发生替代效应；④技术、政策制度以及社会经济等条件发生重大变化，导致区域之间优劣势的变化等。因此，对区域农业发展而言必须要经常性关注国内外产业变化，谋求不断创新才能形成持续优势。

　　（2）区域农业比较优势的识别与测度。如何识别区域农业发展的比较优势？最常见的办法有两种：一是从市场竞争的实践出发判定"是什么"，如成本相对较低（价格低）；二是从资源禀赋出发判定"应该是什么"，也就是从技术的适宜性说明优势应该是什么。但也都存在一定缺陷，资源禀赋未必能转化为市场竞争产品优势，现实市场竞争优势也可能忽视潜在的其他优势因素等，需综合判定。

衡量某区域某农业产业的比较优势，一般用"显性比较优势指数"（RCA）。该指数主要被广泛应用于测度国家之间贸易比较优势（竞争力指数），也用来作为一般的比较优势测度，其原理与区域经济学中的"区位商"相同。基本计算公式（原理）是：甲地某农产品的RCA=甲地该产品在所有产品中所占比例/乙地（或者甲地的上一区域层级）该产品在所有产品中所占比例。若对比两个区域计算的指数大于1，则说明甲地的某产品比乙地有优势；若比较同一地区不同农产品的比较优势大小，或比较同一种产品在不同地区的比较优势大小，则分别计算比较指数大小即可。需要注意的是：该指数存在很大的局限性，其是一个相对数值，难以充分反映比较优势的多种类型、本质及其复杂因素。在不同性质产品、区域范围、专业化程度以及政策制度下，单一使用该指数得出的结论难以信服，只能参考，需要结合成本、价格、质量、效益等多种因素综合判断。

测度区域农业比较优势的方法还有相对生产成本法、净出口指数法、劳动密集指数法、资源禀赋比较优势指数、规模比较优势指数、环境质量比较优势指数以及国内资源成本系数法等，较深入、科学系统的分析往往需要多角度、多种方法的结合。经济现象形成原因复杂，很难用数量化指标科学准确解释，不能将单一指标数值过度解释，更不能绝对化、迷信化。

知识延伸：地理位置与自然资源禀赋成就中国农作物育种优势区

2015至2021年中国实施制种大县奖励政策，支持范围涉及玉米、水稻等7大作物领域，目前已有西北（甘肃、新疆）、西南（四川、贵州）和海南三大制种片区，有52个制种基地县和5个制种基地市，有力提升了供种保障能力。《国家南繁科研育种基地（海南）建设规划（2015—2025年）》划定26.8万亩科研育种保护区。中国育成的7000多个农作物品种中70%以上都经过南繁加代选育。杂交水稻种子年出口约4.7万吨，占全国种子出口量95%以上，而杂交稻育制种研究100%经过南繁培育。每年有来自全国29个省份的700多家科研单位、种子企业，7000多名科研人员从事南繁工作，南繁基地被称之为"中国种业硅谷"。因为海南省三亚、陵水、乐东三市县位于北纬18度线以南，其独特的位置和光热条件可以实现农作物的加代繁殖，让一个品种的育种周期缩短1/3至1/2。通过南繁，中国主要农作物完成了6次至7次更新换代，每次品种更新的增产幅度都在10%以上。而甘肃省河西走廊地区光照充足，全年日照时数达3000小时以上，昼夜温差大、气候干燥、植物病虫害发生少，已成为全国最大的蔬菜和花卉外繁制种基地，每年外繁制种面积达7万多亩。甘肃省从20世纪80年代开始发展外繁制种产业，现已经成为甘肃省的特色支柱产业。在兰州海关注册的对外制种企业65家，外繁种子品种主要有蔬菜、瓜类、花卉、油料、玉米等5大类，与欧盟、中东、南美、北美、东南亚等地的70多个国家和地区长期保持稳定合作关系，近三年每年经兰州海关检疫合格通关放行的进出境种子货值均超过1.5亿美元。

资料来源：作者根据有关资料整理。

3. 竞争优势与农业竞争力

比较优势更多地表现为一种"因素""条件"，有优势未必能转化为竞争力或者盈利能力。农业竞争力是指一定区域的农业生产经营活动围绕市场竞争，在产品价格与质量、功能与结构、物流与营销、管理与服务等方面满足客户需求并持续获利和发展的能力。这种能力的基础就是"竞争优势"。

（1）竞争优势理论。美国管理学家迈克尔·波特 1990 年出版的《国家竞争优势》提出了著名的"钻石模型"分析框架（菱形体系），被广泛应用于包括农业在内的各领域竞争优势分析。竞争优势是一个企业或国家在某些方面比其他企业或国家更能带来利润或效益的优势，源于技术、管理、品牌、劳动力成本等。

波特通过研究考察许多国家特定产业发展和参与国际竞争的历史得出结论，一国的特定产业是否具有国际竞争力取决于 4 个关键性、2 个辅助性要素。①生产要素。分为初级、高级要素。初级要素包括天然资源、气候、地理位置、非技术与半技术劳动力、融资等，属于"禀赋要素"。高级要素主要包括现代化通信基础设施、受过高等教育的人力资源以及一些研究机构，其取得需要在人力和资本上进行大量而持续的投资（"要素创造"）。初级要素的重要性在不断降低，而高级要素越来越重要。②需求条件。主要指本国市场需求的特征，如需求的规模，细分层次的结构及其规模大小，需求成长模式，国内需求向国际需求转换的能力（开拓国际市场）。③相关产业和辅助产业。如产业链上下游的关联产业的发展水平等。④企业策略、结构与竞争对手。如有关企业的创立、组织和管理的规定以及国内的竞争状况等。⑤政府行为。政府通过在资本市场、生产标准、竞争条例等方面的政策对上述四个关键因素产生积极或消极影响。⑥机遇。如技术的重大突破、战争、灾害以及政局、汇率政策等重大变化。由以上六个因素所构成的竞争环境决定了一个国家的某个产业是否具有国际竞争力或是否处于优势地位。其中，除了机会因素可以被视为外生变量，其他的因素之间都是互动的，即每一个因素都能够强化或者削弱其他因素的表现。

竞争优势与比较优势是什么关系？二者相互联系，比较优势主要体现为生产成本的差异，起因于自然资源禀赋或生产技术的差异，属于先天性静态的优势，也是一种潜在的优势。竞争优势反映了产业竞争的结果，是一种后天的、现实的动态演化的优势。比较优势是竞争优势的基础，对竞争优势产生较大影响，但潜在的比较优势能否转化为竞争优势是规模报酬、产业链、组织化等系统的产业竞争结果，既有成本竞争，也有差异化竞争等。

（2）农业国际竞争力。农业不同于非农产业，用钻石模型分析农业国际竞争优势要充分注意如下几个因素：①土地资源的数量质量以及气候条件直接关系到生产产品的品种品质、上市季节及其成本、价格。如智利的车厘子成熟时间正好是中国春节，国内没有替代品樱桃，导致出现中国春节期间消耗智利 80% 左右的车厘子。再如，中国之所以大量进口大豆主要就是"人多地少水缺"导致的生产成本高等。②不同国家的发展阶段及其需求状况、农民组织（利益集团）、政府扶持力度。如美国的大豆在国际市场竞争力强与政府扶持保护力度大有关，而阿根廷、巴西等则主要来自自然资源禀赋。③各国平衡国际贸易的政策需要。中国进口大量农产品既是国内资源禀赋难以满足需求的现实，也是通过进口一定农产品换取工业品出口的需要，进而实现国际贸易平衡。现代国际贸易已经很难用单一的比较优势解释。

农业国际竞争力来源于哪些因素？可分为三类。①直接来源：农产品的国际竞争力。即在价格、成本、质量、品牌、服务、农产品结构和差异化（以及趣味性）等方面比竞争对手具有的更强的优势。②决定因素：农业技术创新和农业结构调整。农业结构调整包含产业结构、产品结构、品种结构以及品质结构等丰富内容，只有生产结构适应需求结构变化才有竞争力。技术创新则是结构调整、降低成本的决定要素。因为很多农产品国家贸易是加工品，因此加工的技术水平以及新产品开发等也成为重要因素。③影响因素：政府对农业的支持行为，劳动者素质，自然资源，相关与支持产业，产业组织、制度体系、企业文化、机遇等。

（3）区域农业竞争力形成因素。农业国内竞争是在行政区域政策制度之下的不同层级区际之间的产业竞争，影响竞争力的因素与国际竞争力有很多基本因素相同。因为不同区域之间比较优势的不同，在此特别强调以下重点现实因素，在分析时要重点关注。①自然资源及生态环境支撑力。主要有土地资源状况，尤其是耕地资源的数量、质量、适宜性等，也包括气候资源的限制性或适宜性要求；水资源的供给能力及质量；生态环境质量状况。其直接关系到产品的质量安全水平、生产高质量产品的成本。例如，中国的云南、海南、贵州、四川等南方地区，自然资源优势明显，一年数茬作物种植，成本相对较低，竞争优势明显。脱贫攻坚后，某种程度上成为北方蔬菜、水果等产业优势下降的重要因素，也是南北差距的重要表现。②产业基础与组织化（产业链）。如产业发展的历史传统、产业集中度（产业规模）及专业化程度、社会化服务体系、关联产业、产业组织化等水平。③市场及区位条件。如距离消费地（中心）的位置，市场容量及市场占有率等。④技术支持能力。如区域技术服务体系状况，接受技术的动力和能力。有的地区农户将农业作为副业，采用新技术以及投资的意愿就远不如专业农户。⑤资本存量及供给农业的能力。主要是农业资金投入，农业信贷环境，人力资本存量等，特别是企业家，创新创业人才的数量质量。⑥政府行政体系、政策制度及营商环境、区域文化等"软条件"。行政体系的效能、政策制度、营商环境以及创新创业氛围等已成为区域竞争的最主要决定性因素，也是区域差距的核心原因。⑦产业效率及效益水平。竞争优势最终体现在效率和效益水平方面，主要有：生产效率，成本及价格，产品质量，品牌及其影响力，农业纯收入水平，生产经营者的机会成本等。

四、农业创新发展理论

现代竞争环境下提升区域农业竞争优势的核心路径就是创新，国内外农业创新实践案例比比皆是，既有成功典型，也不乏失败教训，需不断体会思考。创新的内容涉及区域农业系统及其关联产业系统的各方面，目前尚没有构建出公认的系统理论，仅简要介绍可参考的代表性理论或观点。

1. 代表性创新思想（理论）简介

创新（Innovation）起源于拉丁语，原意有更新、创造、改变等三层含义，一般是指为了一定目的，遵循事物发展规律，对事物的整体或其中的某些部分进行变革，使其得以更新与发展的活动。

（1）"熊彼特"创新理论。提出系统的现代创新理论是美国经济学家约瑟夫·熊彼特，其思想至今仍然是指导产业创新实践和理论创新之源，沿着其创新理论，进一步深化为技术创新与制度创新两个重要的研究领域。熊彼特创新理论的主要观点（思想）包括：第一，创新就是建立一种新的生产函数，把一种从来没有的生产要素和生产条件的"新组合"引进生产体系中，实现对生产要素或生产条件的"新组合"。第二，"新组合"有5种情况：采用一种新产品，采用一种新的生产方法，开辟一个新的销售市场，获得原材料或半制成品的一种新的供应来源，实现一种新的组织（新的专业组合）。第三，创新有 6 个特征（特性），即创新是生产过程中内生的，创新是一种"革命性"变化，创新的同时意味着毁灭，创新必须能够创造出新的价值，创新是经济发展的本质规定，创新的主体是"企业家"。尤其强调，要珍惜企业家精神，通过一系列的政策建立完整的创新生态体系。因此，技术进步、制度创新与企业家及其创新精神是发展的发动因素。企业家精神的内涵丰富，不同国家不同时代有不同的要求，主要体现在 5 方面：企业家的首创精神，企业家的成功欲，企业家甘冒风险、以苦为乐的精神，企业家的精明、理智和敏捷，企业家的事业心等。

英文"Entrepreneurship"是一个多义词，指创业、创业者，企业家、企业家精神（素质、能力）等。企业家及其创新精神在市场经济条件下为什么重要？首先，企业家的首创精神、精明与富有远见等素质不一定为政府官员所具备；其次，市场经济条件下的竞争，尤其是依靠创新创业发展的新时代，风险与不确定性更大，特别需要敢冒风险、有判断力和充满信心的企业家；第三，市场体系、市场机制越不完善，越需要企业家的创新精神。区域农业及经济发展需要政府与企业家的高效协同，尤其是现代农业发展对技术创新、组织创新与制度创新的高度依赖，要求越来越高。

（2）价值创新理论。法国的欧洲工商管理学院教授在《蓝海战略》（2005 年中文版）中提出，要取得持久性的成功，企业不能靠与对手竞争（"红海"），要开创"蓝海"（蕴含庞大需求、能带动企业增长的新市场空间），进行价值创新。企业价值创新就是企业以满足顾客需求为目的，不断改进其产品或服务，从而使本企业的产品或服务相对于竞争者而言能给顾客创造更高的效用。

该理论与传统的竞争观不同，不再以产品、服务为出发点，而是以消费者的需求及潜在需求为出发点；不是以"使自己的产品更完美"为直接目的，而是以重新定位和创造产品为使命；不再以"保持功能、降低成本"为提高价值的基本途径，而是把按消费者实际或潜在的需求重新定义产品的功能（至少是关键功能）为首要任务等。

该理论提出了直观描绘产品在市场上体现价值主要元素的"价值曲线"实战分析法，以及"减少、剔除、增加、创造"产品或服务价值的"四步"法，被广泛应用于各个行业和企业的创新战略分析。例如，分析社区支持农业（CSA）与传统常规现代农业的区别，成为对农业新模式新业态分析的重要方法。

（3）产业提升理论。国内常称为产业升级，研究的重点在产业结构和生产率。迈克尔·波特将产业提升分为五种（一种产业间的提升、后四种为产业内的提升）：①产业之间的提升。由低附加值产业向高附加值产业的转变、升级，如林业、矿业等资源依赖型产业向加工制造、高新技术产业转变等。②生产要素之间的提升。由"自然资源禀赋"、初级生产要素为主向人力资源、技术资源和资本资源等高级生产要素为主转变。③需求提升。由能够满足基本生存需求的生活必需品向便利品乃至奢侈品转型。④功能性提升。如产业由价值链中初级的销售、配送向高级的产品研发、精密部件生产、组装调试转变。⑤产业链的升级。如由实物性质的商品性投入向无形的、集高新技术和科技创新的支持性服务提升等。

（4）农业创新系统（AIS）与创新网络。网络一般指个体以及群体之间复杂性关系结构，相对线性单一关系而言。AIS 是指在一个区域内，由农业技术研发机构、政府相关支持部门、技术推广机构、农民和企业共同构成的农业技术研发推广网络。其通过学习和互动促进系统内的知识流动，提高农业部门的创新绩效，推动区域经济发展。

借用生态系统的生物与环境相互作用理论，可将 AIS 看作是一个由诸多创新参与主体构成的有生命力的系统。在一定区域内各种创新主体之间及其与创新环境之间，通过物质流、信息流、能量流的流动传导，共生竞合、动态演化，促进创新持续涌现（也称作创新生态系统）。农业创新系统包括环境层（创新基础设施、政策法规及文化）、界面层（园区、联盟等载体）、主体层（各创新参与主体）、核心层（农业创新企业），其通过动力机制、均衡机制、激励约束机制、互动协同机制等实现持续创新。

现代产业创新从来就不是单一的技术投入或要素投入，而是科学、技术、政策、制度等协同促进的复杂过程，需要应用整合式的创新政策思维。创新网络就是基于系统创新所实现的一种网络形态，来自相关组织间的创新思想和关系。农业创新网络是多元化创新主体全程性网络化合作过程，由各创新主体围绕特色产业集聚而成，具有开放性，政府发挥着不可替代的作用。

专栏：潍坊何以成为国家农业开放发展综合试验区

2018 年，习近平总书记对山东做出打造乡村振兴齐鲁样板的重要指示，并两次对"诸城模式""潍坊模式""寿光模式"给予肯定。潍坊是中国古代"农圣"贾思勰的诞生地（其所著《齐民要术》是中国保存最完整的农学著作），是农业产业化的发源地，享有"全国农业看潍坊"的美誉。潍坊用占全国 0.59% 的耕地、0.1% 的淡水资源，生产了占全国 0.72% 的粮食、1.57% 的蔬菜和 1.2% 的畜产品。2018 年的农林牧渔增加值接近山东的 1/5，蔬菜和畜牧产品产量均占山东的 1/5 左右，蔬菜出口量、禽肉出口货值均占全国的 1/8，农机产业总产值分别占山东、全国的 1/2 和 1/4，种业企业占山东省一半。全国蔬菜质量标准中心、国家现代农业示范区、中国（潍坊）农业食品创新产业园等一大批"国字号"平台先后落户潍坊。从卖产品到卖服务，从输出品种、种苗、技术到输出人才、标准、模式，催生了 1100 多家农字号企业，规模以上农产品加工企业 920 多家，每年接待"为菜而来"的客人超过 20 多万。寿光常年有 5000 多名技术员在外进行技术指导。

资料来源：摘编自齐鲁网 2018 年 10 月 30 日报道。

---

2. 区域农业创新维度及其关键内容

区域农业创新也是非常复杂的网络系统，涉及各种复杂的内外部环境条件、各个相关主体，形成多层次相互交织的立体创新网络。主要从 2 个基本创新维度分析思考：①区域每个具体农业产业的创新。涉及产业链的各个相关主体创新及其联合协同创新，实现每个主体、每个产业产品的创新相向而进，产业链系统功能最大。②区域农业发展整体的创新。从整体角度、产业关联以及区域农业产业与非农产业发展关系等要求维度，实现区域农业发展功能。涉及一定资源（如耕地）如何通过创新实现在各产业之间更协调的优化配置，实现区域农业发展整体功能和良好形象、良好信誉等。

区域农业发展创新，主要基于发展需求、目标定位、发展差距及问题分析，针对"短板"弥补，针对"长板"放大（长板原理）。无论哪个层次创新，主要内容包括：理念文化创新、资源创新（发现新资源、新功能等）、市场创新、技术创新、产品产业创新、业态与模式创新、组织与运营创新、管理与制度创新等。当然每个层次的创新内容的名称虽然相同，但具体的创新要求、方向及其途径等存在较大差异，需要具体分析。例如，理念、管理等创新，从政府角度与企业角度的要求内容不同。这些方面中国有丰富的实践案例可以学习体会。

典型案例：中国苹果产业正在发生三大变化

　中国苹果大规模种植始于 20 世纪 80 年代，产业发展一直呈现出"发展—过剩—调整—再发展—再过剩—再调整"的循环状态，苹果年总产量 4000 万吨左右，占世界的一半。老果园更新换代、主栽品种结构单一、劳动力成本不断增加、区域性结构不合理等问题成为当前制约产业持续发展的瓶颈。主要应推进三大创新：栽培模式从"乔化稀植"到"矮化密植"，栽植品种从以富士为主转向多元化，园艺管理从劳动密集型转向省力化栽培。

　资料来源：摘编自中国乡村振兴网 2019 年 12 月 08 日报道。

第二节　区域农业发展分析与评价

一、区域农业发展分析与评价的几个基本问题

　经过 40 多年工业化城市化及农业现代化的快速发展，中国的乡村土地利用格局发生了重大变化，在严格的土地资源管理制度、国土空间规划制度以及粮食安全保障制度之下，耕地减少进入缓慢期（新增耕地也很少），区域农业发展的产业资源配置格局基本稳定，过去的很多理论与方法明显不适用，需要对分析评价（规划）的基本问题重新思考。

　1. 新时代区域农业发展调查分析与评价的基本特点

　在进行区域发展分析评价与规划时，首先要明确基本的现实或逻辑起点，这样才能抓住重点。①从自然资源的全面调查评价转为结构与功能为主的分析评价。分析与规划的起点不是过去著作中所要求和一般区划实际工作的做法，即根据自然资源数量质量、适应性以及空间布局等基础分析评价（布局），而是在现有格局基础之上的结构性、功能性评价与规划，是对现有产业发展水平的评价、创新及布局，其动力来自市场主体对经营的反应（当然也有政府为了保障供应的规划安排）。例如，要按照国家农业供给侧结构性改革的主线要求，突出高质高效与绿色、安全、品牌化、产业链等。②国家层面制度约束显著增强，自主性空间降低。经过 40 多年的改革开放，国家的一系列耕地保护、特色农产品区域布局、产业扶贫开发等政策实施，粮食生产功能区、重要农产品保护区、特色农产品优势区等"三区"划定（建设），生态红黄线与生态文明建设等硬约束增强，土地利用规划只能在此约束之下进行，调整的余地相对缩小。③城乡一体化空间规划等"上位规划"约束。乡村已被纳入一体化空间战略中，主体空间功能及其生态环境、基础设施等是按照一体化的空间功能要求规划建设，这是农业的重要"上位规划"约束。

　2. 调查分析与评价的类型

　对区域农业发展进行分析评价的目的不同，分析的对象、范围、重点及方法的选择不同，要注意区别，有针对性地进行。可以分为 2 种基本类型：①整体性全面分析评价。主要是为

了制定 5 年战略规划或者更长时期的战略规划，调查涉及区域各个方面，需要多层次、多角度、深层次的全面科学分析评价，才能做出理性科学结论。正如我国及各省市在制定 5 年规划之时都要立项研究许多重大议题。②专题性分析评价。主要是针对某产业、某个关键领域或主题等进行分析评价。例如，畜牧业发展、合作社发展、农业供给侧结构性改革，农业绿色发展问题等，一般来自国家以及省市关注的重点难点问题等。这些主题的调查与分析评价既是经济管理经常性的工作，也是综合性整体分析评价的组成部分，需要靠常年积累。其分析要求的深度、针对性很强。

3. 调查分析与评价的基本思路（程序）

进行区域农业发展分析评价首先要明确基本的思路，避免走弯路。基本逻辑思路应是：①明确分析评价的目的及其要求。如制定规划、制定政策或者写调研报告等，不同目的的调查的内容范围及要求等差异较大。②选择分析评价对象及其范围。比如，是区域内整体性全部调查分析，还是专题性的选择调查分析评价。③明确调查分析与评价的重点难点。根据经验或者参考相关资料、要求或经验，明确调查分析与评价的重点环节、重点问题等。④选择调查分析与评价方法。方法很多，往往需要根据目的、要求的深度广度、难易程度等选择，一般需要几种方法同时使用，相互弥补。例如，根据对问题的初步认识，参考相关资料，设计问卷调查表、访谈提纲等。⑤进行调查分析与评价，并写出报告。

4. 调查分析与评价的数据来源问题

经济分析评价需要计算很多指标，系统全面的数据获取是难点问题，尤其是全面系统的分析评价，不可能都依靠调查获取一手资料。多种原因导致的不少地区农业农村发展的基础信息存在的不全面、不准确等问题，给评价分析带来很大影响。首先需要掌握可以从规范渠道获取的资料数据，然后再通过调查弥补不足或者做深入分析调查。

规范的数据获取途径主要是：①政府统计年鉴。包括"国民经济与社会发展统计年鉴"、行业统计年鉴（如科技、农业等）。县级以上按照国家统计局或者各省市的要求，有一些基础的数据。一般提供反映农业现状的绝对值或增速数据，但不是统计分析指标，需要根据这些数据，用统计学方法计算一些指标。例如劳动生产率、土地生产率等都需要根据年鉴数据计算。不同区域政府部门的统计信息差异较大，很多镇没有相关年鉴，不少基层统计年鉴的数据全面性和准确性难以满足科学分析的要求。②政府行业部门或者专业、管理机构的数据及其指标。政府各个行业管理部门有大量的工作性、技术性信息及其指标（包括行业协会承担的），比较具体细致、全面，是年鉴的重要补充，有的只有政府行业部门掌握（有的不公开）。如国家发改委的《全国农产品成本收益资料汇编》中的数据，畜牧业发展、农业投资等细致的工作性指标数据。需要针对性在政府的官网上获取，尤其是较新的信息。③学术研究或行业咨询分析机构发布的研究报告的信息数据等。近年来这些方面发展较快，第三方调查评价公司、智库等发布出版了大量的调研报告、行业分析报告等，也可作为参考的信息来源。④实际调研得到的第一手资料。深入实际调研就是要获得一般途径难以得到的信息，现场体验观察，验证既有信息的真伪等。实际调研要在事先有系统基本认识以及资料信息的基础上，针对重点难点问题、信息短缺的问题，进行事先的周密谋划，包括设计调研提纲、设计问卷调查表、确定调查对象等。

> **专栏：种植业成本与效益核算概述**
>
> 在一定时期内发生的与生产有关的各种耗费称作生产费用，属于一定种类和数量产品的生产费用称作产品生产成本。中国农产品成本费用和效益核算采取对全国的调查县（市）中的农户及企业典型调查的方式分别汇总计算出总量具体指标。①产量、产值核算。主要有调查面积，主产品产量，主产品产值，副产品产值，主产品出售数量、出售产值，商品率等。②成本核算项目（4大类）。包括物质与服务费用（种子费、化肥费、农家肥费、农膜费、农药费、租赁作业费、燃料动力费、技术服务费、工具材料费、修理维护费、其他直接费用；固定资产折旧、税金、保险费、管理费、财务费、销售费等间接费用），人工成本（家庭用工折价+雇工费用），土地成本或地租（流转地租金+自营地折租），成本外支出。③成本核算。主要计算生产成本（每亩生产成本、每50公斤主产品生产成本）与总成本（每亩总成本、每50公斤主产品总成本）。④效益核算。主要是净利润，现金成本（每亩现金成本、每50公斤主产品现金成本），现金收益，成本利润率。
>
> 资料来源：作者根据有关资料整理。

二、区域农业发展分析评价的主要内容及其指标

区域农业发展分析评价需要依赖各种指标。指标是反映社会经济数量特征的概念和数值，是一定的具体的社会经济现象的量的反映，其一般作用包括描述、评价和预测（预警）等。因分析评价的目的、具体内容及其要求不同而存在差异，一般应侧重如下方面。

1. 自然资源状况分析评价

除了原始森林、原始湿地外，现在的自然资源几乎都是受人工干预的结果，包括土地、气候、生物、水及其空间的其他各种资源。中国的主要土地类型包括耕地、园地、林地、草地、湿地、城镇村及工矿用地、交通运输用地、水域及水利设施用地等8类。农业生产用地包括耕地、园地、林地、草地及养殖水域等，对这些资源开发利用都有相应的法律法规约束要遵守，在制度规范下不同用地类型之间可以转变，其中耕地、林地、湿地、草地等受严格保护，不能任意转变为其他用地，耕地也不能任意转为园地。因为用途及制度规定不同，草地、林地、水产养殖等不同类型的农业用地资源分析评价要求及指标存在较大区别，尤其是技术与生态要求不同，需要自然资源或国土部门、农业专业技术人员、政府管理部门的参与协作。如对草地资源有合理的载畜量要求，林木资源有林木立地等要求。熟悉相关制度、技术要求指标是分析评价的基础。以下仅以耕地资源及其密切相关的水资源分析评价为例说明。

（1）耕地资源分析评价。耕地资源分析评价主要分析耕地利用结构、耕地投入产出、耕地质量等现状，发现问题与潜力，探索在遵循生态化、绿色化发展的前提下挖掘资源潜力，评价发展新产业新产品的可行性等，以期提高土地利用率、产出率和效益。

常见的具体内容及重点指标有：①土地（耕地或农用地）产出率及效益。土地产出率就是单位土地面积在一年内产出的产量、产值或增加值、净产值。特别提示需要注意产值与增加值的区别，评价结果差异较大，需要根据信息资料可获取性、分析目的等选择。土地产出的经济效益分析评价，主要是分析不同的种植作物的每亩土地的成本、净利润、成本利润率

等指标，可用于比较不同作物的产出效益大小、动态比较变化趋势，发现差距与问题等。例如，分析粮食作物、经济作物、饲料作物等种植业"三元结构"状况等。有些数据可以参考《全国农产品成本与效益调查》数据，如果没有可按照国家农产品成本效益核算的规范要求进行调查（包括畜牧水产等）。②种养结合的土地利用状况。例如，畜禽粪污土地承载力（耕地合理载畜量），就是按照不同畜禽种类每年产生的粪污量，以及区域土地（耕地）可以消纳的数量，确定区域合理的畜禽养殖规模。再如，种植业中饲料作物的种植情况，饲料饲草满足畜牧业发展要求的情况等。③农户承包地的流转及土地规模经营情况。如，农户承包地自己经营、转包或出租给其他人（企业、合作社）等经营面积，承包地流转率，规模经营率（耕地规模经营所占比例）等。④其他指标。如土壤质量（有机质含量、腐殖质含量），耕地减少量等。

（2）水资源及其利用分析评价。重点分析水资源来源及其保障程度、利用效率及水利设施状况等。①水资源保障程度。一是看数量能否保障。在北方地区因为降雨的时空分布影响农业种植结构，而井水也可能受到气候变化、长时间干旱等影响到出水量及灌溉成本。主要应从井水、库水、河流、天然降雨的时空分布，其供需平衡、季节分布等能否满足某作物种植需求等角度分析，包括农用水标准以及畜禽饮用标准等质量等级要求。天津、河北的部分地区因为地面严重沉降产生"漏斗区"而严格限制地下水开采，对设施农业、水稻种植等影响较大。发展水稻生产，水资源如何满足是最大的问题。如果一亩稻田生产干谷400公斤、稻草350公斤左右，需吸收水分400立方米以上，加上蒸发等因素更多，需要的水资源是小麦的10倍左右。二是评价水资源质量是否满足要求，不同的种植作物、产品质量对水资源的质量要求不同，要以化验分析结果为依据。②水利建设及其水资源利用情况。常用的指标包括有效灌溉面积、旱涝保收面积、实际灌溉面积（其中节水灌溉面积反映资源节约状况）、高标准农田面积等指标，"灌溉水有效利用系数"常用于分析水资源利用，需向专业部门获取。

2. 社会经济资源分析评价

社会经济资源包括的内容主要是人力资源（资本）、资产（资金、基础设施、固定资产）、乡村物质文化与非物质文化资源等。主要介绍其中的两种。

（1）人力资源（资本）状况。不同区域的乡村人力资本状况差异较大，大部分区域是青壮年劳动力外出打工。首先应该调查了解区域劳动力的基本年龄和文化程度结构、就业结构、工资收入等，总结其特点及其变化。通常用劳动力平均受教育年限，新型职业农民数量（比例）等体现。其次，主要计算农业劳动生产率，这是衡量现代化的重要指标。

（2）农业装备水平及其利用。反映农业固定资产状况，主要是农业机械设备状况（包括种植业、养殖业等）、设施农业状况等。反映种植业农业机械化水平的指标主要是农机总动力、单位耕地面积农机总动力、主要农作物机械化综合作业率等。反映设施农业状况的主要是设施农业的面积及其占耕地面积比例，现代物联网设备技术应用情况等。

3. 各产业发展基础状况

该方面的内容很多，可分为很多层次用相关指标分析，大部分指标需要深入具体的产业生产单位进行深入调研，并结合其他信息逐一对主导产业、特色产业以及支柱产业分析。

（1）农业产业科技化、信息化、组织化与品牌化状况。这些是很难全面准确分析判断的重要内容，实践中往往采取设计或选择相关指标近似代表，单一的某个指标很难反映实质、全貌、整体及其内在机制。要特别注意不能过度解读指标数值，只能作为分析参考。例如，农业产业园区或者农业科技园区的数量对区域农业产业发展水平、科技创新水平的解释力就很弱。

具体主要从以下方面分析评价：①农业科技化。采用良种普及率、万亩耕地（万名农业人口）农技人员拥有量、农业科技进步贡献率（农业全要素生产率）等代表。有的也用农业科技园区数量多少用于横向对比。②农业信息化。综合衡量较难，有的通过计算农业信息化指数反映，也就是把农业的生产、销售等主要环节应用现代网络信息技术的比例加权平均计算，这需要建立在系统准确的基础统计信息之上，或者政府部门有计划安排实施信息化。有的采用网上销售农产品比例代替。③农业组织化。常用龙头组织（企业、合作社等）的数量及其规模，龙头组织带动农户的能力与水平，农民专业合作社数量及市级以上示范社数量，家庭农场数量以及市级以上示范家庭农场数量等表示。④农业品牌化。常用品牌农产品比例、品牌销售的比例，驰名商标或著名商标的数量（比例），知名品牌的数量，品牌销售农产品的比例，地理标志农产品的数量及其产量、产值的规模等。

（2）产业绿色化（生态化）与质量安全。这方面与农业部门常抓的重点工作和要求有关，常用指标有：单位种植面积的化肥或农药使用量（或减量化情况），农业废弃物（秸秆、粪污等）资源化利用率，农膜捡拾率，农产品抽检合格率，绿色或有机农产品的数量、规模及其占比等。

（3）政府支持保护状况。重点分析政府的扶持政策及其执行效果等。常用指标如：财政支出中农林水事务支出额及其在财政支出中的比例，农业保险深度（农业保费收入/农林牧渔业增加值）等。

（4）产业素质与竞争力。这是产业发展的结果，需要多方面的分析评价。重点是对产业的成本与效益、产业链（产业结构）水平、产业市场竞争力等多角度分析。常用指标有：主导产品市场占有率，地产农产品加工业规模、加工产值、加工率、加工增值率，地产农产品加工产值与农业产值之比，休闲农业与乡村旅游的年接待人次与综合收入，农林牧渔服务业产值及其增长，产品竞争力指数等。

4. 务农收入及农民收入、生活状况

衡量区域农业产业发展结果的重要标志就是务农收入水平和农村居民收入水平、生活状况。农村居民收入状况用人均可支配收入反映，由各地统计部门通过固定观察点获取。中国农村居民可支配收入来源于工资性收入（劳动报酬）、家庭经营收入（农业家庭经营收入与家庭经营二三产业收入）、转移性收入和财产性收入，农业收入只是其中的一部分。统计年鉴中给出的数据是农村居民人均可支配收入，是固定观察点的农村居民收入的平均数，难以反映收入分配状况的实质和全貌。还应当分析农村居民收入的"中位数"，最低收入的 20%人群的收入水平及其与最高收入 20%人群收入之比，揭示收入分配的平均程度。

在实际中，统计年鉴中没有务农农民收入水平的信息资料，只有农户家庭经营中的农业承包经营收入（一产收入）。大部分农村居民收入来源于非农产业的打工收入，其难以说明农业对农民收入的贡献，具体务农农民的收入状况需要根据分析评价目的通过调查获取。例如，选取普通的典型代表户，根据其经营的农业项目的收益状况推算务农收入等。

衡量农村居民生活水平指标还有农村居民人均存款、恩格尔系数、文化消费支出在生活消费支出中的比例等，需要根据分析评价的要求选择。

三、区域农业发展分析评价指标体系构建

分析评价区域农业发展情况是一项系统性长期性工作，为了能够进行动态监测与分析评价，并与其他地区比较发现差距和问题，科学的方法是构建一套相对稳定的指标体系。指标体系就是根据不同目的要求和研究对象特点，把客观上既存在联系又相互独立的能体现社会经济现象特征的若干个指标科学地加以分类并组合形成的统一整体。构建指标体系的基本目的是为了对经济社会现象的主要特征进行客观科学的描述、评价或者预测。就区域农业发展而言，涉及很多方面，都要用相关的指标反映，需要构建指标体系。此项工作看似简单常用，其实很复杂，往往需要依靠专家学者的力量。作为一名管理者应该对一些基本问题有理性科学认识，才能正确有效使用或者识别判断。现实中指标体系滥用问题普遍。

1. 构建指标体系的基本目的与关键环节

构建指标体系首先要明确目的是什么，实际中具体目的或者侧重点存在差异，直接关系到构建过程所涉及的各环节。可以大致分为以下几种目的：①实际状态测度性评价：侧重于客观、科学地分析测度（监测）农业发展各个方面的水平和程度。也就是了解动态变化，分析与其他区域或理想、目标的差距。其不但体现在区域农业发展整体评价，如农业现代化水平评价；也可用于某个关键主题的评价，例如农业绿色发展水平、组织化水平、科技创新体系等。这类目的主要应以能够动态、横向比较的共用指标为主体，指标数据来源应有保证且统计口径一致。②工作任务或业绩完成性评价：侧重于评价政府制定的战略、规划或重大综合性项目的实施进程及完成状况。其指标的选择设计更多地依据政府的主要目标任务，数据信息有来源，不求严谨的逻辑关系、学理性及科学性，有的也被用于进行排名评比。各地方及其不同评价主题（对象）的体系差异大，类似于统计学的计划完成情况分析。实际中也常兼顾第一种目的。例如现实中对各地区的业绩考核评价，合作社、美丽乡村建设、乡村振兴评价指标体系等。③学术性评价：侧重于学术性研究。主要为了揭示验证某种规律、假说或结论，其要求从评价对象的本质内涵、特征等探索出发，构建理性、科学的指标体系及其方法。但现实中受制于数据的可获得性、精准性及全面性、逻辑性等约束（现实缺陷），往往难以实现，采取近似替代的方法，使得研究过程、方法或结论的解释性、科学性严重不足。

构建区域农业发展评价指标体系一般包括 6 个紧密关联的关键环节：①对评价对象的内涵、特征与标志、目的要求等深入系统理解，明确构建指标体系的原则；②选择或创设指标，并基于一定的规律形成逻辑体系，包括目标层、准则层、指标层及其具体计算方式说明；③指标标准值或目标值的确定，主要根据预测、政策法律要求（如耕地保护面积）、政府重点任务要求、规划目标以及有关科学技术标准规范、先进水平等确定；④确定各指标权重，就是对每个指标在指标体系中的相对重要性的数量表示，主观赋权（如"德尔菲法"、专家赋权）、客观赋权法（主成分分析法、因子分析法、信息熵法）和层次分析法（AHP）是比较常用的方法；⑤获取真实可靠的指标数据，对数据标准化、无量纲化处理，如用指标实际值除以标准值，用实际值与平均值、最高值或最低值等进行比较等，将不同性质、衡量单位的实际数值转化为可以加总的数值；⑥指数计算及其结果的解释分析。用不同方法测算得分并计算综合得分或者指数，对结果进行科学理性解释。6 个环节是一个有机的逻辑整体，指标体系的质量决定于各环节的真实性、客观性以及科学性等，如果某环节有缺陷可能会被层层放大，导致南辕北辙。

　　需要注意的是：第一，不同的评价对象其复杂程度差别很大，影响因素相对较少的单项评价比较简单，越是影响因素、关系复杂以及不确定性、不稳定性大的社会经济现象越难以科学评价。例如，区域的农业现代化评价、畜牧业发展评价、乳业发展评价、农业竞争力评价、产业化发展水平评价等在各环节就存在巨大差异。第二，社会经济发展不同于自然、物质、生命的运行、演化，指标数量化衡量可能在 6 个环节都会存在很多天然缺陷、不确定性或者主观性，即使统计科学技术获得较大发展，对于综合性研究对象和问题也难以满足用一个"数字"符号代表的科学性要求，不能滥用。

　　特别强调，将非常复杂的社会经济发展问题评价计算为一个综合指数值代表，进行纵向横向的比较排名，尤其是作为政绩考核的主要依据，是不严谨、不科学的一种重要表现。应当侧重于监测重点标志的进程、差距，预测未来趋势，探究发展内在关系机制或规律，为分析问题及其原因、提出对策等提供数量化依据等。社会经济发展并不会因为人们的评价指标数值而改变其内在规律，很多指数只是为了显示政绩的"可信""具体化"。随着科学真实的详细信息积累到足够数量，数据足够大，在现代信息技术及统计科学发展的基础上，指标体系可能会逐步接近全面准确反映社会经济的整体和本质。

　　2. 构建区域农业发展评价指标体系的若干关系、重要原则及基本思路

　　（1）若干关系认识。构建区域农业评价指标体系面临着很多关系或矛盾需要理性科学认识并把握好，仅在此简单列举其中一部分。①不同区域层面的关系。国家、省域（市域、区县域）、镇域等行政区域或者不同经济区域范围的评价差异较大，有财政自主权的政府级别评价应当不同于没有财权的，下位的评价指标设计既要与上位评价有相同点，但更主要的是要体现其特殊性、特色，不能盲目照搬，例如区域评价不同于全国性评价，区域的单项、单个主题评价不同于综合性评价等。②不同发展类型与阶段的关系。不同类型与发展阶段意味着在很多关键特征乃至本质上有质的区别，在评价指标中应当充分体现，否则就会出现严重偏差，不能用一套相同指标体系评价。实践中出现的套用若干年之前的指标体系评价就可能存在严重错误。③多种不同类型指标的关系。对实际应用的各种指标，可以从不同角度分类，需要综合判断选择。需要科学理性认识的各主要指标类型包括：约束性与预期性指标，客观性与主观性指标，条件性、过程性指标与目标性、结果性指标，主观指标与客观指标，价值量指标与实物量指标，时期性与时点性指标，存量、增量与流量、增速指标，反映绝对、相对以及平均、中位、众数、重点等指标（如平均收入、中位数收入、低收入群体收入等），正常情况下稳定提高的指标与需要各方努力才能达到的指标，内生性（因素、动力）指标与外生性（外力决定）指标，需要长期发展积累的指标与阶段性努力可以达到的指标，社会关注的关键指标与学术研究性指标等。④确定目标值的关系。在指标确定之后，如何确定目标值，一般依据是：上位规划或者法律法规要求，上级政府任务分解或考评要求，本级政府确定的重点任务的要求，科学预测判断确定的目标，科学依据或者先进水平等。

　　（2）遵循的原则。正因为构建指标体系面临的矛盾众多、可选择的指标众多，因此一般都要首先明确说明基本原则。另外，在选择指标与构建体系时也面临很多需要平衡的关系（要求），例如：科学性（严谨性）与可行性（可操作性、数据可获得性、可测量性），独立性（代表性）与相关性（综合性、系统性），稳定性（连续性）与敏感性，统一性与差异性，复杂性与简洁性等。其中有的方面很难兼顾，需要根据实际平衡、选择，并体现在指标体系的各方面，而不能只是空洞的原则。指标体系的完整性、有效性和可行性被认为是最基本的原则要求。

（3）构建的思路。如何在大量前人研究和实践的基础上选择设计指标并构成适宜、有效的指标体系？可以借鉴决策树的方法，按照逻辑关系、学理关系、关联关系等将目标层、准则层、指标层（或者一级指标、二级指标等）等层层分解，梳理各种指标，将现用的、原先没有但未来应该设置的指标标示清楚，分析各种指标之间的重要性、逻辑性、重复性或代表性关系，按照评价目的等要求选择一定数量的指标。指标数量要根据评价对象与目的不同，本着适度、够用原则，指标应能稳定体现评价对象的主要特征。

另外，实践中很多以"评价指标体系"为名的复杂评价，实际上完全可以只进行简化的工作性评价或状态评价，也就是制定一个标准体系评分即可。比如现代农业产业强镇的评价，按照其本质特征以及重点建设任务要求制定系统标准，包括"一票否决"、弹性得分、固定得分等三种类型标准，有不同的权重要求，计算得分多少，制定分档定级标准（比如 80 分以上市级，90 分以上国家级），按照标准打分即可。

四、区域农业发展分析评价的几种具体方法

区域农业发展分析评价要综合运用统计学、经济学与管理学等多学科的方法，如比较分析与动态分析，历史分析与预测分析，因素分析与相关分析，定性与定量分析，建立指标体系综合评价法等，不同的主题所用的具体方法存在差异。在此简要说明 SWOT 分析、预警分析与综合效益评价三种方法。

1. SWOT 分析

SWOT 分析法在我国被广泛用于企业发展战略与行业、区域的发展态势分析，S（strengths）与 W（weaknesses）、O（opportunities）与 T（threats）分别表示内部的优势与劣势（强项与弱项）、外部的机会与威胁（有利与不利因素），其来自对企业内部态势、战略态势分析，具有显著的结构化和系统性特征。基本思路就是将与研究对象密切相关的各种主要内部的优势与劣势（SW）、外部的机会与威胁（OT）等，通过调查列举出来，并依照矩阵形式排列，然后用系统分析的思想，把各种因素相互匹配起来加以分析，得出一系列带有决策性的结论，制定企业相应的发展战略、计划以及对策等。

在此强调，SWOT 分析法用于企业战略分析相对比较准确（或更有效），因为对一个具体的企业，其内在条件与外部环境的具体表现、影响大小及其影响机制等，都能调查分析和预测得出相对比较肯定的结论甚至数量化结果，对策组合也具有很强的针对性，比较有效。但在用于区域或产业发展分析时则面临很多"不确定性"。首先，如何准确全面判断识别各方面的具体因素及其相互影响？即使区域内部的发展条件的识别判断也会因为信息不全面或不准确等出现误判，或者只能是大概的模糊判断，更不用说对于很不确定的外部环境及其影响的判断。其次，如何证明是优势？优势都是相对的、动态的，需要经过严格论证，依据充足，因果关系准确分析，例如某地区的某个农产品是否有优势，需要从市场销售与占有率、成本效益、品牌与信誉、技术研发及消费替代等多角度分析。现实中这样的论证及深入调查、比较分析难度太大，目前没有科学有效的实用方法。一般引用国家有关部门给予的荣誉、挂牌认定，以及当地历史传统、文献记载等说明，可信度有限，需要真正的"研究"，尽量系统性的深入分析。第三，如何满足各种"可能""潜在"因素向"实现""成效"转变的综合性条

件？实现优势、机会等有利因素转化为实际效果过程中需要很多条件匹配，劣势的弥补也需要一定的系统条件和长期的努力（如管理、组织化水平等），短期及局部、个别环节的改变未必能产生真正的效果。风险产生时的影响可能是巨大的，难以预测，但又往往被忽略，或者选择性"回避"。如不少地方的发展规划中成绩谈得多，问题与风险说的少。

总之，将 SWOT 分析用于区域农业发展时需要更系统、深入、精细的准备，需要专家、政府管理部门、社会力量等有效联合。

2. 综合效益评价法

效益指的是效果（结果）和利益，利益就是对欲望或要求的满足（程度），效益与效果常混用，但效果有正向（积极的有用的）和负向（不利的），效益常指的是正向的或有用效果。对产业发展或项目评价都要求从经济效益、生态效益和社会效益三方面说明。

（1）经济效益。是生产经营的产出和投入之间的对比关系，即：经济效益=经济产出/经济投入（或者：经济产出—经济投入）。经济产出有产量、产值、净产值（增加值）、利税、利润等多种指标表达，投入也有劳动、资本、土地等要素以及成本、费用等经济指标，既有大量的绝对值指标，如净产值、利润、单位面积产量等，也有劳动生产率、资金产出率等相对指标等。因此，会形成非常多的评价指标，需要根据分析评价目的、要求等科学选择并组合，形成有机体系，才能体现本质。

（2）生态效益。是生产生活等活动对生态环境造成的影响，一方面是有利于维护、改善生态环境，另一方面可能是造成破坏等负面影响，如林木植被破坏减少、环境污染、水土流失、土壤沙化或有机质下降、物种减少、自然灾害加重等。最常见的指标是：林木覆盖率，土壤有机质含量变化，水体质量变化等。

生态效益和经济效益相互制约、互为因果。最常见的情况是，获取经济效益给生态环境带来不利影响，此时经济效益是正值，而生态效益却是负值。生态效益涉及全局和长期的经济效益，应力求做到良好经济效益与生态效益的协调统一。随着农业多功能性的认识、实践以及价值评估体系的不断完善，生态产品价值的"经济"实现机制取得了很大进展，可以从价值量上衡量，并进行交易，如碳汇、碳排放权交易等。

（3）社会效益。就是对社会发展进步产生的积极影响或贡献（作用）。"社会"一词应包含政治、文化等各方面，内涵非常丰富，常见的如带动劳动力就业增收、粮食安全贡献、产业安全、质量安全等符合国家政策制度要求。

对区域农业发展或者某产业的效益评价应当是综合评价，系统科学的综合评价目前比较困难，常见的思路方法是建立"综合效益评价指标体系"，给予三大效益不同的权重，分别计算三大效益的得分与综合得分，根据标准要求对比做出结论。在生态文明重要性日益凸显的新时代，也可以设定某项关键性生态指标或社会指标，实行"一票否决"。

3. 诊断预警方法①

随着区域特色产业发展规模越来越大，品种更新与替代、市场竞争与自然气候变化影响的风险损失会越来越大，对重要产业进行诊断预警显得很必要。从国家层面已根据猪粮比价指标对生猪产业进行了 10 多年的诊断预警。

诊断预警包含诊断（评估）和预警，预警是围绕被研究对象的发展动态展开的一整套监

---

① 本部分基本观点主要来自于张华的博士论文——区域特色农业持续发展诊断预警研究（中国农业科学院，2009）.

测、评价、预测和政策选择过程。预警不是一般情况的预测，而是特殊情况的预测；不是一般的预报，而是含有参与性的预报；不是从正面分析，而是从反面分析，从而可以定量给出发展状况与动态判断。诊断预警包括两方面内容：①现在的"病症"诊断，判断其严重程度，提出解决对策；②针对处于胁迫和压力下最有可能出现的"疾病症状"报警，测定其危害等级，同时提出有效的发展对策。

（1）预警的基本内涵。包括：①警义，即预警指标，由农业资源指标群、农产品生产指标群和农产品市场预警指标群组成指标体系。具体指标可依据不同品种，选取代表性指标，并根据实际情况调整。②警情，是事物发展过程中出现的异常情况，如偏离正常路径或发展能力与水平严重下降等，根据警义变化程度及其影响判断。③警源，即警情产生的根源，可分为自然警源（如降雨、温度等）、外在警源（如市场）和内在警源（生产管理技术、生产投入等）。从警源的可控程度看，包括强可控警源指标（如生产技术、市场营销、管理上的问题和漏洞）、弱可控警源指标（如生产投入状况等）和不可控警源指标（如气象指标）等。寻找警源既是分析警兆的基础，也是排除警患的前提。④警兆，是指发生异常变化导致警情爆发之前出现的先兆，用来描述刻画警兆的指标就是警兆指标。⑤警度，衡量警情严重程度（大小），是判定系统各种警情、警兆和是否有警的尺度或参照系，分为无警、轻警、中警和重警四个等级。

（2）诊断预警指标体系构成。重点是 3 方面：①气候、环境禀赋等子系统。气候指标包括降水量（mm）、相对湿度、温度（平均气温、最高气温、最低气温）、积温（℃）、日照时数等指标；环境指标包括大气环境、水质、土壤 3 方面指标。②农业生产子系统。包括产品品质、生产管理技术、生产规模、投入产出、包装、储藏等方面的指标。③农产品市场子系统，如平均售价、出口程度、销售状况等指标。

（3）确定诊断预警指标基准值的基本原则。①能够体现、衡量区域特色农业发展变化的主要标志与状况；②以尽可能量化的方式反映产业发展受到危害的范围和程度；③主要依据国际、国内有关标准、规范、规划确定的值及先进国家的现状值，并结合国内外发展现状、趋势调整。基准是相对的、动态的概念，基准只是相对的参考值，具有阶段性。

政策链接：国家调整"生猪市场价格调控预案"

中国的猪肉供应和价格关系重大。2009 年国家发改委会同有关部门发布了《防止生猪价格过度下跌调控预案（暂行）》，并于 2012 年和 2015 年两次修订。2021 年 6 月 9 日，根据 2018 年发生非洲猪瘟疫情以后的变化，发布《完善政府猪肉储备调节机制，做好猪肉市场保供稳价工作预案》。与 2015 年相比，本《预案》主要做 3 点调整：①丰富预警指标。在沿用"猪粮比价"的同时，增加"能繁母猪存栏量变化率"和"36 个大中城市精瘦肉平均零售价格"2 个指标。②区分生猪价格过度下跌和过度上涨两种情形，设立了三级预警区间。将生猪养殖盈亏平衡点对应的猪粮比价由 5.5：1—5.8：1 提高到 7：1，处在 7：1—9：1 时不预警。过度下跌情形预警分级为：当猪粮比价低于 6：1 时，发布三级预警；当猪粮比价连续 3 周处于 5：1—6：1（或能繁母猪存栏量单月同比降幅达到 5%，或能繁母猪存栏量连续 3 个月累计降幅在 5%—10%时），发布二级预警；当猪粮比价低于 5：1（或能繁母猪存栏量单月同比降幅达到 10%，或能繁母猪存栏量连续 3 个月累计降幅超过 10%时），发布一级预警。③分类设置储备。依据政府猪肉储备的不同功能定位，分设常规储备和临时储备。国家层面常规储备主要用于满足市场调控和应急投放需要。临时储备主要是在生猪价格过度下跌、产能大幅下降时进行收储，以稳定生产预期，实现有效"托市"稳产能。在一级预警发布时，启动临时储备收储。

　　资料来源：作者根据有关资料整理。

第三节　区域农业发展规划

一、区域发展规划概述

　　规划是对未来的谋划与部署，大到国家、各省市，小到村、企业等都有各种各样的规划，在中国被广泛重视。规划既是描绘未来构想，也是行为决策，具有重要作用。一些重要的规划在编制完成后要进行专家评审论证、广泛征求意见、上报政府有关部门批准公布实施，是一项很严肃的工作。规划质量是体现政府相关部门治理能力与水平的重要标志。2005 年开始中国将过去的"国民经济和社会发展计划"改为"国民经济和社会发展规划"，体现了政府强化间接调控、自上而下与自下而上相结合的先进管理方式，促进城乡区域协调发展和可操作性的空间观。之后在宏观、中观层面基本上用"规划"取代了"计划"。区域农业发展规划就是根据国家和区域发展战略定位与要求，对一定时期内区域农业发展的谋划、布局与安排，是区域经济社会发展规划的重要组成部分和进一步细化，也是区域农业农村发展规划的主要组成部分。

1. 区域发展规划的特性

　　科学理性认识规划特性是识别规划好坏、制定规划的前提，有助于避免出现基本思路与认识的常识错误。不同规划类型的对象、要求、特点不同，有的是强制性或法律权威性的，有的是指导性的等。从基本特性看主要有以下几个：①目的性与可行性。规划是一种谋划、导向，围绕发展中要解决的重要问题、关键问题、难点问题，突出"问题导向"，但不是事无巨细的面面俱到。同时，规划目标、任务以及各种措施必须可行，能够有效解决问题。"假大空"难以实施的所谓"规划"只是应付工作任务的结果，不是真正的规划。②战略性与前瞻性。规划时间跨度长，关注的问题是宏观的、全局性的、地区与地区之间需要协调的关键性重大问题，是在对现状分析评价以及对未来趋势研判基础上的科学谋划，具有超前性、指导性（引导性）要求。任何区域发展规划都有一定的时期（时效性），一般是 5—10 年，要清楚有限的时期重点应该干什么与能干什么，不能无所不包。③综合性与地域性。规划的综合性体现在内容的广泛性、影响因素的复杂性，思维方法是综合评价、综合分析论证、综合协调，规划决策是多方向、多目标、多方案比选。地域性主要体现在地方区情、区域特色，把规划区域作为一个整体考虑，保持完整的规划范围，体现完整性。④弹性与循环性。区域未来发展往往有许多不确定因素，预测难于完全准确，只能勾画大体的轮廓，发展指标不需要是一个定值，可有一定弹性幅度。规划的实施将对区域各方发生深远的影响。规划完成后，需要定期检查规划实施状况，并根据未预料到的重大变化适时调整或修编，不是固化不变。因此，制定规划要保持一定的弹性，目标、任务、项目确定要留有余地。

2. 中国区域发展规划的层次类型

按照区划性质和地域属性不同，区域包括自然区、经济区、行政区等，相应的规划分为多个层次、多种类型。区域属性不同，各类区域在规划中所要着重解决的问题有差别，会产生不同的区域规划类型。从规划层级看，依次是国家级（跨省市行政区域）、省级、市级、区县级等规划；从规划的内容（功能）分层看，各级的"主体功能区规划"属于最顶层的规划，是其他同级规划的上位规划，其次是"土地利用规划""国民经济和社会发展五年规划"等。

主体功能区是按照各区域所具有的、代表该地区核心功能来定义和规划的空间区域，根据各地区资源环境条件、社会经济基础、资源承载力、现有开发密度、开发潜力等确定。2011年国务院发布我国首个全国性国土空间规划《全国主体功能区规划》。全国主体功能区规划是战略性、基础性、约束性的规划，也是国民经济和社会发展总体规划、区域规划、城市规划的基本依据。对不同功能区的考核重点要求、政策措施不同。其中，优化开发区是要对过密区域进行调控，通过结构优化的方式，促进产业升级和要素扩散；重点开发区是对资源环境承载能力较强、现有开发密度还不高、发展潜力巨大的区域，加大开发力度；禁止开发区是对自然保护区、水源涵养地等禁止开发，防止资源与环境的破坏；限制开发区是对生态脆弱、资源环境承载能力较弱的区域，在开发规模和步骤上加以限制，以防范大规模地开发引致生态系统进一步失衡。

3. 区域发展规划内容的基本逻辑及依据

首先要清楚，制定一部高水平的发展规划绝不是从零开始，而是在多年实践工作与研究基础上，聚集各方面既有理论功底，又有丰富实践经验和广阔视野的多方人士，通过深入系统的调研讨论共同完成。规划各部分的内容具有一定的基本逻辑关系，但在调研与编制规划中一般是将重点内容分为不同的课题组（编制小组）同时展开研究，在反复的研讨中逐步完善。因此，编制人员的素质能力至关重要。

区域发展规划主要内容及其基本逻辑是：发展的基础（现状、成就与存在问题或差距、特征）→面临的形势（挑战与要求、趋势与机遇、未来预测）→发展的定位（功能与目标、定性与定量）→发展的方针（导向、指导思想或思路、原则）→功能分区与空间布局→重点任务→重大项目及投资预算→实施路径（步骤）与保障措施。其中较高层级的规划一般有"指导思想"，相对具体主题的低层次规划则要明确发展思路，有的用"总体要求"代替指导思想或思路、原则等描述；有些规划没有功能分区及空间布局、重大项目及投资预算、实施路径等要求。需要说明的是，并不是所有规划都要按照这些部分依次展开书写。很多国家级、省市级综合规划比较流行的内容逻辑是：首先阐述发展的基础（成就问题、形势）与要求（总体要求、目标），然后根据重点任务依次展开（更加凸显重点任务的具体要求与详细安排），最后是保障措施。其中第一部分、第三部分所占比例较小。

制定发展规划的主要依据有三方面：①规划对象及其内容所涉及到的相关理论以及发展的实践、经验，国内外的最新的理论成果等。例如，制定区域农业发展规划涉及农业发展与创新、农业现代化、农业生态位与适宜性理论、农业循环经济以及多功能性等多种理论和实践经验。②相关的法律法规、政策以及上位规划。如国家耕地与湿地保护制度、改革主要政策举措，主体功能区规划，2017开始的粮食生产功能区、重要农产品生产保护区和特色农产品优势区建设要求等。③作为工具的规划本身的先进理念及技术等。常用的方法如解题法、系统法、比较法、综合平衡法、规程法、参与式方法等。

专栏:《"十四五"全国种植业发展规划》提出的发展原则

（1）坚持底线思维，保供优先。统筹发展和安全，始终立足国内抓好粮食和农业生产，确保谷物基本自给、口粮绝对安全。落实粮食安全党政同责，实施藏粮于地、藏粮于技战略，建立辅之以利、辅之以保障机制。把提高农业综合生产能力放在更加突出的位置，持续推进高标准农田建设，深入实施种业振兴行动，提高农机装备水平，保障种粮农民的合理收益，中国人的饭碗任何时候都要牢牢端在自己手中。（2）坚持系统观念，统筹发展。在多目标平衡中抓要害，立足资源禀赋调整优化种植结构，有保有压，优先发展粮食生产，提高大豆油料产能和自给率，稳定棉糖菜供给，引导果茶等作物适度差异化发展，构建适应新阶段新格局的区域布局、产品结构和品质结构。统筹利用国内外两个市场，促进国内国际双循环良性互动。（3）坚持创新驱动，转型升级。强化科技创新在种植业高质量发展中的重要支撑作用，突破高产优质高效的制约瓶颈，推进品种培优、品质提升、品牌打造和标准化生产。创新经营方式，加快发展多种形式适度规模经营，健全农业专业化、社会化服务体系，大力提升全产业链现代化生产经营能力。（4）坚持绿色引领，提质增效。遵循绿色发展理念，正确处理绿色发展与资源安全、粮食安全、农民增收的关系，加快种植业生产方式绿色低碳转型，提高水肥药利用效率，推行轮作休耕等绿色耕作制度，促进节本增效统一、生产生态协调。

资料来源：摘编自农业农村部官网 2021 年 12 月 29 日报道。

4. 区域发展规划编制面临的矛盾与新理念（趋势）

规划编制工作中始终面临着一些客观或思维等矛盾关系需要很好处理，在此列举其中几个：①主观与客观的关系。规划一般是政府基于现实与发展需求对未来的谋划，带有明显的主观性。但规划要真正发挥作用，能否实现不完全取决于政府的主观愿望和需求，必须具备客观性，遵循产业化自身发展规律以及市场规律。②潜在优势与转化为现实可能的关系。规划往往需要制定一个较高的奋斗目标，发挥激励和导向作用，这些目标制定的依据之一就是未来可能存在的潜在优势，但是潜在优势转化为现实经济优势需要很多条件，这些条件往往被人们所忽略或者认识不清，优势被过分夸大。③机遇与风险的关系。规划制定中往往对有利的条件、机遇关注较多，对于可能存在的劣势、挑战以及风险分析相对较弱，对产业、产品更新以及市场生命周期性问题重视不够，导致目标定位过高，有的重点产业难如规划所制定的目标。实际中某些重点项目的实施可能存在资金链断裂、市场供求环境变化等导致难以为继。④不同层级规划的关系。区域有不同的尺度，形成了相互关联的各类规划，不同规划具有系统的自洽性与自主性，规划之间又具有关联性与开放性。上位规划是本级规划的重要依据，本级规划实施也要依靠下层级规划具体化，但不同区域都有显著的特殊性。国家规划确定的发展思路是就国家整体发展而言的，不是每个地区、每级行政区都要照搬。现实中经常存在的问题是简单模仿上位规划的定位、目标、指导思想、任务等内容，缺乏区域的针对性、创新性，有的很空洞，没有体现地域特点。需要明确区域规划的目的，从区域实际出发科学制定。

21 世纪以来区域发展规划的理念已经发生了较大变化，例如，由自上而下强制型规划转向双向互动互求、协商型规划，由经济单目标型规划转向综合目标型规划，由城镇为重点转向区域、城乡整体规划，由面面俱到型规划转向问题型规划，由单方案刚性规划转向多方案弹性规划，由目标终极型规划转向过程实施型规划，更加重视问题形成、系统分析、系统评价等系统法应用。

2014 年开始中央全面深化改革工作中的一项重要任务就是探索在一级政府一级事权下推动经济社会发展规划、城乡规划、土地利用规划、生态环境保护规划"多规合一"，形成一个市县一本规划、一张蓝图，确保"多规"确定的保护性空间、开发边界、城市规模等重要空间参数一致，并在统一的空间信息平台上建立控制线体系，解决市县规划自成体系、内容冲突、缺乏衔接协调等突出问题，实现优化空间布局、国土空间集约高效可持续利用，提高政府空间管控水平和治理能力。

权威观点：地方编制"十四五"规划要让人看得懂

地方如何编制一个好的规划？①瞄准规划定位。既要站在政府的立场编制规划，也要站在市场主体的立场编制规划，想清楚市场主体要什么，想清楚规划到底是给谁看的，想清楚市场主体愿不愿意看、能不能看得懂，看了以后会不会有激情，会不会来创业和就业。如果市场主体不愿意看、看不懂，看了以后没有感觉，这个规划就是失败的。②找准发展思路。最重要的就是找准现在存在什么问题，抓住主要矛盾。一些地方的规划，对于成就的总结非常充分，篇幅占比较多，但讲问题时就有些羞羞答答、遮遮掩掩，只讲几句一直存在，可能不是五年甚至更长时间才能解决的问题，问题讲的缺乏针对性。③符合地方实际。地方的规划要符合中央关于"十四五"规划《建议》的精神，但是符合精神不等于在文字上照搬照抄。地方规划要比国家的规划更细更具体，更贴近本地实际。④要实实在在。规划要让人看得懂，必须实实在在、一目了然，不用猜测。⑤要重视优化营商环境。一定意义上，地方规划是本地营商环境的宣言书，是政府对市场主体的承诺。地方规划要把优化营商环境放在更重要的位置，写好营商环境，比写好很高的目标、很多的战略、很新的产业可能都重要。

资料来源：摘编自杨伟民在"中国经济 50 人论坛"上的发言，新华网客户端 2020-11-25。

二、区域农业发展规划与战略研究的重点内容

规划的重要基础工作是战略研究，系统扎实的长期调研积累是做好规划的前提，是研究专家与实践专家、领导、实践工作者集体智慧的结晶，是对战略研究的成果按照规划的规范要求的高度提炼。正如杨伟民（2020）指出的：规划的每一句话都要有含义，要么就是判断，要么就是目标，要么就是方向，要么就是任务，要么就是实现任务的路径、政策等，每一句话的背后都是针对一个问题的，不应该有多余的话。在此仅就几个重要内容简要阐述。

1. 战略定位与战略目标

（1）战略定位。一般是处在发展重要转型关口或者转折点，适应重大形势变化与要求，对未来发展理念、方针或功能、产业、路径等重大问题的方向进行概括，要求语言高度精炼、内涵明确丰富，是方向性道路的高度概括。比如，乡村振兴及其"20 字"要求，大城市提出

的"现代都市农业"，农业发展的"生态高效"或者"绿色化品牌化特色化"等。定位一旦确定会保持一定时期。但不是所有规划都要求新"定位"。

实践中的战略定位首先是功能定位，通过挖掘本区域在其所属大区域的地位和价值，探索规划区所能够和应该承担的功能，促进形成各具特色。要与时俱进，对接高次级战略与规划，也要立足实际。其次是产业战略定位。研究产业发展方向、产业结构、产业布局、产业组织以及产业发展目标，确定重点发展的主导产业在空间结构中的位置及其与其他相关产业的空间关系，各主导产业的空间规模、定位和相互关系等。

区域农业产业发展规划的战略定位，要重点把握以下4方面：①体现层次性，空间尺度由大及小，如在上位区域层面、本区域层面等可能发挥的作用及所处的地位等；②准确判断，既不脱离实际盲目夸大，也不悲观失望定位太低；③以市场为导向，不拘泥于现状，从发展潜力定位；④体现未来性，从长远的发展前景和趋势判断。

（2）战略目标。是发展战略的核心，一般表示战略期内的发展方向和希望达到的最佳程度。战略目标按期限可分短期、中期、长期目标，短期目标又称近期目标，一般5年左右；中期目标，一般以10年为期；远期目标，或叫长期目标，通常在20年以上。按照描述方式可分为定性目标（语言描述）与定量目标（数量化指标）；按照目标的指标性质可分为约束性目标（上位规划、制度或部门等强制要求）和预期性目标（经过预测判断的可能结果）。

战略目标主要明确规划所要解决的中心问题与最终所要达到的发展程度。其制定要求是：①目标要适中，既要有难度，又要有竞争性与可行性（努力一下能够实现）；②定性与定量相结合；③各时期各部门目标相互衔接；④突出重点，不包罗万象。因此，目标界定是一个"分析—综合"的研究过程，通过对影响目标的各种因素分析，理清各方面目标的具体内涵和支撑其重要性的因素，明确目标之间重要性或逻辑关系上的先后顺序等。具体的界定方法有功能分析、区位关系分析、发展阶段分析与系统问题分析等。

一般情况下在定性目标确定之后，需要确定定量目标用以支撑或体现定性目标。①定性目标描述。一般是用文字将整体和重点环节的指标要达到的水平进行描述。定性目标要体现在解决关键问题、薄弱环节突破，以及整体水平提升等方面的要求。同时要考虑现实基础以及实现的可行性等。②定量目标预测。一般是根据过去的发展速度和水平，以及未来发展的趋势等进行推算。由于影响的不确定因素很多，定量目标的确定相对比较困难，需要采取多种手段综合确定。

2. 战略方针与指导原则

（1）战略方针与指导思想、战略思路往往在不同规划中使用，所要描述的基本含义相似，在此基础上进一步细化出具体的指导原则（或者发展原则）。这些都是关于一定时期发展的理念、思想以及要解决的核心问题、重点问题的总要求与方向等问题的凝练性概括，一般需要描述发展的依据、理念、手段、重点环节等方面的核心观点，对发展战略起方向性、引领指导作用。因此，要求简明、扼要，使人们容易掌握要领。既不能过于琐碎，又不能过于空泛，流于形式，切忌公式化、一般化。

在具体的产业规划实践中，指导思想一般包括4方面的理念或观点。①依据：强调贯彻落实与之相关的国家或上级政府最新大政方针、遵循区域发展战略与总体要求；②形势：科学预测未来发展的趋势与面临的机遇；③思路：从更为宏观的角度对区域产业发展方向和思路、重点等提出总括性、纲要性的论断；④目标：总体功能定位、产业定位以及整体水平的前景的展望或要求。

在制定产业发展思路中，要重点把握以下内容：一是明确产业类型，把握产业发展演进的一般路径；二是根据本地优劣势和存在的关键制约因素，确定推动产业发展的思路。一般产业发展思路从产业属性，诸如产业结构、产业组织、产业空间布局、产业生态化等方面着眼确定。

（2）指导原则是对发展思路的进一步展开，是对发展中要重点处理好的各种关系提出的指导性、辩证性认识观点的高度概括。不同层级的规划、不同的区域及规划内容、不同的发展阶段，其规划指导原则差异较大，越是小区域、具体的产业规划，指导原则越要有鲜明的针对性，要能够呼应规划前后部分内容，指导引导之后的任务、举措，即"言之有物"。指导原则并不是原则话，不能将上位规划或者政策文件的要求或者其他地区规划中的原则简单照搬，而是要有很强的本区域问题的针对性、现实指导性，成为指导引导完成任务、战略举措的基本理念与要求。

3. 空间布局与战略重点（重点任务）

（1）空间布局。是产业发展在区域空间上的具体落实，一般按照上位规划布局安排，结合本区域产业发展基础，通过产业政策科学引导区域资源配置和产业发展。但一些规划并没有空间布局，主要因为空间布局的形成与变化需要很多条件。一定时期，除非出现重大政策制度要求或者事件才需要调整，如主体功能区变化，耕地数量大幅减少等。经过21世纪20多年的农业产业结构优化调整，对于区域农业而言空间布局的格局基本成型，进入相对稳定期（局部小调整、缓慢变化）。

（2）重点任务。是实现规划目标的主要工作具体化部署，是规划最核心的内容。每项重大任务都要针对关键问题，提出具体的任务要求，包括任务内容、详细的数量规模、达到的目标、主要路径或措施等，更进一步凝练出重大工程或具体行动。有的规划进一步提出体现或完成任务的重点项目计划（包括资金需求预算等）等。有的在规划中（或者重点任务中）还提出布局安排，如生产基地建设布局等。目前很多规划将重点任务依次按照一级标题排列，更加凸显其规划的核心地位。它是关系到区域农业全局性的战略目标能否达到的重大的或薄弱的部门、环节或项目。

如何确定战略重点？一般着重于以下几方面：竞争中的优势领域，基础性建设，发展中的薄弱环节，转折时期的关键问题或扭转区域局面的关键因素。具体到区域农业产业规划，重点任务可以按照产业体系、生产体系、经营体系等重点内容展开，也可以按照规划的主要目标要求等展开。研究一般包括6方面内容：高次级区域产业发展状况，产业发展理论与典型案例分析，产业发展条件（资源潜力、产业基础、障碍等），产业发展外部环境（宏观环境、重大决策、重大事件等影响），产业发展定位（方向、目标、重点环节等），产业发展的路径、具体策略等。

4. 战略措施

战略措施是实现战略任务的步骤和途径、手段等，通常包括实施战略的相应组织机构、资源分配、资金政策、产业政策创新，以及实现这些创新的体制机制保障、制度保障等。一般是针对制约发展的体制、机制、政策和发展理念、组织等方面的关键性障碍因素提出改革完善的具体政策和对策建议。战略措施涉及对现行制度的改革完善，应具有超前性、创新性，但同时应当具有现实的可行性，需要相关行业行政管理、政策研究部门人员与有关专家共同研究提出。

知识拓展：乡村规划新理论

在城乡规划体系中，曾经一直以城市为中心，乡村规划长期存在盲区，系统性的研究也较少，功能分区理论、级配理论（在分等定级基础上确定公共服务设施配置）和规模效益理论广泛应用，存在与管理制度脱节、缺乏乡村保护的制度安排以及忽视农民主体性等问题，乡村规划往往是蓝图式、自上而下的精英式规划。现代乡村规划理论重构，需要遵照系统优化理论、协同发展理论与公平发展理论等乡村发展理论，按照农业区位论、生活圈理论等基本规划理论，公共产品理论、公共政策理论等制度理论，以及公众参与理论、协商规划理论等规划方法理论。随着乡村功能、乡村主体的转变，现代乡村规划应具有综合性、制度性、服务型与契约式规划等特征，贯彻以人为本的乡村治理，重构乡村新秩序。需要明确乡村系统的功能、要素、结构等方面不同于城市、城镇体系的特殊性，充分关注乡村区域发展与周边乡村之间的竞争、合作、带动等相互影响、相互关联性（包括同质关联与异质关联），因地制宜地形成不同层次的乡村规划。

资料来源：顾朝林，张晓明，张悦等. 新时代乡村规划[M]. 北京：科学出版社，2008.

本章思考、练习与讨论题

1. 根据本章导入的陕西省眉县猕猴桃产业发展案例，总结其成功的原因有哪些？针对提出的问题应该如何解决？

2. 中国的中草药、茶叶、人参等很多传统特色产品的发展历史悠久、产量占绝对比重、生产技术领先，但在产品出口以及国际竞争、附加值等方面严重不足。查阅资料，综合运用所学知识分析其中的重要原因以及如何解决这些问题。

3. 联系实际案例和国家政策导向分析，如何客观系统认识区域农业发展"一村一品"、规模专业化的优势及其现实问题、潜在风险？在生态文明时代转变生产模式的障碍及其可行路径有哪些？

4. 如何对一个村庄的产业发展或振兴现状进行调研分析？提出详细的调研提纲，包括产业振兴所涉及的调查主题、调查对象、指标及其体系，相关的访谈提纲或问卷调查表等。

本章主要参考文献

石敏俊. 区域经济学[M]. 北京：中国人民大学出版社，2020.

唐华俊，罗其友等. 农业区域发展学导论[M]. 北京：科学出版社，2008.

吕杰. 农业经济统计[M]. 北京：中国农业出版社，2016.

刘喜波. 区域现代农业发展规划研究[D]. 沈阳农业大学，2011.06.

于战平. 基于天津区域特点的乡村振兴评价指标体系研究—兼述如何科学构建和应用指标体系[J]. 理论与现代化，2020（5）.

李晓，林正雨，何鹏等. 区域现代农业规划理论与方法研究[J]. 西南农业学报，2010（3）.

李娜. 日本农业开放式创新活动实证分析及对中国的启示——以静冈县茶产业为例[J]. 农业展望，2020（12）.